북한 핵무장의 감춰진 진실

저자 권영근

저자 서문

이 책을 저술하며 심사숙고한 두 가지 사항이 있다. 첫째, 북한핵이 오늘날처럼 불거진 주요 이유가 미중 패권경쟁 측면에서의 한반도의 중요성으로 미국이 은밀한 방식으로 북한 핵무장을 종용했기 때문이란 내용의 이 책의 출간으로 소중한 한미관계가 조금이라도 손상되면 안 될 것이란 사실이다. 둘째, 그럼에도 불구하고 주권국 국민으로서 한국인들이 냉전 종식 이후 한반도에서 벌어진 주요 사건인 북한 핵무기 개발의 진실에 관해 정확히 알 필요가 있다는 사실이다.

필자는 해방 이후 한국이 지구상 최강인 미국과 긴밀한 관계를 맺을 수 있었다는 사실을 상당한 축복으로 생각한다. 한국과 미국이 처음 접촉한 것은 1882년의 조미수호조약을 통해서였다. 그러나 한미관계가 본격적으로 발전한 것은 미군이 한반도에 진주한 1945년 9월 8일 이후다. 그 후 70여 년 동안의 한미관계사를 회고해보면 긍정적인 측면뿐만 아니라 부정적인 측면도 없지 않았다. 미국의 일부 한반도 전문가들이 말하고 있는 바처럼 미군이 한반도에 진주하지 않았더라면 한반도는 분단되지 않았을 것이며, 6.25전쟁의 비극은 없었을 것이다. 그러나 미군의 진주로 한미관계가 새롭게 시작되지 않았더라면 한국이 오늘날과 같은 선진경제와 자유민주주의를 누리지 못했을 것임이 분명할 것이다.1) 한반도가 또 다른 유형의 불행을 겪었을 가능성도 배제할 수 없을 것이다.

이 책에서 언급하고 있는 바처럼 한반도는 미국, 중국, 러시아 및 일본이란 4강의 이익이 교차하는 지구상 유일 지역이다. 이들은 한 때 패권을 추구했거나 오늘날 패권을 추구하는 국가다. 전통적으로 이들은 한반도에 대한 영향력이 자국 입장에서 적국의 수중으로 모두 넘어가는 경우 패권경쟁에서 상당히 불리해진다고 생각했다. 이 같은 이유로 한반도에 대한 영향력 확보를 위해 상당히 많이 노력했다. 구한말의 청일전쟁과 러일전쟁은 물론이고 6.25전쟁이 벌어진 주요 이유는 이 같은 한반도의 지정학적인 특성 때문이었다. 해방 이후 미군이 한반도 주둔을 추구한 이유도, 필자의 주장처럼 미국이 북한 핵 무장을 은밀한 방식으로 종용했던 것도 이 같은 한반도의 지정학적인 특성 때문이었다.

해방 이후 70여 년 동안 미국 정부는 물론이고 한국 정부는 한국인들이 한미관계의 부정적인 측면에 관해 가능한 한 알지 못하게 노력한 측면이 없지 않았다고 생각된다. 결과적으로 원로 역사학자 서중석이 2020년에 저술한 『서중석의 현대사 이야기』란 책에서 말하고 있는 바처럼 오늘날 대부분 한국인들은 해방 이후 몇 년 동안 한반도에서 벌어진 주요 사건들에 관해 잘 알지 못하고 있어 보인다. 신탁통치, 한반도 분단, 남한 단독정부 수립, 6.25전쟁 발발, 이 전쟁이 3백만 명 이상이 사망할 정도로 장기간 동안 치열하게 진행된 이유, 전후 미국이 한미상호방위조약 체결을 염원한 이유 등 해방 전후의 주요 사건들에 관해 잘 모르고 있어 보인다. 이 같은 현상이 벌어진 주요 이유는 한국인들이 이들 사건의 진실에 관해 알게 되는 경우 한국과 미국 모두에 대단히 소중한 한미관계가 손상될 가능성을 우려한 한미 주요 인사들의 의도적인 노력 때문이었을 것이다.

그러나 시카고대학의 한반도 전문가 브루스 커밍스(Bruce Cumings) 교수가

---

1) Gregg A. Brazinsky(2009), *Nation Building in South Korea* (pp.251-2). The University of North Carolina Press. Kindle Edition.

말한 바처럼 해방 이후 몇 년 동안 한반도에서 벌어진 사건들을 제대로 이해하지 못하면 북한 핵을 포함한 오늘날 한반도에서 벌어지는 사건들에 관해 전혀 이해할 수 없을 것이다.2)

결과적으로 필자는 오늘날 한국인은 물론이고 미국인 가운데에도 북한 핵무기 개발의 실상에 관해 제대로 알고 있는 사람이 거의 없다고 생각한다. 예를 들면, 오늘날 군의 현역 및 예비역 장교, 대학 교수, 연구소 연구원과 같은 안보 전문가들을 포함한 대부분 한국인들은 미국이 북한 비핵화를 진정 염원하는 입장이라고 생각하고 있어 보인다. 이 책에서 보이고 있는 바처럼 냉전 종식 이후에도 미국은 미군의 한반도 주둔을 결코 포기할 수 없는 핵심 국익으로 간주했다. 북한이 핵무장하지 않으면 한국군과 비교한 북한군의 항공기, 전차 및 함정과 같은 재래식 전력 낙후로 미군의 한반도 주둔을 보장할 수 없을 것인데 어떻게 미국이 북한 비핵화를 원할 수 있었겠는가? 그럼에도 대부분 한국인들이 미국이 북한 비핵화를 염원하고 있다고 생각하는 주요 이유는 북한 핵의 진실을 한국인들이 인지하는 경우 한미관계가 손상될 가능성을 우려한 한미 양국 일부 인사들의 의도적인 노력 때문일 것이다.

오늘날 북한 핵을 연구하는 국내외 학자들은 특정 시기 또는 사안을 중심으로 북한 핵 문제의 분석을 추구하고 있어 보인다. 그런데 이는 장님이 코끼리를 더듬는 형국과 다름이 없을 것이다. 2009년부터 2016년까지 7년 동안 한국군에 대한 미국의 작전통제권 행사를 연구하며 필자가 절감한 사실이 있다. 작전통제권 문제를 특정 사안 별로 또는 노태우(盧泰愚), 노무현(盧武鉉)과 같은 특정 대통령 재임 기간으로 국한시켜 살펴보는 경우 이것의 실상을 제대로 파악할 수 없을 것이란 사실이다. 북한핵의 경우도 상황은 마찬가지로 보인다. 북한

---

2) Bruce Cummings, "Introduction: The Course of Korean-American Relations, 1943-1953," in *Child of Conflict: The Korean-American Relationship, 1943-1954* (Seattle: University of Washington Press, 1983) edited by Bruce Cummings, p. 3.

핵무기 개발은 1980년대 말경부터 도널드 트럼프(Donald Trump) 행정부에 이르는 30여 년의 기간을 걸쳐 완성되었다. 이 기간 전반을 통해 북한 핵문제를 바라보지 않으면 코끼리 발바닥을 놓고 다양한 관점을 제기하는 장님과 다름이 없는 상황이 벌어질 것이다.

문제는 북한 핵무기 개발을 포함하여 지난 70여 년 동안 한반도에서 벌어진 사건들을 올바로 이해하지 못하면 한국이 전시 군사력 운용은 물론이고 평시 군사력 건설을 올바로 할 수 없는 등 국익을 제대로 수호할 수 없을 것이란 사실이다. 한반도가 주변국의 국익 추구 행위에 재차 연루되면서 상당한 위기에 직면할 가능성도 없지 않아 보인다는 사실이다.

지난 70여 년 동안의 한미관계를 통해 상당히 많이 발전했음에도 불구하고 오늘날 한국의 국력은 주변국과 비교하여 상당히 미약한 수준으로 보인다. 결과적으로 한국이 독자적으로 국가안보를 수호하는 것이 전적으로 불가능한 것은 아닐지라도 상당히 어려운 일일 것이다. 이 같은 측면에서 보면 한국은 국가안보 측면에서 특정 국가와 동맹을 맺을 필요가 있을 것이며, 한미동맹은 한국이 선택할 수 있는 최선의 방안일 것이다. 이 같은 측면에서 보면 한국인들은 한미동맹이 손상되지 않도록 노력해야 할 것이다. 그럼에도 불구하고 주권국의 국민으로서, 더 이상 한반도가 비극적인 상황에 직면하지 않도록 북한 핵의 실상을 포함한 지난 70여 년 동안 한반도에서 벌어진 사건들에 관해 정확히 알 필요가 있을 것이다.

이제 한국은 한국인들이 지난 70여 년 동안 한반도에서 벌어진 주요 사건들에 관한 실상을 파악하는 경우에도 국익 측면에서 한미관계 지속 유지 필요성을 인지할 정도로 성숙해졌다고 생각된다. 건전한 한미관계 발전 차원에서라도 이제 한국인들은 지난 70여 년 동안의 한미관계의 긍정적인 측면은 물론이고 부정적인 측면에 관해 제대로 알 필요가 있을 것이다.

북한 핵의 진실 규명을 추구하는 이 책을 통해 한국인들이 한미관계사의 긍정적인 측면과 부정적인 측면 모두를 올바로 파악할 수 있기를 기원한다. 결과적으로 한국의 국익을 제대로 수호하는 등 한미관계가 한 차원 높은 수준으로 격상될 수 있기를 기원한다.

첨언해 말하면 이 책은 1980년대 말경부터 30여 년 동안 진행된 북한 핵무기 개발 노력의 성공 이유 규명을 추구한 지구상 최초의 책이다. 이 책에서 인용하고 있는 데이터는 물론이고 논리의 타당성 여부와 관련하여 진지한 논쟁이 있기를 진정 염원한다. 이 같은 방식으로 북한 핵무기 개발이 성공한 이유와 관련한 한국인들의 이해가 한 차원 더 높아지기를 진정 기원한다. 북한 핵문제는 냉전 종식 이후 동북아지역 안보를 특정 짓는 대표적인 사건이다. 이 책을 통해 냉전 종식 이후의 동북아지역 안보에 관한 이해가 한 차원 더 높아지기를 진정 기원하는 바이다. 이외에도 북한 핵문제는 지난 70여 년 동안의 한미관계를 특징짓는 대표적인 사건이다. 이 책을 통해 한미관계에 관한 한국인들의 이해가 보다 깊어지기를 진정 기원하는 바이다.

머리말

　필자는 루주벨트(Franklin Delano Roosevelt)가 한반도 신탁통치를 공식적으로 천명한 1943년 11월부터 오늘날까지 한반도에서 벌어진 주요 사건의 이면에 미국이 있었다고 생각한다.[1] 이 같은 필자의 관점은 이 기간 동안 미국이 지구상 유일 패권국이었다는 사실, 이 같은 패권 유지 측면에서 한반도에 대한 영향력 확보와 유지를 대단히 중요하게 생각했다는 사실 때문이다.[2] 이 기간 동안 미국은 한반도 정치 발전을 아태지역에서의 미국의 안보와 연계시켜 생각했다.[3] 예를 들면, 미국 입장에서의 6.25전쟁은 미소 패권경쟁에 대비한 질서를 구축하기 위한 성격이었다.[4] 마찬가지로 필자는 미국이 미중 패권경쟁 대비 차원에서 북한 핵무장을 은밀한 방식으로 종용했다고 생각한다.

---

[1] 권영근, 『한반도와 강대국의 국제정치: 미국의 한반도정책을 중심으로(1943-1954)』(서울: 행복문화사, 2021), pp. 8-18.

[2] Ibid., 43-53.

[3] 브루스 커밍스가 지적하고 있듯이 1943년부터 미 국무성은 한반도 정치발전을 동아시아 지역에서의 자국 안보와 연계해 생각했다. Lloyd Gardner(1983), "Commentary," in *Child of Conflict: The Korean-American Relationship, 1943-1954* (Seattle: University of Washington Press, 1983) edited by Bruce Cumings, p. 58. 이는 미국이 한반도 상황을 자국 입장에서 동북아 안보에 도움이 되는 방향으로 유도하고 조성할 필요가 있었을 것이란 의미다.

[4] 권영근, 『한반도와 강대국의 국제정치: 미국의 한반도정책을 중심으로(1943-1954)』, pp. 33-5.

소련의 해체로 냉전이 완벽히 종식된 1991년 12월 북한은 곧바로 붕괴될 것만 같은 국가였다. 반면에 한국은 냉전 당시 주요 적국이던 러시아를 포함한 지구상 대부분 국가와 국교를 정상화하는 등 점차 영향력을 확대해가고 있었다. 국내총생산 측면에서 한국은 북한의 10배 이상이었다. 국내외의 대부분 한반도 전문가들은 한반도가 한국 중심으로 통일될 것이라고 말하고 있었다. 결과적으로 북한 위협을 전제로 한 한미동맹이, 미군의 한반도 주둔이 점차 의미를 상실해가고 있었다. 반면에 미국의 안보전문가들은 동북아지역에서 미국이 아닌 또 다른 패권국의 부상 가능성에 대비한다는 차원에서 남북통일 이후에도 미군이 한반도에 지속적으로 주둔해야 할 것으로 생각했다. 이들은 주한미군의 지속 주둔 필요성과 관련하여 한국인들을 설득해야 할 것이라고 생각했다.[5]

그 후 30년이 지난 오늘날 북한 붕괴를 거론하는 미국의 한반도 전문가는 더 이상 없어 보인다. 이것이 아니고 상당히 많은 핵무기와 미사일로 무장한 북한이 한국 안보를 심각히 위협하고 있어 보인다. 오늘날 미국의 안보전문가들은 더 이상 미군의 한반도 주둔 문제를 놓고 고민하지 않으며, 중국에 대항한 자국의 노력에 동참하지 않으면 한미동맹 약화로 한반도 안보가 위태로워질 것이라며 한국을 은근히 협박할 수 있는 상황이 된 듯 보인다.

어떻게 이 같은 결과가 초래된 것일까?

필자는 지난 30년 동안의 이 같은 변화가 미국의 용의주도한 노력의 결과로 생각하고 있다. 미국이 은밀히 북한 핵무장을 종용하고, 북한 핵무장을 빌미로 남북관계를 대립구도로 몰고 가는 등의 방식으로 한반도 긴장을 조성한 결과로 생각하고 있다.

지금까지 북한 핵무기 개발과 관련한 국내외 학자들의 천편일률적인 관점은 미국이 북한 비핵화를 위해 온갖 노력을 다했음에도 불구하고 북한 비핵화에

---

[5] Daniel Y. Chiu Jonathan T. Dworken, "The Political Effects of U.S. Military Presence in the Asian-Pacific Region," *Center For Naval Analyses*, May 1991, pp. 6, 11.; William J. Taylor, Jr. and Michael J. Mazarr, "US-Korean Security Relations: Post-Reunification,"*The Korean Journal of Defense Analysis*, November 1991, pp. 158, 164.

실패했다는 것이었다. 필자는 그처럼 생각하지 않는다. 북한이 생존 차원에서 핵무기 개발을 추구했으며, 미국이 이 같은 북한 핵무장 노력을 은밀한 방식으로 지원 및 조장한 결과로 생각한다.

그러면 왜 미국은 북한의 핵무기 개발을 지원 및 조장한 것일까? 이는 냉전 당시와 마찬가지로 냉전 종식 이후에도 미국이 아닌 또 다른 패권국의 부상 저지란 자국의 가장 중요한 안보목표 달성 측면에서 미군의 한반도 주둔이 필수적이기 때문이었다. 미군의 한반도 주둔 보장 차원에서 북한 핵무장이 필수적이기 때문이었다.[6] 또 다른 이유는 유사시 중국이 미국을 겨냥하여 발사할 핵탄도미사일을 요격하기 위한 미사일방어체계 구축 측면에서 북한 핵무장을 이용할 필요가 있었기 때문이었다.[7] 반면에 북한 핵무장이 미국의 안보에 미치는 부정적인 영향은 통제 가능한 수준이기 때문이었다. 북한 핵무장에도 불구하고 일본 및 한국과 같은 주변국의 핵무장을 저지할 수 있다면 북한 핵무장은 미국 입장에서 부정적인 의미는 미미한 수준인 반면 긍정적인 효과가 상당한 수준인 것이다.[8]

미국 입장에서 보면, 6.25전쟁이 소련의 패권 부상을 저지하기 위한 질서를 구축하기 위한 성격이었다면 북한 핵무장은 중국의 패권 부상을 저지하기 위한 질서를 구축하기 위한 성격이었다. 6.25전쟁을 기점으로 미군이 재무장했으며, 유명무실한 존재였던 나토가 대거 강화되었다. 미국이 한국, 일본, 대만, 오스트레일리아, 뉴질랜드, 필리핀, 태국과 동맹을 체결할 수 있었다.[9] 미국은 북한

---

[6] "동맹체계 유지 필요성(미국의 한반도정책 측면)"란 제목의 이 책의 1장 3절 1항 참조.

[7] "미사일방어체계 구축 명분 조성 필요성"란 제목의 이 책의 1장 3절 3항 참조.

[8] "북한 핵무장의 부정적인 영향: 통제 가능, 긍정적인 영향: 상당"란 제목의 이 책의 1장 3절 4항 참조.

[9] Mira. Rapp-Hooper(2020), *Shields of the Republic* (pp. 32-8). Harvard University Press. Kindle Edition.; "첫째, 6.25전쟁이 냉전의 방향을 조성해주었다.…둘째, 6.25전쟁이 일어나지 않았더라면, 어떠한 사건도 6.25전쟁으로 인해 초래된 효과를 이룰 수 없었을 것이다.…셋째, 6.25전쟁이 벌어지지 않았더라면 세계역사가 매우 달라졌을 것이다." Robert Jervis(1980), "The Impact of the Korean War on the Cold War," *Journal of Conflict Resolution*, Vol. 24, No. 4, December 1980, pp. 563-4.

핵무장을 빌미로 중국에 대항하기 위한 동맹체계를 정비하고, 미사일방어체계를 구축할 수 있었던 것이다.

19세기 말경 서반구의 패권국으로 부상한 미국은 또 다른 패권국의 부상 저지를 자국의 가장 중요한 안보목표로 간주했다.10) 이 같은 패권국이 유럽과 동북아지역에서 출현할 수 있을 것으로 생각했다.11) 이 같은 패권국이 대서양과 태평양을 건너 미국 안보를 위협할 수 있을 것으로 생각했다. 그런데 오늘날 미국은 유럽보다는 동북아지역에서의 패권국의 부상을 우려하고 있다.12)

1905년 미국이 필리핀에 대한 자국의 영향력을 인정해주는 조건으로 한반도에 대한 일본의 영향력을 인정해줄 것이란 의미의 카츠라(桂)-테프트 밀약을 체결했던 것은 아태지역을 겨냥한 러시아의 세력팽창을 일본을 이용하여 저지하기 위함이었다. 초대 대통령 조지 워싱턴의 조언에 따라 유럽의 정치에 무관심했던 미국이 1차 세계대전에 참전했던 것은 독일이 유럽의 패권국이 될 가능성이 엿보였기 때문이었다. 1905년 당시에서 보듯이 미국은 일본과 같은 특정 국가를 이용하여 미국이 아닌 또 다른 패권국의 부상을 저지하거나 1차 세계대전의 경우에서 보듯이 미군의 참전을 통해 저지했다. 1차 세계대전이 종료된 직후 미국은 유럽의 미군을 곧바로 철수시켰다.

그러나 2차 세계대전에 참전하기 이전부터 미국은 전후 자국 안보 측면에서 지구상 주요 지역에 미군을 주둔시켜야 할 것으로 생각했다. 미국이 이처럼 생각했던 것은 전후 소련과 미국을 제외한 지구상 주요 열강들의 세력이 내서 약화될

---

10) Samuel P. Huntington(1991), "America's Changing Strategic Interests," *Survival*, Vol. XXXIII, No. 1, January/February 1991, p. 11.; John J. Mearsheimer(2014), *The Tragedy of Great Power Politics*(New York : W. W. Norton &Company, 2014), pp. 30-2, 35-8.

11) Mira. Rapp-Hooper(2020), *Shields of the Republic* (pp. 79-82). Kindle Edition.; "미국 입장에서 보면, 유럽과 동북아시아 지역이 대단히 중요한 의미가 있다. 왜냐하면 이들 지역에 산업 및 군사력의 중심 지역이 위치해 있기 때문이다." Stephen M. Walt(2018), *The Hell of Good Intentions* (p. 261). Farrar, Straus and Giroux. Kindle Edition.

12) Henry Kissinger(2001), *Does America Need a Foreign Policy?: Toward a New Diplomacy for the 21st Century* (Kindle Location 1554). Simon & Schuster. Kindle Edition.

것으로 생각되었기 때문이었다. 결과적으로 미국이 지구상 주요 지역에 미군을 주둔시키지 않으면 유럽 또는 동북아지역에서 패권을 장악한 소련이 항공모함과 전략폭격기를 이용하여 미 본토를 위협할 수 있을 것으로 생각되었기 때문이었다.13)

전후 미국이 미군을 주둔시켜야 할 곳으로 생각한 지역에 한반도가 있었다.14) 미국이 이처럼 생각했던 것은 한반도가 소련, 중국, 일본 및 미국이란 4강의 이익이 교차하는 지구상 유일 지역이기 때문이었다. 이들 국가는 한반도 전체에 대한 영향력을 확보한 국가가 동북아지역의 패권국으로 부상할 가능성이 있다고 생각했다.15) 결과적으로 미국은 동북아지역에서의 미국이 아닌 또 다른 패권국의 부상 저지 차원에서 한반도에 대한 영향력 확보를 필수적으로 생각했다.

루주벨트가 한반도 신탁통치를 공식적으로 거론한 1943년 11월부터 한미상호방위조약 체결을 통해 미군을 한반도에 주둔시킬 수 있게 된 1954년까지의 미국의 한반도정책은 한국을 미소 패권경쟁에 연루시킬 수 있을 정도로 한반도에 대한 영향력을 확보하기 위한 성격이었다.16) 루주벨트의 신탁통치 구상, 38선 분단, 반공성향의 남한 단독정부 수립, 1949년 6월의 주한 미 전투병력

---

13) Quoted in Mira Rapp-Hooper(2020), *Shields of the Republic* (p. 10), Kindle Edition.; Melvyn P. Leffler(2017), *Safeguarding Democratic Capitalism* (p. 124). Princeton University Press. Kindle Edition.; John Lewis Gaddis(2005), *Strategies of Containment* (Oxford: Oxford University Press, 2005), pp. 62-3.

14) Melvyn P. Leffler(2017), *Safeguarding Democratic Capitalism* (pp. 125-7). Kindle Edition.

15) 한반도는 미국, 중국, 소련, 일본이란 지구상 4강의 이익이 교차하는 유일 지역이었다. 이들 국가는 한반도에 대한 모든 영향력이 자국의 적국으로 넘어가는 경우 적국과의 경쟁에서 상당히 불리해진다고 생각했다. 한반도는 이 같은 지역이었다. 이들 국가 입장에서 한반도는 '전략적 이익(Strategic Interests)'에 해당하는 지역이었다. Glenn H. Snyder(1984), "The Security Dilemma in Alliance Politics," *World Politics*, Vol. 36, No. 4(Jul, 1984), p. 472.; Victor D. Cha(2003), "America's Alliance in Asia: The Coming Identity Crisis with the Republic of Korea?," in *Recalibrating The U.S.-Republic of Korea Alliance*(U.S. Department of Defense, May 2003), edited by Donald W. Boose, Jr. Balbina Y. Hwang, Patrick Morgan, Andrew Scobell, p. 16.

16) 권영근, 『한반도와 강대국의 국제정치: 미국의 한반도정책을 중심으로(1943-1954)』, p. 13.

철수, 6.25전쟁, 한미상호방위조약 체결은 미군을 한반도에 주둔시키기 위한 성격이었다.

당시 조선인 가운데 사회주의자와 공산주의자가 대단히 인기가 있었다는 점에서 미군을 한반도에 주둔시키기 위한 필요조건은 남한지역에 반공(反共) 성향의 단독정부를 수립하는 것이었다.17) 미국 입장에서 6.25전쟁은 미국인과 자유진영 국가 국민들로 하여금 공산세력의 위험을 절감하게 만드는 방식으로 미 국방비를 대거 증액하고, 지구상 도처에 동맹체계를 구축하기 위한 성격이었다. 미군을 한반도에 주둔시키기 위한 충분조건이었다.18) 이 같은 미국의 노력으로 전후 미국이 한미상호방위조약 체결을 통해 미군을 한반도에 주둔시킴으로써 한반도에 대한 영향력을 확보할 수 있게 된 것이다. 1953년 5월 이승만(李承晩)이 한미상호방위조약 체결을 요구하자 미국이 그 조건으로 한국군에 대한 작전통제권 행사를 강력히 요구했던 것은 미군의 한반도 주둔 보장과 한국을 패권경쟁에 연루시킨다는 측면에서 이것이 대단히 중요한 의미가 있었기 때문이었다.

그 후 미국의 한반도정책은 확보한 영향력을 지속 유지하는 것이었다. 미국이 과도할 정도로 친미적으로 알려진 장면(張勉) 정부에 대항한 박정희(朴正熙)의 군사쿠데타를 내심 원했던 것은 한국인들이 격렬한 시위의 와중에서 남북통일을 추구했으며, 장면이 이 같은 시위를 진압하지 못했기 때문이었다. 남북이 통일되면 미군의 한반도 주둔을 보장할 수 없을 것이기 때문이었다.19)

---

17) Ibid., pp. 55-61.

18) Ibid., pp. 61-5.

19) Gregg A. Brazinsky(2009), *Nation Building in South Korea* (pp. 253-4). The University of North Carolina Press. Kindle Edition.; 당시 미 CIA는 대한민국의 가장 큰 위협은 북한이 아니고 한국 내부의 비참한 경제상황과 정치적 불안정으로 생각했다. National Intelligence Estimate 14.2/42-61, "The Outlook for Korea," September 7, 1961, p. 1.; Daniel J. Oh(2017), *The United States-Republic of Korea Military Alliance: Impacts on US-ROK Relations And South Korean Political Development, 1960-69* (Ph.d Thesis, University of Chicago, 2017), pp. 71, 169-70.

1960년대 중반 미국은 한국군에 대한 미군의 작전통제권 행사를 지지하는 사람들이 한국군에서 고위직으로 성장할 수 있게 해야 한다는 사실을 자국의 주요 한반도정책으로 생각했다.[20] 이는 한국군에 대한 미군의 작전통제권 전환을 통해 한국군의 능력이 함양되는 경우 미군의 한반도 주둔이 의미를 상실할 가능성이 있었기 때문이었다.

한국군이 미국의 지원을 상당히 받던 1970년대 중반까지만 해도 미국은 한국군 전력, 주한미군 전력, 전시 한반도에 전개될 미군 전력의 합이 북한군 전력과 비교하여 약간 우세한 수준으로 만들고자 노력했다.[21] 이처럼 북한군과 비교하여 한국군 전력이 열세해지게 했다. 이는 한국인들이 미군의 한반도 주둔을 염원하게 만들기 위함이었다.

소련이 해체된 1991년 12월 이후에는 1960년대 초반 이후 30년 동안의 한국경제의 비약적인 성장과 1990년대 초반의 한중 및 한러 수교로 북한과 비교한 한국의 국력이 상당히 막강해졌다. 특히 항공기, 전차 및 함정과 같은 재래식 전력 측면에서 한국군이 북한군과 비교하여 점차 우위를 더해갔다. 결과적으로 더 이상 미군의 한반도 주둔이 의미를 상실해갔다. 적어도 미국의 한반도 전문가들은 이처럼 생각했다. 문제는 미국이 중국의 부상 가능성을 고려하여 냉전 당시 아태지역에 구축한 동맹체계를 지속적으로 유지하고자 했으며, 이 같은 동맹체계 유지 측면에서 한미동맹이 함정의 닻에 비유될 정도로 중요한 의미가 있었다는 사실이었다. 미국은 주한미군이 철수하면 주일미군도 보장할

---

[20] "Record of National Security Council Action No. 2430," in *FRUS*, 1961-1963, Vol. 22: Northeast Asia, ed. Glenn W. LaFantasie, Edward C. Keefer, David W. Mabon, and Harriet Dashiell Schwar (Washington, D.C.: U.S. Government Printing Office); "미국의 작전통제권 행사에 순응하는 한국군 부대를 미국 정부가 지원해야 할 것이다." US Department of State, "6. Telegram from the Department of State to the Embassy in Korea"(1964. 3. 26), p. 2.

[21] Richard G. Stilwell, "Challenge and Response in Northeast Asia of the 1985 Military Balance," *Comparative Strategy*, Vol. 1, 2, 1978, p. 118.

수 없다고 생각했다.22) 결과적으로 자국의 아태지역 동맹체계가 와해될 것으로 생각했다.

한편 당시 미국은 북한이 붕괴되면 안 된다고 생각했다.23) 통일한국이 중국과 우호적인 관계를 유지하게 되면서 미군의 한반도 주둔이 곤란해질 가능성이 있었기 때문이었다. 북한이 지속적으로 요구한 북미외교관계를 정상화해도 안 된다고 생각했다.24) 북미외교관계가 정상화되는 경우 더 이상 북한이 미국의 적국이 아니란 점에서 북한 위협을 전제로 한 한미동맹이 의미를 상실할 가능성이 있었기 때문이었다. 결과적으로 미군의 한반도 주둔이 곤란해질 가능성이 있었기 때문이었다. 북한 붕괴를 방지하며, 한반도에서의 남북한 세력균형을 통해 미군의 한반도 주둔을 보장하고자 하는 경우 북한 핵무장이 생각 가능한 유일한 대안이었던 것이다.

미국이 북한의 핵 및 미사일 능력 함양을 염원했던 것이 이처럼 아태지역의 미 동맹체계 유지 측면에서 뿐만은 아니었다. 유사시 중국이 미 본토를 겨냥하여 발사할 핵탄도미사일을 태평양 상공에서 요격하기 위한 미사일방어체계 구축 명분 제공 측면에서 또한 북한의 핵 및 미사일 개발이 필요했다.

냉전 당시 미국과 소련은 가능한 한 직접 대결을 피했다. 한반도 및 베트남과 같은 곳에서 대리전쟁을 했다. 이들이 직접 대결을 피했던 것은 이 같은 대결이

---

22) "…한반도에 미군을 주둔시키지 못하면 일본에 미군 기지를 유지하기가 쉽지 않을 것이다." Henry Kissinger(2001), *Does America Need a Foreign Policy?* (Kindle Location 1617, 1804). Kindle Edition.; 일본이 주일미군을 유지하는 주요 이유는 한반도의 분단 상태를 지속 유지하게 하기 위함이다. Ibid., (KindleLocation 1871)

23) 북한이 붕괴되면 남북이 통일될 가능성이 높아진다. 그런데 "남북이 통일되면 한반도와 동북아에서 미국의 역할에 의문이 제기될 것이다." William J. Taylor, Jr. and Michael J. Mazarr, "US-Korean Security Relations: Post-Reunification," p. 158. 미군이 한반도에서 철수하는 경우 한국이 북한을 침공할 가능성을 우려한 미국인도 없지 않았다. Doug Bandow, "Defusing the Korean Bomb," *Cato Foreign Policy Briefing*, No. 14, December 16, 1991.

24) 오늘날 미국은 북미외교관계정상화의 전 단계인 한반도 평화협정은 물론이고 평화협정의 전 단계인 한반도 종전선언도 반대하고 있다. 유지혜 기자, "美 상원서 '종전선언 반대'…'하원 평화법안도 '文 종전선언' 지지 아냐'," 『중앙일보』, 2022. 1. 6.

핵전쟁으로 비화되면서 미 본토가 초토화될 가능성이 있었기 때문이었다. 그러나 오늘날의 미중대결은 미국과 중국이 직접 대결하는 형태일 수밖에 없다. 아태지역을 겨냥한 중국의 세력팽창 노력을 미국을 대신하여 저지해줄 국가가 없기 때문이다. 이 같은 미중대결이 핵전쟁으로 비화할 가능성에 대비한다는 차원에서 미국 입장에서 미사일방어체계가 매우 중요해진 것이다. 그러나 미국은 중국이 미 본토를 겨냥하여 발사할 대륙간탄도미사일을 요격하기 위한 미사일방어체계를 구축하면서 이 같은 체계가 중국 위협에 대비하는 것이라고 말할 수 없었다. 이처럼 말하면 중국이 진정 미국의 적국이 될 수 있기 때문이었다.[25] 그런데 이처럼 중국을 진정 경계하면서도 중국을 자국의 적국으로 지칭하면 곤란할 것이란 관점은 1990년대 당시 미국인 가운데 어느 누구도 이견을 제기하지 않는 상식 수준의 것이었다.[26] 이 같은 이유로 2000년의 미국 대선 당시 아들 부시(George W. Bush)와 콘돌리자 라이스(Condoleezza Rice)는 중국 위협을 의식한 가운데 북한과 이란이 미 본토를 겨냥하여 발사할 핵탄도미사일 요격 측면에서 미국이 미사일방어체계를 구축할 필요가 있다고 말한 것이다. 당시 이후 미국의 주요 인사들이 북한 위협 운운하며 중국 위협에 대비하기 위한 미사일방어체계 구축 필요성을 강조한 것이다.[27]

그런데 북미제네바합의(Agreed Framework)가 체결된 1994년 10월부터 당시까지 북한은 핵무기 개발 노력을 중지하고 있었으며, 미사일도 거의 시험발사하지 않고 있었다. 미국은 중국이 자국 본토를 겨냥하여 발사할 핵탄도

---

[25] 조지프 나이(Joseph Nye)는 다음과 같이 말했다. "중국이 공세적인 국가가 될 가능성을 50%로, 동북아지역의 책임 있는 강대국이 될 가능성을 50%로 가정해봅시다. 이 같은 가설 측면에서 보면 중국을 적국으로 간주함은 책임 있는 강대국이 될 가능성이란 50%를 간과하는 것입니다.…중국을 적국으로 간주하면 중국은 진정 미국의 적국이 됩니다. 클린턴(William Jefferson Clinton) 행정부의 중국 포용 정책이 부상하는 중국을 다루기 위한 훨씬 좋은 방안입니다." Joseph S. Nye, Jr., "East Asian Security: The Case for Deep Engagement," *Foreign Affairs*, Vol. 74, No. 4(July/August 1995), p. 94.

[26] Aaron L. Friedberg, *A Contest for Supremacy: China, America, and the Struggle for Mastery in Asia* (p. 118). W. W. Norton & Company. Kindle Edition.

[27] 정욱식, 『MD 본색: 은밀하게 위험하게』(서울: 서해문집, 2015), pp. 13, 21.

미사일을 요격하기 위한 미사일방어체계 구축 명분 확보 차원에서라도 북한이 핵무기와 미사일을 개발하게 만들어야만 했던 것이다. 아들 부시 행정부가 출범한 2001년 1월 이후 미국은 북한 핵무기 및 미사일 개발을 종용하고 이 같은 북한의 개발 노력을 이용하여 중국에 대항한 한미일 3각 공조체제와 미사일방어체계를 구축할 수 있었다.

한편 미국은 자국의 은밀한 노력으로 북한이 핵무장하게 된 것으로 사람들이 생각하지 못하게 만들 필요가 있었다. 북한 비핵화를 위해 온갖 노력을 다했음에도 불구하고 북한이 핵무장한 것처럼 만들 필요가 있었다. 한국인들이 미국의 은밀한 노력으로 북한이 핵무장할 수 있었다고 생각하는 경우 미군의 한반도 주둔이 지장 받을 수 있을 것이기 때문이었다. 북한 핵문제가 불거진 1990년대 초반부터, 특히 북한이 본격적으로 핵무기를 개발하기 시작한 2003년부터 오늘날까지의 미국의 대북 핵정책은 북한 핵무장을 종용하고 동맹체계를 강화하기 위한 성격이었다. 북한의 핵무기 개발이 미국 때문이 아니고 북한 또는 중국 때문으로 보이게 만들기 위한 성격이었다.

예를 들면, 한반도에서 전쟁이 벌어지면 6.25전쟁 이상의 인명이 희생될 것이란 한미연합사령관 게리 럭(Gary Luck)의 1994년 발언은 이 같은 성격이었다. 당시 한국인들은 북한이 1991년 이전에 생산한 플루토늄을 모두 제거하지 않으면 영변원자로를 폭격해야 할 것이라고 주장했다. 플루토늄 제거 과정에서 한반도에서 전쟁이 벌어질 가능성이 있으며 이 전쟁에서 엄청난 인명과 재산이 희생될 가능성이 있다는 게리 럭의 발언으로 한국인들이 이들 플루토늄을 그대로 유지하고 영변원자로와 플루토늄 재처리 시설을 포함한 북한의 핵무기 개발 능력 폐기가 아니고 농결시키는 형태의 북미제네바합의에 동의하지 않을 수 없었던 것이다. 그런데 미국이 북한의 플루토늄 유지와 핵무기 개발 능력을 동결하는 형태로 북미제네바합의를 체결했던 것은 상황에 따라 북한 핵무장을 종용하기 위함이었다. 한편 엄청난 인명이 희생될 전쟁이 한반도에서 벌어질 가능성이 있다는 게리 럭의 발언이 한국인과 일본인들이 한미동맹과 미일동맹의 중요성을 절감하게 만드는 과정에서 일조했던 것이다.

2001년 1월 취임한 아들 부시는 1994년의 북미제네바합의를 파기하고 북미대화를 거부하는 한편 북한을 압박하는 방식으로 북한이 핵무기를 개발하게 만들었다. 그럼에도 불구하고 북한은 핵무장이 아니고 북미외교관계정상화를 통해 자국 안보를 보장받고자 노력했다. 이 같은 북한에 미국은 북한 핵문제를 무력이 아니고 대화를 통해 해결할 것이라고 지속적으로 말했다. 그러면서도 미국은 북한 비핵화 측면에서 북미외교관계정상화를 가정하고 있던 2005년의 9.19 합의, 2007년의 2.13 합의와 10.3 합의를 지속적으로 파기했다. 이 같은 미국의 모습을 보며 2008년 말경 북한은 미국이 북한 핵문제를 해결할 의향이 없다고 생각했으며, 자국의 핵무기 개발 노력을 무력으로 저지하지 않을 것이라고 판단했다. 그 후부터 북한은 핵무기 개발을 통해 자국 안보를 보장해야 할 것으로 생각했다. 이처럼 아들 부시는 북한이 북미외교관계정상화가 아니고 핵무장을 통해 자국 안보를 보장해야 할 것이라고 생각하게 만들었다.

한편 2004년 이후 미국은 '완벽하고, 검증 가능하며, 불가역적인 비핵화(CVID)'를 약속하는 경우에나 북한과 대화할 것이라고 지속적으로 말했다. 그런데 미국의 (전) 대북 특사 로버트 갈루치(Robert L. Gallucci)가 말한 바처럼 CVID는 이론적으로 불가능한 개념이었다.[28] 북한이 결코 수용할 수 없는 성격이었다. 이처럼 이론적으로 불가능하며 북한이 결코 수용할 수 없는 성격의 요구와 더불어 미국은 북한을 맹비난하는 등 다양한 방식으로 압박했다. 이 같은 상황에서 북한이 할 수 있던 유일한 방안은 핵 및 미사일 능력 강화였다.

6자회담은 북한 핵무장 책임을 중국에 전가하기 위한 성격이었다. 미국은 한국과 일본은 물론이고 중국이 자국과 마찬가지로 북한 붕괴를 결코 원할 수 없는

---

28) 조진형 기자, "갈루치 'CVID 정치적 허튼소리…북, 핵능력 결코 못 뺏는다'," 『중앙일보』, 2018. 5. 15

입장임을 잘 알고 있었다.29) 미국은 북한 핵 및 미사일 시험 발사 이후 대북 경제제재와 관련하여 중국의 역할을 기대했다. 그러나 미국은 중국이 북한 붕괴 가능성을 고려하여 대북 경제제재에 적극 동참할 수 없다는 사실을 잘 알고 있었다. 그럼에도 불구하고 미국은 중국이 대북 경제제재에 적극 동참하지 않아서 북한 핵문제를 해결할 수 없게 되었다고 주장했다. 중국이 북한을 비호하기 때문에 무력으로 북한 핵문제를 해결할 수 없었다고 주장했다.30)

북한 핵문제는 미국이 의지만 있었다면 충분히 해결할 수 있는 성격이었다. 한승주 외무장관이 말한 바처럼 1994년 당시 한미연합군이 막강한 전력을 유지하고 있었다는 점에서 전쟁으로 상황을 비화시키지 않고서도 1991년 이전에 북한이 생산한 플루토늄은 물론이고 북한의 원자로를 제거할 수 있는 입장이었다.31) 최악의 경우 미국이 북한 핵을 무력으로 충분히 제거할 수 있는 입장이었다. 또는 북한 핵문제는 북한이 염원했던 북미외교관계정상화를 통해 해결할 수 있었을 것이다. 그런데 이들 모두 미군의 한반도 주둔을 어렵게 할 수 있었다. 미국이 이들 방안을 채택하지 않았던 것은 이 같은 이유 때문이었을 것이다.

이처럼 북한 핵무장을 은밀한 방식으로 종용해야 할 것이란 미국의 대북 핵정책으로 오바마 행정부 말기에는 북한이 한국과 일본을 타격할 수 있을 정도의 핵 및 미사일을 확보한 상태에서 미 본토 타격이 가능한 대륙간탄도미사일 개발을 추구했다. 그러자 대통령에 취임한 2017년 트럼프는 북미대화를 추구했다. 2018년 6월의 싱가포르 북미정상회담과 2019년 2월의 하노이 북미정상회담을 통해 미국은 북한이 한국과 일본을 타격할 수 있는 반면 미 본토를 타격할 수

---

29) 중국을 방문한 미국의 학자와 군인들에게 중국은 북한의 붕괴를 방관하지 않을 것이라고 반복해 말했다. Larry M. Wortzel, "China's Goals and Strategies for the Korean Peninsula: A Critical Assessment," in *Planning for a Peaceful Korea* (U.S. Army War College, February 2001) edited by Henry D. Sokolski, p. 216

30) Narang, Vipin(2022). *Seeking the Bomb* (pp. 223-34). Princeton University Press. Kindle Edition.

31) Marion. Creekmore, *A Moment of Crisis: Jimmy Carter, the Power of a Peacemaker, and North Korea's Nuclear Ambitions* (p. 115). PublicAffairs. Kindle Edition.

없을 정도의 핵무기와 미사일을 보유하게 만들 수 있었다.

이제 미국은 더 이상 미군의 한반도 주둔 문제를 놓고 고민할 필요가 없게 되었다. 북한이 한국을 타격할 수 있을 정도의 핵무기와 미사일을 보유하고 있다는 점에서 한국인들이 미군의 한반도 주둔을 염원하지 않을 수 없을 것이기 때문이다. 미국은 또한 이들 북한 위협을 빙자하여 중국을 겨냥한 한미일 3각 공조와 미사일방어체계 구축이란 목표를 어느 정도 달성할 수 있었다. 한편 김정은이 더 이상 핵실험하지 않을 것이라고 선언했다는 점에서 핵 확산 도미노 현상을 어느 정도 차단할 수 있었다. 북한이 대륙간탄도미사일 시험 중지를 선언했다는 점에서 유사시 미 증원전력 전개 곤란을 이유로 한국과 일본이 독자적인 핵무장을 추구할 가능성도 줄어들었다.

지금 이 순간 한반도에서 미국이 해결해야 할 마지막 문제는 북한이 지속적으로 핵무기와 대륙간탄도미사일을 시험하지 않게 하고, 한국을 미중 패권경쟁에 완벽히 연루시키는 일일 것이다. 이처럼 한국이 미중 패권경쟁에 연루되는 경우 유사시 한반도는 일본과 미국을 대신하여 전쟁터가 될 것이며, 결과적으로 6.25전쟁 당시 이상의 참혹한 결과가 한반도에서 초래될 것이다.

지난 30여 년 동안의 미국의 은밀한 노력 측면에서 보면, 한국은 온도가 서서히 올라가는 열판(熱板)에 앉아 있는 개구리의 신세와 다를 바 없었다. 미국이 온도를 서서히 올리면서 그 심각성을 절감하지 못한 채 열판에 달라붙는 개구리와 다를 바 없었다. 이제 얼마 지나지 않아 한국이란 개구리가 열판에 달라붙을 것인지 여부가 결정될 것으로 보인다. 미중경쟁이 격화되면서 한반도가 이 같은 경쟁의 희생자가 될 수도 있는 순간이 머지않아 보인다. 상황이 그러함에도 불구하고 오늘날 대부분 한국인들은 미국이 북한 비핵화를 진정 원하고 있다고 생각하고 있는 듯 보인다. 북한 핵무장 책임이 전적으로 북한 또는 중국에 있다면서 미중대결에 동참하고자 적극 노력하고 있는 듯 보인다. 북한 핵의 실상을 파악하는 과정에서 이 책이 일조할 수 있을 것이다.

저자 **권영근**

목 차

저자 서문   3
머리말   8

제1장 북한 핵무기 개발 시도와 미국의 대응   29

제1절 북한 핵무기 개발에 관한 새로운 시각   39
1. 북한 핵무기 개발 시작   39
2. 북한 핵무기와 탄도미사일의 불편한 진실   41

제2절 북한의 핵무기 개발 추구 이유   51
1. 미국의 위협에 대항할 필요성   52
2. 북미외교관계정상화: 소원해진 북러 및 북중관계 대비   56
3. 한국군과 비교한 북한군의 재래식 전력 열세   66

제3절 미국의 북한 핵무장 종용 이유   71
1. 동맹체계 유지 필요성(미국의 한반도정책 측면)   72
2. 동맹체계 유지 필요성(안보전문가들의 인식 측면)   82
3. 미사일방어체계 구축 명분 조성 필요성   89
4. 북한 핵무장의 부정적인 영향: 통제 가능, 긍정적인 영향: 상당   98

제4절 미국의 북한 핵무장 종용 방안   107
1. 미국의 북한 핵무장 종용 마스터플랜(국가안보검토서(NSR) 28) 분석   107
2. 북한 핵무장 노력에 대항한 미국의 전략   120
3. 북한 핵무장 종용 전술: 강압외교   122
4. 북한 핵무장 관련 책임 전가 방안   128

제5절 미 북한 핵무장 종용 전략의 단계별 이행(1991~2020) 138
  1. 북한의 NPT와 안전보장조치 비준 추구(1991년 2월부터 1992년 4월까지) 138
  2. 북한 핵무장 허용 여부 판단을 유보하기 위한 북미제네바합의 체결 139
     (1992년 4월부터 1994년 10월까지)
  3. 중국의 패권 추구 의지 확인(1994년 10월부터 2000년 말경까지) 139
  4. 미국의 북한 핵무기 개발 종용(2001년 1월부터 2007년 12월까지) 140
  5. 북한 핵 및 미사일 능력 강화, 동맹체계 구축(2008.1~2017.1) 141
  6. 북한 핵 및 미사일 문제 매듭(2017.1~2021.1) 142
  7. 북한 비핵화 방안 142

제6절 결론 144

제2장 미국의 북한 핵무장 종용 준비 과정   149

제1절 북한의 국제원자력기구 안전보장조치 협약 비준 유도   153
1. 북한의 안전보장조치 비준을 유도하기 위한 미국의 조치   153
2. 북한의 국제원자력기구 안전보장조치 협약 비준   164

제2절 북한 핵문제의 국제화   171
1. 강력한 대북 핵사찰: 북한 NPT 탈퇴 위협 초래   173
2. 주변국의 북한 NPT 복귀 촉구   184
3. 폭발 직전까지 고조된 북미 대결   190

제3절 북한 핵 위기의 일시적인 봉합: 북미제네바합의   224
1. 카터의 방북   224
2. 북미제네바합의 체결   239
3. 북미제네바합의 반응, 이행 및 평가   246

제4절 결론   264

제3장 미국의 중국 패권 추구 의도 확인과 북한 핵무장 종용 결심   269

제1절 미국의 대북 핵정책 조정 배경   272
1. 양안사태에 대한 중국의 반응   272
2. 1997년 이후 중국의 대규모 대북지원   275
3. 1998년 8월 31일 대포동미사일 발사   279
4. 미군 전투기의 중국대사관 오폭에 대한 중국의 반응   281

제2절 북한 핵무장 종용 책략: 아미티지 보고서와 페리 보고서   285
1. 북미제네바합의에 관한 아미티지 및 페리 보고서 시각   286
2. 아미티지 및 페리 보고서 분석   291

제3절 김대중과 김정일의 6.15 남북공동선언   301
1. 김대중의 햇볕정책   302
2. 6.15남북공동선언과 한국인들의 반응   308
3. 한반도 평화를 우려한 미국: 문제는 미군의 한반도 주둔 곤란   310
4. 2000년 당시 클린턴이 방북하지 않은 이유!!!   314

제4절 결론   318

제4장 아들 부시의 북한 핵무장 종용 노력 321

제1절 클린턴 행정부 것이 아니면 아무 것이나 좋아요 326
1. 아들 부시의 미사일방어체계 구축 추구 328
2. 아들 부시의 북미 및 남북관계 단절 추구 332
3. 북한에 북미제네바합의 파기와 핵확산금지조약 탈퇴 종용 348
4. 한반도 긴장 고조에 대한 한국과 미국의 반응 370

제2절 북한의 1차 핵실험 379
1. 아들 부시의 북한 핵무장 종용 및 책임 전가 방안 379
2. 6자회담: 미국이 수용할 수 없는 9.19합의 도출 387
3. 아들 부시의 북한 탄도미사일 및 핵 실험 종용 415

제3절 미국의 북한 비핵화 노력 저지: 북한 핵무장 결심 초래 435
1. 2.13 합의와 10.3 합의 435
2. 부시의 2.13 합의와 10.3 합의 파기 추구: 북한 핵무장 결심 초래 445

제4절 결론 458

제5장 오바마의 전략적 인내: 북한 핵무장 강화와 동맹체계 정비   463

제1절 오바마 행정부의 북미 상호작용   468

제2절 오바마의 북한 핵무장 종용 노력   475
1. 북한 핵무기 개발 관련 김정은과 오바마의 상이한 목표   476
2. 오바마의 북한 핵무장 종용 정책: '전략적 인내'   479
3. 오바마의 북한 핵무장 종용 정책 이행   487
4. 북한의 핵 및 미사일 능력   497

제3절 오바마의 동맹체계 정비와 미사일방어체계 구축 노력   502
1. 천안함 피격 사태 이용   502
2. 연평도 포격 사태 이용   506
3. 북한 핵실험 이용   508

제4절 임기 말기에 대북압박 수위를 올린 오바마   520

제5절 결 론   524

제6장 트럼프의 최대압박 정책: 북한 핵무장 완성 529

제1절 트럼프의 대북정책 목표와 방책 532
1. 미국의 북한 핵 관련 목표 533
2. 목표 달성을 위한 방책 도출 539
3. 논리적으로 도출한 방책과 트럼프의 대북 핵정책 이행 비교 544
4. 최대 압박정책의 문제점과 함의 552

제2절 북미정상회담 555
1. 대화와 협상으로 가는 길 555
2. 싱가포르/하노이 북미정상회담 561
3. 평가 581

제3절 결론 593

제7장 북한 비핵화 방안   599

제1절 북한 핵무장이 가능해진 이유   602
1. 북한의 안보불안   602
2. 관련국들의 이해관계   603
3. 미국의 북한 핵무장 종용   609

제2절 한국을 미중 패권경쟁에 연루시키기 위한 미국의 구상   623
1. 미중경쟁의 위험성   623
2. 중국 위협 대응 성격의 한미일 3각 동맹 추구   625
3. 한국의 자율성 신장 및 평화정착 노력 저지   632

제3절 북한 비핵화 방안: 국가의 자율성 신장   639
1. 한미관계 진단: 한국은 미국의 속국?   640
2. 한국은 어떻게 미국의 속국이 되었을까?   645
3. 미국의 속국 신세에서 벗어나기 위한 방안   650

제4절 결론   658

제8장 결론: 한반도 지정학의 굴레에서 벗어나려면!!   661

제1장

북한 핵무기 개발 시도와 미국의 대응

제1장
북한 핵무기 개발 시도와 미국의 대응

획득 비용이 상대적으로 저렴한 반면, 적의 위협을 효과적이고도 효율적으로 억제할 수 있다는 사실 측면에서 보면 핵무기는 가난한 국가가 선호할 수 있는 대량살상무기다. 그러나 핵무기는 주변국과 비교하여 항공기, 전차 및 함정과 같은 재래식 전력이 막강한 국가만이 획득할 수 있는 무기다. 주변국과 비교하여 재래식 전력이 미약한 국가 가운데 핵무기를 획득할 수 있는 경우는 외부의 도움을 받은 경우뿐이다.[1] 1990년대 당시 북한은 곧바로 붕괴될 것처럼 보였던 국가였다. 어떻게 이 같은 북한이 핵무기 개발에 성공할 수 있었을까?

MIT 공대의 비핀 나랑(Vipin Narang)은 북한 핵무기 개발 노력을 중지 또는 역행시키기 위한 국제사회의 대북제재에 대항하여 중국이 보호해주었기 때문에 북한이 핵무기 개발에 성공할 수 있었다고 주장하고 있다. 중국이 이처럼 했던 것은 국제사회의 제재로 인한 북한 붕괴와 비교하여 한미동맹에 대항하여 완충지대로 기능하는 핵무장한 북한이 보다 바람직하다고 생각했기

---

[1] Alexandre Debs, Nuno P Monteiro(2017), *Nuclear Politics: The Strategic Causes of Proliferation* (p. 11). Cambridge University Press. Kindle Edition. 여기서는 동맹국 또는 우방국의 도움을 받은 경우로 국한시키고 있다. 필자는 동맹국 또는 우방국을 외부 세력으로 확대시킬 필요가 있다고 생각한다. 중국과 비교하여 재래식 전력이 열세했음에도 불구하고, 미국의 동맹국 또는 우방국이 아니었음에도 불구하고 미국의 묵인으로 인도가 핵무장할 수 있었기 때문이다.

때문이라고 주장한다.[2] 그러나 이 같은 주장과 관련하여 두 가지 반론이 제기될 수 있을 것이다. 첫째, 2000년 이전까지만 해도 한반도가 한국 중심으로 통일될 것으로 생각한 중국은 북한 비핵화를 염원한 측면이 강했다. 그 이유는 핵무장한 통일한국으로 인한 일본의 핵무장이 중국 안보 측면에서 매우 부정적이기 때문이었다. 둘째, 중국이 이처럼 북한을 보호해줄 수 있었던 것은 미국이 중국을 포함한 다자적인 형태의 대북 경제제재를 통해 북한 비핵화를 달성하고자 노력한 결과이기 때문이다. 무력 타격, 북한이 요구한 북미외교 관계정상화 또는 북미 양자대화를 통해 북한 비핵화를 추구했더라면 중국이 개입할 여지는 거의 없었을 것이다.

예일대학의 알렉산더 데브(Alexandre Debs)와 시카고대학의 누노 몬테이로(Nuno Monteiro)는 북한이 장사정포로 서울을 타격하여 엄청난 인명을 살상할 가능성으로 인해 미국이 영변 핵시설을 타격할 수 없었다고 말한다.[3] 그러나 북한 장사정포 위력이 지나치게 부풀려졌다는 관점도 없지 않다. 개전 초반 북한이 장사정포로 한국군을 타격하는 경우 3천 명 정도, 서울시민을 타격하는 경우 3만 명 정도가 살상되었을 것이라고 한다. 그러나 한미연합군의 대화력전 능력으로 그 위력이 곧바로 대거 약화되었을 것이라고 한다.[4] 첨단 스텔스기를 포함한 막강한 항공기를 대거 보유하고 있던 한미연합군의 경우 북한 장사정포를 개전과 동시에 무력화시킬 수 있었을 것이다. 여기서 보듯이 북한이 핵무장할 수 있었던 것이 중국이 북한을 국제사회의 제재로부터 보호해주었기 때문 또는 북한 장사정포 때문이란 관점은 설득력이 떨어지는 듯 보인다.

---

2) Vipin Narang(2022), *Seeking the Bomb* (p. 225). Princeton University Press. Kindle Edition.
3) Alexandre Debs, Nuno P Monteiro(2017), *Nuclear Politics* (p. 278). Kindle Edition.
4) Roger Cavazos, "Mind the Gap between Rhetoric and Reality," *Nautilus Institute*, June 26. 2010.

이 책에서는 미국이 은밀한 방식으로 북한의 핵무기 개발을 종용했다고 주장할 것이다.5) 핵무기가 지구상에 출현한 1945년 이후 국제사회에서 핵무기 확산과 비확산을 주도한 국가는 미국이었다. 북한이 핵무장을 추구한 1990년대 초반에도 상황은 마찬가지였다.6) 이 같은 미국이 중국의 패권 저지란 '사활적인 이익(Vital Interests)'7)을 수호하기 위해 북한 핵무장을 종용했다는 관점이다. 일단 북한이 핵무장에 성공하자 미국은 물론이고 중국 또한 한반도에 대한 영향력 유지 차원에서 비핵화를 주도할 수 없는 입장이란 관점이다.

필자와 유사한 관점을 북경대학의 주펑(朱峰), 프린스턴대학의 레온 시걸(Leon V. Sigal), 연세대학교의 양샹펑(楊向峰) 교수가 견지했다. 주펑은 "북한 핵위협이 한미동맹과 미일동맹 강화 측면에서 도움이 된 것은 사실이다.… 중국은 동북아지역에서 자국의 입지를 공고히 하고, 중국을 포위하기조차 할 필요가 있는 미국이 북한 비핵화를 진정 원할 수 있을까? 란 의문을 제기하고 있다."8)라고 말한다. 시걸은 중국뿐만 아니라 미국도 분단된 한반도의 현상 변경을 원치 않는다는 점에서 북한 비핵화를 원할 수 없는 입장이라고 말하고 있다.9) 양샹펑은 "미국과 중국은 공식적으로는 한반도 비핵화를 원하고 있다고 말하지만 이 같은 목표 달성을 위한 선제적인 상황 간섭을 전적으로 거부하는

---

5) "핵무기 개발을 고려하는 모든 국가는 개발을 시작하기 이전에 미국의 가능한 반응을 심각히 고려해야 할 것이다." Francis J. Gavin(2020), *Nuclear Weapons and American Grand Strategy* (p. 92). Brookings Institution Press. Kindle Edition.; "…미국 정부는 핵무기 확산을 저지, 지연, 관리하거나 선택적으로 수용하거나 촉진하기 위해 적극 노력한 바 있다." Nicholas L. Miller(2018), *Stopping the Bomb* (Kindle Location 78). Cornell University Press. Kindle Edition.

6) Michael J. Mazarr, "Going Just a Little Nuclear: Nonproliferation Lessons from North Korea," *International Security*, Vol. 20, No. 2(Fall, 1995), p. 108.

7) 이는 이익 수호를 위해 전쟁도 마다하지 않는 성격의 이익을 의미한다. 예를 들면, 영토 관련 이익이 바로 그것이다. Donald M. Snow and Dennis M. Drew/권영근 번역(2003), 『미국은 왜? 전쟁을 하는가: 전쟁과 정치의 관계』(서울: 연경문화사, 2003), pp. 25-7.

8) Feng Zhu, "Flawed Mediation and a Compelling Mission: Chinese Diplomacy in the Six-Party Talks to Denuclearise North Korea," *East Asia*(2011), Vol. 28, pp. 209, 214.; 주펑은 이 논문을 발표할 당시 북경대학 교수였다. 현재는 남경대학 교수다.

9) Leon V. Sigal, "Magical Thinking on North Korea," *The Boston Globe*, February 24, 2010.

입장이다."10)라고 말하고 있다.

이 책에서는 북한이 핵무기 개발에 성공할 수 있었던 것이 북한과 미국 모두에게 북한 핵무장이 절실했기 때문이라는 주장을 전개하고 있다. 북한 핵무장이 자국 안보 측면에서 북한에 필요했던 반면, 패권 추구 조짐을 보였던 중국 위협에 대비하기 위한 동맹체계 구축 등 억지력 구축 명분 확보 차원에서 미국에 절실했기 때문이었다는 관점이다. 북한 핵무장이 미국이 선택 가능한 유일한 대안이었기 때문이란 관점이다.

한국인 가운데에는 동맹국 미국이 중국의 패권 부상 저지란 자국의 국익을 수호하기 위해 북한 핵무장을 은밀한 방식으로 종용했다는 필자의 관점에 의문을 제기하는 사람도 없지 않을 것이다. 그러나 지국의 사활적인 이익이 위협받을 가능성이 있는 경우 국가는 국제사회의 규범 내지는 규칙과 무관하게 자국의 국익에 도움이 되는 방향으로 행동하게 된다.11) 미국은 패권경쟁에서의 승리, 이 같은 측면에서의 미군의 한반도 주둔을 결코 양보할 수 없는 핵심 이익, '사활적 이익'으로 간주했다.

북한이 본격적으로 핵무기를 개발하기 시작한 1990년대 초반은 아태지역 질서는 물론이고 국제질서가 요동치던 시기였다. 소련이 붕괴된 반면 중국이 서서히 패권 추구 조짐을 보였다.12) 소련이 붕괴되기 직전에서조차 미국은 또 다른 패권국의 부상 가능성을 우려했다. 폴 월포위츠(Paul Wolfowitz)가 주도하여 작성한 문서에서는 "지구상에 하나의 주도적인 군사력이 존재하며, 잠재

---

10) Xiangfeng Yang, "China's clear and present conundrum on the Korean peninsula: stuck between the past and the future," *International Affairs*, Vol. 94, Issue 3, p. 610.

11) Quoted in John J. Mearsheimer(2018), *Great Delusion: Liberal Dreams and International Realities* (Kindle Location 2984). Yale University Press. Kindle Edition.; John J. Mearsheimer, "The False Promise of International Institutions," *International Security*, Vol. 19, No. 3(Winter 1994/95), pp. 5-49.

12) "그러나 중국이 동아시아 불안정의 보다 큰 원천일 가능성이 있다.…보다 먼 훗날의 일이지만 중국의 세력팽창은 여타 국가의 세력팽창과 비교하여 보다 가능성이 있으며, 보다 위협적일 것이다." Samuel P. Huntington(1991), "America's Changing Strategic Interests," *Survival*, Vol. XXXIII, No. 1, January/February 1991, p. 12.

경쟁국들이 지역 또는 지구적 차원에서 미국의 경쟁국이 되는 것을 꿈도 꾸지 못하는 그러한 세상"을 구상하고 있었다.13) 미국의 야망은 여기서 그치지 않았다. 지구상 유일 패권국이 되었음을 확인한 미국은 세상을 지구상 모든 국가를 위해 바꿀 수 있는 호기로 생각했다.14) 그런데 미국은 그 방법을 가능한 한 많은 국가를 미국 중심의 질서로 통합시킴과 동시에 민주주의 국가로 변환시키는 것으로 생각했다.

한편 미국의 안보전문가들은 패권 추구 가능성이 있어보였던 중국을 미국 중심의 질서로 통합시켜야 할 것인지 아니면 봉쇄해야 할 것인지의 문제를 놓고 격론을 벌였다. 결과적으로 미국은 중국을 포용하면서도 그 부상 가능성에 대비해야 할 것이란 의미의 "포용 그러나 대비(Engage but Hedging)"15) 전략을 수립했다. 미국은 중국과 가능한 한 긴밀히 교류해야 할 것이지만, 이 같은 교류를 통해 국력이 대거 신장된 중국이 패권을 추구할 가능성에 대비해야 할 것이라고 생각한 것이다. 예를 들면, 1987년 미 국방성 총괄평가국(Office of Net Assessment)은 전반적인 추세를 고려해볼 때 2010년경 중국이 세계 2위 경제대국이 될 것이며, 경제력의 일부를 국방에 투입하는 경우에도 초강대국이 될 수 있을 것이란 내용의 보고서를 발간했다.16) 한편 1987년 미국은

---

13) Patrick E. Tyler, "U.S. Plan Calls for Ensuring No Rivals Develop," *New York Times*, March 8, 1992.

14) George H. W. Bush and Brent. Scowcroft(2011), *A World Transformed* (p. 990). Knopf Doubleday Publishing Group. Kindle Edition.

15) 1990년대 중반 조지프 나이가 작성한 미 국방성의 동아시아태평양 안보전략에서는 "포용 그러나 대비" 전략을 제안했다. 여기서는 한편에서 미국이 중국을 적국으로 간주하는 경우 중국이 적국이 될 것이라고 주장했다. 따라서 여기서는 중국을 포용하여 국제체제로 통합시켜야 할 것이라고 제안했다. 동시에 여기서는 이 같은 미국의 노력이 성공하지 못하는 경우 감수해야 할 모험이 상당한 수준임을 인지했다. 따라서 또 다른 한편에서 미국이 "동아태 지역에서의 미국의 전략적 이익을 촉진하며, 이곳 지역에 대한 미국의 공약이 변함이 없음을 과시하기 위해 10만의 병력을 유지"하고, 일본 및 한국과 같은 동맹국 및 우방국과의 관계를 강화하는 방식으로 중국의 부상에 대비할 것을 촉구하고 있었다. Department of Defense, *The United States Security Strategy for the East Asia-Pacific Region*, 1998, pp. 59-60.

16) Quoted in Aaron L. Friedberg(2023), *Getting China Wrong* (p. 31). Polity Press. Kindle Edition.; *Report of The Commission on Integrated Long-Term Strategy, Discriminate Deterrence* (Washington, DC: US Government Printing Office, January 1988), p. 6.

소련의 해체 가능성을 보며 1987년 주한미군 철수를 구상했다. 그런데 1991년 말경 미국은 중국의 부상 가능성을 고려하여 미군의 한반도 지속 주둔을 결심했다.17)

당시 미국은 북한 핵무기 개발을 핵 확산 방지가 아니고 자국의 패권 측면에서, 특히 대 중국 정책 측면에서 바라보았다. 미국은 북한 핵무장을 종용했는데, 중국 위협 대비 측면에서 미군의 한반도 주둔이 매우 중요했으며, 미군의 한반도 주둔 보장 차원에서 북한 핵무장이 거의 유일한 대안이기 때문이었다.18) 이외에도 중국이 미 본토를 겨냥하여 발사할 가능성이 있던 탄도미사일 요격을 위한 미사일방어체계 구축 명분 확보 차원에서 필요했기 때문이었다.19)

미국이 북한 핵무기 개발 노력에 대항하여 선택할 수 있던 4가지 대안이 있었다. 북미외교관계정상화를 포함한 유인책에 입각한 외교, 군사력을 이용한 예방공격, 강압외교(Coercive Diplomacy), 노골적인 핵무장 허용이 바로 그것이었다.20) 이들 가운데 앞의 두 가지 방안이 북한 핵무장을 저지하기 위한 성격이었다면 나머지 두 가지 방안은 핵무장을 허용해줄 수 있는 성격이었다. 미국이 이들 방안 가운데 선택한 것은 은밀한 방식으로 북한 핵무장을 초래할 수 있는 성격인 강압외교였다.

---

17) Lawrence E Grinter, *East Asia And The United States Into The Twenty First Century* (Maxwell: Air University Press, 1991), pp. 6, 11, 18.; 김종대 『노무현시대의 문턱을 넘다』 (서울: 나무와숲, 2010), pp 160-175.

18) 예를 들면, 임동원 국정원장과의 인터뷰에서 미 PBS 기자는 "아들 부시가 선택할 수 있던 유일한 대안이 북한 핵무장이란 점에서 부시 행정부가 북한 핵무장을 김정일에게 종용하고 있는 것으로 생각하는지?(Do you believe the Bush administration is driving him to acquire nuclear weapons, because that's his only choice?)"라고 질문한 바 있다. "Interviews - Lim Dong Won | Kim's Nuclear Gamble | Frontline | PBS," 2003. 4. 12. https://www.pbs.org/wgbh/pages/frontline/shows/kim/interviews/won.html (2021. 12. 25)

19) 예를 들면, 중국은 미국이 자국을 겨냥한 동맹체계 정비와 미사일방어체계 구축 명분 확보 차원에서 북한을 적국으로 지칭하고 있다고 생각한다. Eric A. McVadon, "China's Goals and Strategies for the Korean Peninsula," in *Planning for a Peaceful Korea* (U.S. Army War College, February 2001) edited by Henry D. Sokolski, p. 171.

20) Dan Orcutt, "Korea: A U.S. Foreign Policy Side Show," *Strategic Insights*, Vol. 3, Issue 7, July 2004, p. 1.

당시 북한은 곧바로 붕괴될 것만 같은 국가였다. 그러나 미국은 북한 붕괴를 방치할 수 없었다. 북한이 붕괴되어 한반도가 통일되면 통일한국이 중국의 영향권으로 들어갈 가능성도 없지 않았기 때문이었다.21) 이 경우 미군의 한반도 주둔이 곤란해질 수 있었기 때문이었다. 이 같은 이유로 미국은 북한 핵무장 노력을 무력으로 저지할 수 없었다. 이처럼 저지하는 과정에서 북한이 붕괴될 수 있었기 때문이었다. 북한이 요구한 북미외교관계정상화를 수용할 수도 없었다. 미국이 북한과 외교관계를 정상화하는 경우 북한이 더 이상 자국의 적국이 아니란 점에서 북한 위협을 전제로 하는 한미동맹이 의미를 상실하면서 미군의 한반도 주둔이 곤란해질 수 있었기 때문이다. 북한 핵무장 노력을 방치할 수도 없었다. 이처럼 방치하는 경우 북한이 주변국 제재로 붕괴될 가능성도 없지 않았기 때문이다. 만의 하나라도 이처럼 방치하여 북한이 핵무장에 성공하는 경우 미국이 국제사회로부터 상당한 비난을 받을 수 있었기 때문이었다.

북한 붕괴를 방지하고자 하는 경우 북한 핵무장은 필수적이었다. 북한이 핵무장하지 않으면 한국군의 재래식 전력이 북한군과 비교하여 막강하다는 점에서 미군의 한반도 주둔을 보장할 수 없으며, 주한미군이 철수하는 경우 남북이 통일될 가능성이 있었기 때문이다.

미국은 적국이 이스라엘과 파키스탄의 핵무장 노력을 저지하지 못하도록 이들 국가에 첨단 재래식 무기를 제공해주었다.22) 이들 국가의 핵무장을 직접 지원한 것이다. 그러나 이들 국가의 경우와 달리 미국은 북한 핵무장 노력을 직접 지원하지 않았다. 북한이 핵무장하지 않을 수 없도록 상황을 조성한 것이다. 엄밀한 의미에서 핵무장을 종용한 것이다.

---

21) 중국은 통일한국이 미국과 지속적으로 동맹관계를 유지할 가능성을 우려하고 있다. 이 같은 이유로 통일에 반대한다. 그러나 통일 이후 한반도가 장기적으로 자국과 보다 우호적인 관계가 될 것으로 생각한다. 이는 미국과 비교하여 중국이 한반도 통일을 보다 긍정적으로 바라볼 수 있을 것이란 의미다. Eric A. McVadon, "China's Goals and Strategies for the Korean Peninsula," p. 178.

22) 이스라엘의 경우 다음을 참조. Alexandre Debs, Nuno P Monteiro(2017), *Nuclear Politics* (pp. 231-2, 235, 238). Kindle Edition.; 파키스탄의 경우 다음 참조. Ibid., pp. 326, 340, 349.

미국이 이처럼 북한 핵무장을 종용했던 것은 그 이점이 상당했던 반면 단점은 극복 가능한 수준이기 때문이었다. 북한 핵무장 종용 차원에서 아버지 부시(George H. W. Bush)는 1991년 1월 국가안보검토(NSR) 28이란 마스터플랜을 작성했다. 그런데 아버지 부시 이후부터 트럼프에 이르는 미국의 대북 핵정책은 이 마스터플랜에 입각했다.[23] 미국이 이처럼 나름의 마스터플랜에 입각하여 북한 핵무장을 종용했던 이유는 미중 패권경쟁 대비 차원에서 북한 핵무장이 너무나 중요한 의미가 있었기 때문이었을 것이다.

미국은 북한의 핵 및 미사일 개발을 종용하면서도 자국의 노력으로 북한이 핵무장한 것처럼 보이지 않게 만들 필요가 있었다. 미국 때문이 아니고 중국 또는 북한 때문에 핵무장에 성공한 것처럼 보이게 만들 필요가 있었다. 한국인들이 미국의 의도적인 노력으로 북한이 핵무장할 수 있었음을 감지하는 경우 미군의 한반도 주둔이 곤란해질 수 있었기 때문이었다. 이 같은 측면에서 미국이 선택 가능했던 유일한 대안은 강압외교였다. 이외에도 북한 핵무장 책임을 중국에 전가하기 위해 미국은 중국을 포함한 다자외교를, 북한에 전가하기 위해 (선) CVID (후) 보상이란 방안을 고집했던 것이다.

강압외교가 북한 비핵화 측면에서 의미가 있으려면 비핵화를 추구하지 않으면 무력도 불사할 것이라는 신빙성 있는 형태의 위협이 필수적이었다. 비핵화 조건으로 그에 상응하는 좋은 결과를 제시해주어야만 했다.[24] 아들 부시 행정부 출범 이후부터 버락 오바마(Barack Hussein Obama II) 행성부 말기까지 북한은 한국과 일본을 타격할 수 있을 정도의 핵무기를 획득했다. 이처럼 북한이 핵무장할 수 있었던 것은 이 기간 동안 미국이 북한 핵문제 해결을 위해 무력을 사용하지 않을 것이라고 공공연히 밀했을 뿐만 아니라 묵한 비핵화 노력에 상응

---

[23] 이 책의 1장 4절 1항과 2항 참조.

[24] Bruce Jentleson, "Coercive Diplomacy: Scope and Limits in the Contemporary World," *The Stanley Foundation*, December 2006, p. 3.

하는 보상을 거의 제시해주지 않았기 때문이었다. 이것이 아니고 북한이 결코 수용할 수 없으며 이론적으로 불가능한 성격인 완벽하고, 검증가능하며, 불가역적인 비핵화(CVID)25)를, (선) CVID (후) 보상을 지속적으로 주장했기 때문이었다. 미국은 북한이 CVID에 응하도록 다자적 성격의 대북 경제제재를 동원했다. 그런데 중국을 포함한 주변국이 북한 붕괴를 원치 않았다는 점에서 다자적인 대북 경제제재를 통해서는 북한 CVID를 달성할 수 없었다. 결과적으로 북한이 핵무장에 성공한 것이다.

 (선) CVID (후) 보상이란 미국의 제안에 응하지 않는 가운데 북한이 핵무기 개발을 지속했으며, 북한에 상당한 영향력이 있어 보였던 중국을 포함한 다자적인 강압외교 방식으로 이 같은 북한의 핵무기 개발 노력에 대응했다는 점에서 북한 핵무장의 책임이 중국 또는 북한 때문이라고 사람들이 인식하게 만들 수 있었던 것이다.

---

25) 조진형 기자, "갈루치 'CVID 정치적 허튼소리…북, 핵능력 결코 못 뺏는다'," 『중앙일보』, 2018. 5. 15.

제1절 북한 핵무기 개발에 관한 새로운 시각

냉전 종식 이후 고립무원(孤立無援) 상태에 있던 북한 입장에서 핵무기 개발 추구는 지극히 당연한 것이었다. 미국은 이 같은 북한의 핵무기 개발 노력을 은밀히 부추겼다. 종용했다. 미국이 이처럼 했던 것은 패권경쟁 측면에서 미군의 한반도 주둔이 사활적인 의미가 있었으며, 미군의 한반도 주둔을 보장하고자 하는 경우 북한 핵무장이 필수적이기 때문이었다. 이 같은 북한 핵 무력에 대항하기 위한 유일한 방안은 미국의 핵우산 또는 미사일방어체계가 아니고 한국의 독자적인 핵무장이다.

1. 북한 핵무기 개발 시작

1980년 북한은 영변에 조잡한 수준의 원자로를 건설하기 시작했다. 1985년 북한은 핵확산금지조약(NPT)에 가입했다. 그러면서 핵무기를 만들거나 획득하지 않을 것이라고 약속했다. 그러나 북한이 핵무기 개발을 추구하고 있음을 보여주는 증거가 1989년 이후 출현했다. 미 중앙정보국(CIA)은 1989년 5월 북한이 플루토늄 재처리 시설을, 1989년 7월 핵실험 시설을 만들고 있음을 확인했다. 그러나 1986년부터 1990년까지 핵무기 개발에 관한 북한의 공식 입장은 동일했다. 1986년 북한 외교부는 핵무기를 시험, 생산, 축적 및 도입하지 않을 것이라는 내용의 성명을 발표했다. 이 같은 북한의 입장은 소련이 한소수교 의사를 표명한 1990년 9월 급변했다.

한소수교가 임박했다는 소식에 격분한 북한 외교부는 소련이 한국과 수교하는 경우 "지금까지 동맹국에 의존해왔던 그러한 무기를 독자적으로 개발하는 것 이외에 별다른 도리가 없을 것이다."라고 말했다. 그런데 여기서 말하는 무기가 핵무기일 수 있었다. 소련 외무장관 예두아르트 셰바르드나제(Eduard Shevardnadze)와 회동한 1990년 9월 북한 외교부장 김영남은 소련이 한국과 수교하는 경우 북한이 핵무기 개발에 박차를 가할 것이라고 경고했다. 이 같은 김영남의 발언을 간과한 채 소련과 한국은 1990년 9월 30일 외교관계를 정상화했다.

1989년에 출범한 아버지 부시 행정부의 대부분 인사들은 북한이 핵무기 개발을 추구하고 있다고 생각했다. 부시 행정부의 관심은 북한의 핵무기 개발 여부가 아니고 개발 시점이었다. 미 국방성과 국방정보국(DIA)은 북한의 핵무기 개발에 3년에서 5년의 기간이 소요될 것으로 생각했다. 미 에너지부 (Department of Energy)의 전문가들은 북한 핵무기 개발에 국방성과 국방정보국이 판단한 시점보다 몇 년이 더 소요될 것으로 판단했다. 미 국무성은 이들 측정 기간을 양 극단으로 가정하는 경우 그 중간 정도의 기간이 소요될 것으로 판단했다.[26]

북한이 본격적으로 핵무기 개발을 시작한 1980년대 말경은 미국과 중국이 점차 상대방을 자국의 주요 적국으로 인식하기 시작한 시점이었다. 이 같은 중국의 부상에 대항한다는 차원에서 미국은 북한 핵무기 개발 노력을 적절히 통제할 필요가 있었다. 1990년 8월 미국은 북한의 핵무기 개발 노력에 대항하기 위한 방안을 마련할 구상이었다. 그런데 이라크의 쿠웨이트 침공으로 그 시점이 1991년 이후로 1년 늦춰진 것이다.[27]

아버지 부시의 지시로 1991년 1월 28일 작성한 국가안보검토서(NSR) 28에서는 아태지역에서의 미국이 아닌 또 다른 패권국의 부상 저지란 미국의 가장 중요한 안보 목표 측면에서 북한 핵무기 개발 노력을 적절히 이용하기 위한 방안 구상을 요구하고 있었다.[28] 1990년대 초반부터 미국은 냉전 당시 아태

---

26) Andrew Mack, "North Korea and The Bomb," *Foreign Policy*, No. 83(Summer, 1991), pp. 89-90.
27) Michael J. Mazarr, *North Korea and The Bomb* (New York: St. Martin's Press, 1995), p. 61.
28) 이 책의 1장 4절 참조.

지역에 구축한 동맹체계를 이용하여 중국의 부상 가능성에 대비하고자 했는데, 이 같은 동맹체계에서 한미동맹이 '함정의 닻'에 해당할 정도로 중요한 의미가 있었다. 이 같은 사실 이외에 한중 및 한러수교로 한국과 비교한 북한의 국력이 상당히 약화되었다는 사실 측면에서 보면 한미동맹을 지속 유지하고자 하는 경우 미국은 북한 붕괴를 방지함과 동시에 은밀한 방식으로 북한을 핵무장시킬 필요가 있었던 것이다.

아버지 부시 대통령 이후부터 트럼프에 이르는 미국의 대북 핵정책은 북한 붕괴 가능성을 차단하는 한편 북한이 한국과 일본을 타격할 수 있는 반면 미 본토를 타격할 수 없을 정도의 핵무기와 미사일을 개발하지 않으면 안 되도록 상황을 조성하기 위한 성격이었던 것이다.[29]

2. 북한 핵무기와 탄도미사일의 불편한 진실

북한 핵무장의 주역은 미국과 북한, 특히 미국이었다. 미국을 '선한 목자'로 생각하는 대부분 한국인들의 잘못된 인식이 북한 핵문제를 악화시켰다. 북한 핵무장에 대항하기 위한 방안은 미사일방어체계도 미국이 제공해주는 핵우산도 아니다. 한국의 독자적인 핵무장이다. 다음과 같은 몇몇 이유 때문이다.

첫째, 북한의 핵무기 및 미사일 개발은 고립무원 상태의 북한이 선택할 수 있던 지극히 이성적인 대안이었다. 박근혜(朴槿惠) 대통령을 포함한 많은 한국인들은 핵무기와 탄도미사일 개발을 추구하는 김정은을 정신병 환자라고 말했다. 북한을 합리적인 행위자로 볼 수 있는지 의문을 제기했다. 그러나 빅터 차(Victor Cha)와 같은 미국의 한반도 전문가들은 북한은 미치기는커녕 너무나 이성적이라고 말했다. 핵무기를 개발하지 않으면 한미연합군의 공격을 받아 언제 붕괴될지 모르는 북한 입장에서 핵무기 개발은 지극히 당연한 현상이란

---

[29] 이 책의 1장 5절 참조.

것이다.30) 고립무원 상태에서 핵 및 미사일 개발을 추구하는 김정은을 미치광이라고 한다면 1970년대 당시 미 지상군 철수 가능성에 대항하여 핵무기 개발을 추구했던 박정희 대통령을 어떻게 생각해야 할까? 북한 핵무기는 상대적으로 막강한 재래식 전력을 보유하고 있던 한국과 세력균형을 유지해주는 성격일 뿐만 아니라 한반도 전쟁에서 미국이 북한을 겨냥하여 핵무기를 사용하지 못하게 하는 억지력이란 의미가 있었던 것이다.31)

둘째, 미국이 북한 핵문제의 주역이다. 북한 핵문제는 북미 및 미중 간의 문제다.32) 미중 간의 문제, 특히 미국의 문제다.

북한은 자국의 핵문제를 북미 간의 문제로 생각했다. 북한은 미국의 대북 적대시정책 때문에 핵무기를 개발했다고 반복해 말했다. 그런데 여기서 말하는 대북 적대시정책은 한미동맹, 주한미군, 한미연합훈련, 미국이 한국에 제공해주는 확장억제력을 포함하는 개념이었다.33) 이 같은 북한의 주장이 타당성이 없지 않아 보인다. 미국이 북미외교관계를 정상화해주는 등 북한과 우호적인 관계를 유지하고자 노력했더라면 북한 핵무장이 곤란해졌을 것이기 때문이다. 북한이 자국의 핵문제를 북미 간의 문제로 생각하고 있다는 사실과 미국이 북한 핵무장에 대항한 한미일 3각 공조와 미사일 방어체계 구축을 강조했다34)는 측면에서 보면 북한 핵문제는 진정 북미 간의 문제로 생각할 수도 있을 것이다.

---

30) Victor Cha, "North Korea, Far From Crazy, Is All Too Rational," *New York Times*, September 10, 2016.

31) Andrew Mack, "The Nuclear Crisis on the Korean Peninsula," *Asian Survey*, April 1993, Vol. 33, No. 4 (Apr 1993), p. 342.

32) Xiangfeng Yang, "China's clear and present conundrum on the Korean peninsula," p. 597.

33) Bruce Klinger, "The U.S. Should Implement Maximum Pressure After Failed Hanoi Summit," *The Heritage Foundation*, May 22, 2019, p. 1.

34) Richard L. Armitage, "A Comprehensive Approach to North Korea," *Institute For National Strategic Studies*, March 1999, pp. 5-9.

한편 자국의 핵무기 개발을 미국의 대북 적대시정책의 산물이라는 북한의 주장은 북한 핵문제를 초래한 국가가 미국이란 의미와 다름이 없을 것이다.

문제는 1990년대 중반 이후 미국이 북한 핵위협을 빙자하여 중국을 겨냥한 아태지역의 동맹체계를 정비하고 미사일방어체계 구축을 추구했다는 사실이다.35) 이는 미국 입장에서 북한 핵문제가 북미 간의 문제라기보다는 미중 간의 문제란 의미일 것이다.

결국 북한 핵문제는 미국이 중국 위협에 대항한 동맹체계 정비와 미사일방어체계 구축 명분 확보 차원에서 북한 핵무장이 필요했으며, 북한 핵무장 종용 측면에서 대북 적대시정책을 전개한 결과 초래된 것으로 볼 수 있을 것이다. 이 같은 관점에서 보면 북한 핵문제의 주역은 중국도 북한도 아니었다. 미국이었다.

셋째, 북한 핵문제는 해결될 기회가 수차례 있었는데 미국이 해결하고자 하지 않았다. 이는 북한 핵무장의 주역이 미국이란 논리를 보완해주는 성격일 것이다.

『MD 본색: 은밀하게 위험하게』란 제목의 책에서 정욱식은 아들 부시 대통령 이후 미국이 북한 핵문제 해결을 의도적으로 간과했다고 주장하고 있다. 정욱식은 많은 미국인들이 미사일방어체계 구축 명분으로 북한 핵위협을 거론해왔다는 점에서 북한 핵문제는 미국 입장에서 해결되면 안 되는 사안이었다고 주장하고 있다.36)

1990년대 중반 이후 미국에는 북한 핵문제를 자국의 보다 큰 이익을 위해 교묘히 이용해야 할 것이라고 생각하는 사람들이 없지 않았다.37) 정욱식은 보다

---

35) 중국을 진정 경계하면서도 중국을 자국의 적국으로 지칭하면 곤란할 것이란 관점은 1990년대 당시 미국인 가운데 어느 누구도 이견을 제기하지 않는 상식 수준의 것이었다. Aaron L. Friedberg, *A Contest for Supremacy: China, America, and the Struggle for Mastery in Asia* (p. 118). W. W. Norton & Company. Kindle Edition.
36) 정욱식, 『MD 본색: 은밀하게 위험하게』(서울: 서해문집, 2015), pp. 13, 21.
37) Michael J. Mazarr, *North Korea and The Bomb*, p. 73.

큰 이익을 미사일방어체계 개발 명분 확보로 생각했다. 필자는 미국의 패권체계 정비로 생각하고 있다. 중국의 패권 추구 가능성에 대비하여 미군의 한반도 지속 주둔이 절실했으며38), 미군의 한반도 주둔 보장 측면에서 북한 핵무기 개발이 절실했다39)는 것이다. 북한 비핵화로 한반도에 평화가 도래하는 경우 미군의 한반도 주둔 명분이 상실되었을 것이기 때문이다. 이 경우 중국 등 또 다른 패권국의 부상 저지란 미국의 가장 중요한 목표 달성이 곤란해졌을 것이기 때문이다.40) 이처럼 북한 핵무장이 미국에 주는 긍정적인 의미가 상당했던 반면 부정적인 의미는 미미한 수준이었던 것이다.41) 아무튼 미국 입장에서 보면 북한 핵문제는 해결되면 안 되는 사안이었다. 북한 핵문제가 그처럼 지속적으로 복잡해진 것은 이 같은 이유 때문이었다. 이 같은 이유로 미국은 북한 핵문제가 불거진 1990년대 초반부터 오늘에 이르는 30여 년 동안 해결 불가능한 방법, 북한 핵무장을 초래할 수밖에 없는 방법을 동원하여 북한 비핵화를 추구한 것

---

38) 또 다른 한편에서 미 국방성과 정보공동체는 중국의 부상에 대비했다. 이들은 군사적 우위를 유지하고, 주요 동맹국 및 우방국들과의 관계, 특히 일본, 한국 및 인도와의 관계를 강화하며, 정보 자산을 발전시키고, 분쟁에 대비한 계획을 수립했다. 이들은 구체적으로 중국을 거론할 수 없었지만 중국을 겨냥하여 구체적인 무기체계와 전쟁계획을 발전시켰다. Graham Allison, *Destined For War: Can America and China Escape Thucydides's Trap*? (Kindle Location 6602), Kindle Edition.; 아태지역의 미국의 동맹체계에서 한미동맹은 '함정의 닻'에 해당할 정도로 중요한 성격이다. Quoted in Mira Rapp-Hooper(2020), *Shields of the Republic* (p. 52), Harvard University Press. Kindle Edition.; "Memorandum of Conversation, by the Assistant Secretary of State for Far Eastern Affairs (Robertson), April 24 1953," in *FRUS*, 1952-54, Vol. 15, Part 1, pp. 933-5.

39) 항공기, 전차 및 함정과 같은 재래식 무기 측면에서 북한군이 한국군과 비교하여 상당히 열세한 반면, 이들 재래식 무기 건설에 엄청난 국방예산이 소요된다. 결과적으로 이 같은 재래식 무기 측면에서의 남한과 북한의 격차는 보다 더 벌어질 것이다. 북한이 핵무장하지 않으면 이 같은 사실을 인지한 한국인들이 주한미군 철수를 주장할 가능성이 있을 것이다.

40) "…한반도에 미군을 주둔시키지 못하면 일본에 미군 기지를 유지하기가 쉽지 않을 것이다." Henry Kissinger(2001), *Does America Need a Foreign Policy?: Toward a New Diplomacy for the 21st Century* (Kindle Location 1617, 1804). Simon & Schuster. Kindle Edition.; 일본이 주일미군을 유지하는 주요 이유는 한반도의 분단 상태를 지속 유지하게 하기 위함이다. Ibid., (KindleLocation 1871)

41) "북한이 저급의 핵무기를 만들 수 있다고 가정하는 경우에도 이들 핵무기로 미국을 공격해야 할 이유가 거의 없다.…북한이 이들 핵무기를 미 본토로 운반할 수단이 마땅치 않다는 사실로 인해 위협이 또한 완화된다.…북한의 핵위협은 미국의 핵 억지력으로 인해 보다 더 저하된다." Michael J. Mazarr, *North Korea and The Bomb*, pp. 6-8.

이다.42) 미국이 비핵화 목적으로 사용한 외교적 노력이 의미가 없다는 사실을 리처드 체니(Richard Cheney) 부통령의 보좌관이던 버클리대학 교수 아론 프리드버그(Aaron Friedberg) 또한 말했다. 그는 김정은이 어찌할 수 없는 상황에서만 핵무기를 포기할 것이라고 말했다. 아들 부시 대통령 당시 미 국무성 대북협상 특사였던 찰스 프릿처드(Charles L. Pritchard)는 부시 행정부가 북한이 자유의사에 입각하여 비핵화 할 것으로 생각하지 않았음이 분명하다고 말했다.43) 그럼에도 불구하고 미국이 북한의 자유의사에 입각하는 유형의 북한 비핵화 방안인 강압외교를 고수했다는 사실은 미국이 북한 비핵화를 원치 않았다는 의미일 것이다.

  1차 북한 핵 위기 당시 미 대북 특사였던 갈루치는 미국이 2003년부터 표방해온 완벽하고, 검증 가능하며, 불가역적인 비핵화(CVID)란 개념이 이론적으로 불가능한 성격이라고 말했다.44) 레이건 대통령의 특별보좌관을 역임한 더그 밴도우(Doug Bandow)는 "워싱턴의 정책가들 가운데 북한의 CVID가 가능할 것이라고 생각하는 사람은 전혀 없어 보인다.…북한이 핵무기 개발에 성공했다는 점에서 보면 CVID가 전혀 불가능한 개념이 되었음은 분명한 사실이다.

---

42) "안보보장 논의의 전제조건으로 핵무기 능력 폐기를 북한에 요구하는 오늘날의 미국의 협상전략은 재앙으로 끝날 것임이 거의 분명하다.…지금까지 4개 국가만이 보유하고 있던 핵무기를 포기했다. 이들이 자국의 핵무기를 포기했던 것은 정권교체 위협이 있었기 때문이었다." David A. Shlapark, "How Not to Dismantle an Atomic Bomb: A Realistic Approach for Dealing with North Korea's Nuclear Weapons," *RAND*, November 2021, pp. 1-2, 8-9.; "미국은 북한의 완벽하고, 검증 가능하며 불가역적인 비핵화를 주장하고 있다.…대부분 분석가들은 외교적인 노력을 통해 북한 비핵화를 해결할 수 있을 것이란 관점에 회의적이다.…미 국무성 관리들은 미국과 중국이 북한과 관련하여 핵무장 불허(不許), 전쟁 불허, 북한정권 붕괴 불허에 공감했다고 말한다.…미국이 북한비핵화를 원한다면 군사력 사용이 필수적이다." Dan Orcutt, "Korea: A U.S. Foreign Policy Side Show," (July 2004), p. 2.; "미국의 대북 핵정책이 실패했던 것은 달성 불가능한 목표를 추구했기 때문이었다. 북한정권은 결코 자발적으로 비핵화를 추구하지 않을 것이다. 따라서 북한 정권의 자유의지에 입각한 비핵화를 추구하는 모든 전략은 실패할 수밖에 없다." Arielle Shorr, "The Failure of U.S. Coercive Diplomacy Towards North Korea,"(Senior Thesis, Brandeis University), 2013, p. 3.

43) Charles L. Pritchard. *Failed Diplomacy: The Tragic Story of How North Korea Got the Bomb* (Kindle Location 1808). Kindle Edition.

44) 권혁철 기자, "갈루치 "CVID 비핵화 불가능"…문정인 "북핵-인권 탈동조화해야"," 『한겨레신문』, 2021. 11. 17.

일단 습득한 핵무기 개발 지식을 제거할 수 없을 것이기 때문이다."45)라고 말했다.

이 같은 논리에 많은 한국인이 불편해할 것이다. 수호천사와 다름이 없는 미국이 그럴 이유가 없다는 것이다.

넷째, 북미협상에서 약속을 지속적으로 파기한 것은 북한이 아니고 미국이었다. 이것 또한 북한 핵무장의 주역이 미국이란 논리를 보완해주는 성격일 것이다.

예를 들면, 1994년의 북미제네바합의와 관련하여 미국은 약속을 지키지 않았다.46) 미국이 북미제네바합의에 명시되어 있는 북미외교관계정상화와 경수로 제공 약속을 지키지 않았음은 물론이고 중유를 제대로 제공해주지 않자 1998년 5월 9일 북한 외교부장 김영남은 "우리가 힘이 없다고 업신여기는 것 아닌가? 우리의 인내에도 한계가 있다.…"고 말했다. 1998년 6월 16일 북한은 미국에 재차 경고했다. 그러나 미국은 전혀 반응하지 않았다. 그러자 1998년 8월 31일 북한은 대포동미사일을 발사했다.47) 미국이 2005년 9.19 합의를 방코델타아시아 사건 조작을 통해 무력화시켰음은 미국인들이 저술한 많은 책에서 확인할 수 있을 것이다.

다섯째, 대북 압박정책이 아니고 대화와 포용이 북한 핵 및 탄도미사일 문제를 해결하기 위한 길이다. 그런데 북한이 핵무기 개발을 본격적으로 추진한 2003년 이후 미국은 대북 압박정책을 추구했다. 이 같은 사실 또한 북한 핵무장의 주역이 미국이란 논리를 보완해주는 성격일 것이다.

북한 핵문제와 관련하여 대화의 창구가 열려 있던 1992년부터 9.19 공동

---

45) Doug Bandow, "Why a Nuclear-Free North Korea Is A Dream That Needs to Die," *National Interests*, August 3, 2020.

46) Ted Galen Carpenter and Doug Bandow, *The Korean Conundrum: America's Troubled Relations with North and South Korea* (New York: Palgrave Macmillan, 2004), pp. 45-58.; Terence Roehrig, *From Deterrence to Engagement: The U.S. Defense Commitment to South Korea* (New York: Lexington Books, 2006), pp 209-13.

47) Terence Roehrig, *From Deterrence to Engagement*, pp 210-1.

성명을 발표한 2005년 9월 19일에 이르는 14년의 기간 동안 북한은 대화를 추구하며 핵실험을 전혀 하지 않았다. 미사일 또한 거의 시험하지 않았다. 북한이 본격적으로 핵실험한 것은 대화의 창구가 모두 닫힌 이후였다. 북한 비핵화 관련 2005년의 9.19 합의를 미국이 방코델타아시아 사건 조작을 통해 무력화시키자 북한은 그 후 1년 뒤 1차 핵실험했다. 이명박(李明博) 정부 당시인 2009년 1차례, 박근혜 정부 들어 3차례, 문재인(文在寅) 정부에서 1차례 핵실험했다. 북한의 모든 핵실험, 1차, 2차, 3차, 4차, 5차, 6차 핵실험은 대화가 아니고 북한을 압박하는 가운데 진행되었다. 대화 및 포용 방안과 비교하면 대북 압박정책이 비효과적이었다. 대화가 아니고 압박 정책을 적극 추진했던 박근혜 정부 당시 북한이 3차례 핵실험했으며, 수십 회 미사일 발사를 시험했음을 주목해야 할 것이다.

여섯째, 북한 핵 미사일 위협은 사드 미사일과 같은 재래식 수단을 통해 억제할 수 없다. 대응할 수도 없다. 북한 핵미사일 위협에 대응할 목적으로 한국은 킬체인과 미사일방어체계 구축을 추구하고 있다. 그러나 이들을 이용해서는 북한 핵미사일 위협을 억제할 수 없을 뿐만 아니라 방어할 수도 없다. 킬체인과 미사일방어체계는 북한 핵 및 미사일 위협에 대항한 억지력이 거의 없다. 북한이 핵무기를 산악 지역 도처에 은익해 놓았을 것이란 점에서 킬체인을 통해 이들 핵 및 미사일 은익 장소를 제대로 타격할 수도 없을 것이다.

더욱이 북한과 한국이 지리적으로 인접해 있다는 점에서 사드미사일과 같은 미사일방어체계의 효과는 매우 부정적이다. 이처럼 인접해 있다는 점에서 북한 탄도미사일 요격이 매우 어렵기 때문이다.[48] 핵무기를 탑재하고 있는 북한 탄도미사일을 요격할 수 있는 경우에도 핵무기에 해당하는 탄두를 정확히 요격해야 의미가 있는데 이는 대단히 어려운 일이다. 반면에 중국과 북한이

---

[48] Ian E. Rinehart, Steven A. Hildreth, Susan V. Lawrence, "Ballistic Missile Defense in the Asia-Pacific Region: Cooperation and Opposition," *CRS Report*, April 3. 2015, pp. 20, 22.

일본과 미국을 겨냥하여 발사하는 핵미사일의 경우 중국과 북한으로부터 이들 국가가 어느 정도 떨어져 있다는 점에서 요격이 가능하며, 탄두가 아니고 미사일 몸체를 요격한 경우에도 의미가 있을 것이라고 한다. 북한과 일본 또는 북한과 미국 간에는 동해 또는 태평양과 같은 바다가 존재해 있다는 점에서 핵탄두가 해상 상공에서 또는 해상에서 폭발할 수 있을 것이기 때문이다. 그러나 북한이 한국을 겨냥하여 발사하는 핵미사일의 탄두를 정확히 요격하지 못하는 경우 이 같은 탄두는 결국 한국 상공 내지는 영토에서 터지게 되어 있다. 이외에도 북한이 한국을 타격할 수 있는 1,000여 발의 탄도미사일 가운데 어느 것에 핵무기가 탑재되어 있는지 알 수 없을 것이다. 결과적으로 이들 모두를 정확히 요격해야 하는데 이는 너무나 많은 자원과 노력이 소요되는 일일 것이다.[49]

일곱째, 북한 핵무기 및 미사일 위협을 억제하기 위한 유일한 방안은 한국의 핵무기와 미사일 보유란 사실이다. 오늘날 한국은 북한 핵무기 및 미사일 위협 억제 차원에서 미국의 핵 확장억지력 제공에 의존하고 있다. 이 같은 미국의 억지력 제공이 확실한 성격이며, 확실한 성격이라고 한국인들과 북한이 믿고 있다면 북한은 한국을 겨냥하여 핵미사일을 발사할 수 없을 것이다. 다시 말해, 북한 핵무기와 미사일 위협은 억지되었다고 볼 수 있다. 그런데 미국은 북한 핵무기와 미사일로부터 한국을 보호할 목적이라며 사드미사일의 한반도 배치를 강력히 요구하고 있다. 이 같은 요구는 미국이 한국에 제공해주는 핵 확장억지력의 신뢰성을 미국 스스로 부인하는 형국일 것이다. 이 같은 핵 확장억지력 제공이 100% 확실하며, 미국이 100% 확실하게 한국에 핵 확장억지력을 제공해줄 것임을 북한이 신뢰하는 경우 북한이 한국을 겨냥하여 핵미사일을 발사할 수 없을 것이기 때문이다. 이 경우 한국 입장에서 사드미사일과 같은

---

[49] Elbridge A. Colby, *The Strategy of Denial* (p. 265). Yale University Press. Kindle Edition.

미사일방어체계가 의미가 없을 것이기 때문이다. 마찬가지로 미국의 핵 확장억지력 제공을 한국인이 신뢰하는 경우 한국은 사드미사일 한반도 배치와 같은 미사일방어체계 구축 문제를 놓고 국론이 분열될 이유도 없을 것이다. 결국 북한 핵미사일 위협을 억제하기 위한 유일한 방안은 한국의 핵무기와 미사일 보유인 것이다.

여덟째, 북한 핵무기 개발에 관한 지난 30년 동안의 대부분 한국인들의 잘못된 인식이 북한 핵문제를 보다 악화시켰다. 진보와 보수에 무관하게 세칭 한국의 안보전문가들은 미국이 진정 북한 비핵화를 원하고 있다고 생각했다. 보수는 북한 핵무장을 종용하기 위한 미국의 대북 핵정책, 예를 들면 6자회담, (선) CVID (후) 보상이란 미국의 핵정책이 북한 비핵화를 위한 최상의 방안이라고 생각하며 추종했다. 반면에 진보는 이 같은 방식으로는 북한 비핵화를 이룰 수 없을 것이라며 점진적이고도 상호 호혜적인 비핵화를 추구했다. 그런데 이들 진보와 보수의 기본 인식은 미국이 북한 비핵화를 진정 원하고 있다는 것이었다. 이들에게 미국이 북한 비핵화를 결코 원할 수 없으며, 지난 30년 동안 은밀한 방식으로 북한 핵무장을 종용했다고 말하면, 수호천사와 같은 미국이 그럴 이유가 없다고 주장한다. 미국의 한반도 전문가들 가운데에는 미국이 소련에 대항한 냉전 승리의 초석을 마련하기 위해 6.25전쟁을 유도했으며, 참혹한 방식으로 장기간 동안 전쟁을 수행했다고 주장하는 사람들이 없지 않다.[50] 이들의 관점에서 보면 미국은 결코 수호천사일 수 없는 것이다.

진보 및 보수와 무관하게 대부분 한국인들이 미국이 진정 북한 비핵화를 원하고 있으며, 북한이 핵무장한 것이 중국 또는 북한 때문이라고 생각하고 있다는 점에서 보면, 중국 위협 대비 차원에서 북한 핵무장이 필요했던 미국은 편안한 심정에서 북한 핵무장을 종용할 수 있었을 것이다.

---

50) Richard C. Thornton/권영근, 권율 번역(2020), 『강대국 국제정치와 한반도: 트루먼, 스탈린, 마오쩌둥 그리고 6.25전쟁의 기원』(서울: 한국국방연구원, 2020), pp. xvii, 22, 155-6.

지금까지 논의에서 보았듯이 북한 핵무장의 주역은 미국이었다. 미국이 이처럼 북한 핵무장을 종용했던 것은 강대국 패권경쟁 측면에서의 한반도의 중요성 때문이었다. 냉전 종식 이후 북한과 비교한 한국의 국력이 막강해졌다는 점에서 한반도에 대한 영향력을 지속 유지하기 위한 유일한 방안이 북한 핵무장이기 때문이었다.

제2절 북한의 핵무기 개발 추구 이유

1980년대 말경 북한이 핵무기 개발을 추구했던 것은 다음과 같은 네 가지 이유 때문이었다.51)

첫째, 미국의 위협에 대항하기 위함이었다. 6.25전쟁 당시 미국이 북한을 핵무기로 수차례 위협했으며, 북한 지역으로 엄청난 포탄을 퍼부었다는 사실로 인해 북한은 미국을 상당히 두려워했다. 전후 한국과 미국이 상호방위조약을 체결했으며, 1958년 이후 미국이 한국에 1,000기 정도의 핵무기를 배치했는데, 이들 모두는 북한을 진정 두렵게 만드는 성격이었다.

둘째, 자국의 후원 세력인 중국과 러시아를 신뢰할 수 없다는 사실 때문이었다. 냉전 종식 이전 북한은 상호 대립하고 있던 중국과 러시아의 틈바구니에 놓여 있었다. 중국과 러시아의 대립을 적절히 이용하여 상당한 이득을 챙길 수 있었다. 냉전 종식을 전후하여 러시아와 중국이 한국과 수교함으로써 북한은 고립무원의 신세가 되었다.

셋째, 항공기, 전차 및 함정과 같은 재래식 전력 측면에서 한국군이 북한군과 비교하여 점차 우위를 점유할 것으로 예상되었기 때문이었다. 1980년대 중반 이후 한국군의 재래식 전력이 북한군을 압도하기 시작했다. 그 와중에서 한국 경제가 북한 경제를 압도하면서 그 격차가 보다 더 벌어질 것으로 예상되었던 것이다.

넷째, 외교적 레버리지를 확보하기 위함이었다. 고립무원의 가난한 국가인 북한이 국제사회에서 외교적으로 영향력을 행사할 수 있게 해주는 거의 유일한 수단이 핵무기였던 것이다. 예를 들면, 북한은 미미한 수준의 핵무기 개발 능력을 북미외교관계정상화를 위한 레버리지로 활용하고자 노력했다.

---

51) Quoted in Michael J. Mazarr, *North Korea and The Bomb*, p. 32.; Andrew Mack, "A Nuclear North Korea: The Choices Are Narrowing," *World Policy Journal*, Vol. 11, No. 2, Summer 1994, p. 27.

1. 미국의 위협에 대항할 필요성

6.25전쟁 3년의 기간 동안 미국은 북한 지역을 지속적으로 폭격했다. 1950년 말경에는 평양, 원산 등 북한 주요 도시의 거의 모든 건물과 시설이 미군의 폭격으로 초토화되었다. 미국은 폭격해야 할 대상이 거의 존재하지 않던 북한 지역을 정전협정이 체결된 1953년 7월 27일 당일까지 지속적으로 맹렬히 폭격했다. 예를 들면, 1951년 2월 중순 미 해군제독 알렌 스미스(Allen E. Smith)는 유엔군 해상 기동부대가 당시 원산을 41일 동안 "주야간 구분 없이 폭격했다.…이는 역사상 특정 도시를 공중 또는 해상에서 가장 오랜 기간 동안 지속적으로 폭격한 경우였다.…"고 말했다. 그는 폭격 받고 있던 35,000명 원산 시민들의 삶을 다음과 같이 묘사했다. "…원산 어느 곳에서나 하루 24시간 시체와 함께 생활하지 않을 수 없는 실정이다."[52] 그런데 이 같은 폭격은 정전협정이 발효된 1953년 7월 27일 오후 10시 몇 분 전까지 지속되었다. 유엔군은 공중과 해상에서 원산과 같은 북한의 주요 도시를 861일 동안 지속적으로 폭격했던 것이다.[53]

6.25전쟁 당시 미군은 엄청난 규모의 폭탄을 북한 지역으로 퍼부었다. 예를 들면, 1951년 12월부터 1952년 8월까지 유엔군과 한국군 포병은 매달 평균 741,400발의 포탄을 북한 지역으로 퍼부었다. 이 기간 동안 공산군은 유엔군과 한국군이 발사한 포탄의 1/20도 되지 않는 345,000발을 발사했다. 중국군이 추계공세를 시작한 1952년 9월 유엔사는 거의 매달 100만 발의 포탄을 퍼부었다. 백마고지 전투, 삼각고지 전투, 저격능선 전투가 진행되던 1952년 10월부터 11월의 기간 유엔군은 매달 평균 1,303,900발의 포탄을 퍼부었다. 1952년

---

52) I. F. Stone(1952), *The Hidden History of the Korean War, 1950–1951* (New York: Monthly Review Press, 1952), p. 264.

53) Martin Hart-Landsberg(1998), *Korea: Division, Reunification, and U.S. Foreign Policy* (New York: Monthly Review Press, 1998), p. 131.

12월에는 85만 발 정도를 발사했다. 1953년 1월부터 정전협정이 체결된 시점까지 유엔군은 매달 1백만 발 이상의 포탄을 발사했다.54) 여기서 보듯이 6.25전쟁 당시 미군은 공산측을 겨냥하여 엄청난 포탄을 퍼부었다.

한편 6.25전쟁 당시 미국 지도자들은 핵무기 사용을 수차례 위협했다. 적어도 3차례 위협했다. 북한군이 남침한 직후인 1950년 7월, 중국군이 참전하여 유엔군을 한반도이남 지역으로 몰아낸 1950년 11월, 정전협상이 진척을 보이지 않으면서 점차 미국이 공산측의 비협조와 관련하여 좌절감을 느끼고 있던 1953년 봄이 바로 그것이었다.55)

1950년 7월 말경 유엔군은 낙동강 부근에서 수세에 몰려 있었다. 이 순간 만주에 대거 포진하고 있던 중국군이 참전하여 낙동강 부근 지역으로 몰려 내려 왔더라면 유엔군이 매우 곤혹스런 상황이었을 것이다. 이 같은 상황을 모면하기 위해 트루먼 대통령은 통상 핵무기를 탑재하는 전략폭격기인 B-29들을 미 본토에서 일본으로 이동시켰다. 그러면서 이 같은 사실을 중국이 인지하게 만들었다. 만주의 중국군이 이 순간 한반도 전쟁에 참전하는 경우 중국을 핵무기로 공격할 것임을 암시한 것이다.56)

중국군이 한반도전쟁에 참전한 1950년 11월 트루먼은 핵무기 사용 가능성을 재차 언급했다. 1950년 11월 30일의 기자 회견에서 트루먼은 미국이 한반도 전쟁에서 핵무기 사용을 항상 고려했다고 말했다. 이 같은 트루먼의 발언에 영국과 프랑스를 포함한 유엔참전국들이 유엔군의 핵무기 사용 가능성을 심각히

---

54) 권영근, 『한반도와 강대국의 국제정치: 미국의 한반도정책을 중심으로(1943-1954)』(서울: 행복문화사, 2021), p. 628.; Bryan R. Gibby(2021), *Korean Showdown: National Policy and Military Strategy in a Limited War, 1951-1952* (pp. 66-7). University of Alabama Press. Kindle Edition.

55) 핵무기 사용 관련 이들 고려사항에 관한 상세 논의를 보려면 다음을 참조. Nina Tannenwald, *The Nuclear Taboo: The United States and the Non-Use of Nuclear Weapons Since 1945* (Cambridge: Cambridge University Press, 2007), 115-54.

56) Quoted in Richard C. Thornton/권영근, 권율 번역(2020), 『강대국 국제정치와 한반도: 트루먼, 스탈린, 마오쩌둥 그리고 6.25전쟁의 기원』, p. 362.

우려했다.57) 특히 공산측이 우려했다.

1951년 9월 13일부터 10월 13일까지 진행된 '단장의 능선' 전투 당시 미국은 핵무기로 북한을 공격할 것이라고 위협했다.58) 당시 미국은 B-29 폭격기로 북한지역에 핵무기를 투하하는 연습조차 했다.59)

1952년의 미국 대통령 선거 유세 당시 드와이트 아이젠하워(Dwight David Eisenhower)는 6.25전쟁을 조기에 종료시킬 것이라고 말했다. 대통령에 당선된 직후인 1952년 12월 아이젠하워는 더글러스 맥아더(Douglas MacArthur)와 회동했다. 맥아더는 정치적 타결을 고려한 최후통첩장을 소련에 보낸 후 이 같은 통첩장을 거부하는 경우 북한 지역에 몇 발의 핵무기를 투하할 필요가 있다고 말했다.60)

한편 아이젠하워는 핵무기 사용을 위협하면 공산측과의 정전대화를 가속화 시킬 수 있을 것으로 생각했다. 1953년 4월 유엔사는 공산측에 정전협정을 강요할 목적에서 핵무기로 중국군과 중국대륙 공격 가능성까지 열어두고 있던 NSC-147을 작성했다. 아이젠하워는 6.25전쟁 종료를 위해 핵무기를 사용할 의향이 있었다.61) 그 후 미국은 이 같은 사실을 몇몇 채널을 통해 공산 측에 전달했다. 예를 들면, 1953년 5월 미 국무장관 포스터 덜레스(Foster Dulles)는 정전협정 체결과 관련하여 협조하지 않으면 미국이 핵무기를 사용할 가능성이 있다는 사실을 인도들 통해 중국 지도자들에게 전달했다.62) 미국은 핵무기 사용

---

57) William Stueck, *The Korean War: An International History* (Princeton: Princeton University Press, 1995), pp. 131-2.

58) Martin Hart-Landsberg(1998), *Korea: Division, Reunification, and U.S. Foreign Policy*, p. 130.

59) I. F. Stone(1952), *The Hidden History of the Korean War*, p. 308.

60) H. W. Brands(2016), *The General vs. the President* (p. 392). Knopf Doubleday Publishing Group. Kindle Edition.

61) "Memorandum by the Deputy Assistant Secretary of State for Far Eastern Affairs (Johnson) to the Secretary of State, April 6 1953," in *FRUS*, 1952-1954, Korea, Vol. 15, Part 1, pp. 881-2.

62) Sherman Adams, *First-Hand Report: The Inside Story of the Eisenhower Administration* (London: Hutchinson, 1962), p. 55.

의향, 중국을 겨냥한 이 같은 의향을 판문점의 공산측 관리들에게도 전달했다.63) 이 같은 미국의 핵무기 사용 가능성과 관련하여 김일성을 포함한 공산측이 경악했다.

전후 미국은 한국에 핵무기를 전개했다. 미국은 1991년까지 한반도에 전술핵무기를 유지했다. 1958년 1월 미국은 핵무기는 물론이고 핵탄두를 탑재한 어네스트존(Honest John) 미사일과 280밀리 대포를 한국에 배치하기 시작했다.64) 1967년경 미국은 한국에 970기의 핵무기를 보유하고 있었다.65) 북한은 미국의 한반도 핵무기 전개와 관련하여 분개했다.66)

핵무기를 처음 배치한 1958년 이후 20년 동안 미국의 공식 입장은 한반도에 핵무기가 전개되어 있다는 사실을 "확인도, 부인도 하지 않는 것이었다." 그러나 미국은 한반도에 핵무기를 유지하기 위한 자국의 노력을 숨기지 않았다. 결과적으로 미국이 한반도에 핵무기를 배치하고 있었음은 모두가 잘 알고 있던 사실이었다. 1975년 6월 미 국방장관 제임스 슐레진거(James Schlesinger)은 미국이 한반도에 상당한 규모의 핵무기를 유지하고 있다는 사실을 확인해주었다. 당시 슐레진거는 "잘 알려진 바처럼 미국이 한반도에 전술핵무기를 보유하고 있다."67)라고 말했다.

한반도에 핵무기를 전개하고 있던 기간 내내 미국은 한국을 핵우산으로 보호해주고 있다고 말했다. 1960년대 말경 이후 매년 미국과 한국은 아태지역 안보

---

63) Edward C. Keefer, "President Dwight D. Eisenhower and the End of the Korean War," *Diplomatic History,* Vol. 10, No. 3(Summer 1986), p. 280.

64) "Memorandum from the Deputy Secretary of Defense (Quarles) to the Secretary of the Army (Brucker), December 24 1957", in *FRUS*, Vol 23, Part 2, 1955-1957, p. 533.

65) Quoted in Alexandre. Debs,; Nuno P. Monteiro(2017), *Nuclear Politics* (p. 279). Kindle Edition.

66) "Conversation between Soviet Ambassador in North Korea Vasily Moskovsky and North Korean Foreign Minister PakSeong-cheol," *Wilson Center*, August 24, 1962.

67) Murrey Marder, "Schlesinger Sees Buildup in Soviet Arms," *Washington Post*, June 21, 1975.

위협을 평가하고, 방위 협조 상태를 점검하며, 한미동맹의 중요성을 재확인하기 위해 국방장관들의 회동인 한미연례안보협의회의(SCM)을 개최했다. 1978년 이후의 한미연례안보협의회의 공동성명에서는 한국이 미국의 핵우산 아래 있다는 사실을 재확인하는 문구를 매년 포함시켰다.

결론적으로 말하면 6.25전쟁 당시 미국이 북한 지역을 대거 폭격했을 뿐만 아니라 핵무기 사용을 위협했다는 사실과 더불어 전후 한반도에 상당히 많은 핵무기를 배치했다는 사실로 인해 북한은 자국 안보와 관련하여 심각히 우려했다. 특히 한미연합군이 북한을 가상 적국으로 간주한 상태에서 1970년대 말경 이후 매년 한미연합훈련을 실시했다는 사실을 보며 북한은 자국 안보 차원에서 핵무기 개발을 고려하게 된 것이다.

2. 북미외교관계정상화: 소원해진 북러 및 북중관계 대비

냉전 종식 이후 북중 및 북러 관계가 소원해졌다. 반면에 미국이 지구상 유일 패권국으로 부상했다. 북한은 생존 보장 차원에서 북미외교관계정상화를 필수적으로 생각했다. 북한 입장에서 보면 핵무기 개발 계획은 북미외교관계를 정상화하기 위해 사용할 수 있는 일종의 수단이었다.[68]

소원해진 북러 및 북중관계

한국과 미국이 상호방위조약을 체결하고, 1958년 미국이 한반도에 핵무기를 전개하자 북한은 소련과 중국으로부터 안보를 보장받고자 노력했다. 1961년 7월 6일 북한은 소련과 상호방위조약을 체결했다. 그 후 5일 뒤 중국과 상호

---

[68] Edward A. Olsen, "Navigating N. Korea's Nuclear Straits," *Christian Science Monitor*, November 29, 1993, p. 23.

방위조약을 체결했다. 이들 조약에서는 양국 가운데 특정 국가가 전쟁 상태에 돌입하는 경우 상대방 국가가 온갖 수단을 동원하여 곧바로 군사 및 여타 지원을 제공해줄 것으로 가정하고 있었다.69) 이처럼 강력한 안보 보장 문구에도 불구하고 북한은 소련과 중국이 유사시 자국을 지원해줄 것인가와 관련하여 의문을 품었다. 특히 1962년 10월의 쿠바 미사일위기를 보며 소련의 안보 보장을 의심했다.70) 예를 들면, 1965년 1월, 북한 제1부수상 김일은 "북한은 소련정부가 조소동맹조약 관련 책임을 준수할 것으로 기대할 수 없다."71)라고 말했다.

1970년 북한은 마찬가지로 조중동맹조약을 신뢰할 수 없다고 생각했다. 1964년 북한 사절단이 마오쩌둥(毛澤東)에게 보내는 김일성의 친서를 들고 중국을 방문했다. 김일성은 중국과 북한이 전쟁 부담을 공유하고 있다는 점에서 핵무기 개발 기술 또한 공유해야 할 것이라고 말했다. 그러자 중국은 핵무기가 북한과 같은 소국에 필요하지 않다고 답변했다. 그 후에도 김일성은 핵무기 개발 기술 공유를 중국에 간청했지만 매번 거절당했다.72) 한편 1968년의 미중화해 소식을 전하면서 중국 지도자들은 이 기회를 잘 활용하면 북한이 주한미군을 몰아낸 후 한반도를 통일시킬 수 있을 것이라고 주장했다.73) 그러나 미중화해는 중국이 미중관계 개선을 중시한다는 점에서 한반도의 불안정 조성을 원치 않을 것임을 의미했다.74) 미 국가안보보좌관 헨리 키신저(Heinz Alfred Kissinger)와의 1972년 6월 회동에서 저우언라이(周恩來)는 한반도 평화통일에

---

69) Victor. Cha(2012). *The Impossible State* (Kindle Location 565). HarperCollins. Kindle Edition.

70) Quoted in Alexandre. Debs, Nuno P. Monteiro(2017), *Nuclear Politics* (p. 280). Kindle Edition.

71) Quoted in Ibid.

72) Quoted in Joel S. Wit, Daniel B. Poneman, Robert L. Gallucci, *Going Critical: The First North Korean Nuclear Crisis* (New York: Brookings Institution Press, 2004), pp. 2-3.

73) Quoted in Alexandre. Debs, Nuno P. Monteiro(2017), *Nuclear Politics* (p. 282). Kindle Edition.

74) Quoted in Ibid.

대한 강력한 희망을 피력했다. 중국은 미국과 전쟁을 하지 않을 것이며 일본 또는 한국을 위협하지 않을 것이었다.75) 북한은 이처럼 평화통일을 촉구하던 중국을 유약한 존재로 생각했다.76)

중국은 무력을 동원하여 한반도를 불안정한 상태로 몰고 가고자 노력했던 북한을 의혹의 눈초리로 바라보았다. 북한 무장간첩들이 1968년 1월과 6월 그리고 1974년 8월 한국에서 박정희를, 1982년 가봉과 1983년 버마에서 전두환을 암살하고자 노력했다. 덩샤오핑(鄧小平)은 1983년의 북한의 버마 랑군 폭파사건을 개인적으로 모욕적인 사건으로 생각했다.77) 1985년 11월 덩샤오핑은 국제사회의 모든 문제를 대화를 통해서만 해결할 수 있을 것이라고 주장했다.78)

1980년대 중반 김일성은 한국과의 정치 및 경제적 접촉과 동북아지역의 긴장완화를 추구하고 있던 중국과 소련을 의혹의 눈초리로 바라보았다. 1987년 북한주재 중국대사는 북한주재 몽고대사에게 다음과 같이 말했다. "경제 지표들을 놓고 보면 대만이 중국을 앞섰습니다. 그러나 한국경제는 대만경제와 비교하여 훨씬 좋습니다.…이제 우리가 한국과 보다 가까워질 필요가 있습니다." 마찬가지로 1988년 9월의 연설에서 미하일 고르바초프(Mikhail Gorbachev)는 다음과 같이 말했다. "한반도 상황이 전반적으로 개선되는 경우 소련이 한국과 경제관계를 개설할 수 있을 것입니다."79)

북러관계는 소련이 붕괴되기 몇 달 전부터 급변하기 시작했다. 1990년 9월 북한을 방문한 소련 외무상 셰바르드나제는 소련과 북한이 모든 물품을 시장

---

75) Quoted in Ibid.
76) Quoted in Ibid.
77) Quoted in Ibid.
78) Quoted in Ibid.
79) Quoted in Ibid., p. 283.

가격에 현찰로 거래해야 할 것이라고 말했다.80) 현찰이 부족했던 북한이 더 이상 소련으로부터 원유를 수입할 수 없게 되면서 북한경제가 심각한 타격을 입었다. 한러수교가 체결된 1990년 9월 30일 이후 러시아는 북한과의 군사협조를 중지했으며 핵무기 개발을 중지하라고 북한을 압박했다. 러시아는 1961년의 조소동맹조약이 의미가 없다고 천명했으며, 북한에 전쟁보상금을 주지 말라고 일본에 말했다.81) 반면에 한국에 2억 4천만 달러 규모의 무기를 판매하는 등 한러 군사관계가 급증했다. 그러자 북한은 "러시아의 대한(對韓) 무기판매는 무모한 짓이며, 전쟁을 부추기는 행위다. 조선인민의 엄청난 분노를 자아냈다."고 반발했다. 북한은 "러시아는 적대세력과 다름이 없다.…러시아의 이 같은 태도 지속을 수수방관하지 않을 것이다."82)고 말했다.

소련이 해체된 1991년 12월 이후 러시아의 대북정책이 급변했다. 1992년 1월 보리스 옐친(Boris Nikolayevich Yeltsin)의 대북특사 이고르 로가체프(Igor Rogachev)는 북러동맹조약 가운데 북한이 무력분쟁에 개입하는 경우 지체 없이 러시아가 지원할 것이란 의미의 조항을 삭제한 형태로 안보조약 갱신을 북한에 요구했다. 1992년 3월 러시아 외무상 안드레이 코지레프(Andrei Kozyrev)는 러시아가 북한을 제외한 지구상 모든 국가에 무기를 판매할 의향이 있다고 말했다.83) 김일성이 사망한 1994년 러시아는 북한에 조문단을 파견하지 않았다. 북러 간의 이 같은 정치적 관계뿐만 아니라 경제관계도 약화되고 있었다. 1990년 당시 23억 달러 규모이던 북러 무역은

---

80) Don Oberdorfer and Robert Carlin. *The Two Koreas: A Contemporary History* (p. 165). Basic Books. Kindle Edition.

81) Eugene Bazhanov and Natasha Bazhanov, "The Evolution of Russian-Korean Relations," *Asian Survey*, Vol 34, No. 9(Sep 1994), pp. 789-99.

82) Terence Roehrig, *From Deterrence to Engagement*, p. 78.

83) Quoted in Joo Seung-Ho, "South Korea's Nordpolitik and the Soviet Union," *The Journal of East Asian Affairs*, Vol. 7, No. 2(Summer/Fall 1993), p. 438.

1995년 1억 달러 규모로 줄어들었다.[84] 1996년 이후 러시아는 한국과 북한 사이에서 중도적인 입장을 추구했다. 북한은 더 이상 러시아에 의존할 수 없었다.

당시 북한 입장에서 가장 심각한 문제는 원유였다. 1992년 2월 북한은 1991년도와 비교하여 러시아로부터 수입하는 원유가 10%에 불과하다고 말했다.[85] 소련이 해체된 1991년 12월 이후 중국이 소련을 대신하여 북한의 주요 지원국이 되었다. 그러나 중국의 지원은 충분한 수준이 아니었다. 1992년 이후 중국이 현찰 거래를 원하면서 중국의 대북 원유 수출이 급감했다. 중국은 1992년 120만 톤, 1993년 50만 톤, 1993년 이후 매년 100만 톤을 수출했다.[86] 1990년대 당시 중국은 북한에 거의 무기를 제공해주지 않았다.[87]

1995년 중국이 대북 경제지원을 삭감하자 북중관계가 냉랭해졌다.[88] 예를 들면, 중국은 장쩌민(江澤民)이 서울을 방문하기 이전인 1995년 11월 북한을 방문할 예정이라고 말했지만 북한은 이 같은 중국의 제안을 단호히 거절했다. 1996년 1월 김정일은 사전 예정되어 있던 중국 방문을 취소했다. 1996년 2월 북한은 "사회주의를 표방하며 부패한 자본주의의 길을 걷는 특정 국가"를 비방하는 광고를 마카오 신문에 게재했다. 1996년 4월에는 미국이 한국, 북한, 중국, 미국이 참여하는 4자회담을 제안하자 북한이 중국의 참여에 이의를 제기했다.[89]

이처럼 한국과 중국이 수교한 1992년 8월 24일 이후 북중관계가 점차 악화

---

84) Terence Roehrig, *From Deterrence to Engagement*, p. 78

85) Quoted in Andrew Mack, "The Nuclear Crisis on the Korean Peninsula," p. 348.

86) Kay Moller, "China and Korea : The Godfather, Part Three," *Journal of Northeast Asian Studies*, Vol. 15, 1996, p. 37.

87) Eric A. McVadon, "China's Goals and Strategies for the Korean Peninsula," pp. 146-7.

88) Kay Moller, "China and Korea," p. 38.

89) Eric A. McVadon, "China's Goals and Strategies for the Korean Peninsula," pp. 146-7.

되었다면 한중관계는 점차 개선되었다. 중국은 한중관계 개선을 위해 다양한 방식으로 노력했다. 중국이 이처럼 했던 것은 이것이 아태지역에서의 중국의 야욕 측면에서, 미국의 안보전략(대전략) 저지 측면에서, 도움이 될 것으로 생각되었기 때문이었다.90) 한반도가 한국 중심으로 통일될 것으로 생각되었기 때문이었다.91) 중국은 한중관계 개선이 보다 폭넓은 지전략적(Geo-Strategic) 목적으로 사용될 수 있을 것으로 생각했다. 중국은 한국인들의 반미감정뿐만 아니라 북한체제의 붕괴 가능성을 고려해볼 때 한미동맹에 변화가 있을 수 있다고 생각했다.92) 중국은 전통적으로 한일관계가 원만하지 않았다는 점에서 긴밀한 한중관계가 한반도와 아태지역에서의 일본의 국익 증진 노력 저지 과정에서 도움이 될 것으로 생각했다.93)

지금까지 논의에서 보았듯이 냉전 종식을 즈음하여 전통적으로 북한의 주요 우방국이던 소련과 중국이 북한보다는 한국과 우호적인 관계를 유지하고자 노력했다. 북한은 더 이상 이들 국가에 의존할 수 없었다. 이 같은 이유로 북한은 1970년대 당시부터, 특히 냉전 종식 이후 북미외교관계정상화를 추구했다.

북미외교관계정상화를 겨냥한 북한의 열망

북한은 이미 1970년대 당시 북미외교관계정상화를 추구하기 시작했다. 1974년 3월 25일 북한 최고인민회의는 북미외교관계정상화를 요청하는 문서를

---

90) David Shambaugh, "China and the Korean Peninsula: Playing for the Long Term," *The Washington Quarterly*, Spring 2003, p. 49.; You Ji, "China and North Korea: A fragile relationship of strategic convenience," *Journal of Contemporary China*, Vol. 10, Issue 28(2001), p. 396.

91) David Shambaugh, "China and the Korean Peninsula," p. 48.

92) Fei-Ling Wang, "Tacit Acceptance and Watchful Eyes: Beijing's Views About the U.S.-ROK Alliance," *U.S. Army War College*, January 1997, p. 17.

93) Kay Moller, "China and Korea," p. 42.

미 의회에 보냈다.94) 김일성은 1978년 9월 9일의 북한 건국 30주년 기념 연설에서 북미 양자 접촉을 공개적으로 제안했는데, 이는 가장 주목할 만한 부분이었다.95) 그 후 몇 년 동안 북한은 이 같은 제안을 반복했다. 1992년 김일성은 워싱턴포스트지와의 인터뷰에서 가능한 빠른 시기에 미국대사관이 북한에 설치될 수 있기를 희망한다고 말했다.96) 미국이 3자 접촉을 제안할 때에도 북미 양자대화에 우선적인 의미가 부여되었다.97) 이 같은 양자대화를 통해 북한은 북미외교관계정상화와 같은 문제 해결을 원했음이 분명하다.98)

북한은 국제원자력기구의 안전보장조치(Safeguard) 서명과 비준을 약속한 1992년 1월 8일의 다음날의 노동신문 글에서 북미 간의 근본적인 문제를 해결하고자 하는 경우 북미대화가 필수적이란 사실을 강조했다.99) 1992년 1월 26일 북한은 6.25전쟁 이후 최초로 북미가 고위급 회담을 개최할 예정이며, 이 회담에서는 핵문제 해결과 더불어 북미관계 개선 문제도 논의될 것이라고 보도했다.100) 1993년 3월의 1차 북한 핵 위기 당시에도 북한은 북미외교관계 정상화에 대한 열망을 표명했다. 1차 핵 위기가 시작된 지 1달도 지나지 않은 시점 북한 외교부장은 위기 해결 차원에서 북미 양자협상을 촉구했다.101)

---

94) Narushige Michihita(2010), *North Korea's Military-Diplomatic Campaigns, 1966-2008* (London: Routledge, 2011), p. 69.

95) Korea and World Affairs(1985), A Chronology of U.S. Relations with North Korea, 197-February 1985, Korea and World Affairs 9(1), p. 153

96) John. Merrill(1993) "North Korea in 1992: Steering Away from the Shoals," *Asian Survey*, Vol 33, No. 1, January 1993, p. 51.

97) "미국은 얼마 전에 제3자를 통하여 다자회담 틀 안에서 조미쌍무회담을 할 수 있다고 알려 왔다. 우리는…직방 6자회담을 개최하며 거기서 조미쌍무회담을 하는 방안을 제안했다." "조선민주주의인민공화국 외무성 대변인대답,"『로동신문』, 2003. 8. 2.

98) "미국은 6자회담 기간에 있는 조미 쌍무접촉에서도 우리가 제기한 조선반도의 비핵화에 목표를 둔 일괄타결안에 따르는 동시행동원칙을 전면 부정하고…," "조선민주주의인민공화국 외무성 대변인대답,"『로동신문』, 2003. 8. 31.

99) 황진식, "힘의 립장에서 조선문제를 대하지 말아야 한다."『로동신문』, 1992. 1. 9.

100) "처음으로 되는 조미사이의 고위급 정치회담."『로동신문』, 1992. 1. 26.

101) "국제원자력기구 관리리사회의 《결의》를 단호히 배격하고 단죄한다"란 제목의 다음 참조. "조선민주주의인민공화국 외교부 성명,"『로동신문』, 1993. 4. 6.

북한이 NPT 탈퇴를 위협한 후 3개월 유예기간이 종료되기 바로 직전인 1993년 6월 뉴욕에서 북미 양자협상이 시작되었다. 당시 북미대화에 참석했던 북한 대표단의 이영호는 미국이 공동성명을 발표할 의향이 있는지를 미측 대표 켄 키노네스(Ken Quinones)에게 질문했다. 공동성명은 미국이 북한을 대등한 동반자로 인정함을 상징하는 것으로서, 북한 입장에서 외교적으로 상당한 의미가 있는 부분이었다.102) 1993년 6월 북한과 미국은 한국전쟁 당시 전사한 미군 유해 반환 협정에 서명했다. 북한은 이것을 북미외교관계정상화를 겨냥한 진일보라며 환영했다.103)

북한은 1993년 7월의 북미 2차 회담에서 북미외교관계정상화를 강조했다.104) 북한은 북미외교관계정상화가 북한 핵 위기를 해결하기 위한 모든 협정의 일부가 되어야 한다는 점을 지속적으로 강조했다. 1993년 10월 9일부터 12일까지 북한을 방문한 미 의회 동아시아 태평양 소위원회 위원장 개리 액커맨(Gary Ackerman)과의 대화에서 김일성은 북미 양자대화를 요구했다.105) 강석주는 액커맨 일행에게 북한 핵문제의 일괄타결 방안을 제안했다. 여기에는 평화협정 체결, 경수로 제공, 완벽한 북미외교관계정상화란 내용이 포함되어 있었다.106)

1994년 7월의 김일성 사망으로 등장한 김정일 또한 북미외교관계정상화가 김일성의 희망사항 이상이란 사실을 지속적으로 강조했다.107) 미국과 북한은

---

102) Joel S. Wit, Daniel B. Poneman, Robert L. Gallucci, *Going Critical*, p. 57.
103) "어느 북한외 고위급 관리는 이 합의기 북미관계 정싱화에 기여힐 것이 분명하다고 밀했나." Ibid., p. 70.
104) "강석주는 북미관계 개선을 원한 김일성이 경수로 문제를 제안했다고 말했다." Ibid., p. 72.
105) "김일성은 북한 핵문제는 미국이 초래했다며, 북미 양자회동을 통해 해결해야 할 것이라고 말했다." Ibid., p. 95.
106) Ibid., p. 96.
107) Ibid., pp. 252, 278.

양국이 합의한 1994년 8월 12일 선언문에 "정치 및 경제 관계의 완벽한 정상화의 일환으로 미국과 북한이 양국의 수도에 외교 대표부를 설치할 준비가 되어 있다."고 명시했다. 이는 북미외교관계정상화를 겨냥한 미국의 최초 조치였다.108)

1994년 10월의 북미제네바합의는 북미외교관계정상화를 구체적으로 언급함으로써 북한의 열망을 충족시켜 주었다.109) 북한이 북미제네바합의를 환영했던 것은 북한 핵 위기가 해결되었기 때문이 아니었다. 미국이 북한에 2기의 경수로를 제공해주기로 약속했으며, 북한의 주권을 인정했다는 사실, 가장 중요한 부분이지만 북미외교관계정상화 과정을 시작할 것이라는 미국의 약속 때문이었다.110)

2000년 10월의 김정일과의 회동 이후, 미 국무장관 매들린 올브라이트(Madeleine Albright)는 북한 입장에서 북미외교관계정상화가 가장 중요한 목표란 사실을 의심하지 않았다.111)

아들 부시가 대통령에 당선된 이후에도 북한은 북미외교관계정상화에 대한 열망을 지속적으로 견지했다.112) 부시 행정부가 북미 양자대화 조건을 까다롭게 할 것이라고 천명한 2001년 6월의 '정책검토' 이후에도 북한은 입장을 바꾸지 않았다. 2001년 1월, 북한 외교부 대변인은 빌 클린턴(William Jefferson Clinton) 행정부 말기에 시작된 프로세스를 북한이 지속할 의향이 있다는 사실을 반복해 말했다.113) 2001년 10월 23일 북한은 클린턴 행정부가 취했던

---

108) "Agreed Statement between the United States of America and the Democratic People's Republic of Kore," Geneva, October 21, 1994

109) "조선민주주의인민공화국과 미합중국 사이의 기본합의문," 『로동신문』, 1994. 10. 23.

110) Kim, Samuel S. *The Two Koreas and the Great Powers* (New York: Cambridge University Press, 2006), pp. 245-6.

111) Madeleine. Albright, *Madam Secretary: A Memoir*(London: Macmillan, 2003), p. 467.

112) "막을 수 없는 흐름," 『로동신문』, 2001. 2. 24.

113) "조미회담(북미회담)에서는 경수로 제공지연에 따르는 전력손실 보상문제가 우선 론의되여야 한다," 『로동신문』, 2001. 6. 19.

입장을 부시 행정부가 취하는 즉시 북미 대화가 시작될 것임을 언급했다.114) 이를 통해 북한은 북미외교관계정상화에 대한 자국의 열망을 분명히 했다.

북한은 2002년 1월의 부시의 '악의 축' 발언을 즉각 비난했다. 이 같은 비난에도 불구하고 북한은 북미 양자대화를 제안했다. 이는 북미외교관계정상화를 염두에 둔 북한의 열망이 거의 변하지 않았음을 보여준다.115)

오바마가 등장한 2009년에도 북미외교관계정상화에 대한 북한의 열망은 수그러들지 않았다. 미국인 인질을 구출하기 위해 북한을 방문한 클린턴 대통령에게 김정일은 북미 양자회담을 촉구했다.116) 2010년 7월부터 1년여 기간 동안 북한과 미국이 양자회담을 했다. 결과적으로 2012년 2월 29일 2.29 성명을 발표했다. 이 기간 동안 북한은 북미 양자회담 정착을 위해 노력했다.117) 그런데 이는 북미 양자회담을 통해서만 북미외교관계정상화가 가능해질 것이란 북한의 인식 때문이었다. 그 후부터 트럼프가 취임하기 이전까지 미국은 '전략적 인내(Strategic Patience)' 정책을 통해 북미대화를 거부했다.

북한이 2018년 6월의 싱가포르 정상회담과 2019년 2월의 하노이 정상회담을 반겼던 주요 이유 또한 북미외교관계정상화 가능성 때문이었.

북한은 자국의 핵무기 개발 노력이 이 같은 북미외교관계정상화 과정에서 도움이 될 수 있을 것으로 생각했던 것이다.

---

114) "항구적인 국제평화와 안전을 보장하기 위하여서는 힘의 정책과 간섭행위를 종식시키는 것이 필수적이다," 『로동신문』, 2001. 10. 24.

115) "미국의 심상치 않은 움직임을 예리하게 주시할 것이다," 『로동신문』, 2002. 2. 1.; "《조선이 부쉬의 비난을 선전포고로 간주》, 《〈타격〉의 선택권은 미국에만 있는 것이 아니라고 경고》," 『로동신문』, 2002. 2. 3.

116) Van. Jackson(2018), *On the Brink: Trump, Kim, and the Threat of Nuclear War* (p. 57). Cambridge University Press. Kindle Edition.; Memorandum of Conversation between President Clinton and Chairman Kim Jong Il (August 4, 2009).

117) Van. Jackson(2018), *On the Brink* (p. 65). Kindle Edition.

3. 한국군과 비교한 북한군의 재래식 전력 열세

북한 핵무기가 본격적으로 문제시된 1991년 1월 페르시아 걸프 지역에서는 새로운 유형의 전쟁 양상이 모습을 드러냈다. 1991년 1월 17일부터 2월 28일까지 진행된 '사막의 폭풍작전(Operation Desert Storm)'에서는 위성 및 공중 조기경보통제기와 같은 첨단 정보 수집 및 감지체계, 첨단 데이터통신체계, 정밀 유도무기가 결합되면 엄청난 승수효과를 얻을 수 있음이 확인되었다.

정보기술에 입각한 군사혁신(RMA)으로 무기가 정밀해지면서 6.25전쟁 당시 수천 발의 폭탄을 투하해야 간신히 파괴할 수 있던 교량을 1991년의 걸프전에서는 1발의 미사일로 정확히 파괴할 수 있었다. 6.25전쟁 당시 교량 파괴 목적으로 수백 대의 전투기가 동원되었다면 1991년의 걸프전에서는 1대의 전투기가 이륙하여 수십 개의 교량을 동시에 정확히 파괴할 수 있었다. 이는 6.25전쟁 당시와 비교하여 1991년의 걸프전 당시 항공력의 효율이 수천 배 증대되었음을 의미했다. 이 같은 정보기술에 입각한 군의 전투효율은 1999년의 코소보전쟁 당시 보다 더 증진되었다. 1943년에는 하나의 표적을 공격하기 위해 1,000대의 폭격기가 동원되었다. 개개 폭격기에는 10명 정도의 승무원이 탑승해 있었으며 9발의 폭탄이 탑재되어 있었다. 1999년의 코소보전쟁에서는 2명의 조종사가 탑승한 가운데 16발의 폭탄을 탑재하고 있던 1대의 폭격기가 이륙하여 16개의 표적을 정확히 타격할 수 있었다. 전투효율 측면에서 보면 16,000배 높아진 것이며, 전투 요원 측면에서 보면 5,000배 높아진 것이다. 폭탄 효율 측면에서도 9,000배 개선된 것이다.[118]

걸프전 당시의 이라크 군은 1990년대 당시의 북한군과 비교하여 최신의 첨단 무기를 보다 많이 보유하고 있었다. 예를 들면, 이라크 군은 MiG-27, MiG-29, Su-25, F-1 미라지 등 750대의 공격기를 포함하여 950대 이상의 전투기를

---

118) Brigadier General David A. Deptula, "Effects-Based Operations : Change in the Nature of Warfare," *Aerospace Education Foundation*(Arlington, Virginia : 2001), p. 8.

보유하고 있었다. 이들은 AM-39 대함(對艦) 미사일, AS-20, AS-30, AA-6 및 AA-7과 같은 공대공미사일을 포함한 다양한 형태의 무기로 무장되어 있었다. 이라크군은 7,000문 이상의 대공화기, 16,000발 규모의 지대공미사일을 보유하고 있었다. 8개 사단 규모의 공화국수비대를 포함한 60개 사단 규모의 90만 병력뿐만 아니라 18세에서 34세 사이 성인 남자 가운데 75%인 2백만 명을 동원할 수 있었다. 또한 이라크 군은 장기간 동안 이란과 전쟁을 수행한 경험이 있었다.119) 이라크군은 북한군과 비교하여 최신의 전차를 대거 보유하고 있었다. 이 같은 이라크군과의 전쟁에서 다국적군이 100여 명의 경미한 피해를 입은 가운데 완승한 것이다.

걸프전을 계기로 지구상 각국은 육군을 대폭 줄이고 공군을 증강시키는 방향으로 '작지만 강한 군대'를 추구하고 있었다.120) 1970년대부터 1980년대까지 지상군 중심의 재래식 전력 건설에 매진해오던 북한은 이들 전력이 항공력에 기반을 둔 한미연합군의 첨단 전력에 무기력하다는 사실을 1991년의 걸프전을 통해 확인했다. 더욱이 첨단 전투기 1대 구입에 1억 달러가 소요되는 등 항공기, 전차 및 함정과 같은 재래식 전력 획득에 엄청난 비용이 소요되는 반면 한중 및 한러 수교 이후 자국의 후원세력인 중국 및 러시아와의 관계가 소원해지면서 북한은 새로운 무기체계 획득은 고사하고 병사들의 의식주조차 해결할 수 없을 정도였다. 미국이 북한 핵무기 개발을 본격적으로 문제시 삼은 1992년 당시 한국의 GDP는 북한 GDP의 10배 이상이있으며, 그 격차는 보다 벌어지고 있었다.121) 미국의 한반도 문제 전문가 돈 오버도퍼(Don Oberdorfer)에 따르면 북한의 대부이자 후원자인 소련이 한국의 동반 국가이자 지원을 받는

---

119) Richard P. Hallion/백문현, 권영근 번역, 『현대전의 알파와 오메가』(서울: 연경문화사, 2001), p. 252.

120) 1991년의 걸프전을 보며 군사혁신을 옹호하는 사람들은 주도적인 전력인 항공력을 중심으로 군사력을 건설해야 할 것이라고 주장했다. Col Mackubin T. Owens, USMCR(Ret), "The Use and Abuse of Jointness," *Marine Corps Gazette*, November 1997, pp. 55-6, 58.

121) Quoted in Joel S. Wit, Daniel B. Poneman, Robert L. Gallucci, *Going Critical*, pp. 4-5.

국가로 전락한 것이다.122)

당시 북한은 10만 명에 달하는 특수부대원을 포함하여 110만 명 규모의 지상군을 보유하고 있었다. 그러나 이들 가운데 절반 이상이 도로와 건물 건설 등의 임무를 수행하고 있었다. 더욱이 북한군 재래식 전력이 약화되고 있었다. 북한군의 대부분 전차는 1960년대 이전 모델인 T-34, T-54/55, T-59와 같은 구형이었다. 결과적으로 "한미연합군이 기갑전력을 앞세운 전통적인 방식의 북한군의 남침을 곧바로 저지할 수 있을 것이란 관점에서 보면, 이들 전력을 이용한 남침은 용광로를 겨냥하여 돌진하는 형국과 다름이 없었다."123) 장갑차 부족으로 북한군의 40-60%는 트럭으로 이동해야 하는 입장이었다.

북한군 지상군의 70% 정도가 휴전선 부근 100마일 이내에 배치되어 있었다. 혹자는 이 같은 북한군이 위협적이라고 말했다. 그러나 북한이 지상군을 이처럼 전진 배치시켰던 것은 전선 너머 후방지역에 배치하는 경우 6.25전쟁 당시 목격되었듯이 이들 지상군이 전선지역으로 몰려오는 과정에서 한미연합군의 항공력에 의해 무력화될 가능성이 있었기 때문이었다. 북한군은 철도와 교량을 포함한 운송체계 미비로 지속작전 측면에서 상당한 문제가 있었다.124)

북한군 지상군 가운데 포병전력만이 어느 정도 의미가 있었다. 1991년 당시 북한군은 10,400문의 자주포와 견인포, 2,500문의 다연장로켓을 보유하고 있었다. 이들 가운데 많은 부분이 지하 또는 동굴에 배치되어 있었다. 이들은 사전 경고 없이 사격이 가능했다. 북한군은 한미연합군을 겨냥하여 시간 당 50만 발의 포탄을 몇 시간 동안 발사할 수 있었다.125)

600여대의 북한군 전투기 가운데 100대 규모의 MiG-23s, MiG-29s, SU-25s

---

122) Quoted in Ibid., p. 5.
123) Michael O'Hanlon, "Stopping a North Korean Invasion: Why Defending South Korea is Easier Than the Pentagon Thinks," *International Security*, Vol. 22, No. 4(Spring, 1998), p. 136.
124) Terence Roehrig, *From Deterrence to Engagement*, pp. 80-1.
125) Ibid., p. 81.

만이 어느 정도 의미가 있었다. 당시 대부분의 한국공군과 주한 미 공군은 정밀유도무기뿐만 아니라 우수한 정보체계, 표적선정(Targeting) 체계, 지휘통제체계를 구비하고 있었다. 한국공군 조종사들이 매년 200시간 이상 비행 훈련하고 있었던 반면 유류 부족으로 북한군 조종사들은 매년 7시간에서 8시간 정도 비행하는 등 제대로 훈련하지 못하고 있었다. 북한군 전투기들은 부품 부족으로 가동률이 저조했다.126)

북한 해군은 연안방어와 특수부대 투입 지원이란 두 가지 임무를 수행하고 있었다. 북한 해군의 대부분 수상함은 초계정 또는 연안 함정이었다. 결과적으로 한미연합 해군의 야간 및 전천후 작전 능력, 조기경보 레이더, 정보, 첨단무기, 합동작전 능력뿐만 아니라 공중우세(Air Superiority)로 북한해군의 대부분이 개전 초기에 무력화될 것으로 예상되었다.127)

한편 북한은 화학 및 생물무기를 보유하고 있었다. 그러나 이들 무기는 국제사회가 사용을 금지하는 성격이었다. 북한은 이들 화학 및 생물무기를 공세적 목적이 아니고 방어적 목적으로 사용할 예정이었다.128)

종합적으로 판단해보면, 주한미군을 제외하는 경우에도 한국군과 북한군의 관계는 미군과 멕시코군의 관계와 유사했다.129) 한국군 전력이 북한군 전력과 비교하여 상당한 우위에 있었던 것이다. 이 같은 상태에서 1970년대 말경부터 지구상 최강의 미군과 한국군이 북한을 염두에 둔 상태에서 매년 한미연합

---

126) Ibid., pp. 82-3.
127) Ibid., pp. 83-4.
128) Ibid., p. 88.
129) 일본 총리를 역임한 호소카와 모리히로(細川護熙)는 일본 전문가들의 말을 인용하여 다음과 같이 말했다. "오늘날 상황이 역전되었습니다. 한국의 국내총생산은 북한과 비교하여 적어도 20배 입니다. 한국 인구는 북한 인구의 2배입니다. 북한과 비교한 한국의 국력은 멕시코와 비교한 미국의 국력과 유사합니다.…북한은 시대에 뒤쳐지지 않은 전투기가 100대 미만인 반면 한국은 400대 이상입니다. 북한공군 조종사들은 연료 부족으로 1년에 4-5시간 정도 비행하는 반면 한국공군 조종사들은 충분한 수준으로 비행하고 있습니다." Morihiro Hosokawa, "Are U.S. Troops in Japan Needed? Reforming the Alliance," *Foreign Affairs*, Vol. 77, No. 4(July/August 1998), p. 3.

훈련을 실시하고 있었던 것이다.

자군 재래식 전력의 공세작전 능력이 지속성이 없을 정도로 저하되고 있음을 인지한 북한은 1980년대 중반 이후 방향을 전환했다. 북한은 남침이 아니고 전쟁 억지에 초점을 맞추기 시작했다. 북한군의 탄도미사일, 핵무기, 화학 및 생물 무기는 남침 목적으로서는 거의 의미가 없었던 반면 한미연합군의 공격을 억지하는 과정에서 상당한 의미가 있었다.130)

2011년 미 국방정보국 국장 제임스 클래퍼(James R Clapper)는 북한의 핵무기 개발 이유를 재래식 전력 열세를 보완할 목적이라고 말했다. "…북한이 핵무기를 추구하는 또 다른 이유가 있을 것입니다. 그러나 재래식 전력 열세 보완이 주요 이유입니다.…"131)

북한이 붕괴되어 남북이 통일되는 경우 미군이 한반도에서 강제 철수당할 가능성도 없지 않았다는 점에서 미국은 북한 붕괴를 결코 수용할 수 없는 입장이었다. 그럼에도 불구하고 1990년대 당시 북한은 자국 안보와 관련하여 심각한 불안을 느끼고 있었다.

북한이 저렴하게 획득이 가능한 핵무기와 미사일 개발에 전념하게 된 것은 이 같은 이유 때문이었다.132)

---

130) Terence Roehrig, *From Deterrence to Engagement*, p. 103.

131) James R. Clapper, Director of National Intelligence, *Annual Threat Assessment of the US Intelligence Community Testimony*, US Senate Select Committee on Intelligence, February 10, 2011.

132) "북한 핵무기 개발은 가난하고 소국인 북한이 취할 수 있는 취상의 방안이다. 왜냐하면 어느 무기도 제공해줄 수 없는 억지력을 보장해주기 때문이다." Victor Cha, "The Rationale for Enhanced Engagement of North Korea: After the Perry Policy Review," *Asia Survey*, Vol 39, No. 6, (Nov.-Dec., 1999), p. 848.; 중국인들은 북한의 핵 및 미사일 개발을 강력한 재래식 전력을 구비하고 있는 한미동맹에 대항하기 위한 나름의 조치로 생각하고 있다. Eric A. McVadon, "China's Goals and Strategies for the Korean Peninsula" pp. 153-4.

제3절 미국의 북한 핵무장 종용 이유

북한이 핵무기를 개발할 수 있었던 것은 자국 안보 측면에서 핵무기 개발이 절실했다는 사실과 핵무기가 지구상에 출현한 1945년 이후 국제사회의 핵무기 확산과 비확산을 주도한 미국이 북한 핵무장을 염원했기 때문이었다.

미국이 북한 핵무장을 염원한 세 가지 이유가 있었다.

첫째, 냉전 종식 이후 아태지역의 미 동맹체계를 유지하기 위함이었다. 냉전 종식 이후 미국은 냉전 당시 아태지역에 구축한 동맹체계를 이용하여 중국의 부상 가능성에 대비해야 할 것이라고 생각했다. 주한미군은 아태지역의 미국의 동맹체계에서 함정의 닻에 해당할 정도로 핵심적인 부분이었다. 미국은 주한미군이 철수하면 주일미군도 주둔을 보장하지 못하게 되면서 아태지역의 미 동맹체계가 와해될 가능성이 있다고 생각했다. 아태지역 동맹체계 유지 측면에서 미군의 한반도 주둔이 필수적이었다. 냉전 종식 이후 한국의 국력이 북한과 비교하여 상당히 막강해졌다는 점에서 미군의 한반도 주둔을 보장하고자 하는 경우 북한 핵무장이 절실했던 것이다.

이 부분을 미국의 한반도정책 측면과 냉전 종식 이후 주변국 안보전문가들의 인식 측면에서 살펴볼 것이다.

둘째, 중국을 겨냥한 미사일방어체계 구축 명분 확보 차원에서였다. 냉전 종식 이후 미중 직접 대결 가능성이 높아지면서 미국은 중국이 미 본토를 겨냥하여 발사할 핵미사일을 요격하기 위한 미사일방어체계 구축이 절실해졌다. 그러나 미국은 이 같은 미사일방어체계 구축 명분으로 중국 위협 운운할 수 없었다. 중국의 주변국인 북한이 핵탄도미사일로 자국을 위협할 가능성을 거론할 필요가 있었던 것이다. 이 같은 명분 확보 차원에서 북한 핵무장이 필수적이었다. 북한이 핵무장하는 경우 중국의 핵미사일 위협에 대응하기 위한 미국의 미사일방어체계 구축은 물론이고 중국을 겨냥한 한국, 일본 및 미국의 3각 공조가 용이해질 수 있었다.

셋째, 북한 핵무장의 부정적인 효과를 충분히 통제할 수 있기 때문이었다. 북한이 핵무기로 미 본토를 타격할 가능성, 북한 핵무기 개발로 핵 확산 도미노 현상이 벌어질 가능성, 북한이 핵무기 관련 물질과 과학기술을 전파할 가능성이 있었지만 미국은 이들을 통제할 수 있는 입장이었다.

1. 동맹체계 유지 필요성(미국의 한반도정책 측면)

루주벨트가 한반도 신탁통치를 구상한 1943년부터 오늘날까지의 미국의 한반도정책은 놀라울 정도로 일관성이 있다. 한반도에 대한 영향력을 확보하여 유지하기 위한 성격이었다. 이 같은 영향력 확보 및 유지 차원에서 미군을 한반도에 주둔시킨 후, 이 같은 미군의 주둔을 보장하기 위한 성격이었다.[133] 한국군에 대한 작전통제권 행사를 통해 한국을 패권경쟁에 연루시키기 위한 성격이었다.[134] 이 정책은 미 행정부와 무관했다. 미국의 국내정치와 무관했다. 한반도에 대한 영향력 확보가 미국의 안보 측면에서 너무나 중요한 일이었기 때문이다.

냉전 종식 이후 미국이 북한 핵무장을 종용해야 할 것으로 생각했던 주요 이유는 중국의 부상에 대비한 한반도의 중요성 때문이었다. 이처럼 중요한 한반도에 대한 영향력을 유지하기 위한 유일한 방안이 북한 핵무장이기 때문

---

[133] 권영근, 『한반도와 강대국의 국제정치: 미국의 한반도정책을 중심으로(1943-1954)』, pp. 8-18.; 1973년부터 1979년까지 그리고 1986년부터 1992년까지의 기간 미국은 주한 미 지상군 철수를 구상했다. 그러나 당시 미국은 주한 미 공군 전력 증강을 구상했다. 이는 미국이 한반도에 대한 영향력을 포기할 의사가 없었다는 의미다.

[134] 미일동맹을 체결할 당시 미국은 일본 자위대에 대한 작전통제권 행사를 요구했다. 소위 말해 한미 연합지휘구조와 유사한 미일 연합지휘구조를 요구했다. 그러자 요시다 시게루(吉田茂) 수상은 이처럼 하면 일본에서의 미국의 국익 추구 행위에 일본이 연루될 수 있다며 거절했다. 오늘날 일본과 미국이 병행적인 지휘구조를 유지하게 된 것은 이 같은 이유 때문이다. Sheila A Smith(2019), *Japan Rearmed* (Kindle Location 2940). Harvard University Press. Kindle Edition. 그런데 한반도에서 미국이 추구한 주요 국익은 패권경쟁 대비였다. 한국군에 대한 작전통제권 행사를 통해 미국은 한국을 패권경쟁에 연루시킬 수 있게 되는 것이다.

이었다. 여기서는 미국의 북한 핵무장 종용 필요성을 미국의 한반도정책 측면에서 살펴볼 것이다. 먼저 미국의 한반도정책을 이론 및 실제적 측면에서 조명해본 후, 이 같은 정책 측면에서의 북한 핵무장의 필요성을 살펴볼 것이다.

미 한반도정책의 실제적 고찰

루주벨트가 한반도 신탁통치를 구상한 1943년부터 한반도 문제와 관련한 제네바회담이 있었던 1954년까지의 미국의 한반도정책은 한국을 미소 패권경쟁에 연루시킬 수 있을 정도로 한반도에 대한 영향력을 확보하기 위한 성격이었다. 이처럼 하고자 하는 경우 먼저 미군을 한반도에 주둔시킬 필요가 있었다. 이처럼 미군을 한반도에 주둔시키기 위해 신탁통치 구상, 38선 분단, 반공(反共) 성향의 남한 단독정부 수립, 제주도 및 여수/순천 사건의 강력한 진압, 1949년 6월 30일의 주한미군 철수를 단행한 것이었다. 1950년 6월 25일 북한군의 남침을 유도했을 뿐만 아니라 300만 명이 희생될 정도로 잔혹한 방식으로 6.25전쟁을 수행한 것이었다. 전후 미국은 한미상호방위조약 체결을 통해 미군을 주둔시킬 수 있었다.[135] 당시 미국은 상호방위조약 체결 조건으로 한국군에 대한 작전통제권 행사를 강력히 요구했으며, 미군의 도움이 없으면 전혀 기능할 수 없는 육군 중심 군대로 한국군을 만들었는데 이는 한국을 미소 패권경쟁에 연루시키기 위함이었다. 보다 장기간 동안 미군을 한반도에 주둔시키기 위함이었다.[136]

미국은 한미상호방위조약 체결과 한국군에 대한 작전통제권 행사를 통해 미군의 한반도 주둔을 보장할 수 있었을 뿐만 아니라 한국을 미소 패권경쟁에 연루시킬 수 있었다.

---

135) 권영근, 『한반도와 강대국의 국제정치: 미국의 한반도정책을 중심으로(1943-1954)』, pp. 54-64.
136) Ibid., 685-7.

1954년부터 냉전 종식 이전까지의 미국의 한반도정책은 확보한 한반도에 대한 영향력을 지속 유지하기 위한 성격이었다. 예를 들면, 미국이 1960년의 4.19 혁명으로 등장한 장면(張勉) 정부, 지나칠 정도로 친미적이던 장면 정부를 매우 싫어했던 것은 지속적인 학생 데모와 이들 학생의 남북통일 노력을 보며 미군의 한반도 주둔이 곤란해질 것으로 생각한 결과였다.137) 미국이 장면 정부를 붕괴시킨 박정희의 쿠데타를 내심 반겼으면서도 김종필과 주한미국 대리대사 마샬 그린(Marshall Green)이 군사 쿠데타에 동원한 한국군의 작전 통제권 문제와 관련하여 합의한 이후에나 지지를 표명했던 것은 미군의 한반도 주둔 보장 측면에서 한국군에 대한 작전통제권 행사의 중요성을 보여준 것이었다.138) 그런데 작전통제권 행사는 한국군을 미소 패권경쟁에 연루시킨다는 측면에서 또한 대단히 중요한 의미가 있었던 것이다.

1973년부터 1979년까지 미국은 미소 데탕트를 추구했다. 그 일환으로 주한 미 지상군 철수를 추구했다. 그러나 이것이 한반도에 대한 영향력 포기를 의미한 것은 아니었다. 당시 미국은 주한 미 공군 증강을 구상했다. 1986년부터 냉전 종식 이전까지의 기간에도 미국은 미소 데탕트를 추구했다. 점진적인 한반도

---

137) Gregg A. Brazinsky(2009), *Nation Building in South Korea* (pp. 253-4). The University of North Carolina Press. Kindle Edition.; 당시 미 CIA는 대한민국의 가장 큰 위협은 북한이 아니고 한국 내부의 비참한 경제상황과 정치적 불안정으로 생각했다. National Intelligence Estimate 14.2/42-61, "The Outlook for Korea," September 7, 1961, p. 1.; Daniel J. Oh(2017), *The United States-Republic of Korea Military Alliance: Impacts on US-ROK Relations And South Korean Political Development, 1960-69* (Ph.d Thesis, University of Chicago, 2017), pp. 71, 169-70.

138) Gregg A. Brazinsky(2009), *Nation Building in South Korea* (pp. 120-3). Kindle Edition; 당시 유엔사는 미국이 혁명정부를 지지해야 할 것인지 여부는 박정희가 공산주의자가 아니란 사실과 혁명군이 훼손시킨 한국군에 대한 작전통제권을 유엔사로 복원시키는지 여부에 좌우될 것임을 분명히 했다. Daniel J. Oh(2017), *The United States-Republic of Korea Military Alliance*, p. 200.; 그런데 미국은 박정희가 공산주의자가 아님은 이미 잘 알고 있었다. 따라서 주요 요인은 작전통제권 복원 여부였다. Ibid., pp. 25-6, 203-24.; 미국 입장에서 보면 1960년대 당시 박정희 정권에 관한 미국의 주요 결심을 추동해주는 것은 한국군에 대한 작전통제권 유지란 부분이었다. Ibid., p. 6.; 1960년대 당시 미국의 한반도정책에서 가장 중요한 부분에 한국이 한국군에 대한 미국의 작전통제권 행사를 인정하게 하는 일이 있었다. "Record of National Security Council Action No. 2430, June 13 1961," in *FRUS*, 1961-1963, Northeast Asia, Vol. 22, pp. 483-5.

철수를 구상했다.

소련의 해체로 냉전이 완벽히 종식된 1990년대 초반에는 중국이 패권 추구 조짐을 보였다. 미국은 냉전 당시 아태지역에 구축한 한미동맹 및 미일동맹과 같은 동맹체계를 이용하여 이 같은 중국의 부상에 대비해야 할 것으로 생각했다. 결과적으로 미군의 한반도 주둔이 지속적으로 중요한 의미가 있게 된 것이다.

냉전 종식 이후 미국이 북한체제 붕괴를 위해 노력한 듯 보였던 김영삼(金泳三) 대통령을 매우 싫어했던139) 주요 이유는 북한이 붕괴되는 경우 미군의 한반도 주둔이 의미를 상실할 가능성 때문이었다.140)

냉전 종식 이후 미국은 단순히 미군의 한반도 주둔을 추구하지 않았다. 한미동맹을 미중 패권경쟁에 연루시키기 위한 방향으로 변환시키고자 노력했다. 이처럼 하고자 하는 경우 북한 위협 대비에 전념하고 있던 한국인들로 하여금 중국 위협에 초점을 맞추게 만들 필요가 있었다. 그 과정에서 한국군에 대한 지속적인 작전통제권 행사가 도움이 될 것이었다.

미국 입장에서 보면, 냉전 당시 한미동맹이 대비해야 할 주요 위협은 북한군을 앞세운 소련위협이었다. 냉전 종식 이후 미국은 한미동맹이 대비해야 할 위협에 주변국 위협을 포함시켰다. 여기서 말하는 주변국 위협은 중국을 의미했다. 미국이 이처럼 했던 것은 한미동맹을 중국 위협 대비 성격으로 전환히기 위힘이었다. 아태지역을 겨냥한 냉선 낭시의 소련의 세력팽창 방식과 냉전 종식 이후의 중국의 세력팽창 방식 측면에서 차이가 있었기 때문이었다.

---

139) 통일한국을 달성한 대통령이 되겠다는 열망으로 김영삼 대통령은 붕괴 가능성이 높다고 생각되던 북한체제를 보다 압박하고자 노력했다. Don Oberdorfer and Robert Carlin(2013), *The Two Koreas* (New York: Basic Books, 2013), pp. 270-1, 276, 280.; 북한을 압박하고자 노력했던 김영삼 정부를 클린턴 행정부는 좋아하지 않았다. 미국의 관리 가운데에는 "한반도에서 가장 골칫거리는 북한이 아니고 한국정부다"고 생각하는 사람도 있었다. Ibid., p. 306.

140) 이미 언급한 바처럼 미국은 북한이 붕괴되는 경우 통일한국에 주한미군을 주둔하지 못할 가능성을 심각히 우려했다. 특히 통일한국이 중국과 가까워질 가능성을 매우 우려했다.

냉전 당시 아태지역을 겨냥한 소련의 세력팽창이 휴전선을 통해 이루어질 것이란 점에서 미국은 휴전선에서 북한 위협에 대비하는 경우 자연히 소련의 세력팽창 노력을 저지할 수 있었다. 미군대장이 한국군을 작전 통제하고 있었다는 점에서 휴전선을 통한 소련의 세력팽창을 저지하는 과정에서 한국을 자연스럽게 미소 패권경쟁에 연루시킬 수 있었던 것이다.

그러나 아태지역을 겨냥한 냉전 종식 이후의 중국의 세력팽창은 휴전선이 아니고 자국의 광활한 해안가를 통해 이루어질 가능성이 농후했다. 이 같은 이유로 냉전 종식 이후 미국은 한반도에서 더 이상 휴전선을 쳐다보지 않았다. 광활한 해안가를 통한 중국의 세력팽창 저지 문제를 놓고 고민하게 된 것이다. 반면에 냉전 종식 이후에도 한국은 휴전선을 통한 북한군의 남진 저지에 관심이 있었다. 결과적으로 휴전선을 바라본 것이다. 미국 입장에서 보면 이 같은 한국군을 미군과 마찬가지로 광활한 해안가를 통한 중국의 세력팽창을 저지하는 일에 전념하게 만들 필요가 있었던 것이다.

그러나 이 같은 방식으로의 미국의 중국 세력팽창 저지 노력은 한국의 국익과 배치되었다. 결과적으로 이처럼 한미동맹이 아태지역을 겨냥한 중국의 세력팽창 저지에 관심을 기울임은 한국이 한반도에서의 미국의 국익추구 행위에 연루됨과 다름이 없었다. 아무튼 냉전 종식 이후 미국은 한국을 한반도에서의 자국의 국익추구 행위에 연루시키기 위해 적극 노력했던 것이다.

지금까지 살펴본 바처럼 미군이 한반도에 진주한 1945년 9월 8일 이후의 미국의 한반도정책은 놀라울 정도로 일관성이 있었다. 미군을 한반도에 주둔시킨 후 한국을 패권경쟁에 연루시키는 것이었다. 어떻게 이처럼 일관성이 있었을까?

크게 두 가지 이유 때문이었다. 첫째는 지난 200여 년 동안 미국이 가장 중요하게 생각하는 안보목표가 미국이 아닌 또 다른 패권국의 부상을 저지하는 것이었다는 사실 때문이었다. 둘째는 이 같은 미국의 가장 중요한 안보

목표 달성 측면에서 한반도가 대단히 중요한 의미가 있었기 때문이었다.141)

지금까지 살펴본 바처럼 미국이 한반도 신탁통치를 구상한 1943년부터 오늘날까지의 한미관계사는 미 한반도정책이 미군을 한반도에 주둔시킨 후 한반도를 패권경쟁에 연루시키기 위한 성격이었음을 보여주고 있다. 이 같은 사실을 이론적으로 재차 확인해볼 필요가 있을 것이다.

미 한반도정책의 이론적 고찰

지난 200여 년 동안 미국이 가장 중요하게 생각한 안보목표가 미국이 아닌 또 다른 패권국의 부상을 저지하는 것이라고 많은 저명인사들이 말했다.142) 이들은 미국의 생존을 보장하고자 하는 경우 서반구에서의 패권을 장악한 후 여타 지역에서 미국이 아닌 또 다른 패권국의 부상을 저지해야 할 것으로 생각했다.143) 이들이 이처럼 생각했던 것은 이것이 무정부상태인 국제사회에서 미국과 같은 강대국이 자국의 생존을 보장하기 위한 최상의 방안이기 때문이었다.144) 미국은 이 같은 패권국이 유럽과 동북아지역에서 부상할 수 있을 것으로 생각했다. 오늘날 미국은 유럽보다는 동북아지역에서의 패권국의 부상을 우려하고 있다.145)

---

141) 권영근, 『한반도와 강대국의 국제정치: 미국의 한반도정책을 중심으로(1943-1954)』, pp. 8-18.

142) Samuel P. Huntington(2001), *The Clash of Civilizations and the Remaking of World Order* (New York: Simon & Schuster, 2001), pp. 228-36.; John J. Mearsheimer(2014), *The Tragedy of Great Power Politics*(New York : W. W. Norton &Company, 2014), pp. 30-2, 35-8.

143) Patrick Porter, "How the U.S. Foreign Policy Establishment Constrains American Grand Strategy," *International Security*, Policy Brief/June 2018.

144) 따라서 강대국이 궁극적으로 추구하는 목표는 지역 차원에서 패권을 장악한 이후 지구의 또 다른 지역에서 동급 경쟁자가 부상하지 못하게 하는 것이다. John Mearsheimer, *The Tragedy of Great Power Politics* (Updated Edition) (Kindle Location 3997), W. W. Norton & Company. Kindle Edition.

145) Henry Kissinger(2001), *Does America Need a Foreign Policy?* (Kindle Location 1554). Kindle Edition.

2차 세계대전 이전까지 미국은 유럽 및 동북아지역과 같은 주요 지역에서 세력균형을 유지하는 방식으로 패권국의 부상을 저지하고자 노력했다. 1905년 당시 미국이 카츠라(桂)-테프트 밀약을 통해 일본으로 하여금 한반도를 점령하게 한 것은 아태지역을 겨냥한 소련의 세력팽창을 동북아지역 국가인 일본을 통해 저지하기 위함이었다. 미국은 이 같은 또 다른 패권국의 부상 저지와 더불어 태평양과 대서양이란 지리적 이점을 이용하여 자국 안보를 지킬 구상이었다.146)

미국은 세력균형 와해로 특정 지역에서 패권국이 부상할 것으로 보이는 경우 해당 지역의 분쟁에 개입했다. 분쟁 개입을 통해 패권국의 부상 저지에 성공하는 경우 미국은 더 이상 지역 상황에 개입하지 않았다. 예를 들면, 미국은 독일이 유럽의 패권국으로 부상할 것으로 보였던 1917년 4월 6일 1차 세계대전 참전을 선포했으며, 참전을 통해 독일의 패권 부상을 저지한 후 유럽의 모든 미군을 미 본토로 철수시켰다.

그러나 2차 세계대전과 관련해서 미국은 이 같은 안보전략을 적용할 수 없었다. 2차 세계대전이 진지하게 진행되고 있던 1943-1944년의 기간 미국의 전략가들은 전후 소련이 제기할 가능성이 있던 위협을 심각하게 우려했다. 미국이 이처럼 소련을 위협적으로 생각했던 것은 장거리 전략폭격기 및 항공모함과 같은 원거리 타격 수단의 등장으로 대서양과 태평양이 더 이상 미국을 지켜줄 수 없게 되었다는 사실과 전후 소련을 제외하면 유라시아대륙 주변부인 아시아와 유럽의 열강들, 다시 말해 독일, 일본, 영국과 같은 열강들의 세력이 크게 약화될 것으로 보였기 때문이었다. 방치하는 경우 소련이 서유럽, 독일, 영국 및 일본과 같은 과학기술 선진국으로 영향력을 넓히는 방식으로 세력을 키울 수 있을 것으로 생각했기 때문이었다. 결과적으로 이들 국가가 유라시아대륙에서의

---

146) John J. Mearsheimer(2003), *The Tragedy of Great Power Politics* (Kindle Location 4007). Kindle Edition.

소련의 세력팽창 노력을 저지할 수 없을 것으로 보였기 때문이었다.147)

미국은 이 같은 소련의 세력팽창을 저지하고자 하는 경우 유라시아대륙 주변부의 주요 지역 국가들과 동맹을 체결한 후 이들 국가에 미군을 주둔시킬 필요가 있다고 생각했다. 미국이 전후 미군의 주둔이 필요하다고 생각한 지역에 한반도가 포함되어 있었다.148) 미국은 한반도가 소련의 영향권으로 들어가는 경우 일본이 중립국을 추구하면서 미군 주둔을 거부할 것이라고 생각했다.149)

미국이 한반도에 대한 영향력을 확보해야 할 것으로 생각했던 주요 이유는 한반도가 미국, 중국, 소련, 일본이란 주변 4강 입장에서 '전략적 이익(Strategic Interests)'에 해당하는 지역이기 때문이었다. 이들 국가가 한반도에 대한 모든 영향력이 자국의 적국으로 넘어가는 경우 적국과의 경쟁에서 상당히 불리해진다고 생각했기 때문이었다. 한반도에 대한 영향력을 확보한 국가가 동북아지역의 패권국으로 부상할 가능성이 있었기 때문이었다. 이미 1943년 미 국무성은 한반도에 대한 모든 영향력이 소련으로 넘어가는 경우 장제스(蔣介石)가 통치하게 될 중국 대륙은 물론이고 일본 안보가 위태로워질 것으로 생각했다.150) 결과적으로 미국의 안보가 위태로워질 것으로 생각했다.

그런데 미국이 한반도에 대한 영향력을 확보하기 위한 유일한 방안은 한반도를 분단시킨 후 남한 지역에 반공성향의 단독정부를 수립하는 것이었다. 이 같은

---

147) Quoted in Mira Rapp-Hooper(2020), *Shields of the Republic* (p. 10), Kindle Edition.; Melvyn P. Leffler(2017), *Safeguarding Democratic Capitalism* (p. 124). Princeton University Press. Kindle Edition.; John Lewis Gaddis(2005), *Strategies of Containment* (Oxford: Oxford University Press, 2005), pp. 62-3.

148) Melvyn P. Leffler(2017), *Safeguarding Democratic Capitalism* (p. 124). Kindle Edition.

149) George F. Kennan(1972), *Memoirs 1950-1963* (Boston: Little, Brown and Company, 1972), pp. 41-4.; "…한반도에 미군을 주둔시키지 못하면 일본에 미군 기지를 유지하기가 쉽지 않을 것이다." Henry Kissinger(2001), *Does America Need a Foreign Policy?* (Kindle Location 1617, 1804). Kindle Edition.; 일본이 주일미군을 유지하는 주요 이유는 한반도의 분단 상태를 지속 유지하게 하기 위함이다. Ibid., (Kindle Location 1871)

150) Quoted in William Stueck(2002), *Rethinking the Korean War* (p. 17). Princeton University Press. Kindle Edition.

남한 지역에 미군을 주둔시키는 것이었다.151)

핵시대인 오늘날에도 강대국 패권경쟁 측면에서의 주한미군의 중요성에는 변함이 없다. 핵시대에도 강대국들은 자국의 생존 보장 차원에서 주요 국가들과 동맹을 체결하며, 핵전력 측면에서의 우위와 더불어 항공기, 전차 및 함정과 같은 재래식 전력 측면에서의 우위 확보를 위해 지속적으로 노력하지 않을 수 없다. 오늘날 미국과 중국이 한반도란 지정학적인 요충지에 대한 영향력 확보를 위해 노력하고 있을 뿐만 아니라 항공기, 전차 및 함정과 같은 재래식 전력은 물론이고 핵전력 측면에서의 우위 확보를 위해 노력하고 있는 것은 이 같은 이유 때문이다.152)

냉전 당시에는 미소 패권경쟁 측면에서, 냉전 종식 이후에는 미중 패권경쟁 측면에서 한반도가 미국 입장에서 '전략적 이익'에 해당하는 지역이란 점에서 미국은 한반도에 대한 영향력 유지 차원에서 미군의 한반도 주둔을 보장하기 위해 온갖 노력을 경주하지 않을 수 없었던 것이다.

한미상호방위조약 체결과 한미합의의사록을 통해 미국이 미군을 한반도에 공식적으로 주둔시킬 수 있게 된 1954년까지의 미국의 한반도정책이 미군을 한반도에 주둔시키기 위한 성격이었다면, 그 후부터 오늘날까지의 미국의 한반도정책은 이 같은 미군의 주둔을 보장하고 한반도를 패권경쟁에 연루시키기 위한 성격일 수밖에 없었던 것이다. 냉전 당시 미소 패권경쟁에 연루시키기 위한 성격이었다면 냉전 종식 이후에는 미중경쟁에 연루시키기 위한 성격이었던 것이다.

이 같은 미국의 한반도정책은 정권과 무관했다. 그 이유는 미국이 추구하는 가장 중요한 목표, 다시 말해 미국이 아닌 또 다른 패권국 부상 저지란 가장 중요한 목표 측면에서의 한반도의 중요성 때문이다.

---

151) 권영근, 『한반도와 강대국의 국제정치: 미국의 한반도정책을 중심으로(1943-1954)』, pp. 54-65.
152) Daryl G. Press(2020), *The Myth of the Nuclear Revolution* (pp. 2-5). Cornell University Press. Kindle Edition.

결국 미국이 북한 핵무장을 은밀한 방식으로 종용했던 것은 이 같은 미국의 한반도 정책으로 미군의 한반도 주둔이 지속적으로 절실했던 반면 북한과 비교한 한국의 국력 신장으로 미군이 더 이상 한반도에서 필요 없어 보였기 때문이었다. 이 같은 사실을 확인해볼 필요가 있을 것이다.

미국의 북한 핵무장 종용 이유

소련의 해체로 냉전이 완벽히 종식된 1991년 12월 이후 미국이 가장 중요하게 생각하는 지역이 유럽에서 아태지역으로 바뀌었다.153) 아태지역에서 미국이 아닌 또 다른 패권국이 부상할 가능성이 있는 지역은 동북아지역이다. 동북아지역 전략에서 한반도 전략은 가장 중심적인 부분이다.154)

이미 1990년대 초반 미국은 중국의 부상 가능성을 우려했다.155) 미국이 아닌 또 다른 패권국의 부상을 저지하는 등의 아태지역에서의 미국의 새로운 전략에서 가장 중요한 부분에 냉전 당시 구축한 한미동맹, 미일동맹과 같은 양자동맹이 있었다.156) 냉전 종식 이후 이들 양자동맹체계를 유지하고자 하는 경우 위기의식을 조장할 필요가 있었다.157) 미국은 아태지역 안전과 평화를 위해 한반도 긴장을 고조시킬 필요가 있다고 생각했다.158) 북한 핵무기 개발이 이

---

153) *A Strategic Framework for the Asian Pacific Rim · Report to Congress*(Washington, D. C. : Dept. of Defense, 1992), p. 2.

154) "동북아지역에서 한반도가 중심에 해당하는 지역이란 점에서 보면 한반도는 미국의 동북아지역 전략에서 가장 중요한 역할을 담당해야 한다." Thomas L. McNaugher, "Reforging Northeast Asia's Dagger? U.S. Strategy and Korean Unification," *The Brookings Review*, Vol. 11, No. 3 (Summer, 1993), p. 16.

155) Samuel P. Huntington(1991), "America's Changing Strategic Interests," p. 12.

156) *A Strategic Framework for the Asian Pacific Rim*, p. 2.

157) Edward A. Olsen, "A New American Strategy in Asia?," *Asian Survey*, Vol. 31, No. 12 (December, 1991), p. 1,140.

158) Joseph S. Nye, Jr., "East Asian Security: The Case for Deep Engagement," *Foreign Affairs*, Vol. 74, No. 4(July/August 1995), pp. 91-2, 94.

같은 성격일 수 있을 것이다.

2021년에도 동북아지역에서 중국의 패권 부상을 저지하는 일은 미국 입장에서 가장 중요한 목표다.159) 오늘날 미국은 미군의 한반도 주둔을 결코 포기할 수 없는 이익으로 생각한다.160) 한반도가 중국의 영향권으로 넘어가는 경우 미중 패권경쟁에서 미국이 절대적으로 불리해진다고 생각한다. 한국을 중국의 패권 부상을 저지하기 위한 우방국 집단에 반드시 포함시켜야 한다고 생각한다.161)

강대국은 자국의 '전략적 이익'을 지키기 위해 온갖 수단과 방법을 동원한다.162) 미국은 중국의 부상 저지 측면에서 한반도에 대한 영향력을 확보해야 하며, 한반도에 대한 영향력 확보 측면에서 필수적인 미군의 한반도 주둔 보장을 위해 동원할 수 있는 온갖 수단을 동원하는 것이다.

냉전 종식 이후 한국과 비교한 북한의 국력이 상당히 약화되었다는 것이 문제였다. 특히 항공기, 전차 및 함정과 같은 재래식 전력 측면에서 한국군이 북한군과 비교하여 상당히 앞서간다는 사실이 문제였다. 더 이상 미군의 한반도 주둔이 필요 없어진 것이다. 적어도 미국의 전략가들은 이처럼 생각했다. 이미 살펴본 바처럼 이 같은 상황에서 미군을 한반도에 주둔시키기 위한 유일한 방안이 북한 핵무장 종용이었던 것이다.

2. 동맹체계 유지 필요성(안보 전문가들의 인식 측면)

오늘날 북한 핵무장이 냉전 종식 이후 한미동맹, 미일동맹 등 동맹체계 지속 유지 측면에서 상당한 의미가 있었다고 말하는 미국의 전문가들이 없지 않

---

159) Elbridge A. Colby(2021), *The Strategy of Denial* (p. 15). Kindle Edition.
160) 오늘날 한미동맹은 아태지역의 미국의 동맹체계에서 함정의 닻에 해당할 정도로 중요한 성격이다. Quoted in Mira Rapp-Hooper(2020), *Shields of the Republic* (p. 52), Kindle Edition.
161) Elbridge A. Colby(2021), *The Strategy of Denial* (p. 240). Kindle Edition.
162) Ukraine's options for peace | Can Russia lose? Prof. John Mearsheimer - YouTube

다.163) 여기서는 냉전 종식 이후 동맹체계 유지 측면에서의 북한 핵무장 필요성을 안보전문가들의 인식 측면에서 살펴볼 것이다.

아태지역 동맹체계 유지와 주한미군

냉전 종식이 다가왔다고 생각되던 1987년경 미국은 아태지역에서 미군을 점차적으로 철수시켜야 할 것으로 생각했다. 냉전 당시 아태지역에 구축해놓은 동맹체계를 서서히 해체해야 할 것으로 생각했다. 이 같은 미국의 사고는 1989년 6월의 천안문 사태와 1990년 10월의 독일통일 이후 급변했다. 미국이 중국의 패권 추구 가능성에 대비하여 아태지역의 동맹체계를 지속적으로 유지해야 할 것으로 생각한 것이다.

중국은 미국이 천안문 사태를 조장했다고 생각했다. 이 같은 이유로 미국을 자국의 주요 적국으로 간주하기 시작했다. 1990년 중국은 미국을 150년 이상 기간 동안 자국의 부상을 억누르고 자국 문명의 영혼을 파괴하고자 노력한 패권국으로 묘사할 목적으로 교과서를 개편했다. 새로운 교과서에서는 미국을 중국의 최악의 적국으로 묘사하고 있었다. 중국의 학교와 도서관에서는 이 교과서만이 미국에 관한 공식 관점이 되었다164)

1991년 9월 덩샤오핑은 천안문 사태 이후 조성된 미중갈등을 '새로운 냉전'과 다름이 없다고 말했다. 그런데 '새로운 냉전'이란 문구를 중국의 언론매체가 주기적으로 보도했다. 1992년의 중국정부의 공식 문서는 다음과 같이

---

163) "북한이 재래식 전력 측면에서 한국군과 비교하여 열세하다는 사실에도 불구하고 주한미군을 한반도에 주둔시킬 수 있게 해주는 주요 수단은 결국 북한 핵무기일 것이다." Scott A. Snyder(2018), *South Korea at the Crossroads: Autonomy and Alliance in an Era of Rival Powers* (New York: Columbia University Press. 2018), p. 211.; 오늘날 북한 핵은 한미동맹 유지의 명분을 제공해주고 있다. 1990년대 당시 많은 한국인과 일본인이 한미동맹과 미일동맹의 지속 유지에 의문을 제기했다. 그 와중에서 이들 동맹을 지켜준 것은 북한 핵무기 개발이었다. Mira Rapp-Hooper(2020), *Shields of the Republic* (pp. 115-7), Kindle Edition.

164) Michael. Pillsbury, *The Hundred-Year Marathon: China's Secret Strategy to Replace America as the Global Superpower* (Kindle Locations 1893-1895, 1946-1948). Henry Holt and Co.. Kindle Edition.

주장했다. "지구상 유일의 초강대국이 된 미국이 새로운 패권주의와 세력정치를 위해 광분하고 있다는 사실, 미국의 국력이 상대적으로 약화되고 있다는 사실, 미국이 할 수 있는 것에 한계가 있다는 사실을 지적하지 않을 수 없습니다." 1995년 8월 장쩌민은 "서구 적대 세력들은 중국을 서구화시키고 분단시키기 위한 노력을 잠시도 멈춘 경우가 없다."라고 말했다. 1995년경 중국의 지도자와 학자들 사이에서는 미국이 "중국을 영토적으로 분할시키고, 정치적으로 전복시키며, 전략적으로 봉쇄하고, 경제적으로 좌절시키기 위해 노력하고 있다."는 인식이 폭넓게 형성되어 있었다.165)

한편 1980년대 당시 중국은 해군제독 류화칭(劉華淸)의 의견을 수용하여 도련선 개념을 정립했다. 그런데 1997년 이후 이 개념이 보다 강조되었다. 2010년까지 오키나와~대만~남중국해로 연결되는 제1도련선 내부에서 제해권을 장악하고, 2020년까지 제2도련선(사이판~괌~인도네시아) 내부까지 제해권을 장악하며 2040년까지 미 해군이 태평양과 인도양을 지배하지 못하게 한다는 내용이었다.166) 이는 중국이 아태지역에서 미군을 몰아낸 후 이곳 지역을 자국의 영향권으로 유지할 것이란 의미였다. 중국이 동북아지역의 패권국을 구상하고 있다는 의미였다.

1980년대 말경에는 미국의 대 중국 인식 또한 악화되기 시작했다. 미국은 소련이 자국 안보를 위협하는 가장 큰 세력으로 인식되는 한 중국과 공조할 의향이 있었다. 그러나 소련 위협이 점차 약화되고 있었다. 1989년 11월의 베를린장벽 붕괴는 소련의 종말을 암시했다. 베를린장벽 붕괴로 그 후 2년 뒤의 소련의 해체를 유도한 일련의 사건들이 벌어졌다. 이처럼 급격하고도 예기치 못한 범세계적인 세력균형 변동과 1989년 6월의 천안문 사태가 결합되면서

---

165) Samuel P. Huntington, *The Clash of Civilizations and the Remaking of World Order* (pp. 222-3). Simon & Schuster. Kindle Edition.

166) Peter. Navarro(2015), *Crouching Tiger: What China's Militarism Means for the World.* (Kindle Location 608-656). Prometheus. Kindle Edition.

미국과 중국의 대소(對蘇) 전략 측면에서 의문이 제기된 것이다. 소련의 해체로 미국이 중국과 지속적으로 공조해야 할 이유가 더 이상 분명하지 않았던 것이다.

결과적으로 1989년 미국의 대 중국 전략 측면에서 주요 변화가 시작되었다. 1992년 3월 미국에서는 또 다른 패권국의 부상을 저지해야 할 것이란 사고가 재차 부상했다.167) 미국은 중국을 새로운 잠재 적국으로 간주했다.168)

당시로부터 20년 전 미국은 중국 봉쇄전략에서 소련에 대항하여 외교 및 군사적으로 중국과 공조하는 전략으로 신속히 선회한 바 있다. 이제 미국의 전략이 재차 급변하기 시작한 것이다. 이번에는 중도적인 전략으로 급변했다. "포용 그러나 대비"란 미국의 대 중국 전략이 모습을 드러낸 것이다. 그 후의 미 행정부들은 무역과 외교를 통해 중국을 지속적으로 포용하는 한편 동아시아 지역에서의 미국의 능력 강화 조치, 동아시아 지역 우방국 및 동맹국들과의 연계 강화 조치, 가능하면 중국의 군사력 신장을 둔화시키기 위한 조치를 취했던 것이다.169) 이 같은 방식으로 중국의 부상 가능성에 대비하기 시작한 것이다.

미국은 냉전 당시 아태지역에 구축한 동맹체계를 이용하여 중국의 부상 가

---

167) "우리의 첫 번째 목표는 구소련 또는 여타 지역에서 구소련이 제기했던 것과 같은 위협을 제기하는 새로운 경쟁국이 등장하지 못하게 하는 것이다." "Excerpts from Pentagon's Plan: 'Prevent the Emergence of a New Rival,'" *New York Times*, March 8, 1992.; Barry R. Posen(2014), *Restraint: A New Foundation For U.S. Grand Strategy* (p. 7). Cornell University Press. Kindle Edition.; Charles Krauthammer, "The Unipolar Moment," *Foreign Affairs*, Vol. 70, No. 1(1990/91), pp. 23-33.; Patrick E. Tyler, "U.S. Strategy Plan Calls for Insuring No Rivals Develop," *New York Times*, March 8, 1992.; and Barton Gellman, "The U.S. Aims to Remain First among Equals," *Washington Post*, March 16-22, 1992.

168) "언론 보도에 따르면 1991년 등샤오핑은 미국과 중국 간에 새로운 냉전이 진행되고 있다고 말했다." Samuel P. Huntington, "The Clash of Civilizations?," *Foreign Affairs*, Vol. 72, No. 3(Summer 1993), p. 34.; "오늘날 중국은 미국의 제2의 가상 적국이다.(소련이 붕괴되었지만 아직도 러시아는 첫 번째 적국이다.)" M. Ehsan Ahrari, "U.S. Military Strategic Perspectives on the PRC: New Frontiers of Information-Based War," *Asian Survey*, Vol. 37, No. 12, December 1997, p. 1163.; "…그럼에도 불구하고 중국이 동북아지역에서 제기할 가능성이 있는 위협이 한반도에 미군을 유지하기 위한 주요 이유가 될 것이다." Thomas H. Buchanan, "The Coming Decade of Change for the Korean Peninsula: Implication for Northeast Asia and The United States," *East Asia*, Vol. 17, Issue 4(Winter 1999), p. 26.; "중국이 통일한국에 위협이 될 가능성이 있다는 사실을 인식하지 않으면 한미동맹 유지를 정당화시키기 어려울 것이다." Carl E. Haselden, JR. "The Effects of Korean Unification on the US Military Presence in Northeast Asia," *Parameters*, November 2002, p. 126.

169) Aaron L. Friedberg, *A Contest for Supremacy* (p. 89). Kindle Edition.

능성에 대비해야 할 것으로 생각했다.170) 이 같은 동맹체계에서 한미동맹과 미일동맹이 핵심이었다.171) 미국은 주한미군이 철수하면 주일미군도 철수할 수밖에 없다고 생각했다.172) 이 같은 이유로 아태지역 동맹체계 유지 측면에서 미군의 한반도 주둔이 냉전 당시와 비교하여 훨씬 중요해진 것이다.173)

---

170) Jim Mann, "U.S. Starting to View China as a Potential Enemy," *Los Angeles Times*, April 16, 1995.; Quoted in Aaron L. Friedberg, *A Contest for Supremacy* (p. 112). Kindle Edition.

171) "동북아지역의 새로운 안보구상과 관련하여 미국은 기존의 양자동맹이 그 중심이 되어야 한다고 굳게 믿고 있다." Eric A. McVadon, "China's Goals and Strategies for the Korean Peninsula," p. 195.; "중국은 동아시아의 미국의 군사동맹들을 상호 연계하는 방식으로 한미 및 미일 동맹이 중국 봉쇄 목적으로 사용될 수 있을 것으로 생각하고 있다." Fei-Ling Wang, "Joining the Major Powers for the Status Quo: China's Views and Policy on Korean Reunification," *Pacific Affairs*, Vol. 72, No. 2 (Summer, 1999), p. 181.; "중국은 주한미군을 이용하여 대만 해역에서의 중국의 행위에 간섭할 가능성을 우려했다.…강력한 한미동맹이 중국을 겨냥한 미국의 새로운 봉쇄전략에 기여할 수도 있다." Fei-Ling Wang, "Tacit Acceptance and Watchful Eyes," p. 14.; "중국 분석가들 입장에서 가장 괴로운 부분은 미일동맹의 주요 표적이 일본의 방위대강 개정에서 보듯이 구소련에서 중국으로 바뀌었다는 사실이다." Yu Bin, "Containment by Stealth: Chinese Views of and Policies toward America's Alliances with Japan and Korea after the Cold War," (Stanford, CA: Asia Pacific Research Center, 1999), p. 8.

172) "많은 미국의 분석가들은 주한미군이 철수하는 경우 주일미군도 철수할 수밖에 없다고 생각했다. 결과적으로 동북아지역에 미군이 없는 상황이 초래된다고 생각했다." Shiping Tang, "A Neutral Reunified Korea: A Chinese View," *The Journal of East Asian Affairs* (Seoul), Vol. XIII, No. 2 (Fall/Winter 1999), p. 468.; "…한반도에서 철수한 미군 전력으로 주일미군을 보강할 수 있을 것이다. 그러나 오늘날 일본에 미군이 너무 많다고 생각하는 여론에 대처해야 하는 일본 입장에서 이는 바람직하지 않은 현상일 수 있다.…남북통일 이후 위협인식이 줄어들 수 있다는 점에서 미군의 일본 주둔에 의문이 제기될 것이다." Thomas H. Buchanan, "The Coming Decade of Change for the Korean Peninsula," p. 25.; "한반도에 미군 시설이 있는 경우… 일본은 미일 안보동맹 유지와 관련하여 일본인들의 지지를 얻기가 쉬울 것이다." Michael O'Hanlon, "Keep US Forces in Korea after Reunification," *The Korean Journal of Defense Analysis*, Vol. 10, Issue 1(1998), p. 8.

173) "미국의 전략가들은 주일미군뿐만 아니라 주한미군의 유지를 원하고 있다. 남북통일 이후에도 마찬가지다. 이는 동북아지역의 분쟁보다는 중국과 일본이 동아시아에서 파워 블록을 형성하지 못하도록 한다는 미국의 동아시아 전략 때문이다." Lijun, Sheng, "China And The United States: Asymmetrical Strategic Partners," *Washington Quarterly*. Vol. 22 Issue 3(Summer 1999), p. 148.; "동북아지역의 안정유지는 미국 입장에서 사활적 이익에 해당한다.…이처럼 중요한 지역에 미국은 유럽 및 서남아시아와 달리 기지가 거의 없다.……통일 이후에도 한반도에 미군 유지가 전략적으로 이득이란 사실을 한국에 설득할 필요가 있다." Carl E. Haselden, JR. "The Effects of Korean Unification on the US Military Presence in Northeast Asia," pp. 120, 121, 122, 123, 124, 130.; "통일 이후에도 한반도에 방대한 미군을 주둔시켜야 한다.…북한 위협이 사라진 이후에도 동북아시아에 미군을 유지해야 할 많은 이유가 있다.…" Robert Dujarric, "Korea after Unification: An Opportunity to Strengthen the Korean-American Partnership," *The Korean Journal of Defense Analysis*, Vol. XII, No.1(Summer 2000), pp. abstract, 53.; "나의 주요 결론은 한반도에 상당한 규모의 미군을 지속적으로 유지함이 미국, 한국 그리고 동북아지역 전반에 걸쳐 타당성이 있다는 사실이다.…" Michael O'Hanlon, "Keep US Forces in Korea after Reunification," p. 5.; "지난 50년 동안 한국의 전략적 의미가 상당히 커지면서 오늘날 한반도

북한 핵무장: 미군 한반도 주둔 보장 측면에서 필수적

이처럼 중요한 미군의 한반도 주둔을 보장하기 위한 유일한 방안이 북한 핵무장이었던 것이다. 미군의 한반도 주둔 보장을 위해 미국은 남북통일은 물론이고 북미외교관계정상화 또는 한반도 평화체제 정착과 같은 한반도 긴장 완화 조치를 수용할 수 없었다. 북한체제를 유지시키면서 한반도 긴장을 고조시켜야만 했다. 이처럼 하기 위한 유일한 방안이 북한 핵무장이었던 것이다.

당시 중국은 물론이고 미국 또한 한반도 통일을 원치 않았다. 미국이 남북통일을 원치 않았던 것은 통일 이후 한국이 중국과 긴밀한 관계를 유지하면서 주한미군이 한반도에서 강제 철수당할 가능성이 있다고 생각했기 때문이었다.174) 결과적으로 한반도와 동북아지역에서 미국의 역할에 의문이 제기될 것이라고

안보는 미국의 사활적 이익에 속한다.…통일한국은 전략적으로 미국에 훨씬 의미가 있을 것이다.…한미관계는 미국이 한국을 버리는 경우 동맹으로서 그리고 세계 유일의 초강대국으로서의 미국의 신뢰가 치유 불가능한 상처를 입을 정도로 발전했다." William O. Odom, "The US Military in Unified Korea," *The Korean Journal of Defense Analysis*, Vol. XII, No.1(Summer 2000), pp. abstract, 10.; "남북통일이 되는 경우 한국과 일본에 대한 미국의 안보 언질이 이들 국가의 대립을 막는 과정에서 주요 수단일 것이다.…동북아지역에서 미국은 중국과 러시아의 팽창주의적 민족주의에 대응하는 모든 노력의 리더일 것이다.…동북아지역에서 이 같은 역할을 수행하는 과정에서 미국의 주요 수단은 한반도에 대한 안보 우산일 것이다.…따라서 미국은 주한미군의 전면 철수를 주장하면 안 된다. 1954년의 안보협정을 파기해도 안 된다." William J. Taylor, Jr. and Michael J. Mazarr, "US-Korean Security Relations: Post-Reunification," *KIDA/CSIS Conference and Workshop on* "U.S.-ROK Relations in the Post-Gold War Era," Seoul, Korea, November 4-8, 1991, p. 64.

174) "남북이 통일되면 아태지역 안정 측면에서 미국의 '가장 높은 수준의 이익(Overarching interests)'이 손상될 수 있다." Thomas L. McNaugher, "Reforging Northeast Asia's Dagger?," p. 13.; "1998년 10월의 CSIS 연구에 따르면 미국은 한반도의 항구적 평화를 외치지만 단기/중기적으로 한반도 통일이 자국에 도움이 안 된다고 생각하고 있다고 한다.…통일한국이 출현하면 한반도에서 미군이 조기 철수할 가능성이 있기 때문이라고 한다. 동아시아에서의 미국의 독특한 안보역할과 영향력의 종식을 의미하기 때문이라고 한다." Charles L. (Jack) Pritchard, "Korean Reunification: Implications for the United States and Northeast Asia," *Uri Party Foundation International Symposium* on Peace and Prosperity in Northeast Asia, Thursday, January 13-Friday, January 14, 2005, Seoul, Korea, p. 6.; "미국이 한반도 통일에 미온적인 것은 통일 이후 한반도에 주한미군 주둔이 어려울 것으로 생각하기 때문이다." Shiping Tang, "A Neutral Reunified Korea," p. 466.; "주한미군 유지를 통해 동아시아에서 직접 영향력을 행사해야 한다는 미국의 이익으로 인해 미국은 북한 정권의 붕괴보다는 한반도 현상유지를 원하고 있는 것으로 중국은 생각하고 있다. 미국이 한반도의 신속한 통일에 관심이 없는 한 한반도 분단은 장기간 동안 지속될 것이다." Fei-Ling Wang, "Joining the Major Powers for the Status Quo," p. 177.

생각했기 때문이었다.175)

중국이 남북통일을 원치 않았던 것은 통일 이후 한미동맹이 지속 유지될 가능성 때문이었다. 특히 주한미군이 압록강/두만강 부근으로 올라올 가능성 때문이었다.176) 러시아와 일본 또한 한반도 통일을 원치 않았다.177)

문제는 북한 붕괴로 인한 남북통일 가능성이 매우 높아졌다는 사실이었다.178) 북한이 붕괴되지 않더라도 한반도 긴장이 완화되면 남북이 통일될

---

175) "남북이 통일되면 한반도와 동북아지역에서 미국의 역할에 의문이 제기될 것이다." William J. Taylor, Jr. and Michael J. Mazarr, "US-Korean Security Relations: Post-Reunification," p. 158.; "향후 아태 지역에서 미국이 직면하게 될 가장 근본적인 문제는 미군을 주둔시키는 문제일 것이다. 한반도가 평화적으로 통일되면 동북아지역에 미군을 지속적으로 주둔시킬 수 있을 것인가? 란 보다 포괄적인 문제에 직면할 것이다." Andrew Scobell, Larry M. Wortzel, "The Asia-Pacific In The U.S. National Security Calculus For A New Millennium," *Strategic Studies Institute*(U.S. Army War College, 2000), p. 22.; "미국이 우려하고 있는 부분 중 하나는 동북아지역이 안정되었다고 생각되는 경우 이들 지역에서 미군 기지의 철수를 요구하는 목소리가 제기될 것이란 사실이다." Carl E. Haselden, JR. "The Effects of Korean Unification on the US Military Presence in Northeast Asia," p. 120.

176) "중국이 남북통일에 미온적인 것은 이념 문제 때문은 아니다.…경제적 문제 때문도 아니다.…사실은 통일 이후에도 한미동맹을 유지할 것이란 현재의 한미 양국의 의도를 고려해볼 때 한반도 통일에 동조할 이유가 없기 때문이다.…" Shiping Tang, "A Neutral Reunified Korea," pp. 470-1.; "효과적인 한미동맹이 유지되는 상태에서의 남북통일은 중국 입장에서 최악의 시나리오인 듯 보인다.…북한은 변덕이 심하고 믿을 수 없다. 그러나 한미동맹을 유지하고 있는 강력하고 자신감 넘치는 통일된 한국보다는 현재의 분단된 상태가 지정학적으로 훨씬 바람직하다." Fei-Ling Wang, "Joining the Major Powers for the Status Quo," p. 180.

177) "본 논문에서는 주변 4강이 한반도 통일을 원치 않고 있음을 주목하고 있다." Sharif M. Shuja, "U.S. and Japan's Trends In Attitudes Toward The Korean Peninsula," *East Asian Studies*, Vol. 16(Spring/Summer 1997), p. 66.; "…전략적 이유와 국제사회의 안정을 고려하여 북한의 대부분 주변 국가와 미국은 북한정권의 갑작스런 붕괴를 원치 않았다.…" Don Oberdorfer, Robert Carlin, *The Two Koreas*, p. 311.; "한반도 주변 4강은 한반도를 자국의 적국이 주도하는 상황을 원치 않는다." Thomas H. Buchanan, "The Coming Decade of Change for the Korean Peninsula," p. 22.; "남북통일에 대한 주변 4강의 관점은 대동소이하다" Fei-Ling Wang, "Joining the Major Powers for the Status Quo," p. 177; "일부 일본의 분석가들은 일본에 대한 한국의 강력한 적개심으로 인해 남북통일에 반대할 뿐 아니라 통일한국을 두려워한다.…분단 상태 유지를 위해 북한을 경제적으로 지원하는 것이 일본 입장에서 최상이라고 말하고 있다." Shiping Tang, "A Neutral Reunified Korea," p. 468.; "러시아의 분석가는 한미동맹을 유지한 상태에서의 통일된 한국을 아시아판 나토로 간주하고 있다.…" Vadim Tkachenko, "The Consequences of Korea's Unification for Russia and Security in Northeast Asia," *Far Eastern Affairs*, No. 4 (1997), p. 33.; Nicholas Eberstadt, "Hastening Korean Reunification: The Writing on the 38th Parallel," *Foreign Affairs*, Vol. 76, No. 2(March/April 1997), pp. 77-92.

178) "한미연합사령관인 게리 럭은 1996년의 미 하원 증언에서 문제는 북한체제의 붕괴 여부가 아니고 붕괴 방법이라고 말했다. 1996년 후반 CIA 국장인 존 도이치(John Deutch)는 향후 3년 이내에 전쟁, 붕괴 또는 통일이 있을 것이라고 말했다." Robert Manning, "The United States and the End Game in Korea: Assessment, Scenarios, and Implications," *Asian Survey*, Vol. 37, No. 7 (July 1997), p. 601; "남북통일은 필연적이다. 시기와 방식이 문제이지 남북통일은 분

가능성이 있었다.179) 이처럼 남북이 통일되지 않더라도 한국군이 북한군과 비교하여 항공기, 전차 및 함정과 같은 재래식 전력 측면에서 막강해졌다는 점에서 한국인들이 주한미군 철수를 요구할 가능성도 없지 않았다.180)

이 같은 이유로 미국은 북한 붕괴 방지와 한반도 긴장 완화 방지를 위해 적극 노력해야 하는 입장이었다. 결과적으로 북한이 비핵화 조건으로 지속적으로 요구한 북미외교관계정상화를 수용해줄 수 없었다.181) 북한 비핵화를 위해 영변원자로를 공격할 수도 없었으며, 북한과 전쟁할 수도 없었다. 이처럼 공격하거나 전쟁을 하는 경우 북한이 붕괴될 가능성이 있었기 때문이었다.

여기서 보듯이 미군의 한반도 주둔 보장을 통한 아태지역의 동맹체계 유지 측면에서 북한 핵무장이 필수적이었다. 북한 핵무장을 노골적으로 지원할 수 없었다는 점에서 간접적인 방식으로 종용하는 것 이외에 별다른 대안이 없었던 것이다.

3. 미사일방어체계 구축 명분 조성 필요성

미국이 북한 핵무장 종용 필요성을 절감했던 또 다른 이유에 유사시 중국이 미 본토를 겨냥하여 발사할 핵탄도미사일을 요격하기 위한 미사일방어체계 구축 명분 제공이란 측면이 있었다.

명하다.…북한이 고려연방제 방식으로 통일할 수 있는 여지는 크게 줄어들었다. 왜냐하면 북한 경제가 엉망이기 때문이다." William J. Taylor, Jr. and Michael J. Mazarr, "US-Korean Security Relations: Post-Reunification," pp. 147, 150; "북한 입장에서 미래는 매우 암담해 보인다. 따라서 문제는 통일 여부가 아니고 언제 어떠한 방식으로 될 것인가란 부분이다." Thomas H. Buchanan, "The Coming Decade of Change for the Korean Peninsula," p. 17; "중국은 남북통일이 필연적이라고 생각하고 있다." Shiping Tang, "A Neutral Reunified Korea," p. 470.

179) Henry Kissinger(2001), *Does America Need a Foreign Policy?* (Kindle Location 1883), Kindle Edition.

180) 2002년 대선 당시 한국인들은 주한미군 철수를 외쳐대었다. 그런데 이는 당시 북한이 핵무기를 보유하지 않았던 반면 한국군의 재래식 전력이 북한군과 비교하여 우수했다는 사실과 무관치 않았다.

181) 한반도에 평화가 정착되는 경우 남북이 통일될 가능성이 높아진다. Henry Kissinger(2001), *Does America Need a Foreign Policy?* (Kindle Location 1890). 결과적으로 주한미군의 존재가 남한 지역에서 논란이 될 것이다.

미국의 미사일방어체계 구축 필요성

1960년대 당시 미국은 상호확증파괴(MAD) 개념에 입각하여 자국 안보를 지키기로 결심했다. 주요 이유는 미소 양국이 너무나 많은 핵무기와 미사일을 보유하고 있었다는 사실로 인해 상대방 국가가 자국을 겨냥하여 발사할 미사일을 모두 다 요격할 수 없을 것이기 때문이었다. 이외에도 미소 대결이 한반도, 베트남, 아프간과 같은 지역에서의 제한전 수준의 대리전 형태로 수행될 수 있었기 때문이었다. 다시 말해, 미국과 소련이 직접 대결할 필요가 없었기 때문이었다.

이 같은 미국의 사고는 소련이 붕괴된 반면 중국이 패권 추구 조짐을 보이기 시작한 냉전 종식 이후 대거 바뀌었다. 미국이 중국의 핵미사일 위협에 대항하기 위한 미사일방어체계 구축을 결심한 것이다. 미국이 이처럼 결심했던 것은 미중경쟁이 전쟁으로 비화되는 경우 미국과 중국이 직접 대결할 필요가 있었다는 사실과 중국이 보유하고 있던 핵미사일이 소련의 경우와 비교하여 상당히 적었다는 사실 때문이었다.

냉전 당시 소련이 한반도 및 베트남과 같은 육지를 통해 세력팽창을 추구했다면 냉전 종식 이후의 중국은 자국의 광활한 해안가를 통해 세력팽창을 추구할 가능성이 높았다. 문제는 이 같은 중국의 세력팽창에 대항하여 미국을 대신하여 싸워줄 마땅한 국가가 없었다는 사실이다. 예를 들면, 중국이 동중국해와 남중국해에서 세력팽창을 추구하거나 대만 점령을 추구하는 경우 미국이 이 같은 중국의 노력에 직접 대항하지 않을 수 없었다. 문제는 이 같은 직접 대결이 핵전쟁으로 비화될 가능성이 있었다는 사실이다. 핵전쟁의 와중에서 중국이 발사하는 핵미사일이 미 본토에 떨어질 가능성이 있다면 미국은 아태지역에서의 중국의 세력팽창 노력을 적극 저지할 수 없을 것이었다. 필리핀과 같은 동맹국을 방어하기 위해 미 본토를 희생시킬 수 없을 것이기 때문이다. 이처럼 중국의 세력팽창을 저지할 수 없는 경우 아태지역 동맹국들에 대한 미국의 안보 공약이 신뢰를 상실할 것이며, 이처럼 신뢰를 잃는 경우 이들 동맹국과 공조하여 자국을 지키고자 했던 미국의 노력이 점차 의미를 상실할 가능성이 있었던 것이다. 이 같은 이유로 냉전 종식 이후 미국은 중국이 미 본토를 겨냥하여 발사할 가능성이 있던 핵미사일을 요격하기 위해 미사일방어체계를 구축할 필요가 있었던 것이다.

이외에도 중국이 보유하고 있는 핵미사일 숫자가 소련과 비교하여 상당히 적었다는 점에서 미사일방어체계가 어느 정도 의미가 있었던 것이다.

이 같은 이유로 1993년 미국 정부는 1980년대 당시 레이건 대통령이 운용하던 전략방위구상기구(SDIO)를 탄도미사일방어기구(BMDO)로 개편한 후 이곳에 전구미사일방어(TMD)체계 개발 임무를 부여했다. 중국은 이 같은 미국의 노력에 지속적으로 반대했다. 미국의 탄도미사일방어 계획에 대한 중국의 반대는 1980년대 당시의 레이건의 전략방위구상(SDI) 계획에 대한 반대와 비교하여 훨씬 격렬했다. 이는 냉전 종식 이후의 아태지역 안보환경 변화와 관련이 있었다.[182]

중국이 특히 우려한 부분은 사드(THAAD)였다. 미국은 이것이 북한과 같은 국가가 한국과 일본을 겨냥하여 발사할 가능성이 있는 전구(Theater) 미사일만을 요격하기 위한 성격이라고 말했다. 그러나 중국은 이 체계가 중국이 미 본토를 겨냥하여 발사할 가능성이 있는 대륙간탄도미사일 요격 측면에서 또한 나름의 의미가 있을 것으로 생각했다. 중국은 성공적으로 개발하여 전개된 미국의 전구미사일방어체계가 자국의 전략적 안보를 위협할 수 있을 것이라고 우려했다.

---

182) Arthur S. Ding, "China's Concerns About Theater Missile Defense: A Critique," *The Nonproliferation Review*/Fall 1999, p. 93.; Michael D. Swaine, "Chinese Views on South Korea's Deployment of THAAD," MD Swaine - *China Leadership Monitor*, 2017, pp. 1-2.

중국은 자국의 얼마 되지 않는 대륙간탄도미사일이 미국의 1차 공격으로 대부분 제거되면서 2차 타격 능력을 상실할 가능성을 우려했다. 다시 말해, 이들 중국의 대륙간탄도미사일 가운데 미국의 1차 공격에도 불구하고 살아남은 얼마 되지 않은 미사일 또한 미국의 효과적인 미사일방어체계에 의해 무력화될 가능성을 우려한 것이다.183) 이 같은 이유로 1990년대 당시 미국의 미사일방어체계 구축 노력은 미중관계에서 논란의 사안이었다.184)

미국이 중국의 핵 능력을 선제 타격한 후 살아남은 핵 능력, 중국의 보복 핵 능력을 위협할 수 있다는 점에서 보면, 중국의 미사일 위협에 대항하기 위한 미국의 첨단 미사일방어체계는 아태지역에서 전략적으로 상당한 불안정을 초래하는 요소였다.185) 따라서 아태지역에 배치하는 미국의 미사일방어체계에 대한 중국의 우려는 충분한 타당성이 있었다. 이 같은 미사일방어체계가 구축되는 경우 미국이 중국을 선제적으로 타격한 후 중국의 대응 보복 능력을 차단할 수 있을 것이기 때문이다.186) 결과적으로 중국군 지도자들은 핵무기를 이용한 미국의 1차 공격에, 재래식 유형의 미국의 정밀유도무기와 탄도미사일방어체계에 취약하지 않은 신빙성 있는 억지력을 유지하는 문제를 놓고 고민해야만 했던 것이다.187)

이 같은 이유로 미국은 중국을 자국의 잠재 적국으로 간주하기 시작한 냉전 종식 이후부터 미사일방어체계 구축을 추구했다.188) 미국의 국가미사일방어

---

183) Arthur S. Ding, "China's Concerns About Theater Missile Defense," pp. 93-4.

184) "전구미사일방어체계는 동북아시아 지역에서 안보적으로 가장 중요한 사안이 되었다. 미국과 중국 간의 주요 논쟁 사항이 되었다." Yan Xuetong, "Theater Missile Defense And Northeast Asian Security," *The Nonproliferation Review*/Spring-Summer 1999, p. 65.

185) Peter. Navarro(2015), *Crouching Tiger* (Kindle Location 741). Kindle Edition.

186) Ibid., (Kindle Location 1703), Kindle Edition.

187) Gregory Kulacki, "China's Military Calls for Putting Its Nuclear Forces on Alert," *Union of Concerned Scientists*, January 2016,

188) Aaron L. Friedberg, *A Contest for Supremacy* (p. 227). Kindle Edition.; 미 국방성이 전구미사일방어체계 구축 측면에서 압박을 시작하여 일본의 협조를 얻을 수 있었던 시점은 1995년과 1996년의 대만해협 위기 직후였다. Ibid., p. 104.

(NMD) 체계 구축을 주장하는 세력들이 빈번이 사용하는 논거에 북한 위협이 있었다.189) 그러나 엄밀히 말해 미국의 미사일방어체계는 중국 위협을 겨냥한 것이었다.190) 한반도에 배치된 사드체계는 북한 탄도미사일 위협 방어 측면에서 거의 의미가 없다. 이 같은 이유로 중국은 사드체계가 중국의 핵 억지력을 약화시키기 위한 성격으로 생각하고 있다.191) 북한 또한 미국의 미사일 방어체계가 북한 미사일을 겨냥한 것으로 생각하지 않았다.192) 김대중(金大中) 정부 또한 이처럼 생각하지 않았다.193)

미사일방어체계 구축을 추구하면서 미국은 중국의 미사일 위협 때문이라고

---

189) Charles D. Ferguson, "Bait and Switch: Is Anti-North Korean Missile Defense Designed for China?," *Federation of American Scientists (FAS)*, FAS Public Interest Report 52:6 (1999).

190) Quoted in Aaron L. Friedberg, *A Contest for Supremacy* (p. 137). Kindle Edition.; "한일 안보관계를 결정하는 가장 결정적인 요인은 중국일 것이다.…미국과 일본의 정책 수립가들 입장에서 한국 방어의 의미는 상당히 줄어들었다. 일본과 미국이 부상하는 중국 위협에 대응할 필요성 때문이다." Narushige Michishita, "Changing Security Relationship between Japan and South Korea: Frictions and Hopes," *Asia-Pacific Review*, Vol. 21, 2014 - Issue 2, pp. 19. 23.

191) Quoted in XIANGFENG YANG, "China's Clear and Present Conundrum on the Korean Peninsula: Stuck between the Past and the Future," *International Affairs*, Vol. 94, No. 3 (2018), p. 604.; Michael Swaine, "Chinese Views on South Korea's Deployment of THAAD," *China Leadership Monitor*, Issue 52, 2017, pp. 1-15.; Chong Liu, "An Analysis of US Motives behind THAAD Deployment in South Korea," *Contemporary International Relations*, July/August 2015, pp. 129-53; Xiyu Yang, "North Korean Nuclear Issue in China-US Relations', *China International Studies*, May/June, 2015, pp. 51-67.

192) "그들이 염두에 두고 있는 것은 대국들이다. 미국은 이 나라들을 주된 경쟁대상으로, 세계 전략실현에서 최대의 적수로 보고 있다. 미국 호전세력들은 내놓고 이 말을 할 수 없어 이른바 '불량국가'들로부터 미사일 위협을 받고 있다는 터무니없는 구실을 빌미로 범죄적인 미사일방어체계 수립을 기어코 실현하려 하고 있다." 백문규, "엄중한 평화파괴 대변인대답," 『로동신문』, 1999. 2. 22. ; "미국은 이처럼 미사일방어체계 수립을 강행하기 위한 구실로 우리의 미사일 위협을 꺼들고 있다. 미사일방어체계가 실지 누구를 목표로 하고 있는가에 대해서는 구태여 설명할 필요가 없다." "항구적인 국제평화와 안전을 보장하기 위하여서는 힘의 정책과 간섭행위를 종식시키는 것이 필수적이다."란 제목의 "유엔총회 제56차 회의에서 우리나라 대표가 연설," 『로동신문』, 2001. 10. 24.

193) 김대중 정부 외무부의 고위급 관리는 럼스펠드 국방장관이 미사일방어체계 구축 명분으로 북한 미사일 위협을 지속적으로 거론하는 것과 관련하여 우려했다. Mike. Chinoy, *Meltdown* (p. 50). St. Martin's Publishing Group. Kindle Edition.

말할 수 없었다. 중국을 세계무역기구(WTO)에 가입시킨 2001년까지만 해도 미국은 가능한 한 중국을 자국 중심의 국제질서로 통합시키고자 노력했는데 이처럼 중국을 겨냥하여 미사일방어체계를 구축한다고 노골적으로 말하는 경우 미국과 중국이 곧바로 적대관계로 돌입할 가능성이 있었기 때문이었다.194)

이 같은 이유로 미국은 중국의 탄도미사일 위협에 대항하기 위한 미사일방어체계를 구축하기 시작한 1999년 1월195) 이후 이 체계가 북한과 같은 불량국가들의 핵 및 미사일 위협에 대항하기 위한 성격이라고 주장했던 것이다. 1993년의 『바텀업 리뷰(Bottom-Up Review)』에서는 북한, 리비아 또는 이라크와 같은 국가들이 대륙간탄도미사일을 2004년까지 획득할 가능성이 1993년 당시와 비교하여 커질 경우 미국의 국가미사일방어체계 구축이 보다 타당성이 있을 것이라고 말하고 있었다.196)

1998년 7월 도널드 럼스펠드(Donald Rumsfeld)가 주도하여 작성한 보고서에서는 북한이 거의 사전 경고 없이 미국을 타격하기 위한 미사일을 발사할 수 있는 입장이라고 주장했다.197) 1999년 3월의 "포괄적인 대북 접근 방안(A Comprehensive Approach to North Korea)"이란 제목의 리처드 아미티지(Richard Armitage) 보고서에서는 북한이 핵무기와 미사일을 지속적으로 유지하는 가운데 건재할 것으로 가정하여 한국, 일본 및 미국이 이들 위협에 대항하기 위한 미사일방어체계를 구축할 필요가 있다고 말했다.198)

2000년 1월 콘돌리자 라이스는 포린어페어스지에 기고한 글에서 미사일방

---

194) Joseph S. Nye, Jr., "East Asian Security: The Case for Deep Engagement," p. 94.

195) 1999년 1월 클린턴 대통령은 국가미사일방어체계의 조기 배치가 미국의 국가정책이란 의미의 문서에 서명했다. Dana Priest, "Cohen Says U.S. Will Build Missile Defense," *Washington Post*, January 21, 1999.

196) Les Aspin, "Report on The Bottom-up Review," *Department of Defense*, United States of America, October 1993, p. 47.

197) Donald H. Rumsfeld, *Executive Summary of the Report of the Commission To Assess the Ballastic Missile Threat To The United States*, July 15, 1998.

198) Richard L. Armitage, "A Comprehensive Approach to North Korea," *Institute For National Strategic Studies*, March 1999, pp. 5-9.

어체계의 중요성을 강조했다. 라이스는 "미국이 북한과 같은 정권들을 단호하고도 결정적인 방식으로 대적해야 한다.…이 같은 국가들의 대량살상무기에 대항하기 위한 방어가 미국이 가능한 한 조속히 국가 및 전구 미사일방어체계를 전개해야 할 가장 중요한 이유다."라고 말했다.199)

미국의 지도자들은 자국의 탄도미사일방어체계가 북한과 같은 일부 불량국가를 겨냥하고 있다고 주장했지만 중국은 이 같은 미국의 주장을 믿지 않았다. 중국의 분석가들은 미 재래식 무기의 우수한 타격력과 성능이 첨단 '정보, 감시 및 정찰(ISR)' 능력과 결합되면서 자국의 핵 억지력이 상당히 저하될 가능성을 우려했다.200)

중국이 미국을 겨냥하여 발사할 탄도미사일을 요격하기 위한 미사일방어체계 구축 측면에서 보면 한국, 일본 및 미국의 미사일방어체계를 네트워크로 상호 연결함이 중요한 의미가 있었다.201) 이 같은 이유로 중국외무성은 "탄도미사일방어체계의 아태지역 전개와 한미일 3각 동맹 추구가 이곳 지역의 전략적 안정과 상호 신뢰에 도움이 되지 않는다. 이것이 동북아지역 평화와 안정에 도움이 되지 않는다."202)라고 주장했던 것이다.

이처럼 1993년부터 아들 부시가 취임하기 이전인 2001년까지 미국은 북한의 핵탄도미사일 위협을 거론하며 자국의 미사일방어체계 구축 필요성을 지속적으로 강조했다. 그러나 북미제네바합의가 체결된 1994년 10월부터 2002년 말경까지 북한은 핵무기 개발을 위해 전혀 노력하지 않았다. 미국이 북미제네바

---

199) Condoleezza Rice, "Campaign 2000: Promoting the National Interest," *Foreign Affairs*, Vol. 79, No. 1(January/February 2000), p. 61.

200) Fiona S. Cunningham and M. Taylor Fravel, "Assuring Assured Retaliation: China's Nuclear Posture and U.S.-China Strategic Stability," *International Security*, Vol. 40, No. 2 (Fall 2015), pp. 15-23.

201) Abraham M. Denmark(2020), *U.S. Strategy in the Asian Century* (Woodrow Wilson Center Series) (pp. 156-7). Columbia University Press. Kindle Edition.

202) Reuters Staff, "China Criticizes U.S. Missile Defense Radar in Japan," *Reuters*, October 23, 2014.

합의를 제대로 이행하지 않고 있다고 생각되자 1998년 8월 1차례 미사일을 발사했을 뿐이었다. 여기서 보듯이 미국은 중국을 겨냥한 자국의 미사일방어체계 구축 명분 확보 차원에서라도 북한의 핵 및 미사일 개발이 절실했던 것이다.

미국의 국가미사일방어체계와 전구미사일방어체계의 관계

미국의 미사일방어체계는 적의 핵미사일로부터 미 본토를 방어하기 위한 국가미사일방어체계와 중국 대륙으로 접근해가는 미 항공모함을 격침시킬 목적의 중국의 탄도미사일을 요격하기 위한 한국 및 일본과 같은 곳에 배치한 전구미사일방어체계로 구성되어 있었다. 전구 미사일방어체계의 핵심은 사드미사일 그리고 이것과 함께 배치되는 X-Band 레이더다. 이 레이더의 경우 중국이 미 본토를 겨냥하여 발사하는 탄도미사일의 공간좌표를 이륙 순간부터 지속적으로 추적하여 알레스카의 미사일방어 본부로 전달해줄 수 있었다. 한반도의 사드미사일 레이더 덕분에 미국은 알레스카에서 탐지하고자 할 당시 15분이 소요되는 미 본토를 겨냥한 중국의 탄도미사일을 7초 만에 식별할 수 있게 된다.[203] 이 같은 측면에서 보면 오늘날 중국의 미사일공격에 대항한 미 미사일방어체계의 최전선은 알레스카 또는 켈리포니아가 아니고 일본과 한국인 것이다.[204]

한편 1998년 북한은 일본 영공 너머로 대포동 미사일을 발사했다. 당시 북한의 미사일에 자국 안보가 취약함을 인지한 일본인들이 많은 충격을 받았다. 결과적으로 일본은 탄도미사일방어체계를 개발하기 시작했으며, 동아시아 지역 차원의 탄도미사일방어체계 구축 측면에서 미국과 공조하기로 합의했다.[205]

---

[203] Bob. Woodward, *Fear: Trump in the White House* (p. 305). Simon & Schuster. Kindle Edition.

[204] Peter. Navarro(2015), *Crouching Tiger* (Kindle Location 2994), Kindle Edition.

[205] Chester Dawson, "Japan Shows off Its Missile-Defense System," *Wall Street Journal*, December 9, 2012.

미국의 요구에도 불구하고 한국은 미국의 탄도미사일방어체계에 동참하지 않았다. 주요 이유는 일본의 경우와 달리 한국을 겨냥한 북한의 탄도미사일 요격 측면에서 미사일방어체계가 거의 의미가 없기 때문이었다.

한반도와 일본에 배치되어 있는 사드미사일은 중국이 한반도와 일본의 미군기지를 겨냥하여 발사하게 될 탄도미사일을 요격할 수 있다. 또한 중국 대륙 부근으로 이동해가는 미 항공모함을 겨냥하여 중국이 발사할 탄도미사일을 요격하기 위한 것이기도 하다. 오늘날 중국이 미국과의 싸움에 대비하여 "반접근 지역 거부(Anti-Access and Area Denial)" 전략을 채택하고 있다는 점에서 보면 중국의 미사일에 대항하기 위한 미사일방어체계는 미국의 안보 측면에서 대단히 중요한 요소다.

상당한 비용이 소요되는 미사일방어체계 구축에 미국인들이 동의하게 만들 필요성뿐만 아니라 한국 및 일본과 같은 동맹국들이 미국의 전구미사일방어체계에 동참하게 만들 필요성이란 측면에서 보면, 북한의 핵 및 미사일 개발이 미국 입장에서 절실했던 것이다.

시카고대학의 브루스 커밍스(Bruce Cumings) 교수는 1943년 이후 미국이 한반도 정치 발전을 자국의 아태지역 안보와 연계시켜 생각했다고 말했다.206) 커밍스의 이 같은 관점을 북한 핵 및 미사일 개발 노력에 적용하면, 아태지역에서의 미국의 안보 보장을 위해 중국의 미사일 위협에 대항하기 위한 미사일방어체계를 구축할 필요가 있었으며, 이 같은 미사일방어체계 구축 명분 마련 차원에서 북한의 핵 및 미사일 개발이 미국 입장에서 절실했던 것이다.

지금까지 살펴본 바처럼 북한 핵무장이 미국에 엄청난 의미가 있었다. 이처럼 긍정적인 의미가 상당한 경우에도 부정적인 효과가 극복 가능할 수 없을 정도로 심각한 수준인 경우 북한 핵무장을 허용해줄 수 없을 것이다.

---

206) Lloyd Gardner(1983), "Commentary," in *Child of Conflict: The Korean-American Relationship, 1943-1954* (Seattle: University of Washington Press, 1983) edited by Bruce Cumings, p. 58.

4. 북한 핵무장의 부정적인 영향: 통제 가능, 긍정적인 영향: 상당

여기서는 북한 핵무장이 그 부정적인 영향은 극복 가능한 수준인 반면 미국의 주요 국익에 상당히 많이 기여하는 성격임을, 다시 말해, 핵무장 허용의 필요조건과 충분조건을 충족시킴을 다음과 같이 살펴볼 것이다.

첫째, 미국이 특정 국가의 핵무장을 허용해줄 당시 고려하는 핵무장의 부정적인 영향 측면에서 보면, 북한 핵무장의 부정적인 영향이 극복 가능한 수준임을 보일 것이다. 다시 말해, 북한 핵무장이 핵무장 허용의 필요조건을 충족시킴을 보일 것이다.

둘째, 미국이 특정 국가에 핵무장을 허용해줄 당시 충족해야 할 긍정적인 영향 측면에서 보면, 북한 핵무장의 긍정적인 의미가 상당한 수준임을 보일 것이다. 다시 말해, 북한 핵무장이 핵무장 허용의 충분조건을 충족시킴을 보일 것이다. 이는 미국 입장에서 북한 핵무장 종용이 매우 바람직한 현상이란 의미일 것이다.

셋째, 둘째와 동일한 의미이지만, 북한 핵무장이 미국의 주요 대전략 목표인 미국이 아닌 또 다른 패권국 부상 저지란 목표와 상충되는 성격이 아니고 이 같은 목표를 지원하는 성격임을 입증해보일 것이다.

북한 핵무장: 미국의 핵무장 허용 필요조건 충족

미국이 여타 국가의 핵무장 저지 또는 허용 여부를 판단할 당시 고려하는 7가지 부정적인 영향이 있다.[207] 이들은 다음과 같다.

---

[207] Francis J. Gavin(2020), *Nuclear Weapons and American Grand Strategy* (p. 84). Kindle Edition.

(1) 고의적으로 또는 우발적으로 미국을 핵미사일로 공격할 가능성
(2) 미국이 해당 국가의 국익 추구 행위에 연루될 가능성
(3) 주변국으로 핵무기 확산을 초래할 가능성
(4) 지역 차원 또는 세계적 차원에서 미국의 행동의 자유를 제한할 가능성
(5) 자율성 증대 가능성
(6) 공세적으로 돌변할 가능성
(7) 핵무기 관련 물질과 과학기술 전파 가능성

이들 기준 측면에서 북한 핵무장이 미치는 부정적인 영향을 살펴볼 필요가 있을 것이다. 결론적으로 말하면 북한 핵무장이 미치는 부정적인 영향은 통제 가능한 수준이다.

첫째, 핵무장한 북한이 미 본토를 핵미사일로 타격할 가능성 측면에서 보면, 그 가능성은 결코 크지 않았다. 타격을 시도하는 경우 곧바로 지구상에서 사라질 것임을 북한정권이 잘 알고 있을 것이기 때문이다. 그러나 미국은 그 가능성을 원천적으로 차단할 필요가 있었다. 2019년 2월의 하노이 북미정상회담 당시 트럼프가 핵무기와 대륙간탄도미사일 시험 금지를 북한에 요구했던 것은 이 같은 이유 때문이었다.

둘째, 미국이 해당 국가의 국익 추구 행위에 연루될 가능성 측면에서 보면 북한이 미국의 우방국이 아니란 점에서 핵무장한 북한이 여타 국가와 싸울 당시 미국이 북한의 국익 추구 행위에 연루될 필요는 없었다.

셋째, 주변국으로 핵무기 확산을 초래할 가능성 측면에서 보면 북한 핵무장이 주변국에 미치는 핵무기 도미노 현상은 통제 가능했다. 북한이 1차 핵실험한 직후인 2006년 10월 9일 콘돌리자 라이스는 한국과 일본을 방문하여 핵우산 제공을 약속했다. 이는 한국과 일본의 핵무장을 저지하기 위한 성격이었다. 한편 일본은 중국과 같은 강대국의 위협을 의식하는 한 북한 핵무장에도 불구하고 핵무장을 추구할 수 없는 입장이었다. 일본이 핵무장하면 한국이 핵무장을

추구할 것인데, 이 경우 한국의 자율성 증진으로 미군의 한반도 주둔이 곤란해질 것이었다. 그런데 센카쿠열도(尖閣列島) 문제를 놓고 중국과 대적해야 하는 일본 입장에서 보면 미군의 한반도 주둔이 절실했다. 일본이 미중경쟁이 격화되는 경우 자국 영토가 아니고 한반도가 전쟁터가 되어야 할 것이라고 생각했기 때문이다. 한편 한국은 미국이 핵우산을 제공해주는 한 한반도 비핵화 측면에서 핵무장을 자제하는 입장이었다. 따라서 북한 핵무장에도 불구하고 한국과 일본이 핵무장할 가능성은 적었다.

넷째, 지역 차원 또는 세계적 차원에서 미국의 행동의 자유를 제한할 가능성 측면에서 보면, 냉전 당시는 소련이 북한 지역을 통해 남진을 추구할 가능성이 있었다는 점에서 미군이 북한 지역으로 진입해 들어갈 필요가 있었다. 그러나 오늘날의 미국의 주요 적국인 중국의 세력팽창은 북한 지역이 아니고 광활한 자국의 해안을 통해 이루어질 것으로 예상된다. 따라서 유사시 미군이 북한 지역으로 진입해 들어갈 이유가 없을 것이다. 남한과 북한이 전쟁을 하는 경우에도 미국은 미 지상군을 한반도 전쟁에 투입하지 않을 계획이다.208) 따라서 북한 핵무장으로 북한 지역에서의 미국의 행동의 자유가 제한되는 부분은 거의 없을 것이다.

다섯째, 북한 핵무장으로 자율성이 증대될 가능성 측면에서 보면, 미군이 북한 지역에 주둔하지 않고 있는 반면, 북한이 한국과 대적하고 있다는 점에서 보면 핵무장으로 인한 북한의 자율성 증대는 미군의 한반도 주둔 명분을 강화시켜주는 요인이다. 그런데 미군의 한반도 주둔은 중국의 패권부상 저지 측면에서 대단히 중요한 의미가 있다.

여섯째, 핵무장으로 북한이 공세적으로 돌변할 가능성 측면에서 보면, 이 같은 호전성 증대는 미군의 한반도 주둔 명분을 강화시켜준다.

---

208) 한미연합 작계에서는 미 지상군 투입을 가정하고 있다. 그러나 한미연합사령부에서 고위직으로 근무했던 모씨는 필자와의 2014년 인터뷰에서 미 지상군 투입 가능성이 거의 없다고 말했다.

일곱째, 핵무기 관련 물질과 과학기술 전파 가능성 측면에서 보면, 북한의 1차 핵실험 직후 미국은 핵무기 관련 물질과 과학기술의 전파를 레드라인으로 설정했다. 북한이 이들을 전파하지 않기로 약속했다.

미국이 특정 국가의 핵무장을 저지 또는 허용할 당시 고려하는 7가지 부정적인 영향 측면에서 보면, 미국은 북한 핵무장의 부정적인 요인인 첫째, 셋째 및 일곱째 요인과 관련하여 나름의 대책을 강구할 수 있는 입장이었다. 이들 요인이 미칠 부정적인 영향은 통제 가능했다. 둘째 및 넷째 요인은 미국과 관련이 없으며, 다섯째 및 여섯째 요인은 미군의 한반도 주둔 명분을 강화시켜주는 성격이다. 특히 미국이 아닌 또 다른 패권국 부상 저지 측면에서 대단히 중요한 부분이다.

북한 핵무장: 미국의 핵무장 허용 충분조건 충족

한편 미국은 다음과 같은 두 가지 조건을 충족시키는 국가의 핵무장을 허용해줄 가능성이 높다. 첫째, 해당 국가로 미 지상군을 투입할 필요가 없어야 한다. 둘째, 적국과의 싸움에서 미국에 도움이 되어야 한다. 예를 들면, 공동의 적을 견지해야 한다.[209] 미국이 말하는 적국은 자국의 패권을 위협할 수 있는 국가를 의미한다. 이 같은 측면에서 보면 북한과 같은 국가는 미국의 적국이 아니다. 이들 두 가지 기준을 종합해 보면, 미국은 특정 국가의 핵무장이 미국이 추구하는 가장 중요한 목표, 다시 말해 미국이 아닌 또 다른 패권국 부상 저지란 목표 측면에서 도움이 되는 반면 평시와 유사시 모두 해당 국가에 미 지상군을 투입할 필요가 없는 경우 핵무장을 허용해줄 가능성이 높다. 그런데 북한은 정확히 이들 두 가지 조건을 충족시킨다.

---

[209] Matthew. Kroenig(2011), *Exporting the Bomb* (Cornell Studies in Security Affairs) (pp. 52-3). Cornell University Press. Kindle Edition.

(1) 미 지상군을 투입할 필요가 없어야 한다. 2차 세계대전 직후 미국은 소련 봉쇄 차원에서 한국, 일본, 대만, 필리핀, 유럽 지역에 미군을 장기간 동안 주둔시켜야 할 것으로 생각했다. 이들 국가를 중심으로 동맹체계를 구축했다. 이들 국가에 미 지상군을 주둔시켰다. 냉전 종식 이후 미국은 이들 동맹체계를 이용하여 중국의 부상을 저지해야 할 것이라고 생각했다. 이처럼 미 지상군이 투입되어 있거나 투입될 필요가 있다고 생각되는 국가가 핵무장하는 경우 이 같은 국가가 안보적으로 자율성을 확보하게 되면서 미 지상군 주둔이 곤란해질 가능성이 있었다. 예를 들면, 한국이 핵무장하는 경우 주한미군이 의미를 상실할 가능성이 있었다. 그런데 앞에서 설명한 바처럼 미중 패권경쟁 측면에서 미 지상군의 한반도 주둔이 필수적이었다. 따라서 패권경쟁에서의 승리를 고려하는 경우 미국은 한국의 핵무장을 필사적으로 저지해야만 하였다. 여기서 보듯이 미 지상군이 주둔해 있거나 유사시 진입할 가능성이 있다고 생각되는 국가의 경우 핵무장하면 결코 안 되었던 것이다. 핵무장이 가능해지려면 미군이 주둔해 있지 않으며, 주둔이 필요할 것으로 생각되지 않아야만 했다.

(2) 적국과의 싸움에서 미국에 도움이 되어야 한다. 예를 들면, 미국과 적국을 공유해야 한다. 미국은 자국을 위협할 국가가 유럽과 동북아지역에서 출현할 가능성이 있다고 생각했다. 냉전 당시 소련, 냉전 종식 이후 중국과 같은 국가를 가상의 적국으로 간주했다. 그러나 미국은 북한을 자국의 적국으로 생각하지 않았다. 북한은 한국의 적국이었다. 왜냐하면 북한이 미국의 패권을 위협할 가능성이 거의 없기 때문이다.

결국 앞의 두 가지 조건을 충족시키는 국가는 미국이 핵무기를 획득하게 해주면 패권경쟁 측면에서 미국에 도움이 되는 그러한 국가를 의미한다. 이는 핵무기 획득이 자국의 패권경쟁 측면에서 도움이 된다고 생각되는 그러한 국가에게만 미국이 핵무기 획득을 허용해준다는 의미다.

이들 두 가지 요건을 종합해보면 미국의 핵무기 확산 허용 또는 저지 논리는 다음과 같다.

(1) 미국의 패권 이익 측면에서 도움이 되는 국가의 핵무장을 지원해야 한다.
- 미국이 이스라엘, 파키스탄, 인도, 북한 및 호주의 핵무장 내지는 핵 추진 잠수함을 최종적으로 허용해준 것은 이들 국가의 핵무장이 미국의 패권 이익 측면에서 도움이 되기 때문이었다. 앞의 두 가지 조건을 충족시키기 때문이었다. 이미 살펴본 바처럼 북한 핵무장이 미중 패권경쟁 측면에서 대단히 중요한 의미가 있다. 평시는 물론이고 전시에도 미군이 북한 지역으로 진입해 들어갈 가능성은 거의 없다.

(2) 여타 국가의 핵무장을 저지해야 한다.
- 미국은 자국의 패권 이익을 손상시키고자 했던 소련, 중국, 이란 및 이라크와 같은 국가의 핵무장을 온갖 수단을 동원하여 저지하고자 노력했다. 이들 국가가 미 본토를 겨냥하여 핵미사일을 발사할 가능성이 있었기 때문이다. 그러나 소련과 중국의 핵무장은 세계대전 발발 가능성으로 인해 저지하지 못했다.210)
- 미국은 미 지상군 주둔 내지는 투입이 필요한 국가의 핵무장을 경제적 제재 또는 안보 위협을 통해 저지했다. 이들 국가가 핵무장하는 경우 국가안보를 스스로 감당할 수 있게 되면서 미 지상군 주둔 내지는 전개가 불필요해지기 때문이다. 냉전 당시 미국이 한국, 서독, 대만, 일본의 핵무장에 반대한 것은 이 같은 이유 때문이었다. 프랑스 또한 냉전 당시 미 지상군이 투입될 가능성이 있었다. 이 같은 측면에서 보면 프랑스의 핵무장을 지원해주면 안 되었다. 그러나 1950년대 당시 아이젠하워는 나토 국가들의

---

210) 미국이 소련의 핵무장 노력을 저지하지 않은 이유와 관련해서는 다음을 참조. Alexandre. Debs, Nuno P. Monteiro(2017), *Nuclear Politics* (p. 119). Kindle Edition.; 미국이 중국의 핵무장 노력을 저지하지 않은 이유와 관련해서는 다음을 참조. Ibid., p. 196.

핵무장이 소련 위협 억제 측면에서 도움이 된다고 생각하여 프랑스의 핵무장을 지원한 것이다.211) 그 후 미국은 프랑스의 핵무장 지원을 후회했다.
- 미 지상군 투입이 필요하지 않았지만 미국과 적을 공유하지 않았던 남아공, 브라질, 아르헨티나와 같은 국가의 핵무장을 경제제재를 통해 저지했다. 미국은 이들 국가에 미 지상군을 투입할 필요가 있다고 생각하지 않았다. 그러나 이들 국가가 소련, 중국, 이란 및 이라크와 같은 국가를 자국의 적국으로 간주하고 있다고 생각하지 않았다. 따라서 미국의 패권 측면에서 도움이 되지 않는다고 생각했다. 반면에 이들 국가가 핵무장하는 경우 핵의 도미노, 핵 물질과 과학기술 전파, 미 본토가 핵 공격을 받을 가능성이 높아질 수 있었다. 미국이 이들 국가의 핵무장을 저지하기 위해 노력했던 것은 이 같은 이유 때문이었다.

북한 핵무장이 미국의 주요 대전략 목표 지원

오늘날 미국의 대전략 목표는 크게 3가지다. 미국이 아닌 또 다른 패권국의 부상 저지, 자유시장 경제체제 보존, 핵무기 확산 저지가 바로 그것이다.212) 여기서 보듯이 핵무기 확산 저지는 미국의 대전략 목표 가운데 하나다. 미국은 핵무기 확산 저지에 상당한 노력을 기울이고 있는 듯 보인다. 예를 들면, 냉전 당시 미국은 서독, 대만, 한국, 일본과 같은 주요 우방국의 핵무기 확산을 적극 저지한 바 있다. 이 같은 이유로 미국이 핵무기 확산 저지를 대단히 중요하게 생각하고 있다고 생각하는 사람이 적지 않아 보인다.

---

211) Ibid., pp. 417-9.; "아이젠하워는 유럽의 동맹국들이 핵무장해야 할 것이라고 생각했다. 이처럼 하는 경우 자국을 방어할 수 있을 뿐만 아니라 궁극적으로 유럽에서 미군의 철수가 용이해질 것이기 때문이었다." Nicholas L. Miller(2018), *Stopping the Bomb* (Kindle Location 962). Kindle Edition.

212) Jeffrey W. Taliaferro(2019), *Defending Frenemies* (p. 1). Oxford University Press. Kindle Edition.

그러나 우리는 비확산이 미국의 대전략 목표에서 핵심적인 목표도, 지속적으로 준수해온 목표도, 주도적인 목표도 아니었다는 사실을 이해할 필요가 있다.213)

우리는 자유시장 경제체제 보존과 핵무기 확산 저지가 그것 자체로서 중요한 의미가 있었기 때문이 아니고 미국이 아닌 또 다른 패권국의 부상 저지란 주요 대전략 목표 달성 측면에서 중요한 의미가 있었기 때문에 대전략 목표에 포함되었다는 사실을 이해해야 할 것이다. 다시 말해, 이들은 미국이 아닌 또 다른 패권국의 부상 저지란 미국이 가장 중요하게 생각하는 목표를 지원하기 위한 성격이었다. 그런데 이미 살펴본 바처럼 북한 핵무장은 중국의 패권 부상 가능성 대비 측면에서 미국에 필수적인 성격이다. 이 같은 측면에서 보면 미국 입장에서 북한 핵무장은 핵무기 확산 저지란 목표와 비교하여 훨씬 중요한 의미가 있었다. 북한 핵무장이 미국의 대전략을 손상시키는 성격이 아니고 적극 지원하는 성격인 것이다.

자본주의 경제체제 보존이란 목표가 등장한 것은 2차 세계대전 이후다. 이미 살펴본 바처럼 전후 미국은 소련의 세력팽창 저지 차원에서 유라시아대륙 주변 주요 지역 국가들과 동맹을 체결한 후 이들 국가에 미군을 주둔시킬 필요가 있다고 생각했다. 미국은 이들 국가와 함께 소련을 포함한 공산세력의 팽창을 저지할 구상이었다. 이처럼 하고자 하는 경우 자본주의 진영 국가들 간의 무역과 교류를 활성화할 필요가 있다고 생각했다. 이 같은 이유로 자본주의 경제체제 보존이 미국의 대전략 목표에 포함된 것이다. 냉전 종식 이후 자본주의 경제체제가 자유시장 경제체제로 확대 개편되었다.

한편 1960년대 초반 미국은 국제사회의 핵무기 확산으로 미국의 주요 대전략 목표인 미국이 아닌 또 다른 패권국 부상 저지와 자본주의 경제체제 보존이 부정적인 영향을 받을 가능성이 있다고 생각했다. 이 같은 이유로 1970년

---

213) Cited in Francis J. Gavin(2020), *Nuclear Weapons and American Grand Strategy* (p. 76). Kindle Edition.

에 발효된 NPT를 통해 미국은 우방국, 적국 및 중립국과 무관하게 핵 확산을 저지해야 할 것이라고 생각했다.214) 핵무기 확산 저지가 미국의 대전략 목표에 포함된 것이다. 이 같은 이유로 미국의 대전략 목표에서 첫째 및 둘째 목표 달성에 도움이 되는 경우 핵무기 확산 저지란 세 번째 목표를 희생시킬 수도 있는 것이다.

오늘날 중국이 자유시장 경제체제를 이용하여 국력을 대거 신장시킨 후 자국의 패권을 위협하고 있다고 생각한 미국은 자유시장 경제체제를 또 다른 체제로 대체하고자 노력하고 있다.215) 여기서 보듯이 자유시장 경제체제 보존이란 미국의 대전략 목표 또한 미국이 아닌 또 다른 패권국 부상 저지란 목표 측면에서 희생될 수 있는 것이다.

결론적으로 말하면 미국의 대전략 목표들은 미국이 아닌 또 다른 패권국 부상을 저지하기 위한 성격이다. 그런데 북한 핵무장이 중국의 패권 부상 저지 측면에서 대단히 중요한 의미가 있는 것이다. 미국의 국익을 가장 잘 지원하는 성격인 것이다.

여기서 보듯이 미국 입장에서 북한 핵무장으로 인한 이득이 상당한 수준인 반면 손실은 충분히 통제 가능한 수준이었던 것이다. 미국이 북한 핵무장을 종용했던 것은 이 같은 이유 때문이었을 것이다.

북한 핵무기 개발 노력에 대응하기 위한 여러 방안이 있었다. 이들 방안 가운데 하나가 북한을 핵무장 시킨 후, 한국과 일본이 미사일방어체계를 구축하게 하며, 미국과의 동맹에 의존하게 만드는 방안이 있었다.216) 북한 핵무기 개발 노력과 관련하여 미국이 선택한 방안은 바로 이것이었다.

이제 미국의 북한 핵무기 개발 종용 방안에 관해 살펴보자.

---

214) Ibid., p. 84. Kindle Edition.

215) Michael Beckley, "Enemies of My Enemy: How Fear of China Is Forging a New World Order," *Foreign Affairs*, Vol. 101, No. 2(March/April 2022), p. 69.

216) Z Khalilzad, PK Davis, AN Shulsky, "Stopping the North Korean Nuclear Program," *RAND*, 1993, p. 3.

제4절 미국의 북한 핵무장 종용 방안

이미 살펴본 바처럼 미국의 패권 유지 측면에서 보면 북한 핵무장이 거의 필수적이었다. 미국이 가장 중요하게 생각하는 안보 목표인 미국이 아닌 또 다른 패권국 부상 저지, 다시 말해 중국의 부상 저지 측면에서 필수적인 반면 북한 핵무장에 따른 부정적인 영향은 충분히 극복 가능한 수준이기 때문이었다.

그렇다고 미국은 북한 핵무장을 노골적으로 허용해주면 안 되었다. 이처럼 하면 한국인들의 반미감정으로 미군의 한반도 주둔이 곤란해질 가능성이 있었기 때문이었다. 이 같은 이유로 미국은 북한 핵무장을 은밀한 방식으로 종용해야만 했다. 북한 핵무장 책임을 북한 또는 중국과 같은 여타 국가에 전가할 필요가 있었다.

여기서는 북한 핵무장을 은밀한 방식으로 종용하기 위한 전략은 물론이고, 북한 핵무장 책임을 여타 국가에 전가하기 위한 전술의 문제를 살펴볼 것이다. 먼저 미국의 북한 핵무장 마스터플랜으로 볼 수 있는 국가안보검토서(NSR) 28을 고찰해볼 것이다. 이것의 고찰을 통해 미국의 북한 핵무장 종용 전략을 유추해볼 것이다. 그 후 북한 핵무장을 종용하기 위한 전술인 강압외교를 살펴볼 것이다. 마지막으로 북한 핵무장 관련 책임을 전가하기 위한 방안을 살펴볼 것이다.

1. 미국의 북한 핵무장 종용 마스터플랜(국가안보검토서(NSR) 28) 분석

여기서는 '북한 핵무기 개발계획을 겨냥한 미국의 정책(United States Policy Toward North Korea's Nuclear Weapons Program)'이란 제목의 NSR 28을 통해 1991년 1월 아버지 부시가 검토를 요구한 부분[217]을 분석해볼 것이다.

---

217) The White House, "United States Policy Toward North Korea's Nuclear Weapons Program," *National Security Review* 28, Washington, February 6, 1991.

1991년 당시 아버지 부시 행정부는 NSR 28을 동북아지역에서 미국이 아닌 또 다른 패권국의 부상 가능성을 고려하여 검토했다. 나름의 의미가 있으려면 비확산 정책을 보다 폭넓은 이 같은 지역 전략의 일부로 수립해야 할 것이기 때문이다.218)

아버지 부시의 검토 요구사항을 보면 아버지 부시의 미국이 북한 핵무장을 결심했으며, 북한을 핵무장시키기 위한 전략을 구상했음을 알 수 있을 것이다. 아버지 부시는 북한 핵무기 개발이 미치는 긍정 및 부정적인 의미, 북한 핵무기 개발 일정을 통제하기 위한 방안, 북한 핵무기 개발에 대한 주요 행위자들의 반응, 북한 핵무장 노력을 관리하는 과정에서 한반도 주변국들의 인식을 이용하는 문제, 북한 핵무장과 미국의 국익의 관계는 물론이고 북한 핵문제를 통제하는 과정에서 국제원자력기구의 안전보장조치를 활용하기 위한 방안에 관한 검토를 요구했다.

아버지 부시의 검토 요구사항들을 분석해보면 북한 핵무기 개발 노력에 대항한 미국의 목표가 비핵화가 아니고 핵무장 종용이었음을 인지할 수 있을 것이다. 1992년부터 오늘에 이르는 미국의 대북 핵정책이 중국 위협을 염두에 둔 거대한 마스트플랜에 입각하고 있음을 감지할 수 있을 것이다. 미국의 북한 핵무장 종용 전략의 윤곽을 파악할 수 있을 것이다.

상기 검토요구 문서에서는 "외교 및 전략적으로 급변하고 있는 동북아지역 상황에서 북한이 지속적으로 핵무기를 개발하고 있다는 점에서 한반도에서의 핵 확산 저지를 염두에 둔 미국의 기존 정책을 검토하지 않을 수 없게 되었다."219)고 말한다. 이는 소련 해체 이후 중국의 부상과 같은 급변하는 동북아 지역 상황을 고려해볼 때, 북한 핵무기 개발 저지란 미국의 기존 정책을 재검토할 필요가 있었다는 의미일 것이다.

---

218) Michael J. Mazarr, "Going Just a Little Nuclear," pp. 92, 105.
219) The White House, "United States Policy Toward North Korea's Nuclear Weapons Program,"

아직도 검토 내용이 비밀로 분류되어 있다는 점에서 여기서는 지금까지 논의한 배경 지식에 입각하여 아버지 부시가 검토를 요구한 부분에 대한 검토 결과를 유추해볼 것이다. 이처럼 유추한 결과에 입각하여 미국의 북한 핵무장 종용 전략을 도출해볼 것이다.

북한 핵무기 개발의 긍정 및 부정적인 의미

검토요구 1: 한반도에서의 미국의 국익을, 이 같은 국익과 북한 핵무기 개발의 관계를, 식별한다. 여기에 북한 핵무기 보유가 주한미군과 미국의 한반도 안보 공약에 미치는 함의를 포함한다. 북한 핵무기 개발에 대한 한국과 일본의 반응은 물론이고 동북아지역 너머 지역으로의 핵무기 확산 가능성을, 북한이 여타 국가에 핵무기 개발 관련 기술을 확산시킬 가능성을 포함한다.[220]

가상검토결과 1: 여기서 아버지 부시는 북한 핵무장이 미국에 미칠 긍정 및 부정적인 영향 평가를 요구했다. 긍정적인 측면이 상당한 반면 부정적인 측면이 극복 가능한 수준인 경우 북한 핵무장을 허용해줄 수도 있을 것임을 암시한 것이다.

상기 질문에서 보듯이 아버지 부시는 북한 핵무기 개발 노력을 순수 핵 확산 저지 측면에서 바라보지 않았다. 북한 핵무기 개발을 한반도에서 추구해야 할 미국의 주요 국익 측면에서 바라보았다. 그런데 이미 잘 알려진 바처럼 1943년부터 미국은 미국이 아닌 또 다른 패권국의 부상 저지 차원에서 미군의 한반도 주둔을 매우 중요하게 생각했다. 이것을 한반도에서의 미국의 가장 중요한 이익으로 간주했다. 냉전 종식 이후에도 중국의 부상 가능성을 고려하여 미군의 한반도 주둔을 주요 이익으로 간주했다.

아버지 부시는 북한 핵무장이 미군의 한반도 주둔에 미치는 영향을 검토하

---

220) Ibid.

라고 요구한 것이다. 북한이 핵무장하지 않으면 북한군이 항공기, 전차 및 함정과 같은 재래식 전력 측면에서 한국군과 비교해 절대 열세란 점에서, 이같은 전력 격차가 보다 더 벌어질 것이란 점에서 미군의 한반도 주둔이 쉽지 않을 것으로 판단했을 것이다. 미군의 한반도 주둔 보장 차원에서 북한 핵무장이 필수적이라고 평가했을 것이다.

북한 핵무장이 주한미군에 미치는 영향은 미미한 수준이며, 북한 핵무장에도 불구하고 미국의 대한(對韓) 안보공약 준수 측면에서 별다른 문제가 없다고 판단했을 것이다. 왜냐하면, 핵무기는 공격용이 아니고 방어 및 억제용이기 때문이다. 이 같은 측면에서 보면, 북한 위협으로부터 한국을 방어한다는 미국의 안보 공약 이행 측면에서 전혀 문제되지 않을 것이라고 평가했을 것이다. 핵무장하는 경우 북한의 억지력 증대로 미군의 한반도 주둔 명분이 강화될 것으로 판단했을 것이다.

또한 북한 핵무장이 한국과 일본의 핵무기 개발 추구에 미칠 영향 관련 검토에서는 미국이 핵우산을 강력히 제공해주면 한국과 일본이 핵무기 개발을 추구하지 않을 것이라고 판단했을 것이다. 특히 냉전 당시 소련 위협 대응 차원에서 미군의 한반도 주둔을 매우 중요하게 생각했던 일본은 소련 수준의 또 다른 국가인 중국이 부상하는 경우 북한 핵무장에도 불구하고 핵무장을 추구하지 않을 것으로 판단했을 것이다. 일본이 핵무장하면 한국도 핵무장할 것이며, 이 경우 미군의 한반도 주둔이 어려워질 것이기 때문이다. 그런데 냉전 당시의 소련 수준의 주변국 위협 대응 차원에서 일본이 미군의 한반도 주둔을 매우 중요하게 생각했기 때문이다. 한국이 1945년 이후 미국과 정치, 경제, 군사 등 다양한 분야에서 긴밀한 관계를 유지해왔다는 점에서 핵우산을 포함한 강력한 안보보장책을 제시해주면 핵무장을 추구하지 않을 것으로 판단했을 것이다.

주변국으로의 북한의 핵무기 관련 물질과 과학기술 확산 문제는 이것을 레드라인으로 설정하는 방식으로 통제할 수 있을 것이라고 평가했을 것이다. 냉전 당시 미국은 수만 발의 핵무기를 보유하고 있던 소련을 통제 및 억제할 수 있었다. 이 같은 미국은 조잡한 수준의 몇 발의 핵무기를 보유한 북한을 쉽게 억제 및 통제할 수 있을 것으로 생각했을 것이다. 다시 말해, 북한 핵무기 개발 허용이 미군의 한반도 주둔 보장을 통해 강대국 패권경쟁 측면에서 상당한 의미가 있는 반면, 그 부작용은 통제 가능한 성격이라고 평가했을 것이다. 결과적으로 북한 핵무장을 종용해야 할 것으로 판단했을 것이다.

북한 핵무기 개발 일정 통제 방안

검토요구 2: 북한의 핵무기 개발 현황, 핵무기 개발 전망, 핵무기 개발 관련 제한사항과 일정을 평가한다. 북한 핵무기 개발에 영향을 미치기 위해 미국과 여타 국가들이 동원할 수 있는 레버리지는 무엇인가? 북한 핵무기 개발 저지 차원에서 이들 국가가 동원하게 될 유인책과 압력에 대한 북한의 반응은? 북한의 미사일 개발이 핵무기 개발 계획에 주는 함의는?[221]

가상검토결과 2: 북한이 영변원자로의 폐연료봉을 이용하여 1989년과 1990년에 일부 플루토늄을 확보했을 가능성이 있지만 북한 경제가 붕괴 직전 상태에 있다는 점에서 핵무기를 지속적으로 개발하게 하면 주변국의 반발과 제재로 북한체제가 붕괴될 가능성이 있다고 판단했을 것이다. 따라서 주변국의 대북제재에도 불구하고 북한이 붕괴되지 않는 순간까지 북한의 핵무기 개발 노력을 동결시킬 필요가 있다고 판단했을 것이다. 북한이 붕괴되면 미군의 한반도 주둔을 보장할 수 없을 것이기 때문이다.

미국이 북한의 핵무기 개발 노력을 일정 기간 동안 동결시켜야만 했던 또 다른 이유는 이 기간 동안 중국의 동향을 살필 필요가 있었기 때문이었을 것

---

221) Ibid.

이다. 중국이 진정 미국의 적국으로 생각되는 경우 중국에 대항하기 위한 동맹체계 정비와 미사일방어체계 구축 측면에서 북한 핵무장 종용을 시작해야 할 것이지만, 중국이 미국 중심의 질서로 들어오는 경우 북미외교관계정상화를 통해 점진적으로 한반도를 안정시킬 필요가 있었기 때문이다. 그런데 1990년대 초반 미국은 이 문제를 판단할 수 있는 입장이 아니었다.

북한 핵무기 개발을 일정 기간 동안 동결시킨다는 차원에서 가장 중요한 부분은 북한이 NPT와 안전보장조치를 비준하게 만드는 것이라고 판단했을 것이다. 이들을 비준하지 않은 상태에서 북한은 핵무장을 추구할 권리가 있었기 때문이다. 왜냐하면, 소련 및 중국과 같은 자국의 전통적인 우방국이 한국과 우호적인 관계를 맺으면서 북한이 국제사회에서 고립무원의 신세가 되었기 때문이다. 문제는 이처럼 북한의 핵무기 개발을 방관하는 경우 주변국의 제재로 북한이 붕괴될 가능성이 있었다는 사실이다.

북한이 이들을 비준하게 만들기 위한 레버리지로서 북한이 지속적으로 요구해온 한반도의 미 전술핵무기 철수와 팀스피릿 훈련 취하를 이용할 수 있을 것으로 판단했을 것이다. 역사적으로 북한이 미 핵전력을 우려해야 할 충분한 이유가 있었을 뿐만 아니라 팀스피릿 훈련조차도 자국을 핵무기로 공격하기 위한 성격으로 생각했기 때문이다. 따라서 이들 북한의 요구사항을 수용해주면 북한이 이들을 비준함으로써 국제원자력기구의 사찰이 가능해질 것으로 판단했을 것이다.

북한에 핵무장을 종용해야 할 것이란 관점 측면에서 보면 북한이 이들을 비준하게 만들기 위한 인센티브 이외의 인센티브 제공은 바람직하지 않다고 판단했을 것이다. 인센티브 제공이 핵무장 종용이 아니고 핵무장 노력을 어렵게 하는 성격이기 때문이다. 북미 양자회담을 통해 북한이 미국이 수용 곤란한 유형의 인센티브 제공을 요구할 가능성이 있다는 점에서 보면 가능한 한 북미 양자회담을 지양해야 할 것으로 판단했을 것이다.

북한 비핵화 측면에서 미국이 제공해줄 수 있는 의미 있는 인센티브는 북미 외교관계정상화였다. 그러나 이미 언급한 바처럼 미국은 이것을 수용할 수 없는 입장이었다. 또한 미국은 북한 핵시설을 무력으로 타격할 수 없는 입장이었다. 북한 핵무기 개발 노력을 방관할 수도 없었다. 미국이 선택할 수 있는 유일한 대안은 경제적 제재에 입각한 강압외교뿐이었다. 그런데 경제적 제재에 입각한 강압외교를 통한 핵무기 개발 노력 저지가 의미가 있었던 경우는 두 가지뿐이었다. 첫째, 냉전 당시의 한국, 서독, 대만처럼 미국에 상당히 많이 의존하는 국가를 겨냥한 경우다. 둘째, 이란 및 이라크의 경우처럼 다자적인 노력을 통해 상대방 국가에 상당한 수준의 고통을 안겨다 줄 수 있는 경우다.222) 문제는 미국이 다자적인 대북제재 차원에서 의존하고자 했던 중국, 한국 및 일본과 같은 국가들이 북한 붕괴 가능성을 우려한 나머지 강력한 대북제재를 강요할 수 없는 입장이었다는 사실이다. 아무튼 다자적인 대북제재에 북한은 강력히 반발할 것이었다. 대북 경제제재에 입각한 강압외교는 결국 북한 핵무장을 종용하는 성격이었던 것이다. 북한 핵무장을 초래할 것이었다.

미사일과 핵무기가 결합되는 경우 일본과 한국을 위협할 수 있을 것이란 점에서 북한 핵무장과 더불어 단거리 및 중거리 미사일을 개발하게 하는 경우 미군의 한반도 주둔이 보다 쉽게 보장될 것으로 판단했을 것이다. 북한이 미 본토 타격이 가능한 대륙간탄도미사일을 구비하는 경우 전시 미 증원전력의 한반도 전개가 곤란해질 것이란 점에서 한국과 일본이 핵무장을 추구할 가능성이 있을 것으로 평가했을 것이다.

---

222) Nicholas L. Miller(2018), *Stopping the Bomb* (Kindle Location 3091). Kindle Edition.; 냉전 당시 미국이 한국, 서독, 대만 및 일본과 같은 미 우방국의 핵무장 노력을 저지할 수 있었던 것은 이들 국가가 경제, 정치 등 다양한 측면에서 미국에 상당히 의존적이기 때문이었다. Ibid., (Kindle Location 220, 262). Kindle Edition.

북한 핵무장에 대한 주요 행위자들의 반응

검토요구 3: 한국 사회, 정부 및 군대를 포함한 동북아지역의 다양한 행위자들의 북한 핵무기 개발계획에 관한 관점은? 북한 핵무기 개발이 점차 진전됨에 따른 이들 행위자의 반응은? 북한 핵무기 개발이 어느 정도까지 진행되었을 당시 한국이 반응할 것으로 생각하는지? 이들 행위자 입장에서 볼 때, 북한 핵과 관련하여 미국이 수행하는 역할은?[223]

가상검토결과 3: 아버지 부시가 검토를 요구한 1991년 1월을 기준으로 보면 미국을 제외한 한국, 일본, 중국, 러시아가 북한 핵무기 개발 노력에 반대한다고 판단했을 것이다. 한국은 북한 핵무장이 자국 중심의 남북통일을 어렵게 할 가능성 때문에 반대한다고 판단했을 것이다. 남북이 통일될 가능성이 높다고 판단했던 중국은 북한 핵무장이 통일한국의 핵무장으로 이어지고, 통일한국의 핵무장이 일본의 핵무장으로 이어질 가능성이 있었다는 점에서 반대한다고 판단했을 것이다. 일본은 소련이 해체된 반면 중국의 파워가 아직 미미한 수준인 상태에서 북한 핵무장이 일본을 위협할 가능성이 있었다는 점에서 반대하는 것으로 판단했을 것이다. 소련은 한러 경제관계 활성화 측면에서 북한 핵무장이 도움이 안 되기 때문에 반대한다고 판단했을 것이다.

미중경쟁이 고조되면서 미국이 북한 핵무장을 본격적으로 종용해야 할 것으로 생각될 당시에도 한국은 북한 핵무장이 한반도 평화를 저해하고 남북통일을 어렵게 만드는 요소란 점에서 반대한다고 판단했을 것이다. 중국은 미중 대결 측면에서 일종의 완충지대로 기능하는 북한체제 유지 차원에서, 일본은 중국 위협을 고려한 미군의 한반도 주둔 보장 차원에서 북한 핵무장이 긍정적인 측면도 없지 않다고 생각할 것이라고 판단했을 것이다. 북한이 핵무장하지 않으면 재래식 무기 측면에서 상당한 우위에 있는 남한의 공격으로 북한이 붕괴될

---

[223] The White House, "United States Policy Toward North Korea's Nuclear Weapons Program,"

가능성이 있으며, 북한이 붕괴되는 경우 중국과 일본 입장에서 완충지대가 사라질 가능성도 없지 않을 것이기 때문이다. 특히 중국과 일본은 미중경쟁이 격화되는 정도에 비례하여 북한과 한국을 자국의 완충지대로 유지해야 할 필요성으로 인해 북한 핵무장을 보다 긍정적으로 바라볼 것이라고 판단했을 것이다.

미국은 중국과 일본이 자국이 북한 핵문제를 아태지역 안보, 특히 미중경쟁 측면에서 바라볼 것으로 생각한다고 판단했을 것이다. 미국은 자국이 북한 핵문제를 미중경쟁 측면에서 이용할 것으로 이들 국가가 생각할 것이라고 판단했을 것이다. 1943년 이후 미국이 한반도 정치 발전을 아태지역에서의 미국의 안보와 연계시켜 생각해왔으며, 1991년 당시 소련 중심의 공산진영이 점차 몰락하고 있었던 반면 중국이 아태지역의 새로운 주요 행위자로 부상할 가능성이 있었기 때문이다. 미국은 자국을 수호천사로 간주하는 한국인들이 자국이 북한 핵문제를 핵 확산 저지 차원에서 접근할 것으로 생각할 것이라고 판단했을 것이다. 미국은 자국이 진정 북한 비핵화를 추구하고 있다고 한국인들이 생각할 것으로 판단했을 것이다.

북한 핵무장 종용 과정에서 한반도에 대한 주변국 인식 이용

검토요구 4: 동북아지역 등 여타 지역에서 예상되는 외교, 정치 및 경제적 경향 가운데 어떠한 부분이 북한 핵무기 개발과 관련하여 미국이 한국과 북한을 다루는 과정에서 영향을 주는가? 이들 경향을 북한의 행동을 바꾸기 위해 사용하기 위한 방안은?[224]

가상검토결과 4: 먼저 한국이 북한 비핵화를 염원하는 입장이었음을 인지할 필요가 있을 것이다. 북한이 북미외교관계정상화를 조건으로 핵무기 개발을

---

[224] Ibid.

포기할 의향이 있었음을 인지할 필요가 있을 것이다. 이 같은 한국과 북한의 의도는 북한 핵무장을 종용해야 할 것이라는 미국의 의도와 배치되는 성격이었다. 이 같은 한국과 북한의 의도를 은밀한 방식으로 무력화시킬 필요가 있다고 판단되었을 것이다. 이 같은 의도 무력화 측면에서 중국, 한국, 일본, 북한과 같은 국가가 한반도 전쟁에 결사반대하는 입장이란 사실, 한반도에 대한 주변국들의 상이한 인식, 그리고 미국 내부의 다양한 세력들을 이용할 필요가 있다고 판단했을 것이다.

북한 핵무장 노력에 대항하여 미국이 사용할 수 있던 대안은 (1) 북미외교관계정상화와 같은 외교적 노력을 통한 핵무장 저지 (2) 무력 사용을 이용한 핵무장 저지 (3) 북한 핵무장 허용(지원) (4) 경제적 제재에 입각한 강압외교뿐이었다. (1)과 (2)는 북한 비핵화 방안이란 점에서 북한 핵무장 종용을 위한 대안이 될 수 없다고 판단했을 것이다. 이스라엘 및 파키스탄의 경우처럼 핵무장을 노골적으로 지원해주거나 인도의 경우처럼 핵무장을 묵인해주는 경우 한국 내부에서 반미감정이 조성되면서 미군의 한반도 주둔이 곤란해질 것이었다. 따라서 북한에 핵무장을 종용하는 과정에서 사용 가능한 대안은 경제적 제재에 입각한 강압외교뿐이라고 판단했을 것이다.

한편 북한 핵무장이란 미국의 목표를 달성하고자 하는 경우, 이처럼 북한을 핵무장 시키면서도 사람들이 미국 때문이 아니고 또 다른 행위자 때문에 핵무장하게 된 것으로 인식하게 만들 필요가 있다고 판단했을 것이다. 미국이 북한 핵무장을 조장했다고 사람들이 인식하는 경우 미군의 한반도 주둔이 곤란해질 수 있을 것이기 때문이다.

이 같은 목적으로 활용 가능한 방안이 북미 양자회담이 아니고 미국, 중국, 일본, 한국, 북한 및 러시아를 포함하는 6자회담과 같은 다자회담일 수 있다고 판단했을 것이다. 이 같은 다자회담이 다음과 같은 이점이 있기 때문이다. 첫째, 북한의 대미 의존도가 거의 없다는 점에서 미국은 중국, 일본 및 한국과 공조하여 북한을 경제적으로 제재할 수 있을 것이었다. 둘째, 미국은 물론이고 한국, 일본 및 중국과 같은 주변국들 모두 북한 붕괴를 원치 않는다는 점에서 이들 국가와 공조하는 형태의 대북 경제제재가 북한 비핵화 측면에서 의미가 없을 것이었다. 다시 말해, 북한 핵무장 종용 측면에서 효과적일 것이었다. 셋째, 북한 비핵화 실패의 책임을 북한에 상당한 영향력이 있어 보이던 중국과 같은 국가에 전가할 수 있을 것이었다.

넷째, 6자회담을 통해 북한 비핵화를 추구하는 경우 무력을 통한 방안이 배제될 것이었다. 그 이유는 이미 살펴본 바처럼 미국은 물론이고 일본과 중국이 남북통일을 원할 수 없었기 때문이다. 이 같은 사실로 인해 이들은 무력을 통한 북한 핵문제 해결에 반대할 수밖에 없었다. 무력을 통해 북한 핵문제를 해결하는 과정에서 남북이 통일될 가능성이 있었기 때문이다. 한편 6.25전쟁의 비극을 직접 체험한 한국 또한 무력을 통한 북한 핵문제 해결에 반대할 수밖에 없는 입장이었다.

한편 자국의 비핵화 조건으로 북한이 요구한 북미외교관계정상화를 한국은 물론이고 일본, 중국 및 러시아가 선호하고 있었다는 점에서 6자회담에서는 북한 비핵화 방안으로 북미외교관계정상화 방안이 제기될 가능성은 항상 있었다. 미국의 의도와 무관하게 다자회담에서 북미외교관계정상화 방안이 제기되는 경우 이 방안을 미국 내부의 다양한 정치 세력을 이용하여 무력화시킬 수 있을 것이었다. 예를 들면, 미국 내부의 일부 전직 관료, 주요 연구기관의 연구원과 같은 외교안보 전문가들을 북미외교관계정상화에 극구 반대하게 만들 수 있을 것으로 생각했을 것이다. 소위 말해, '착한 경찰(Good Cop)'과 '나쁜 경찰(Bad Cop)'이란 개념을 이용할 필요가 있다고 생각했을 것이다.

북한 비핵화를 위한 6자회담에서 북한이 염원하던 북미외교관계정상화 방안이 제기되지 않도록 최대한 노력하며, 북미외교관계정상화를 통한 비핵화 방안이 제기될 때마다 미국 내부의 '착한 경찰'과 '나쁜 경찰' 개념에 입각하여 이 같은 회담 결과를 무산시키는 한편 북한 핵문제를 대화로 해결할 것이라고 지속적으로 말하는 경우 북한은 더 이상 북미대화를 포기하는 가운데 자발적으로 핵무장을 추구할 것이라고 판단했을 것이다. 이 같은 방식으로 북한 핵무장 책임을 북한 또는 여타 국가에 전가할 수 있을 것으로 판단했을 것이다.

따라서 북한 핵무장 달성 측면에서 보면 미국은 북한이 요구한 양자회담이 아니고 한국, 미국, 일본, 및 중국을 포함하는 다자회담이 최상이라고 판단했을 것이다.

북한 핵무장과 미국의 국익의 관계, 국제원자력기구 안전보장조치 활용 방안

검토요구 5: 북한 핵무기 개발과 동북아지역에서의 미국의 주요 목표 및 이익의 관계는? 한반도에서 북한의 핵 및 미사일 개발 문제를 다룰 당시 미국이 추구해야 할 목표는? 국제원자력기구의 안전보장조치가 수행할 수 있는 역할은?225)

가상검토결과 5: 냉전 종식 이후 동북아지역에서의 미국의 주요 목표와 이익은 경제적으로 중국과 교류하면서도 중국의 부상 가능성에 대비하는 것이었다. 미국은 자국의 중국 포용정책으로 중국 경제가 발전하는 정도에 비례하여 중국의 부상 가능성에 대비해야만 했다. 이처럼 중국의 부상 가능성 대비 측면에서 미국은 냉전 당시 아태지역에 구축해놓은 동맹체계 정비와 미사일 방어체계 구축이 필요했다. 이처럼 하고자 하는 경우 미군의 한반도 주둔이 필수적이었다. 미군의 한반도 주둔 보장 측면에서 북한 핵무기 개발을 종용해야 하는 입장이었다.

한편 미국은 북한이 1988년 플루토늄 재처리 시설을 영변원자로 부근에 건설하고 있었다는 사실과 1989년과 1990년 영변원자로 가동을 일정 기간 동안

---

225) Ibid.

중지했다는 사실을 잘 알고 있었다. 이는 이 기간 동안 북한이 폐연료봉을 이용하여 플루토늄을 추출했을 가능성을 미국이 알고 있었음을 의미한다.

미국은 이 같은 북한 핵문제를 이용하여 중국의 부상에 대비하기 위한 동맹체계 정비와 미사일방어체계 구축을 준비해야 할 것이라고 판단했을 것이다.

북한 핵문제를 국제사회의 주요 이슈로 부각시켜 중국에 대항한 동맹체계 구축 목적으로 이용하고자 하는 경우 북한을 NPT와 안전보장조치를 비준하게 만든 후 북한이 갖고 있을 것으로 판단되던 플루토늄 규모를 확인하기 위한 특별사찰 측면에서 국제원자력기구 안전보장조치를 적절히 이용할 필요가 있다고 판단했을 것이다.

이처럼 하려면 NPT를 비준한 북한이 1991년 이전에 생산했을 가능성이 있는 플루토늄과 관련하여 국제원자력기구가 북한을 강력히 사찰하게 만들 필요가 있다고 판단했을 것이다. 국제원자력기구가 '죄와 벌' 원칙에 입각하여 플루토늄 폐기를 북한에 강력히 요구하게 만들어야 할 것으로 판단했을 것이다. 이 같은 플루토늄 폐기를 조건으로 북미외교관계정상화와 같은 자국 안보 보장책을 강구하고자 했을 북한이 '죄와 벌' 개념에 입각하여 무조건적인 폐기를 주장하는 국제원자력기구에 강력히 반발할 것으로 판단했을 것이다. 이미 생산한 플루토늄과 관련하여 북한을 강력히 압박하여 NPT 탈퇴를 위협하게 만드는 경우 북한 핵문제가 국제적인 이슈로 부상할 수 있을 것으로 판단했을 것이다. 결과적으로 국제사회에서 북한 핵문제가 적지 않은 논란의 대상으로 부상할 수 있을 것이라고 판단했을 것이다. 이것이 냉전 종식 이후 그 의미를 상실해갔던 한미동맹과 미일동맹 강화 측면에서 상당한 의미가 있을 것으로 판단했을 것이다. 이 같은 방식으로 국제원자력기구 안전보장조치를 이용할 수 있을 것으로 판단했을 것이다.

북한을 자극하여 장거리미사일을 발사하게 함으로써 중국을 겨냥한 미사일방어체계 개발 명분을 조성할 필요가 있다고 생각했을 것이다. 미국은 북한의 핵 및 미사일 개발 노력을 한미동맹과 미일동맹 중심의 동맹체계를 강화하고, 중국에 대항한 미사일방어체계를 구축하기 위한 기회로 최대한 이용해야 할 것으로 판단했을 것이다.

북한 핵문제 관련 주요 정책문서로 평가받고 있는 NSR 28에 관한 분석을 통해 북한 핵문제에 대응하기 위한 미국의 전략을 다음과 같이 도출할 수 있을 것이다.

2. 북한 핵무장 노력에 대항한 미국의 전략

첫째, 북한의 핵무기 개발 노력을 통제할 수 있도록 북한이 NPT와 국제원자력기구 안전보장조치를 비준하게 만든다.

둘째, 북한이 자국 안보 보장 차원에서 추구한 핵무장과 북미외교관계정상화 가운데 미국이 어느 것을 선택해야 할 것인지의 결심은 북한이 대북 경제제재에도 불구하고 붕괴되지 않게 될 당시에 그리고 중국의 패권 의도를 확인한 이후에 해야 한다. 이처럼 결심 시점을 늦추기 위한 성격의 북미합의를 도출한다.

셋째, 중국의 패권 추구 의도를 확인한 경우 북한 핵무장을 종용한다. 패권 추구 의도가 없는 경우 북미외교관계를 정상화해주는 방식으로 북한 핵문제를 해결한다.

넷째, 패권 추구 의도를 확인한 경우 북한이 한국과 일본을 타격할 수 있을 정도로 핵무장하게 한다.

다섯째, 북한 핵무장 노력을 빌미로 중국 위협에 대비하기 위한 동맹체계 정비와 억지력을 구축한다.

이 같은 전략을 이행하는 과정에서 고려해야 할 사항은 다음과 같다.

첫째, 북한이 NPT와 국제원자력기구 안전보장조치를 비준하게 하는 과정에서 팀스피릿 훈련 연기, 전술 핵무기 철수처럼 북한이 요구한 바를 수용한다.

둘째, 북한이 NPT와 안전보장조치를 비준한 경우 안전보장조치를 이용하여 북한 핵시설을 '죄와 벌' 원칙에 입각하여 엄격히 사찰하게 한다. 이는 한반도 긴장 조성을 통해 한국인과 일본인이 한미동맹과 미일동맹의 중요성을 인지하게 하기 위함이다. 핵무장과 북미외교관계정상화 가운데 어느 것을 선택해야 할 것인지의 결심 시점을 늦추기 위한 성격의 북미합의에 한국이 동의하게 만들기 위함이다.

셋째, 북한 핵무장을 종용하면서도 그 책임을 미국이 아니고 여타 국가에 전가하기 위한 방안을 강구한다.
- 북한 핵무장을 초래할 수밖에 없는 강압외교에 의존하여 비핵화 노력을 전개한다.
- 북한 비핵화 측면에서 유리한 북미 양자회담이 아니고 북한 핵무장 종용에 유리한 다자회담을 주장한다.
- 북한의 (선) CVID (후) 보상을 주장한다.
- 북한 비핵화 노력을 은밀히 저지하기 위해 미국 내부에서 '좋은 경찰', '나쁜 경찰' 개념을 이용한다.

넷째, 북한 핵무장의 부정적인 영향을 최소화하기 위한 조치를 취한다.
- 미 본토 타격이 가능한 대륙간탄도미사일 개발을 금지시킨다.
- 북한 핵무장에 따른 핵무기 확산을 저지한다.
- 북한의 핵무기 개발 관련 기술과 물질 전파를 차단한다.

NSR 28을 통해 논리적으로 도출 가능한 북한 핵문제 대응 전략이 1991년 이후부터 오늘에 이르는 30년 동안의 미 대북 핵정책의 기조를 이루었다. 그런데 이들 전략은 네 가지 주요 목표를 달성하기 위한 성격이었다. 첫째, 일본과 한국을 타격할 수 있을 정도로 북한을 핵무장시킨다. 둘째, 북한 핵무장을 빌미로 중국을 겨냥한 미 동맹체계를 정비하고 미사일방어체계를 포함한 억지력을 구축한다. 셋째, 북한 핵무장을 종용하면서도 북한 핵무기 개발에 따른 모든 부정적인 영향을 제거한다. 넷째, 미국이 북한 비핵화를 위해 최선을 다했음에도 불구하고 어찌할 수 없어서 북한이 핵무장한 것으로 사람들이 인식하게 만든다.

결과적으로 보면, NSR 28은 중국 위협에 대비한 미 동맹체계 정비와 미사일방어체계 구축을 염두에 둔 상태에서 북한 핵무기 개발 노력을 적절히 이용하기 위한 마스터플랜이었던 것이다. 지난 30년 동안 미국이 이 같은 마스터플랜에 입각하여 북한 핵무기 개발 노력을 통제했던 것이다.

그러면 북한 핵무장을 은밀한 방식으로 종용하기 위한 전술은 무엇인가? 이는 이미 언급한 바처럼 대북 경제제재에 입각한 강압외교였다. 이것을 보다 상세히 살펴볼 필요가 있을 것이다.

3. 북한 핵무장 종용 전술: 강압외교

정치, 경제, 군사 등 제반 측면에서 한국과 비교하여 상당히 열세해졌으며, 매년 한미연합훈련 위협에 노출되어 있던 냉전 종식 이후의 북한의 핵무기 개발 노력은 지극히 당연한 것이었다. 미국은 이 같은 북한의 핵무기 개발 노력을 저지한 것이 아니고 간접적인 방식으로 종용한 것이다. 그 과정에서 강압외교가 일조했다. 강압외교가 의미가 있으려면 신빙성 있는 형태의 군사적 위협이 필수적이었다. 이 같은 위협이 없는 상태에서의 경제제재에 입각한 강압외교로는 북한 비핵화가 불가능했다. 북한이 미국에 경제적으로 거의 의존하지 않았으며, 북한에 영향력이 있다고 알려진 중국, 한국 및 일본과 같은 국가들이 북한 붕괴 가능성을 우려하여 강력한 대북제재를 원치 않았다는 사실이 또한 문제였다. 그 결과 오늘날 북한이 한국과 일본을 타격할 수 있을 정도의 핵무기와 미사일을 보유하게 된 것이다.

강압외교의 정의

강압외교는 전쟁에 못 미치는 수단을 동원하여 국가가 특정 조치를 취하지 못하게 하거나 이미 조치하여 진행된 사항을 되돌리게 하기 위한 성격의 것이다. 예를 들면, 북한 비핵화란 목표 달성 측면에서 보면, 북한이 핵무기를 개발하지 못하게 만들거나 이미 개발한 핵무기와 핵무기 개발 프로그램을 자유의사에 입각하여 폐기하게 함으로써 비핵화란 목표를 달성하기 위한 성격이다.

강압외교에서 '외교'란 부분은 강압외교가 군사력에 전적으로 의존하는 성격이 아님을 의미한다. 강압외교에서는 종종 당근과 채찍을 이용한다. 강압외교에서 중요한 사항이 있는데, 이는 전쟁 호소가 강압외교의 실패를 의미한다는 사실이다. 순수 군사력과 강압의 차이는 "순수 군사력이 무엇을 쟁취하기 위한 성격인 반면 강압은 상대방이 자발적으로 무엇을 하게 만드는 성격이다." 토머스 셸링(Thomas C. Schelling)은 강압외교를 다음과 같이 정의했다. "상대방이 자발적으로 무언가 내게 주게 만들려면 상대방이 폭력을 예상하게 해야 한다. 그러나 적절한 양보를 통해 폭력을 피해야 한다. 여기서 협상력이 중요한 의미가 있다. 협상력의 적절한 활용이 외교다."[226]

강압외교의 목적은 '폭력의 위협'을 효과적으로 사용함으로써 이처럼 '폭력의 위협'을 사용하지 않으면 상대방이 결코 하고자 하지 않는 것을 하게 만드는 것이다. 강압외교를 구상할 당시 고려해야 할 4가지 요소가 있다.[227]

(1) 상대방에게 요구해야 할 부분(추구하는 목표)
(2) 상대방이 아측의 요구사항에 반응해야 할 기한

---

226) Thomas C. Schelling, *Arms and Influence* (New Haven: Yale University Press, 1967), p. 1.
227) Alexander L. George, *Forceful Persuasion: Coercive Diplomacy as an Alternative to War* (Washington D.C.: United States Institute of Peace Press), p. 11.

(3) 상대방이 순응하지 않는 경우에서의 응징 위협

(4) 상대방이 아측의 요구사항을 수용하게 만들기 위한 당근과 채찍

이 같은 강압외교가 성공을 거두려면 크게 세 가지 요소가 충족되어야 한다.228)

첫째는 추구하는 목표의 범주 및 성격과 이 같은 목표를 추구하면서 적용하는 레버리지가 비례성이 있어야 한다. 예를 들면, 강압외교를 통해 북한의 핵정책 수정은 어느 정도 가능할 수 있을 것이지만 북한 정권을 교체할 수 없을 것이다. 북한 정권 교체는 전쟁을 통해서만 가능할 것이다. 북한이 생존보장 차원에서 핵무기 개발을 추구하고 있었다는 점에서 보면 웬만한 수준의 경제제재에 입각한 강압외교를 통해 북한 비핵화를 달성할 수 없을 것이었다.

둘째는 강압외교를 적용하는 국가가 제시하는 당근과 이 같은 외교의 적용대상인 국가가 양보하게 되는 부분 간에 연계성이 있다고 구체적으로 또는 적어도 암묵적으로 서로 이해할 수 있어야 한다. 상대방에게 특정 부분을 양보하라고 요구하는 경우 양보를 통해 얻을 수 있는 이득이 양보한 부분 이상으로 크다고 느끼게 해야 한다. 매 단계에서 양측은 자신들이 무언가 주고받고 있다고 믿게 해야 한다. 북한이 핵무장을 추구한 이유가 안보불안 때문이란 측면에서 보면 북한 비핵화 목표를 달성하고자 하는 경우 비핵화에도 불구하고 북한이 안보적으로 문제가 없다고 생각할 정도로 북한의 안보불안을 해소시켜주기 위한 나름의 레버리지가 있어야 할 것이다. 북한이 요구한 북미외교관계정상화가 이 같은 성격일 수 있을 것이다.

셋째, 강압외교를 통해 강요하는 부분과 관련하여 협조하지 않는 경우 심각한 결과가 초래된다는 사실을 강압외교의 대상 국가가 인지하게 해야 한다. 예를 들면, 비핵화하지 않으면 북한을 지구상에서 사라지게 만들 것처럼 위협할

---

228) Bruce Jentleson, "Coercive Diplomacy," p. 3.

필요가 있을 것이란 의미다. 물론 북한을 지구상에서 사라지게 만들 목적으로의 군사력 사용은 강압외교의 실패를 의미할 것이다. 그러나 이 같은 수준의 군사력 사용 위협이 없는 가운데서의 강압외교 적용은 실패할 수밖에 없을 것이란 의미다.

강압외교의 성공을 보장해주는 전략이란 앞의 세 가지의 적절한 배합을 의미한다.

북한 비핵화를 염두에 둔 미 강압외교 평가

미국은 강압외교를 통해 북한 정권 교체가 아니고 북한의 핵정책 수정을 추구했는데 이는 비례성 측면에서 적절했다.

한편 북한 핵이 문제시된 1992년부터 미국은 북한이 먼저 중요한 부분을 양보하면 그 후 무언가 해줄 것이라고 말했다. 그런데 이는 상호성 측면에서 문제가 있었다. 북한이 포기하는 것에 대한 어느 정도의 보상이 필요할 것이다. 1993년 당시 미국은 북한이 1991년 이전에 생산한 플루토늄의 폐기를 요구했다. 이것을 완벽히 폐기하는 경우 대화해줄 것이라고 말했다. 구체적인 보상에 관해 언급하지 않았다.229) 플루토늄 폐기 조건으로 북미외교관계정상화를 통한 체제보장을 받고자 했던 북한 입장에서 보면 그 보상이 확실치 않은 상태에서의 플루토늄 폐기는 결코 수용할 수 없는 성격이었다. 그 후에도 미국은 이처럼 북한이 플루토늄 내지는 핵무기를 먼저 완벽하고 검증 가능하며 불가역적인 방식으로 폐기(CVID)하는 경우 무언가 좋은 것을 해줄 것처럼 말했다. 예를 들면, 2004년 5월 19일 미국은 그 보상책을 언급하지 않으면서 북한 핵의 CVID를 요구했다. 미국은 북한이 핵문제를 해결하고, 방대한 규모의 재래식 무기와 미사일을 대거 삭감하는 경우 북미외교관계를 정상화할 수도

---

229) 이 책의 2장 참조.

있을 것이라고 말했다.230) 얻을 수 있는 이득이 무엇인지 확실치 않은 상태에서, 이 같은 이득을 확실히 보장받지 못한 상태에서, 자국의 생존을 보장해주는 핵무기를 먼저 포기하라는 미국의 요구를 북한은 결코 수용할 수 없었을 것이다.

마지막으로 북한이 핵무기를 폐기하지 않으면 심각한 결과가 초래될 것임을 미국은 북한이 알게 하지 않았다. 예를 들면, 핵무기 개발 프로그램을 폐기하지 않으면 북한 김씨 왕조를 지구상에서 사라지게 만들 것이라고 신빙성 있는 방식으로 위협했더라면 북한이 쉽게 핵무기를 개발할 수 없었을 것이다. 그런데 이 책에서 지속적으로 확인하게 되겠지만 북한이 핵무기를 본격적으로 개발하기 시작한 2003년 이후 미국은 북한 핵무기 개발 관련 레드라인을 설정하지 않았다. 예를 들면, 영변원자로의 폐연료봉으로 플루토늄을 재처리하는 경우 참혹한 결과가 초래될 것이라고 위협하지 않았다. 아들 부시는 북한을 침공하지 않을 것이라고, 영변원자로를 무력으로 타격하지 않을 것이라고 지속적으로 말했다. 북한이 플루토늄 추가 생산을 미국에 통보했지만 부시는 전혀 반응하지 않았다. 결과적으로 부시 행정부 당시 북한은 1차 핵실험에 성공할 수 있었던 것이다.

오바마 대통령 또한 (선) CVID (후) 보상을 강조했다. 핵무기를 지속 유지하는 경우 심각한 결과가 초래될 것임을 북한 정권에 인식시키지 않았다. 오바마는 북한이 핵 및 미사일을 시험할 때마다 일정 수준의 대북 경제제재를 강요했다. 그런데 강력한 형태의 대북 경제제재는 자국 안보 측면에서 북한 붕괴를 결코 원할 수 없었던 중국과 같은 국가가 결코 수용할 수 없는 성격이었다.

한편 미 행정부는 북한을 겨냥한 강도 높은 한미연합훈련을 지속적으로 시행했다. 그러면서 미국의 주요 인사들이 북한 인권 운운하며 북한 정권교체를

---

230) Paul Kerr, "How the Other Four Parties View the Six-Party Talks," *Arms Control Today*, Vol. 34, No. 5 (June 2004), p. 33.

위협했다. 이 같은 방식으로 북한의 안보불안을 조성했다. 북한은 안보불안 해소 차원에서라도 핵무장을 지속적으로 추구하지 않을 수 없었던 것이다. 결과적으로 북한이 핵무장에 성공할 수 있었던 것이다. 그런데 강압외교 자체가 북한의 자유의지에 의존하는 성격이란 점에서, 강압외교 적용을 통해 미국은 북한 비핵화 실패가 전적으로 북한 때문이라고 사람들이 인식하게 만들 수 있었던 것이다.

강압외교를 통한 북한 비핵화 노력이 실패할 수밖에 없는 성격임을 미국의 여러 전문가들이 지속적으로 언급했다.231) 미국이 이처럼 실패할 수밖에 없는 방법을 통해 지속적으로 북한 비핵화를 추구했다는 사실은 미국이 북한 비핵화를 원치 않았다는 의미일 것이다.

2004년 이후 미국 정부는 (선) CVID (후) 대화를 지속적으로 제안했다. 그런데 이는 북한이 결코 수용할 수 없는 방안이었다. 이는 미국이 북한과 대화해줄 것이란 비교적 의미 없는 신호와 교환하는 조건으로 비핵화를 겨냥한 구체적인 조치란 귀중한 신호를 북한이 먼저 미국에 보내야 할 것이란 의미였다. 북한은 당연히 이 같은 거래를 수용할 수 없었을 것이다.232)

국제관계 및 경제 이론 측면에서 보면 전쟁 또는 정권교체에 못 미치는 방안을 이용하여 북한이 자발적으로 비핵화하게 만들 수 없는 것이다. 문제는

---

231) David A. Shlapak(2021), "How Not to Dismantle an Atomic Bomb," pp. 2, 8 9.; Major Dan Orcutt, USAF. "Korea: A U.S. Foreign Policy Side Show," p. 2.

232) 미국의 《선 핵포기, 후 대화》 주장은 조선반도에 새로운 충돌을 일으키는 결과만 초래할 것이다." "《선 핵포기, 후 대화》의 강도적 입장을 당장 철회할 것을 강력히 요구," 『로동신문』, 2002. 11. 27.; "선 핵 포기를 고집하며 동시행동 방식을 한사코 반대한다면 우리로서는 자위적인 정당방위 수단으로서 핵 억제력을 유지 강화하는 조치를 계속 취해 나가는 외에 다른 방도가 없게 된다." "조선민주주의인민공화국 외무성 대변인 대답," 『로동신문』, 2003. 10. 17.; "미국의 완전한 핵 폐기 요구는 (선) 핵무장 해제 (후) 체제전복을 노린 날 강도적 논리이다.…검증 가능한 핵 폐기는 우리나라의 내부를 말짱히 뒤져보기 위한 각본에 따른 것이다.…불가역적인 핵 폐기는 우리를 경제적으로 질식시키려는 목조르기 올가미다.…선 핵 포기를 기대하는 것은 시궁창에서 장미꽃을 바라는 것과 같다." 최성국, "문제해결의 열쇠는 미국의 태도변화에 있다." 『로동신문』, 2004. 3. 8.; (선) 핵무기 포기 (후) 경수로 제공 주장을 고집해 나선다면 조미사이의 핵문제에서는 아무 것도 달라질 것이 없을 것이며…." "조선민주주의인민공화국 외무성 대변인 답변," 『로동신문』, 2005. 9. 20.; "선 핵 포기를 실현해 보려는 것은 물위에 떠 있는 달을 건져 보려는 것과 같은 허황된 망상이다." "조선민주주의인민공화국 외무성 대변인 담화," 『로동신문』, 2006. 6. 2.

미국이 실패할 수밖에 없는 경제적 강압을 통해 북한 비핵화를 지속적으로 추구했다는 사실이다.233) 결론적으로 말하면, 미국이 은밀한 방식으로 북한 핵무장을 종용한 것이다.

강압외교는 미국이 비핵화를 위해 상당히 많이 노력한 듯 보이면서도 북한이 핵무기를 개발하여 유지하게 만들기 위한 성격이었다. 미국이 북한 비핵화를 위해 적극 노력했음을 입증해보이기 위한 성격이었다. 미국은 북한 핵무장 책임을 여타 국가에 전가한다는 차원에서 강압외교 이외에 다음과 같은 방안을 사용했다.

4. 북한 핵무장 관련 책임 전가 방안

북한 핵무기 개발 노력 대응 측면에서 미국은 3가지 원칙을 고수할 예정이었다. 첫째, 북한의 모든 핵 프로그램의 검증 가능하고 불가역적인 비핵화를 추구한다. 둘째, 다자외교를 통해 이처럼 한다. 셋째, 북한의 과거 잘못 교정과 관련하여 보상해주지 않는다.234)

여기서 보듯이 미국은 다자적인 접근 방안과 북한이 결코 수용할 수 없는 (선) CVID (후) 보상 방안을 고수할 예정이었다. 결국 (선) CVID (후) 보상은 북한 비핵화 조치와 관련하여 보상해주지 않을 것이란 의미였다. 이외에도 미국은 북한 핵문제를 놓고 미국 내부에서 '좋은 경찰', '나쁜 경찰' 개념에 입각하여 상호 대립하게 만들었는데, 이들 모두는 북한 비핵화를 불가능하게 하는 한편 그 책임을 여타 국가 또는 행위자에 전가하기 위한 성격이었다. 또한 미국은 북한 핵무기 개발에 관한 정보를 지속적으로 왜곡시키는 방식으로 미국의 대북

---

233) David A. Shlapark, "How Not to Dismantle an Atomic Bomb," pp. 8-9.

234) "North Korea: an Update on Six-Party Talks And Matters Related To The Resolution of the North Korean Nuclear Crisis Hearing Before the Committee on Foreign Relations United States Senate," *One Hundred Ninth Congress First Session*(Washington : U.S. Government Printing Office, 2006), June 14, 2005, pp. 6-7.

핵정책을 수정했다. 이 같은 방식으로 북한의 핵무기 개발을 용이하게 만들었다.

다자적인 접근

북한 핵문제가 본격적으로 문제시된 1990년대 초반부터 오늘에 이르기까지 북한은 시종일관 북미 양자회담을 요구했다. 미국은 북미 양자회담이 아니고 다자적인 접근 방안을 주장했다.235) 특히 미국, 중국, 일본, 북한, 한국 및 러시아로 구성되는 6자회담을 고집했다.236)

그런데 추구하는 목표 달성 측면에서 보면 다자회담은 의미가 없었다. 북미 또는 남북한 양자회담만이 의미가 있었다.237) 중국은 북한 비핵화보다는 북한 정권 보존과 제2의 한국전쟁 발발 저지를 중요시할 수밖에 없는 입장이었다. 북한이란 완충지대 유지가 중국 안보 측면에서 도움이 되었다는 사실뿐만 아니라 대북제재로 북한정권이 붕괴되는 경우 중국공산당 정권의 합법성과 안정성이 대거 약화될 가능성이 있기 때문이었다. 결과적으로 중국이 참여하는 다자회담을 통한 북한 비핵화는 거의 불가능했다.238) 6자회담 당사국들은 북한 비핵화가 아니고 자국의 국익 추구에 여념이 없었으며, 각국의 관점을 중재하는 역할을 담당했던 중국 또한 상황은 마찬가지였다.239) 6자회담은 북한

---

235) Don Kirk, "U.S. Suffers a Setback in Its North Korea Policy," *New York Times*, February 24, 2003.

236) "…조선반도 핵문제를 평화적으로 가장 공정하게 해결할 수 있는 유일한 방도는 조미가 평등한 자세에서 직접 회담하는 것 외에 다른 길이 있을 수 없다." "조선민주주의인민공화국 외무성 대변인 담변," 『로동신문』, 2003. 1. 26.; "다자회담을 고집하는 미국의 목적은 대화의 간판 밑에 우리 공화국에 대한 국제적 포위망을 형성하고 우리를 군사적으로 압살하자는 것이나." 심남력, "깅경 대응에는 강력한 전면 대응으로," 『로동신문』, 2003. 6. 18.

237) Charles L. Pritchard, "The Korean Peninsula and the role of multilateral talks: North-East Asian Security," *Brookings*, March 2005, p. 1.

238) Shale Horowitz and Min Ye, "China's Grand Strategy, the Korean Nuclear Crisis, and the Six-Party Talks," *Pacific Focus*, Vol. XXI, No. 2 (Fall 2006), pp. 45-6, 60-77.

239) Feng Zhu, "Flawed Mediation and a Compelling Mission," pp. 206-9.

핵무장을 용이하게 만드는 성격이었다.240)

이처럼 양자회담만이 북한 비핵화 측면에서 의미가 있었음에도 불구하고 미국은 왜 다자적인 접근 방안을 고집한 것일까? 주요 이유는 다자적인 접근 방안이 북한의 핵무기 개발 노력을 저지할 수 없는 성격이기 때문이었을 것이다. 북한 핵무장에 도움이 되기 때문이었을 것이다. 그러면서도 그 책임을 여러 국가가 공유하게 만들 수 있기 때문이었을 것이다. 특히 중국에 전가할 수 있기 때문이었을 것이다.

북한 핵시설과 핵물질을 경제적 제재에 입각한 강압외교를 통해 다자적으로 제거할 수 없었던 것은 한국, 중국 및 일본이 북한을 경제적으로 강력히 제재할 수 있는 입장이 아니었기 때문이다. 특히, 북한이 경제적으로 대거 의존하고 있던 중국은 강력한 경제제재로 북한이 붕괴될 가능성을 우려했다. 북한이 붕괴되는 경우 한반도에 대한 영향력을 상실할 수도 있을 것이란 점에서 또는 중국 공산당 정권의 생존이 위협받을 수 있을 것이란 점에서 강력한 대북 경제제재는 중국이 결코 수용할 수 없는 성격이었다. 일본의 경우를 보면 조총련들이 빠찡고를 통해 벌은 6억 달러를 매년 북한에 송금했는데 이것의 송금을 저지하는 경우 이들이 일본 정부에 저항할 가능성도 없지 않았다. 결국 다자적인 강압외교를 통해서는 북한 핵문제를 전혀 해결할 수 없었다. 다시 말해, 이것이 북한 핵무장을 종용하는 성격이었던 것이다.

이외에도 다자적인 접근 방안에 중국을 포함시키는 경우, 미국은 북한 비핵화가 진전을 보이지 않는 현상과 관련하여 중국을 비난할 수 있었다. 왜냐하면, 북한이 경제적으로 중국에 대거 의존하고 있었던 반면 중국이 북한을 경제적으로 강력히 제재할 수 없는 입장이었기 때문이다. 북한 비핵화 실패의 주요 책임이 북미외교관계정상화란 북한의 지극히 당연한 요구를 수용하지 않은 미국에 있었던 반면, 다자적인 접근 방안을 통해 중국에 그 책임을 전가

---

240) M Duchâtel, "Six-Party talks facilitated North Korea's nuclearisation," *China Perspectives*, No. 2, 2009.

할 수 있었던 것이다. 미국이 다자적인 접근 방안, 특히 중국을 포함한 다자적인 접근 방안을 강력히 고집했던 것은 이 같은 이유 때문이었을 것이다. 반면에 양자적인 접근 방안을 적용하는 경우 북한 비핵화가 안 되는 책임 가운데 많은 부분을 미국이 감당하지 않을 수 없었던 것이다.

완벽하고, 검증가능하며 불가역적인 비핵화(CVID) 이후 보상

이미 살펴본 바처럼 미국이 북한 핵문제 해결 측면에서 중국을 포함한 다자적인 접근방안을 고집한 이유는 북한 핵무장을 은밀한 방식으로 종용하는 한편 북한 비핵화가 안 되는 책임을 중국에 전가하기 위함이었다. 한편 2004년 이후 미국은 완벽하고, 검증가능하며 불가역적인 비핵화(CVID)를 약속하는 경우 북한에 보상해줄 것이라고 지속적으로 주장했다. 그런데 이는 국제사회의 북한 비핵화 노력을 저지하면서도 그 책임을 북한에 전가하기 위한 성격이었다. 미국의 (전) 대북특사 갈루치는 CVID가 논리적으로 불가능한 방안이라고 다음과 같이 말했다.

> 현대식 핵무기는 식탁 아래에 들어갈 정도의 크기에 불과한데 어떠한 핵 사찰도 북한의 모든 식탁 아래까지 조사하지는 않을 것이다.…이라크의 경우에서 보듯이 북한이 신고한 부분만 검증할 수 있으며 모든 것을 다 사찰할 수 없다.…2차 세계대전 당시 일본 나가사키를 파괴하는 데 사용된 핵분열성 물질은 골프공 정도의 크기였다. 플루토늄으로 만든 골프공이 북한에 존재하지 않는다는 사실을 세계에 입증할 수 있는 검증 체계를 기대할 수 있겠는가?…또한 비핵화를 불가역적으로 할 수 있다는 생각에 사로잡혀 있는 것도 이치에 맞지 않는다. 북한이 한번 만들어본 것이라면 다시 만들 수 있지 않겠는가?[241]

---

[241] 권혁철 기자, "갈루치 "CVID 비핵화 불가능"…문정인 "북핵-인권 탈동조화해야"," 『한겨레신문』, 2021. 11. 17.

이는 (선) CVID (후) 보상이란 미국의 주장이 작동 불가능한 성격이란 의미다. (선) CVID가 논리적으로 작동 가능하다고 가정하는 경우에도 핵무기와 같은 억지력이 없어서 이라크의 사담 후세인과 리비아의 가다피가 미국에 희생되었음을 잘 알고 있는 김정은이 이것을 어떻게 수용할 수 있겠는가? 미국이 북미대화 조건으로 북한이 결코 수용 및 이행 불가능한 CVID를 내걸었다는 사실은 미국이 북한 비핵화를 결코 원치 않는다는 의미일 것이다.

미국이 북한 비핵화를 원치 않기 때문에 비핵화가 되지 않고 있음에도 불구하고, (선) CVID (후) 보상이란 미국의 제안을 북한이 수용하지 않는 것을 보며 사람들은 북한 때문에 북한 비핵화가 안 되는 것으로 생각하게 되는 것이다.

좋은 경찰(Good Cop), 나쁜 경찰(Bad Cop)

미국과 같은 자유민주주의 국가의 경우 국내정치가 외교정책에 상당한 영향을 미친다. 그러나 공세적 현실주의(Offensive Realism) 이론을 창안한 시카고 대학의 존 미어샤이머(John Joseph Mearsheimer) 교수에 따르면 안보 경쟁이 치열하게 진행되는 상황에서는 러시아 및 중국과 같은 전체주의 국가나 미국과 같은 자유민주주의 국가나 동일하게 행동한다. 이 같은 상황에 미국의 국내정치가 개입될 여지는 거의 없다.[242] 한편 패권경쟁에서의 중요성으로 미국, 중국, 일본 및 러시아란 주변 4강은 한반도에 대한 영향력 확보를 위해 그 시점에 무관하게 치열히 경쟁했다. 이 같은 측면에서 보면 미국의 국내정치가 미국의 한반도정책에 개입할 여지는 거의 없을 것이다.

그런데 추후 확인 가능하겠지만 북한 핵문제와 관련하여 미국 내부에서 다양한 목소리가 빈번히 제기되었다. 이 같은 이견 제기를 미국의 국내정치 차원에서 생각할 수 있을까? 미군의 한반도 주둔을 보장하고 한반도를 패권

---

242) Why China Cannot Rise Peacefully - YouTube(Accessed at 2022. 12. 20)

경쟁에 연루시키기 위한 미국의 노력이 패권경쟁에서의 승리란 미국의 가장 중요한 안보목표 달성 측면에서 매우 중요하다는 사실을 고려해보면, 이들 측면에서 대단히 중요한 의미가 있는 미국 대통령의 대북 핵정책과 관련하여 미의회, 연구소 연구원, 퇴역 관리와 같은 사람들의 이견은 있을 수 없었다. 이같은 이견 제기는 미국의 국내정치 때문이 아니고 북한 핵문제를 미국의 국익에 부합하는 방향으로 유도하기 위한 성격인 '좋은 경찰', '나쁜 경찰' 개념 적용 사례로 볼 수 있을 것이다.

예를 들면, 미국은 1994년의 북미제네바합의를 자국의 보다 큰 목표 달성을 위해 이용할 수 있기를 원했다. 북미 갈등 조장을 통해 북한이 대포동미사일 발사와 같은 무리수를 두기를 원했던 것이다. 1993년의 『바텀업 리뷰』에서는 북한과 같은 국가의 장거리 탄도미사일 시험 발사가 미국의 미사일방어체계 구축 측면에서 상당한 도움이 될 것이라고 말하고 있었다.243) 아무튼 당시 미의회 공화당의원들이 별다른 이유 없이 북미제네바합의 이행과 관련하여 격렬히 반대했다.244) 이들의 반대는 결국 클린턴 정부 입장을 대변해준 것이었다. 이들의 반대를 이용하여 클린턴 행정부가 북미제네바합의에서 약속한 경수로 건설, 북미외교관계정상화, 대북 중유 제공 약속을 제대로 준수하지 않을 수 있었던 것이다. 그런데 클린턴은 중국의 패권 의도를 확인하기 이전에는 경수로를 제공해주거나 북미외교관계를 정상화해주면 안 되었다.

한편 북미제네바합의를 준수하지 않은 결과 북한이 1998년 8월 31일 대포동미사일을 발사했는데, 이는 미국이 학수고대한 부분이었다. 대포동미사일 발사를 빌미로 미국이 중국 위협에 대항하기 위한 미사일방어체계 구축에 박차를 가했던 것이다. 결국 미 공화당 의원들의 북미제네바합의 이행 반대

---

243) Les Aspin, "Report on The Bottom-up Review," p. 47.
244) 존 매케인(John McCain) 상원의원을 제외한 모든 의원이 별다른 이유 없이 북미제네바합의를 비난했다. 매케인은 군사력 사용을 주장했다. 그러나 나는 이것을 사려 깊은 선택으로 생각하지 않았다. Interviews - Robert Gallucci | Kim's Nuclear Gamble | FRONTLINE | PBS(Accessed in 2022. 1월 10일)

노력은 북한의 미사일 발사 종용을 통해 미국이 중국의 핵미사일에 대항하기 위한 미사일방어체제 구축에 박차를 가하게 하는 등 미국의 국익을 챙기기 위한 성격이었던 것이다.245)

북미제네바합의 체결 직전과 직후 이것과 관련하여 제기된 미국 내부의 이견 또한 이 같은 성격이었다. 클린턴 행정부는 중국의 부상 가능성에 관한 판단이 가능해지고, 북한이 주변국들의 제재에도 불구하고 생존이 가능해지는 시점까지 북한 핵무장 허용 여부에 관한 결심을 미룰 필요가 있었다. 이 같은 성격의 북미제네바합의와 관련한 미국 내부의 이견 제기는 있을 수 없었다.

결국 1992년부터 오늘에 이르는 기간 동안 미국 대통령의 대북 핵정책과 관련한 미국 내부에서의 이견 제기는 국내 정치적인 성격이 아니고 북한 핵무장 종용 측면에서 미국 대통령이 이행해야만 했던 반면 제대로 이행할 수 없었던 부분을 '좋은 경찰' '나쁜 경찰' 개념 적용을 통해 쉽게 이행하게 하기 위한 성격이었던 것이다. 그러면서도 북한 비핵화가 제대로 진행되지 않은 이유가 미국의 국내정치란 불가피한 요인 때문이라고 사람들이 인식하게 만들기 위한 성격이었던 것이다.

정보 왜곡

북한 핵무장을 종용하면서 미국은 북한 핵무기 개발 실상에 관한 정보를 수차례 수정했다. 1992년 미국은 1991년 이전에 북한이 최대한 1개 내지 2개 정도의 핵무기를 만들 수 있을 정도의 플루토늄을 생산한 것으로 판단했다. 1992년부터 북한이 NPT에서 탈퇴한 2003년 1월 10일 이전의 기간 북한은

---

245) 이들의 반대에도 불구하고 클린턴은 북미제네바합의를 이행할 수 있는 입장이었다. 왜냐하면, 냉전 종식 이후 미 외교정책 측면에서 대통령의 권한이 미 의회 의원과 비교하여 상당히 막강했기 때문이었다. John Mearsheimer - The Future of NATO in the Age of Trump | ROEC - YouTube

핵무기 개발 활동을 동결하고 있었다. 그런데 이 기간 동안 이 부분에 관한 미 중앙정보국 정보판단이 적어도 4차례 수정되었음을 주목할 필요가 있을 것이다.

1992년 당시 미 중앙정보국은 북한이 1980년대 말경 "핵무기 1개 또는 2개를 만들 수 있을 정도의 플루토늄을 생산했다."라고 결론지었다.246) 1993년 12월 26일 미국은 북한이 1개 또는 2개의 핵무기를 보유하고 있을 가능성이 50% 이상이란 내용의 국가정보판단서를 발간했다.247) 이 같은 정보판단서에 입각하여 미국은 북한이 1991년 이전에 생산한 것으로 알려진 플루토늄 제거 노력이 의미가 없으며, 북한이 더 이상 플루토늄을 생산하지 못하도록 기존 원자로 동결이 중요한 의미가 있다고 주장한 것이다. 이 같은 주장에 입각하여 1994년 10월 북미제네바합의를 체결했던 것이다. 그 후 어느 순간 미국은 북한이 "적어도 핵무기 1개 또는 2개를 만들 수 있을 정도의 플루토늄을 생산했다." 라고 정보 판단을 재차 변경했으며, 2001년 중반의 정보 보고서에서조차 이 같은 판단을 유지했다.248) 그런데 2001년 12월 중앙정보국과 같은 미 정보 기관의 대북 정보 판단이 확연히 달라졌다. "미 정보기관들이 1990년대 중반 북한이 1개 또는 2개의 핵무기를 개발한 것으로 판단했다."249)라고 주장했던 것이다. 2002년 11월 19일 중앙정보국은 다음과 같이 재차 입장을 바꾸었다. "미국은 북한이 1992년 이전에 생산한 플루토늄을 이용하여 1개 또는 2개의

---

246) Leon V. Sigal. *Disarming Strangers: Nuclear Diplomacy with North Korea* (Kindle Location 580). Princeton University Press (December 8, 1997). Kindle Edition.

247) Ibid., (Kindle Location 770). Kindle Edition.

248) Quoted in Jonathan D. Pollack, "The United States, North Korea, and the End of the Agreed Framework," *Naval War College Review*, March 26, 2003, p. 12.; Unclassified Report to the Congress on the Acquisition of Technology Relating to Weapons of Mass Destruction and Advanced Conventional Munitions, 1 January through 30 June 2001 (Washington, D.C.: Central Intelligence Agency, January 2002), p. 5.

249) Quoted in Jonathan D. Pollack, "The United States, North Korea, And The End of the Agreed Framework," p. 12.; *Foreign Missile Developments and the Ballistic Missile Threat Through 2015* (Washington, D.C.: National Intelligence Council, December 2001), p. 12.

핵무기를 만들어 1990년대 초반 이후 보유하고 있었다고 평가했다."250) 이 같은 정보판단에 입각하여 2003년 콜린 파월(Colin Powell) 국무장관은 북한이 이미 핵무기를 보유하고 있기 때문에 보다 많은 핵무기를 개발해도 전혀 문제될 것이 없다고 주장한 것이다. 북한의 핵무기 보유를 기정사실화하는 방식으로 북한 핵무기 개발을 종용한 것이다. 북한이 NPT에서 탈퇴한 2003년 1월 미 의회에 제출한 정보 판단서에서 미 중앙정보국은 1990년대 당시의 입장으로 선회했다. "북한은 적어도 핵무기 1개 또는 2개를 만들 수 있을 정도의 플루토늄을 생산했을 것이다."251) 미국이 이처럼 북한 핵무기 개발 관련 정보판단을 재차 바꾼 것은 북한이 NPT 탈퇴를 통해 본격적으로 핵무기 개발을 추구할 것이란 점에서 더 이상 정보 조작이 필요 없다고 판단했기 때문이었을 것이다.

이외에도 미국은 1994년 10월의 북미제네바합의를 파기하기 위해 북한의 농축우라늄 생산 능력 관련 정보를, 2005년 9월 19일 체결된 9.19 합의를 파기하기 위해 방코델타아시아 사건을, 2007년의 2.13 및 10.3 합의를 파기하기 위해 북한의 시리아 원자로 건설 유착설을 조작했다.

유사한 경우가 6.25전쟁 관련 미국의 정보판단에서 또한 확인 가능해진다. 미국은 1950년 6월 25일의 북한군의 남침이 기습적이었다고 주장했다. 그런데 이는 사실이 아니었다. 미국은 1950년 초반부터 북한군의 남침 준비 현황에 관해 소상히 알고 있었다. 북한군의 남침 시점과 경로 또한 잘 알고 있었다.252) 그럼에도 불구하고 오늘날까지 기습 남침 운운하고 있다. 미국은 중공

---

250) Quoted in Jonathan D. Pollack, "The United States, North Korea, And The End of the Agreed Framework," p. 12.; CIA Report to the U.S. Congress on North Korea's Nuclear Weapons Potential, November 19, 2002, as published on the website of the Federation of American Scientists (www.fas.org/nuke/guide/dprk/nuke/ cia111902.html).

251) Quoted in Jonathan D. Pollack, "The United States, North Korea, And The End of the Agreed Framework," p. 13.; Unclassified Report to Congress on the Acquisition of Technology Related to Weapons of Mass Destruction, 1 July Through 31 December 2001 (Washington, D.C.: Central Intelligence Agency, January 2003), p. 5.

252) 권영근, 『한반도와 강대국의 국제정치: 미국의 한반도정책을 중심으로(1943-1954)』, pp. 406-25.

군이 1950년 10월 중순에 한만국경을 넘기 시작했다는 사실을 잘 알고 있었다.253) 그럼에도 불구하고 오늘날까지도 중공군의 참전에 관해 전혀 몰랐다고 주장했다. 미국이 북한군의 남침 준비 현황에 관해 또는 중공군의 참전에 관해 잘 알고 있었다고 말하는 경우 후폭풍이 없지 않을 것이기 때문이었을 것이다.

---

253) Ibid.

제5절 미 북한 핵무장 종용 전략의 단계별 이행(1991~2020)

1992년부터 오늘에 이르는 미국의 대북 핵정책은 NSR 28에서 아버지 부시가 요청한 검토 요구사항의 추정 검토에 입각하여 필자가 도출한 "북한 핵무장 노력에 대항한 미국의 전략"이란 제목의 1장 4절 2항의 내용과 동일했다. 미국이 이 같은 마스터플랜에 입각하여 북한 핵무기 개발 노력을 관리했던 것이다. 먼저 미국은 북한의 NPT와 안전보장조치 비준을 추구했다.

1. 북한의 NPT와 안전보장조치 비준 추구 (1991년 2월부터 1992년 4월까지)

이 책의 2장 1절에 해당한다. 이 기간 동안 미국은 NPT와 국제원자력기구의 안전보장조치 협약을 북한이 비준하게 만들기 위해 노력했다. 미국은 이처럼 비준하는 경우 북미외교관계를 정상화해줄 것이라고 말했다. 미국이 이들을 비준하지 않은 상태에서의 북한의 핵무기 개발 노력을 통제할 방법이 없었는데, 이것을 통제하지 않으면 북한이 주변국의 제재로 붕괴될 가능성도 없지 않았다. 북한이 붕괴되어 한국 중심으로 통일되는 경우 미군의 한반도 주둔이 곤란해질 가능성이 있었다. 북한 붕괴를 방지하는 한편 북한 핵무기 개발 노력을 국제사회의 주요 이슈로 부각시켜야 만이 냉전 종식 이후 점차 의미를 상실했던 주한미군과 주일미군을 지속 유지시키고, 북한 위협을 빙자하여 중국을 겨냥한 아태지역의 동맹체계를 정비하고 미사일방어체계를 구축할 수 있을 것이었다. 따라서 우선적으로 북한이 NPT와 국제원자력기구의 안전보장조치 협약을 비준하게 만들 필요가 있었다.

이처럼 비준하게 만들기 위해 미국은 팀스피릿 훈련 중지, 한반도에서의 핵무기 철수, 북미 고위급 회담과 같은 당근을 제시했다.[254] 그러자 북한은

---

[254] Larry Niksch, "Dealing with North Korea on the Nuclear Weapons Threshold," *The Korean Journal of Defense Analysis*, Vol. 4, Issue. 1, 1992, p. 73.

1991년 12월 노태우 정부와 한반도비핵화공동선언을 했으며, NPT와 국제원자력기구 안전보장조치 협약 비준을 약속했다. 1992년 4월 북한은 이들을 비준했다. 이 기간 동안 미국의 대북 핵외교는 '주고받는' 개념에 입각했다.

2. 북한 핵무장 허용 여부 판단을 유보하기 위한 북미제네바합의 체결
 (1992년 4월부터 1994년 10월까지)

이 책의 2장 2절과 3절에 해당한다. 이 기간 동안 미국은 국제원자력기구의 안전보장조치 협약을 비준한 북한을 국제원자력기구와 한국이 '죄와 벌' 원칙에 입각하여 강력히 사찰하게 함으로써 북한 핵 문제를 국제사회의 주요 이슈로 부각시켰다. 이 같은 방식으로 긴장을 조성함으로써 냉전 종식 이후 의미를 상실해가고 있던 한미동맹과 미일동맹의 중요성을 한국인과 일본인이 인지하게 만들었다. 또한 중국의 패권 의도를 확인할 수 있기 이전까지 최대한 10년 동안 북한 핵무기 개발 노력을 동결시키기 위한 성격의 북미제네바합의를 1994년 10월 체결할 수 있었다.

3. 중국의 패권 추구 의지 확인 (1994년 10월부터 2000년 말경까지)

북미제네바합의를 체결한 1994년 10월부터 북한이 대포동미사일을 발사한 1998년 8월 31일까지 미국은 중국의 패권 의지가 상당한 수준임을 확인했다. 결과적으로 북한 핵무장을 종용하기 위한 계획인 "포괄적인 대북 접근 방안"란 제목의 아미티지 보고서를 1999년 3월 작성했다. 여기서는 핵무기와 미사일로 무장한 북한을 가정한 상태에서 이들 위협에 대항하기 위한 동맹체계와 미사일방어체계 구축을 주장하고 있었다. 아미티지 보고서에 입각하여 페리프로세스가 가동되었으며, 김대중의 6.15 남북공동성명이 있었다.(이 책의 3장)

4. 미국의 북한 핵무기 개발 종용 (2001년 1월부터 2007년 12월까지)

2001년 1월 취임한 아들 부시는 북한 핵무장 종용을 위해 적극 노력했다. 이 같은 측면에서 부시는 먼저 북미제네바합의를 파기해야만 했다. 부시는 북미 및 남북대화를 차단하고자 노력했다. 이는 북미제네바합의를 파기하기 위한 여건조성 성격이었다. 2002년 10월의 짐 켈리(Jim Kelly)의 방북은 북미제네바합의를 파기하기 위한 성격이었다.[255] 그 후 부시는 북한의 NPT 탈퇴를 종용했으며, 북한 핵위기를 이용하여 아태지역 동맹체계 정비를 추구했다.(이 책의 4장 1절)

북미제네바합의에서 가정하고 있던 경수로 제공과 북미외교관계정상화가 제대로 진행되지 않았을 뿐만 아니라 켈리의 방북 이후 미국이 중유 제공을 중단하자 북한은 플루토늄 생산을 재개하는 등 핵무기 개발 노력을 시작했다. 그러자 국제사회는 북미외교관계정상화와 북한의 CVID를 추구할 것이란 내용의 9.19합의를 6자회담을 통해 도출했다. 그러자 미국은 방코델타아시아 사건을 터뜨리는 방식으로 9.19합의를 무산시켰다. 9.19합의를 무산시킨 2005년 10월 이후 미국은 일본과 한국을 타격하기 위한 핵무기 개발을 북한에 종용했다. 이처럼 핵무장을 종용해야 할 것이란 이유로 레드라인을 설정하지 않았다. 그러자 북한은 2006년 10월 9일 1차 핵실험을 했다. 북한 1차 핵실험 직후 미국은 북한의 핵물질과 기술 전파를 레드라인으로 설정했다. 한미일 3각 공조와 미사일방어체계 구축을 위해 노력했다.(이 책의 4장 2절)

북한 핵 위기를 대화를 통해 해결해야 할 것이란 주변국의 관점을 수용하여 2007년 2월 13일 북한과 미국은 일종의 합의를 도출했다. 그런데 이는 2005년의

---

[255] 부시 행정부는 다음과 같은 전략을 채택했다. (1) 북미제네바합의 파기 (2) 북한이 핵 프로그램을 해체하기 위한 조치들을 취하기 이전까지 미국의 호혜적인 수단 유보 (3) 북한을 외교 및 경제적으로 압박하기 위한 6자회담을 통한 국제사회의 동맹 결성 (4) 북한의 불법 위조지폐 활동을 용이하게 하는 외국은행 제재. Larry A. Nikch, "North Korea's Nuclear Weapons Program," *CRS Report for Congress*, August 1, 2006, p. 2

9.19합의, 1994년의 북미제네바합의에서 약속한 부분을 이행하기 위한 성격과 다름이 없었다. 1994년의 북미제네바합의와 2007년의 2.13합의의 차이는 1994년 당시 북한이 핵무기가 없었던 반면 2007년 당시 북한이 핵무기를 개발했으며, 상당한 분량의 플루토늄을 보유하고 있었다는 사실이었다. 그런데 2.13합의에서는 이미 생산한 플루토늄과 핵무기에 관해 전혀 언급하지 않았다. 아무튼 213합의 또한 부시 행정부 매파들의 노력으로 무산되었다. 10.3 합의 또한 유사한 성격이었다.(이 책의 4장 3절)

5. 북한 핵 및 미사일 능력 강화, 동맹체계 구축 (2008.1~2017.1)

이 책의 5장에 해당한다. 아들 부시 행정부 임기 마지막 년도이자 이명박 정부 출범 1년 차인 2008년 말경 북한은 더 이상 비핵화가 아니고 핵무기 개발에 박차를 가하기로 결심했다.(5장 1절)

오바마의 미국은 북한이 6자회담에 입각한 CVID를 수용하는 경우에나 대화에 응할 것이며, 북한 위협에 대항하기 위한 억지력을 구축할 것이란 의미의 '전략적 인내' 정책을 표방했다. 북한 핵 및 미사일 시험에 경제적으로 제재했다. 그러면서 북한체제 붕괴 운운했다. 이 같은 오바마의 노력으로 트럼프가 취임하기 이전 북한은 한국과 일본을 타격할 수 있을 정도의 핵무기와 미사일을 확보했을 뿐만 아니라 미 본토를 타격하기 위한 대륙간탄도미사일 개발을 추구했다.(5장 2절)

한편 오바마는 천안함 피격, 연평도포격, 북한 핵무기 개발을 교묘히 이용하여 남북관계를 거의 모두 단절시켰으며, 미사일방어체계를 구축하고 한미 및 미일동맹과 같은 중국을 겨냥한 동맹체계를 정비할 수 있었다.(5장 3절)

2016년 북한이 미 본토를 타격하기 위한 대륙간탄도미사일 개발을 추구하자 당시까지 북한 핵 및 미사일 시험에 미온적으로 대처하던 오바마의 미국이 대북 강경책을 추구하고 나섰다.(5장 4절)

6. 북한 핵 및 미사일 문제 매듭 (2017.1~2021.1)

이 책의 6장에 해당한다. 2017년 1월 대통령에 취임한 트럼프가 재임 기간 동안 한 일은 크게 3가지였다. 첫째, 북한이 더 이상 핵무기와 대륙간탄도미사일 시험을 하지 못하게 했다. 둘째, 한국과 일본을 타격할 수 있을 정도의 핵무기와 미사일을 북한이 그대로 유지하게 만들었다. 북한 비핵화 노력을 저지했다. 셋째, 북한 핵무기와 미사일을 빌미로 중국을 겨냥한 동맹체계 정비와 억지력을 구축했다.

이들 세 가지 목표 달성을 위해 트럼프가 적용한 전략은 '최대압박 및 포용(Maximum Pressure and Engagement)' 정책이었다. 트럼프는 김정은과의 2018년 6월의 싱가포르 정상회담과 2019년 2월의 하노이 정상회담을 통해 이 같은 목표를 달성했다. 이제 북한이 한국과 일본을 타격할 수 있을 정도의 핵무기와 미사일을 보유한 반면 미 본토를 타격할 능력을 구비하지 못하게 되었는데 이는 북한 핵무기 및 미사일 능력 측면에서 미국이 오랜 기간 동안 추구한 부분이었다.

7. 북한 비핵화 방안

이 책의 7장에 해당한다. 북한이 핵무장에 성공할 수 있었던 것은 주변국, 특히 미국이 북한 핵문제를 비핵화 측면에서가 아니고 한반도에서의 자국의 주요 국익 측면에서 바라보았기 때문이었다. 미국은 은밀한 방식으로 북한을 핵무장 시킨 후 북한 핵무장을 빌미로 전작권 전환과 같은 한국의 자율성 신장 노력은 물론이고, 정전협정의 평화협정으로의 전환과 같은 한반도 평화 정착 노력 또한 어렵게 만들고자 노력했다. 한국을 미중경쟁의 최일선 국가로 만들고자 노력했다. 결과적으로 6.25전쟁 이상의 참혹한 결과가 한반도에서 벌어질 가능성도 없지 않아 보인다.

이 같은 미국의 노력을 저지하는 한편 북한 비핵화를 달성하고자 하는 경우 전작권 전환을 통해 한국의 자율성을 신장시킬 필요가 있다. 이처럼 전작권을 전환하고자 하는 경우 전작권을 전환해주지 않으면 한미동맹을 지속 유지할 수 없을 것임을 미국에 강력히 피력할 필요가 있을 것이다. 지난 70년 동안 미국이 한국군의 자율성을 제한시키기 위해 강구했던 여러 제도를 파기할 필요가 있을 것이다.

제6절 결론

오늘날 북한이 한국과 일본을 타격할 수 있을 정도의 상당한 규모의 핵무기와 미사일을 보유하게 된 것은 미국, 중국, 일본 및 러시아와 같은 주변국들, 특히 미국이 북한의 핵무기 개발 노력을 핵무기 확산 저지 차원에서가 아니고 한반도에서의 자국의 주요 국익 측면에서 바라보았기 때문이었다.

북한이 핵무기 개발을 추구한 시점은 소련이 붕괴되기 시작한 반면 중국이 패권 추구 조짐을 보인 1980년대 중반 이후였다. 1990년대 초반 미국은 중국을 미국 중심 질서로 가능한 한 통합시키고자 노력하지만 중국의 부상 가능성에 대비해야 할 것이란 의미의 '포용 그러나 대비'란 전략을 수립했다. 미국은 방대한 인력과 자원을 갖고 있던 중국과의 교류에 따른 이점을 최대한 누려야 할 것이지만 이 같은 미중교류를 통해 국력이 대거 신장한 중국의 패권 추구 가능성에 대비해야 할 것으로 생각했다.

미국은 냉전 당시 아태지역에 구축한 동맹체계를 이용하여 중국의 부상에 대비해야 할 것으로 생각했다. 한미동맹은 이 같은 동맹체계에서 '함정의 닻'에 해당할 정도로 대단히 중요한 성격이었다. 미국은 주한미군이 철수하는 경우 주일미군도 철수하게 되면서 중국의 패권 추구 노력에 제대로 대응할 수 없을 것으로 생각했다.

문제는 냉전 종식 이후 북한군과 비교하여 한국군이 점차 우위를 점유해 갔으며, 한중 및 한러 수교로 북한과 비교한 한국의 국력이 상당히 막강해졌다는 사실이었다. 미국의 전략가들은 주한미군이 더 이상 필요 없어질 가능성을 심각히 우려했다. 냉전 당시 소련이 유럽 국가였던 반면 중국이 아태지역 국가란 사실과 유럽 지역과 달리 아태지역에 미군을 주둔시킬만한 마땅한 장소가 많지 않다는 사실 측면에서 보면 한반도는 냉전 당시의 미소경쟁에서와 비교하여 오늘날의 미중경쟁에서 보다 중요한 의미가 있었다. 문제는 중국의 부상 가능성 대비 차원에서 미군의 한반도 주둔이 냉전 당시보다 훨씬 중요해진 순간 한국 입장에서 주한미군의 의미가 상당히 감소했다는 사실이다. 미국은 미군의 한반도 주둔을 보장하고, 유사시 중국이 미 본토를 겨냥하여 발사할 가능성이 있는 핵미사일을 요격하기 위한 미사일방어체계 구축 명분 제공 차원에서라도 북한 핵무기 개발 노력을 적절히 이용해야 할 것으로 생각했다.

이 같은 이유로 1991년 1월 아버지 부시 대통령은 북한의 핵무기 개발 노력에 대항하기 위한 정책 문서인 NSR 28의 작성을 지시했다. 여기서는 한반도와 아태지역에서의 미국의 국익, 이 같은 국익 측면에서 북한 핵무기 개발이 갖는 긍정 및 부정적인 의미, 북한 핵무기 개발 노력을 통제하기 위한 방안, 북한 핵무기 개발 통제 측면에서 주변국들의 반응을 이용하기 위한 방안, 북한 핵무기 개발을 통제하는 과정에서 국제원자력기구의 안전보장조치를 이용하는 방안에 대한 검토를 요구하고 있었다.

아버지 부시의 검토 요구사항에 대한 추정 검토에 입각해보면 미국은 중국이 미국 중심의 질서로 들어올 것이 분명한 경우 북미외교관계정상화를 통해 북한을 국제사회로 통합시키는 방식으로 한반도를 안정시킬 필요가 있다고 생각했음이 분명하다. 반면에 중국의 패권 추구 의도가 분명한 경우 중국 위협에 대항하기 위한 동맹체계와 미사일방어체계 구축 명분 제공 차원에서라도 한국과 일본을 타격할 수 있을 정도로 북한을 핵무기와 미사일로 무장시킬 필요가 있다고 생각했음이 분명하다.

미국은 북한 핵무기 개발 노력에 대항하기 위한 이 같은 마스터플랜을 정립했을 뿐만 아니라 북한 핵무장 종용이 필요하다고 생각될 당시 이처럼 핵무장을 종용하면서도 그 책임을 미국이 감당하는 것이 아니고 북한 또는 중국에 전가하기 위한 방안을 정립했다.

중국의 패권 추구 의도가 분명한 경우 미국은 한국과 일본을 타격할 수 있을 정도로 북한을 핵무장 시켜야만 했다. 북한 핵무기 개발 노력과 관련하여 미국이 선택할 수 있던 4가지 방안이 있었다. 북한 핵시설 무력 타격, 북한이 비핵화 조건으로 염원했던 북미외교관계정상화 수용과 같은 주고받는 방식의 외교적 노력 전개, 대북 경제제재에 입각한 강압외교, 북한의 핵무기 개발 노력에 대응하지 않는 방안이 바로 그것이었다. 이들 가운데 앞의 두 방안은 북한 비핵화 방안이란 점에서 추구할 수 없을 것이었다. 북한 핵무기 개발 노력과 관련하여 수수방관함으로써 북한이 핵무장에 성공하는 경우 미국이 상당한 비난을 받을 수 있을 것이었다. 또는 북한 핵무기 개발 노력에 대항한 국제사회의 제재로 북한이 붕괴될 가능성도 없지 않았다. 따라서 북한을 은밀한 방식으로 핵무장시킨다는 측면에서 미국이 선택 가능한 대안은 강압외교였다. 그런데 강압외교는 고립된 상태에서 생활하고 있던 북한과 같은 국가의 비핵화를 달성할 수 없는 방안이었다. 핵무장을 초래하면서도 그 책임을 북한에 전가할 수 있는 성격이었다.

이처럼 북한 비핵화를 결코 이룰 수 없는 방안인 강압외교를 통해 북한 핵무장을 은밀한 방식으로 종용하면서도 그 책임을 여타 국가에 전가하거나 불가피한 사정으로 인해 북한이 핵무기 개발에 성공한 것으로 보이게 만들기 위한 또 다른 방안에 중국을 포함하는 다자적인 노력을 통한 비핵화 추구, (선) CVID (후) 보상, '좋은 경찰' '나쁜 경찰'이 있을 수 있었다.

6자회담과 같은 다자회담은 북한 비핵화 방안이 될 수 없었다. 6자회담은 북한의 대미 의존도가 거의 없다는 점에서 미국이 중국, 일본 및 한국과 공조하여 북한을 경제적으로 제재할 수 있는 이점이 있어 보인다. 그러나 미국은 물론이고 한국, 일본 및 중국과 같은 주변국이 북한 붕괴를 원치 않았다는 점에서 이들 국가로 구성되는 다자적인 성격의 대북 경제제재는 북한 비핵화 측면에서 거의 의미가 없을 것이었다. 다시 말해, 이들 국가로 구성되는 다자적인 대북 제재는 북한 핵무장을 은밀한 방식으로 종용하기 위한 성격이었던 것이다. 중국을 포함하는 국가들로 구성되는 다자적인 방식으로 북한 비핵화를 추구하는 경우 그 실패 책임을 북한에 상당한 영향력이 있어 보이던 중국에 전가할 수 있을 것이었다.

한편 미국의 (전) 대북특사 갈루치가 말한 바처럼 (선) CVID (후) 보상은 이론적으로 불가능한 개념이었다. 북한이 결코 수용할 수 없는 성격이었다. 이 같은 미국의 제안을 거부하는 북한을 보며 사람들은 미국이 아니고 북한 때문에 북한 비핵화가 안 되고 있다고 생각할 수 있을 것이었다. (선) CVID (후) 보상 방식으로 북한 비핵화를 추구하는 경우 비핵화가 안 된 책임을 북한에 전가할 수 있을 것이었다.

이외에도 미 행정부가 북한 비핵화 측면에서 진지한 반면 미국의 국내정치 때문에 제대로 비핵화를 추진할 수 없는 것처럼 사람들이 인식하게 만들고자 하는 경우 '좋은 경찰'과 '나쁜 경찰'이란 개념을 적용할 수 있을 것이었다.

이처럼 은밀한 방식으로 북한 핵무기 개발을 종용하고 북한 비핵화가 실패한 것이 중국 또는 북한 때문 또는 미국의 국내정치 때문이라고 사람들이 인식하게 함과 동시에 북한 핵무장의 부정적인 측면을 제거할 필요가 있을 것이었다. 북한이 미 본토 타격이 가능한 대륙간탄도미사일을 개발하지 못하게 하고, 북한 핵무장에 따른 핵무기 확산을 저지하며, 북한이 핵무기 개발 관련 기술과 물질을 주변국으로 전파하지 못하게 할 필요가 있을 것이었다.

오늘날 북한이 한국과 일본을 타격할 수 있을 정도의 핵무기와 미사일로 무장할 수 있었던 것은 지난 30여 년 동안 미국이 이처럼 주도면밀한 계획에 입각하여 북한 핵무기 개발 노력을 통제했기 때문이었다. 이 책의 나머지 장(章)들에서 확인 가능하겠지만 미국이 본격적으로 북한 핵문제에 관심을 표명한 아버지 부시부터 트럼프에 이르는 미국의 대북 핵정책은 이들 방안에 입각했다.

제2장

미국의 북한 핵무장 종용 준비 과정

제2장

미국의 북한 핵무장 종용 준비 과정

이라크의 쿠웨이트 침공에 대항한 걸프전이 종료되기 얼마 전인 1991년 1월 22일경 미국은 북한 핵무기 개발 노력을 통제하기 위한 정책 문서인 NSR 28을 작성했다. 여기서 검토를 요구한 사항의 추정 검토에 따르면 미국은 중국의 패권 추구 의도가 확실한 경우 냉전 당시 아태지역에 구축한 동맹체계를 지속 유지해야 할 것이라고 판단했다. 이 같은 동맹체계를 지속 유지하려면 미군의 한반도 주둔이 필수적이었다. 항공기, 전차 및 함정과 같은 재래식 전력 측면에서 한국군이 북한군과 비교하여 점차 우위를 점유해가고 있었다는 점에서 미군의 한반도 주둔을 보장하고자 하는 경우 북한 핵무장이 필수적이라고 판단한 것이다.

문제는 아직도 중국의 패권 추구 야욕을 확신할 수 없었다는 사실이다. 아직도 많은 미국인들이 중국을 적국으로 간주하기보다는 포용하는 것이 도움이 된다고 생각하고 있었다. 미국은 중국의 패권 추구 야욕과 관련하여 확신하게 되고 주변국의 대북제재에도 불구하고 붕괴되지 않을 정도로 튼튼해진 순간까지 북한 체제를 근근이 유지시키는 가운데 북한 핵무기 개발 허용 여부에 관한 결심을 늦출 필요가 있다고 생각했다. 이처럼 하기 위해 미국은 1992년부터 북미 제네바합의를 체결한 1994년 10월까지 다음과 같은 두 가지 조치를 취했다.

첫째, 북한이 국제원자력기구의 안전보장조치 협약을 비준하게 만들었다. 이 같은 방식으로 북한체제를 존속시킴과 동시에 북한의 핵무장 노력을 통제했다.

국가안보검토(NSR) 28을 완료한 1991년 초순부터 미국은 북한이 국제원자력기구의 안전보장조치를 비준하게 만들기 위해 노력했다. 그 과정에서 미국은 한반도에서의 미 전술핵무기 철수, 1992년의 팀스피릿 훈련 취하, 1992년 1월 뉴욕에서의 북미 고위급 인사 회동이란 방안을 강구했다.[1]

둘째, 중국의 패권 야욕을 분명히 확인할 수 있는 시점까지 북한의 핵무장 능력을 동결시키기 위한 협정을 체결했다. 1994년 10월에 체결한 북미제네바합의는 이 같은 성격이었다.

미국은 중국이 미국 중심의 질서로 들어오는 경우 북미외교관계정상화와 같은 대북 포용정책 이행을 통해 점차적으로 한반도를 통일시킬 필요가 있었다. 중국의 패권 야욕이 분명해진 경우 중국 위협에 대항하기 위한 아태지역 동맹체계 강화와 미사일방어체계 구축 명분 확보 차원에서 북한 핵무장 종용을 위한 노력을 시작할 필요가 있었다. 북미제네바합의는 이들 상황 전개에 대비하기 위한 성격이었다.

1994년의 북미제네바합의에서는 1991년 이전에 북한이 생산한 것으로 알려진 플루토늄을 그대로 유지하게 했으며, 영변원자로를 포함한 여타 원자로 그리고 플루토늄 재처리 시설을 동결시켰다. 그런데 이는 중국이 미국의 적국이 될 가능성에 대비한 성격이었다. 중국의 패권 추구가 분명해 보이는 경우 북미제네바합의 파기를 통해 북한을 핵 무장시킬 필요가 있었던 것이다. 북한 핵무장을 빌미로 중국 위협에 대항하기 위한 동맹체계를 정비하고 미사일방어체계를 구축할 필요가 있었던 것이다. 북미제네바합의에서는 적정 시점에 북미

---

1) Michael J. Mazarr, "Going Just a Little Nuclear: Nonproliferation Lessons from North Korea," *International Security*, Vol. 20, No. 2(Fall, 1995), pp. 95-6.

외교관계정상화를 위해 미국과 북한이 노력할 것이란 문구가 포함되어 있었는데 이는 중국이 미국 중심의 질서로 들어오는 경우에 대비한 것이었다. 이 경우 북미외교관계정상화를 통해 한반도를 점차적으로 통일시킬 필요가 있었던 것이다.

여기서는 1991년부터 1994년 말경까지의 미국의 대북 핵정책을 살펴볼 것이다. 1절에서는 북한을 국제원자력기구의 안전보장조치 협약을 비준하게 만들기 위한 미국의 노력을 살펴볼 것이다. 2절에서는 국제원자력기구를 이용한 '죄와 벌' 원칙에 입각한 엄격한 대북 핵사찰을 통해 한반도 긴장을 최대한 고조시킴으로써 냉전 종식 이후 점차 의미를 상실해가고 있던 한미동맹과 미일동맹의 중요성을 한국인과 일본인들이 절감하게 만들기 위한 미국의 노력을 살펴볼 것이다. 3절에서는 1994년 10월의 북미제네바합의 체결, 이행 및 반응을 살펴볼 것이다.

제1절 북한의 국제원자력기구 안전보장조치 협약 비준 유도

북한이 NPT에 서명한 것은 1985년 말경이었다. 정상적인 절차에 따르면 1년 6개월 이후 북한은 국제원자력기구의 안전보장조치 협약을 비준함으로써 자국의 핵 시설 및 물질과 관련하여 국제원자력기구의 사찰을 받아야만 하는 입장이었다. 국제원자력기구의 서류 실수로 그 시점이 1년 6개월 지연되면서 북한은 1988년 말경에는 안전보장조치 협약을 비준해야 하는 입장이었다. 그러나 북한은 그처럼 하지 않았다. 북한은 그 이유로 남한지역에 많은 핵무기가 있다는 사실과 한미 양국이 북한을 핵무기로 공격하기 위한 팀스피릿 훈련을 매년 실시하고 있다는 사실을 거론했다.[2]

1990년 미국은 이 같은 북한으로 하여금 국제원자력기구의 안전보장조치 협약을 비준하게 만들기 위한 노력을 시작했다. 그러나 1990년 8월의 이라크의 쿠웨이트 침공으로 그 시점이 1년 지연된 것이다. 걸프전이 종료된 1991년 2월 말경 미국은 재차 북한 핵문제에 관심을 기울였다. 당시 미국은 북한 핵시설을 국제원자력기구와 한국이 별도 사찰하게 만들고자 노력했다. 국제원자력기구 사찰이 가능해지도록 북한을 국제원자력기구의 안전보장조치 협약을 비준하게 만들 필요가 있었다.

1. 북한의 안전보장조치 비준을 유도하기 위한 미국의 소치

1991년 말경부터 1992년 초순까지 미국, 일본 및 한국은 안전보장조치를 비준하는 경우 경제적 지원과 외교관계 정상화를 해줄 것이라고 북한에 약속

---

[2] "우리는 핵사찰 문제가 공정하게 진행되려면 남조선에 배비된 미국의 핵무기가 완전히 철수되고 남한과 북한의 핵시설을 동시에 사찰하며, 팀스피릿 합동군사연습이 중지되어야 한다는 것을 일괄되게 주장했다." 론평원, "우리의 평화정책의 중대한 승리," 『로동신문』, 1992. 1. 10.; Spurgeon M. Keeny, Jr., David Albright and Michael Mazarr, "North Korea at the Crossroads: Nuclear Renegade or Regional Partner?," *Arms Control Today*, Vol. 23, No. 4 (May 1993), p. 5.

했다.3) 미국은 북한이 이것을 비준하게 만들기 위한 당근으로서 미 핵무기의 한반도 철수, 1992년의 팀스피릿 훈련 취하, 1차례의 북미 고위급 회동을 준비했다. 이외에도 한국과 미국이 공조하여 북한이 이것을 비준하게 만들고자 노력했다.

이 같은 미국의 노력으로 북한이 1991년 12월 한국과 한반도비핵화공동선언을 발표했으며, 1992년 4월 국제원자력기구의 안전보장조치 협약을 비준한 것이다.

한반도의 미 핵무기 철수

북한이 국제원자력기구 안전보장조치를 비준하게 하기 위해 미국은 먼저 남한지역에 더 이상 핵무기가 없다는 사실을 북한에 확인시켜주고자 노력했다. 1991년 5월 미국 관리들은 남한지역에 더 이상 핵무기가 없다는 사실을 북한에 확인시켜줄 의향이 있다고 암시했다.4) 미국이 북한의 안전보장조치 협약 비준을 위해 남한지역의 핵무기 철수를 나름의 협상 카드로 사용하고자 했던 몇몇 이유가 있었다. 이들 가운데 가장 중요한 이유는 더 이상 핵무기가 한반도 안보 측면에서 의미가 없다는 인식이었다.5) 1950년대 말경 미국이 한반도에 핵무기를 배치했던 것은 소련의 막강한 재래식 전력에 대항하기 위함이었다. 1980년대 말경에 접어들면서 소련 위협이 대거 감소하자 대소(對蘇) 억제 측면에서 핵

---

3) James Bayer and Robert E. Bedeski, "North Korea's Nuclear Option: Observations and Reflections on the Recent NPT Crisis," *The Korean Journal of Defense Analysis*, Vol. 5, 1993 - Issue 2, p. 102.; Spurgeon M. Keeny, Jr., David Albright and Michael Mazarr, "North Korea at the Crossroads," p. 5.

4) "U.S., Soviets Said to Consider Taking Nukes Out of South Korea," *Washington Times*, May 3, 1991.; Clayton Jones, "U.S., Soviets Pressure North Korea to Allow Nuclear Inspection," *The Christian Science Monitor*, May 13, 1991.

5) 1989년 한미연합사령관을 역임한 메네트리(General Louis Menetrey)는 "현재의 경향이 지속되는 경우 1990년대 중반에는 주한미군이 없이도 남북한 간에 세력균형이 유지될 것이다."라고 말했다. 이 같은 측면에서 한반도의 전술핵무기가 타당성을 상실했다. Andrew Mack, "North Korea and The Bomb," *Foreign Policy*, No. 83(Summer, 1991), p. 98.

무기가 의미를 상실한 것이다. 또 다른 이유는 1991년 1월과 2월의 걸프전에서 확인된 바처럼 첨단 재래식 무기가 핵무기 이상의 효과가 있다는 사실 때문이었다. 여기에 더불어 북한군 재래식 전력이 한국군과 비교하여 열세해지면서 한반도에 배치되어 있던 미 핵무기의 의미가 보다 더 약화된 것이다. 또 다른 이유는 미 핵무기가 한반도에서 정치 및 군사적으로 상당한 문제를 초래할 수 있다는 사실 때문이었다. 이외에도 미 핵무기의 한반도 철수가 북한 핵문제를 외교적으로 해결해야 할 것이라고 생각하고 있던 중국과 일본에 긍정적인 인상을 줄 수 있었던 것이다.

한편 1990년 중반 북한 경제가 급속히 몰락하자 김일성은 핵무기에만 의존해서는 자국 안보를 지킬 수 없다고 생각했다. 결과적으로 북미외교관계정상화, 북일 및 남북 교류를 추구했다.6) 이 같은 맥락에서 1991년 5월 28일 북한은 그 이전과 달리 남북한 유엔 동시가입에 동의했다. 이처럼 유엔 동시가입 입장을 표명한지 며칠이 지나지 않아 북한은 국제원자력기구 안전보장조치 협약 비준에 관한 논의를 재개할 의향이 있다고 말했다.7)

이 같은 분위기에서 1991년 9월 27일 부시 대통령은 전 세계 도처에서의 지상 및 해상에 기반을 둔 미 전술핵무기 철수를 포함한 미 핵무기의 대거 감축을 선언했다. 다음날 북한은 이 조치를 격찬했다.8)

처음에 부시 행정부는 이 같은 전술핵무기 감축 계획을 1990년 8월 2일의 외교정책 연설에서 선포할 예정이었다. 그러나 8월 2일 연설 몇 시간 전에 이라크가 쿠웨이트를 침공한 것이다. 이 시점에 전술핵무기 감축 계획을 선언

---

6) Leon V. Sigal. *Disarming Strangers: Nuclear Diplomacy with North Korea* (Princeton Studies in International History and Politics) (Kindle Location 351). Kindle Edition.

7) "유엔에 가입하는 길을 택하게 된 것은 남조선 당국자들에 의하여 조성된 일시적 난국을 타개하기 위한 조치이다." "조선민주주의인민공화국 외교부 성명," 『로동신문』, 1991. 5. 29.

8) 10월 2일 북한 외무상 김영남은 이것이 좋은 소식이라고 말했다. 부시의 발언으로 한국에서 모든 미 핵무기가 철수할 것으로 기대된다고 말했다. 김영남은 이처럼 철수하는 경우 북한이 국제원자력기구의 사찰을 적극 허용할 것이라고 말했다. Don OverDorfer, "North Korea Welcomes U.S. Nuclear Withdrawal," *Washington Post*, October 3, 1991.

하면 이라크의 쿠웨이트 침공과 관련하여 악영향이 있을 것으로 생각한 부시 행정부는 연설 직전에 전술핵무기 감축 내용을 삭제한 것이다. 결과적으로 한반도에서의 미 전술핵무기 철수란 매우 중요한 군비통제 노력이 예정과 달리 1년 이상 늦추어진 것이다.9)

부시 행정부 관리들이 북한 핵시설과 핵물질 사찰이 가능해지도록 한반도에서 미 핵무기를 철수할 의향이 있다는 사실을 발표하자 북한은 새로운 조건을 제시했다. 남북한 국무총리 회동에서 북한총리 연형묵(延亨默)은 모든 종류의 미국의 핵우산 포기 선언을 요구했다. 또한 핵무장한 미 항공기의 한반도 상공 비행 금지와 이 같은 항공모함의 한국 항구 방문 금지를 요구했다.10) 미국은 이 같은 북한의 요구를 수용할 수 없었다.

1991년 10월 22일 시작된 회의에서 북한 관리들은 국제원자력기구가 북한의 핵 물질과 시설을 사찰할 수 있게 해주는 조건으로 한반도의 완벽한 비핵화를 재차 요구했다. 북한의 제안에는 주한미군과 핵무기 철수는 물론이고 핵무장 능력이 있는 항공기 또는 함정의 한국 방문 금지처럼 미 핵우산을 직접 겨냥한 요소들이 포함되어 있었다. 정원식(鄭元植) 국무총리는 이들 조건을 거부했다. 그러면서 국제원자력기구의 핵사찰 요구를 수용하고 핵무기 개발을 포기하라고 북한에 촉구했다. 결과적으로 남북한 총리 회담이 난항을 거듭했다.11)

한편 1991년 10월, 아버지 부시 대통령은 미국이 모든 핵무기를 한반도에서 철수하는 작업을 시작했다며 다음과 같이 말했다. "저는 한반도에 있는 미 핵무기 제거가 미국의 선의를 보여주는 증거로 생각합니다. 다음 단계로서 북한이 국제원자력기구와 이곳의 규칙에 관한 국제 표준을 준수할 것이라고 확신합니다. 여기서의 주요 문제는 북한에 대한 국제사회의 불신을 해소시켜주어야

---

9) Michael J. Mazarr, *North Korea and The Bomb*, p. 61.

10) Steven R. Weisman, "North Korea Adds Barriers to A-Plant Inspections," *New York Times*, October 24, 1991.

11) "제4차 북남고위급회담 첫날회의에서 한 우리측 대표단 단장 연형묵총리의 기본발언," 『로동신문』, 1991. 10. 24.

할 것이란 사실입니다. 이처럼 불신을 해소시키기 위한 방안은 국제원자력기구 사찰 측면에서 북한이 투명성과 개방성을 보장해야 한다는 사실입니다."12) 부시는 이처럼 철수시키면 북한이 국제원자력기구의 핵사찰 요구를 수용할 것으로 생각했다.

한국은 한반도에서 전술핵무기를 철수시킬 것이란 부시 대통령의 노력에 곧바로 반응했다. 1991년 11월 8일 노태우 대통령은 한반도 비핵화를 촉구하는 형태의 보다 획기적인 제안을 발표했다. 노태우 대통령은 한국이 "핵무기를 제조, 보유, 저장 또는 사용하지 않을 것이다."라고 천명했으며 한반도에서의 모든 핵물질 재처리 금지를 북한에 촉구했다. 동시에 청와대 고위급 관리는 한반도의 모든 미 핵무기가 조속한 시일에 남한지역에서 철수할 것이라고 천명했다.13) 노태우의 상기 발언에 대한 북한의 반응은 부정적이었다. 예를 들면 11월 13일 북한 외교부는 "미국과 남조선당국자들은 조선반도의 비핵지대화에 대하여 빈말만 하지 말고 실천 행동으로 보여주어야 한다"라면서 다음과 같이 말했다. "노태우의 발언이 미국이 작성한 시나리오에 입각한 것임은 의문의 여지가 없을 것이다. 미국이 진정 북한 핵문제 해결을 원하는 경우 북한과 직접 협상해야 할 것이다. 자국의 시녀 내지는 괴뢰를 이용하여 책임을 회피하는 행태를 보이면 안 될 것이다."14) 1991년 12월 중순 노태우 대통령은 남한지역에 더 이상 핵무기가 없다고 선언했다.15)

미국과 한국은 북한이 자국의 핵 시설과 핵 물질 사찰 수용 조건의 하나로

---

12) George H. W. Bush, "The President's News Conference with Foreign Journalists," July 2, 1992, *Public Papers of the Presidents of the United States: George H. W. Bush, 1992-93*, Vol. 1 (Washington, DC: GPO, 1993), p. 1,065.

13) "역사속의 오늘-노태우, 비핵화 선언," 『매일신문』, 2007. 11. 8.

14) "미국과 남조선 당국자들은 조선반도의 비핵화지대에 대하여 빈말만 하지 말고 실천 행동으로 보여주어야 한다."란 제목의 다음 참조. "조선민주주의인민공화국 외교부대변인 담화"『로동신문』, 1991. 11. 13.

15) James Sterngold, "Seoul Says It Now Has No Nuclear Arms," *New York Times*, December 19, 1991.

제시한 미 전술핵무기의 한반도 철수를 위해 단호히 움직였던 것이다. 당시 북한은 남한지역의 전술핵무기를 이용한 미국의 공격 가능성뿐만 아니라 이들 핵무기의 존재를 확인도 부인도 하지 않는 미국의 정책으로 자국이 나름의 위협을 받고 있다고 주장하고 있었다.16) 한미 양국은 북한이 더 이상 이처럼 주장하지 못하도록 미 핵무기를 한반도에서 철수하기 위한 조치를 취했던 것이다.

1992년의 팀스피릿 훈련 취하

1991년 12월 16일 최호중(崔浩中) 부총리는 1992년의 팀스피릿 훈련 여부가 북한 핵 문제 해결을 위한 남북대화 진전 정도에 좌우될 것이라고 말했다. 최호중은 "한국정부가 팀스피릿 훈련을 중지하거나 그 규모를 줄이는 문제와 관련하여 아직 결심하지 않았다."라고 말했다. 계속해서 최호중은 다음과 같이 말했다. "이 같은 결심은 북한 핵 문제 해결을 위한 남북대화의 진전 여부에 좌우될 것이다."17)

팀스피릿 훈련의 의미에 관해 한국과 미국 정부에서 상당한 이견이 있었다. 이 훈련에는 많은 비용이 소요되었다. 결과적으로 남북관계가 개선된 반면 북러관계 악화로 북한 위협이 약화되자 팀스피릿 훈련을 격년제로 시행할 필요가 있다는 관점이 제기되었다. 이 훈련에 관한 한미 양국의 사고가 변하면서 이것이 북한이 국제사회의 핵사찰에 응하게 만들기 위해 사용할 수 있는 또 다른 카드가 되었던 것이다.

1991년경 한국에서는 팀스피릿 훈련을 북한 핵문제 해결을 위한 나름의 협상 카드로 간주하는 사람들의, 북한 핵문제 해결의 진전 정도에 따라 북한을 보상

---

16) 강현철, "《핵무기 철수선언》,《핵부재 선언》은 거짓이었다." 『로동신문』, 1993. 3. 1.

17) Quoted in Michael J. Mazarr, *North Korea and The Bomb*, p. 67.

해줄 필요가 있다고 생각하는 사람들의, 발언권이 점차 강화되었다. 결과적으로 1992년 이 훈련이 잠정 중지될 예정이었다. 한국 관리들은 북한이 핵문제와 관련하여 추가 양보하는 경우 그 보상 차원에서 1993년과 1994년의 팀스피릿 훈련 또한 취하할 의향이 있다는 사실을 분명히 했다.

북미회담

1991년 내내 그리고 1992년 초순 북한과 미국은 또 다른 회동을 했다. 이들 회동에서 미국은 북미 고위급 관료들 간의 직접대화를 제안했다. 이는 북한이 안전보장조치를 비준하게 만들기 위해 미국이 제시한 3번째의 주요 인센티브였다. 왜냐하면, 북한이 북미 고위급 관리들 간의 양자회담을 염원하고 있었기 때문이다.

1992년 1월의 부시와 노태우의 한미정상회담 당시 미국은 북미가 북한 핵문제를 놓고 대화할 것이라고 암시했다. 1992년 1월 8일 미 국가안보보좌관 브렌트 스코크로프트(Brent Scowcroft)는 1992년 1월 말경에 미국과 북한이 "북한 핵무기 개발 문제를 놓고 회담"할 것이라고 선언했다.[18]

북미회담은 뉴욕에서 1992년 1월 22일 개최되었다. 당시 회동에 미 국무성 정치문제 부장관 아널드 칸터(Arnold L. Kanter)가 이끄는 미측 대표단 10명과 북한 노동당 국제문제장관 김영선이 이끄는 10명 정도의 북측 대표단이 참석했다. 이는 1953년 이후 북미 간 최고위급 회동이었다.[19]

준비된 메시지를 이용하여 칸터는 미국이 북한에 위협적인 존재로 인식되는 현상을 원치 않는다고 말했다. 그러면서 칸터는 북한의 운명이 미국의 손에

---

[18] Quoted in Michael J. Mazarr, *North Korea and The Bomb*, p. 70.; Frank J. Murray, "Nuclear Talks Are Set With North Korea," *Washington Times*, January 9, 1992.

[19] "처음으로 되는 조미 사이의 고위급 정치회담," 『로동신문』, 1992. 1. 26.

달려 있다고 주장했다. 칸터는 여타 동아시아 국가들이 고도성장을 구가하고 있는 반면, 북한이 이들 국가와의 경쟁에서 지속적으로 뒤쳐지고 있다고 말했다. 이 같은 난관 극복 차원에서 북한이 선택해야 할 대안은 간단해 보이는 반면 대단히 중요하다고 말했다. 북한이 국제사회의 관심사들과 북한 핵시설 사찰 측면에서 협조함으로써 국제사회의 일원이 되어야 할 것이라고 말했다. 그렇지 않으면 북한이 '빈곤의 수렁'으로 추락하게 될 것이라고 말했다.

미측은 일련의 요구사항을 제시했다. 핵무기 개발 프로그램 종료, 남북대화 지속, 한국전쟁 당시의 미군 행방불명자 송환 지원, 탄도미사일 수출 중지, 국제사회에서의 테러 지원 중지가 바로 그것이었다. 이들 가운데 탄도미사일 수출 중지란 부분을 제외한 모두가 1994년의 북미제네바합의에 포함되었다.[20] 이외에도 미국은 북한이 이미 서명한 합의들을 제대로 이행하라고 촉구했다. 그런데 여기에는 국제원자력기구의 정기 사찰과 남북한 사찰이 포함되어 있었다. 미측은 이들 합의를 제대로 이행하는 경우 여타 국가들의 대북(對北) 투자 문제, 외교적으로 북한을 인정하는 문제와 같은 상호 관심사를 놓고 양국 고위급 인사들이 회동할 수 있을 것이라고 말했다. 그러나 미국은 북한이 핵시설 사찰에 응하는 경우 제시해줄 보상과 관련하여 매우 애매모호하게 표현했다.

칸터는 모든 미 핵무기가 한국에서 철수했다는 사실을 강조했다. 칸터는 한반도 비핵화공동선언문을 충실히 이행하는 경우 미 핵무기의 한반도 철수 사실 확인 차원에서 주한미군 기지를 사찰하게 해줄 것이라고 말했다.

김영선은 나름의 준비된 메시지로 답변했다. 미국이 대북 위협을 중지하고, 한반도에서 핵무기와 미군을 철수시키며, 외부 간섭이 없는 가운데 남한과 북한이 북한 핵 문제를 해결할 수 있게 해달라고 말했다. 김영선은 일본이 동북아지역의 주요 위협이라고 말했다. 일본 위협 대비 차원에서의 미국, 북한, 한국의 상호협력을 제안했다. 미측은 이 같은 김영선의 제안을 곧바로 일축했

---

[20] C. Kenneth Quinones, "The US-DPRK 1994 Agreed Framework And The US Army's Return To North Korea," *Korea Yearbook*, 2008, pp. 3-4.

다. 김영선은 논의한 내용을 공동성명 형태로 발표하자고 반복해 말했다. 또 다른 회동을 반복해 요구했다. 그러나 칸터는 이들 모두를 거절했다.

당시 미국 관리들은 북측 인사들을 대상으로 일방적으로 설교했다. 미국 관리들은 당시의 회동을 자국 입장을 북측에 전달하기 위한 기회로 활용하고자 노력했다. 미측 대표단의 고압적인 태도로 양측은 제대로 관계를 조성할 수 없었다. 회동이 종료될 당시 김영선은 북미가 나름의 합의문을 도출할 수 있을 정도의 인적인 관계를 구축할 수 있었다고 반복해 말했다. 칸터가 더 이상의 북미회동이 없을 것이라고 단호히 말함에 따라 김영선의 입장이 매우 난처해졌다.

미국이 한국에 대북 공조 강요

처음에 한국은 북한 핵무기 개발과 관련하여 단호한 입장이었다. 예를 들면, 1991년 10월 30일 이종구(李鍾九) 국방장관은 "온갖 수단을 동원하여 북한 핵무기 개발을 저지해야 한다"란 내용의 백서를 발간했다.21) 이종구는 북한의 핵무기 개발 노력을 저지하기 위한 방안에 항공력을 이용한 선제타격 내지는 특수부대를 이용한 타격이 있을 수 있다고 말했다. 북한 관리들은 남한의 군사위협에 격렬히 반응했다. 연형묵 총리는 "…귀측 군사당국자의 '이북선제타격' 발언은 그중에서도 우리에 대한 가장 엄중한 도발이었습니다…이러한 발언은 단순히 북남대결을 조장하는데 그치는 것이 아니라 전쟁의 도화선에 불을 댕기는 것과 같은 매우 위험천만한 것이 아닐 수 없습니다."22)라고 경고했다.

---

21) Quoted in Doug Bandow, "Defusing the Korean Bomb," *Cato Foreign Policy Briefing*, No. 14, December 16, 1991.; David Sanger, "U.S. Officials Step Up Warnings to North Korea on Nuclear Arms," *New York Times*, November 21, 1991.

22) "제4차 북남고위급회담 첫날 회의에서 한 우리 측 대표단 단장 연형묵 총리의 기본 발언," 『로동신문』, 1991. 10. 24.

그 후 이종구는 발언의 수위를 낮추었다. 이종구는 "유엔이 대북 군사제재를 가할 수 있을 것이지만 우리는 또 다른 한반도전쟁을 초래할 정도의 위기를 감수할 수 없을 것이다"[23]라고 말했다.

미국은 국제원자력기구의 안전보장조치를 비준하게 만들기 위해 북한에 당근 제공과 동시에 채찍을 가하고자 노력했다. 그 와중에서 한국에 한미공조를 요구했다.

이 같은 사례에 1991년 11월 20-21일 진행된 제23차 한미연례안보협의회의가 있었다. 한미연례안보협의회의 이전 한국은 북한의 핵무기 개발 노력에 공세적으로 반응할 생각이 없었다. 예를 들면, 11월 15일 이종구는 한국정부가 북한 핵시설에 대한 선제공격을 고려하고 있다는 사실을 부인했다. 이종구는 북한이 핵무기 개발을 지속하는 경우에도 군사적 대응을 고려하지 않을 것이라고 말했다. 이종구는 "유엔안전보장이사회 또는 여타 국제기구가 대북제재를 결심하고, 이것이 한반도 전쟁을 의미하는 경우 한국 정부가 이 같은 제재에 반대할 것이다."[24]라고 말했다. 그런데 한미연례안보협의회의 이후 한국의 분위기가 급변한 것이다.

이 같은 이종구 장관의 발언 이후 이틀이 지난 시점 한국 언론매체는 다음과 같은 취지의 한국 관리의 발언을 보도했다. "외교적 방법이 의미가 없는 경우 미국과 한국이 북한 핵시설의 강압적인 사찰을 촉구하는 유엔결의안을 제안할 것이다." 이 관리는 다음과 같은 불길한 발언을 했다. "한국과 미국은 적어도 당분간은 어떠한 군사적 조치도 배제하고 있다."[25] 이는 상황 변화에 따라 한미 양국이 북한을 군사적으로 공격할 가능성이 있음을 암시한 것이었다.

한미연례안보협의회의에서 한국 관리들은 그 형태와 무관하게 대북 군사적

---

[23] Edward Neilan, "Talks Topped by North Korea Nuclear Agenda," *Washington Times*, November 19, 1991.

[24] Quoted in Michael J. Mazarr, *North Korea and The Bomb*, p. 63.

[25] Quoted in Ibid.

조치에 반대했다.26) 그러나 이들은 북한이 안전보장조치를 비준하도록 경제제재 또는 북한 영공에서의 정찰비행과 해상봉쇄에 합의했다. 리처드 체니(Richard Cheney) 국방장관을 포함한 미국 관리들은 예정되어 있던 주한미군 감축 지연을 제안했으며, 이 같은 제안에 한국 지도자들이 동의했다.27)

또한 한국과 미국 관리들은 팀스피릿 훈련 강화에 합의했다. 이 훈련에 F-117 스텔스기, 공중조기경보통제기, 패트리어트 미사일을 포함한 미국의 첨단 무기들을 대거 참여시키기로 합의했다. 체니 국방장관은 "북한 핵 관련 위험과 불확실성이 완벽히 해소되기 이전에는 장기간 동안 구상해온 주한미군 감축을 중지하라고 명령했다." 미국의 어느 고위급 관리는 안전보장조치 서명 종용 차원에서 다음과 같이 은근히 북한을 위협했다. "북한이 1991년의 걸프전과 같은 상황을 팀스피릿 훈련을 통해 확인하게 될 것이다."28)

한편 미국은 대북 핵시설 사찰 문제와 남북교류를 연계시키고자 노력했다. 1991년 늦은 시점 미국은 남북한 간의 경제 및 정치적 접촉을 북한 핵문제와 연계시키고자 노력했다. 그러나 당시까지만 해도 한국에는 이 같은 미국의 정책에 의문을 제기하는 사람이 없지 않았다. 11월 30일 이상옥(李相玉) 외무장관은 남북대화와 북한 핵 문제를 연계시켜야 할 것이란 미국의 요청을 거부하면서 다음과 같이 말했다. "우리는 남북대화 진전과 북한 핵무기 개발 억제를 동시에 추구해야 합니다.…북한 핵문제로 인한 남북대화 지연은 효과적인 방법이 아닙니다."29) 한국 언론매체들은 이 같은 한미 간의 이견을 몇 개월 동안 부추겼다. 결과적으로 미국 관리들이 한국을 방문하여 남북한 경제 및 정치적 접촉 금지를 촉구했던 것이다. 이 같은 사실을 보며 한국의 고위급 관리들

---

26) Quoted in Ibid.

27) Quoted in Ibid.

28) David F. Sanger, "Cheney, in Korea Orders Halt to U.S. Pullout," *New York Times*, December 22, 1991.

29) Quoted in Michael J. Mazarr, *North Korea and The Bomb*, p. 65.

조차 "미국정부가 신속한 남북관계 개선을 원치 않는다."30)라는 인상을 받았다. 1992년 1월의 한미정상회담에서 부시 대통령은 남북관계 진전 속도를 늦출 것을 노태우 대통령에게 촉구했다.

한미관계 측면에서 어느 정도 불협화음을 초래한 또 다른 문제가 있었다. 이는 한국의 플루토늄 재처리 능력 포기와 관련이 있었다. 미국은 북한 또한 그처럼 하지 못하게 해야 한다며 한국이 자국의 폐연료봉 재처리 권리를 포기할 것이란 내용을 1991년 말경의 한반도비핵화공동성명에 포함하라고 요구했다. 한국은 이 같은 미국의 요구에 강력히 반발했다. 미국이 일본에 폐연료봉 재처리 권리 포기를 요구하지 않았다는 사실을 거론하며 한국 관리들이 미국의 이 같은 요구에 불만을 표시했다. 그러나 한국은 미국의 이 같은 요구를 수용하지 않을 수 없었다.31)

2. 북한의 국제원자력기구 안전보장조치 협약 비준

미국의 용의주도한 노력으로 1992년 1월 30일 북한은 안전보장조치에 서명했으며, 4월에는 안전보장조치를 비준했다.

북한의 안전보장조치 서명 과정

한미가 옥신각신하며 북한 핵문제 해결 측면에서 진전이 없어 보이는 경우에서조차 남북한 총리 회담과 여타 접촉이 지속되었다. 이들 대화로 1991년 10월에는 남북기본합의서라는 매우 포괄적인 합의의 초안이 작성되었다. 남북한이 12월 이 합의서에 서명했다. 여기서 남한과 북한은 상대방을 존중하고,

---

30) Quoted in Ibid.
31) Quoted in Ibid.

상대방 국가의 내정에 간섭하지 않기로 약속했다. 상호불가침을 약속했다. 여기서는 남북한 연락사무소, 합동군사위원회, 군비상통신망과 같은 일부 긴장완화 수단을 정립했다.32)

1991년 가을에는 일련의 대북압박과 인센티브가 의미가 있어 보였다. 서울 SCM이 종료될 당시에서조차 북한의 비핵화 및 평화 부위원장인 최우진은 북한이 1992년 2월에 국제원자력기구 안전보장조치 협약에 서명할 것임을 워싱턴의 학술회의에서 강력히 암시했다.33)

1991년 11월 25일 북한은 매우 중요한 제안을 했다. 북한 외교부는 한반도에서 미 핵무기 철수가 완료된 시점에 국제원자력기구 사찰 관련 안전보장조치 협약에 서명할 것이라고 말한 바 있었다. 그런데 이제 철수 과정이 시작되었음을 선언한 시점에 서명할 것이라고 약속했다.34) 북한은 남북한이 동시 사찰에 응해야 할 것이라고 주장했다.35) 또한 사찰을 겨냥한 북미회담과 남북회담을 촉구했다. 미국은 북미 양자회담을 거부했다.36)

11월 28일 한국 언론매체는 미국이 한국에서 전술핵무기 철수를 시작했으며, 이 같은 철수 과정에 관해 북한에 통보해주었다고 보도했다.37) 12월 11일 정원식 국무총리는 한국에 미 핵무기가 전혀 없다고 선언했다. 그러면서 북한 핵시설을 사찰하게 해주는 조건으로 주한미군 기지 사찰을 허용해줄 것이라고 제안했다. 정원식은 군산기지와 영변 핵시설의 상호사찰을 제안했다.38)

---

32) "북남 사이의 화해와 불가침 및 협력, 교류에 관한 합의서," 『로동신문』, 1991. 12. 14.

33) Quoted in Michael J. Mazarr, *North Korea and The Bomb*, p. 64.

34) "조선민주주의인민공화국 외교부 성명," 『로동신문』, 1991. 11. 26.

35) "동시 핵사찰을 받아들일 것을 미국과 남조선당국에 요구," 『로동신문』, 1991. 11. 27.

36) James Sterngold, "North Korea to Allow Nuclear Inspection if U.S. Does," *New York Times*, November 27, 1991.

37) Quoted in Michael J. Mazarr, *North Korea and The Bomb*, p. 64.

38) Quoted in Ibid.; Paul Blustein, "U.S. Nuclear Arms All Withdrawn, South Korea Says," *Washington Post*, December 12, 1991.

한미 양국이 1992년의 팀스피릿 훈련을 취하할 가능성이 있다는 사실과 미 핵무기의 한반도 철수 발표에 북한이 신속히 반응했다. 12월 22일 북한은 한반도에서 미 전술핵무기를 모두 철수했다는 노태우 대통령의 주장을 미국이 공식적으로 확인해주는 경우 국제원자력기구의 안전보장조치 협약에 서명할 것이란 의미의 성명을 발표했다. 북한은 또한 자국과 미국이 상호 사찰해야 할 것이란 사실에 동의했다. 당시 북한은 "미국이 미 핵무기의 한반도 철수와 관련하여 분명한 입장을 밝히는 경우 NPT에서 가정하고 있는 안전보장조치 협약에 서명할 것이다."39)라고 말했다. 하루 뒤 한국은 북한이 제시한 이들 조건을 거부했다. 한국은 미국이 아니고 남북대화와 국제원자력기구를 통해 지속적으로 일할 것을 북한에 촉구했다.40)

북한 핵 문제에 관한 12월 26일의 임시회동 당시 북측 협상가는 북한이 국제원자력기구의 안전보장조치 협약을 곧바로 비준할 것이라고 말했다. 당시 회동에 참석한 한국대표들은 북한이 국제원자력기구 안전보장조치 협약을 비준하는 경우 1992년의 팀스피릿 훈련을 취하할 의향이 있음을 재차 언급했다.41)

12월 28일 남한과 북한 대표단은 보다 많이 대화했지만 아직도 합의문을 도출하지 못했다. 당시 주요 난제는 북한이 국제원자력기구 안전보장조치 협약 비준 날짜를 구체적으로 언급하고자 하지 않았다는 사실이었다. 북한은 또한 남측 군사시설만을 사찰해야 할 것이라고 주장했다. 북측 군사시설 또한 사찰 대상일 수 있다는 사실을 인정하지 않았다.42)

마침내 12월 31일 판문점에서 남측과 북측은 역사적인 한반도비핵화공동

---

39) "조선민주주의인민공화국 외교부 대변인 성명," 『로동신문』, 1991. 12. 23.

40) Quoted in Michael J. Mazarr, *North Korea and The Bomb*, p. 68.

41) Quoted in Ibid.

42) Quoted in Ibid.; Robin Bulman, "Koreans Fail to Agree on Nuclear Ban," *Washington Post*, December 26, 1991.

선언에 서명했다.43) 남북한 양측은 핵무기를 제조, 보유, 저장 또는 획득하지 않을 것이라고 약속했다. 이들은 핵물질 재처리 능력을 보유하지 않을 것이라고 약속했다. 그런데 이것이 2002년 당시 북한의 농축우라늄 시설 구축 문제와 관련하여 중요한 의미가 있었다. 이 합의에 따르면 북한은 영변의 플루토늄 재처리 시설을 해체해야만 했다. 이 합의는 한국 사찰 요원들이 북한 핵시설을 사찰하게 해주는 성격이었다. 이 합의로 미국은 북한의 은밀한 핵시설들을 사찰하기 위한 또 다른 대안을 누릴 수 있었다.

당시의 남북한 합의로 한국은 1년 동안 팀스피릿 훈련을 중지한다는 측면에서 나름의 명분을 확보할 수 있었다. 1992년의 팀스피릿 훈련은 북한 비핵화를 겨냥한 남북대화 진전을 가정하여 잠정 중지될 예정이었다. 결과적으로 향후 팀스피릿 훈련 재개 여부가 남북관계와 불가분의 관계가 있게 되었다.

1992년 1월 5일과 6일의 부시 대통령의 한국 방문이 북한의 핵시설 사찰 동의 측면에서 결정적인 의미가 있었다. 당시 부시와 노태우는 북한이 국제원자력기구의 안전보장조치 협약을 비준하는 즉시 팀스피릿 훈련을 취하할 것이라고 제안했다. 노태우는 국제원자력기구 안전보장조치 협약 비준이 지연되는 경우 경제적으로 나름의 대가를 지불하게 될 것이란 사실을 북한에 상기시켰다.44)

그러자 1월 7일 북한 외교부 대변인은 북한이 국제원자력기구 안전보장조치 협약에 서명할 의향이 있다고 선언했다. 그는 "북한 핵시설 사찰 문제와 관련하여 우리가 지속적으로 고수했던 주요 입장은 미 핵무기의 한반도 철수였다"고 말했다. 그는 한국 지도자들이 "한국에 더 이상 핵무기가 없다고

---

43) "조선반도의 비핵화에 관한 공동보도 발표," 『로동신문』, 1992. 1. 2.
44) 당시 부시 대통령을 포함한 미국 관리들은 대북 강경책을 촉구했다. 북한 공산주의자들과 서둘러 거래하지 말라고 한국 지휘부에 경고했다. 이 같은 부시의 발언에 노태우는 다음과 같이 답변했다. "우리는 북한의 변화 과정 시작이 중요하다고 생각합니다." David E. Sanger, "Bush Warns Seoul on Pace of Pacts with North Korea," *New York Times*, January 6, 1992.

얼마 전에 선언했다."라고 말했다. 그는 이 같은 사실에 입각하여 북한이 국제원자력기구 안전보장조치 협약을 비준할 것이라고 말한 것이다.45) 이 같은 북한의 발언에 1월 7일 한국정부 대변인은 1992년에는 팀스피릿 훈련을 하지 않을 것이라고 선언했다. 그러자 북한은 한미 양국의 팀스피릿 훈련 취하를 격찬했다.46)

1992년 1월 30일 북한은 국제원자력기구 안전보장조치 협약에 서명했다.47) 북한이 안전보장조치 협약에 서명하면서 미국이 국제원자력기구를 통해 북한 핵시설을 사찰할 수 있게 된 것이다.

1992년 2월 4일 북한은 자국 핵시설 사찰 일정을 밝혔다. 북한은 가장 빠른 시일에 안전보장조치 협약을 비준함으로써 국제원자력기구가 자국의 핵시설을 사찰할 수 있게 할 것이라고 말했다.48) 1992년 2월 늦은 시점 한국은 사찰 과정을 신속히 진행할 수 있도록 남북한이 4월 중순에 동시 사찰하자고 제안했다.49) 북한은 이 같은 남측 제안을 거부했다.

한편 2월 25일 미 중앙정보국장 로버트 게이츠(Robert M. Gates)는 미 의회 증언에서 북미협상에 새로운 긴박감을 조성했다. 게이츠는 북한이 1991년 12월 한국과 한반도비핵화공동선언을 했음에도 불구하고 자국의 핵시설을 감추고자 노력하고 있다고 증언했다. 게이츠는 또한 북한이 불과 몇 개월 이내에 핵무기를 개발할 수 있는 입장이라고 말했다. 이 같은 게이츠의 주장은 부시 행정부의

---

45) "공화국 정부는 NPT(핵무기전파방지조약)에 의하여 지닌 의무를 이행함으로써 아세아와 세계의 평화와 안전을 수호하기 위한 위업에 적극 기여할 것이다."란 제목의 다음 참조. "조선민주주의인민공화국 외교부 대변인 성명"『로동신문』, 1992. 1. 7.

46) "우리의 평화정책의 중대한 승리,"『로동신문』, 1992. 1. 10.

47) "안전보장조치협약(핵담보협정) 체결은 NPT(핵무기전파방지조약)의 공정한 이행을 겨냥한 북한 정부의 시종일관하고 꾸준한 노력의 빛나는 결실이다."란 제목의 "조선민주주의인민공화국 외교부 대변인 담화,"『로동신문』, 1992. 1. 31.

48) "핵담보협정에 서명한 것과 관련하여,"『로동신문』, 1992. 2. 5.; "조미고위급회담결과와 관련한 보도,"『로동신문』, 1992. 2. 7.

49) Quoted in Michael J. Mazarr, *North Korea and The Bomb*, p. 72.

일반적인 관점이 아니었다. 특히 북한이 곧바로 핵무기를 개발할 수 있는 입장이란 게이츠의 발언에 북미협상을 주도하던 미 국무성이 발끈했다. 국무성의 어느 고위급 관리는 "게이츠의 분석은 최악의 경우를 가정한 것이다. 북한이 핵무기를 보유하려면 몇 년이 더 소요된다는 것이 보다 합리적인 평가"라고 말했다. 그런데 당일 게이츠는 본인의 상기 발언과 모순되는 다음과 같은 발언을 했다. "충분한 수준의 플루토늄을 생산한 이후에서조차 핵무기를 만들고자 하는 경우 북한은 각각 수개월에서 수년이 걸릴 수 있는 몇몇 단계가 필요할 것이다."50)

북한의 안전보장조치 비준

1992년 2월 25일 비엔나의 국제원자력기구 대표들은 북한 핵사찰에 참여할 시점과 참여 대상에 관해 조만간 북한과 합의할 것이라고 선언했다.51) 북한의 순회대사 오창림은 북한최고인민회의가 4월 북한의 핵시설 사찰 여부를 비준할 것이며, 사찰이 6월에 시작될 것이라고 말했다. 이는 북한이 자국의 핵사찰과 관련하여 구체적으로 언급한 최초의 경우였다.52)

1992년 4월 8일 북한최고인민회의는 국제사회의 북한 핵시설 사찰을 허용해줄 것이란 내용의 문서를 비준했다. 이 비준으로 사찰 이전의 90일 간의 유예 기간이 시작된 것이다. 국제원자력기구 관리들은 5월 말경까지 핵시설 목록을 받아볼 수 있기를 기대한다고 말했다.53)

---

50) Elaine Sciolino, "U.S. Agencies Split Over North Korea," *New York Times*, March 10, 1992.
51) Michael Z. Wise, "IAEA Says Agreement Near on Check of N. Korean Sites," *Washington Post*, February 26, 1992.
52) "국제원자력기구 2월 관리 이사회 회의에서 우리의 안전보장조치협약(핵담보협정) 이행 문제가 토의된 것과 관련하여 우리나라 대표단 단장이 비엔나(원)에서 기자회견 진행,"『로동신문』, 1992. 2. 29.
53) "조선민주주의인민공화국 최고인민회의 제9기 제3차 회의 개막,"『로동신문』, 1992. 4. 9.

국제원자력기구는 북한 관리들이 마감일을 기준으로 대략 2주 전인 5월 중순에 북한 핵시설 관련 공식 목록을 제출할 것으로 기대된다고 말했다. 국제원자력기구 전문가들은 이 목록이 충분히 상세한 경우 국제원자력기구가 6월 15일 이전에 북한 핵시설을 사찰할 수 있을 것이라고 말했다.[54] 4월 말경에는 영변의 핵무기 공장으로 알려진 시설에 관한 국제사회의 사찰 준비가 거의 완료되었다.

북한이 국제원자력기구의 안전보장조치를 비준하게 만들기 위한 외교적 노력이 의미가 없지 않았다. 당시 미국과 한국은 점진적이고도 정교한 형태로 북한에 인센티브를 제공해주었으며 북한을 압박했다. 결과적으로 북한이 국제원자력기구의 핵시설 사찰을 허용해준 것이다. 그러나 그 후 1년이 지나지 않아 한반도에서 또 다른 핵 위기가 초래되었던 것이다.

---

54) Don Oberdorfer, "North Korea Describes Nuclear Reactor Program," *Washington Post*, April 15, 1992.

제2절 북한 핵문제의 국제화

1992년 4월 북한은 안전보장조치를 비준했다. 5월 4일 북한은 이전에 알려져 있지 않던 13군데의 핵시설의 존재를 국제원자력기구에 통보해주었으며, 안전보장조치를 비준할 당시 제공해주어야 하는 수준 이상의 정보를 국제원자력기구에 제공해주었다. 그 후 영변의 핵 단지에 대한 일련의 사찰을 허용해주었다.

미국은 북한이 안전보장조치를 비준하자 국제원자력기구가 '죄와 벌' 원칙에 입각하여 북한 핵시설을 엄격히 사찰하게 만들었다. 이처럼 북한이 안전보장조치를 비준한 순간부터 전 미국 대통령 지미 카터(Jimmy Carter)가 방북한 1994년 6월 15일 이전까지 미국은 한반도 긴장을 최대한 고조시켰다. 다음과 같은 두 가지 이유 때문이었다.

첫째, 소련 해체, 미미한 수준의 중국의 국력, 북한 붕괴 가능성 등의 이유로 한국과 일본에서 제기되고 있던 미군 주둔 필요성에 관한 논란을 잠재우기 위함이었다.[55] 북한 핵 위기가 본격적으로 문제시된 1990년대 초반에는 소련이 해체된 반면 중국의 국력은 매우 미약한 수준이었다. 북한 또한 붕괴 직전 상태에 있었다. 결과적으로 한국인과 일본인 가운데에는 미군의 지속 주둔과 관련하여 의문을 제기하는 사람이 없지 않았다. 이 같은 상황에서 이들로 하여금

---

[55] 1991년 12월 미 해군대학 교수 에드워드 올슨(Edward A. Olsen)은 "인위적으로 위기의식을 조성하지 않으면 한미동맹, 미일동맹과 같은 아태지역의 양자동맹 가운데 온전하게 남아 있을 동맹이 없을 것이다.…아시아에서 냉전의 아성은 한반도다.…냉전의 극단적인 형태인 한반도 문제는 아시아 지역 냉전의 모든 문제가 관리 가능할 당시에나 해결될 수 있을 것이다.…냉전 당시의 적대국들이 더 이상 아시아 지역에 위험이 없다고 동의하는 경우 상대방의 능력을 통해 의도를 파악할 수 있을 것이란 논리로는 아태지역의 양자동맹 체계를 유지할 수 없을 것이다. 그런데 너무나 많은 미국인들이 아태지역에서 양자동맹을 유지하지 못할 가능성을 우려하고 있다.…아시아의 전략적 요충지인 한반도 통일은 유럽의 전략적 요충지인 독일의 통일과 비교하여 그 영향이 보다 심각할 것이다."라고 말했다. Edward A. Olsen, "A New American Strategy in Asia?," *Asian Survey*, Vol. 31, No. 12 (December, 1991), pp. 1,140, 1,147, 1,148, 1,152.; 조지프 나이는 "국제사회가 중국의 부상에 제대로 대응하고자 하는 경우…동아시아의 안정과 번영을 유지하고자 하는 경우 한반도의 긴장상태 유지가 대단히 중요할 것이다."라고 말했다. Joseph S. Nye, Jr., "East Asian Security: The Case for Deep Engagement," *Foreign Affairs*, Vol. 74, No. 4(July/August 1995), pp. 91-92, 94.

미군의 자국 주둔을 염원하게 만들려면 북한 핵 위기를 최대한 고조시킬 필요가 있었던 것이다.

둘째, 북한 핵무기 개발 능력을 단순 동결하는 형태의 북미합의에 김영삼 정부가 동의하게 만들기 위함이었다. 당시 남북통일을 염원하고 있던 김영삼을 포함한 대부분 한국인들은 북한 핵무기 개발 능력을 단순 동결시키는 형태의 미국의 구상을 수용할 수 없었다.56) 미국은 이처럼 동결시키는 방식으로 문제를 해결하지 않으면 한반도에서 전쟁이 벌어질 것이라고 한국인들이 인식하게 만들 필요가 있었다. 당시 많은 한국인들이 6.25전쟁의 참상을 경험한 바 있다는 측면에서 보면 이 같은 위기의식 조장이 상당한 의미가 있을 것이었다.57)

이처럼 한반도 긴장을 고조시킨다는 차원에서 안전보장조치 협약에 입각한 북한 핵시설과 핵물질에 대한 강력한 사찰이 중요한 의미가 있었다. 조직 성격상 국제원자력기구는 북한이 생산한 핵물질의 완벽한 제거를 강력히 추구할 것임이 분명했다. 1991년 이전에 생산한 핵물질을 이용하여 북미외교관계정상화와 같은 방식으로 보상을 받고자 했던 북한이 '죄와 벌' 원칙에 입각한 국제원자력기구의 엄격한 사찰에 강력히 반발할 것임이 분명했다. 결과적으로 한반도 긴장이 고조될 것임이 분명했던 것이다.

---

56) 예를 들면, 김영삼 정부 당시의 외무장관 한승주는 북한 핵의 과거사, 다시 말해 1991년 이전에 북한이 핵무기 제조에 필요한 플루토늄을 생산했다는 사실은 간과할 수도, 용서할 수도 없다고 말했다. 한승주는 북한 핵 과거사의 정확한 실체 규명이 한반도 평화와 안전 측면에서 매우 중요하다고 말했다. 북한 핵의 과거사 문제 방치를 한국과 미국 정부가 정치적으로 수용할 수 없을 것이라고 말했다. Marion. Creekmore, *A Moment of Crisis:* Jimmy Carter, *the Power of a Peacemaker, and North Korea's Nuclear Ambitions* (p. 115). PublicAffairs. Kindle Edition.

57) 점차 김영삼 정부는 한반도 전쟁 발발 가능성을 훨씬 더 우려하면서 북한 핵문제의 외교적 타결과 관련하여 비교적 반대하지 않는 입장이었다. Ibid., p. 99. 그런데 이 같은 한반도 전쟁 발발 가능성은 클린턴 정부가 의도적으로 조장한 것이었다. 당시의 미 국방장관 페리가 2017년에 증언한 바처럼 1994년 당시 미국은 한반도 전쟁을 전혀 염두에 두고 있지 않았다. 강압외교 차원에서 한반도 전쟁 운운한 것이었다. 박상익 기자, "윌리엄 페리 '북핵 위협, 없앤다기보다 최소화해야,'" 『한경뉴스』, 2016. 11. 15.; 최현미 기자, "1994년 美 북한 폭격설 확인결과 전혀 사실 아니었다," 『문화일보』, 2017. 5. 26.

1. 강력한 대북 핵사찰: 북한 NPT 탈퇴 위협 초래

미국은 북한의 안전보장조치 비준을 위해 상당히 많이 노력했다. 그 과정에서 '주고받는' 형태의 전략을 사용했다. 이 같은 미국의 노력으로 북한이 1992년 4월 NPT와 안전보장조치를 비준한 것이다.

핵사찰에 동의하자 미국은 NPT 서명국으로서의 책임 이행 차원에서 북한에 '죄와 벌' 접근 방식을 적용했다. NPT를 위반한 경우가 있었다면 이 같은 위반과 관련하여 북한을 처벌해야 할 것이라고 주장했다. 미국은 NPT 위반 여부를 밝힌다는 차원에서 국제원자력기구가 북한을 철저히 사찰하게 만들었다. 그 과정에서 일체 보상해주지 않았다. 이외에도 1993년의 팀스피릿 훈련을 재개했다. 미국의 이 같은 가혹한 조치에 대항하여 북한은 NPT 탈퇴를 위협했다. 결과적으로 1차 북한 핵 위기가 발발한 것이다.[58]

국제원자력기구의 임무, 역할 및 한계

1956년 유엔총회가 설립한 국제원자력기구는 전 세계 각국의 핵발전소 건설이 핵 확산으로 비화되지 않도록 이들 핵발전소를 감시하고 통제하기 위한 성격의 것이다. 국제원자력기구는 어느 정도 상반된 두 가지 임무를 수행하고 있다. 핵 관련 과학기술 교류를 통해 핵발전소 건설을 장려하고 지원하는 한편 핵 관련 전문지식이 군사적 목적으로 전용되지 않도록 안전보장조치를 강구하는 것이다. 국제원자력기구는 핵발전소 시설에 대한 정기 및 임시사찰을 통해 핵물질의 전용 여부를 파악하게 된다. 1974년의 인도 핵실험은 평화적인 목적으로

---

58) Spurgeon M. Keeny, Jr., David Albright and Michael Mazarr, "North Korea at the Crossroads," p. 5.

획득한 핵 관련 기술이 핵무기 개발 목적으로 전용될 수 있음을 보여주었다.59)

국제원자력기구가 이처럼 상반된 임무를 수행한다는 사실에 기인하는 가장 큰 실수가 1991년의 걸프전에서 확인되었다. 걸프전을 통해 국제사회는 이라크가 방대한 규모의 핵무기 개발 프로그램을 운용하고 있다는 사실을 확인한 것이다. 이 같은 이유로 북한이 안전보장조치를 비준한 1992년 4월 이전에서조차 국제원자력기구는 이라크에서의 실수가 재현되지 않도록 의혹이 가는 북한의 모든 핵시설을 사찰할 수 있어야 할 것이라고 주장했다. 결과적으로 1991년 9월 국제원자력기구는 기존 임시 및 정기사찰과 더불어 모든 의혹스런 시설을 사찰할 수 있는 권리, 다시 말해 특별사찰 권리를 부여받았다.60)

국제원자력기구는 다음과 같은 두 가지 방식으로 안전보장조치 임무를 수행한다. 첫째, 핵물질 전용을 차단하기 위해 감시용 카메라와 방사능 탐지 장비를 이용하고, 종종 사찰을 통해 핵시설을 감시하며 주요 지역을 봉인하는 것이다. 둘째, 핵물질의 전용을 탐지하여 적시에 경고할 수 있도록 지정된 시설에서 반입 및 반출되는 핵물질의 중량을 면밀히 측정하는 것이다.

국제원자력기구는 사찰 대상 국가가 사전 선언하지 않은 핵시설을 감시할 능력이 없음은 물론이고 탐지할 능력도 없다. 특정 국가의 특정 핵시설에 관한 정보를 얻고자 하는 경우 국제원자력기구는 회원국의 도움을 필요로 한다. 1991년의 걸프전 이전 국제원자력기구가 이라크의 핵무기 개발 프로그램을 탐지하지 못했던 주요 이유는 미국이 이 같은 정보를 공유하고자 하지 않았기 때문이었다. 안전보장조치 임무를 제대로 수행하려면 사찰 대상 국가의 승인과 협조뿐만 아니라 국제원자력기구 회원국의 협조가 요구된다.

---

59) Joel S. Wit, Daniel B. Poneman, Robert L. Gallucci, *Going Critical: The First North Korean Nuclear Crisis* (New York: Brookings Institution Press, 2004), p. 3.

60) Ibid., p. 14.

국제원자력기구를 이용한 미국의 징벌적인 대북사찰 강요

북한의 핵무기 개발 노력에 대응하기 위한 정책 문서인 1991년 1월 22일의 NSR 28에서는 국제원자력기구의 안전보장조치를 이용하기 위한 방안 검토를 요구하고 있었다. 여기서 보듯이 1991년 초순부터 미국은 북한 핵무기 개발 노력 통제 과정에서 안전보장조치를 이용하고자 노력했다. 미국은 NPT 위배와 관련하여 응징할 수 있도록 대북 핵시설 사찰 절차를 철저히 적용하라고 국제원자력기구를 압박했다.

북한은 국제원자력기구의 안전보장조치를 1992년 4월 비준했다. 1992년 5월 4일 북한은 안전보장조치 협약 기준에 따라 자국의 핵 물질과 장비 목록을 담고 있는 150페이지 분량의 자료를 국제원자력기구에 제출했다.[61] 그런데 안전보장조치 협약 요구 기준과 비교해보면 북한의 반응은 훨씬 신속했으며, 제출한 내용 또한 매우 상세했다. 북한이 제출한 자료에는 핵무기 개발을 작심한 국가라면 숨기고자 했을 내용이 포함되어 있었다. 이들 자료는 3개 원자로 이외에 플루토늄 재처리 시설 건설을 확인해주고 있었다. 가장 놀라운 부분은 북한이 이전에 90그램 정도의 플루토늄을 재처리한 바 있다는 사실이었다.[62] 이 같은 북측 자료를 보며 미 정보 당국은 북한이 1개에서 2개 정도의 핵무기를 만들기 위한 플루토늄 추출이 가능할 정도의 폐연료봉을 영변원자로에서 해체했을 것으로 판단했다.

1992년 5월 11일부터 16일까지 국제원자력기구 사무총장 한스 블릭스(Hans

---

61) "공화국 정부는 안전보장조치협약(핵담보협정)을 성실히 이행하기 위하여 모든 노력을 다할 것이다" 란 제목의 다음 참조. "조선민주주의인민공화국 외교부 대변인이 기자의 질문에 대답." 『로동신문』, 1992. 5. 6.

62) David Albright, "North Korea Drops Out," *The Bulletin of the Atomic Scientists*, May 1993, p. 10.; R. Jeffrey Smith, "North Korea and the Bomb: High-Tech Hide and Seek," *Washington Post*, April 27, 1993.; Leon V. Sigal. *Disarming Strangers* (Kindle Location 579). Kindle Edition.

Blix)가 북한을 공식 방문했다. 블릭스는 영변의 플루토늄 재처리 시설을 방문했다. 북한은 자신들이 신고한 핵시설 목록에 포함되어 있지 않은 시설을 포함하여 원하는 곳 모두를 방문할 수 있을 것이라고 말했다.

당시 북한의 어느 고위급 관리는 영변의 재처리 시설을 포기하는 조건으로 첨단 경수로와 이들 경수로에서 사용할 연료를 공급해달라고 블릭스에게 요청했다.63) 블릭스는 이 같은 북한의 제안에 답변하지 않았다. 그러나 경수로 문제는 그 후의 북한 핵문제 관련 대화에서 지속적으로 거론되었다. 북한은 미 외교관들과의 1992년 6월 1일 베이징 회동에서도 이처럼 제안했다.64) 1993년 7월 강석주는 영변원자로들을 경수로로 교체할 수 있게 해달라고 갈루치에게 말했다.65) 북한은 1994년 7월에도 경수로 문제를 언급했다.66) 그런데 영변원자로와 비교하면 경수로는 핵무기 개발 목적으로의 플루토늄 재처리가 훨씬 어려웠다. 경수로를 획득하고자 하는 경우 북한은 외부의 도움이 필요했다.67) 경수로는 NPT를 매우 잘 준수한 국제원자력기구 회원국들만이 운용할 자격이 있었던 것이다.

북한 핵 문제와 관련하여 '죄와 벌' 접근 방안을 채택한 부시 행정부는 북한에 엄격한 감시 절차를 적용하라며 국제원자력기구를 압박했다. 부시 행정부는 나름의 정교하고 굴욕적인 사찰을 북한에 주장하라고 한국에 요구했다. 그런데 미국이 요구한 사찰은 "북한이 수용했더라면 한국이 재고할 가능성이 있을 정도"로 굴욕적인 성격이었다.68) 미국은 북한이 이처럼 굴욕적인 사찰에 응하기

---

63) David E. Sanger, "North Korea Plan on Fueling A-Bomb May Be Confirmed," *New York Times*, June 15, 1992.

64) Quoted in Joel S. Wit, Daniel B. Poneman, Robert L. Gallucci, *Going Critical*, p. 54.

65) Ibid., pp. 71-4.

66) Ibid., p. 252.

67) R. Jeffrey Smith, "N. Korea May Consider Reducing Atom Programs," *Washington Post*, June 20, 1992.

68) Leon V. Sigal. *Disarming Strangers*(Kindle Location 625). Kindle Edition.

이전까지 남북교류를 지연시키라고 한국에 촉구했다. 남북교역 확대를 원했던 노태우 정부는 이 같은 미국의 요구를 탐탁지 않게 생각했다. 이상옥 외무장관은 "북한 핵문제로 인한 남북대화 중지는 효과적인 방안이 아니다."[69]라고 퉁명스럽게 말했다.

국제원자력기구는 북한이 제공해준 정보의 정확성과 완전성을 임시사찰을 통해 확인할 예정이었다. 1992년 7월의 임시사찰 당시 국제원자력기구 사찰요원들이 핵물질 취급 목적으로 사용된 장갑 박스에서 채취한 얼룩(Smear) 유형의 샘플을 분석했다. 이 같은 분석을 통해 이들은 북한이 이전에 재처리했다고 국제원자력기구에 통보한 플루토늄 분량과 관련하여 이상한 부분을 발견했다.[70] 북한은 1990년 초반에 90그램 정도의 플루토늄을 추출했다고 주장했지만 국제원자력기구 분석은 북한이 1989년, 1990년, 1991년 1차례씩 3회 재처리했음을 보여주었다.[71] 미국의 정찰위성 사진은 북한이 플루토늄 재처리 과정에서 생성된 쓰레기를 폐기한 매립지 2곳의 위치를 보여주었다.[72] 그 후 미국은 북한이 1991년 이전에 생산해낸 플루토늄의 규모를 파악할 수 있도록 이들 2곳 매립지 방문을 지속적으로 요구했다. 미국은 당시의 북한의 플루토늄 재처리를 북한이 국제원자력기구를 기만했음을 보여주는 단정적인 증거로 간주했다.

1992년 9월의 사찰 당시 국제원자력기구와 북한이 대립했다. 1992년 5월의 신고 당시 북한은 2곳의 핵물질 폐기장을 신고하지 않았다. 그 후 미국이 이들 폐기장에 관한 정보를 국제원자력기구에 제공해준 것이다.[73] 국제원자력기구

---

69) Ibid., (Kindle Location 633). Kindle Edition.

70) Spurgeon M. Keeny, Jr., David Albright and Michael Mazarr, "North Korea at the Crossroads," pp. 4, 8-9.

71) Ibid., p. 4.

72) Ibid.

73) Quoted in Matthias Dembinski, "North Korea, IAEA Special Inspections, and the Future of the Nonproliferation Regime," *The Nonproliferation Review*/Winter 1995, p. 34.

사찰 요원들이 핵물질 폐기장에 관심을 표명하자 북한은 이들 가운데 한곳을 방문하게 해주었다. 그러나 북한군 장교들이 이곳을 방문한 국제원자력기구 사찰 요원들을 저지했다. 이들은 이곳에 특별한 것이 없다고 말했다. 이곳에서 사찰 요원들은 방사능 측정은 가능했지만 샘플은 채취하지 못했다. 이들은 두 번째 핵 폐기장을 방문하지 못한 채 그곳을 떠났다.74)

북한이 신고한 분량 이상의 플루토늄을 생산했음을 확인한 부시 행정부는 국제원자력기구에 보다 강력한 대북사찰을 요구했다. 이 부분과 관련하여 1993년 2월, 북한 에너지장관은 다음과 같이 표현했다. "이들 사찰 요원은… 주인의 초대를 받은 손님과 달리 범인을 찾는 경찰관처럼 핵물질 재처리 시설 관련 모든 곳을 샅샅이 뒤졌다."75) 주한미국 대사 도널드 그레그(Donald Gregg)는 국제원자력기구의 대북사찰이 매우 무뢰한 성격이었음을 다음과 같이 표현했다. 국제원자력기구는 "북한 도처에서 온갖 부당한 조치를 취하면서 이들 조치가 북한에 어떠한 도움이 되는지에 관해 한마디도 말하지 않았다. 국제원자력기구 대북사찰 요원들은 북한인들에게 굴복을 요구하는 난폭한 무리들과 다름이 없어 보였다."76)

1992년 11월의 임시사찰 당시 국제원자력기구는 북한이 신고한 플루토늄 분량이 실제 처리한 분량과 다르다며 그 이유를 설명하라고 북한에 촉구했다. 북한의 답변에 만족해하지 않았던 국제원자력기구는 폐연료봉 샘플 채취를 요구했다. 그러자 북한은 영변의 연료장전기(Refueling machine)가 파괴되었다고 말했다. 그런데 연료장전기는 북한이 재처리 목적으로 원자로에서 얼마나 많은 폐연료봉을 해체했는지를 알게 해주는 성격이었다.

1993년 2월 국제원자력기구는 북한이 재처리한 플루토늄의 규모를 파악하기

---

74) Leon V. Sigal. *Disarming Strangers* (Kindle Location 645). Kindle Edition.

75) Quoted in Matthias Dembinski, "North Korea, IAEA Special Inspections, and the Future of the Nonproliferation Regime," p. 37.

76) Leon V. Sigal. *Disarming Strangers* (Kindle Location 647). Kindle Edition.

위해 영변의 2곳의 핵 폐기장의 폐기물을 분석하기로 결심했다. 국제원자력기구는 이들 핵 폐기장에서 샘플을 채취하게 해달라고 북한에 요청했다. 2월 8일 북한은 이 같은 국제원자력기구의 요청을 주권 침해 운운하며 거절했다.77)

그러자 2월 9일 블릭스가 이들 핵 폐기장을 특별 사찰하게 해달라고 요청했다. 1993년 2월 21일 북한 노동신문은 이 같은 상황의 심각성을 다음과 같이 경고했다. "국제원자력기구가 공화국의 주권을 침해하고 있다." 여기서는 한국의 국제원자력기구 지원과 관련하여 다음과 같이 경고했다. "한반도에서 재차 전쟁을 일으키기 위한 천인공노할 매국적인 행위다." 이외에도 다음과 같이 경고했다. "우리에게 특별사찰과 제재를 강요하는 행위, 숭고한 조국 영토를 강대국들이 짓밟아오는 행위, 모두 한반도를 전쟁의 재앙으로 휘말려들게 하는 위험한 도화선이 될 것이다."78)

1993년 2월 22일 제네바의 북한 대표 이철은 "국제원자력기구가 지속적으로 특별사찰을 요구하는 경우 북한이 국제원자력기구 합의 아래서의 책임을 제대로 이행할 수 없을 것이다."79)라고 말했다. NPT 탈퇴 의향을 밝힌 것이다.

국제원자력기구는 여기서 물러설 수 없었다. 왜냐하면 2월 22일의 국제원자력기구 이사회 비밀회동에서 미국이 1945년 이후 최초로 자국이 사용할 수 있던 모든 카드를 사용했기 때문이다. 1992년 겨울부터 미국의 몇몇 최고위급 관리들이 북한의 핵물질 폐기장 2곳에 관한 비밀정보 공개 문제를 놓고 미 중앙정보국과 실랑이를 벌였다. 이들 관리는 이들 비밀정보를 공개함으로써 국제사회의 대북제재 여론을 환기시킬 필요가 있다고 주장했다. 중앙정보국이

---

77) "《핵문제》와 관련하여 우리에게 그 어떤 부당한 조치가 강요된다면 그에 대응한 자위적 조치를 취하지 않을 수 없게 될 것이다"란 제목의 "조선민주주의인민공화국 외교부 대변인 기자의 질문에 대답," 『로동신문』, 1993. 2. 8.; Jon B. Wolfsthal, "IAEA Asks for Special Inspection of North Korean Site," Arms Control Today, Vol. 23, No. 2 (March 1993), p. 20.

78) 론평원, "대국들의 희생물이 되지 말자," 『로동신문』, 1993. 2. 21.

79) Jon B. Wolfsthal, "IAEA Asks for Special Inspection of North Korean Site," p. 20.

이들의 주장에 굴복한 것이다. 결과적으로 미국은 북한이 자국의 핵무기 개발과 관련하여 거짓말하고 있음을 입증해주는 듯 보이는 핵 폐기장 2곳에 관한 위성정보 사진을 리비아, 시리아 및 알제리 대표가 배석한 가운데 공개한 것이다.[80]

북한은 이들 핵 폐기장이 군사시설이라며 사찰을 거부했다.[81] 북한은 이 같은 국제원자력기구의 요구가 미국이 제공해준 정보에 입각하고 있으며, 이 같은 정보 제공이 안전보장조치 협약에 명시되어 있지 않다고 주장하면서 특별사찰의 타당성에 의문을 제기했다.[82]

2월 25일 국제원자력기구 이사회는 문제의 2곳의 핵물질 폐기장 접근이 "필수적이면서도 시급하다"라고 말하면서 북한에 특별사찰 수용을 요구하는 결의문을 채택했다. 결의문에서는 향후 1달 이내에 북한의 특별사찰 수용 여부를 이사회에 보고하라고 블릭스 사무총장에게 촉구했다.[83] 그러자 2월 26일 북한은 이들 2곳이 군사시설이기 때문에 특별사찰을 결코 수용할 수 없을 것이라고 주장했다.[84] 2월 27일 북한은 부당한 결의안의 통과로 자국의 최고이익을 수호하기 위해 자위적인 조치를 취하지 않을 수 없게 되었다고 주장했다. NPT 탈퇴를 암시한 것이다.[85]

북한은 6차례에 걸친 국제원자력기구 사찰을 허용해주었음에도 불구하고 얻은 것이 거의 없었다. 국제사회의 대북 지원 또는 투자가 전혀 없었다. 미국,

---

[80] R. Jeffrey Smith, "North Korea and the Bomb: High-Tech Hide and Seek," *Washington Post*, April 27, 1993.

[81] "부당한 《특별사찰》 시도를 당장 중지하라," 『로동신문』, 1993. 2. 22.; "핵대상이 아닌 군사시설에 대한 사찰을 거부하는 것은 정당하다." 『로동신문』, 1993. 2. 23.

[82] "특정한 나라 《정보자료》가 사찰에 이용되여서는 안 된다," 『로동신문』, 1993. 2. 24.

[83] Jon B. Wolfsthal, "IAEA Asks for Special Inspection of North Korean Site," p. 25.

[84] "비법적인 《특별사찰》 책동을 당장 걷어치우라," 『로동신문』, 1993. 2. 26.

[85] "우리는 나라의 자주권과 최고 이익을 수호하기 위하여 자위적인 대응 조치를 취하지 않을 수 없게 되었다." 『로동신문』, 1993. 2. 27.

한국 또는 일본과의 폭넓은 정치적 교류도 없었다. 남한지역에서의 미 전술 핵무기 철수 여부조차 확인할 수 없었다. 반면에 한국과 국제원자력기구는 거의 모든 북한 핵시설에 대한 특별사찰을 요구했다.

1993년의 팀스피릿 훈련 재개

이미 살펴본 바처럼 미국은 북한 핵시설을 국제원자력기구가 엄격히 사찰하게 만드는 방식으로 한반도 긴장을 고조시켰다. 이처럼 한반도 긴장을 고조시키기 위한 또 다른 방안에 1993년의 팀스피릿 훈련 재개가 있었다.

1992년 여름과 가을 미국과 한국은 1992년의 팀스피릿 훈련 취하가 1년 동안 유효한 성격이라고 말하기 시작했다. 1992년 이전 몇 년 동안 북한이 국제원자력기구 사찰을 거부한 이유에 팀스피릿 훈련이 있었다. 1992년 북한이 안전보장조치를 비준한 이유에 1992년의 팀스피릿 훈련 취하가 있었다. 이 같은 사실 측면에서 보면 한국과 미국의 1993년 팀스피릿 훈련 재개 발언은 놀라운 성격이었다.

북한은 한국과 미국 관리들에게 팀스피릿 훈련 재개의 위험성에 관해 경고했다. 1992년 10월 4일 북한방송은 주한미군이 완벽한 비핵화 협정 체결 측면에서 걸림돌이 되고 있다며 다음과 같이 주장했다. 1992년의 팀스피릿 훈련 취하 이후 미국이 "팀스피릿 훈련 대체용으로 대규모 군사훈련을 실시했다.… 1993년에 팀스피릿 훈련을 재개할 것이라고 선언하면서 미국은 또한 얼마 전에 포커스렌즈 훈련을 했다.…이처럼 군사적 긴장을 고조시키고 있다."[86]

이 같은 북한의 이의 제기에도 불구하고 1992년 10월 초순의 제24차 한미연례안보협의회의 당시 한국과 미국의 관리들은 1993년의 팀스피릿 훈련

---

86) "미국은 북남합의서이행을 가로막지 말아야 한다," 『로동신문』, 1992. 10. 4.; "미국은 말과 행동을 일치시켜야 한다." 『로동신문』, 1992. 10. 4.

추진을 결심했다. 북한 핵문제와 관련하여 상당한 진전이 없는 경우 훈련을 실시하기로 결정했다.87) 1992년 10월 이임 대통령 부시와 노태우는 팀스피릿 훈련 재개를 허용해주었다. 신임 대통령 클린턴과 김영삼은 팀스피릿 훈련이 그대로 진행되게 했다.

한미 양국의 팀스피릿 훈련 재개 발표에 북한이 격렬히 반응했다. 10월 중순 북한은 팀스피릿 훈련 재개를 "남북기본합의서 이행을 와해시키고, 남북관계 진전을 어렵게 하며, 남북대화를 위기로 몰고 가기 위한 범죄 행위"라고 지칭했다. "진척 조짐을 보이고 있는 북미관계에 먹구름을 끼게 하기 위한 무모한 행위"88)라고 말했다.

10월 22일 남북한 동시 핵사찰 문제를 논의하기 위한 회동은 별다른 성과 없이 종료되었다. 당시 회동의 주요 안건은 팀스피릿 훈련이었다. 북한은 11월 말경까지 팀스피릿 훈련을 취하하지 않으면 남북한 동시사찰 관련 회담을 지속할 수 없을 것이라고 말했다. 남북화해 관련 합의를 취하할 것이라고 위협했다.89) 10월 22일 남북공동경제협력 및 교환위원회 북측 대표 김종우는 "북측을 겨냥하여 포격하는 등 거대한 수소폭탄 전쟁 연습이 진행되는 상황에서 남북대화는 당연히 진행될 수 없을 것임"90)을 의미하는 성명서를 발표했다.

이처럼 팀스피릿 훈련 재개 문제를 놓고 논란이 고조되고 있는 가운데 11월 1일 미국의 군비통제 및 무장해제국의 국장인 로널드 리먼(Ronald Lehman)은 국제원자력기구의 대북 핵사찰이 긍정적인 의미가 있다는 내용의 발언을 했다. 그는 대북 핵사찰로 북한 핵무기 개발이 중지되었으며, "북한이 일정

---

87) Quoted in Michael J. Mazarr, *North Korea and The Bomb*, p. 91.
88) "미국과 남조선당국의 전쟁모의는 북남합의서와 비핵화공동선언에 대한 란폭한 위반으로 된다."란 제목의 "조선민주주의인민공화국 외교부 대변인성명," 『로동신문』, 1992. 10. 13.
89) "북남핵통제공동위원회: 제9차 회의 진행," 『로동신문』, 1992. 10. 23.
90) Quoted in Michael J. Mazarr, *North Korea and The Bomb*, p. 92.

기간 동안 상당한 규모의 핵무기를 보유할 수 없게 되었다."[91]라고 말했다. 여기서 보듯이 당시 한국과 미국에는 북한의 비핵화 노력을 긍정적으로 평가하는 사람들이 없지 않았다. 그럼에도 불구하고 미국과 한국은 이 같은 북한의 노력과 관련하여 1993년의 팀스피릿 훈련 취하와 같은 방식으로 보상해주지 않았다.

한국 관리들은 1991년 이전에 북한이 생산했다고 알려진 플루토늄의 완벽한 제거 차원에서 남북한이 상대방의 핵시설을 철저히 사찰할 필요가 있다고 생각했다. 이 같은 특별사찰을 북한이 수용하게 만들기 위한 수단으로 팀스피릿 훈련 재개 방안을 이용했다. 1992년 11월 한국 관리들이 팀스피릿 훈련 재개 가능성을 거론하기 시작했던 것은 이 같은 이유 때문이었다. 이들은 1992년 12월 말경까지 남북한 동시 핵사찰 측면에서 진전이 있는 경우 1993년의 팀스피릿 훈련을 취하할 수 있을 것이라고 말했다.[92] 북한이 이 같은 한국의 제안을 거부했다. 북한은 자국이 안전보장조치를 비준하게 만들 목적으로 한미 양국이 팀스피릿 훈련이란 카드를 이미 사용했다며, 더 이상 이 카드를 사용하면 안 될 것이라고 주장했다.[93] 미국은 이 같은 북한의 주장이 거짓이라고 말했다.

북한의 NPT 탈퇴 위협

1993년 3월 8일 팀스피릿 훈련이 시작되었다. 3월 8일 김일성은 조선인민군 최고사령관으로서 "전 국가, 국민, 군대에 전쟁 준비상태에 돌입하라"는 명령을 하달했다. 김일성은 팀스피릿 훈련이 "그 내용과 목적 측면에서 전적으로 침략

---

91) Don Oberdorfer, "North Korea A-Arms Danger is Downgraded," *Washington Post*, November 1, 1992.

92) Quoted in Michael J. Mazarr, *North Korea and The Bomb*, p. 93.

93) Ibid.

적인 성격"이며, "북조선을 기습적이고도 선제적으로 타격하기 위한 핵전쟁 연습"과 다름이 없다고 주장했다. 김일성은 결과적으로 "전 국가, 국민 및 군대에 3월 9일을 시점으로 전쟁상태에 돌입하라"94)고 명령했다.

3월 12일 북한은 북한 핵시설에 대한 특별사찰을 비난하면서 90일 이내에 NPT에서 탈퇴할 것이라고 국제원자력기구에 통보했다. 많은 관측가들이 북한의 NPT 탈퇴 통보를 불가역적인 성격으로 해석했다. 그러나 북한의 성명은 미국이 핵위협(팀스피릿 훈련을 의미)을 멈추고, 국제원자력기구가 독자성과 공정성의 원칙을 준수하는 경우(특별사찰 요구 중지 의미) 탈퇴를 재고할 것임을 암시했다.95) 3월 22일 북한은 특별사찰과 관련하여 국제원자력기구를 미국의 앞잡이라고 비난했다.96)

2. 주변국의 북한 NPT 복귀 촉구

북한이 NPT에서 탈퇴하는 경우 미국이 북한 핵 위기를 통제할 수 없을 것이었다. 한중수교와 한러수교로 고립무원 상태에 있던 북한이 자국 안보 차원에서 NPT에서 탈퇴한 후 핵무기를 개발할 권리가 있었기 때문이다. 북한 핵무기 개발 노력을 이용하여 한반도 긴장을 지속적으로 고조시키고자 하는 경우 북한이 NPT에서 탈퇴하지 못하게 만들 필요가 있었다. 북한의 NPT 탈퇴를 저지하기 위해 미국은 무력 사용도 불사할 것처럼 말했다. 한편 미국은 북한이 NPT 탈퇴 관련 결심을 철회하게 만들기 위해 국제원자력기구와 유엔안전

---

94) "조선인민군 최고사령관 명령 제 0034호: 전군, 전민, 전군에 준전시상태를 선포함에 대하여," 『로동신문』, 1993. 3. 9.

95) "《특별사찰》은 자주권을 침해하는 용납 못할 범죄행위," 『로동신문』, 1993. 3. 12.; "《팀 스피리트》 전쟁연습 본격적인 단계에서 감행," 『로동신문』, 1993. 3. 12.; "《팀 스피리트 93》 합동군사연습은 무엇을 노리는가," 『로동신문』, 1993. 3. 12.; "민족의 자주권과 나라의 최고 이익을 수호하기 위하여 자위적 조치를 선포한다"란 제목의 다음 참조, "조선민주주의인민공화국 정부 성명." 『로동신문』, 1993. 3. 13.

96) "국제원자력기구는 전쟁 히스테리, 미국의 시녀가 되었다,"란 제목의 "공동성명" 『로동신문』, 1993. 3. 23.; "《특별사찰결의》는 미국의 조종에 따른 것이다," 『로동신문』, 1993. 3. 23.

보장이사회를 이용했다.

북한 NPT 탈퇴 위협에 대한 관련국들의 반응

북한이 NPT 탈퇴를 선언하자 미국과 한국은 북한을 보다 더 고립시킬 가능성이 있는 발언을 자제했다. 3월 15일 김영삼은 북한의 NPT 탈퇴 위기가 지속되는 한 대북 경제지원이 곤란해질 것인데 이는 남북한 모두에게 불행한 일이라고 말했다. 김영삼은 "한국은 북한이 더 이상 고통을 받거나 국제사회에서 고립되기를 원치 않는다."라고 주장했다.97) 3월 중순 미 국무성은 다음과 같이 말했다. "우리는 북한이 NPT 탈퇴 성명을 곧바로 철회할 것을 촉구한다.…북한이 핵문제 측면에서 책임을 이행하고 있다고 국제사회가 확신할 수 있도록 국제원자력기구와의 완벽한 협조를 포함한 조치를 취하기를 촉구한다." 유엔 대북제재 가능성에 관해 질문을 받자 국무성 대변인 리처드 바우처(Richard Boucher)는 답변하지 않았다.98)

중국 외교부는 협상을 통한 북한 핵 위기 해결을 옹호했다.99) 어느 중국 외교관은 북한 핵 위기 해결의 키를 미국이 갖고 있기 때문에 북미대화 촉진이 위기 해결을 위한 최선의 방안이라고 말했다.100)

국제원자력기구는 북한의 NPT 탈퇴를 수용할 수 없으며, 북한이 국제원자력기구 안전보장조치 관련 책임을 완벽히 이행해야 할 것이라고 주장했다.101) 국제원자력기구는 북한의 NPT 탈퇴 선언이 효력을 발휘하게 될 향후 3개월 이전까지 안전보장조치 관련 북한의 책임이 유효하다는 내용의 전문을 북한에

---

97) Quoted in Michael J. Mazarr, *North Korea and The Bomb*, p. 108.
98) Quoted in Ibid., p. 109.
99) Quoted in Joel S. Wit, Daniel B. Poneman, Robert L. Gallucci, *Going Critical*, p. 27.
100) Quoted in Ibid., p. 31.
101) Ibid., p. 26.

보냈다.102)

　미국과 한국이 북한의 NPT 탈퇴 선언과 관련하여 일반적으로 유화적인 제스처를 취했음에도 불구하고 북한은 몇몇 강경한 자세를 보였다. 북한 관리들은 대북제재를 강요하면 위기가 악화될 뿐이라고 주장했다. 주중 북한대사 추장준은 북한의 NPT 탈퇴 선언과 관련하여 제재하는 경우 강력한 방어적 수단을 동원할 것이라고 말했다.103) 3월 15일 북한은 국제원자력기구의 대북 핵사찰을 조목조목 반박하면서 자국의 NPT 탈퇴 선언의 정당성을 변호했다.104) 북한 제1외무상 강석주는 이 문제를 유엔안보리에 회부하는 경우 심각한 결과를 초래할 것이라고 위협했다. 미국이 대북 핵위협을 철회하고 국제원자력기구가 독자성과 공정성의 원칙을 준수하기 이전까지 NPT에 복귀하지 않을 것이라고 말했다.105)

　그러나 점차 한국과 미국의 입장 차이가 분명해졌다. 미국 관리들은 북한이 NPT 탈퇴 선언을 철회하지 않으면 제재 또는 처벌받게 될 것임을 공공연히 언급한 것이다. 예를 들면, 3월 13일 뉴욕타임스지는 미 대북정책의 핵심은 대북 경제제재를 위협하는 최후통첩장 발령을 유엔안전보장이사회에 요청하는 성격이 되어야 할 것이라고 보도했다. 여기서는 "북한이 NPT 탈퇴를 고집하는 경우" 대북제재가 가장 먼저 생각할 수 있는 대안일 것이란 워런 크리스토퍼(Warren Christopher) 미 국무장관의 발언을 인용하고 있었다.106) 한승주(韓昇洲) 외무장관이 미 의회에서 증언한 1991년 당시에도 미국의 증인들, 예를

---

102) Quoted in Ibid., p. 27.

103) "우리는 그 어떤 사태에도 대처할 만단의 준비가 되여있다."란 제목의 "조선민주주의인민공화국 정부 성명을 발표하는 것과 관련하여 외교부에서 국내외기자회견 진행," 『로동신문』, 1993. 3. 13.

104) "우리나라에 대한 국제원자력기구의 핵사찰 진상에 대하여"란 제목의 다음 참조. "조선민주주의인민공화국 외교부 비망록," 『로동신문』, 1993. 3. 13.

105) Joel S. Wit, Daniel B. Poneman, Robert L. Gallucci, *Going Critical*, p. 37.

106) Douglas Jehl, "U.S. Seeking U.N. Pressure to Compel North Korea to Honor Treaty," *New York Times*, March 13, 1993.

들면 연구소 연구원과 전직 관리들이 북한 선제타격을 옹호하는 발언을 한 바 있다. 그런데 북한이 NPT 탈퇴를 선언한 1993년 3월 당시 한국을 방문한 미국 관리들은 북한을 선제 타격해야 할 정도로 상황이 악화될 가능성을 암시했다. 이 같은 발언을 들으며 한승주는 매우 놀랐다.107) 미국의 대북 선제타격 가능성을 우려했다. 워싱턴에서 미 국무성 차관보 윌리엄 클라크(William Clark)는 미국 정부 부처 간의 회동을 주관했다. 당시 동아시아 정보 담당 고위급 관리인 캔트 해링턴(Kent Harrington)은 이 같은 회동은 1976년 비무장지대에서 벌어진 북한군 도끼 만행 사건 이후 처음이며, 미국이 이처럼 높은 수준의 회동을 한 네 번째 경우라고 말했다.108) 그런데 이들은 1장에서 언급한 바처럼 북한 NPT 탈퇴를 빌미로 한국인들을 긴장시켜 한미동맹의 필요성을 절감하게 함과 동시에 북한 핵무기 개발 능력을 단순 동결시키는 성격의 북미합의에 김영삼 정부가 동의하게 만들기 위함일 것이다.

크리스토퍼 미 국무장관과 회동한 후 한승주 외무장관은 북한이 NPT에 잔류할 수 있도록 일련의 당근을 제시해주기로 합의했다고 말했다. 이들 당근에는 한국군 기지에 대한 북한의 사찰 허용, 훨씬 소규모의 팀스피릿 훈련 실시, 대북 공격 자제 약속, 한국, 일본 및 미국과 북한의 무역 및 외교관계 확대가 포함되어 있었다.109)

북한의 NPT 탈퇴를 저지하기 위한 관련국들의 노력

1993년 3월 중순부터 미국과 국제사회는 북한의 NPT 탈퇴를 저지하기 위한 노력을 전개했다. 3월 17일 국제원자력기구는 NPT 아래서의 책무 준수와 1달

---

107) Quoted in Joel S. Wit, Daniel B. Poneman, Robert L. Gallucci, *Going Critical*, p. 28.
108) Ibid.
109) Don Oberdorfer, "South Korean: U.S. Agrees to Plan to Pressure North," *Washington Post*, March 30, 1993.

이내에 의혹의 2개 핵폐기물 처리장에 대한 사찰 허용을 북한에 촉구하는 결의안을 채택했다.110) 3월 22일 미국, 한국 및 일본 대표들은 북한이 NPT로 복귀하는 경우 경제 및 외교적 교류를 약속했다. 북한이 이 같은 국제사회의 움직임을 주목했다. 미국의 자제하는 발언은 물론이고 한국의 1993년 팀스피릿 훈련 종료 선언에 고무된 북한은 3월 24일 북한군의 준전시 상태 종료를 선언했다.111) 그러나 미국이 종종 대북제재를 거론하자 3월 29일 북한은 강력한 자위적 조치를 취할 것이라고 경고했다.112)

1993년 3월 30일 북한은 핵폐기물 처리장에 대한 국제원자력기구의 특별사찰 요구를 거부했다. 그러나 북한은 이들 핵폐기물 처리장 이외의 핵 시설 사찰을 수용할 것이라고 말했다. 그러자 1993년 4월 1일 국제원자력기구 이사회는 북한이 안전보장조치 협약을 위배했다고 선언했다. 북한을 제재하기 위한 성격의 결의안을 채택했다. 국제원자력기구는 북한의 NPT 탈퇴 문제를 유엔안전보장이사회에 회부하여 북한이 NPT 관련 약속을 이행하게 만들고자 노력했다. 북한은 이 같은 국제원자력기구의 노력에 강력히 저항했다.113) 북한은 폐연료봉 재처리가 없었다는 사실을 확인하기 위한 성격의 사찰을 허용해줄 의향은 있었다. 그러나 자국이 1991년 이전에 생산했을 가능성이 있는 플루토늄의 분량을 확인하기 위한 특별사찰을 허용해줄 의향은 없었다.

북한 외교부는 "북한 핵 문제" 소위 말해 북한이 얼마나 많은 플루토늄을 1991년 이전에 재처리했는지는 "북한과 국제원자력기구 간의 문제가 아니고"

---

110) David E. Sanger, "South Korea, Wary of the North, Debates Building a Nuclear Bomb," *New York Times*, March 19, 1993.

111) "조선인민군 최고사령부 보도: 조선인민군 최고사령관 전국, 전민, 전군에 준전시상태를 해제할데 대한 명령을 하달,"『로동신문』, 1993. 3. 25.

112) "우리의《핵문제》를 유엔안전보장이사회에 상정시키고 계속 압력을 가한다면 우리는 강력한 자위적 조치를 취할 것이다"란 제목의 다음 참조. "조선민주주의인민공화국 외교부 대변인담화,"『로동신문』, 1993. 3. 30.

113) 윤우철, "2중 기준 적용은 묵과될 수 없다."『로동신문』, 1993. 4. 5.; "미국은 국제공동체 앞에서 응당한 책임을 지고 심판을 받아야 한다."란 제목의 "조선민주주의인민공화국 외교부 대변인담화,"『로동신문』, 1993. 4. 5.

"북미 간의 문제"라고 말했다. 이 문제는 유엔에서가 아니고 "북미협상을 통해 해결해야 할 것이다."114)라고 말했다.

그러면서도 북한은 긴장의 끈을 놓지 않았다. 4월 7일 프랑스 주재 북한 공사 박동춘은 북한이 모든 상황에 대비하고 있다고 다음과 같이 말했다. "우리는 전쟁을 원치 않습니다.…그러나 전쟁을 두려워하지도 않습니다."115) 4월 9일 북한은 국제원자력기구 이사회의 대북제재 결의가 안전보장조치와 국제원자력기구 규약에 전적으로 위배된다는 내용의 성명을 발표했다.116)

1993년 4월 22일 미국은 북한의 NPT 준수 거부로 초래된 문제를 해결하기 위한 북미 고위급 대화에 동의했다.117) 그 이전까지만 해도 미국은 북미 대화를 거부했었다. 5월 5일 미국과 북한 관리들이 베이징에서 회동했다. 당시 미국은 북한이 NPT 탈퇴 관련 위기 해결을 원하고 있는 것으로 생각했다.118)

6월 2일의 북미회담에서는 북한의 NPT 탈퇴 위협으로 초래된 위기가 해결될 가능성이 있을 것이란 징후가 포착되었다. 북한의 고위급 대표 강석주는 "북측이 좋은 성과를 얻을 수 있도록 온갖 노력을 다할 것이다.…미측도 이처럼 하기를 원한다."라고 말했다. NPT 탈퇴가 효력을 발휘하기 하루 전인 6월 11일 북한은 대화가 지속되어 필요하다고 생각되는 동안 NPT 탈퇴를 중지하기로 결심했다는 취지의 발언을 했다. 미국은 "더 이상의 플루토늄 재처리, 국제원자력기구 안전보장조치 연속성 측면에서의 중지 또는 NPT 탈퇴를 대화를 통해 북한 핵문제를 해결할 것이란 미국의 노력과 배치되는 성격으로 간주할

---

114) "국제원자력기구 관리이사회의 《결의》를 단호히 배격하고 단죄한다"란 제목의 다음 참조. "조선민주주의인민공화국 외교부 성명,"『로동신문』, 1993. 4. 6.

115) "전쟁 위험이 더욱 커가는 조선반도,"『로동신문』1993. 4. 6.; "조선인민에게는 그 어떤 군사적 압력이나 제재도 통하지 않는다,"『로동신문』, 1993. 4. 7.

116) "조선민주주의인민공화국 원자력공업부장 담화,"『로동신문』, 1993. 4. 9.

117) Douglas Jehl, "U.S. Agrees to Discus Arms Directly with North Korea," *New York Times*, April 23, 1993.

118) Douglas Jehl, "U.S. Sees Conciliatory Atom Steps by North Korea," *New York Times*, May 13, 1993.

것이다."119)라고 말했다.

미국은 북한 핵문제를 무력을 통해 해결하지 않을 것임을 분명히 했다. 북한을 겨냥하여 핵무기를 포함한 무력을 사용하지 않을 것이며, 이들 무기로 위협하지 않을 것이라고 약속했다. 또한 안전보장조치의 공정한 적용을 약속했다.120) 그러나 미국은 팀스피릿 훈련 중지도, 주한미군 기지와 북한의 시설에 대한 동시사찰도, 경제적 인센티브도 제공해주지 않았다. 북한은 의혹의 핵폐기물 처리장들에 대한 국제원자력기구 사찰에 동의하지 않았다.121) 한편 6월 11일 국제원자력기구 이사회는 북한 핵시설에 대한 완벽한 사찰을 강조하는 내용의 합의문을 채택했다.122)

NPT에 복귀한 이후에도 북한은 의혹의 핵폐기물 처리장에 대한 사찰은 북미외교관계정상화처럼 자국 안보를 보장해줄 구체적인 방안과 교환하기 위한 성격으로 생각했다. 미국이 일괄타결 방안을 제시한 1994년 10월의 북미제네바 합의 이전에는 나름의 실마리를 찾을 수 없었던 것이다.

3. 폭발 직전까지 고조된 북미 대결

이미 1993년 3월 미국은 북한 핵 문제를 일괄타결하기 위한 방안을 정립했다. 1994년 10월의 북미제네바합의문과 유사했다. 영변원자로를 포함한 원자로와 재처리 시설 동결, 북미 및 북일 외교관계정상화 등을 담고 있는 일괄타결 방안이었다. 미국은 고위급 특사가 이 같은 일괄타결안을 갖고 북한을 방문하여 김일성의 의중을 타진해야 할 것으로 생각했다. 이 같은 일괄타결안을

---

119) Quoted in Leon V. Sigal. *Disarming Strangers* (Kindle Location 955). Kindle Edition.; Robert Gallucci, Press Conference New York, June 11, 1993.
120) "조선민주주의인민공화국-미합중국 공동성명," 『로동신문』, 1993. 6. 13.
121) Quoted in Michael J. Mazarr, *North Korea and The Bomb*, p. 121.
122) Quoted in Ibid., p. 122.

정립했음에도 불구하고 카터가 방북한 1994년 6월 15일까지 미국은 국제원자력기구가 북한에 특별사찰을 지속적으로 강요하게 만들었으며, 이에 대항하여 북한이 저항하게 하는 방식으로 한반도 긴장을 극도로 고조시켰다.

지속되는 북한과 국제원자력기구의 대립

6월 11일의 북미합의 이후 언론매체가 대부분 간과했지만 상당히 중요한 의미가 있는 부분이 있었다. 이는 NPT에 관한 북한의 입장이었다. 미국은 북한이 NPT 탈퇴를 중지했기 때문에 NPT의 완벽한 회원국이 되었다고 생각했다. 당연히 회원국으로서의 책무를 모두 감당해야 할 것으로 생각했다. 그러나 북한은 달리 해석했다. NPT 탈퇴 중지를 탈퇴 관련 최종 결심을 유보한 것으로 해석한 것이다. 따라서 북한은 자국이 NPT 회원국으로서 국제원자력기구의 사찰을 허용해줄 법적인 책임이 있다는 개념을 부인했다. 이 같은 관점 차이가 1993년 내내 북미 간에 심각한 문제를 초래했다.

1993년 내내 국제원자력기구는 의혹의 2곳의 핵폐기물 처리장에 대한 특별사찰을 포함한 북한 핵시설의 완벽한 사찰을 요구했다. 1993년 3월 12일 북한이 NPT 탈퇴를 선언했던 주요 이유는 이들 핵폐기물 처리장을 특별 사찰하게 해달라는 국제원자력기구의 요구 때문이었다. 그 후 미국과 한국을 포함한 관련국의 노력으로 북한이 NPT에 복귀했는데 재차 국제원자력기구가 이들 핵폐기물 처리장에 대한 특별사찰을 요구한 것이다.

당시 북한은 영변원자로가 제대로 가동되고 있는 반면 플루토늄 재처리 시설이 가동되지 않고 있음을 확인해주었다. 그런데 이는 북한이 원자로에서 폐연료봉을 추출하지 않고 있거나 더 이상 플루토늄을 생산하지 않고 있음을 보여주는 증거였다. 북한은 또한 영변원자로 감시용 장비들이 제대로 기능하게 하기 위한 일상적인 정비 업무를 국제원자력기구에 허용해주었다. 그러나 북한은 1991년 이전의 플루토늄 재처리 역사는 북미 간의 보다 큰 거래의 일환으로서만 파악하게 해줄 것이라고 지속적으로 주장했다.123)

북미가 상호 합의한 성명이 등장한 1993년 7월의 고위급 북미회담에서는 북미가 조만간 모종의 타협을 할 것으로 보였다. 당시 미국은 북미대화 조건으로 국제원자력기구의 정기사찰 수용과 남북한 정치교류 재개를 요구했다.124) 미국은 "북한 핵문제 최종 해결의 일환으로서,…경수로 도입을 지원하고 경수로를 획득할 수 있게 하기 위한 방안을 북한과 강구할 준비가 되어 있다."125)고 말했다. 그러자 북한은 국제원자력기구 안전보장조치 문제는 물론이고 여타 문제와 관련하여 가능한 한 조속히 국제원자력기구와 협의할 것이라고, 핵문제를 포함한 남북한 문제와 관련하여 가능한 한 조속히 남북대화를 시작할 것이라고 약속했다.

북한은 국제원자력기구의 안전보장조치 지속을 보장하기 위한 사찰을 허용해줄 의향은 있었다. 그러나 북한은 국제원자력기구에 모든 유형의 사찰을 허용해줄 의향이 없었다. 한국에 어떠한 대북사찰도 허용해줄 의향이 없었. 1993년 7월 31일 북한은 국제원자력기구가 정상적인 정비 업무 목적의 사찰을 하게 해줄 것이라고 말했다. 국제원자력기구는 북한이 허용해준 수준으로는 자신의 책임을 제대로 완수할 수 없다며 나름의 불만을 토로했다.126)

이처럼 국제원자력기구와 대립하는 와중에서도 북한은 미국이 제시한 2가지 북미대화 조건을 충족시키기 위해 노력했다. 북한은 남북한 특사교환을 염두에 둔 실무자급 접촉을 했다. 또한 안전보장조치 연속성 보장 차원에서 국제원자력

---

123) Leon V. Sigal. *Disarming Strangers* (Kindle Location 980). Kindle Edition.

124) Jon B. Wolfsthal, "North Korea Suspends IAEA Talks; Seeks Dialogue With Washington," *Arms Control Today*, November 1993, Vol. 23, No. 9(November 1993), p. 21.

125) Quoted in Michael J. Mazarr, *North Korea and The Bomb*, p. 126.: "U.S.-North Korea Talks on the Nuclear Issue," statement by Robert Gallucci, in U.S. Department of State Dispatch, Vol. 4, No. 30(July 26, 1993), pp. 535-6.

126) Daniel Williams, "Pyongyang Rebuffs New Inspections," *Washington Post*, August 17, 1993.

기구 기술자들이 영변원자로 주변 필름과 배터리를 교체하게 해줄 것이라고 말했다. 그러나 특별사찰을 포함한 완벽한 사찰을 거부했다.127)

국제원자력기구는 보다 많은 부분을 사찰할 수 있어야 할 것이라며 북한을 공개적으로 압박했다. 국제원자력기구는 감시용 장비 정비만을 목적으로 하는 사찰을 통해서는 핵물질 전용 여부에 관한 우려를 해소시킬 수 없을 것이라고 주장했다.128)

사찰 가능한 범주를 확대하기 위해 국제원자력기구는 '벼랑 끝 전술'에 호소했다. 1993년 9월 영변의 감시용 카메라 필름이 소진되면서 북한이 핵무기 제조 목적으로 폐연료봉을 보다 자유롭게 전용할 수 있게 되었다. 그런데 이는 국제원자력기구 사찰 요원들이 의도적으로 조장한 것이었다. 감시용 카메라 필름이 소진되면서 국제원자력기구는 핵물질 전용 여부를 확인할 수 있도록 원자로와 재처리 시설에 대한 완벽한 사찰을 주장할 수 있었던 것이다.

1993년 10월 1일 국제원자력기구 위원회는 북한이 안전보장조치 책무 완수 측면에서 즉각 협조할 것을 촉구하는 결의안을 72 : 1로 통과시켰다. 10월 12일 북한 관리들은 국제원자력기구와의 협의 중지를 선언했다. 이들 관리는 장비 유지 목적의 사찰만 허용해줄 것이며, 더 이상의 사찰 범주 확대는 미국과의 추가 논의를 통해서만 해결될 수 있을 것이라고 말했다.129)

10월 28일 북한은 감시용 장비의 정기 정비를 위한 사찰을 수용할 의향이 있다고 국제원자력기구에 통보했다. 그러나 보다 포괄적인 사찰은 북미대화의 진전 여부에 따라 가능해질 수 있다고 주장했다.130) 11월 1일 블릭스는 북한이

---

127) Quoted in Michael J. Mazarr, *North Korea and The Bomb*, p. 128.

128) Leon V. Sigal. *Disarming Strangers* (Kindle Location 1086). Kindle Edition.

129) "국제원자력기구의 《결의》를 배격하며 조미회담을 핵문제 해결의 유일한 방도라고 인정한다."란 제목의 "공동성명", 『로동신문』, 1993. 10. 16.; 홍황, "최선의 방도는 조미회담이다." 『로동신문』, 1993. 10. 16.

130) Julia Preston, "I.A.E.A., U.N. Warn N. Korea," *Washington Post*, November 2, 1993,

안전보장조치 협약을 준수하지 않기 때문에 일련의 검증 절차가 지연되었으며, 안전보장조치 관련 데이터의 연속성이 손상되었다고 유엔총회에서 말했다. 유엔총회는 국제원자력기구와 북한의 상호 협조를 촉구하는 결의안을 140 : 1로 통과시켰다.131) 11월 5일 북한은 북한 핵사찰을 촉구하는 결의안이 11월 1일 유엔총회를 통과한 것과 관련하여 강력히 반발했다.132) 11월 11일 강석주는 북한 핵문제의 일괄타결을 미국에 제안했다. 그런데 강석주는 1993년 10월 9일부터 12일까지 북한을 방문한 미 의회 동아시아 태평양 소위원회 위원장 게리 액커맨(Gary Ackerman) 일행에게 북한 핵문제의 일괄타결 방안, 평화협정 체결, 경수로 제공, 완벽한 북미외교관계정상화란 내용이 포함되어 있던 일괄타결 방안을 제안한 바 있었다.133) 강석주의 이 제안이 1994년 10월의 북미제네바합의에 포함될 내용 측면에서 중요한 의미가 있었다.

클린턴 행정부의 본심은 북한 비핵화가 아니고 핵무기 개발 능력 동결

1993년 11월 중순경에도 국제원자력기구는 1991년 이전에 북한이 생산한 플루토늄 분량을 파악하기 위한 특별사찰을 고집하고 있었다. 그러나 클린턴 행정부가 출범한 1993년 초순 미국은 북한 핵의 과거가 아니고 미래에 초점을 맞추기로 결심한 바 있다.134) 1993년 10월 클린턴 행정부는 스티븐 페터(Steven Fetter)가 1993년 3월에 제안하여 1993년 5월에 레스 애스핀(Les Aspin) 국방장관이 확인한 정책으로 선회하기 시작했다. "포괄적인 해결안"을 추구하기 시작한 것이다. 페터의 제안은 북한이 1991년 이전에 핵무기를 제조

---

131) Reuters, "U.N. Atomic Agency Urges North Korea to Cooperate," November 1, 1993.
132) "그 어떤 압력도 우리에게는 절대로 통할 수 없다."란 제목의 "조선민주주의인민공화국 외교부 대변인 담화,"『로동신문』, 1993. 11. 5.
133) Joel S. Wit, Daniel B. Poneman, Robert L. Gallucci, *Going Critical*, p. 96.
134) Quoted in Michael J. Mazarr, "Going Just a Little Nuclear," p. 116.

했다고 가정하는 경우에도 제조한 핵무기 숫자를 파악하기 위해 노력하기보다는 북한이 더 이상 핵무기를 제조하지 못하게 하는 문제에 초점을 맞추라는 것이었다.135)

당시 미국이 북한의 완벽한 비핵화가 아니고 더 이상 북한이 핵물질을 생산하지 못하게 하는 형태의 정책을 추구했던 주요 이유는 엄격한 북한 비핵화를 추구하는 과정에서 한반도에서 전쟁이 벌어질 가능성, 북한 붕괴 가능성, 많은 대가를 지불하는 형태의 남북통일 가능성은 물론이고 미국 및 일본과 중국 및 러시아 간에 새로운 긴장이 조성될 가능성이 있었기 때문이었다.136)

미 하원의원을 역임한 스티븐 솔라즈(Stephen Solarz)는 이 같은 미국의 정책을 다음과 같이 표현했다. "북한 핵무기 개발의 미래가 이것의 과거와 비교하여 주요 관심사가 되어야 합니다.…더 이상 핵물질을 생산하지 못하게 하는 조건으로 이미 생산한 핵물질을 유지하게 해주는 성격의 합의를 하는 것이 보다 좋습니다. 북한이 1개 또는 2개의 핵무기를 갖는 경우 지구의 안정을 위협하지 못할 것이지만 보다 많은 핵무기를 보유하면 이 같은 안정이 위협받을 것입니다."137)

이처럼 북한이 1991년 이전에 생산했을 가능성이 있는 플루토늄을 용인해주는 형태의 정책이 기이해 보일 수도 있을 것이다. 그러나 미국은 인도, 파키스탄, 이스라엘의 핵무기 개발을 묵인해준 바 있었다.138)

이제 미국은 북한 핵무기 개발 능력을 일정 기간 동안 동결시키는 문제에 관심을 표명하기 시작했다. 당시 미 국방성 관리들의 주도적인 관점은 북한 핵의 과거를 규명하기 위한 특별사찰을 차후로 미뤄야 하는 반면 북한이 더

---

135) Leon V. Sigal. *Disarming Strangers* (Kindle Location 890). Kindle Edition.
136) Michael J. Mazarr, "Going Just a Little Nuclear," pp. 103, 110.
137) Stephen J. Solarz, "Next of Kim," *The New Republic*, August 8, 1994, p. 27.
138) Michael J. Mazarr, "Going Just a Little Nuclear," pp. 104-5.

이상 핵무기를 개발하지 못하게 하기 위한 임시 및 정기사찰이 필요하다는 것이었다. 이 부분과 관련하여 1993년 3월 애슈턴 카터(Ashton Carter)는 다음과 같이 말한 바 있다. "분명히 말하지만, 여러분들은 틀렸습니다. 중요한 것은 1991년 이전에 북한이 생산한 플루토늄 규모를 규명하기 위한 특별사찰이 아니고 북한이 더 이상 핵무기를 만들지 못하게 하기 위한 핵시설 동결입니다."139) 또한 미국의 전문가들은 특별사찰이 북한 핵의 과거를 규명하기 위한 최상의 방안이 아니라고 결론지었다.

한편 북한 비핵화가 당시 미국이 추구한 목표가 아니었다는 사실을 주목할 필요가 있다. 1993년 3월 미 국방성을 위해 페터가 작성한 보고서에서는 북한 핵무기 개발을 억제하지 못하면 미국의 '사활적 이익'이 위협받게 될 것이라고 주장했다. 미국의 각 군 참모총장들은 페터의 보고서에서 이 부분에 동의하지 않았다.140) 이들이 북한 비핵화가 전쟁도 불사하며 달성해야 할 정도로 미국 입장에서 중요한 목표라고 생각하지 않았던 것이다.

북한 비핵화가 당시 미국이 추구한 목표가 아니었다는 사실은 1993년 11월 7일의 클린턴의 Meet the Press 발언에 대한 미국 관리들의 반응에서도 목격된다. 당시 클린턴은 "북한 핵무기 개발을 결코 용납할 수 없을 것이다."라고 말했다. 이 같은 클린턴의 발언을 혹자는 실언(失言)이라고 말했다. 그 이유는 클린턴이 이처럼 말할 당시 미국 관리들이 북한이 더 이상 플루토늄을 생산하지 못하게 하는 것을 보다 중요하게 생각했기 때문이다. 북한이 1개 또는 2개의 핵무기를 보유하고 있을 가능성이 50% 이상이란 내용의 국가정보판단서가 클린턴 정부에서 회람되고 있었기 때문이다.141) 1991년 이전에

---

139) Quoted in Leon V. Sigal, *Disarming Strangers* (Kindle Location 891). Kindle Edition.

140) Quoted in Ibid., (Kindle Location 900). Kindle Edition.

141) Ibid., (Kindle Location 770). Kindle Edition.; 그러나 1991년 당시 미국의 전문가들은 북한이 핵무기를 개발하려면 적어도 5년의 기간이 소요될 것으로 생각하고 있었다. Quoted in Marion. Creekmore, *A Moment of Crisis* (p. 25). Kindle Edition.; Dayle E. Powell, "Memo to President Carter," August 24, 1990, Post-Presidential Papers, "North Korea 8/90-4/93."

북한이 생산한 플루토늄에 대한 사찰을 더 이상 문제 삼지 않을 정도로 미국이 북한 핵무기 보유를 기정사실화하고 있었기 때문이다.

아버지 부시 행정부 당시 미 국무성 동아시아태평양 차관보였던 윌리엄 클라크(William Clark)는 "북한이 핵무장한다고 무슨 문제가 되겠는가?"라고까지 말했다. 그는 대부분 국가의 핵무기 개발이 본질적으로 방어적 성격이라고 말했다. 북한이 일부 멍청한 짓을 했지만 "비이성적인 국가는 아니다."라고 말했다. 그는 미국이 "상황을 고려하여 북한 핵무장 허용 여부를 판단해야 한다"142)라고 말했다.

미국의 어느 고위급 관리는 핵무장한 북한과 한미동맹 훼손 가운데 양자택일해야 한다면 핵무장한 북한을 선택해야 할 것이라고까지 말했다.143) 북한이 핵무장하지 않으면 항공기, 전차 및 함정과 같은 재래식 전력 측면에서의 한국군의 우위로 한미동맹이 훼손될 수밖에 없었다. 상기 미국 관리는 미국이 이 같은 상황을 수용할 수 없다고 생각한 것이다. 핵무장이 정답이라고 생각한 것이다.

이들 일련의 발언과 관점에서 보듯이 미국이 1991년 이전에 생산된 플루토늄보다는 북한의 미래 핵무기 개발 능력 동결을 중요하게 생각하는 방향으로 관점을 선회한 1993년 10월 당시 북한 비핵화는 더 이상 주요 사안이 아니었던 것이다.

1993년 10월 중순의 미국 내부의 차상급 부서장들 회동에서 국무성차관부 로버트 갈루치는 국방성이 추구하는 방향으로 분위기를 유도해갔다. 갈루치는 단계별 접근 방안의 성과에 의문을 제기하며, "포괄적인 접근방안"을 채택해야 할 것이라고 권고했다.144)

---

142) William Clark, Jr., "What Does North Korea Ultimately Want?" *The International Herald Tribune*, November 3, 1993.

143) Leon V. Sigal. *Disarming Strangers* (Kindle Location 521). Kindle Edition.

144) Ibid., (Kindle Location 1195). Kindle Edition.

당시 갈루치는 미국이 북한 핵과 관련하여 추구해야 목표들을 재조정할 필요가 있다고 말했다. 북한 핵의 과거가 아니고 미래에 초점을 맞춰야 할 것이라고 말했다. 갈루치는 "북한이 이전에 생산했을 가능성이 있는 약간의 플루토늄에 천착하여 향후 수백 킬로그램 분량의 플루토늄을 축적할 수 있게 하면 곤란할 것입니다. 군비통제 측면에서 보면 이는 미친 짓입니다."145)라고 말했다. 갈루치는 안전보장조치 연속성을 보장하기 위한 사찰, 북한이 더 이상의 핵무기를 개발하지 못하게 하기 위한 성격의 사찰을 옹호했다. 그 이상의 사찰에 반대했다.146)

이 같은 미국의 정책 변화 측면에서 또 다른 주요 계기는 1993년 11월 11일의 강석주의 발언이었다. 강석주는 북한이 이전에 북한 핵문제의 일괄타결을 미국에 제안했다고 말했다. 강석주는 "북미 3라운드가 개최되어 일괄타결 방안에 관한 공식을 도출하는 경우" 1991년 이전에 북한이 생산한 플루토늄 관련 문제를 해결할 수 있을 것이라고 말했다. "이제 이 문제 해결은 우리의 일괄타결안 제안에 대한 미국의 답변에 달려있다. 미국의 대북 적대시정책 포기에 달려있다."147)라고 말했다.

11월 15일 미 국무성은 강석주의 제안 수용 여부 문제를 놓고 국방성 및 합참 요원들과 논쟁했다.148) 11월 15일 회동에서 미 국가안보 분야 최고위급 인사들이 일괄타결 방안에 서명했다. 결과적으로 미국의 대북 핵정책이 점차 미 국방성이 제안한 일괄타결 방안을 겨냥하여 움직였다. 그런데 여기서 말하는 일괄타결 방안에는 북미 및 북일 외교관계 정상화, 한국, 미국 및 일본 기업의

---

145) Quoted in Ibid., (Kindle Location 1201). Kindle Edition.

146) Ibid., (Kindle Location 1202). Kindle Edition.

147) "조선반도의 핵문제는 압력으로는 결코 해결할 수 없으며 오직 대화와 협상의 방법으로만 해결할 수 있다,"란 제목의 "조미회담 우리측 대표단 단장인 외교부 강석주 제1부부장의 담화," 『로동신문』, 1993. 11. 12.

148) Quoted in Michael J. Mazarr, *North Korea and The Bomb*, p. 135.; R. Jeffrey Smith, "North Korea Deal Urged by State Dept.," *Washington Post*, November 15, 1993.

대북투자가 포함되어 있었다.149)

클린턴이 1991년 이전에 생산한 플루토늄 규명이 아니고 북한의 미래 핵무기 개발 능력 동결을 추구해야 할 것으로 최종 결심한 것은 1994년 초순이었다. 이 같은 이유로 1994년 1월 5일 미 언론은 북한 핵무기 개발을 결코 용납할 수 없을 것이란 1993년 11월 7일의 클린턴의 발언이 실언이며, 미국의 주요 관심이 북한의 미래 핵무기 개발 능력 동결이란 의미의 클린턴 행정부 관리들의 발언을 인용하여 보도한 것이다.150) 2월 28일 뉴욕타임스지 칼럼리스트 마이클 크레이머(Michael Kramer)는 어느 미 국무성 관리의 다음과 같은 발언을 인용했다. "북한 핵무기 보유가 분명해진 지금 이 순간…북한이 더 이상 핵무기를 개발하지 못하게 하는 것이 보다 좋은 방안입니다."151) 거의 동일한 시점 미 국방장관 윌리엄 페리(William Perry)는 미국의 새로운 대북 핵정책과 관련하여 다음과 같이 말했다. "지금까지 우리의 대북 핵정책은 북한이 상당한 규모의 핵능력을 보유하지 못하게 만드는 성격이었습니다.…북한이 현재 보유하고 있다고 생각되는 1개 또는 2개의 핵무기와 관련하여 어떻게 해야 할지 잘 모르겠습니다. 지금 우리가 할 수 있는 것은 북한이 더 이상의 핵무기를 보유하지 못하게 하는 것입니다."152) 그런데 이는 1993년 11월 7일 당시의 클린턴의 발언, 북한 핵무기 개발을 결코 용인해줄 수 없을 것이란 클린턴의 발언과 배치되는 성격이었다. 이는 북한 핵무장을 기정사실화하는 성격이었다.

이 같은 클린턴 행정부의 정책 변화와 관련하여 이견이 없지 않았다. 북한의

---

149) Quoted in Michael J. Mazarr, *North Korea and The Bomb*, p. 135.; R. Jeffrey Smith, "U.S. Weighs N. Korean Incentives," *Washington Post*, November 17, 1993.

150) Quoted in Michael J. Mazarr, *North Korea and The Bomb*, p. 150.; Henry Kissinger, "No Compromise, But a Rollback," *Washington Post*, July 6, 1994.

151) Quoted in Michael J. Mazarr, *North Korea and The Bomb*, p. 150.; Michael Kramer, "Playing Nuclear Porker," *Time*, February 28, 1994.

152) Quoted in Michael J. Mazarr, *North Korea and The Bomb*, p. 150.; Mark Thompson, "Well, Maybe a Nuke or Two," *Time*, April 11, 1994.

1개 또는 2개 정도의 핵무기 보유가 수용 가능한 현상이라면 이란 또는 이라크가 이 같은 수준의 핵무기를 보유할 수 없는 것은 무슨 이유 때문인가? 란 반문이 곧바로 제기된 것이다. 이처럼 1개 또는 2개의 핵무기를 묵인해주면 북한이 결과적으로 보다 많은 핵무기를 개발하게 되는 것은 아닌지? 북한이 1개의 핵무기를 보유하고 있는 경우에서조차 일본과 한국이 핵무기 개발 대안을 고려하게 되는 것은 아닌지? 의문이 제기된 것이다.

한편 당시 북한이 진정 핵무기를 보유하고 있었는가와 관련해서 또한 의문이 없지 않았다. 북한이 핵무기를 개발했을 가능성을 가장 먼저 언급한 사람은 1992년 2월 25일 당시 미 중앙정보국장 로버트 게이츠였다. 미 하원외교위원회 답변에서 게이츠는 "북한이 1개의 핵무기를 보유하게 될 시점이 불과 몇 개월 내지는 몇 년이 남지 않았다."라고 말했다. 게이츠의 이 발언은 미국의 정보공동체가 사전 준비하여 승인해준 자료와 달랐다. 이 자료에서는 "북한이 핵무기 생산에 필요한 충분한 규모의 플루토늄을 축적한 이후에서조차 각각 몇 개월에서 수년이 걸릴 수 있는 여러 단계가 요구된다."라고 말하고 있었다. 미 정보기관의 어느 분석가는 다음과 같이 회고했다. "우리의 관점은 북한이 생산했을 가능성이 있는 플루토늄의 최대치 추정을 제외하면 어느 것도 말해줄 수 없을 정도로 북한 원자로와 재처리 시설에 관한 정보가 충분치 않다는 것입니다."[153] 이들 미 정보공동체의 입장에서 보듯이 1992년 당시 미 정보당국은 북한이 핵무기를 보유하고 있다고 생각하지 않았다. 국제원자력기구가 북한 핵시설을 사찰하기 시작한 1992년 6월 이후부터 클린턴 행정부가 대북 핵정책을 바꾼 1994년 초순까지 북한은 더 이상의 플루토늄 재처리 활동을 하지 않았다. 그럼에도 불구하고 1994년 초순 미국은 북한이 이미 1개 내지 2개의 핵무기를 보유하고 있다고 단정 짓고 있었던 것이다. 이 같은 근거 없는 가정에 입각하여 새로운 정책을 수립했던 것이다.

---

153) Leon V. Sigal. *Disarming Strangers* (Kindle Location 608). Kindle Edition.

1993년 12월 26일 미 중앙정보국은 이 같은 미국의 새로운 정책 수립 측면에서 도움이 되는 정보를 언론에 유출했다. 미 중앙정보국 자료는 1991년 이전에 북한이 생산한 플루토늄 규모를 파악하기 위한 국제원자력기구의 특별사찰은 북한이 이들 플루토늄을 갖고 이미 1개 또는 그 이상의 핵무기를 제조했다는 사실 측면에서 보면 거의 의미가 없을 것임을 상기시켜주었다.154)

이제 미국은 북한이 핵무기 몇 개를 보유하고 있다고 가정했다. 4장에서 확인 가능하겠지만 이 같은 가정이 북한 핵무장을 본격적으로 종용하기 시작한 아들 부시 행정부 당시 중요한 의미가 있었다. 콜린 파월 국무장관은 북한이 이미 핵무기를 몇 개 보유하고 있다는 점에서 핵무기 추가 허용이 전혀 문제될 것 없다는 논리를 전개한 것이다. 그러나 당시 북한이 핵무기를 보유하고 있었는지 어느 누구도 알지 못했다.

미국의 국제원자력기구 특별사찰 지원: 한반도 긴장 조성

이미 살펴본 바처럼 미국은 북한이 1991년 이전에 생산한 것으로 알려진 플루토늄 제거가 아니고 북한 핵시설 동결을 통해 더 이상 플루토늄을 생산하지 못하게 하는 문제에 관심을 집중시키기로 결심했다. 그럼에도 불구하고 미국은 북한의 플루토늄 제거를 겨냥한 특별사찰을 주장하던 국제원자력기구를 적극 지원했다. 국제원자력기구의 특별사찰 수용을 북한에 촉구했다. 그런데 이는 한반도 긴장을 고조시킴으로써 북한 핵무기 개발 능력을 단순 동결시키는 형태의 북미합의를 김영삼 정부가 수용하게 만들고, 주한미군과 주일미군의 중요성을 한국인과 일본인이 절감하게 만들기 위함이었다.

1993년 12월 2일 블릭스는 국제원자력기구에 허용해준 수준의 대북사찰로는 북한이 천명한 핵 시설과 물질이 평화적인 목적으로 사용되고 있는지 여부를

---

154) Quoted in Michael J. Mazarr, *North Korea and The Bomb*, p. 144.

제대로 검증할 수 없다고 국제원자력기구 이사회에서 말했다. 다음날 블릭스는 "안전보장조치 관련 국제원자력기구의 책임은 특정 정파가 희생시킬 수 있는 성격이 아니다."155)라고 말했다.

북한의 입장에는 변함이 없었다. 북한은 특별사찰을 결코 허용해줄 생각이 없었다. 1993년 12월 3일 시작된 북미 실무회담에서 북한은 이미 신고한 7개 핵시설에 대한 사찰을 허용해줄 것이라고 말했다. 북한은 미 행정부가 최근 설정한 목표, 다시 말해 더 이상 플루토늄 생산을 막아야 한다는 목표를 충족시켜주었다. Meet the Press와의 인터뷰 도중 애스핀 국방장관은 다음과 같이 말했다. "1989년에 영변에서 무슨 일이 있었는지 모르겠지만 이제 더 이상 상황이 악화되지 않고 있습니다. 북한이 더 이상 플루토늄을 생산하지 않고 있습니다."156) 그러나 국제원자력기구는 공개적으로 불만을 토로했다. 국제원자력기구 대변인은 "국제원자력기구 사찰 요원들이 북한이 선언한 모든 사이트를 무제한 접근할 수 있어야 한다"라고 말했다. 그는 "2개 핵폐기물 처리장에 대한 국제원자력기구 사찰 요원의 접근 여부는 협상 대상이 아니다."157)라고 말했다. 국제원자력기구는 안전보장조치 협약의 완벽한 이행을 북한에 요구하고 있었다.

1993년 12월 20일 북한은 국제원자력기구가 안전보장조치 연속성 보장 성격의 사찰을 수용하고 1994년의 팀스피릿 훈련을 중지하면 고위급 북미 회담의 3라운드를 개최할 수 있을 것이라고 말했다. 북한은 이 회담에서 북미가 일괄타결 방안과 관련하여 합의하는 경우 "자국이 국제원자력기구의 완벽한 사찰을 수용할 것이다."라고 말했다. 북한은 또한 "국제원자력기구 감시용 장비가

---

155) Leon V. Sigal. *Disarming Strangers* (Kindle Location 1441). Kindle Edition.
156) Ibid., (Kindle Location 1457). Kindle Edition.; William Claiborne, "N. Korea Is Not Trying to Build More Nuclear Bombs, Aspin Says," *Washington Post*, December 13, 1993.
157) Leon V. Sigal. *Disarming Strangers* (Kindle Location 1459). Kindle Edition.; Ruth Marcus and R. Jeffrey Smith, "Clinton, U.N. Agency Dismiss N. Korean Nuclear Inspection Offer," *Washington Post*, December 7, 1993.

전혀 작동되지 않았던 기간 동안 벌어진 상황을 복원할 수 있도록 합리적인 수준에서 추가 사찰을 논의 및 허용할 의향이 있다."158)라고 말했다.

12월 29일 북한과 미국은 일련의 사항과 관련하여 합의했다. 미국은 팀스피릿 훈련 중지 의사를 공식 표명했다. 북한은 정기 및 비정기 사찰이 아닌 안전보장조치의 연속성 보장에 필요한 사찰을 허용할 것이라고 말했다. 미국과 북한은 미국의 대북 핵위협과 적대시정책 종식, 북미관계 개선, 국제원자력기구의 북한 핵시설 정기 및 비정기 사찰 재개 등 핵문제를 놓고 3단계회담에서 일괄타결하기로 합의했다.159)

1994년 1월 7일 북한은 미해결 문제들을 현장에서 해결할 수 있도록 국제원자력기구 사찰 요원들을 영변으로 초청했다. 국제원자력기구는 이 제안을 거부했다. 그러면서 대북사찰이 "플루토늄 생산을 더 이상 불가능하게 만들기 위한 핵시설 봉쇄와 감시" 목적의 사찰로 국한될 수 없다고 말했다. 1994년 1월 10일 국제원자력기구는 자신이 원하는 사찰 대상 목록을 북측에 통보해 주었다. 그러나 북한은 "국제원자력기구의 대북사찰이 그 이전에 북한이 허용해준 범주를 초월하면 안 될 것이다."160)라고 주장했다. 1994년 1월 20일 국제원자력기구는 북한이 사찰 절차 가운데 많은 부분을 제대로 이행하고자 하지 않는다고 말했다. 그러면서 완벽한 합의가 없으면 국제원자력기구가 사찰팀을 북한에 파견하지 않을 것이라고 첨언했다.

1994년 1월 21일 북한은 미국이 북한과 대화할 당시에는 북한 입장을, 국제원자력기구와 대화할 당시에는 국제원자력기구 입장을 지지하고 있다고 말했다. 북한은 미국 관리들이 북미 양자회담 당시 안전보장조치 연속성을 보장하기 위한 사찰만 추구할 것이란 사실에 동의했음에도 불구하고, 정기 및 특별

---

158) Leon V. Sigal. *Disarming Strangers* (Kindle Location 1483). Kindle Edition.

159) "우리는 조미 회담을 통한 핵문제의 완전한 해결을 위해 계속 노력할 것이다."란 제목의 다음 참조. "조선민주주의인민공화국 외교부 대변인 기자의 질문에 대답",『로동신문』, 1993. 12. 31.

160) Leon V. Sigal. *Disarming Strangers* (Kindle Location 1518). Kindle Edition.

사찰을 지속적으로 추구하고 있다며 미국을 비난했다.161) 1월 25일 미국 관리들은 미 국방성이 미사일 요격용 패트리어트 미사일 포대의 한국 전개를 긍정적으로 고려하고 있다고 밝혔다. 클린턴 대통령은 이들 미사일의 한반도 전개를 아직 결심하지 않았지만 북한이 2월 21일까지 국제원자력기구의 사찰에 동의하지 않으면 이것의 전개를 승인해줄 것으로 예상되었다.

1월 31일 한국 국방부 대변인이 대북압박을 가중시켰다. 그는 "북한이 완벽한 대북 핵사찰에 동의하지 않으면" 한국이 1994년의 팀스피릿 훈련을 재개할 것이라고 말했다.162) 그러자 북한이 곧바로 반응했다. 북한은 1993년 12월 29일 합의한 내용을 준수하지 않는다며 미국을 비난했다. 자국이 NPT에 부분적으로 들어갔다가 부분적으로 나와 있는 상태란 사실을 간과하고 있다며 국제원자력기구를 비난했다. 북한은 또한 감시용 카메라 필름이 소진되는 순간까지 협의를 지연시켰다는 사실과 관련하여 국제원자력기구를 비난했다.163)

2월 2일 갈루치는 고위급 북미회담의 북측 상대인 강석주에게 나름의 메시지를 보냈다. 그런데 이는 "국제원자력기구가 안전보장조치 연속성 보장 차원에서 추구하는 사찰이 이전의 완벽한 사찰 이후 핵물질이 전용되지 않았음을 확인하기 위한 성격"164)임을 알려주기 위한 성격이었다. 그러나 당시 국제원자력기구는 갈루치가 말한 것 이상을 추구하고 있었다. 완벽한 형태의 대북 핵사찰을 추구하고 있었던 것이다. 2월 7일 국제원자력기구의 어느 고위급 관리는 "북한도 미국도 안전보장조치 가운데 어느 부분이 필요한지를 결정할 수 없다."165)라고 말했다. 이 관리는 이 부분과 관련하여 결정할 수 있는 곳은

---

161) 홍황기, "미국의 보수 세력들은 무모한 압력 소동을 걷어치우라" 『로동신문』, 1994. 1. 22.; Michael J. Mazarr, *North Korea and The Bomb*, p. 146.

162) "Seoul Warns N. Korea of Military Exercises," *Washington Post*, February 1, 1994.

163) "미국은 저들의 배신행위로 하여 조선반도에 초래될 파국적 사태에 대하여 전적인 책임을 져야 한다"란 제목의 다음 참조. "조선민주주의인민공화국 외교부 대변인 성명." 『로동신문』, 1994. 2. 1.; "나라의 존엄과 영예를 수호하기 위한 또 하나의 자위적 조치," 『로동신문』, 1994. 2. 8.

164) Quoted in Leon V. Sigal. *Disarming Strangers* (Kindle Location 1539). Kindle Edition.

165) R. Jeffrey Smith, "North Korea Faces Inspection Deadline," *Washington Post*, February 7, 1994.

국제원자력기구뿐이며, 자신이 특별사찰을 포함한 완벽한 형태의 대북 핵사찰을 원한다고 말했다.

2월 12월, 북한 공식성명은 "북미합의와 배치되는 형태의 공정하지 못한 사찰, 포괄적인 사찰과 다름이 없는 공정하지 못한 사찰"을 추구하는 국제원자력기구의 노력에 북한이 지속적으로 반대해왔다고 주장했다. 결과적으로 미국 관리들은 "국제원자력기구의 대북 핵사찰이 전적으로 안전보장조치 연속성을 보장하기 위한 성격이 되어야 한다."166)라고 약속했다.

2월 15일 국제원자력기구는 "북한 핵물질이 이전의 사찰 이후 전용되지 않았음"167)을 검증하기 위한 목적으로의 사찰에 동의했다. 북한 외교부에 따르면 미국과 국제원자력기구 사무총장은 정기 및 특별사찰에 관한 자신들의 요구를 철회했으며, 안전보장조치 연속성 보장 목적으로만 사찰할 것이라고 말했던 것이다. 결과적으로 사찰의 범주가 분명해졌다.168)

북한은 핵시설 사찰 조건으로 경제적 지원, 핵에너지의 민간 사용을 위한 기술 지원과 더불어 북미외교관계정상화를 요구했다. 클린턴 행정부는 경제적 지원과 북미외교관계정상화 가능성을 암시했다. 그러나 대화 지속 전제 조건으로 북한 핵시설 동결을 요구했다.169)

1994년 3월 1일에는 1993년 12월 29일 북미가 합의한 동시적인 단계가 마침내 효력을 발휘했다. 그 후 이틀 뒤 미국이 다음과 같은 북미합의문을 발표했다.

---

166) "미국이 조미회담을 계속하려는 입장(립장)이라면 행동으로 입증(립증)하여야 한다," 『로동신문』, 1994. 2. 13.

167) Quoted in Leon V. Sigal. *Disarming Strangers* (Kindle Locations 1570-1571). Kindle Edition.

168) "미국은 모처럼 마련된 결정적인 대목에 와서 자기가 지닌 책임과 의무를 다해야 할 것이다."란 제목의 다음 참조. "조선민주주의인민공화국 외교부 대변인 기자의 질문에 대답," 『로동신문』, 1994. 2. 22.

169) Quoted in Matthias Dembinski, "North Korea, IAEA Special Inspections, and the Future of the Nonproliferation Regime," p. 35.

(1) 미국은 1994년의 팀스피릿 훈련 중지에 관한 한국의 입장에 동의한다.
(2) 1994년 2월 15일 북미가 합의한 바처럼 국제원자력기구와 북한이 동의한 기간 내에 안전보장조치 연속성 보장을 위한 사찰들을 시작하여 완료할 것이다.
(3) 남북한 특사를 교환할 목적의 실무자 접촉이 판문점에서 재개된다.
(4) 미국과 북한은 북미회담의 3라운드가 1994년 3월 21일 제네바에서 시작될 것임을 선언한다.170)

이처럼 미국은 한편에서 국제원자력기구의 안전보장조치 연속성 보장 차원의 사찰을, 북한이 더 이상 플루토늄을 재처리하지 않았음을 확인하기 위한 사찰을 할 것이란 사실과 관련하여 합의했다. 그럼에도 불구하고 또 다른 한편에서 미국은 완벽한 사찰을 주장하고 있었다. 예를 들면, 미 국무성은 다음과 같은 내용을 일방적으로 발표했다. "1994년 팀스피릿 훈련과 북미회담 3라운드 관련 미국의 노력은 국제원자력기구의 북한 핵시설 사찰이 완벽히 이행될 것이며, 북한 핵 관련 남북대화가 특사교환을 통해 지속될 것이란 전제에 근거한다."171)

강석주는 북미합의에서는 남북한 특사교환을 염두에 둔 대화 재개만을 언급했으며, "특사교환 이행을 언급하지 않았다"172)라고 말했다. 북한은 특사교환에 동의하기 이전에 팀스피릿 훈련을 무조건 중지해야 할 것이라고 주장했다. 당시 북미합의문에 따르면 강석주의 주장이 옳았다. 그러나 한국은 달리 말했으며, 미국은 한국 입장을 지지했다. 한국은 국제원자력기구 대북사찰이 완료된 이후에나 팀스피릿 훈련을 중지할 것이라고 말했던 것이다. 그런데 이것 또한 북미합의문과 배치되었다.

---

170) "문제의 해결 여부는 미국이 공약 이행을 위해 얼마나 성실하게 나오는가 하는데 달려있다."란 제목의 "조미회담 우리 측 대표단 단장인 외교부 강석주 제1부부장의 담화", 『로동신문』, 1994. 3. 5.; Quoted in Leon V. Sigal. *Disarming Strangers* (Kindle Location 1581). Kindle Edition.

171) Leon V. Sigal. *Disarming Strangers* (Kindle Location 1587). Kindle Edition.

172) "미국측이 접수할 수 없는 전제조건들을 내놓는다면 조미합의가 리행되지 않을 수 있다." 『로동신문』, 1994. 3. 8.; "앞으로의 사태발전은 미국 측의 행동에 달려있다."란 제목의 "조선민주주의인민공화국 외교부 대변인 기자의 질문에 대답," 『로동신문』, 1994. 3. 16.

재차 미국은 한국을 공개적으로 지원했다. 1994년 3월 3일 언론 브리핑에서 국무성 차관보 윈스턴 로드(Winston Lord)는 다음과 같이 말했다. "이들 국제원자력기구 사찰 요원들의 사찰은 성공적으로 이행되어야 한다.…이처럼 사찰이 성공적으로 이행되고 남북한이 특사를 교환한 이후에나 북미회담의 3라운드가 시작될 것이다. 이처럼 3라운드가 시작된 이후에나 팀스피릿 훈련 관련 결심이 있을 것이다."173) 로드의 상기 발언은 북미가 합의한 성명이 아니고 미국의 일방적인 입장 표명과 다름이 없었다.

1994년 1월과 2월의 합의로 3월 국제원자력기구 사찰 요원들이 북한으로 들어갔다. 3월 8일 북한은 국제원자력기구에 카메라 필름과 배터리 교환, 원자로 봉인 검증 같은 것만 허용해주고자 했다. 국제원자력기구는 플루토늄 재처리 시설을 사찰하고 영변원자로 시설 전반에 걸쳐 방사능 정도를 확인해야 할 것으로 생각했는데 북한이 이들 조치를 허용해주지 않았다.174) 그러자 3월 15일 국제원자력기구가 사찰 요원들을 갑자기 철수시켰다.175) 이처럼 철수시키면서 국제원자력기구는 핵물질 전용이 없었음을 검증할 수 없는 입장이라고 말했다. 다음날 미국은 북미 고위급회담을 취소시켰다. 국제원자력기구는 북한에 신속한 결심을 촉구했다. 그러자 3월 19일 북한은 북한 핵시설 사찰에 관한 국제원자력기구의 주장이 부당한 성격이라고 말했다.176) 한편 3월 19일 남북한 최고위급 특사교환을 위한 회담의 북측 대표 박영수는 한반도에서 전쟁이 벌어지는 경우 "서울이 불바다가 될 것이다."177)라고 말했다. 이 같은 발언으로

---

173) Quoted in Leon V. Sigal. *Disarming Strangers* (Kindle Location 1595). Kindle Edition.

174) Quoted in Michael J. Mazarr, *North Korea and The Bomb*, p. 147.

175) Quoted in Leon V. Sigal. *Disarming Strangers* (Kindle Location 1607). Kindle Edition.

176) "국제원자력기구 서기국은 이번 사찰 결과에 대하여 서둘러 내린 부당한 평가를 철회해야 한다."란 제목의 다음 참조, "조선민주주의인민공화국 원자력총국 대변인 담화," 『로동신문』, 1994. 3. 19.

177) Quoted in Young Whan Kihl, "Confrontation or Compromise on the Korean Peninsula: The North Korean Nuclear Issue," *Korean Journal of Defense Analysis*, Vol. 6, 1994 - Issue 2, p. 102.

위기가 보다 고조되었다.

1994년 3월 21일 국제원자력기구 이사회는 핵물질 전용 여부를 확인할 수 없다고 재차 말하면서 "국제원자력기구가 필요로 하는 모든 사찰 활동을 곧바로 허용해주고, 안전보장조치 합의 사항을 완벽히 준수"178)할 것을 북한에 촉구하는 결의문을 통과시켰다. 그러면서 이 문제를 유엔안전보장이사회에 회부했다.179)

3월 21일 유엔주재 미국대사 매들린 올브라이트는 국제원자력기구 사찰 요원들을 복귀시키기 위한 조치를 취하지 않는 경우 북한을 제재하기 위한 결의문을 미국이 준비하고 있다고 말했다. 한국군이 경계태세에 돌입했으며, 미국이 주한미군 전력증강 방안을 논의했다.180) 3월 27일 북한은 주한미군 전력증강 계획으로 한반도에서 전쟁이 벌어질 수 있을 것이라고 경고했다.181)

북한이 더 이상 핵무기를 획득하지 못하게 하는 것을 목표로 설정했음에도 불구하고 클린턴 행정부는 '죄와 벌' 접근방안을 고수했다. 클린턴은 북한이 1991년 이전에 생산한 플루토늄 분량을 규명하기 위한 국제원자력기구와 한국의 노력에 동참했다. 반면에 북미합의를 제대로 준수하지 않았다. 결과적으로 고위급 북미회담 개최가 점차 곤란해졌다. 미국은 2라운드 회담 이후 1년이 지난 1994년 7월에 가서야 북한과 3라운드 회담을 할 수 있었다. 그 와중에서 미국과 북한은 위험할 정도로 전쟁의 문턱에 다가가 있었다.

---

178) Leon V. Sigal. *Disarming Strangers* (Kindle Location 1621). Kindle Edition.; Allison Smale, "I.A.E.A. Asks U.N. to Intervene on North Korea Nuclear clear Dispute," *Associated Press*, March 21, 1994.

179) Quoted in Matthias Dembinski, "North Korea, IAEA Special Inspections, and the Future of the Nonproliferation Regime," p. 35.

180) Quoted in Michael J. Mazarr, *North Korea and The Bomb*, p. 155.

181) "미제와 괴뢰도당은 무모한 도발소동을 당장 걷어치워야 한다," 『로동신문』, 1994. 3. 27.

전쟁을 겨냥한 질주

1994년 4월 15일 한국은 북미 고위급 회담 시작 이전에 남북한이 특사를 교환해야 할 것이란 기존 입장을 철회했다. 갈루치 및 페리 국방장관과 회담한 이후 한국은 팀스피릿 훈련 일정 재조정 결심을 또한 뒤로 미루었다. 결과적으로 국제원자력기구가 3월의 사찰을 완료할 수 있도록 북한이 나름의 조치를 취할 수 있게 되었다.

이 같은 한국의 조치에 반응하여 북한은 1994년 3월의 사찰을 허용해줄 의향이 있으며, "특별히 예외적"으로 Smear 샘플을 채취할 수 있게 해줄 것이라고 국제원자력기구에 말했다. 북한은 또한 폐연료봉들이 영변원자로 부근의 냉각 연못에 저장되어 있으며 핵무기 제조 목적으로 전용되지 않았음을 검증할 수 있도록 사찰 요원들이 영변원자로의 연료 재급유 상황을 관찰하게 해줄 의향이 있었다. 그러나 북한은 특별 및 정기 사찰을 허용해줄 의향은 없었다. 국제원자력기구 사찰 요원들이 분석할 수 있도록 영변원자로의 7,500개의 폐연료봉 가운데 300개의 폐연료봉을 해체해줄 의향도 없었다. 이것을 분석하면 북한이 얼마나 많은 폐연료봉을 재처리했는지를 알 수 있을 것이었다.[182] 북한은 또한 추후 분석 목적으로의 샘플 채취를 허용해줄 의향이 없었다. 북한은 국제원자력기구에 다음과 같이 말했다. "이들 활동은 북미회담 3라운드에서 핵문제에 관한 일괄타결안을 놓고 합의한 이후에나 가능해질 것이다."[183]

어느 고위급 관리는 클린턴 행정부가 중요시 여기는 부분을 다음과 같이 분명히 말했다. "…북한 핵의 과거사에 관심을 집중시킨 결과로 인해 향후 북한이 생산할 수 있는 방대한 분량의 플루토늄을 추적할 수 없다면 국제원자력

---

182) Jon B. Wolfsthal, "N. Korea Freezes Nuclear Program in Exchange for Talks with U.S.," *Arms Control Today*, July 1994, p. 20.

183) Quoted in Leon V. Sigal. *Disarming Strangers* (Kindle Location 1716). Kindle Edition.

기구는 북한의 계획을 수용해야 합니다."184) 그럼에도 불구하고 국제원자력기구는 자신이 선호하는 샘플 절차를 적용하고, 특별 및 정기사찰을 추구할 예정이었다.

북한은 국제원자력기구의 접근 방안에 나름의 방식으로 저항했다. 1994년 5월 2일 북한은 영변원자로에 연료를 재급유할 것이라고 경고했다. 그러자 갈루치는 미국이 북미 고위급 회담을 취하할 수 있다며 다음과 같이 경고했다. "국제원자력기구 요원들이 배석하지 않은 가운데 영변원자로에서 폐연료봉을 해체하면 북한이 협상을 통해 문제를 해결할 의향이 더 이상 없는 것으로 결론지을 수밖에 없다."185)

1994년 5월 4일 북한은 폐연료봉이 플루토늄 생산 목적으로 전용되는지 여부를 확인할 수 있도록 연료 재급유 현황을 감시하게 해줄 것이지만 향후 분석 목적으로의 폐연료봉 샘플을 채취하지 못하게 할 것이라고 말했다.186) 그러자 국제원자력기구는 이 같은 북한의 제안을 거절했다. 다음날 갈루치는 다음과 같은 내용의 노트를 강석주에게 보냈다. "향후 측정할 수 있도록 일부 폐연료봉을 선별적으로 저장해주지 않은 상태에서 북한이 폐연료봉을 해체하는 경우 국제원자력기구는 측정 능력을 영구히 상실하게 될 것이다. 이처럼 하면 북한이 포괄적이고도 완벽한 대화를 통해 핵문제를 해결할 의향이 없는 것으로 결론지어야 할 것이다."187) 여기서 보듯이 미국은 북한 핵의 과거가 아니고 미래에 초점을 맞추기로 결정했음에도 불구하고 북한 핵의 과거를 규명하기 위한 노력, 국제원자력기구의 노력을 지속적으로 지원했던 것이다.

---

184) Quoted in Ibid. (Kindle Location 1720). Kindle Edition.; R. Jeffirev Smith, "N. Korea Refuses Demand to Inspect Reactor Fuel," *Washington Post*, April 28, 1994.

185) Quoted in Leon V. Sigal. *Disarming Strangers* (Kindle Location 1737). Kindle Edition.

186) "국제원자력기구 서기국은 핵문제 해결의 관건적 대목인 지금에 와서 보다 심사숙고해야 할 것이다,"란 제목의 다음 참조, "조선민주주의인민공화국 외교부 대변인 기자의 질문에 대답,"『로동신문』, 1994. 5. 4.

187) Quoted in Leon V. Sigal. *Disarming Strangers* (Kindle Location 1741). Kindle Edition.

그러자 강석주는 이 문제를 북미협상을 통해 해결해야 할 것이라면서 다음과 같이 말했다. "우리는 일부 폐연료봉을 저장하게 해줄 수 없습니다. 북한의 특유한 입지 때문입니다."188) 1994년 5월 12일, 북한은 원자로에서 폐연료봉을 옮기기 시작했음을 국제원자력기구에 통보해주었다. 그러자 국제원자력기구는 폐연료봉의 샘플 채취 절차와 관련하여 상의하고, 3월의 사찰을 완료하며, 원자로에서 폐연료봉을 옮기는 모습을 관찰할 수 있도록 사찰 요원들의 파견을 결심했다.

한편 5월 20일 클린턴 행정부는 북한이 3월의 사찰을 완료하게 해주고, 사찰 요원들이 폐연료봉의 이동과 저장을 관찰할 수 있게 해주며, 북한 핵의 과거와 관련하여 국제원자력기구에 신고한 내용 측면에서의 비정상적인 부분을 해소시켜줄 여지를 남겨놓는다는 조건으로의 북미회담 재개를 결심했다.189)

클린턴이 이처럼 결심하자 페리 국방장관은 재차 북한 핵의 미래에 관심을 집중시키는 한편 북한 핵의 과거에 관한 관심을 접고자 노력했다. 페리는 "국제원자력기구가 영변원자로에서 방금 옮긴 폐연료봉 가운데 전용된 경우가 없음을 확신한다."190)라고 기자들에게 말했다. 국제원자력기구와 북한이 5월 25일 협상을 재개할 예정이란 점에서 블릭스조차도 나름의 희망 아래 다음과 같이 말했다. "아직도 필요한 안전보장조치 절차를 이행할 수 있을 것으로 보인다." 왜냐하면 핵심적인 폐연료봉들이 원자로에서 아직 해체되지 않았기 때문이다.191)

페리 국방장관과 블릭스는 북한이 모든 폐연료봉을 해체하기까지 3개월에서 6개월이 소요될 것으로 생각했다. 이들은 외교적 노력을 전개할 여유가 있을

---

188) Quoted in Ibid., (Kindle Location 1743). Kindle Edition.; Associated Press, "Mitchell and Dole Back Sanctions Against N. Korea," *Washington Post*, May 16, 1994.

189) Quoted in Leon V. Sigal. *Disarming Strangers* (Kindle Location 1761). Kindle Edition.

190) Quoted in Ibid., (Kindle Location 1763). Kindle Edition.; Michael R. Gordon, "Citing Progress, U.S. Plans New Talks with North Korea," *New York Times*, May 21, 1994.

191) Quoted in Leon V. Sigal. *Disarming Strangers* (Kindle Location 1765). Kindle Edition.; R. Jeffrey Smith, "North Koreans' Behavior Puzzling," *Washington Post*, May 24, 1994.

것으로 생각했다. 북한이 폐연료봉을 매우 빠른 속도로 해체하고 있던 5월 27일 국제원자력기구는 북한이 이전에 축적한 플루토늄 분량을 검증하기 위한 자신의 능력이 며칠 이내에 상실될 것이란 내용의 글을 부트로스 부트로스 갈리(Boutros Boutros Ghali) 유엔사무총장에게 보냈다.

국제원자력기구의 요청에 따라 5월 30일 유엔안전보장이사회 의장은 "폐연료봉의 기술적인 측정이 가능한 방식으로"192) 원자로에서 폐연료봉을 해체할 것을 북한에 촉구하는 성명서를 발표했다. 북측 수석대표 윤호진은 "원자로에 연료를 재급유하고 있다. 이것을 멈출 수 없을 것이다."193)라고 말했다.

당시 미국은 내부적으로는 북한 핵의 미래에 초점을 맞추기로 결심했음에도 불구하고 북한 핵의 과거를 강조했다. 예를 들면, 6월 2일 클린턴 대통령은 다음과 같이 말했다. "국제원자력기구의 검증 수단이 파괴되어 북한 핵의 과거를 입증할 수 없다면 대북제재 차원에서 북한 핵 문제를 유엔안전보장이사회에 회부하지 않을 수 없을 것이다."194)

격론의 와중에서 주목받지 못한 사실이 있었다. 이는 국제원자력기구 사찰 요원들이 아직도 핵무기 제조 목적으로의 북한의 폐연료봉 전용 여부를 확인할 수 있는 입장이었다는 사실이다. 6월 2일 국제원자력기구는 다음과 같이 말했다. "북한은 지난 몇 년 동안 핵무기 제조 목적으로 폐연료봉을 전용했는지 여부를 확인할 수 없도록 폐연료봉들을 더 이상 채취하지 못하게 만들었다."195) 그러나 6월 2일 유엔총회에 제출한 보고서에서 블릭스는 국제원자력기구가 북한 핵의 과거를 규명하기 위한 또 다른 대안이 있다는 사실을 인정했다.

---

192) Jon B. Wolfsthal, "N. Korea Freezes Nuclear Program in Exchange for Talks with U.S.," p. 20.

193) "우리는 부당한 압력을 행사하려는데 대해서는 추호의 타협도 없이 대처해나갈 것이다." 『로동신문』, 1994. 6. 2.

194) Quoted in Leon V. Sigal. *Disarming Strangers* (Kindle Location 1798). Kindle Edition.; Reuters, "Clinton: U.S. May Press for N. Korea Sanctions," June 2, 1994.

195) Jon B. Wolfsthal, "N. Korea Freezes Nuclear Program in Exchange for Talks with U.S.," p. 20; Reuters, "I.A.E.A. Says It Can't Tell If N. Korea Diverted Atom Fuel," June 2, 1994.

블릭스는 "국제원자력기구가 핵물질 전용 여부를 검증할 수 있으려면 안전보장조치 관련 모든 정보와 장소에 접근할 수 있어야 한다. 이처럼 할 수 있으려면 북한의 전폭적인 협조가 매우 중요하다."196)라고 말했다.

그러자 어느 북한 외교관은 그 "위치와 일련번호를 표기한 후 감시용 카메라를 작동시킨 상태에서"197) 폐연료봉들을 냉각 연못에 저장시켜 놓았다고 말했다. 6월 2일 북한 외교부 대변인은 다음과 같이 말했다. "영변원자로의 연료 재급유는 NPT를 탈퇴한 상태도 완벽히 가입한 상태도 아닌 북한의 고유한 입지가 종료될 당시 국제원자력기구가 요청한 폐연료봉의 기술적인 측정이 가능하도록 진행되고 있다." 이 외교부 대변인은 다음과 같이 첨언했다. "모든 폐연료봉의 채널과 위치를 재구성함으로써 이들을 향후 정확히 측정할 수 있을 것이다."198)

6월 3일 갈루치는 1991년 이전의 북한의 플루토늄 재처리 활동을 규명하기 위한 세 가지 대안을 언급했다. "첫 번째 방안은 북한이 제공해줄 추가 정보를 이용하는 것입니다. 두 번째 방안은 핵폐기물 처리장을 특별 사찰하는 것입니다. 세 번째 방안은 북한이 영변원자로에서 폐연료봉을 해체할 당시 이들 폐연료봉을 비파괴적인 방식으로 분석함으로써 원자로의 운용 역사를 재구성하는 것입니다." 그러나 국제원자력기구가 선호한 마지막 대안은 더 이상 가능하지 않았다. 갈루치는 플루토늄 축적 차원에서 북한이 1991년 이전에 수행한 일을 규명하기 위한 전반적인 능력이 "심각히 손상되었지만 이것이 이 같은 능력이 파괴되었음을 의미하는 것은 아니다."199)라고 말했다.

그럼에도 불구하고, 미국은 '죄와 벌' 접근 방안에서 탈피하지 못하고 있는 듯

---

196) Michael R. Gordon, "White House Asks Global Sanctions on North Koreans," *New York Times*, June 3, 1994.

197) Quoted in Leon V. Sigal. *Disarming Strangers* (Kindle Location 1811). Kindle Edition.; John Burton, "U.N. Meeting on N. Korea Reactor Rods," *Financial Times*, June 2, 1994.

198) "우리는 부당한 압력을 행사하려는데 대해서는 추호의 타협도 없이 대처해 나갈 것이다."라는 제목의 "조선민주주의인민공화국 외교부 대변인담화,"『로동신문』, 1994. 6. 2.

199) Quoted in Leon V. Sigal. *Disarming Strangers* (Kindle Location 1816). Kindle Edition.

보였다. 미국은 북미대화를 지속하려면 북한 핵시설 관련 국제원자력기구의 요구를 충족시켜주어야 할 것이라고 말했다. 미국은 대북제재를 추구했다. 문제는 관련국들이 대북제재에 반대했다는 사실이다. 중국은 대북제재에 공개적으로 반대했다. 인민군 총참모장 최광과 만난 자리에서 장쩌민은 다음과 같이 말했다. "중국과 북한은 순망치한의 관계입니다."200) 그러자 미국은 유엔안전보장이사회에서의 중국의 거부권 행사를 저지하기 위해 유엔안전보장이사회의 동의가 없는 가운데에서의 대북 경제제재 방안을 일본과 한국에 거론했다. 한국과 일본은 유엔안전보장이사회의 승인이 없는 가운데에서의 대북제재 동참을 꺼려했다.201) 그러자 클린턴은 대북제재를 자제했다. 미국 관리들이 아직도 대북 경제제재를 위협하고 있던 상황에서 클린턴 행정부는 제재 관련 결심을 뒤로 미룬 채 북한을 정치적으로 압박하기로 결심했다.202)

1994년 6월 10일 국제원자력기구는 대북(對北) 기술 지원을 중지했다. 그러자 북한은 국제원자력기구에서 탈퇴할 것이라고 미국에 통보했다. 그런데 이는 NPT 탈퇴와 같지 않았다. 따라서 미국이 이전에 설정한 레드라인 가운데 어느 것도 위배한 것이 아니었다. 6월 13일 북한 외교부 대변인은 다음과 같이 말했다. "북한의 입지는 NPT에서 완벽히 탈퇴한 것도 여기에 완벽히 들어가 있는 것도 아닌 상태다. 이 같은 상태에서 북한이 지금까지 허용해준 형태의 사찰, 안전보장조치 지속을 염두에 둔 사찰을 더 이상 허용하지 않을 것이다. 북한이 NPT로 복귀해야 할 것인지 아니면 여기서 완벽히 탈퇴해야 할 것인지를 결정하기 이전에는 합리적이지 않아 보이는 어떠한 사찰도 허용해줄 수 없을 것이다." 북한 외교부 대변인은 북한 입장을 다음과 같이 재확인했다. "유엔 대북제재는 곧바로 전쟁선포로 간주될 것이다." 적대행위 시작과 달리 전쟁선포는 대화

---

200) Quoted in Ibid. (Kindle Location 1823). Kindle Edition.; Patrick E. Tyler, "China Tells Why It Opposes Korea Sanctions," *New York Times*, June 13, 1994, p. A-5.

201) Quoted in Leon V. Sigal. *Disarming Strangers* (Kindle Location 1825). Kindle Edition.

202) Michael It. Gordon, "U.S. Is Considering Milder Sanctions for North Korea," *New York Times*, June 12, 1994.

종료를 의미했다. 북한 외교부 대변인은 다음과 같이 말했다. "제재와 대화는 공존할 수 없습니다. 적대세력의 대북제재 확대에 대항하여 온갖 자위적 수단으로 대응하지 않을 수 없을 것입니다."203) 북한이 국제원자력기구의 대북 기술 지원 중지에 대항하여 전쟁 선포를 예고한 것이다.

미국 내부의 반응: 전쟁 촉구와 한반도 위기 상황 강조

이미 1993년 3월 미국은 북한이 1991년 이전에 생산한 플루토늄의 실체를 규명하기 위한 대북 특별사찰 문제를 놓고 실랑이를 벌이지 않기로 결심했다. 1994년 4월 13일 미국은 김일성 생일에 초대받은 CNN 기자 마이크 치노이(Mike Chinoy)를 통해 북한을 붕괴시킬 의향이 없다는 사실과 북한 핵문제를 일정 기간 이후에 해결할 의향이 있다는 사실을 북한에 전달했다. 치노이는 북한의 실력자인 김영선에게 이 같은 사실을 전달해주었다.204) 그럼에도 불구하고 카터가 방북한 1994년 6월 15일 직전까지 미국의 주요 인사들이 대북 특별사찰을 수용하지 않으면 북한을 공격해야 할 것이라고 언론매체를 통해 지속적으로 말했다. 이는 이미 언급한 바처럼 한반도 긴장 조성을 통해 한국인과 일본인들로 하여금 자국 영토에 미군 주둔을 염원하게 만들고, 김영삼의 한국이 북한 핵무기 개발 능력을 10년 동결시키는 형태의 북미합의에 동의하게 만들기 위한 성격이었다.

1993-94년의 북한 핵 위기와 관련하여 미국 내부에서 두 차례 무력 공격이 거론되었다. 북한이 NPT 탈퇴를 선언한 1993년 3월 12일부터 6월 12일까지의 기간과 북한이 영변원자로에서 폐연료봉을 해체하기 시작한 1994년 5월 초순부터 카터가 방북한 6월 중순까지가 바로 그것이다.

---

203) "유엔 《제재》 조치를 조선은 선전포고로 대할 것이다." 『로동신문』, 1994. 6. 13.
204) Quoted in Creekmore, Marion. *A Moment of Crisis* (p. 67). Kindle Edition.

북한이 핵사찰을 재개해야 할 최종일로 국제원자력기구가 설정한 3월 31일이 다가오자, 미 국무장관 워런 크리스토퍼는 미 의회에서 다음과 같이 말했다. 북한이 NPT로 복귀하지 않으면 "유엔안전보장이사회에서 강압적인 조치가 강구될 것입니다."205) 크리스토퍼는 대북 경제제재 가능성을 강조했다. 그러나 이는 몇 가지 문제가 있었다. 자급자족 방식으로 생활하는 북한에 대북 경제제재가 얼마나 의미가 있을 것인지 의문이었다. 더욱이 유엔안전보장이사회가 승인하는 형태의 대북제재는 중국의 동의가 요구되었다. 중국정부가 대북제재 의향이 없음이 곧바로 분명해졌다. 중국 외교부장 첸치천(錢其琛)은 "중국은 대북제재 뿐만 아니라 이 문제의 유엔안전보장이사회 상정에 반대합니다.···적정 해결안을 강구해내기 위한 지속적인 협상을 지지합니다. 이 문제가 안전보장이사회에 상정되는 경우 사안만 복잡해질 뿐입니다"206)고 설명했다. 한편 북한은 대북 경제제재를 전쟁과 동일하게 간주할 것이라고 경고했다.

당시 많은 분석가와 학자들이 군사적 조치를 옹호했다. 1981년 당시의 이스라엘의 이라크 오시라크(Osirak) 원자로 공격을 거론하며, 특별 기고가인 폴 그린버그(Paul Greenberg)는 "미국과 미 우방국들이 북한 핵 시설을 겨냥한 이스라엘 유형의 공격을 준비해야 한다."207)라고 주장했다. 국방성차관보를 역임한 프랑크 가프니(Frank Gaffney)는 "우리가 북한과 전쟁 여부를 선택할 수 있는 입장이 아닙니다. 미국 입장에서 상황이 결코 유리할 수 없는 미래 어느 순간이 아니고 비교적 미국이 막강한 반면 북한 핵 능력이 일천한 수준인 지금 이 순간 전쟁을 해야 할 것인지의 문제입니다"208)라고 주장했다. 헤리티지

---

205) Warren Strobel, "North Korea Risks Sanctions, Christopher Warns," *Washington Times*, March 26, 1993.

206) Nicholas Kristof, "China Opposes UN over North Korea," *New York Times*, March 24, 1993.

207) Paul Greenberg, "Unhappy Precedent," *Washington Times*, March 19, 1993.

208) Frank Gaffney, "What to Do about North Korea's Nuclear Threat: Execute the 'Osirak' Remedy," *Center for Security Policy Decision*, Brief 93-D20, March 19, 1993, p. 3.

재단의 레리 디리타(Larry DiRita)는 특정 시점까지 특별사찰을 수용하라고 북한에 요구한 후 특별사찰에 응하지 않으면 미국과 미 동맹국들이 포괄적인 경제제재뿐만 아니라 다음과 같이 해야 한다고 말했다. "…북한의 군사본부, 탄도미사일 발사대 또는 지휘통제 시설을 파괴해야 한다."209)

다음에서 보듯이 존 매케인(John McCain) 상원의원은 가프니와 유사한 논리를 전개했다. "북한의 무력 반응을 자극할 가능성이 있는 수단을 자제해야 한다고 주장하는 등 대북 유화정책을 옹호하는 행정부의 모든 사람들에게 저는 다음과 같이 질문하고자 합니다. 북한이 도쿄 타격이 가능한 핵탄도미사일과 더불어 핵무기를 확보한 이후의 북한의 일본 공격이 지금과 비교해 가능성이 없다고 생각하십니까? 답변은 분명합니다."210) 매케인은 대북제재를 통해 의도하는 바를 달성하지 못하는 경우 보다 강력한 조치가 필요할 수 있다고 경고했다. 매케인은 항공기와 크루즈미사일로 북한의 핵 프로그램을 파괴하기 위한 방안을 매우 상세히 기술했다. 당시의 미 국방장관 레스 애스핀(Les Aspin) 또한 다음과 같이 무력 사용을 암시했다. "우리는 북한의 핵무기 개발을 허용하지 않을 것입니다."211)

1994년 5월 전후의 북한 핵 위기는 1993년 위기와 비교하여 보다 위험한 듯 보였다. 1994년 3월 16일 미 합참의장 존 샐리캐쉬빌리(John Shalikashvili)는 북한 지휘부가 "냉전 당시 미국이 소련에 적용할 수 있던 조치 이상의 도전에 직면하게 될 것이다"212)고 경고했다. 그는 북한 핵 위협을 제거하기 위해 군사적 조치가 필요할 수 있음을 암시했다. 미국의 정치가들 또한 강력한 대북제재를

---

209) Larry DiRita, "Clinton's Naivete on North Korea Could be Deadly," *Wall Street Journal*, August 23, 1993.

210) Quoted in John Carpenter, Ted Galen, Doug. Bandow, *The Korean Conundrum* (p. 43). St. Martin's Publishing Group. Kindle Edition.

211) Robert D. Novak, "Aborted Ultimatum," *Washington Post*, December 16, 1993.

212) Bill Gertz, "Shalikashvili Tells Fears on Korea," *Washington Times*, March 16, 1994.

주장했다. 상원 마이너리티 리더인 로버트 돌(Robert Dole)은 "군사적 대안을 배제하지 말아야 한다"213)고 주장했다. 3월 31일 페리 국방장관은 "미국의 대북제재로 북한이 전쟁을 도발할 가능성이 있다"는 사실을 인정했다. 이유야 어떠하든 미국이 대북제재를 추구해야 할 것이라고 말했다.214) 4월 1일 페리 국방장관은 북한이 핵무기를 지속적으로 개발하는 경우, "2~3년 후 미국이 훨씬 심각한 재앙에 직면할 가능성이 있다. 이 같은 상황과 비교해보면 오늘 전쟁 위험을 감수하는 것이 훨씬 좋다고 생각한다."215)라고 말했다.

1994년 6월 미국과 북한의 전쟁이 임박한 듯 보였다. 미국은 한반도 주변에서 해상전력과 공중전력 증강을 시작했으며, 군사 대비태세를 높였다. 또한 미국은 북한의 스커드미사일에 대항할 목적의 몇몇 패트리어트 미사일 발사대를 한국으로 이동시켰다. 한편 미국정부와 미 동맹국들이 대북제재를 위해 분주히 움직였다.216) 미 상원과 하원 리더들이 미 행정부의 대북 경제제재를 강력히 지지했다.217)

미 언론매체가 한반도전쟁 가능성을 열광적으로 거론했다. 처음에 재래식 전쟁을 거론했지만 그 후 핵전쟁을 빈번히 언급했다. 뉴욕타임스지 칼럼리스트 윌리엄 새파이어(William Safire)는 6월 9일자 칼럼에서 다음과 같이 말했다. "미국 대통령이 미국이 직면하게 될 위기와 본인의 결의에 관해 미국인들이 가장 선호하는 시간대에 TV를 통해 솔직히 말하게 합시다."218) 월스트리트

---

213) Bill Gertz, "U.S. and Allies Discuss Sanctions." *Washington Times*, June 6, 1994,

214) Rowan Scarborough, "Air Strike Rejected in Taming N. Korea," *Washington Times*, April 4, 1994,; R. Jeffrey Smith, "Perry Sharply Warns North Korea," *Washington Post*, March 31, 1994.

215) David Ushorne, "Pentagon Talks War to N. Korea," *Independent*, April 1, 1994.

216) Bill Gertz, "U.S. and Allies Discuss Sanctions on North Korea," *Washington Times*, June 6, 1994.

217) Bill Gertz, "Dole, Mitchell Support Sanctions on North Korea," *Washington Times*, May 16, 1994.

218) William Satire, "Essay; Korean Conflict II?," *New York Times*, June 9, 1994.

저널에 기고한 글에서 캐런 엘리엇 하우스(Karen Elliott House)는 다음과 같이 말했다. "클린턴 행정부는 북한 핵문제를 놓고 전쟁도 불사해야 할 것일 뿐만 아니라 미중관계를 위기로 몰고 갈 의향이 있어야 합니다." 6월 15일 사설에서 그녀는 다음과 같이 말했다. "미국은 북한 항구를 입출입하는 중국의 모든 선박을 격침시킬 준비가 되어 있다는 사실과 한만국경을 월경하고자 하는 중국의 모든 운송 수단을 폭격할 준비가 되어 있다는 사실을 중국에 은밀히 통보해주어야 합니다."219)

전쟁의 '비명 소리'가 통상 점잖은 집단에서조차 분출되고 있었다. 6월 15일 워싱턴포스트지는 아버지 부시 행정부에서 고급 관리를 역임한 브렌트 스코우크라프트(Brent Scowcroft)와 아널드 칸터의 글을 게재했다. 여기서 이들은 클린턴 행정부의 대북태세 강화를 촉구했다. 이들은 "북한이 더 이상 플루토늄을 재처리하지 않고 있음을 국제원자력기구가 지속적으로 자유롭게 감시할 수 있게 해주지 않으면 미국이 북한의 플루토늄 재처리 능력을 제거해야 할 것이다."라고 말했다. 이들은 북한의 플루토늄 재처리 시설을 폭격하는 경우 제2의 한국전쟁이 벌어질 가능성이 있음을 인정하면서 주한미군 전력증강을 미국정부에 촉구했다.220) 클린턴 행정부 또한 나름의 방식으로 전쟁을 거론하고 있었다. 미 국방차관보 애슈턴 카터는 6월 10일의 연설에서 그 전례가 없을 정도로 다음과 같이 구체적으로 말했다. "국방성은 한반도에 미 정보자산을 상당히 많이 전개하고 있다." 그는 북미 대결이 전쟁으로 비화되는 경우 북한이 핵무기와 여타 전력을 사용할 가능성에 대비하고 있다고 말했다.

이처럼 미국 내부에서 전쟁을 포함한 강력한 대북제재를 강조하고 있는

---

219) Quoted in Leon V. Sigal. *Disarming Strangers* (Kindle Location 2262). Kindle Edition.; Karen Elliott House, "Korea: Raise Another Desert Shield," *Wall Street Journal*, June 15, 1994.

220) Quoted in Leon V. Sigal. *Disarming Strangers* (Kindle Location 2268). Kindle Edition.; Brent Scowcroft and Arnold Kanter, "Korea: Time for Action," *Washington Post*, June 15, 1994.

가운데 한미연합사령관 게리 럭은 한반도에서 전쟁이 벌어지는 경우 엄청난 인명과 재산이 손실될 것이라고 말했다. 전쟁이 벌어지는 경우 한미연합군의 강력한 반격에도 불구하고 개전 초반 90일 동안 52,000명의 미군, 49만 명의 한국군이 사망하거나 부상을 입을 것이라고 추정했다.221)

'죄와 벌' 개념에 입각한 미국의 대북 접근방안이 위기로 치닫고 있음이 분명해지고 있었다. 미국이 미 증원전력의 한반도 전개를 고려하자 한국에서 공포의 분위기가 조성되었다. 한국의 주식시장이 곤두박질쳤으며 상가의 물품이 고갈되었다. 어느 미 국무성 관리가 언급한 바처럼 "한반도 상황은 2개 국가가 전쟁으로 돌입할 당시의 상황과 같았다."222)

그 와중에서 백악관은 전임 대통령 카터의 다음 주에 있을 북한 방문을 지지한다는 사실을 분명히 했다. 카터를 미국의 관점을 북한에 전달하고 북한 입장을 클린턴에게 전달할 수 있는 중요한 특사로 설명했다.223)

북한 핵 관련 미 주요 인사들의 한반도 전쟁 운운 발언에 대한 평가

2002년 10월 페리 국방장관과 국방성차관 애슈턴 카터는 1994년 당시 미국이 '전쟁의 문턱'에 다가가 있었다고 다음과 같이 말했다. "부시 행정부가 선제공격 교리를 옹호하는 국가안보전략서(NSS)을 발간하기 8년 전, 미국은 북한이 핵무기를 확보하지 못하게 할 목적의 '전쟁의 문턱'에 다가가 있었습니다.…클린턴 행정부는 미 국가안보 측면에서 가장 위협적이라고 생각되는 정권을, 이처럼 이상하고도 고립된 정권을 겨냥해 선제공격을 구상했습니다.…

---

221) Don Oberdorfer and Robert Carlin. *The Two Koreas: A Contemporary History* (pp. 245-7). Basic Books. Kindle Edition.

222) Quoted in Leon V. Sigal. *Disarming Strangers* (Kindle Location 1858). Kindle Edition.

223) Quoted in Ibid., (Kindle Location 1845). Kindle Edition.; Douglas Jehl, "U.S. Is Pressing Sanctions for North Korea," *New York Times*, June 11, 1994.

미군 수십만 명을 동원하기 위한 계획을 준비했습니다."224) 클린턴 또한 미국이 이 같은 계획을 작성했을 뿐더러 이 같은 계획의 존재를 북한에 알려주었다며 다음과 같이 말했다. "우리는 핵 프로그램을 폐기하지 않으면 공격할 것이란 사실을 북한에 말해주었습니다."225) 이들의 발언은 1994년 당시 미국이 진정 북한을 공격할 의도가 있었음을 암시한다. 과연 그럴까?

이들이 이처럼 말할 당시는 미국이 1994년 10월 체결된 북미제네바합의를 캘리의 방북을 통해 파기하고 북한의 NPT 탈퇴와 핵무장을 종용하기로 결심한 시점이었다. 이들 발언은 이처럼 종용할 의도임에도 불구하고 미국이 북한 핵무기 개발 노력 저지 측면에서 진지한 입장임을 국제사회에 과시하기 위한 성격이었을 것이다. 이들의 발언이 이 같은 성격이었음은 1993년과 1994년 당시 북한을 공격하기 위한 계획이 본인의 책상 서랍을 나와 본 적이 없다는 한국 언론매체를 상대로 한 2017년 인터뷰에서의 페리의 발언을 통해 확인 가능할 것이다.226)

당연한 사실일 것이지만, 이들 워싱턴 인사의 발언은 한반도의 실제 상황과 전혀 달랐다. 1994년 당시의 주한미국 대사 짐 레이니(Jim Laney)와 한미연합사령관 게리 럭은 워싱턴의 정치가와 평론가들이 한반도 실상과 전혀 관련이 없는 이유로 한반도가 전쟁 직전 상태에 있는 것처럼 말하고 있다고 생각했다.227) 1994년 4월 3일 Meet The Press에서의 페리 국방장관의 발언에서 보듯이 클린턴은 북한이 핵시설을 동결시켜 놓고 있는 한 북한 핵문제를 선제

---

224) Ashton B. Carter and William J. Perry, "Back to the Brink," *Washington Post*, October 20, 2002.

225) Patrick Goodenough, "Clinton: We Drew Up Plans to Destroy N. Korean Nuclear Reactor," *Cybercast News Service*, December 16, 2002.

226) 박상익 기자, "윌리엄 페리 '북핵 위협, 없앤다기보다 최소화해야,'" 『한경뉴스』, 2016. 11. 15.; 최현미 기자, "1994년 美 북한 폭격설 확인결과 전혀 사실 아니었다," 『문화일보』, 2017. 5. 26.

227) James Fallows, "The Panic Gap: Reactions to North Korea's Bomb," *The National Interest*, Winter 1994/95, No. 38 (Winter 1994/95), p. 44.

타격하는 형태 또는 전쟁과 같은 무력 형태로 해결할 의향이 전혀 없었다.[228] 클린턴 행정부 당시의 미 합참의장 콜린 파월이 2002년 12월 증언한 바처럼 클린턴의 미국은 대북 공격 또는 한반도 전쟁 가능성을 전혀 염두에 두고 있지 않았다.[229] 파월이 이처럼 증언할 당시 북한은 미국의 대북 중유 제공 중지에 대항하여 NPT 탈퇴 등 강경 노선을 추구할 예정이었다. 파월의 이 발언은 북한이 이처럼 강경한 태세를 취해도 1994년 당시와 마찬가지로 미국이 북한을 무력 공격하지 않을 것임을 확인해주기 위한 성격이었을 것이다. 2017년 당시 페리가 말했으며, 한승주 외무장관이 확인한 바처럼 1994년 당시 미국은 강압외교 차원에서 한반도 전쟁 운운했던 것이다.[230]

이처럼 1993년과 1994년 당시 미국의 주요 인사들이 강압외교 차원에서 한반도 전쟁 운운했다고 2017년에 증언한 페리조차도 당시 미국이 전쟁의 문턱에 다가 있었다고 1994년에는 물론이고 2002년에 거짓 증언한 바 있다. 강압외교 차원에서 클린턴 행정부가 많은 저명인사를 동원하여 한반도 전쟁 운운하게 만들었던 것이다. 강압외교 차원에서 한반도 전쟁 운운하는 현상은 아들 부시, 오바마, 트럼프 행정부에서도 지속적으로 목격될 예정이었다.

그런데 당시의 강압외교는 한반도 긴장조성을 통해 일본인과 한국인이 미군의 자국 주둔 필요성을 절감하게 만들고, 북한 핵 능력을 단순 동결시키는 형태의 북미합의에 김영삼이 동의하게 만들기 위한 성격이었다. 북한 핵능력의 완벽한 폐기를 고집했던 김영삼은 한반도 전쟁 가능성을 우려한 나머지 이 같은 유형의 북미합의에 동의하지 않을 수 없었던 것이다.[231]

---

228) Jon B. Wolfsthal, "Security Council, IAEA Press North Korean Inspections," *Arms Control Today*, Vol. 24, No. 4 (May 1994), p. 23.

229) David E. Sanger, "U.S. Eases Threat on Nuclear Arms for North Korea," *New York Times*, December 30, 2002.

230) 최현미 기자, "1994년 美 북한 폭격설 확인결과 전혀 사실 아니었다,"『문화일보』, 2017. 5. 26.

231) Marion. Creekmore, *A Moment of Crisis*, p. 99.

이들 미국의 주요 인사들은 클린턴 행정부가 직접 추구할 수 없었던 반면 미국 입장에서 대단히 중요한 부분인 한국인과 일본인들이 미군의 자국 영토 주둔을 염원하게 만들고, 김영삼이 북한 핵시설을 단순 동결시키는 성격의 북미합의에 동의하게 만들기 위해 한반도 전쟁 운운했던 것이다. 당시 클린턴 행정부 강압외교의 대상은 북한 핵이 아니고 한국인과 일본인의 인식이었던 것이다. 냉전 종식 이후 미군 철수를 염원했던 이들 국가 국민의 인식을 바꾸어 미군 주둔을 염원하게 만들기 위한 성격이었던 것이다. 유사한 사례에 6.25전쟁이 있다. 미국이 6.25전쟁을 3년이란 장기간 동안 치열하게 진행시켰던 것은 한국, 일본 및 유럽인들로 하여금 자국 영토에 미군을 주둔하게 만들고, 미국인들이 미 국방비 400% 증액에 동의하게 하기 위함이었다.[232] 당시까지만 해도 지구상 어느 국가도 자국 영토에 외국군을 주둔시킨 경우가 없었던 것이다.

---

232) 권영근, 『한반도와 강대국의 국제정치: 미국의 한반도정책을 중심으로(1943-1954)』, pp. 290-304.

제3절 북한 핵 위기의 일시적인 봉합: 북미제네바합의

이미 살펴보았듯이 미국은 북한이 NPT와 국제원자력기구 안전보장조치를 비준한 즉시 강력한 대북사찰을 통해 한반도 긴장을 최대한 고조시켰다. 그런데 이는 북한 핵무기 개발 능력을 최대한 10년 동안 동결시키는 형태의 북미합의를 김영삼 정부가 수용하게 만들기 위한 성격이었다. 한국인과 일본인들이 미군의 자국 영토 주둔을 지속적으로 수용하게 만들기 위한 성격이었다.

미국은 이 합의를 최대한 10년 동안 유지할 예정이었다. 이 기간 동안 중국의 패권 추구 여부를 파악할 수 있을 것으로 생각한 것이다. 중국의 패권 추구 의도가 분명한 경우 북한 핵무장을 종용하고, 북한 핵무장을 빌미로 중국에 대항하기 위한 동맹체계 정비 등 억지력을 구축할 것인 반면 중국이 미국 중심의 질서에 순응하는 경우 남한과 북한을 통일시킬 필요가 있었던 것이다. 1994년 10월의 북미제네바합의는 북한 핵문제 해결 측면에서 미봉책과 다름이 없었던 것이다.233)

1. 카터의 방북

1994년 6월 15일 전 미국 대통령 지미 카터가 김일성과의 담판을 위해 방북했다. 그런데 카터의 방북은 클린턴과 사전 조율된 성격이었다. 방북 이전 카터는 북한 핵 상황에 관해 클린턴 행정부 고위급 인사들로부터 브리핑을 받았다. 본인이 북한에서 말할 자료를 작성하여 클린턴 행정부 요원에게 보여주었다. 당시의 미 국방장관 페리의 2017년 발언처럼 카터의 방북은 클린턴 행정부의 강압외교의 일환이었던 것이다.

---

233) Quoted in Gilbert Rozman, "Security Challenges to the United States in Northeast Asia: Looking beyond the Transformation of the Six-Party Talks," in *East Asian Security: Two Views*(U.S. Army War College, 2007), p. 38.

카터의 방북 배경

북한 핵문제와 관련하여 카터가 방북을 구상한 시점은 1990년 7월로 거슬러 올라간다. 남북관계 개선, 북미 및 북일관계 정상화를 추구하던 1990년 당시 북한은 카터의 방북을 원했다. 카터가 북미 및 북일관계 정상화 측면에서 나름의 역할을 해줄 수 있을 것이란 기대에서였다.[234] 1991년 초순 북한은 남북관계와 북미관계 개선을 위한 중재자가 되어달라고 카터에게 요청했다.[235] 그 후 3개월 뒤 카터는 북한 방문을 공식 요청하는 편지를 수신했다.[236]

1994년 5월 카터는 북한 핵문제 해결을 위해 나름의 역할을 하기로 결심했다. 카터는 5월 3일 클린턴 대통령을, 5월 4일 주한미국 대사 짐 레이니를, 6월 5일 갈루치를 만났다. 클린턴을 만난 자리에서 카터는 포괄적인 대북 접근 방안을 촉구했다.

당시 클린턴 행정부는 북한 핵문제 해결 차원에서 일괄타결 방안을 구상하고 있었다. 클린턴 행정부 고위급 인사가 방북하여 김일성에게 이 방안에 관해 설명할 예정이었다. 1994년 5월 말경 클린턴 행정부는 샘넌(Sam Nunn)과 리처드 루가르(Richard Lugar)를 대북 특사로 보낼 구상이었다. 그런데 북한이 이들의 방북을 거절한 것이다. 한편 1994년 5월 이전 카터는 북한 핵문제 해결과 관련하여 도움을 주고 싶다고 클린턴 행정부에 수차례 말했지만 매번 거절 당했다.[237]

6월 1일 카터는 한반도 상황에 관한 본인의 관점을 클린턴에게 피력했다. 한반도 상황이 매우 불안하며, 북한을 경제적으로 제재하는 경우 한반도에서

---

[234] Quoted in Marion. Creekmore, *A Moment of Crisis*, p. 24.
[235] Quoted in Ibid., p. 25.
[236] Quoted in Ibid., p. 26.
[237] Ibid., p. 56.

전쟁이 벌어질 가능성이 있다고 말했다. 노르망디 상륙작전 50주년 기념식 참석을 위해 유럽 방문을 준비하고 있던 클린턴은 고위급 관리를 보내어 북한 핵문제에 관해 설명해줄 것이라고 카터에게 말했다. 6월 5일 갈루치가 카터를 방문했다. 갈루치는 북한 핵 상황에 관해 3시간 이상 동안 카터에게 설명해 주었다. 당시 카터는 북한 핵문제에 관한 본인의 관심을 피력했다. 본인이 북한 핵문제 해결 차원에서 방북을 요청할 때마다 미 국무성이 거절했다고 말했다.238) 카터는 가장 최근 만난 북한 사람들에 따르면 김일성이 미국과 북한 핵문제의 구체적인 해결을 원하고 있다고 말했다.239) 갈루치는 북한 핵문제 측면에서 미 행정부의 주요 관심사인 북한 핵의 과거와 미래에 관해 말해주었다. 북한이 1991년 이전에 생산한 플루토늄의 실체 규명이 아니고 북한이 더 이상 핵무기를 개발하지 못하게 하는 문제에 미 행정부의 관심이 집중되어 있다고 말했다.240) 워싱턴으로 복귀한 갈루치는 카터가 방북을 원한다는 사실을 샌디 버거(Sandy Berger)에게 말해주었다.241) 갈루치와의 대화 이후 카터는 방북을 결심했다. 아직도 카터는 클린턴 행정부의 승인 내지는 적어도 묵인을 희망했다.

1994년 6월 6일 카터는 클린턴에게 편지를 보냈다. 여기서 카터는 본인이 개인 자격으로 북한을 방문할 의사가 있다고 말했다. 공식 또는 비공식적인지와 무관하게 본인이 클린턴 행정부를 대변해주기를 원하는 경우 기꺼이 그처럼 할 것이라고 말했다.242) 6월 6일 카터는 아직도 북한이 본인의 방문을 원하는 지를 뉴욕의 북한 대표단에 확인했다. 6월 7일 유엔주재 북한 부대사 한성열은 북한의 카터 방북 초청이 아직도 유효하며, 원하는 경우 비무장지대를 통해

---

238) Quoted in Ibid., p. 61.
239) Quoted in Ibid., p. 61.
240) Quoted in Ibid., p. 65.
241) Quoted in Ibid., p. 67.
242) Quoted in Ibid., p. 69.

방북하여 김일성을 만날 수 있을 것이라고 말했다.

당시 클린턴이 유럽에 있었다는 점에서 앨 고어(Al Gore) 부통령이 카터의 편지를 수신했다. 고어는 카터가 개인 자격으로 방북할 수 있도록 클린턴에게 요청할 것이라고 말했다.243) 클린턴이 카터의 방북을 승인해주었다.244)

카터의 방북을 지원하기 위한 클린턴 행정부 인사들의 브리핑

이미 언급한 바처럼 클린턴은 카터의 방북을 개인 차원으로 생각했다. 그럼에도 불구하고 클린턴 행정부 관리들은 카터가 김일성과 북한 지도자들에게 미국의 입장을 분명히 전달해주기를 원했다. 클린턴은 본인이 희망하는 바를 카터에게 주입시키기 위한 2단계 조치를 취했다. 카터와 가장 인간적인 관계를 유지하고 있던 토니 레이크(Tony Lake)와의 회동 이후 한미 및 북미관계를 담당하는 주요 관리들이 북한 핵문제와 관련하여 카터에게 직접 브리핑해주기로 결심한 것이다.245)

레이크는 클린턴 대통령이 "북한 핵문제의 평화적인 해결"을 원하고 있다는 사실을 김일성에게 강조해달라고 카터에게 말했다. 북한 핵문제가 해결된 후 미국이 북미 경제 및 정치적 관계 증진을 진지하게 고려하고 있다는 사실을 북한 지도자에게 확신시켜 달라고 요청했다.246)

카터는 레이크에게 다음과 같은 몇몇 사항에 관해 질문했다. 첫째, 클린턴 행정부가 북한에 경수로를 제공해줄 의향이 있는지에 관해 질문했다. 레이크는 법적인 제약으로 미국이 경수로 제공을 약속해줄 수 없는 입장이라고 말했다.

---

243) Quoted in Ibid., p. 70.
244) Quoted in Ibid., p. 71.
245) Quoted in Ibid., p. 86.
246) Quoted in Ibid.

그러나 클린턴 행정부가 여타 국가의 대북 경수로 제공을 방해하지 않을 것이라고 말했다. 둘째, 팀스피릿 훈련에 관한, 북한이 북한군 시설을 사찰하게 해주는 경우 주한미군과 한국군 시설 사찰에 관한, 미 행정부의 입장에 관해 질문했다. 셋째, 유엔 대북제재 결의안과 관련하여 미국이 국제사회로부터 어느 정도 지원을 받고 있는지를 질문했다. 넷째, 미 국무장관과 북한 외교부 부장 간의 양자회담 가능성에 관해 질문했다. 마지막으로 카터는 북한 핵문제가 해결되고 신뢰가 구축되는 경우 미국이 북한과 외교관계를 정상화할 의향이 있는지에 관해 질문했다. 레이크는 클린턴 행정부가 북미외교관계정상화를 고려하고 있지만 이것이 상당한 시일이 지난 이후에나 가능해질 것으로 생각한다고 말했다.247)

그 후 막강한 브리핑 팀이 카터를 기다리고 있었다. 갈루치와 폰맨(Poneman), 국방성 부장관 존 도이치(John Deutch), 미 합참 대표, 동아시아 및 태평양 차관보 윈스턴 로드, 추후 주한미국 대사로 임명된 톰 허버드(Tom Hubbard), 국무성 한국실 실장 데이비드 브라운(David Brown), 북한 데스크 관리 켄 퀴뇨네스(Ken Quinones), 미 국무성 정보 및 연구 부서에서 북한을 장기간 동안 관찰해온 밥 칼린(Bob Carlin), 미 중앙정보국과 국방정보국 대표들이 브리핑에 참석했다.248)

먼저 폰맨이 대북제재에 관한 일본 입장을 설명해주었다. 폰맨은 일본이 유엔 대북제재에 적극 동참할 것이라고 말했다. 일본이 미일동맹을 적극 지원할 것이라고 말했다. 존 도이치가 북한 핵의 기술적 측면에 관해 언급했다. 도이치는 북한이 우라늄 채굴에서 핵무기 개발에 이르는 모든 과정을 자체 해결하고 있다고 말했다. 북한이 8,000개의 연료봉을 기반으로 25메가와트 원자로를 운용하고 있으며, 폐연료봉을 플루토늄으로 전환하기 위한 재처리 시설을 건조

---

247) Ibid., p. 89.
248) Ibid.

하고 있다고 말했다. 허버드는 북한이 자국의 모든 원자로를 경수로로 전환한 후 이들 기존 원자로를 해체할 의향이 있음을 제네바의 미국 대표들에게 1993년 7월에 말했다는 사실을 언급했다. 북한이 북미외교관계정상화와 경수로를 포함하는 일괄타결을 요구했다고 말했다. 도이치는 북한이 2년 이내에 가동될 200메가와트 원자로를 건조하고 있다고 말했다. 북한이 영변원자로의 폐연료봉을 이용하여 1991년 이전에 얼마나 많은 플루토늄을 생산했는가? 라는 문제가 북미 간의 주요 갈등사항이라고 말했다.249)

도이치는 북한이 1994년 5월 영변원자로의 폐연료봉을 연못으로 옮겼다는 사실로 인해 영변원자로의 히스토리가 손상된 것은 아니라고 주장하고 있다고 말했다. 북한은 1991년 이전 90그램의 플루토늄을 생산했다고 주장하는 반면 미국은 보다 많은 플루토늄을 생산했을 가능성을 우려하고 있다고 말했다. 미국과 국제원자력기구는 북한이 재처리한 플루토늄 규모를 2곳의 핵물질 폐기장 특별사찰을 통해 정확히 측정할 수 있을 것으로 생각하는데 북한이 이것을 거부하고 있다고 말했다.

카터는 북한이 핵물질 폐기장 사찰을 지속적으로 거부하는 경우 벌어질 수 있는 상황에 관해 질문했다. 도이치는 영변원자로의 폐연료봉을 이용하여 북한이 매년 6킬로그램의 플루토늄을 생산할 수 있을 것이라고 말했다. 건설 중에 있던 200메가와트 원자로를 이용하여 보다 많은 플루토늄을 생산할 수 있을 것이라고 말했다. 도이치는 미 국방성과 마찬가지로 본인은 북한이 영변원자로를 포함한 모든 원자로 동결에 동의하는 경우 1991년 이전에 생산한 플루토늄을 없었던 일로 간주해야 할 것으로 생각하고 있다고 말했다. 갈루치가 "절대로 그럴 수 없다."라고 외쳐대었다. 갈루치는 미국이 NPT 회원국인 북한과 같은 국가의 핵확산금지조약 위배를 묵인해준 경우가 없다고 말했다. 갈루치는 한국

---

249) Ibid., p. 90.

정부가 도이치의 발언을 결코 수용하지 않을 것이라고 말했다. 허버드는 이들 플루토늄과 관련하여 미국이 애매모호한 입장을 취하면 한국정부가 이견을 제기하지 않을 것이라고 말했다. 그러자 갈루치는 미국이 이들 플루토늄과 관련하여 지속적으로 애매모호한 입장을 취하는 한편 대북 포용정책을 추구할 수 있을 것이라고 말하는 방식으로 본인의 발언의 의미를 희석시켰다.250)

윈스턴 로드가 미국의 신뢰성 문제를 거론했다. 로드는 클린턴 대통령이 1991년 이전에 북한이 생산한 플루토늄 실체 규명을 위한 특별사찰을 강조했는데 이제 입장을 바꾸어 이 같은 특별사찰을 원치 않는 입장이라고 말했다. 문제는 클린턴이 이 같은 본인의 입장 변화를 공개적으로 밝힐 수 없는 입장이라고 말했다. 로드는 북한이 1991년 이전에 생산한 플루토늄의 정확한 분량과 관련하여 실토하는 경우 미국이 이 부분과 관련하여 북한에 면죄부를 줄 의향이 있다고 말했다. 그러자 갈루치는 북한이 재처리한 플루토늄 분량에 관한 기존 입장을 바꾸어도 이것을 미국이 정치적으로 이용하지 않을 것임을 본인이 강석주에게 말했다고 첨언했다.251) 여기서 보듯이 카터가 방북하기 이전 미국은 북한 비핵화가 아니고 북한 핵무기 개발 능력을 동결하기로 결심한 상태였다. 이 같은 사실을 북한에 통보해줄 예정이었던 것이다.

도이치가 북한 핵문제에 관해 재차 언급했다. 도이치는 북한이 자신이 생산한 플루토늄을 갖고 무엇을 했는지에 관해 미국이 잘 모르고 있다고 말했다. 북한이 이들 플루토늄을 이용하여 2개의 핵무기를 만들 수도 있었을 것이라고 말했다. 그러나 이처럼 핵무기를 보유했다고 가정하는 경우에도 북한이 이들 핵무기를 적진으로 운반하기 위한 수단을 갖고 있다는 증거가 없다고 말했다. 도이치는 북한이 1994년 5월 영변원자로 부근의 연못에 저장한 폐연료봉을 이용하여

---

250) Ibid., p. 92.
251) Ibid.

20킬로그램에서 30킬로그램 정도의 플루토늄을, 또는 5개의 핵무기를 생산할 수 있을 것으로 판단했다.252)

카터는 북한이 국제사회로부터 존중받기를 원하고 있는 반면 미국이 유엔 대북제재를 이용하여 의혹의 핵물질 폐기장에 대한 특별사찰을 북한이 수용하게 만들기 위한 전략을 추구했다고 말했다. 카터는 미 정보기관의 대북정보와 관련하여 상당한 의구심을 표명했다. 카터는 북한 핵문제 관련 이견이 해소되면 한국이 북미외교관계정상화를 수용할 것인지 여부를 질문했다. 어느 미국 관리는 한국이 남북한 평화협정 체결을 주장하고 있다고 말했다. 더욱이 한국인들은 한반도 문제에 관한 한 시간이 한국 편일 것으로 생각하고 있으며, 카터의 방북으로 한반도 안보지형이 변할 가능성을 우려하고 있다고 말했다. 카터는 김영삼 대통령을 가장 생산적으로 다루기 위한 방안에 관해 질문했다. 그러자 어느 관리는 김영삼이 북한 핵문제와 관련하여 충분히 브리핑을 받고 있다고 느끼게 만들어줄 필요가 있다고 말했다. 김영삼이 상황 파악에 상당한 의미를 부여하며, 여론에 민감하게 반응한다고 말했다. 미국이 김영삼 몰래 북한과 협상하고 있지 않다는 사실을 확인시켜줄 필요가 있다고 말했다. 김영삼과 한국인들이 한반도 전쟁을 원치 않는다는 점에서 대북제재 결의안이 유엔에서 채택되는 경우 김영삼의 입장이 난처해질 것이라고 말했다.253)

마지막으로 카터는 북한이 핵무기 개발 계획을 중지하는 경우 미국이 수용할 의향이 있는 거래로 방향을 전환했다. 이 같은 거래에서 북한은 자국의 핵무기 개발 프로그램을 중지시킬 것이며, 의혹의 플루토늄 문제 해결을 위해 국제원자력기구가 자국의 핵시설을 사찰하게 해줄 것이었다. 그 대가로 미국은 대북 경제제재를 해제하고 북미관계 정상화 과정을 겨냥한, 궁극적으로 완벽한 북미외교관계정상화를 겨냥한 협상을 시작할 것이었다. 클린턴 행정부 대표들은

---

252) Ibid.
253) Ibid., p. 98.

미국이 구상하고 있던 일괄타결 방안을 한국이 지지하거나 적어도 묵인하게 만드는 것의 중요성을 강조했다.

척 카트만(Chuck Kartman)은 김영삼 정부가 강력한 대북제재를 선호하며, 이처럼 제재하면 북한이 굴복할 것으로 믿고 있다고 말했다. 이 같은 이유로 김영삼 정부는 강력한 대북제재를 염두에 둔 여론 결집을 추구하고 있지만 북한이 굴복하는 경우에 대비한 구체적인 계획이 없다고 말했다. 지난 몇 개월 동안 김영삼 정부의 대북정책이 일관성이 없다고 말했다. 김영삼이 여론의 향방에 따라 정책을 바꾸었다고 말했다. 주한미국 대사관의 어느 관리는 김영삼은 본인의 취임 연설에서 남북정상회담을 촉구했지만 남북통일 측면에서 실적이 거의 없다고 말했다. 북한은 체제 유지를 원하고 있는 반면 한국은 남북통일이 가능해보이자 통일비용을 우려하고 있다고 말했다. 카터가 북미외교관계정상화에 대한 한국 정부의 반응에 관해 질문하자 남북관계를 가장 인근에서 추적해온 대니 러셀(Danny Russel)은 "한국 입장에서 북미외교관계정상화가 최악의 악몽일 것이다."라고 말했다. 한국 지도자들은 미국이 남한과 북한을 대등하게 취급할 가능성, 미국과 관계를 정상화한 북한이 한국을 무시할 가능성을 우려하고 있다고 말했다.[254]

당시 배석했던 관리 가운데 적어도 1명 이상의 관리가 지난 몇 개월 동안 김영삼 정부가 입장을 수차례 번복했다고 말했다. 최근 들어 김영삼 정부는 한반도 전쟁 발발 가능성을 훨씬 더 우려하면서 북한 핵문제의 외교적 타결과 관련하여 비교적 반대하지 않는 입장이라고 말했다.[255] 그런데 이는 김영삼이 북한 핵무기 개발 능력 동결 형태의 북미합의에 반대하다가 미국의 강압외교, 한반도 전쟁 운운하는 강압외교로 인해 이 같은 합의에 마지못해 동의하는 입장임을 보여준다.

---

254) Ibid., p. 112.
255) Ibid., p. 99.

그 후 카터는 본인이 김일성에게 말하고자 하는 핵심 내용을 갈루치에게 알려주었다. 카터에 따르면 갈루치는 내용 수정을 요구하지 않았다. 카터는 이 같은 사실을 본인이 말하고자 하는 바와 관련하여 워싱턴이 비공식적이나마 승인해준 것으로 해석했다. 카터는 본인이 정리한 내용이 미국의 정책과 일치한다고 확신했다. 북한인들과의 대화 당시 카터는 이들 자료에 충실했다.[256]

북한 핵에 관한 김영삼 정부의 입장

1994년 6월 13일 카터가 북한을 방문하기 위해 서울에 도착했다. 당시 한국과 국제사회의 언론매체는 고조되고 있던 한반도 위기에 관해 폭넓게 보도했다. 이들은 전쟁 가능성을 거론했다. 한국정부는 노심초사하고 있던 국민을 안심시키기 위해 노력했다. 위기 상황에 대비했다. 북한을 자극하지 않고자 노력했다. 국방부는 북한이 도발 징후를 보이지 않는다고 말하는 등 시민들을 안심시키기 위한 브리핑을 매일 했다. 그러나 국방부는 북한군이 지난 4년을 기준으로 가장 높은 대비태세를 유지하고 있다고 말했다. 물품 품귀 소문이 난무하는 가운데 시민들이 식량 비축 필요성과 관련하여 국회에 상당히 많이 문의했다. 대부분 한국인들이 라면, 쌀, 양초와 같은 것을 구입하기 위해 상점으로 몰려들었다. 6월 13일부터 15일까지 한국의 주식이 25% 급락했다. 카터가 서울에 도착한 시섬 김영삼 정부는 6백만 명의 예비군 동원태세를 점검하기 위한 훈련을 하고 있었다. 그 후 이틀 뒤 카터가 비무장지대를 넘어 북한으로 들어갔다. 바로 그 날 한국정부는 대규모 민방공훈련을 실시했다.[257]

당시 북한은 대북제재를 전쟁 선포로 간주할 것이라고 위협했는데 워싱턴의

---

256) Ibid., p. 101.
257) Quoted in Ibid., p. 108.

많은 사람들은 이것을 일종의 허세로 생각했다.258)

한승주 외무장관과의 대화에서 카터는 국제원자력기구 사찰 요원들이 북한 핵시설을 사찰하게 하고 이곳의 규칙을 준수하라고 북한 지도자에게 촉구할 예정이라고 말했다. 한승주는 "북한이 1991년 이전에 생산한 플루토늄 문제를 반드시 해결해야 한다."라고 말했다. 이 같은 측면에서 의혹의 핵물질 폐기장 사찰 문제 해결을 뒤로 미루면 결코 안 될 것이라고 말했다. 그러자 카터는 "소량의 플루토늄 문제 해결을 위해 한반도 전쟁 가능성을 수용해야 할 것인가?"라고 한승주에게 퉁명스럽게 질문했다. 한승주는 국제원자력기구가 자국의 플루토늄 실체 규명을 추구하는 경우 북한이 전쟁도 불사할 것이라고 위협하고 있지만, 한미연합군의 억지력을 이용하여 전쟁에 호소하지 않으면서도 북한 플루토늄의 실체를 규명할 수 있을 것이라고 말했다. 한승주는 북한 핵의 과거사는 간과할 수도, 용서할 수도 없다고 말했다. 한승주는 북한 핵 과거사의 정확한 실체 규명이 한반도 평화와 안전 측면에서 매우 중요하다고 말했다. 북한 핵의 과거사 방치를 한국과 미국 정부가 정치적으로 수용할 수 없을 것이라고 말했다. 한승주는 한국이 북한을 흡수 통일하거나 북한 붕괴를 추구하지 않을 것이란 사실과 관련하여 자존심이 강한 북한을 설득시킬 수 없었다고 말했다. 한승주는 핵문제 해결 이후 북한이 국제사회와 보다 많이 교류하기를 한국이 원하고 있다고 말했다.259)

김영삼을 만난 자리에서 카터는 본인의 방북이 북한의 요청에 의한 것이며, 클린턴 대통령의 승인을 받은 것이라고 말했다. 카터는 방북 결과에 관해 말해줄 것이라고 말했다. 김영삼은 북미협상 결과의 준수가 쉽지 않을 것이라고 말했다. 김영삼은 북한 지도자들이 진지하지 않으며, 카터의 방북을 이용하여 자신들의 이익을 신장시키기 위해 노력할 것이라고 말했다. 김영삼은 김일성이 본인에게

---

258) Quoted in Ibid., p. 110.
259) Ibid., p. 115.

존경심을 표시하기 위해 카터가 방북했다고 주장할 것이라고 말했다. 카터는 남북관계가 개선되면 한국이 주한미군 철수를 원할 가능성이 있는지와 관련하여 김영삼에게 질문했다. 김영삼은 북한이 6.25전쟁을 도발했음을 입증해주는 비밀문서를 갖고 있다며, 주한미군이 한국과 동북아지역 평화 측면에서 핵심일 것이라고 말했다. 김일성에게 전달해줄 메시지가 있는지 카터가 질문하자 김영삼은 한국이 북한을 흡수 통일할 의사는 없지만 핵무기를 지속적으로 개발하는 경우 북한 정권이 붕괴될 것이란 한국정부의 입장을 전달해달라고 말했다. 김영삼은 또한 주체정신을 강조하는 한편 한국을 배제한 채 북미대화를 원하는 북한을 질책했다. 카터는 이것이 미국이 북한과 대화하면 안 된다는 의미인지 질문했다. 그러자 김영삼은 북한이 한국 및 미국과 모두 대화해야 할 것이지만 한반도 문제와 관련하여 남한과 북한이 주요 협상 파트너가 되어야 할 것이라고 말했다.260)

카터는 이홍구(李洪九) 통일부장관과 대화했다. 이홍구는 한국이 남북한 공존과 통일을 원하고 있다고 말했다. 이홍구는 북한 핵이 한국 입장에서 심각한 문제라고 말했다. 안보적으로 한국의 가장 중요한 목표는 전략적 측면에서의 남북한 균형 유지인데 북한의 핵무기 보유로 이 같은 균형이 북한에 유리한 방향으로 변할 가능성이 있다고 말했다. 이홍구는 북한이 플루토늄을 지속적으로 유지하거나 플루토늄 재처리를 추구하는 경우 한국인들이 핵무장을 추구할 가능성도 없지 않다고 말했다. 이홍구는 북한 플루토늄 문제는 대북제재가 아니고 협상을 통해 해결할 수 있을 것이라고 말했다. 카터는 북한이 자국의 핵무기 개발 측면에서 1991년 이전에 벌어진 현상과 이후에 벌어진 현상을 구분하여 생각하고 있다고 말했다. 카터는 북한이 1991년 이전에 얼마나 많은 플루토늄을 생산했는지와 관련하여 어느 누구도 알지 못한다며, 주요 문제는 현재 북한이 연못에 저장해놓은 폐연료봉은 물론이고 추후 북한이 갖게 될 폐연료봉을 철저히

---

260) Ibid., pp. 119-20.

안전보장 조치하는 것이라고 말했다. 이홍구는 북한이 보유하고 있을 수 있는 플루토늄 분량에 관심이 집중되어 있었다.261)

카터의 방북 활동

카터를 만난 자리에서 김일성은 북한 핵의 과거사에 관해 언급했다. 김일성은 혹자가 북한이 플루토늄을 추출하고 있다고 말하지만 핵무기를 만들 필요가 없으며, 핵무기를 만들기 위해 플루토늄을 사용하는 방법을 알지도 못한다고 말했다. 김일성은 북한이 영변원자로를 경수로로 대체하는 과정에서 도움을 줄 수 있는지 1993년 7월 미국에 요청한 바 있다고 말했다. 김일성은 "미국이 경수로 확보와 관련하여 북한을 지원해주었더라면 현재의 문제는 없었을 것이다.…북미관계가 보다 좋아졌을 것이다. 미국이 3라운드 북미대화를 약속하여 경수로 문제를 해결해주면 더 이상 문제가 없을 것이다."라고 말했다. 김일성은 북한 경제개발 목표 달성 측면에서 전기(電氣)가 필요하다고 주장했다. 1985년 당시 소련이 북한 전기 문제 해결을 위해 경수로 2기를 제공해주기로 약속했는데 소련 붕괴로 이것이 불가능해졌다고 말했다. 결과적으로 북한이 소형 원자로를 유지하지 않을 수 없었다고 말했다. 재차 김일성은 원만한 북미관계를 강조했다. "우리가 신뢰를 구축할 필요가 있습니다. 미국이 경수로 확보 측면에서 북한을 지원해주면 기존 원자로를 해체할 수 있습니다."라고 말했다. 김일성은 경수로 문제가 해결되면 북한이 NPT로 완벽히 복귀할 의향이 있다고 말했다. 북한의 모든 핵 활동을 즉각 동결시킬 것이라고 말했다. 김일성은 "경수로를 제공해주면 북미가 체제 차이에도 불구하고 관계를 개선할 수 있을 것이다. 북미가 국제원자력기구 없이도 북한 핵 문제를 해결할 수 있다는 사실을 미국 정부에 조언해주기를 기대한다."라고 말했다. 그러자 카터는 "내가 김일성

---

261) Ibid., p. 124.

주석의 메시지를 미국에 전달하기 이전까지 국제원자력기구 사찰요원과 감시 장비의 북한 체류를 허용해줄 수 있는가?"라고 질문했다. 강석주와 대화한 후 김일성은 이들이 북한에서 일할 수 있게 해줄 것이라고 말했다. 카터는 미국이 북한에 경수로를 제공해줄 수 있는 입장이 아니라고 말했다. 그러나 카터는 미국이 경수로 확보 과정에서 제3국을 통해 북한에 도움을 줄 수 있을 것이라고 말했다. 김일성은 미국과 북한이 협의를 지속할 수 있다면 경수로가 제공되는 순간까지 NPT 탈퇴를 보류할 것이라고 말했다.262)

카터는 영변원자로를 감시하기 위한 국제원자력기구 사찰요원들과 장비를 북한이 그대로 유지시켜줄 것이란 사실을 워싱턴에 전달해줄 것이라고 말했다. 카터는 "경수로 확보와 관련하여 북한을 지원해줄 필요가 있다는 사실을 미국 정부에 알려줄 것이다."라고 말했다. 카터는 또한 "북한 핵시설과 물질의 투명성 보장 문제를 포함한 북미 간의 문제를 논의할 수 있도록 북미대화의 3라운드 추진이 중요하다."는 사실을 첨언할 것이라고 말했다. 김일성은 북미가 이들 문제를 해결할 수 있다면 북한 핵의 투명성 보장은 문제가 되지 않을 것이라고 말했다.263)

또한 카터와 북측은 보다 긴밀한 북미 경제 및 외교관계에 관해 논의했다. 카터는 북한 핵문제를 해결할 수 있다면 양국이 경제 및 외교관계 측면에서 진전을 이룰 수 있을 것이라고 말했다.264) 그 후 카터는 워싱턴의 갈루치와의 통화를 위해 김일성과 합의한 내용을 다음과 같이 노트에 기록했다.

> 모든 북한 핵시설과 물질의 투명성 보장 문제를 포함한 북한 핵문제를 해결하기 위한 북미회담이 개최되기 이전까지 국제원자력기구 사찰 요원들이 북한 핵시설에 체류할 것이며, 모든 감시 장비들이 정상 가동될 것이다. 북한이 원

---

262) Ibid., pp. 161-2.
263) Ibid., p. 162.
264) Ibid., p. 181.

하는 것은 경수로 획득 과정에서의 미국의 지원과 북한이 핵위협을 받지 않게 해달라는 것이다. 이들이 가능해지면 북한은 NPT에 잔류할 것이며, NPT 측면에서의 북한의 고유한 입지도 더 이상 주장하지 않을 것이다. 나는 미국이 북한의 경수로 획득을 지원할 것임을 분명히 했다. 그러나 경수로와 경수로 획득 비용은 여타 국가 또는 국제기구가 담당할 것임을 분명히 했다. 북한 핵 관련 모든 투명성 보장 문제 해결을 위한 북미회담의 3라운드가 개최될 것이다.265)

그 후 카터는 방북 결과와 관련하여 CNN 기자와 인터뷰했다. 6월 21일 갈루치는 북한이 카터에게 제안한 부분을 확인해달라는 내용의 문서를 강석주에게 보냈다. 이 문서에서는 북한이 핵무기 개발계획을 동결시키는 조건으로 북미 고위급 회담을 제안하고 있었다. 여기서 말하는 동결은 북한이 폐연료봉에서 플루토늄을 추출하지 않으며, 영변원자로에 새로운 연료를 주입하지 않으며, 국제원자력기구 요원들이 상황을 지속적으로 관찰할 수 있게 함을 의미했다. 이 순간에도 미국 관리들은 유엔 대북제재를 지속적으로 추구하고 있었다.266)

6월 22일 북한은 갈루치가 6월 21일 보낸 문서에 대한 확인 성격의 답변을 했다. 그러자 클린턴 행정부는 대북제재 중지를 선언했다. 클린턴은 북한이 완벽한 대북사찰과 관련하여 논의하기로 동의했다고 말했다. 이는 북한이 1991년 이전에 생산한 플루토늄과 관련하여 논의할 의향이 있을 것이란 의미였다. 곧바로 미국 관리들은 북미 고위급 회담의 3라운드가 7월 8일 개최될 것이라고 선언했다. 이 회담을 갈루치와 강석주가 주도할 예정이었다.

---

265) Ibid., p. 174.

266) Quoted in Michael J. Mazarr, *North Korea and The Bomb*, p. 165.; Ann Devroy and T. R. Reid, "U.S. Awaits Word on North Korea's Intentions," *Washington Post*, June 22, 1994.

2. 북미제네바합의 체결

카터의 방북으로 두 가지 돌파구가 열렸다. 북한이 진정 자국의 핵무기 개발 프로그램을 동결시키는 경우 북미가 위기에 처하지 않으면서도 북한 핵문제 해결을 일정 기간 동안 미룰 수 있을 것이었다. 카터가 말한 바처럼 남북정상회담이 개최되는 경우 남한과 북한이 상호 협조할 수 있는 보다 폭넓은 방안이 강구될 수 있을 것이었다.

1994년 6월 20일 미국의 보수적인 칼럼니스트 로버트 노박(Robert Novak)는 북한이 핵무기를 폐기하기로 합의하는 경우 일괄타결 방안을 추구해야 할 것이라고 제안했다.[267] 그런데 클린턴 행정부는 이미 1993년 11월 이 같은 일괄타결 방안을 구상해놓고 있었다. 북한이 영변원자로에서 폐연료봉을 해체하며 위기를 조성하고 있던 당시 미국은 3차 북미회담을 제안했는데 이 회담은 이 같은 일괄타결 방안을 논의하기 위한 성격이었다.

협상 과정

이제 클린턴 행정부는 1993년 11월 준비한 포괄적이고도 완벽한 접근 방안을 시험해볼 수 있었다. 이 접근 방안에서는 평양에 미 연락사무소 개설, 완벽한 북미외교관계정상화 약속, 상호불가침 약속, 경수로 제공 관련 경제적 지원, 북한 원자로 동결, 1991년 이전에 북한이 생산한 플루토늄의 추후 사찰과 같은 부분이 포함되어 있었다.[268] 여기서 보듯이 미국은 북미제네바합의 기본 골격을 사전에 준비해놓고 있었던 것이다. 북측 인사들은 이 같은 미국의 제안과 관련

---

267) Quoted in Michael J. Mazarr, *North Korea and The Bomb*, p. 164.; Robert D. Novak, "Package Deal on Korea," *Washington Post*, June 20, 1994.

268) Quoted in Michael J. Mazarr, *North Korea and The Bomb*, p. 165.; R. Jeffrey Smith, "Thee Man Who Would Tame N. Korea," *Washington Post*, July 8, 1994.

하여 한편으로는 놀라운 표정을 지었던 반면 또 다른 한편으로는 흡족해 하였다.

그런데 북미 고위급 회담이 개최된 1994년 7월 8일 김일성이 사망한 것이다. 그 이전 얼마 동안 북미 간에 진행되었던 사항들이 전면 중지될 것처럼 보였다. 7월 11일 북측 고위급 인사는 7월 17일로 예정되어 있는 김일성 장례식 이후 북한이 미국과 핵협상을 재개할 의향이 있다고 말했다.269)

주요 쟁점 사항

8월 12일 북한과 미국의 협상가들이 제네바에서 회동했다. 이들은 몇몇 원칙과 목표에 관해 합의했다. 7월 회동 결과에 입각한, 오랜 동안 기다렸던 일괄타결 방안에 포함되어 있는 내용들을 상세히 기술하고 있던, 당시의 합의에는 양측이 준수해야 할 몇몇 사항들이 포함되어 있었다.

북한은 영변원자로를 포함한 원자로들을 경수로로 교체할 예정이었다. 미국은 가능한 한 조속히 2,000메가와트 성능의 경수로를 북한에 제공해줄 것이었다. 경수로 및 중유 제공 관련 미국의 확약을 받는 즉시 북한은 50메가와트 및 200메가와트 원자로를 동결시킬 예정이었다. 또한 북한은 더 이상 플루토늄을 재처리하지 않을 것이었다. 이들 모든 북한의 활동을 국제원자력기구가 감시할 예정이었다.

북미 양측은 완벽한 외교 및 경제관계 정상화를 겨냥한 노력의 일환으로 상대방 국가의 수도에 연락사무소를 설치하고 무역 및 투자 장벽을 낮출 예정이었다. 미국은 핵무기로 북한을 공격하지 않을 것임을 재차 약속할 의향이 있다고 천명했다. 북한은 NPT와 한반도비핵화공동선언의 준수를 재차 약속했다.270)

---

269) Quoted in Michael J. Mazarr, *North Korea and The Bomb*, p. 167.
270) Quoted in Ibid., p. 168.

당시 특히 껄끄러운 문제가 해결되지 않고 있었다. 북한이 1991년 이전에 생산했다고 알려진 플루토늄과 관련하여 특별 사찰해야 할 시점이 바로 그것이었다. 8월 회동이 종료될 당시 강석주는 국제원자력기구가 요구한 "특별사찰을 북한이 인정하지 않는다."라고 말했다. 반면에 갈루치는 "완벽한 안전보장조치를 수용하지 않는 국가에 미국이 경수로를 제공해줄 가능성이 전혀 없다."라고 말했다. 여기에는 북한의 "특별사찰 수용이 포함"되어 있었다.271) 당시까지만 해도 북미 간의 이 같은 이견을 좁힐 수 있을 것인지 의문이었다.

9월 10일 미측 대표들이 베를린에서 북측과 경수로 문제를 논의했다. 그 후 평양에서 북한에 연락사무소를 설치하는 문제를 논의했다. 미측은 한국이 북한에 경수로를 제공해줄 것이란 사실을 강조했다. 북한관리들은 한국의 경수로 제공 계획에 지속적으로 반대했다. 결과적으로 베를린 회담이 난관에 봉착했다.272) 9월 14일 갈루치는 "대북 경수로 제공 측면에서 정치, 재정 및 기술적으로 가능한 유일한 방안은 한국이 주요 역할을 담당하는 방안이다."273)라고 말했다.

9월 23일 미측과 북측 고위급 협상가들이 베를린에서 회담했다. 당시 북측 협상가들은 한국이 경수로를 제공해줄 것이란 제안을 수용하지 않았다. 이들은 8월의 약속과 달리 경수로 제공을 약속해준 시점이 아니고 실제 경수로를 제공해준 시점에 원자로 건설을 중지할 것이라고 말했다. 한편 북측은 원자로 동결과 관련하여 수십억 달러 보상을 요구했다. 북측은 영변원자로의 8천개 폐연료봉을 제3국으로 옮기라는 미측의 요구를 수용할 수 없다고 말했다. 강석주는 북한이 영변원자로에 연료 재공급을 고려하고 있다고 말하는 방식으로 '벼랑 끝 전술'을

---

271) Quoted in Ibid., p. 169.; John B. Wolfsthal, "U.S., North Korea Sign Accord on 'Resolution' of Nuclear Crisis," *Arms Control Today*, Vol. 24, No. 7(September 1994), p. 31.

272) Quoted in Michael J. Mazarr, *North Korea and The Bomb*, p. 172.

273) Quoted in Ibid.; T. R. Reid, "Dispute Could Hurt U.S.-N. Korea Talks," *Washington Post*, September 15, 1994.

구사했다. 미측 관리들은 이처럼 하면 북미대화가 중지될 것이라고 말했다.274)
9월 29일 미국과 북한 관리들은 대화를 중지하고 본국으로 귀국했다. 한편 무역 및 과학기술 문제를 논의하기 위해 미국을 방문하고 있던 중국 외교부장 첸치천은 최근 북한의 완고한 태도는 협상전술이라고 말했다.275) 미국으로 귀환한 갈루치는 일정 기간 뜸을 드린 후 북한이 1994년 8월에 동의한 방안을 재차 제안하라는 지시를 받았다.

일부 실랑이 끝에 10월 16일 양측이 주요 합의에 도달했다. 북미제네바합의로 알려진 이 합의는 핵문제를 가장 포괄적인 방식으로 해결한 경우였다. 10월 17일 갈루치는 "이것이 매우 훌륭한 합의라고 생각합니다.…전반적으로 수용 가능하며 매우 긍정적인 합의입니다.…이 합의가 북한의 핵무기 개발을 우려하고 있는 미국, 한국 및 일본의 이익을 지켜줄 것입니다."라고 말했다.276)

북미제네바합의의 주요 내용277)

북미제네바합의는 다음과 같은 3단계로 구성되어 있었다.

2000년 초순까지 진행될 1단계에서 북한은 북미합의문 서명 이후 1개월 이내에 기존 원자로와 재처리 시설을 동결시킬 예정이었다. 또한 8천개에 달하는

---

274) Quoted in Michael J. Mazarr, *North Korea and The Bomb*, p. 172.; R. Jeffrey Smith, "U.S.-N. Korea Nuclear Talks at Stalemate as Pyongyang Takes Hard-Line Stance," *Washington Post*, September 28, 1994.

275) Quoted in Michael J. Mazarr, *North Korea and The Bomb*, p. 173.; R. Jeffrey Smith and Ann Devroy, "U.S. to Hold its Course In North Korea Dealings," *Washington Post*, October 5, 1994.

276) Steven Greenhouse, "U.S. and North Korea Agree to Build on Nuclear Accord," *New York Times*, October 18, 1994.

277) "US-DPRK Agreed Framework/Six-Party Talks," *Inventory of International Nonproliferation Organizations and Regimes Center for Nonproliferation Studies*, Geneva, October 21, 1994.

폐연료봉을 장기간 보관이 가능한 특수 처리된 캔에 보관할 예정이었다. 남한과 고위급 회담을 재개할 예정이었다. 북한은 NPT에 따라 정기사찰을 허용하기로 합의했다.

이 같은 북한의 조치에 대한 보상 차원에서 미국은 북한을 겨냥하여 핵무기를 사용하지 않을 것이며, 북미 간의 정치 및 경제적 교류를 가로막는 모든 장애물을 3개월 이내에 제거하기 시작할 것이었다. 이 같은 측면에서의 가장 가시적인 모습은 대사관과 비교하여 어느 정도 낮은 수준의 연락사무소 개설이었다. 북미제네바합의에 따르면 미국은 국제사회에서 예산을 확보하여 2003년을 목표로 40억 달러 상당의 2개의 경수로를 북한에 제공해줄 예정이었다. 한국이 20억 달러 이상의, 일본이 10억 달러 이상의 자금을 제공해주기로 합의했다. 미국은 나머지 자금을 미국, 독일 및 러시아를 포함한 국가들의 컨소시엄 형태로 확보할 수 있을 것이라고 말했다. 그러나 경수로 부분 가운데 민감한 핵물질 부분, 그리고 경수로에서 핵심 부분과 첨단 과학기술 관련 부분은 북한이 1991년 이전에 생산한 플루토늄 관련 특별사찰을 허용해준 이후에나 제공해줄 예정이었다. 북미제네바합의에서는 양측이 합의문에 서명한지 6개월 이내에 첫 번째 경수로 건설 계약을 체결할 것으로 가정하고 있었다. 미국 관리들은 남한에서 이미 사용하고 있던 1천 메가와트 규모의 경수로를 구상하고 있었다. 이 같은 2개의 경수로를 사용하여 북한은 자신들이 계획하고 있던 3개의 '흑연 감속형 원자로'를 통해 생산 가능한 전기의 거의 10배 규모를 생산할 수 있을 것이었다.[278]

미국은 경수로가 완공되기 이전까지 북한에 중유를 제공해주기로 약속했다. 북미제네바합의를 체결한 1994년 10월 이후 3개월 동안의 몫으로 미국은 북한에 5만 톤의 중유를 제공해주기 시작할 예정이었다. 그 규모를 늘려 1995년부터 매년 50만 톤 규모의 중유를 제공해줄 예정이었다. 이는 북한이

---

278) Quoted in Michael J. Mazarr, *North Korea and The Bomb*, p. 174.

3개의 흑연 감속형 원자로를 운용한다고 가정하는 경우 생산 가능할 것으로 예상되던 250메가와트의 전기를 대체해주기 위한 성격이었다. 미국은 1994년 10월부터 12월말까지의 3개월에 해당하는 중유를 자국이 제공해줄 것이라고 말했다. 그러나 매년 50만 톤 규모의 중유 제공 비용 또한 한국과 일본이 주도적으로 감당할 수 있기를 희망한다고 말했다.279)

2단계는 대략 2000년부터 2003년까지 지속될 예정이었다. 이 기간 동안 미국과 미국의 우방국들이 첫 번째 경수로 건설을 완료할 예정이었다. 그 대가로 북한은 1991년 이전에 생산한 플루토늄 분량을 파악할 수 있도록 2곳의 핵폐기물 처리장에 대한 특별사찰을 허용해줄 예정이었다. 북미제네바합의에서는 이 부분을 다음과 같이 표현했다.

> 경수로의 상당 부분 건설이 완료될 것인 반면 경수로의 핵 관련 주요 부분들이 제공되기 이전 북한은 국제원자력기구 안전보장조치 협약을 완벽히 준수하게 될 것이다.…여기에는 핵물질과 관련하여 북한이 최초 신고한 내용이 정확하고 완벽한 성격인지를 검증한다는 측면에서…국제원자력기구가 필요하다고 판단한 모든 조치가 포함될 것이다.…280)

한편 북한은 경수로의 첫 번째 부분이 북한에 도착한 시점에 운송을 시작하여 첫 번째 경수로가 완공될 당시 폐연료봉의 제3국 운송을 완료할 예정이었다. 북한이 이처럼 모든 폐연료봉을 제3국으로 보낸 후 미국은 경수로 작동을 가능하게 해주는 민감한 부분들을 북한으로 운송해줄 예정이었다. 더욱이 미국은 그 시점이 언제일지 장담할 수 없을 것이지만, 연락사무소 개설 차원을 넘어서 대사관 개설과 더불어 북한과 외교관계를 완벽히 정상화할 것이라고 약속했다.

---

279) Quoted in Ibid.
280) Quoted in Ibid.

마지막 단계인 3단계는 2003년 이후의 어느 시점에 시작될 예정이었다. 이 순간 미국과 미 동맹국으로 구성되는 콘소시엄이 제2의 경수로를 완공할 예정이었다. 첫 번째 경수로가 완공되었을 당시 재처리 시설은 물론이고 30메가와트 규모의 영변원자로, 건설 도중에 있던 2개의 원자로를 해체하기 위한 작업이 시작될 예정이었다. 두 번째 경수로가 완공되었을 당시 해체 작업이 완료될 예정이었다.

미국, 북한, 여타 관련국 대표들로 구성되는 북미제네바합의 이행을 위한 4개 실무자 그룹이 폐연료봉, 북한이 원자로 동결로 손해를 보았다고 주장하던 에너지를 대체해주기 위한 방안, 연락사무소, 경수로와 같은 문제를 다룰 예정이었다. 더욱이 북미제네바합의 이행을 감독하기 위한 관련국들로 구성되는 주요 집단인 한반도에너지개발기구(KEDO)를 조직할 예정이었다.

한편 클린턴 대통령은 북미제네바합의 이행과 관련한 본인의 약속을 포함하고 있는 다음과 같은 내용의 서신을 김정일에게 전달했다.

> …경수로 사업 또는 중유 제공이 북한이 통제할 수 없는 이유로 완료되지 않는 경우 나는 미 의회의 승인을 전제로 미국 대통령으로서의 권한을 사용하여 경수로는 물론이고 중유를 제공해줄 것이다.…북한이 북미제네바합의에 명시된 정책을 지속적으로 준수하는 한 이처럼 할 것이다.281)

여기서 "미 의회의 승인을 전제로"란 표현을 주목할 필요가 있을 것이다. 그 후 클린턴이 공화당 출신 미 의회 의원들의 반발을 빌미로 북미제네바합의를 거의 이행하지 않았는데, 외교정책에 관한 한 오늘날 미 의회와 비교하여 대통령의 권한이 훨씬 막강하다는 사실을 주목할 필요가 있을 것이다. 여기서 보듯이

---

281) 1994년 10월 20일 클린턴이 김정일에게 보낸 서신은 다음 참조. James M. Minnich, *The Denuclearization of North Korea* (Bloomington, Ind.: First Books Library, 2002), p. 106.

클린턴은 북미제네바합의 체결을 위해 노력할 당시에서조차 이것을 제대로 이행하지 않기 위한 방안을 마련해놓고 있었던 것이다.

3. 북미제네바합의 반응, 이행 및 평가

북미제네바합의와 관련하여 한국인들이 적지 않은 불만을 토로한 반면 북한이 흡족해했다. 북미제네바합의를 주도한 미 행정부 인사들이 흡족한 반응을 보인 반면 여타 사람들이 불만을 토로했다. 북한이 북미제네바합의를 충실히 이행한 반면 미국이 제대로 이행하지 않았다.

북미제네바합의는 '포용 그러나 대비'란 미국의 대 중국 전략을 지원하기 위한 성격이었다. 중국이 미국 중심의 질서에 순응하는 경우 북미외교관계 정상화를 통해 한반도 상황을 안정시킬 것인 반면 패권 추구 조짐을 보이는 경우 북한 핵무장 종용을 통해 중국의 부상에 대비하기 위한 체계를 정비하기 위한 성격이었다.

한국, 국제원자력기구, 북한 및 미국의 반응

한국은 북미제네바합의가 북한 핵무기 개발 능력을 일정 기간 동안 단순 동결시킨 성격인 반면 경수로 건설비 등 이것의 이행 측면에서 많은 부담을 감당하는 입장이었다는 점에서 불만이 상당했다. 북한은 경수로 건설과 북미외교 관계정상화란 자국이 원한 것 모두를 성취했다는 점에서 매우 흡족한 반응을 보였다. 미 국방성 전략가들의 작품임에도 불구하고 북미제네바합의를 주도했던 클린턴, 페리 국방장관과 같은 미 행정부 인사를 제외한 연구소 연구원, 의회 의원, 전직 관료와 같은 사람들이 이것과 관련하여 상당한 불만을 토로했다.

한국은 겉으로는 북한이 재차 남북대화에 동의했다는 사실과 관련하여 좋아했다. 북미제네바합의에 환호했다. 한승주 외무장관은 북미제네바합의로 "북한 핵무기 개발을 중지시킬 수 있었다."282)라고 말했다. 그러나 사적인 자리에서 김영삼 대통령을 포함한 한국의 많은 관료들이 북미제네바합의와 관련하여 상당한 불만을 토로했다. 코리어 헤럴드는 이들 한국인의 우려를 다음과 같이 표현했다. "소위 말하는 북미제네바합의란 일대 돌파구는…북한에 지나치게 많이 양보한 반면 북한으로부터 지나치게 적게 양보 받는 방식으로 가능해진 것이다." 그러면서 이것을 1938년의 굴욕적인 뮌헨협정과 비유했다.283) 민주당 당수 이기택은 북미제네바합의는 결과적으로 한국이 미국을 믿을 수 없으며, 한국 외교정책이 "미국과의 상호협조적인 성격에서 자주적인 성격으로 전환해야 한다."284)는 사실을 입증해주었다고 말했다. 조선일보는 북미제네바합의는 미국이 자국의 정책을 "한국 중심에서 한반도 중심으로 전환"했음을 보여준 상징적인 사건이라고 말했다. 조선일보는 이것이 미국, 중국, 러시아, 일본이 공조하여 한반도 통일을 저지하기 위한 성격이라면서 "한국이 미국 의존적인 단일 트랙 외교에서 벗어나야 한다."285)라고 말했다.

한국 일간신문의 만화는 이들 북미제네바합의에 대한 한국인들의 쓰라린 정서를 보여주었다. 일부 일간지는 북한인들이 한보따리 돈뭉치를 움켜쥔 채 제네바를 떠날 당시 우두커니 쳐다보는 미국인들을 묘사했다. 또 다른 만화에서는 한승주 외무장관이 해임 통보를 기다리며 울고 있는 모습을 묘사했다. 또 다른 만화에서는 김정일이 산의 정상에서 값비싼 산삼을 씹고 있는 반면 김영삼이 땅바닥에 엎드려 양배추를 씹는 모습을 묘사했다. 어느 만화는 클린턴 대통령이 북한 핵시찰을 공언하며 웃고 있는 반면 한국관리가 30억 달러에

---

282) Quoted in Michael J. Mazarr, *North Korea and The Bomb*, p. 175.; R. Jeffrey Smith, "N. Korea, U.S. Reach Nuclear Pact," *Washington Post*, October 18, 1994.

283) Quoted in Michael J. Mazarr, *North Korea and The Bomb*, p. 176.; Michael Breen, "U.S. Officials Reassure S. Korea," *Washington Times*, October 20, 1994.

284) Quoted in Michael J. Mazarr, *North Korea and The Bomb*, p. 176.; "Opposition: South Korea Should Become Less Dependent on U.S.," *Associated Press Wire Service Report*, October 22, 1994.

285) Quoted in Michael J. Mazarr, *North Korea and The Bomb*, p. 176.

달하는 청구서를 움켜쥔 채 울고 있는 모습을 묘사했다.286)

그 와중에서도 한국의 변함없는 대북포용 정책이 지속되었다. 한편에서 한국 관리들은 북한을 너무나 쉽게 생각하고 있다며 미국을 맹비난했다. 또 다른 한편에서는 북미제네바합의를 기점으로 남북교류를 획기적으로 개선시키기 위한 계획을 언급하고 있었다. 한국정부는 북미제네바합의 관점에서 볼 때 남북한 간의 학문, 문화 및 종교 교류와 같은 비정치적 교류가 허용될 것이라고 말했다. 한국의 경제기획위원회는 물론이고 여러 부처의 장관들이 조만간 남북 경제협력이 가능해질 것이라고 말하기 시작했다. 주식회사 대우는 남포 자유무역단지에 투자할 것이라고 선언했다.287)

북미제네바합의에 대한 국제원자력기구의 반응은 한국의 반응만큼이나 미온적이었다. 국제원자력기구 사무총장 한스 블릭스는 북미제네바합의를 환영한다면서 다음과 같이 말했다. 체결 과정에서 상당한 기간이 소요되었음에도 불구하고 체결 이전과 비교하여 "상황이 좋다." 그러나 블릭스조차도 이 합의의 문제점을 다음과 같이 공공연히 언급했다. 북한이 1991년 이전에 생산한 플루토늄 규명을 위한 특별사찰을 완벽히 관철시켰더라면 "보다 좋았을 것이다." 그는 또한 다음과 같이 말했다. 북미제네바합의는 "이 합의를 체결하지 않았을 경우 벌어졌을 상황을 고려할 때만" 변호가 가능할 것이다.288) 국제원자력기구의 또 다른 관리들은 보다 퉁명스런 반응을 보였다. 이들은 북한이 폐연료봉을 무기한 유지할 수 있게 해준 이 합의문의 조항을 특히 우려했다. 국제원자력기구의 어느 관리는 다음과 같이 말했다. "이는 우리가 수년 동안 NPT를 전면 부인했으며 아직도 이것을 제대로 준수하지 않고 있는 국가와 함께 생활

---

286) Quoted in Ibid., p. 176.; Thomas Wagner, "Editorial Cartoons Show Humiliation, Anger at Nuclear Accord," *Associated Press Wire Service Report*, October 22, 1994.

287) Quoted in Michael J. Mazarr, *North Korea and The Bomb*, p. 176.

288) Quoted in Ibid., p. 177.; Robert Burns, "U.S. Agency Praises U.S.-North Korean Nuclear Deal," *Associated Press Wire Service Report*, October 20, 1994.

하고 있음을 의미한다.…이란, 이라크 또는 여타 국가에 특별사찰을 요구해야 할 가능성을 고려해보면 북미제네바합의는 좋은 선례가 아니다."[289]

북한은 북미제네바합의를 극찬했다. 북한 노동당 기관지인 노동신문은 "지도자 김일성의 의도를 받들어 역사적인 북미제네바합의를 도출할 수 있었다."[290]며 이것을 격찬하는 권위 있는 사설을 게재했다. 여기서 보듯이 북한은 북미제네바합의와 관련하여 매우 흡족한 반응을 보였다.

클린턴 대통령은 북미제네바합의를 "미국, 한반도, 세상을 보다 안전하게 만들어 줄"[291] 수 있는 성격이라고 격찬했다. 페리 국방장관은 "북미제네바합의가 한국과 미국의 장기 안보 이익과 부합하는 성격임을 한국정부에 확인시켜주기 위해" 한국을 방문했다. 페리는 기자들에게 다음과 같이 말했다. "저는 한국인들에게 북한 핵문제와 관련하여 강경파로 알려져 있습니다. 따라서 제가 북미제네바합의를 지지하면 한국인들이 북미제네바합의에 한국 안보 관련 사안이 반영되어 있다는 사실을 이해할 것입니다."[292] 갈루치는 북한이 보상 차원에서 무엇을 받기 이전에 자국 핵시설을 동결해야 하며, 이처럼 동결했다는 사실을 사찰 요원들이 검증하게 해주어야 할 것임을 강조했다. 갈루치는 "북한이 북미 간의 거래를 준수하지 않는 경우 아무것도 얻지 못할 것이며, 미국은 자신이 약속한 조치들을 쉽게 취할 수 있을 것이다."라면서, "이 같은 현상이 향후 5년 또는 10년 뒤에 벌어지는 경우 미국은 손해 볼 것이 거의 없을 것이다. 북한 핵무기 개발만 동결시킨 의미가 있을 것이다."[293]라고 말했다. 이처럼 클린턴 행정부 인사들, 특히 북미제네바합의를 담당했던 사람들은 이것을 매우 긍정적으로 평가했다. 그러나 여타 사람들은 이 합의를 맹비난했다.

---

289) Quoted in Michael J. Mazarr, *North Korea and The Bomb*, p. 177.
290) "위대한 당의 령도를 높이 받들고 새해의 진군을 힘있게 다그쳐나가자," 『로동신문』, 1995. 1. 1.
291) Leon V. Sigal. *Disarming Strangers* (Kindle Locations 2851-2852). Kindle Edition.
292) Ibid., (Kindle Location 2878). Kindle Edition.
293) Ibid., (Kindle Locations 2898-2901). Kindle Edition.

후버연구소의 안젤로 코드빌라(Angelo M. Codevilla)는 다음과 같이 통렬히 비판했다. "클린턴의 북한 핵 위기 대응 방식은 매우 단순합니다. 지구상에서 가장 사악한 북한정권이 또 다른 방식을 통해서는 결코 얻을 수 없었을 무상 원유, 과학기술, 외교적 인정을 얻었을 뿐만 아니라 40억 달러를 제공받을 예정입니다. 그 대가로 김정일은 북한이 핵무기 개발을 포기했다는 환상을 우리가 갖게 하고 있습니다."294) 그는 이 같은 거래를 거부하라고 미 상원에 촉구했다.

북미제네바합의와 관련해 폴 그린버그(Paul Greenberg)는 다음과 같이 말했다. "북미제네바합의는 핵무기 확보 의지가 확고부동한 독재자가 원하는 것 모두를 독재자에게 넘겨주고는 '거짓 승리'를 천명한 것과 다름이 없습니다."295) 미 국방장관을 역임한 제임스 슐레진저(James Schlesinger)는 북미제네바합의를 "협상을 통한 항복"296)이라고 간단히 말했다. 가프니는 체코를 나치독일에 넘겨준 네빌 체임벌린(Neville Chamberlain)의 1938년 당시의 유화정책과 다름이 없는 경우라며 북미제네바합의를 비난했다.297)

퓰리처상 수상자인 찰스 크라우트해머(Charles Krauthammer)의 비난은 특히 통렬했다. 그는 북한이 엄청난 이득을 챙겼다며 다음과 같이 말했다. 이 합의로 "북한에 원유가 흘러들어가고, 북한의 외교적 고립이 종료되며, 서방세계와의 무역으로 북한경제가 활기를 되찾게 된다. 북한 핵무기 개발 프로그램은 변함없이 그대로 유지되고 있다. 폐기된 것이 아니고 동결되어 있다는 점에서 북한은 서구로부터 얻을 수 있는 것 모두를 얻었다고 판단하게 될 향후 10년

---

294) Angelo M. Codevilla, "The Senate Needs to Avert Creeping Catastrophe in the Pacific," *Washington Times*, October 26, 1994.
295) Paul Greenberg, "Trusting a Tyrant," *Washington Times*, October 24, 1994.
296) William Safire, "Clinton's Concessions," *New York Times*, October 24, 1994.
297) Frank Gaffney, "Whistling Past Gallucci Gulch," *Washington Times*, October 24, 1994.

이내의 어느 시점에라도 핵무기 개발 프로그램을 재차 가동할 준비가 되어 있다." 미 행정부의 수세적 자세와 관련하여, 그는 다음과 같은 냉소적인 반응을 보였다. "미 행정부는 유일하게 생각 가능한 또 다른 대안을 전쟁이라고 말하면서 평화를 위해 이 같은 막대한 투자를 했다는 사실을 변호하고 있다. 이는 북한의 협박에 단순 굴복한 것과 다름이 없다.…북한정권이 무력으로 위협하자, 클린턴이 녹초가 되었다."298)

미 공화당 지도자들은 클린턴 행정부를 즉각 비난했다. 북미제네바합의에 공식 서명하기 이전에서조차, 알폰스 다마토(Alfonse D'Amato)를 포함한 몇몇 공화당 출신 상원의원들은 이 합의를 즉각 중지하라는 내용의 서신을 클린턴에게 보냈다. 이들은 이 합의로 "북한 핵 위기가 잠시 감추어진 상태에 있게 되며, 북한 핵 위기 해결이 지연될 뿐이다"라고 주장했다. 이들은 "이 합의를 북한의 협박에 미국이 굴복한 경우와 다름이 없다."299)고 주장했다. 상원의원 돌(Dole)은 "북미제네바합의는 충분히 많은 것을 상대방에게 넘겨주는 경우 항상 합의를 도출해낼 수 있다는 사실을 보여주고 있다"300)고 말했다. 상원의원 돌의 이 같은 인식에 미 하원과 상원의 여러 공화당 의원들이 영향을 받았다. 특히 1994년 11월의 선거에서 공화당이 미 의회를 장악한 후 그러했다.

그 후에도 비난의 목소리는 수그러들지 않았다. 북미제네바합의가 체결된 지 1년 6개월이 지난 시점, 헤리티지재단 선임연구원 다릴 플렁크(Daryl M. Plunk)는 북한이 호전적인 대한(對韓) 태세를 견지하고 있다며 클린턴 행정부에 보다 강경한 대북 노선을 견지하라고 다음과 같이 촉구했다. "북미제네바합의의 정신과 문구 모두를 지속적으로 위배하는 경우, 이 합의가 이행되지 않을 것

---

298) Charles Krauthammer, "Romancing the Thugs," *Time*, November 7, 1994, p. 90.
299) Quoted in Ted Galen Carpenter and Doug. Bandow, *The Korean Conundrum* (p. 47). Kindle Edition.
300) Quoted in Ibid.; Doug Bandow, *Tripwire: Korea and U.S. Foreign Policy in a Changed World* (Washingington, D.C. : Cato Institute, 1996), p. 113.

이란 점을 북한정권에 경고해야 합니다."301) 주한 및 주중 미국대사를 역임한 제임스 릴리(James Lilly)는 북미제네바합의 이행 시도는 미국인의 세금을 밑도 끝도 보이지 않는 블랙홀을 향해 밀어 넣는 것과 다름이 없다고 말했다.302) 1997년 후버연구소의 빅토로 갈린스키(Victor Galinsky)는 북미제네바합의를 북한의 성공적인 대미 '핵 협박' 사례로 표현했다. 그는 북미제네바합의의 내용 변경을 촉구했다.303)

　미 행정부를 겨냥한 보수 인사들의 주기적인 독설과 비교해 훨씬 좋지 못한 현상이지만, 공화당이 장악하고 있던 미 의회는 북미제네바합의 이행에 필요한 예산의 지연 또는 삭감을 위협하는 등 지속적으로 미 행정부를 괴롭혔다.304) 몇몇 경우, 한반도에너지개발기구(KEDO)의 예산 부족으로 대북 중유 전달이 중단될 상황이었다.305)

　북미제네바합의에 서명한지 거의 10년이 지난 시점, 특별 기고가인 마틴 그로스(Martin Gross)는 다음과 같이 클린턴 행정부를 통렬히 비난했다. "전임 미국 대통령 클린턴의 행위와 용감한 이스라엘의 행위를 비교해봅시다.…북한 핵무기 개발 노력과 관련하여 클린턴이 선택할 수 있던 대안은 두 가지였습니다. 이스라엘의 전례에 따라 뒤늦기 전에 북한 핵 시설을 폭격하던가, 김정일과 외교적 노력을 전개하는 것이었습니다. 클린턴은 히틀러와 관련해 영국의 체임벌린이 했던 방식인 외교적 노력을 선택했습니다. 그런데 이 같은 외교적 방식은

---

301) Daryl M. Plunk, "Five Ways to Fix Our Korea Policy," *Washington Times*, April 15, 1996.

302) James R. Lilley, "Underwriting a Dictatorship," *Washington* Post, July 19, 1996.

303) Victor Galinsky, "Nuclear Blackmail: The 1994 U.S-Democratic People's Republic of Korea Agreed Framework on North Korea's Nuclear Program," *Hoover Institution Essays in Public Policy 1997*.

304) Chiharu Kaminura, "S. Korean Envoy Says Cuts Will Upset North," *Washington Times*, October 14, 1998.

305) Thomas W. Lippman, "N. Korea-U.S. Nuclear Pact Threatened," *Washington Post*, July 6, 1998.

사악한 정권을 상대할 때는 전혀 효과가 없습니다."306)

워싱턴포스트지의 특별 기고가인 스티븐 무프선(Steven Mufson)은 북미제네바합의에 대한 보수 성향 미 공화당 인사들의 정서(情緖)를 다음과 같이 요약해 말했다. "북미제네바합의 결함 제거는 많은 공화당원들에게…도덕적인 순교가 되었습니다. 북한인들의 억압과 기아에 관한 보도를 보며…많은 공화당원들은 김정일 정권을 회개할 줄 모르는 악마로 취급해야 한다고 결심했습니다. 이들은 북한과 북미제네바합의를 재협상해야 할 이유를 찾는 것이 아니고 이것의 전면 파기를 원했습니다. 이들은 경수로 건설 중지뿐만 아니라 대북 원유 운송 중지를 또한 원했습니다. 결국 이들 모두는 부도덕한 정권을 지탱해줄 뿐입니다."307)

이행

김정일은 북미제네바합의 이행을 북한정권 생존의 관건으로 생각했다. 결과적으로 미국에 협조적인 태도를 견지했다. 처음부터 북한은 미국과 비교하여 합의를 적극적으로 이행했다. 미국은 예산문제, 관료들의 저항 등의 이유 운운하며 경수로 건설과 북미외교관계정상화 측면에서 거의 진전을 보이지 않았으며, 2년 동안 중유를 제대로 공급해주지 않았다. 결과적으로 북한이 미국을 점차 신뢰하지 않았다.308) 북한은 미국이 북미제네바합의를 제대로 이행하고 있지 않다는 사실과 관련하여 지속적으로 불만을 토로했다.309)

---

306) Martin Gross, "Iran's Nuclear Menace," *Washington Times*, June 19, 2003.

307) Steven Mufson, "Bush and North Korea: Where's the Big Stick?," *Washington Post*, December 29, 2002.

308) C. Kenneth Quinones, "The US-DPRK 1994 Agreed Framework And The US Army's Return To North Korea," *Korea Yearbook (2008)*, pp. 6, 15.

309) "조미기본합의문이 채택 발효된 때로부터 4년여의 세월이 흘렀다.…그러나 합의문은 어느 것 하나 제대로 이행된 것이 없다." 최학철, "믿을 수 없게 된 경수로발전소 건설," 『로동신문』, 1999. 1. 13.; Lee Chol-gi, "The North Korea-U.S. Geneva Agreement: Implications and Violations," *Vantage Point* (Seoul), December 2002, pp. 45-54.

1997년 8월에 가서야 경수로 건설의 구체적인 계획이 마련되었다. 한반도에너지개발기구가 경수로 건설의 최종 계약 문서에 서명한 것은 1999년 12월이었다.310) 이는 첫 번째 경수로가 예정보다 대략 4년 뒤늦은 시점인 2007년에나 완료될 수 있을 것이란 의미였다. 이 같은 경수로 제공 지연이 미국의 잘못만은 아니었다. 한반도에너지개발기구에 참여하는 국가들이 대북 중유 지원 자금뿐만 아니라 경수로 자금을 뒤늦게 지원해준 결과였다.311) 그러자 북한은 북미제네바합의로 인한 자국의 에너지 및 경제적 손실 보상을 미국에 요구했다.312) 셀리그 해리슨(Selig Harrison)의 지적처럼, 미 의회의 북미제네바합의 반대를 빌미로 클린턴 대통령은 경수로 프로젝트와 관련해 최소한의 재정 지원조차 미 의회에 요청하지 않았다. 그러자 한국과 일본의 심기가 불편해졌다. 이들 국가는 미국이 자신들에게 상당한 재정 부담을 기대하고 있다고 느꼈다.313) 이 같은 지연을 보며 북한이 미국을 표리부동한 국가로 생각하게 된 것이다.

북미 외교 및 경제관계 정상화는 훨씬 더디게 진행되었다. 이처럼 정상화가 지연되었던 주요 이유는 클린턴 행정부가 북미 외교 및 경제관계 정상화에 열의가 없었기 때문이었다.314)

---

310) Sang-Hun Choe, "N. Korea Getting Nuclear Reactors," *Associated Press*, December 15, 1999.

311) Barron Gellman, "U.S., Allies Struggling to Fulfill N. Korea Pact," *Washington Post*, May 2, 1998.

312) "North Korea's Stance Regarding the Agreed Framework," *Vantage Point* (Seoul), November 2002, pp. 13-5.

313) Selig Harrison, *Korean Endgame: A Strategy for Reunification and U.S. Disengagement* (New Jersey: Princeton University Press, 2009), pp. 259-60.

314) 보스워즈, 갈루치, 에쉬틴 카터의 2003년 4월 12일의 미국 PBS와의 인터뷰에 따르면 1990년대 당시 미군은 특별히 할 일이 없어서 소말리아 내전 등에 개입했다. 그럼에도 불구하고 북미제네바합의에 거의 관심을 보이지 않았다.; 클린턴 행정부는 북미제네바합의 이행을 위해 거의 노력하지 않았다. Interviews - Stephen Bosworth ǀ Kim's Nuclear Gamble ǀ FRONTLINE ǀ PBS.; 북미제네바합의 체결 이후부터 북한이 대포동미사일을 발사한 1998년 8월 31일까지 미국은 북한 핵문제 해결 차원에서 한 것이 거의 없다. Interviews - Ashton Carter ǀ Kim's Nuclear Gamble ǀ FRONTLINE ǀ PBS; 클린턴 행정부는 북미제네바합의 이행 열의가 없었다. Interviews - Robert Gallucci ǀ Kim's Nuclear Gamble ǀ FRONTLINE ǀ PBS(Accessed in 2022. 1월 10일)

미국은 대북제재 해제에 미온적이었다. 미 행정부는 대북제재 해제를 주기적으로 언급했다. 그러나 이처럼 언급할 당시 미국은 항상 새로운 조건을 제시했다. 예를 들면, 미국은 6.25전쟁에서의 미군 실종자를 반환해주는 경우 이처럼 할 것이라고 말했다.315) 1996년 6월 동아시아 담당 국무성차관보 윈스턴 로드는 북한이 탄도미사일 개발과 판매를 중지하는 경우에나 미국이 대북제재를 해제할 것이라고 언급했다.316) 1998년 3월에도 미 행정부는 북한이 남북한 긴장완화 조치를 곧바로 강구할 때만이 대북제재를 해제할 것이라고 암시했다.317) 이론적으로 보면, 응분의 보상이란 측면에서 이것이 불합리한 것은 아니었다. 그러나 북한 입장에서 보면, 이는 미국의 위선(僞善)을 보여준 것이었다. 북한 지도자들은 대북제재 해제와 북미외교관계정상화는 핵무기 개발 프로그램 동결이란 방식으로 북미제네바합의에서 자신들이 양보한 부분에 대한 응분의 보상이라고 생각하고 있었다.

북미제네바합의 책무 이행 측면에서 미국이 주저하고 있다고 생각되는 부분과 관련하여 북한이 실망하고 있다는 사실이 지속적으로 확인되었다. 1996년 4월, 어느 북한 관리는 북미관계를 강화해야 할 시점이 한참 지났다고 말했다. 특히 그는 북미교역 규제 해제 관련 약속 준수를 미국에 촉구했다.318) 그 후 2년 뒤, 북한정권은 경수로 건설 관련 약속을 지키지 않는다며 미국을 비난했다. 또한 북한은 미국이 곧바로 반응하지 않으면 핵무기 개발을 재개할 것이라고 위협했다. 북한 외교부 대변인은 "이 문제와 관련해 참는 것에도 한계가 있다"고 말했다.319) 1999년 봄, 북한은 북미제네바합의의 파기를 위협했다. 북한 노동

---

315) Michael Schuman, "U.S. May Ease North Korea Embargo; Pyongyang Is to Return MIA Remains," *Wall Street Journal*, May 10, 1996.

316) Bill. Gertz, "U.S. Will Pull Sanctions if Pyongyang Halts Missile Program," *Washington Times*, June 5, 1996.

317) Carol Giacomo, "U.S. May Open Trade with N. Korea If It Cuts Regional Tensions," *Washington Times*, March 12, 1998.

318) David W. Jones, "N. Korean Official in U.S. Calls for Closer Ties, Food Aid," *Washington Times*, April 28, 1996.

신문은 "미국은 자신이 약속한 어느 부분도 제대로 이행하지 않았다. 그 결과 북미제네바합의와 관련하여 더 이상 기대할 것이 없다"라고 말했다.320)

평가

첫째, 북미제네바합의는 성공을 장담할 수 없는 성격이었다. 이것이 북한과 미국이 아닌 제3국의 태도에 그 결과가 대거 좌우되는 성격이기 때문이다. 예를 들면, 이 합의 이행에 소요되는 자금 가운데 많은 부분을 제공해줄 것이라는 한국의 차기 정부가 불만을 토로하면서 자금을 제대로 지원해주지 않는 경우 이것이 도중 파기될 가능성도 없지 않았다. 당사국들이 정치적으로 의견이 일치되는 최상의 상황에서도 합의 이행이 쉽지 않은데, 이 합의에는 당사국들의 해석 측면에서 상당한 차이가 있는 부분이 없지 않았다. 미국이 오랜 적국인 북한과 오랜 동맹국인 한국 사이에서 중재자 역할을 해야 할 뿐만 아니라 한국과 지속적으로 동맹을 유지해야 한다는 문제가 있었다. 동북아지역 안정 유지 측면에서 보면 미국이 굳건한 한미동맹을 유지할 필요가 있었는데 북한 핵문제 해결 과정에서 한미동맹이 약화될 가능성도 없지 않았던 것이다. 이 합의를 제대로 이행하고자 하는 경우 미국은 매우 어렵고도 민감한 협상을 해야 하는 입장이었다.321)

둘째, 이 합의는 북한 핵무기 개발 노력을 잠시 봉합해놓은 성격이었다. 주요 이유는 이 합의가 제대로 이행되는 경우 사상(思想) 교류와 무역이 가능해지도록 북한이 국경을 개방해야 하는 성격이기 때문이다.322) 결과적으로 키신

---

319) Kevin. Sullivan, "N. Korea Threatens Revival of Its Nuclear Program," *Washington Post*, May 15, 1998.

320) 최학철, "믿을 수 없게 된 경수로발전소건설," 『로동신문』, 1999. 1. 13.

321) Thomas L. Wilborn, "Strategic Implications of the U.S.-DPRK Framework Agreement," *Strategic Studies Institute*, April 3, 1995, pp. vi. 11.

322) Ibid., pp. 13, 19-20.

저가 언급한 바처럼 한반도가 안정되면서 미군이 한반도에서 철수해야 하는 등 더 이상 미국이 한반도에서 수행할 일이 없어질 것이기 때문이다.323) 그런데 미국이 중국의 부상 저지 등의 이유로 냉전 종식 이후에도 한미동맹, 미일동맹과 같은 아태지역의 동맹체계 지속 유지를 결심했기 때문이다. 한편 이 합의를 이행하는 과정에서 남북이 통일될 수 있었다. 그런데 남북통일은 중국, 일본 및 러시아와 같은 아태지역 국가들에게 상당한 영향을 미칠 수 있는 주요 사건이었다.324) 북미제네바합의가 체결될 당시 미국의 많은 사람들은 이것이 파기되면서 북한이 핵무장할 것으로 생각했다.325) 이는 이 같은 이유 때문이었을 것이다.

북미제네바합의는 북한 비핵화를 겨냥한 것이 아니었다. 이 합의에서 미국은 북한에 2기의 경수로를 제공해줄 것이라고 약속했다. 그런데 이것을 통해 북한이 훨씬 많은 핵무기를 만들 수 있었을 것이었다.326)

북미제네바합의가 성공을 거두려면 적어도 2003년까지 미국과 미 우방국들이 북한을 지속적으로 포용할 필요가 있었다. 그런데 이는 미국이 그 이전까지 결코 해보지 못한 경험이었다. 미국이 여타 지역에 관심을 집중시킨 결과 북한 핵문제를 등한시하는 경우 이 합의는 제대로 이행되지 않을 가능성이 있었던 것이다. 미국이 북미제네바합의를 제대로 이행하지 않자 1998년 8월 31일 북한이 대포동미사일을 발사했다. 그러자 미국은 1998년 말경부터 이것을 파기하기 위한 작업을 시작했던 것이다. 결국 북미제네바합의는 북한 핵무장을 쉽게

---

323) Ibid., p. 20.

324) Leif R. Rosenburger, "Unifying Korea: Beyond Hopes and Fears," *Contemporary Southeast Asia*, Vol. 16, No. 3, December 1994, pp. 295-316.

325) Eric A. McVadon, "China's Goals and Strategies for the Korean Peninsula," in *Planning for a Peaceful Korea* (U.S. Army War College, February 2001) edited by Henry D. Sokolski, p. 158.

326) Quoted in James M. Minnich, "The Denuclearization of North Korea: A Critical Analysis of the 1994 Agreed Framework," *The Korean Journal of Defense Analysis*, Vol. XIV, No. 2, Fall 2002, p. 27.

종용할 수 있는 성격이었던 것이다.

셋째, 북미제네바합의는 미국과 중국이 상대방을 적국으로 인식하면서 파기된 것이다.

당시 미국과 한국 정부는 북미제네바합의가 파기되는 경우 북한이 핵무장을 추구하는 등 한반도에서 정치 및 군사적 위기가 곧바로 시작될 것으로 생각했다.327) 1998년 말경에는 지역 및 지구적 차원의 안보환경 변화로 북미제네바합의가 해체되기 시작했다.328) 한반도와 지구상 도처에서 벌어진 사건들로 인해 북미제네바합의 당사국들 간에 안보딜레마 현상이 벌어진 것이다.329) 특히 미중관계 악화가 북미제네바합의가 해체되는 과정에서 중요한 의미가 있었다.330) 예를 들면, 3장에서 확인 가능하겠지만 1995년과 1996년의 양안사태 이후 중국은 대북 지원을 대거 늘렸는데, 이는 중국이 북한 붕괴를 좌시하지 않을 것이란 의미였다. 이는 중국이 미중경쟁 측면에서 북한을 자국의 완충지대로, 미국을 자국의 주요 적국으로 간주함을 의미했다. 미국 또한 이 같은 중국을 적국으로 간주하지 않을 수 없게 된 것이다. 결과적으로 중국 위협 대비 차원에서 북한 핵무장이 필요해졌으며, 북한 핵무장 종용 측면에서 북미제네바합의를 파기하지 않을 수 없게 된 것이다.

넷째, 북미제네바합의와 관련하여 전직 관료, 연구소 연구원을 포함한 미국의 많은 주요 인사들이 클린턴 행정부를 비난했다. 그런데 이들의 비난은 타당성이 없었다. 북미제네바합의 내용을 결정한 사람은 클린턴이 아니고 미 육군, 해군 및 공군 참모총장과 같은 안보전문가들이었다. 이들은 중국 위협 부상 대비

---

327) C.S. Curtis H. Martin, "Lessons of the Agreed Framework for Using Engagement as A Nonproliferation Tool," *The Nonproliferation Review*/Fall 1999, p. 38.

328) Robert Manning, "Time Bomb," *The New Republic 219* (November 30, 1998), p. 27.

329) C.S. Curtis H. Martin, "Lessons of the Agreed Framework for Using Engagement as A Nonproliferation Tool," p. 39.

330) Quoted in Ibid., p. 40.; Eliot Kang, "The Four Party Peace Talks: Lost Without a Map," *Comparative Strategy* 17 (October-December, 1998), pp. 327-45.

차원에서 북미제네바합의문을 채택한 것이었다.

이 합의는 미국의 합참의장, 각 군 참모총장들이 1993년 3월 이후 지속적으로 요구한 성격이었다. 패권경쟁에서의 승리란 미국의 핵심 이익에 입각하여 미 국방의 주요 인사들이 결심했으며, 클린턴 대통령이 승인한 내용과 관련하여 어떻게 상원 및 하원의원, 연구소 연구원, 언론인, 퇴역 군인과 같은 국가안보 실상에 관해 잘 모르는 사람들이 대거 그리고 강력히 이견을 제기할 수 있었을까? 이 같은 이견을 어떻게 클린턴 행정부가 수용할 수 있었을까? 이처럼 북미제네바합의에 관해 제대로 알지 못하는 사람들이 이것의 이행과 관련하여 대거 반대한 현상을 어떻게 생각할 수 있을까? '좋은 경찰'과 '나쁜 경찰'의 관점에서 생각할 수 있을 것이다. 북미제네바합의를 주도한 클린턴 중심의 미 행정부를 '좋은 경찰'로 북미제네바합의 파기를 주장한 주요 인사들을 '나쁜 경찰'로 생각할 수 있을 것이다. 상원과 하원의원들을 포함한 다수 행위자들이 클린턴 행정부를 대신하여 북미제네바합의가 제대로 이행되지 않도록 노력했다고 생각할 수 있을 것이다.

혹자는 북미제네바합의로 인해 곧바로 붕괴될 가능성이 있던 북한이 생존을 지속할 수 있었다고 비난했다. "북한이 붕괴되도록 방치해야 할 순간에 북한에 자금을 대거 공급하기 시작했다."331)라고 말했다. 당시 북한이 곧바로 붕괴될 것만 같은 국가였던 것은 사실이다. 그러나 이 같은 비평에서는 당시 미국, 중국, 한국을 포함한 주변국 가운데 북한 붕괴를 원한 국가가 전혀 없었다는 사실을 간과하고 있었다.332) 예를 들면, 독일 통일 비용에 놀란 한국은 점진적인 통일을 추구했다. 미국은 미군의 한반도 주둔 보장 차원에서 북한 붕괴를 결코 수용할 수 없는 입장이었다. 중국도 상황은 마찬가지였다.

---

331) Quoted in Michael J. Mazarr, *North Korea and The Bomb*, p. 179.; "New Deal for Pyougyang," *Wall Street Journal*, October 21, 1994.

332) Eric A. McVadon, "China's Goals and Strategies for the Korean Peninsula," pp. 160-3.

혹자는 미국이 북미제네바합의 체결 조건으로 많은 것을 북한에 제공해주었다고 주장했다. 주한 및 주중 미국대사를 역임한 제임스 릴리가 이처럼 말했다. 그러나 북미제네바합의와 관련하여 미국이 지불한 것은 거의 없었다. 40억 달러에 달하는 경수로 구입비용의 대부분을 한국과 일본이 감당했다. 매년 북한에 제공해주는 50만 톤의 중유 구입 예산 또한 마찬가지였다.

다섯째, 그러면 미 상원 및 하원의원, 연구소 연구원, 언론인, 전직 국가안보 관련 주요 인사를 포함한 많은 미국인들이 북미제네바합의를 격렬히 비난한 것은 무슨 이유 때문일까? 이는 북미제네바합의가 제대로 이행되지 않게 하는 것이 미국의 국익에 부합했기 때문이었을 것이다.

1장에서 살펴본 바처럼 미국은 패권경쟁에서의 승리 측면에서 한반도에 대한 영향력 확보를 필수적으로 생각했다. 냉전 당시 미소 패권경쟁에서의, 냉전 종식 이후 미중 패권경쟁에서의 승리 측면에서 필수적으로 생각했다. 이 같은 이유로 미군의 한반도 주둔을 무엇과도 바꿀 수 없는 핵심 이익으로 간주했다.

1994년 10월 미국이 북한 핵능력을 최대한 10년 동결시키는 형태의 북미제네바합의를 체결했던 것은 패권경쟁에 대비하기 위함이었다. 이 기간 동안 북한 붕괴를 방지하고 중국의 패권 의도를 확인하기 위함이었다. 이 같은 사실을 이해할 필요가 있을 것이다. 북미제네바합의가 중국이 패권 의도가 없는 경우 북미외교관계를 정상화하는 등의 방식으로 한반도를 안정시키는 반면 중국이 패권 추구 의도가 있다고 생각되는 경우 합의 파기를 통해 북한 핵무장을 종용하기 위한 성격이었음을 주목할 필요가 있을 것이다.

이미 언급한 바처럼 미국은 1995년과 1996년의 양안사태를 통해 중국의 패권 추구 의도를 확인했다. 미국은 점차적으로 북미제네바합의를 파기하게 만든 후 북한을 핵무장시키고, 북한 핵무장을 빌미로 중국을 겨냥한 아태지역의 미 동맹체계를 정비하고 미사일방어체계를 포함한 억지력을 구축할 필요가 있다고 생각한 것이다. 북미가 좋은 관계를 유지하고 있다가 갑자기 관계를 단절하는 현상은 매우 부자연스러울 것이다. 점차적으로 관계를 단절시킬 필요가 있었을 것이다. 이처럼 단절 가능성을 염두에 둔 상태에서 북미외교관계정상화를 추진할 수도 북한에 매년 원유를 제대로 제공해줄 수도 없었던 것이다. 이 같은 이유로 당시 미 하원과 상원의원을 포함한 많은 인사들이 클린턴이 직접 수행할 수 없던 '나쁜 경찰' 역할을 수행했을 것이다.

이들의 반대는 또 다른 의미가 있었다. 북한 핵문제와 관련하여 긴장을 조성함으로써 동맹체계를 강화할 수 있을 것이었다. 1995년 포린어페어즈에 기고한 글에서 하버드대학의 조지프 나이는 미국이 중국 위협에 제대로 대응하고, 아태지역의 평화와 번영을 추구하고자 하는 경우 한반도 긴장 조성이 대단히 중요한 의미가 있다고 말한 바 있다. 당시의 미국의 주요 인사들의 북미제네바합의 반대가 이 같은 성격임을 여러 인사가 증언했다. 예를 들면, 1994년 당시의 미 국방장관 페리는 1993-94년 당시의 북한의 NPT 탈퇴 선언과 영변원자로 연료봉 해체와 관련하여 미국의 주요 인사들이 북한을 무력으로 공격해야 할 것이라고 주장했지만 대북 무력공격 계획이 본인의 책상 서랍을 나온 바가 없다고 말했다. 다시 말해, 이들 인사의 북한 무력 공격 발언이 연출된 성격이란 것이다. 북미제네바합의에 대한 미국 내부의 비판은 한반도 긴장 조성을 통해 한미동맹과 미일동맹을 강화하는 등의 방식으로 중국 위협에 보다 제대로 대응할 수 있도록 연출된 성격으로 볼 수 있을 것이다.

여섯째, 일부 인사들의 주장과 달리 북미제네바합의는 북한에 상당한 레버지리를 제공해주는 형태가 아니었다. 이 같은 측면에서 보면 북미제네바합의와 관련한 미국 일부 인사들의 이견 제기는 타당성이 없었다. 북미제네바합의 내용 가운데 가장 문제가 많았던 부분은 북한 폐연료봉, 영변원자로를 포함한 3개 원자로와 재처리 시설이었다. 이 합의에 따르면 북한은 거의 8년 동안 폐연료봉을 유지할 수 있었다. 3단계가 끝날 시점까지 3개 원자로와 1개 재처리 시설을 포함한 4개의 핵시설을 폐기하지 않아도 되었다. 이 기간 동안 북한은 북미제네바합의 조항 가운데 불만족스런 부분이 있다고 생각되는 경우 원자로를 재가동하고, 재처리 시설의 봉인을 해제한 후 핵무기개발 재개를 위협할 수 있었던 것이다. 간략히 말해 북미제네바합의는 북한에 상당한 레버리지를 안겨다준 성격으로 보였다. 그러나 무력이 아니고 협상을 통해 상대방 국가의 핵무기 개발 노력을 저지하고자 하는 경우 이는 당연한 현상이었을 것이다. 왜냐하면, 북한은 미국이 합의문을 제대로 준수하지 않는 경우에 대비하기 위한 방안을 강구해주지 않으면 어떠한 합의문에도 서명하지 않았을 것이기 때문이다.

북미제네바합의로 이처럼 레버리지를 누린 측이 북한만은 아니었다. 미국 또한 상당한 레버리지를 누릴 수 있었다. 예를 들면, 미국은 북한이 절실히 필요로 하던 중유 제공을 하시라도 중지시킬 수 있었다. 북미제네바합의를 제대로 이행하는 경우 북한 핵문제를 거의 완벽한 형태로 해결할 수 있을 것이었다. 합의가 도중 파기되는 경우에서조차 "미국은 1994년 봄의 상태로 단순 회귀하는 형국일 것이었다.…일부 외교적 노력과 중유를 제외하면 미국은 북미제네바합의로 인해 잃은 것이 거의 없을 것이었다."333)

결국 북미제네바합의로 미국은 잃을 것이 거의 없는 상태에서 북한의 핵무기 개발 시도를 일정 기간 동안 동결시킬 수 있을 것이었다. 4장에서 알게 되겠지만 점차 중국이 자국의 적국이 될 것으로 보이자 2001년 아들 부시는 북미제네바합의 파기를 통해 북한을 신속히 핵무장 시킬 수 있었다.

일곱째, 북미제네바합의는 국제사회의 비핵화 노력을 주도하던 미국이 비핵화 조건으로 보상해준 유일한 경우가 아니었다. 예를 들면, 냉전 당시 미국은 경제 및 안보적으로 자국에 대거 의존하고 있다는 사실을 이용하여 서독 및 한국과 같은 주요 우방국의 핵무기 개발을 제재를 통해 중지시켰다. 이처럼 하면서 미국은 서독을 거의 보상해주지 않은 반면 한국에는 핵무기 개발 포기 조건으로 유인책을 제시했다. 주한 미군을 더 이상 철수하지 않는 가운데 박정희 정권이 자주국방 차원에서 염원했던 F-16 및 F-4와 같은 전투기 구입을 허용해줄

---

333) Quoted in Michael J. Mazarr, *North Korea and The Bomb*, pp. 178-9.; Jessica Mathews, "A Sound Beginning With North Korea," *Washington Post*, October 21, 1994.

것이라고 말한 것이다.334) 미국이 이처럼 했던 것은 서독이 소련과 비교하여 항공기, 전차 및 함정과 같은 재래식 전력 측면에서 상당히 미약했던 반면 한국의 경우 점차 미국의 도움이 없이도 북한과 비교하여 막강해질 가능성이 있었기 때문이었다. 결과적으로 서독과 달리 한국이 미국의 제재를 거부하며 독자적인 핵무기 개발을 추구할 수 있는 입장이기 때문이었다.335)

북한은 냉전 당시의 한국, 대만 및 서독과 달리 미국에 의존하는 부분이 거의 없었다. 전혀 보상해주지 않으면서 북한 비핵화를 추구하고자 하는 경우 무력 공격이 필요했다. 그러나 1장에서 살펴본 바처럼 미국이 영변핵시설을 무력으로 공격하면 북한이 붕괴될 수 있었으며, 붕괴되는 경우 미군의 한반도 주둔을 보장할 수 없었다. 그런데 미국은 냉전 종식 이후 중국에 대항한다는 차원에서 미군의 한반도 주둔을 필수적으로 생각했다. 따라서 북한 비핵화를 추진하기 위한 유일한 방안은 주고받는 성격의 외교적 방안, 다시 말해 보상을 통한 방안일 수밖에 없었던 것이다.

북미제네바합의는 북한과 비교하여 보상을 충분히 받지 못한 가운데 핵무기 개발을 도중 포기한 이란과 같은 국가 입장에서 보면 좋지 않은 선례였다. 1994년 10월 20일 워싱턴포스트지의 제프리 스미스(R. Jeffrey Smith)가 기고한 바처럼 이란의 고위급 관리들은 1994년 9월 국제원자력기구에 불만을 토로했다. 이들은 "이란이 국제원자력기구의 핵사찰 요구를 완벽히 수용했음에도 불구하고 그 보상이 너무나 적었다며, 향후 보다 많이 보상해주지 않으면 이란 지도자가 NPT에서 탈퇴를 결심할 수도 있을 것이라고 암시했다."336)

---

334) Jeffrey W. Taliaferro(2019), *Defending Frenemies: Alliances, Politics, and Nuclear Nonproliferation in US Foreign Policy* (p. 179). Oxford University Press, Kindle Edition

335) Alexandre Debs, Nuno P Monteiro(2017), *Nuclear Politics: The Strategic Causes of Proliferation* (pp. 55, 358). Cambridge University Press. Kindle Edition.

336) Quoted in Michael J. Mazarr, *North Korea and The Bomb*, p. 177.; R. Jeffrey Smith, "N. Korea Accord: A Troubled Precedent?," *Washington Post*, October 20, 1994.

제4절 결론

1990년 김일성은 생존 차원에서 핵무기 개발 추구와 더불어 북미 및 북일 관계 정상화와 남북교류 활성화를 추구했다. 특히 북미외교관계정상화를 추구했다. 북미외교관계정상화가 가능해진다면 핵무기 개발을 포기할 의향도 없지 않아 보였다. 그런데 당시는 소련이 서서히 해체되고 있었던 반면 중국이 패권 추구 조짐을 보이기 시작한 시점이었다. 지구상 유일 패권국으로 부상한 미국은 가능한 한 많은 지구상 국가들을 미국 중심의 질서로 통합시킨 후 자유민주주의 국가로 변환시켜야 할 것이란 의미의 '자유주의 패권(Liberal Hegemony)'이란 대전략을 추구했다.337) 미국 내부에서는 중국 또한 미국 중심의 질서로 통합시킨 후 자유민주주의 국가로 변환시켜야 할 것이라는 분위기가 팽배했다. 그러나 미 국방성을 포함한 일각에서는 이처럼 미중교류를 통해 비약적으로 발전한 중국이 패권을 추구할 가능성을 우려했다. 결과적으로 미국은 '포용 그러나 대비'란 대 중국 전략을 수립했다. 여기서 '포용'은 미중교류를 활성화하는 등 중국을 미국 중심의 질서로 가능한 한 통합시켜야 할 것이란 의미였다. '대비'는 미중교류 활성화로 경제가 발전한 중국이 동북아지역에서 패권을 추구할 가능성에 대비해야 할 것이란 의미였다.

미국은 냉전 당시 아태지역에 구축해놓은 동맹체계를 이용하여 중국의 부상 가능성에 대비하기로 결심했다. 1994년 10월의 북미제네바합의는 '포용 그러나 대비'란 미국의 대 중국 전략의 일환으로 볼 수 있었다. 북미제네바합의는 북한 핵무기 개발 능력을 최대한 10년 동안 동결시키기 위한 성격이었다. 북미제네바합의는 이처럼 북한 핵무기 개발 능력을 동결시키는 조건으로 북한에 2기의 경수로를 제공해주고, 적정 시점에 북미외교관계를 정상화하며, 매년 50만 톤의

---

337) John J. Mearsheimer(2018). *Great Delusion: Liberal Dreams and International Realities* (Kindle Location 37, 103). Yale University Press. Kindle Edition.

중유를 제공해줄 것이란 내용으로 구성되어 있었다.

미국은 중국이 자국 중심의 질서에 순응할 것임이 분명하다고 생각되는 경우 자유주의 패권전략의 연장선상에서 북미외교관계정상화를 통해 북한을 국제사회에 편입시킨 후 점차적으로 남북을 통일시킴이 바람직하다고 생각했을 것이다. 이것이 아니고 중국의 패권 추구가 분명하다고 생각되는 경우 북한 핵무장을 종용함으로써 냉전 종식 이후 점차 의미를 상실하고 있던 한미동맹 및 미일동맹과 같은 아태지역의 동맹체계를 정비하는 등 중국을 겨냥한 억지력을 구축할 예정이었다. 북미제네바합의는 이처럼 중국이 미국 중심의 질서에 순응할 가능성과 패권을 추구할 가능성 모두를 염두에 둔 것이었다. 이미 1991년 2월 아버지 부시는 NSR 28이란 문서를 통해 중국의 패권 추구 가능성에 대비한 청사진을 마련한 바 있었다.

이 같은 성격의 북미합의를 체결하고자 하는 경우 먼저 북한이 NPT와 국제원자력기구의 안전보장조치를 비준하게 만들 필요가 있었다. 이처럼 비준하지 않은 상태에서 핵무기를 개발하면 북한이 주변국들의 제재로 붕괴될 가능성도 없지 않았다. 북한이 붕괴되어 한반도가 통일되는 경우 미군의 한반도 주둔이 곤란해지면서 아태지역의 미국의 동맹체계 유지가 곤란해질 가능성도 없지 않았다. 이 같은 사실 이외에도 중국의 패권 추구 의도 확인 차원에서 북한 핵무기 개발 노력을 일정 기간 동안 통제할 필요가 있었던 것이다. 이처럼 북한을 NPT와 안전보장조치를 비준하게 만들기 위해 미국은 한반도에서 전술 핵무기를 철수시켰으며, 1992년의 팀스피릿 훈련을 취하했다. 결과적으로 1992년 4월 북한이 이들을 비준했던 것이다.

북한이 이처럼 비준하자 미국은 당근은 전혀 제공해주지 않으면서 '죄와 벌' 원칙에 입각하여 국제원자력기구로 하여금 북한 핵시설을 철저히 사찰하게 했다. 이 같은 미국의 대북 핵사찰에 북한이 NPT 탈퇴 운운하며 강력히 반발했다. 그러자 미국은 북한 핵시설의 선제타격 운운하며 한반도 긴장을 극도로 고조시켰다. 한편 북한이 1991년 이전에 생산한 플루토늄을 이용하여 1개 내지 2개의 핵무기를 만들었다는 근거 없는 정보판단서 생산을 통해 북한의 핵무장 능력 동결을 겨냥한 북미합의를 추구한 것이다. 미국이 이처럼 북한 핵문제를 놓고 한반도 긴장을 고조시켰던 것은 크게 2가지 이유 때문이었다. 첫째, 냉전 종식 이후 점차 의미를 상실해가고 있던 한미동맹과 미일동맹의 중요성을 한국인과 일본인들이 절감하게 만들기 위함이었다. 둘째, 북한 핵무기 개발 능력을 단순 동결시키는 성격의 북미합의에 강력히 반대했던 김영삼 정부가 이 합의를 수용하게 만들기 위함이었다. 이 합의를 수용하지 않으면 전쟁이 벌어지면서 한반도가 6.25전쟁 이상의 엄청난 재앙에 직면할 것임을 암시하기 위함이었다.

이 같은 성격의 북미합의를 구상한 것은 클린턴과 같은 정치가가 아니고 미 육군, 해군 및 공군참모총장과 같은 국가안보 전문가들이었다. 북미제네바합의는 미국이 아닌 또 다른 패권국의 부상 저지란 미국이 지난 200여 년 동안 가장 중요하게 생각해온 안보목표를 염두에 둔 상태에서 미국의 전략가들이 구상한 것이었다.

이 같은 북미제네바합의와 관련하여 미국의 상원 및 하원의원, 역대 미국 정부에서 고위직을 역임한 인사, 주요 언론인, 주요 연구소 연구원과 같은 미 국가안보의 주요 인사들이 맹비난했다. 결과적으로 클린턴이 북미제네바합의를 제대로 이행하지 못했다. 미국의 불이행에 대한 불만 표출 차원에서 1998년 8월 북한이 대포동미사일을 발사했다. 당시 미 국가안보 분야 주요 인사들의 북미제네바합의 비난을 어떻게 생각해야 할까? 이는 중국의 패권 추구 의도를 완벽히 파악하기 이전에서의 이것의 이행이 미국의 국익과 배치되었기 때문이었을 것이다.

미국은 중국이 미국 중심의 질서에 순응함이 분명하다고 생각되기 이전에는 북미제네바합의에서 가정하고 있던 북미외교관계를 정상화해주면 안 되었다. 북미외교관계를 정상화해주는 경우 더 이상 북한이 미국의 적국이 아니란 점에서 북한을 적국으로 가정하고 있던 한미동맹이 대거 약화될 수 있기 때문이었을 것이다. 결과적으로 주한미군의 입지가 대거 약화될 가능성이 있기 때문이었을 것이다. 이 같은 상태에서 중국의 패권 추구 의도가 분명해지는 경우 이 같은 중국 위협에 대항하기 위한 아태지역의 미 동맹체계가 제대로 기능하지 않기 때문이었을 것이다. 중국의 패권 추구 의도를 완벽히 파악하기 이전에는 경수로를 건설해주어도 안 되었다. 경수로를 건설해준 후 중국의 패권 추구 의도를 확신하는 경우 미국은 중국 위협에 대항하기 위한 동맹체계 정비와 억지력 구축 명분 확보 차원에서 북한 핵무장을 종용해야만 했을 것이다. 이처럼 하려면 북한과 미국이 적대관계를 유지해야만 했을 것이다. 문제는 경수로가 NPT를 철저히 준수하는 등 국제사회의 모범적인 국가만이 누릴 수 있는 혜택이었다는 사실이다. 미국과 적대관계에 있는 북한의 경수로 운용은 논리적으로 타당성이 없었던 것이다. 매년 제공해줄 예정이던 50만 톤의 중유 또한 정상적으로 제공해주면 안 되었다. 중국의 패권 추구 의도를 확인하는 경우 북한 핵무장 종용 차원에서 북미제네바합의 파기 등의 방식으로 북미관계를 대거 악화시킬 필요가 있었을 것인데 원만한 관계를 유지하다가 갑자기 이처럼 할 수 없을 것이기 때문이었다.

문제는 클린턴이 북미제네바합의를 통해 이들을 북한에 약속해주었다는 사실이었다. 클린턴 입장에서 보면 본인이 약속한 것의 이행과 관련하여 본인이 반대할 수 없었을 것이다. 클린턴은 본인의 의도와 무관한 미 국내정치의 강력한 저항과 반대로 북미제네바합의를 제대로 이행하지 못한 것처럼 북한이 인식하게 만들 필요가 있다고 생각했을 것이다. 북미제네바합의 이행 측면에서 보면 클린턴을 '좋은 경찰'이라면 이것의 이행에 반대했던 미국 내부의 인사들을 '나쁜 경찰'로 볼 수 있을 것이다. 일종의 약속 동작에 입각하여 이처럼 북미제네바합의를 미국이 교묘한 방식으로 이행하지 않았던 것이다. 3장에서는 미국이 중국의 패권 추구 의도를 확인하면서 중국 위협 대비 차원에서 북한 핵무장 종용을 준비하는 모습을 살펴볼 것이다.

제3장

미국의 중국 패권 추구 의도 확인과
북한 핵무장 종용 결심

제3장

미국의 중국 패권 추구 의도 확인과 북한 핵무장 종용 결심

　이미 살펴본 바처럼 1994년의 북미제네바합의는 중국의 패권 추구 의도를 확인한다는 차원에서 북한의 핵무장 능력을 최대한 10년 동안 단순 동결시키기 위한 성격이었다. 중국이 미국 중심의 질서에 순응하는 경우 북미외교관계 정상화를 통해 한반도를 점차적으로 통일시키는 것이 미국 입장에서 도움이 될 수 있었다. 이것이 아니고 중국의 패권 추구 의도가 분명해 보이는 경우 북한 핵무장을 종용하는 한편, 북한 핵위협을 빌미로 중국에 대항하기 위한 동맹체계를 정비하고 미사일방어체계를 구축할 필요가 있었다.
　북미제네바합의가 체결된 지 4년이 지난 1998년 말경부터 미국은 중국 위협 대비 차원에서 북미제네바합의를 파기시킨 후 은밀한 방식으로 북한을 핵무장시켜야 할 것으로 생각한 듯 보인다. 북한 핵무장을 빌미로 중국 위협에 대항하기 위한 동맹체계 정비와 미사일방어체계를 구축해야 할 것으로 생각한 듯 보인다. 북한과 같은 국가들이 미 본토를 겨냥하여 발사할 탄도미사일에 대항하기 위한 미사일방어체계를 구축해야 할 것이라는 내용의 1998년 7월의 럼스펠드 보고서, 핵무기와 미사일로 무장한 북한을 가정한 상태에서 이 같은 북한 위협을 억제하기 위한 동맹체계를 정비하고 미사일방어체계를 구축해야 할 것이라는 내용의 1999년 3월의 아미티지 보고서는 이 같은 성격이었다. 협상을 통해 북한의 핵 및 미사일 능력 해체를 추구하지만 그 과정에서 미국의 대북 억지력이 약화되면 결코 안 될 것이란 내용의 1999년 10월의 페리 보고서 또한 동일한 성격이었다.

북미제네바합의 체결을 통해 북한 핵 위기를 일정 기간 동안 봉합시켜야 할 것이라고 생각했던 클린턴의 미국이 핵무기와 미사일로 무장한 북한을 가정한 상태에서 이것에 대비하기 위한 동맹체계를 정비하고 미사일방어체계를 구축해야 할 것이라고 결심하게 만든 사건은 무엇일까?

제1절 미국의 대북 핵정책 조정 배경

1995년과 1996년의 양안사태 당시의 중국의 격렬한 반응과 '고난의 행군'의 와중에 있던 북한을 중국이 1997년부터 대거 지원해주는 모습을 보며 미국은 중국이 자국을 적국으로 간주하고 있다고 확신했다. 1998년 8월 31일의 북한의 대포동미사일 발사는 미국의 대북 핵정책 조정을 용이하게 해준 주요 사건이었다. 이 미사일 발사가 중국을 겨냥한 국가미사일방어체계 구축 명분을 미국에 제공해주었던 것이다. 이외에도 1999년의 미국의 코소보 공습 당시 중국 대사관이 피폭된 사건과 관련한 중국의 격렬한 반응이 미국이 중국의 패권 추구 의지를 확인하는 과정에서 도움이 되었다. 1998년 3월에 취임한 김대중의 햇볕정책은 이 같은 미국의 구상을 도중 무산시킬 수 있는 성격이었다.

여기서는 이들 사건을 계기로 미국이 중국 위협에 대비하기 위한 동맹체계 정비와 미사일방어체계 구축을 결심하는 과정을 살펴볼 것이다.

1. 양안사태에 대한 중국의 반응

양안사태가 벌어진 1995-96년 이전까지만 해도 미국은 중국을 자국의 잠재 경쟁국으로 지칭하고자 하지 않았다. 당시 미 중앙정보국과 국방정보국의 위협 평가에서는 중국을 거의 거론하지 않았다. 대만 역사상 최초로 민주적 방식으로 총통을 선출한 1996년 이후 일대 변화가 있었다. 선거 이전 중국은 대만독립을 표방하던 특정 후보를 낙선시키기 위해 대만해협으로 미사일을 발사했다. 그러자 미국은 대만 수호 결의 차원에서 대만 인근 해역으로 2척의 항공모함을 파견했으며, 중국의 미사일 공격에 대항하여 대만에 탄약, 부품, 군사고문관을 보내기 위해 준비했다. 미국의 군사기획가들은 미중화해 노력이 시작된 1960년대 말경 이후 거의 30년 만에 처음으로 중국을 겨냥한 전쟁과 다름이 없는 상황을 놓고 고민하지 않을 수 없었다.[1] 양안사태의 심각성을 보다 고조시킨 부분이 있었다.

이는 당시 중국 관리들이 대만 독립을 저지하기 위해 필요하다면 수백만 명을 희생시킬 의향이 있으며, 미국과 핵전쟁도 불사할 것으로 생각하고 있다는 보고였다. 당시 널리 회자된 이야기에 따르면 중국 인민해방군 정보부서 수장은 중국을 방문한 미국인들에게 전쟁이 벌어지는 경우 미국은 "대만을 지키기 위해 로스앤젤레스를 희생"[2]시킬 의향이 진정 있는지를 확인해야 할 것이라고 말했다.

양안 미사일 위기 여파가 미 국가안보 기구 전반에 걸쳐 일파만파로 퍼져 나갔다. 결과적으로 미 정보공동체가 중국의 군사력 발전 상황을 추적하고 중국의 의도를 파악하기 위해 보다 많이 노력한 것이다. 그 결론은 우려스런 성격이었다. 중국 국방예산이 수년 동안 상당히 많이 늘어나고 있었던 것이다. 이는 중국이 대규모 군사력 건설을 추구하고 있음을 분명히 보여주는 성격이었다. 당시 러시아가 첨단 군사 장비를 중국에 기꺼이 팔고자 했다는 사실로 인해 인민해방군 전력이 보다 신속히 증강될 수 있었던 것이다. 중국의 산업기반이 점차 방대해지고 첨단화된 덕분에 중국의 무기 개발 및 제조 능력이 점차 개선되고 있었다. 이 같은 중국의 군사력 증대를 우려한 미 의회의 독촉으로 미 국방성은 2000년 이후 매년 중국 인민해방군 군사력에 관한 보고서를 발간했다.[3] 여기서는 신속히 발전해가고 있던 중국군에 관해 상세히 언급하고 있었다.

양안위기를 겪으며 미국정부는 중국의 의도를 보다 정확히 파악할 수 있었다. 1995-96년 이전 미 정보공동체는 중국이 추구하는 목표에 관해 거의 언급하지 않았다. 그 후 미 정보당국은 중국의 목표를 고통스런 언어로 표현하기 시작했다. 1996년 2월의 미국의 연례 위협평가 브리핑에서 미 중앙정보국 국장

---

1) Patrick Tyler, *A Great Wall* (New York: PublicAffairs, 2000), p. 27.

2) James Mann, *About Face: A History of America's Curious Relationship with China, from Nixon to Clinton* (New York: Alfred A. Knopf, 1999), p. 334.

3) 다음을 참조. U.S. Department of Defense Annual Reports to Congress on China's Military Power—2000 to 2021—Download Complete Set + Read Highlights Here | Andrew S. Erickson (andrewerickson.com)

존 도이치는 "우리는 아직도 중국의 미래 지도자와 이들의 의도에 관해 알고 있는 것이 거의 없다."4)라고 간략히 말했다. 그러나 양안위기 1년 뒤, 도이치의 후임자인 조지 테닛(George Tenet)는 "행동과 발언을 놓고 보면 중국이 동아시아 지역 주요 열강으로 부상하고자 노력하고 있음을 알 수 있다."5)라고 주장했다. 1998년 테닛은 중국 지도자들이 다음과 같은 분명한 목표를 갖고 있다고 자신 있게 보고했다. "21세기 중반까지 중국을 동아시아 지역에서 미국과 동급 수준의 열강이자 선도적인 경제대국으로 변환시킨다."6)

중국의 의도와 능력 신장을 보며 미 국방계획가들이 중국이 미국과 동급 수준으로까지 부상할 수도 있을 것이란 의문을 제기한 것이다. 이 같은 이유로 1997년 처음 발간된 '4년주기 국방검토보고서(QDR)'에서는 중국을 "세계적 수준의 동급 경쟁자"가 될 가능성이 있지만 2015년경 이후에나 그처럼 될 가능성이 있다고 식별한 것이다.7) 아태지역이 광활하며, 미 군사력의 중심지로부터 상당히 멀리 떨어져 있는 반면 미국 입장에서 유럽 및 중동지역과 비교하여 이곳 지역에 마땅한 기지가 많지 않으며, 우방국 시설에 접근이 쉽지 않다는 것이 문제였다.8)

---

4) John M. Deutch, "Worldwide Threat Assessment Brief: Worldwide Threat Assessment Brief to the Senate Select Committee on Intelligence by the Director of Central Intelligence," February 22, 1996.

5) CIA Annual Threat Assessment 1997, "Current and Projected National Security Threats: Statement by Acting Director of Central Intelligence George J. Tenet before the Senate Select Committee on Intelligence Hearing on Current and Projected National Security Threats to the United States," February 5, 1997.

6) Quoted in Aaron L. Friedberg, *A Contest for Supremacy: China, America, and the Struggle for Mastery in Asia* (p. 308). W. W. Norton & Company. Kindle Edition.; CIA Annual Threat Assessment 1998, "DCI before the Senate Select Committee on Intelligence: Director of Central Intelligence, George J. Tenet, before the Senate Select Committee on Intelligence Hearing on Current and Projected National Security Threats," January 28, 1998.

7) Quoted in Aaron L. Friedberg, *A Contest for Supremacy* (pp. 308-309). Kindle Edition.; Department of Defense, Report of the Quadrennial Defense Review, May 1997, p. 5.

8) Quoted in Aaron L. Friedberg, *A Contest for Supremacy* (p. 309). Kindle Edition.; Department of Defense, Report of the Quadrennial Defense Review, September 30, 2001, p. 4.

이들 이유로 중국이 동급 경쟁자로 부상하기 이전에서조차 미국에 상당한 위협이 될 수 있는 상황이었다.

지금까지 논의에서 보듯이 중국은 양안사태 이후 자국의 국방력 증대를 위해 상당히 많이 노력했으며, 이 같은 중국의 노력이 미국 입장에서 상당한 부담이 되었던 것이다. 양안사태를 계기로 미국이 점차 중국을 자국의 잠재 경쟁국가로 간주하기 시작한 것이다. 양안사태 이전까지 대북 지원을 지양하던 중국은 양안사태 직후인 1997년부터 대북 지원을 대거 늘렸는데 이는 중국이 미국을 적국으로 간주한다는 의미였다. 미국이 중국을 적국으로 간주해야 할 것이란 의미였다.

2. 1997년 이후 중국의 대규모 대북지원

1990년대 초반 중국은 한중수교를 추구했다. 점차 북한과의 관계를 멀리했다. 특히 한국과 중국이 수교한 1992년 8월 24일 이후 북한을 경원시했다. 1995년부터 북한은 '고난의 행군'에 접어들었다. 중국은 1995년까지만 해도 북한의 경제지원 요청에 미온적이었다. 그런데 1997년부터 중국이 매년 상당한 분량의 식량과 유류를 제공해주기 시작한 것이다.[9]

이것이 미국 입장에서 다음과 같은 두 가지 중요한 의미가 있었다.

첫째, 중국이 북한 붕괴를 결코 수수방관하지 않을 것이란 의미였다. 이 같은 사실이 미국의 북한 핵부장 종용 측면에서 상당히 중요한 의미가 있었다. 중국이 북한을 대거 지원해주기 시작했다는 사실은 미국이 본격적으로 북한 핵무장을 종용할 수 있게 되었다는 의미다. 북한 핵무장 노력에 대항한 국제사회의 대북

---

[9] Mark E. Manyin, "Foreign Assistance to North Korea," *CongressionalResearchService Report*, RL31785, May 26, 2005, pp. 20-2.; "중국 또한 한반도에서 나름의 목표를 추구하고 있다. 중국은 북한이 자국의 조언을 경청하지 않고자 함에도 불구하고 지속적으로 북한을 지원해주고 있다." Richard L. Armitage, "A Comprehensive Approach to North Korea," *Strategic Forum*, National Defensive University, p. 4.

경제제재에도 불구하고 북한이 붕괴되지 않을 것이란 의미였다.

1장에서는 아태지역에서의 자국의 주요 국익 수호 차원에서 미국이 북한 핵무장을 염원하는 입장이라고 말했다. 북한의 핵무장 노력을 국제사회가 수수방관할 수 없으며, 이 같은 북한의 핵무장 노력에 대항한 대북제재가 필수적이었다는 사실이 문제였다. 북한이 고립무원 상태에 있던 1994년 이전 북한의 핵무기 개발 노력에 대항하여 국제사회가 경제적으로 제재했더라면 북한은 곧바로 붕괴되었을 것이다. 북한붕괴를 수용할 수 없는 입장이었다는 점에서 1994년 당시 미국은 북한 핵무기 개발 노력과 관련하여 제대로 제재할 수 있는 입장이 아니었다. 미국이 1994년 10월 북미제네바합의를 체결했던 주요 이유에 국제사회의 대북제재에도 불구하고 북한이 붕괴되지 않는 순간까지 북한의 핵무기 개발 노력을 동결시킬 필요가 있다는 사실이 있었다. 이제 중국이 북한 붕괴 저지 차원에서 대규모 대북지원을 시작했다는 점에서 북한 핵무기 개발 노력을 미국이 적극 종용할 수 있게 된 것이다.

둘째, 중국이 미국을 자국의 적국으로 간주한다는 의미였다. 중국이 미국을 자국의 주요 적국으로 간주하기 시작했다는 점에서 미국 입장에서 중국을 겨냥한 아태지역의 동맹체계 정비와 미사일방어체계 구축이 필요해졌다는 의미다. 중국이 북한을 대거 지원해주기 시작했다는 사실은 중국이 북한 붕괴를 수수방관하지 않을 것이란 의미였다. 그런데 이는 미국과 중국이 대결하는 경우 북한이 자국 입장에서 완충지대의 의미가 있기 때문일 것이다. 이는 아직도 미국이 중국을 노골적으로 적국으로 지칭할 수 없었다는 점에서 중국 위협에 대비한 동맹체계 정비와 억지력 구축 명분 확보 차원에서 북한 핵무장을 종용할 필요가 있게 되었다는 의미다.

여기서 보듯이 1997년부터 중국이 북한을 상당히 많이 지원해주기 시작했다는 사실은 미국이 중국의 부상을 염두에 두어 북한 핵무장을 종용해야 하는 순간이 되었으며, 이처럼 종용해도 전혀 문제될 것이 없을 것이란 의미였다.

1997년 이후 중국이 매년 북한에 상당한 규모의 원조를 제공해주기 시작했다는 사실이 의미하는 바를 중공군의 6.25전쟁 참전과 비교하여 살펴볼 필요가 있을 것이다. 중공군의 6.25전쟁 참전이 미국이 한만국경 부근으로 접근하지 못하게 하기 위한 성격이었던 것과 마찬가지로 1997년 이후의 중국의 대북원조 또한 미군이 압록강/두만강 부근으로 접근하지 못하도록 북한 붕괴를 방지하기 위한 성격이었던 것이다.

6.25전쟁 발발 직전 마오쩌둥은 대만 점령을 위해 전력을 다하고 있었다. 6.25전쟁 발발 직후 미국이 대만해협에 미 7함대를 파견하자 중국은 곧바로 대만점령을 포기했다. 미군이 유엔군의 일환으로 한반도 전쟁에 참전하자 대만 점령을 준비하고 있던 군사력을 한만국경 부근으로 이동시켰다. 중국의 이 같은 결심은 대만 부근에서 그리고 압록강 너머로 미국이 중국을 공격할 가능성을 우려한 결과였다. 특히 압록강 너머로 공격할 가능성을 우려한 결과였다. 당시 미국 내부에는 중국대륙을 마오쩌둥으로부터 빼앗은 후 장제스에게 되돌려 주어야 할 것이라고 생각하는 막강한 세력이 있었다. 극동군사령관 맥아더는 대표적인 인물이었다.10) 마오쩌둥이 대만 부근에서의 미군의 중국대륙 침공 가능성보다 유엔군의 일환으로 참전한 미군이 만주를 침공할 가능성을 우려한 것이다. 미군이 38선을 넘자 중국군이 한반도전쟁 참전을 결심했던 것은 미군과 만주에서 싸워야 할 것이라면 한반도에서 싸우는 것이 자국 안보 측면에서 보다 유리하다고 판단한 결과였다.11)

한중수교를 맺을 당시 중국의 주요 인사들이 한국을 방문했다. 이들은 북한이 자국 입장에서 완충지대란 개념이 더 이상 사실이 아니라고 말했다. 한국 중심의

---

10) 맥아더와 같은 차이나로비 세력들은 한반도를 통해 북진하여 중국 대륙을 통일해야 할 것이라고 생각했다. 예를 들면 장제스는 한국을 방문한 1949년 8월 이승만에게 한반도를 통한 장제스 군대와 한국군의 공동 북진을 주장했다. Wada Haruki(2014), *The Korean War: International History* (Kindle Location 1591, 1601). (New York: Rowman & Littlefield Publishers, 2018). Kindle Edition.

11) 권영근, 『한반도와 강대국의 국제정치: 미국의 한반도정책을 중심으로(1943-1954)』(서울: 행복문화사, 2021), pp. 510-1.

통일을 지지하는 듯 발언했다.12) 이 같은 중국이 1996년의 양안사태 이후 매년 북한을 상당히 많이 지원해주기 시작했는데 이는 중국이 북한 붕괴를 수수방관하지 않을 것이란 의미였다. 중국 입장에서 북한이 대단히 중요한 지역이란 의미였다. 완충지대란 의미였다.

그러면 왜 1997년 당시 중국이 북한을 자국의 완충지대로 재차 인식한 것일까? 이 같은 중국의 인식 변화 측면에서 미국의 양안사태 개입이 나름의 영향을 미친 것이다. 당시 미국이 2척의 항공모함을 동원하여 양안사태에 개입하는 것을 보며 중국은 미국이 자국을 적국으로 간주하고 있다고 생각했음이 분명할 것이다. 전통적으로 미국은 중국을 자국의 우방국으로 생각하는 경우 중국의 대만 점령을 허용해주고자 했던 반면 적국으로 간주하는 경우 대만을 필사적으로 사수해야 할 것으로 생각했기 때문이다. 1945년 2월의 얄타회담 당시 루주벨트는 2차 세계대전이 종료된 이후 대만을 장제스의 중국에 되돌려줄 것이라고 약속했다. 1947년부터 시작된 국공내전에서 마오쩌둥에게 패배한 장제스가 대만으로 쫓겨 온 후 미국은 대만을 마오쩌둥에게 되돌려줄 가능성을 검토했다. 마오쩌둥의 중국이 미국과 우호적인 관계를 맺는 경우 대만을 되돌려줄 수 있을 것이지만 소련과 동맹을 체결하는 경우 중국과 소련을 적으로 간주하여 봉쇄해야 할 것으로 생각했다. 대만을 결코 되돌려줄 수 없을 것으로 생각했다. 이 같은 미국의 입장을 보다 분명히 보여준 시점은 6.25 전쟁이 격렬히 진행되던 1950년 12월 4일부터 8일까지 진행된 트루먼 대통령과 영국수상 애틀리 일행의 정상회담 당시였다. 당시 트루먼은 대만을 마오쩌둥의 중국에 결코 넘겨줄 수 없다고 말했다. 1945년 2월의 얄타에서 미국이 대만을 장제스의 중국에 넘겨줄 것이라고 말했던 것은 장제스의 중국이 미국의 우방국이었기 때문이라고 말했다. 마오쩌둥의 중국이 미국의 적국이란 점에서 대만을

---

12) Eric A. McVadon, "China's Goals and Strategies for the Korean Peninsula," in *Planning for a Peaceful Korea* (U.S. Army War College, February 2001) edited by Henry D. Sokolski, pp. 134-6.

결코 넘겨줄 수 없을 것이라고 말한 것이다.13)

1996년의 미국의 양안사태 개입은 미국이 중국의 대만 점령을 결코 좌시하지 않을 것임을 보여준 것이었다. 중국을 자국의 주요 적국으로 간주하고 있음을 보여준 것이었다. 이처럼 미국이 자국을 주요 적국으로 간주하고 있다는 점에서 보면, 중국이 강대국 간의 싸움에서 대단히 중요한 의미가 있는 한반도에 대한 영향력을 유지해야 할 것으로 판단한 것이다. 중국이 한반도에 대한 영향력 유지 차원에서 북한 붕괴를 좌시하면 안 될 것이라고 판단한 것이다. 1997년부터 중국이 매년 북한을 상당히 많이 지원해준 것은 이 같은 이유 때문이었을 것이다. 그런데 이 같은 중국의 대북지원은 중국이 미국을 자국의 주요 적국으로 바라보고 있다는 의미였다.

이처럼 상당한 규모의 대북지원을 통해 중국이 미국을 자국의 주요 적국으로 간주하기 시작했다는 점에서 미국은 중국의 부상에 대비한 나름의 조치를 강구하지 않을 수 없었던 것이다. 냉전 당시 아태지역에 구축해놓은 동맹체계 정비와 미사일방어체계 구축 명분 확보 차원에서 북한 핵무장 종용을 위한 노력을 시작하지 않을 수 없게 된 것이다.

1998년 8월 31일의 북한의 대포동미사일 발사는 이처럼 중국을 겨냥한 동맹체계와 미사일방어체계 구축이 필요했던 미국에 나름의 명분을 제공해준 사건이었다.

3. 1998년 8월 31일 대포동미사일 발사

1998년 8월 31일 북한은 대포동-1이란 명칭의 2단계 미사일을 발사했다. 이것이 일본 영공을 비행하여 태평양 서쪽 지역에 안착했다. 1,500킬로미터의 사정거리를 갖는 새로운 북한 미사일의 성능을 보며 일본, 한국, 미국이 놀라지

---

13) "United States Delegation Minutes of the Fifth Meeting of President Truman and Prime Minister Attlee, December 7 1950," in *FRUS*, 1950, Korea, Vol. 7, pp. 1,455-61.

않을 수 없었다. 이것이 새로운 차원의 북한 위협, 아태지역의 민감한 안보 균형을 자극할 수 있는 성격의 위협이기 때문이었다. 북한은 일본과 아태지역의 많은 부분을 포함한 동아시아 지역의 매우 많은 표적을 이 미사일로 공격할 수 있었다. 그 정확도와 무관하게 이 미사일 발사가 성공적이었다는 사실은 북한이 멀지 않은 미래에 미 본토에 도달할 수 있는 대륙간탄도미사일을 개발할 능력이 있음을 보여주었다.

한편 미국은 중국 위협 대비 차원에서 미사일방어체계를 구축해야 하는 입장이었다. 그러나 기술적인 어려움과 예산 등의 이유로 미국 내부에 반대세력이 만만치 않았다. 이 같은 저항을 극복하고자 하는 경우 상당한 자극이 필요했다. 북한 대포동미사일 발사가 이 같은 성격일 수 있었다. 이미 1993년 미국은 미 본토를 방어하기 위한 국가미사일방어체계 구축이 리비아, 이라크 또는 북한과 같은 잠재 적국이 2004년까지 대륙간탄도미사일을 획득할 가능성이 있는 경우 훨씬 용이해질 것으로 판단했다.[14] 북한의 대포동미사일 발사를 계기로 미국 내부에서 이 같은 미사일방어체계 구축을 지지하는 세력이 보다 힘을 얻을 수 있게 된 것이다.

이 같은 북한 대포동미사일 발사를 보며 일본은 미국이 아태지역에 구축하고 있던 전구미사일방어체계에 동참하기로 결심했다. 일본과 미국의 의회는 1994년의 북미제네바합의 이행 관련 예산지원 동결을 촉구했다. 이처럼 이들 국가가 대북 지원 예산을 동결하는 경우 북한은 영변원자로와 같은 핵시설 재가동을 통해 플루토늄 생산을 시작하지 않을 수 없는 입장이었다. 북한이 영변원자로와 같은 자국의 핵시설을 동결하기로 결심하는 과정에서 이들 국가가 제공해줄 것으로 예상되던 자금 지원이 나름의 역할을 했기 때문이다.

북한의 대포동미사일 발사가 미국이 중국을 겨냥한 미사일방어체계 구축과

---

14) Les Aspin, "Report on The Bottom-up Review," *Department of Defense*, United States of America, October 1999, p. 47.

동맹체계 정비 측면에서 상당한 영향을 미쳤다. 대포동미사일 발사 이후인 1999년 3월 미국이 중국 위협에 대항한다는 차원에서 북한 핵무장을 종용하기 위한 성격인 아미티지 보고서를 작성한 것이다. 아미티지 보고서에 입각하여 페리 보고서를 작성한 것이다.

1999년 3월에 발간한 "포괄적인 대북 접근 방안"란 제목의 아미티지 보고서에서는 1997년부터 본격화된 중국의 대북지원을 미국의 정책 측면에서 상당한 도전[15]으로 판단했는데 이는 이 같은 이유 때문이었던 것이다.

한편 1999년 5월 7일의 미 전투기의 중국대사관 오폭에 대한 중국의 격렬한 반응은 중국의 패권 의도를 미국에 확인시켜준 사건이었다.

4. 미군 전투기의 중국대사관 오폭에 대한 중국의 반응

1999년 5월 7일의 나토의 공중폭격 당시 미군 전투기가 투하한 5발의 정밀 유도무기가 베오그라드의 중국대사관에 명중하면서 3명의 대사관 직원이 사망했다. 27명이 부상을 입었다. 폭격 이후 며칠 동안 미국 관리들은 미군 항공기의 폭격이 정보 및 표적처리 절차 측면에서의 실수 때문이었다며 수차례 사과했다. 예를 들면, 1999년 5월 8일 페리 국방장관과 중앙정보국 국장 조지 테닛은 미국은 "중국대사관 직원의 인명 손실을 매우 유감스럽게 생각한다.…폭격은 실수였다."란 그 전례가 없는 공동성명을 발표했다. 매들린 올브라이트 미 국무상관은 숭국 외교부장 탕자쉬안(唐家璇)에게 다음과 같은 편지를 보냈다. "미국 정부를 대표하여, 나토의 일원으로서 심심한 사과와 애도를 표합니다.…중국대사관을 타격할 의도가 전혀 없었습니다." 미 국무성 공식 성명에서는 당시의 폭격을 비극적인 실수라며 다음과 같이 말했다. "우리는 중국 인민과 정부에 심심한 애도와 유감을 표하고자 합니다." 1999년 5월 10일 클린턴 대통령은

---

[15] Richard L. Armitage, "A Comprehensive Approach to North Korea," p. 4.

"베오그라드의 중국대사관이 받은 비극적인 폭격에 관해 한마디 하지 않을 수 없습니다. 이미 장쩌민 주석과 중국인민들에게 사과와 애도를 표명했습니다." 라고 말했다.16)

1999년 5월 10일 국방성 뉴스브리핑에서 윌리엄 코헨(William S. Cohen) 미 국방장관은 낡은 지도와 표적 검증이 문제였다면서 나토군이 중국대사관을 타격할 의도가 없었다고 말했다. 그 후의 후속 브리핑에서 미 중앙정보국 고위급 관리는 표적처리 과정의 어려움과 이 같은 폭격이 벌어질 수 있었던 배경과 관련하여 언론인들의 질문에 답변했다.

중국 관리들은 당시의 폭격이 실수였다는 미국과 나토의 주장을 의혹의 눈초리로 바라보았다. 폭격 이후 며칠 동안 중국 관영매체들은 중국대사관 폭격이 나토의 코소보 상황 개입에 반대했다는 사실과 관련하여 중국을 응징하기 위한 성격이라고 천명했다. 이 같은 중국 관영매체의 보도 이후 수만 명의 중국인들이 베이징을 포함한 여러 대도시의 미국 및 나토 국가들의 시설 주변에서 시위를 벌였다. 이들 시위대는 돌을 던지고 건물에 페인트를 칠하는 등 상당한 피해를 입혔다. 청두(成都)의 미국 영사관이 화염으로 상당한 피해를 입었으며, 시위대들이 광저우(广州市)의 미국 영사관을 방화하고자 노력했다. 제임스 새서(James Sasser) 대사를 포함한 미국대사관 직원들이 며칠 동안 대사관에 감금되었다. 중국정부와 일부 서방 관측가들은 이 같은 중국인들의 정서가 실제 상황이라고 말했다. 그러나 일부 서방언론은 이들 중국인들의 시위를 부분적으로나마 중국 정부가 조직한 것으로 생각했다. 이들은 중국인들의 미 영사관 건물 방화 노력이 베오그라드 공습과 관련한 미국의 사과를 중국정부가 1999년 5월 11일 이후에나 보도했다는 사실과 무관하지 않다고 생각했다. 언론 보도에 따르면 장쩌민 주석은 클린턴 대통령의 통화 요구를

---

16) Kerry Dumbaugh, "Chinese Embassy Bombing in Belgrade: Compensation Issues," *CRS Report for Congress*, April 12, 2000, p. 2.

수차례 거부했다. 클린턴은 마침내 1999년 5월 14일 장쩌민과 통화할 수 있었다.17)

중국정부는 미 전투기 폭격이 있었던 주의 다음 주에 예정되어 있던 미중 양자회담들을 취하했다. 그 후 몇 주 동안 중국은 또한 미군 함정의 홍콩 방문을 중지시켰다. 1999년 5월 10일 중국 외교부장은 미국정부에 격렬히 항의하면서 4가지 사항을 요구했다. 중국대사관 폭격에 대한 사과와 공식 해명, 당시 오폭에 대한 완벽하고 철저한 조사, 조사 결과의 신속한 공개, 관련자들의 엄중한 처벌이 바로 그것이었다.18) 그 후 중국관리는 중국대사관 피해 및 인명손실 보상을 요구했다. 그러자 미국 관리들은 중국인들이 중국의 미국 시설에 입힌 피해 보상을 요구했다. 1999년 6월 16일 미 국무성 부장관이 장쩌민 주석에게 보내는 클린턴 대통령의 친서를 소지한 채 미국정부의 공식 해명을 위해 중국 외교부 관리들과 회동했다. 중국정부는 해명이 만족스럽지 않다고 말했다. 그 후 1999년 12월 말경까지의 수차례에 걸친 접촉을 통해 양국은 보상과 관련하여 합의할 수 있었다.19)

한편 중국은 베오그라드의 중국대사관 폭격을 미 언론매체의 천안문사태 보도와 함께 시작된 10여 년에 걸친 중국을 겨냥한 미국인들의 적대적 시각에서 바라보았다. 중국지도자들은 베오그라드의 중국대사관 폭격을 중국 인민과 본인들을 겨냥한 일대 모욕으로 생각했다. 중국은 미국이 고의적으로 자국의 주권을 침해한 경우로 생각했다.20) 2001년 미 정부당국은 베오그라드 중국대사관 폭격 직후 진행된 비상 정치국 회동 관련 비밀자료를 획득했다. 이 자료에 따르면 장쩌민, 리펑(李鵬) 등 중국의 주요 인사 모두 미국을 맹렬히 비난했다.

---

17) Ibid., p. 3.

18) Ibid.

19) Ibid., p. 4.

20) Gerrit Gong, "China-Taiwan Relations: The Shadow of Kosovo Looms Large," *Pacific Forum CSIS Comparative Connections*, July 21, 1999, p. 42.

장쩌민은 이 폭격이 "보다 큰 음모"의 일환일 수 있다고 생각했다. 리펑은 "무엇보다도 이 사건은 미국이 중국의 적국임을 상기시켜주고 있다."라고 말했다.21)

중국은 천안문사태 이후의 미국의 자국 제재와 관련하여 분개하고 있었다. 중국은 천안문사태 진압을 내정 문제로 생각했다. 이 같은 진압에 대항한 미국의 대 중국 제재를 내정간섭으로 생각했다. 마찬가지로 중국은 코소보 분리주의자들에 대항하고 있던 정부군을 진압하기 위한 나토의 개입을 주권국의 내정간섭 문제로 바라본 것이다. 코소보사태를 보며 중국은 신장, 위구르 및 대만의 분리 노력에 미국이 개입할 가능성을 우려한 것이다. 결과적으로 천안문사태 이후, 특히 나토의 코소보 사태 개입 이후 중국은 미중대결에 진지하게 대비하기 시작했다. 미국이 중국이 자국의 활동을 이처럼 경계의 눈초리로 바라보고 있음을 인지한 것이다.22) 미국은 미군의 베오그라드 중국대사관 폭격에 대한 중국의 격렬한 반응을 보며 중국이 자국을 진정 경계하고 있다고 생각한 것이다.

---

21) Quoted in Michael. Pillsbury, *The Hundred-Year Marathon: China's Secret Strategy to Replace America as the Global Superpower* (Kindle Location 1802). Henry Holt and Co.. Kindle Edition.

22) June Teufel Dreyer, "The PLA and The Kosovo Conflict," *U.S. Army War College*, 2000, pp. 1-5.

제2절 북한 핵무장 종용 책략: 아미티지 보고서와 페리 보고서

북한이 대포동미사일을 발사한 직후인 1998년 10월 미 공화당은 핵무기, 탄도미사일, 여타 안보문제 해결을 위한 북미협상에서 미국의 정책 방향을 제시할 대북정책조정관을 늦어도 1999년 1월 1일까지 임명할 것을 촉구하는 법안을 통과시켰다. 1998년 11월 클린턴은 미 국방장관을 역임한 윌리엄 페리를 미국의 대북정책조정관으로 임명했다. 당시 미국 내부에서 북미제네바합의와 관련하여 비판적인 시각을 견지하는 세력이 막강해졌다. 이들은 북미제네바합의 파기를 주장했다.[23] 페리는 이들 저항 세력과 긴밀히 협의해야 했을 뿐만 아니라 한국 및 일본과 연합전선을 구축해야 한다는 매우 어려운 임무를 담당했다. 북미제네바합의에 비판적인 시각을 견지했던 미국의 세력들이 북한 핵문제를 중국 위협 대비 측면에서 이용해야 할 것이라고 생각했던 반면 한국과 일본, 특히 한국은 북한 비핵화를 염원했다.

1999년 3월에는 리처드 아미티지 중심의 인사들이 "포괄적인 대북 접근 방안"이란 제목의 보고서를 제출했다. 여기서는 외교와 억제를 적절히 혼합한 보다 포괄적이고도 통합적인 대북 접근 방안을 제안했다. 1999년 10월 페리는 북한 핵문제 해결에 관한 보고서를 작성했다. 이 보고서는 아미티지 보고서를 근간으로 한 것이었다. 이들 보고서는 핵 및 미사일로 무장한 북한을 가정한 상태에서 북한 위협에 대항하기 위한 동맹체계와 미사일방어체계 구축을 강조하고 있었다. 여기서는 페리 보고서와 아미티지 보고서를 비교 분석할 것이다.

---

[23] "사실이 그러함에도 불구하고 미국은 오만하게도 우리를 걸고들면서 합의문(북미제네바합의문)이 리행되지 않는 책임을 전가시켜보려 하고 있다. 더욱이 합의문 파기설까지 들고 나오고 있다," 최학철, "믿을 수 없게 된 경수로발전건설", 『로동신문』, 1999. 1. 13.

1. 북미제네바합의에 관한 아미티지 및 페리 보고서 시각

이들 보고서는 북한 핵무장을 종용하기 위한 성격이었다. 이들 보고서에서는 북한이 결코 수용할 수 없는 조건을 제시하며 북한 비핵화를 추구해야 할 것이라고 암시하고 있었다. 결국 북한의 이들 조건 수용을 전제로 하는 북한 비핵화 추구는 북한 핵무장 종용과 다름이 없었다.

아미티지 보고서

아미티지 보고서에서는 다음과 같이 주장했다.

1994년 당시 미 의회가 북미제네바합의를 지원했던 주요 이유는 이것이 북한의 경착륙을 저지하고 연착륙을 유도하는 성격이며, 북한의 핵무기 개발을 종료시킬 수 있을 것이란 가정에서였다. 궁극적으로 한반도 통일을 가능하게 해줄 것으로 생각했기 때문이었다. 그런데 1998년을 기점으로 보면 북한이 곧바로 붕괴될 가능성은 없으며, 북한이 남북한 긴장완화를 추구할 가능성도, 북한 비핵화 측면에서 진전이 있을 가능성도 없다. 대포동미사일 발사로 북한 미사일이 중요한 문제로 부상했는데 북미제네바합의에서는 미사일 문제를 다루지 않았다. 방치하는 경우 보다 많은 플루토늄 비축과 미사일 시험 발사로 북한위협이 보다 악화될 가능성도 없지 않다. 북한 미사일과 핵무기로 동북아 지역에 점차 위협적인 안보환경이 조성될 것이다. 특히 북한 미사일과 핵무기가 북미제네바합의와 경수로 프로젝트를 지원해주고 있는 일본의 안보를 위협하고 있다. 일본 안보를 고려하지 않는 대북 접근방안을 일본이 지속적으로 지원할 것으로 기대할 수 없을 것이다. 결과적으로 새로운 접근 방안이 요구된다.[24]

---

24) Richard L. Armitage, "A Comprehensive Approach to North Korea," pp. 1-3.

여기서는 포괄적이고도 통합적인 접근 방안을 강조하고 있다. 여기서 말하는 포괄적인 접근 방안은 억제와 외교로 구성된다. 여기서는 외교와 억제의 병행적인 접근을 강조하고 있다. 포괄적인 접근 방안이 성공을 거두려면 미 의회의 초당적인 지지가 필요하다고 말한다. 북한 위협 제거란 사안이 미국 대통령 입장에서 가장 우선순위가 높아야 할 것이라고 말한다. 향후 모든 미 행정부들의 일관된 대북정책이 필요하다고 말한다.

이 같은 포괄적인 접근 방안은 크게 두 가지 이점이 있다고 말한다. 첫째, 북한이 미국의 외교적 노력에 협조하지 않는 경우에서조차 미국이 동맹체계를 구축하고 유지할 능력을 강화시킬 수 있을 것이다. 둘째, 이 같은 접근 방안이 실패로 끝나는 경우 사람들이 이 같은 실패가 미국 때문이라고 생각하지 않게 만들 수 있을 것이다.

아미티지 보고서에서 말하는 포괄적인 접근방안은 다음과 같다.[25]

여기서는 미국의 억지력 강화 의지가 분명하다고 생각될 당시에나 북한이 미국의 외교적 노력을 진지하게 간주할 것이란 점에서 억지력 구축이 대단히 중요하다고 말하고 있다. 먼저 외교적인 방법을 통해 북한 위협을 제거하고자 노력해야 할 것이지만 외교적 노력의 성공 가능성을 높이고, 외교가 실패할 가능성에 대비하여 강력한 억지력을 구축해야 할 것이라고 말한다. 핵 및 미사일로 무장한 북한을 가정한 상태에서 이 같은 북한 위협을 억제하기 위한 한미일 공조체계 구축의 중요성을 강조하고 있다. 외교와 억지력 구축 가운데 억지력 구축이 가장 중요하다고 말한다.

외교적 협상 대상에는 북한 핵, 미사일 및 재래식 위협이 포함된다. 의혹의 모든 북한 핵시설의 투명성을 보장하기 위한 신뢰성 있는 방안을 강구하여 이행하며, 북한이 1991년 이전에 생산한 플루토늄을 국제원자력기구가 신속히 사찰할 수 있게 한다. 단기적으로 북한의 미사일 시험 발사와 수출을 중지

---

25) Ibid., pp. 4-9.

시키며, 장기적으로 북한이 미사일기술통제체제(MTCR)를 준수하게 만든다. 이들과 더불어 북한 재래식 위협 삭감을 위한 노력을 전개한다.

북한이 미국의 이들 위협 제거 노력에 협조하는 경우 미국은 우방국과 함께 북한 재건을 위한 기금을 마련하며 북한을 붕괴, 흡수 및 체제 전복시킬 의도가 없다고 발언하는 형태로 북한 안보를 보장해준다. 북한이 미국과 우방국의 안보적 관심사를 충족시켜주는 경우 완벽한 외교관계 정상화를 위해 노력한다.

외교적 노력이 실패로 끝나는 경우, 미국은 핵 및 미사일로 무장하고 있는 북한과 공존하는 가운데 북한 위협을 억제해야 하거나 북한 핵 및 미사일 체계를 선제 타격해야 할 것이다. 그런데 후자는 많은 모험이 따를 것이라고 말한다. 여기서는 외교적 노력이 성공할 것이라고 결코 생각하지 않는다고 말한다.

외교적 노력이 실패하는 경우 북한은 미국 중심의 강화된 한미 및 미일동맹 체계에 의해 봉쇄되거나 고립될 것이라고 말한다. 여기서는 신뢰성 있는 대북 억지력 구축 측면에서

첫째, 신속한 일본의 방위대강 법제화 중요성과 아태지역에서의 일본의 안보이익 측면에서 미일동맹의 중요성을 일본 지도자들이 인지하게 한다.

둘째, 한반도 위기에 대응할 수 있도록 한국, 미국 및 일본 국방장관들의 협의체를 촉구해야 한다. 이 협의체에서는 미사일방어체계를 포함한 군사력 증진 방안을 이행하기 위한 조치를 고려해야 한다. 이들이 발표하는 성명은 북한 위협에 대항하기 위한 다양한 군사훈련은 물론이고 미사일방어 측면에서의 상호협조를 심화시키는 방안에 초점을 맞추어야 한다.

포괄적인 일괄타결의 성공 가능성을 높이고, 미국과 동맹국의 이익을 증진시키고자 하는 경우 한국, 일본 및 중국이 공조하는 가운데 외교적 노력을 전개해야 한다.

첫째, 한국, 미국 및 일본 외무장관 협의체를 제안해야 한다. 이것의 목적은 북한 위협의 우선순위를 각국 대통령의 국가안보 수준으로 격상시키기 위함이다. 또한 포괄적인 접근 방안 측면에서 각 국의 책임 영역을 식별하기 위함이다.

둘째, 중국의 적극적인 협조가 대단히 중요하다. 미국, 중국, 일본 및 한국의 상호공조가 적절하지 못해 한반도에서 분쟁이 벌어지는 경우 중국이 상당한 책임을 감당하게 될 것이다. 외교적 노력을 통해 북한 위협을 해결할 수 없는 경우 북한체제 유지 관련 주요 부담을 중국이 감당하게 될 것이다.

페리 보고서

여기서는 금창리의 경우에서 보듯이 북한의 핵무기 개발 활동 지속 가능성을 우려하고 있다. 1994년 이후 북한이 사정거리가 신장된 탄도미사일을 개발, 시험, 전개 및 수출하는 모습을 노정시켰는데 이들 미사일 가운데에는 성능을 개량하면 미 본토 타격이 가능한 미사일이 포함되어 있다. 이 기간 동안 북한 경제가 상당히 악화되면서 1994년의 경우와 비교하면 산업 및 농업 생산이 매우 열악해졌다. 한반도에서의 미국의 안보목표 달성 측면에서 김대중의 관점과 시각을 반영할 필요가 있었다. 김대중의 대북 포용정책은 미국의 대북 정책 측면에서 새로운 조건과 기회에 해당한다. 북한이 재차 미사일을 발사하는 경우 북미제네바합의에 대한 일본 국민들의 정치적 지원이 대거 약화될 것이다. 이들 요인으로 인해 1994년 당시와 비교하여 상당히 상이한 안보 지형이 조성되었다. 이들 변화로 클린턴 대통령과 국가안보보좌관들이 나름의 포괄적인 검토를 요구한 것이다.

여기서는 북한의 대포동미사일 발사로 미국과 일본에서 그리고 한국에서 조차 북미제네바합의를 지원하지 않을 가능성이 있다고 말한다. 결과적으로 이들 국가의 지원 거부로 북한이 이 합의를 준수할 수 없게 되면서 한반도가 재차 핵 위기로 내몰릴 가능성이 있다고 말한다. 이 같은 이유로 새로운 접근 방안이 필요하다고 말한다. 이 같은 방안은 북한을 붕괴시키거나 약화시키는 성격일 수 없다고 말한다. 북한체제 속성상 북한체제 붕괴 또는 약화를 겨냥한 방안이 성공을 거둘 수 없을 것이라고 말한다. 북한체제 개혁을 추구하는 형태일 수도 없다고 말한다. 북한이 이 같은 변화를 강력히 거부할 것이기 때문이라고 말한다. 북한 핵과 미사일 문제를 뇌물을 통해 해결해서도 안 된다고 말한다. 결국 아미티지 보고서와 마찬가지로 여기서도 외교와 억제에 입각한 포괄적인 접근 방안을 제안하고 있다.[26]

페리 보고서에서 말하는 포괄적인 접근방안은 다음과 같다.[27]

먼저 완벽하고 검증 가능한 방식으로 북한 비핵화를 추구한다. 완벽하고 검증 가능한 방식으로 북한의 미사일 시험, 생산 및 전개를 중지시킨다. 이 같은 미사일 수출은 물론이고 이들 미사일과 관련이 있는 장비와 기술의 수출을 완벽히 중지시킨다. 북한이 핵무기와 장거리 미사일 위협을 줄이기 위한 조치를 취하는 경우 미국과 동맹국은 북한이 위협적이라고 인식하는 대북압박을 단계적이고도 호혜적인 방식으로 줄이기 위한 조치를 취한다. 미국은 북미관계를 정상화하고, 장기간 동안 북미 교역을 규제했던 제재를 완화시키며, 북한에 기회를 제공해주기 위한 여타 조치를 취할 것이다. 일본과 한국도 북한과의 관계 개선을 위한 조치를 취할 의사가 있음을 표명했다. 그런데 이는 북한의 자발적인 의지가 필요한 성격의 일이다. 지금까지의 북미대화 측면에서 보면 북한이 자발적으로 미국의 북한위협 제거 노력에 동참할 것으로 장담할 수 없어 보인다.

따라서 북한이 상기 조치를 취하지 않을 경우에 대비하여 미국은 북한 위협을 봉쇄하고 미국과 우방국의 안보를 보장하기 위한 조치를 우방국들과 함께 취해야 한다. 북한과의 협상에, 협상이 실패할 경우에, 대비하여 유념해야 할 사항은 다음과 같다.

첫째, 북한의 핵무기와 미사일 획득 저지를 미국의 목표로 간주해야 한다.

---

[26] William, Perry, "Review of United States Policy Toward North Korea: Findings and Recommendations," *Office of the North Korea Policy Coordinator United States Department of State*, October 12, 1999, pp. 1-4, 7-8.

[27] Ibid., pp. 4, 6-11.

둘째, 북한 핵무기와 미사일 위협을 제거하고자 노력하는 과정에서 아측의 억지력을 약화시키거나 북한의 오판 가능성을 증대시킬 수 있는 조치를 취하면 안 된다.

셋째, 북한의 협조로 핵 및 장거리 미사일 관련 활동을 종료시킬 수 있는 경우 미국은 북한과 보다 정상적인 외교관계 수립을 준비해야 한다. 미국은 한국의 대북 포용 및 평화 공존 노력에 동참해야 한다.

넷째, 영변원자로 해체는 북한이 가장 신속하고 확실하게 핵무기를 획득하게 만드는 방안이다. 따라서 북미제네바합의를 고수해야 한다. 북미제네바합의에서는 검증 가능한 방식으로 핵 관련 활동을 동결시키지 않고 있으며, 탄도미사일 관련 부분을 포함하지 않았다. 이들 문제는 북미제네바합의를 대체하기 위한 또 다른 방안을 강구하는 것이 아니고 이것을 보완하는 방식으로 해결해야 할 것이다.

다섯째, 대북정책 수립 및 이행 측면에서 한국과 일본의 도움이 필수적이다.

여섯째, 일단 채택한 미국의 대북정책은 미 행정부의 교체와 무관하게 지속적으로 유지되어야 한다. 미 의회의 지속적이고도 폭넓은 지원이 필수적이다.

일곱째, 한반도 전쟁의 심각성을 고려하여 북한 핵과 미사일 문제를 신중하게 인내심을 갖고 접근해야 한다.

여덟째, 북한 정권이 교체될 가능성을 고려하면 안 된다.

2. 아미티지 및 페리 보고서 분석

이들 보고서와 관련하여 다음과 같은 이견이 제기될 수 있을 것이다.

첫째, 이들 보고서에서는 한반도 안보환경 변화로 미국과 일본이 1994년의 북미제네바합의를 지원할 수 없게 되었다면서 새로운 접근방안이 필요해졌다고 주장한다. 그런데 이는 타당성이 없어 보인다.

이들 보고서에서는 의혹의 금창리 핵시설과 1998년의 대포동미사일 발사로 미국과 일본이 북한 핵위협만을 염두에 두고 있는 기존의 북미제네바합의를 지원할 수 없게 되었다고 말한다. 그런데 금창리 핵시설 의혹은 사실이 아니었다. 대포동미사일 발사로 새로운 접근방안이 필요하다고 생각해야 할 것이란 논리가 빈약해 보인다.

미 정보당국은 금창리 지역이 지하 핵시설이라고 주장했다. 그런데 미국의 요구로 사찰해보니 이곳에서 북한이 핵무기 개발과 관련하여 활동했음을 보여주는 증거는 전혀 없었다.[28]

북한의 대포동미사일 발사는 미국이 북미제네바합의를 지속적으로 준수하지 않음에 따른 불만의 표시일 수 있었다. 예를 들면, 미국은 북미제네바합의에서 약속한 중유를 1997년에도 제대로 공급하지 않았다. 그러자 1998년 8월 31일 북한은 대포동미사일을 발사했다.[29]

이처럼 미국은 북미제네바합의에서 약속한 중유를 제대로 제공해주지 않았을 뿐만 아니라 경수로 제공 또한 일정을 준수하지 않았다. 북미외교관계정상화를 위해서도 전혀 노력하지 않았다.[30] 그런데 이 기간 동안 북한이 북미제네바합의를 위배했음을 보여주는 증거는 전혀 없었다.[31]

---

[28] Lee, Chae-Jin. *A Troubled Peace: U.S Policy and the Two Koreas* (p. 285). Johns Hopkins University Press. Kindle Edition.

[29] Terence Roehrig, *From Deterrence to Engagement: The U.S. Defense Commitment to South Korea* (New York : Lexington Books, 2006), pp. 210-1.

[30] Interviews - Lim Dong Won | Kim's Nuclear Gamble | FRONTLINE | PBS, ; "북미제네바합의가 체결된 이후부터 북한이 대포동 미사일을 발사하는 순간까지 미국은 북한 핵문제 해결 차원에서 거의 한 것이 없다. 보스니아, 코소보, 아이티, 소말리아 문제로 바빴기 때문이다," Interviews - Ashton Carter | Kim's Nuclear Gamble | FRONTLINE | PBS; "클린턴 행정부도 북미제네바합의 이행 차원에서 거의 노력하지 않았다.···미 국무성도 1998년까지 손 놓고 있었다." Interviews - Stephen Bosworth | Kim's Nuclear Gamble | FRONTLINE | PBS.; "미국은 북미제네바합의를 진지하게 이행하려 하지 않았다." Interviews - Donald Gregg | Kim's Nuclear Gamble | FRONTLINE | PBS; "클린턴 행정부는 북미제네바합의 이행 열의가 없었다." Interviews - Robert Gallucci | Kim's Nuclear Gamble | FRONTLINE | PBS

[31] "북한은 북미제네바합의를 준수했다." Interviews - Donald Gregg | Kim's Nuclear Gamble | FRONTLINE | PBS; "북한은 영변원자로 동결, 사찰 등 철저히 합의를 이행했다." Interviews - Robert Gallucci | Kim's Nuclear Gamble | FRONTLINE | PBS; "북한은 북미제네바합의를 준수했다고 생각한다." Interviews - Lim Dong Won | Kim's Nuclear Gamble | FRONTLINE | PBS

한편 이들 보고서를 작성할 당시 미국은 북한이 1991년 이전에 추출한 소량의 플루토늄을 보유하고 있는 것으로 판단했다.32) 이들 소량의 플루토늄 또한 미국방성이 해결을 원치 않아서 북한이 보유하게 된 것이었다. 1994년 이전 북한은 북미회담 3라운드에서 이 문제를 놓고 미국과 협상할 의향이 있다고 지속적으로 말했다. 당시 북한이 플루토늄 실체 규명을 조건으로 요구한 것은 북미외교관계정상화였다. 그런데 미국이 이 같은 협상을 거부한 것이다. 미국이 북한에 2기의 경수로를 제공해줄 2003년경에 북한의 플루토늄 보유 여부를 사찰할 것이라고 말한 것이다.

미국은 지구상 거의 모든 국가와 외교관계를 맺고 있다. 북미외교관계정상화란 지극히 당연한 요구를 수용해주면 북한은 자국의 플루토늄 관련 의혹을 완벽히 해소시켜줄 것이라고 반복해 말했다. 그런데 미국은 이 같은 북한의 요구를 지속적으로 거부한 것이다. 1장에서 살펴본 바처럼 북미외교관계를 정상화하는 경우 미군의 한반도 주둔이 의미를 상실할 가능성 때문이었을 것이다.

아무튼 북미제네바합의에 따르면 미국은 북한에 경수로가 제공되는 시점에 북한의 플루토늄을 제거하고 원자로를 완벽히 해체할 수 있는 입장이었다. 이 같은 방식으로 북한 핵무기 개발 노력을 원천 봉쇄할 수 있는 입장이었다. 설령 북한이 장거리미사일 개발에 성공할 것으로 가정하는 경우에도 핵무기가 없는 장거리 미사일은 결코 위협적일 수 없었다.

이 같은 측면에서 보면, 의혹의 금창리 사이트와 북한의 대포동미사일로 인해 새로운 대북정책이 필요해졌다는 논리는 설득력이 떨어지는 듯 보인다. 이것이 아니고 미국은 북한 대포동미사일 발사를 빌미로 중국을 겨냥한 미사일방어체계를 구축하기로 결심했으며, 이 같은 미사일방어체계 구축 명분 확보 차원에서 북한 핵무장이 필요했으며, 북한 핵무장 종용 측면에서 북미제네바합의를

---

32) William, Perry, "Review of United States Policy Toward North Korea," p. 2.

파기할 필요가 있었다는 관점이 보다 설득력이 있을 것이다. 이미 1993년의 『바텀업 리뷰』에서는 북한과 같은 국가가 발사하는 대륙간탄도미사일이 적의 미사일 위협에 대항하여 미 본토를 지키기 위한 미사일방어체계 구축에 도움이 될 것이라고 말한 바 있다. 그런데 이 같은 국가급 미사일방어체계를 구축하려면 한미일 3각 공조가 필수적이었던 것이다. 한국과 일본에 사드와 같은 전구미사일방어체계 배치가 필수적이었던 것이다.

둘째, 아미티지 보고서와 패리 보고서에서 말하는 외교적 노력이 (선) 북한의 자발적인 위협 해결 (후) 보상 성격임을 인지할 필요가 있다.

아미티지 보고서가 이 같은 성격임은 분명하다. 여기서는 먼저 외교적 노력을 통해 북한의 핵, 미사일 및 재래식 위협 제거를 위해 노력해야 할 것이라고 말한다. 이 같은 노력을 통해 북한의 의도를 가능한 한 조속히 식별할 필요가 있다고 말한다. 북한이 이들 위협 제거 노력에 협조하는 경우 우방국과 함께 북한 재건을 위한 기금을 마련하며 김대중 대통령이 언급한 바처럼 북한 붕괴, 흡수 및 체제전복 의도가 없다고 말하는 방식으로 북한 안보를 보장해줄 것이라고 말한다. 북한이 미국과 우방국의 안보적 관심사를 충족시켜주는 경우 완벽한 외교관계 정상화를 위해 노력할 것이라고 말한다.

북한 입장에서 가장 중요한 부분은 북한을 붕괴, 흡수 및 체제 전복시킬 의도가 없다는 수사적인 발언이 아니고 북미외교관계정상화일 것이다. 그런데 여기서는 북한 핵, 미사일 및 재래식 위협을 제거하면 북미외교관계정상화를 추구할 것이라고 말한다. (선) 북한의 자발적인 위협 해결 (후) 보상을 제안하고 있는 것이다.

패리 보고서에서는 북한의 핵 및 미사일 능력 제거 노력에 부응하여 적절히 보상할 필요성을 언급하고 있다. 이 같은 보상에 관해 구체적으로 언급하지 않았다. 그런데 이 보고서에서는 이 같은 보상이 미국을 포함한 우방국의 대북억지력을 약화시키는 성격이 되면 결코 안 된다고 말한다. 북한이 절실히 요구했던 북미외교관계정상화는 북한이 핵 및 미사일을 완벽하고 검증 가능한 방식으로 제거한 후 고려할 것이라고 말한다. 한편 패리 보고서에서는 물질적인 보상을 결코 수용할 수 없다고 말한다. 북한 위협 제거 노력에 상응하는 방식으로 보상해주어야 할 것이라고 말하지만 이 같은 보상은 북한이 자국의 핵 및 미사일 위협 제거 조건으로 지속적으로 요구한 북미외교관계정상화일 수 없었다. 북한안보 보장 측면에서 대단히 중요한 핵 및 미사일 제거를 요구하면서 패리보고서에서는 북한이 이들을 완벽히 제거한 후 북미외교관계 정상화를 준비해야 할 것이라고 말하고 있다. 결국 패리보고서는 북한의 조치에 상응하는 보상을 언급하고 있지만 미국의 대북 억지력을 약화시키지 않는 제한적인 범주 안에서의 (선) 북한의 자발적인 위협 제거 (후) 보상 제안과 다름이 없는 것이다. 북한이 이 같은 방안을 어떻게 수용할 수 있겠는가?

셋째, 이들 보고서에서 말하는 (선) 북한의 자발적인 위협 제거 (후) 보상 성격의 외교적 노력을 통한 북한위협 제거 노력은 실패할 수밖에 없는 성격이다. 실패의 책임을 북한에 전가하기 위한 성격이었다.

1994년 10월의 북미제네바합의가 체결되기 이전 미국은 1991년 이전에 북한이 생산한 플루토늄 문제를 해결하는 경우 북한과 관계를 강화하기 위한 대화를 보다 많이 할 것이라고 지속적으로 말했다. 북한은 이 같은 미국의 요구를 거부했다. 북한은 자국의 안전을 보장해줄 일대 거래를 통해 이 문제를 해결해야 할 것이라고 말했다. 아들 부시 당시인 2001년 6월 이후 미국은 북한에 유사하게 말했다. 북한의 핵, 미사일 및 재래식 위협을 완벽하고 검증가능하며 불가역적인 방식으로 제거하면 북미외교관계정상화를 포함한 일련의 방안을 놓고 논의할 것이라고 말했다. 이 같은 미국의 요구에 김계관은 미국과 정전상태에 있는 북한이 어떻게 이 같은 조치를 먼저 취할 수 있겠는가? 말했다.[33] 유사한 경우이지만 켈리가 북한을 방문한 2002년 10월 이후부터 오늘날

---

33) Mike. Chinoy, *Meltdown* (p. 188). St. Martin's Publishing Group. Kindle Edition.

까지 미국은 (선) 북한의 완벽하고 검증 가능하며 불가역적인 비핵화(CVID), (후) 보상을 지속적으로 주장했다.34) 그런데 CVID는 갈루치가 말했듯이 이론적으로 불가능한 성격이었다.35) 다시 말해, 북한이 결코 수용할 수 없는 성격이었다. 결국 (선) 북한의 자발적인 위협 제거 (후) 보상이란 개념에 입각한 미국의 외교적 노력은 북한이 결코 수용할 수 없는 성격이었다. 북한이 미국의 이 같은 제안을 수용하지 않는 모습을 보며 그 내막을 잘 모르는 사람들은 미국이 아니고 북한이 문제라고 생각하게 되는 것이다. 이 같은 사실을 아미티지 보고서는 다음과 같이 표현했다. "북한이 이 같은 외교적 노력에 협조하지 않는 경우 북한 위협을 겨냥한 동맹체계를 구축하여 유지할 수 있을 것이다. 가장 중요한 사실이지만, 이 같은 외교적 노력이 실패로 끝나는 경우 그 책임이 북한 때문이라고 모든 사람들이 인지하게 될 것이다."36)

페리 보고서는 이미 지적한 바처럼 미국의 대북 억지력을 약화시키지 않는 제한적인 범주 안에서의 (선) 북한의 자발적인 위협 제거 (후) 보상이란 개념이었다. 이 개념 또한 이미 언급한 바처럼 자체 모순으로 북한 위협을 제거할 수 없는 성격이었다. 외교적 노력의 실패 책임을 북한에 전가하기 위한 성격이었다.

넷째, 이들 외교적 노력은 북한의 핵 및 미사일 능력 구축을 은밀한 방식으로 종용하기 위한 성격이다.

이미 설명한 바처럼 아미티지 보고서와 페리 보고서에서 말하는 외교적 노력은 성공할 수 없는 성격이다. 외교적 노력이 실패하는 경우 미국이 직면할 수 있는 두 가지 대안이 있었다. 핵 및 미사일로 무장하고 있는 북한과 공존하면서 이 같은 북한체제를 억제하거나 북한의 핵 및 미사일 체계를 예방

---

34) Ibid., p. 169. Kindle Edition.
35) 권혁철 기자, "갈루치 "CVID 비핵화 불가능"…문정인 "북핵-인권 탈동조화해야"," 『한겨레신문』, 2021. 11. 17.
36) Richard L. Armitage, "A Comprehensive Approach to North Korea," p. 6.

공격하는 것이었다. 그런데 이들 보고서에서는 예방공격을 포함하여 북한체제를 약화시킬 수 있는 노력을 전쟁을 초래할 가능성이 있는 매우 위험한 성격으로 간주하고 있다.37)

여기서의 의문은 1998년 당시 북한의 핵 및 미사일 능력에 대한 예방공격이 진정 그처럼 위험한 성격이었는가? 란 것이다. 이것이 아니었다. 북미제네바합의를 체결한 1994년 이전 국제원자력기구는 1991년 이전에 생산한 플루토늄 실체 규명을 추구했다. 그러자 북한은 유엔의 대북제재와 같은 강압적인 방식으로 해결을 추구하는 경우 전쟁도 불사할 것이라고 지속적으로 주장했다. 그런데 이 같은 북한의 주장을 미국의 많은 안보전문가들은 허세로 생각하고 있었다.38) 한승주 외무장관 또한 이처럼 생각했다. 한승주는 한미연합군의 억지력을 이용하는 경우 북한과 전쟁을 하지 않으면서도 이들 플루토늄을 제거할 수 있을 것으로 생각했다.39) 여기서 보듯이 1998년 당시 북한 핵 및 미사일 능력을 무력을 통해 해결할 수 없을 것이란 아미티지 보고서와 패리 보고서의 관점은 미국과 한국이 이 같은 능력이 없다는 의미가 아니었다. 미국이 북한 핵 및 미사일 개발 노력을 무력을 통해 저지하지 않을 것이란 의미였다. 1993년 당시 미국의 각 군 참모총장들은 이 같은 사실을 북한 핵문제가 전쟁을 통해 해결해야 할 정도로 미국 입장에서 중요한 문제가 아니라고 표현했다.40)

이는 미국이 무력을 통해 북한의 핵 및 미사일 개발 노력을 저지하는 과정에서 북한이 붕괴될 가능성이 있었기 때문이었을 것이다. 북한이 붕괴되는 경우

---

37) William, Perry, "Review of United States Policy Toward North Korea," p. 7.; Richard L. Armitage, "A Comprehensive Approach to North Korea," p. 9.

38) Marion. Creekmore, *A Moment of Crisis: Jimmy Carter, the Power of a Peacemaker, and North Korea's Nuclear Ambitions* (p. 108). PublicAffairs. Kindle Edition.

39) Ibid., p. 114.

40) Leon V. Sigal. *Disarming Strangers: Nuclear Diplomacy with North Korea* (Kindle Location 901). Kindle Edition.

미군의 한반도 주둔을 보장할 수 없을 것이기 때문이었을 것이다. 또는 미국 입장에서 북한이 한국과 일본을 타격할 수 있는 핵 및 미사일 능력을 보유할 필요가 있었기 때문이었을 것이다. 북한이 이들 능력을 보유하지 않는 경우 항공기, 전차 및 함정과 같은 재래식 전력 측면에서 한국과 비교하여 열세란 점에서 미군의 한반도 주둔을 보장할 수 없을 것이기 때문이었을 것이다.

결론적으로 말하면, 외교적 노력을 전개하기 이전에서조차 미국은 무력을 통해 별다른 어려움 없이 북한의 핵 및 미사일 위협을 제거할 수 있는 입장이었다. 외교적 노력이 실패한 경우에도 무력을 통해 북한 핵위협을 제거할 수 있었을 것이다. 그런데 이들 보고서에서는 무력을 통한 북한 비핵화 노력을 상당히 위험스런 성격이라고 말하고 있었다. 다시 말해, 핵 및 미사일로 무장하고 있는 북한과 공존하는 가운데 이 같은 북한을 억제해야 할 것이라고 말하고 있었던 것이다. 그런데 이는 미국이 북한의 핵 및 미사일 능력 구비를 종용해야 할 것이란 의미와 다름이 없었다.

다섯째, 북한의 핵 및 미사일 능력에 대항하기 위해 구축한다는 억제체제는 중국 위협을 겨냥한 것이다.

이미 살펴본 바처럼 미국은 북한 핵 및 미사일 위협을 별다른 문제없이 제거할 수 있는 입장이었다. 일부로 이들 위협을 제거하지 않았을 뿐만 아니라 종용한 것이다. 그러면서 이들 위협에 대항하기 위한 미사일방어체계 구축과 한미일 3각 공조를 강조한 것이다. 이 같은 측면에서 보면 한국과 일본의 미사일방어체계 구축과 한미일 공조가 북한 위협에 대항하기 위한 성격이 아닐 가능성이 농후하다. 특정 위협을 별다른 문제없이 제거할 수 있을 것임에도 불구하고 제거하지 않으면서 이 같은 위협에 대항하기 위한 체계를 어느 누구도 구축하지 않을 것이기 때문이다.

더욱이 미 의회연구소(CRS)는 물론이고 MIT 공대의 포스톨 교수와 같은 사람은 북한이 한국을 겨냥하여 발사할 탄도미사일을 한국이 미사일방어체계로 요격할 수 없으며, 요격한 경우에도 의미가 없다고 말한 바 있다.41) 요격이 가능하다고 가정하는 경우에도 이 같은 체계 구축에 너무나 많은 자원이 소요될 가능성이 있었다.42)

그런데 1장에서 살펴본 바처럼 미국은 패권경쟁에서의 승리 차원에서 중국이 자국을 겨냥하여 발사할 탄도미사일 요격이 필수적이라고 생각한다. 이 같은 탄도미사일 요격 측면에서 한국에 배치되어 있는 사드미사일 체계가 대단히 중요한 의미가 있다. 한편 2010년 이후 일본과 미국의 안보전문가들의 관심은 북한이 아니고 중국이었다.43) 이들 측면에서 보면 북한의 핵 및 미사일 위협에 대항하여 구축한다는 한국, 일본 및 미국의 미사일방어체계는 중국 위협을 겨냥한 것으로 볼 수 있을 것이다.

북한 위협에 대비한 한미일 공조도 마찬가지로 생각할 수 있을 것이다. 북한 재래식 위협은 한국이 독자적으로 충분히 감당할 수 있는 수준이다.44) 핵무기를 포함한 대량살상무기는 미국의 핵 확장억지력에 의존하면 될 것이다. 미국의 핵 확장억지력을 신뢰할 수 없다면 자체 핵무장을 통해 해결할 수 있을 것이다.45) 이 같은 측면에서 보면 북한 위협에 대비한 한미일 공조 또한 타당성이 없어

---

41) Ian E. Rinehart, "Ballistic Missile Defense in the Asia-Pacific Region: Cooperation and Opposition," *CRS Report*, April 3, 2015, p. 20.; Yi Yong-in, Washington correspondent "Expert Says THAAD Needlessly Raises Tension, Hurts Security," July 11, 2016. 여기서 말하는 전문가(Expert)는 MIT 공대의 Theodore Postol 교수를 의미.

42) 그러나 현실적으로 보면 북한이 대륙간탄도미사일과 비교하여 단거리 미사일을 훨씬 많이 보유하고 있다는 사실을 고려해보면 이들 단거리 미사일을 이용한 공격을 완벽히 방어한다는 것이 불가능한 일은 아닐지 모르지만 훨씬 어려운 일일 것이다. 한국이 북한 핵미사일을 미사일방어체계를 이용하여 완벽히 방어하고자 하는 경우 한국의 방위 노력 가운데 너무 많은 부분이 소모될 것이다. Elbridge A. Colby(2021), *The Strategy of Denial* (p. 265). Yale University Press. Kindle Edition.

43) "한일 안보관계를 결정하는 가장 결정적인 요인은 중국일 것이다.…미국과 일본의 정책 수립가들 입장에서 한국 방어의 의미는 상당히 줄어들었다. 일본과 미국이 부상하는 중국 위협에 대응할 필요성 때문이다." Narushige Michishita, "Changing Security Relationship between Japan and South Korea: Frictions and Hopes," *Asia-Pacific Review*, Vol. 21, 2014 - Issue 2, pp. 19. 23.

44) Elbridge A. Colby(2021), *The Strategy of Denial* (p. 263). Kindle Edition.

45) Ibid., p. 266.

보인다. 이것 또한 중국을 겨냥한 것임이 분명할 것이다.

지금까지 논의에서 보았듯이 북미제네바합의는 미중경쟁 격화로 1998년 말경부터 해체되기 시작했다. 1999년 중반부터 미국은 핵무기와 미사일로 무장한 북한을 가정한 상태에서 북한 위협을 빌미로 중국의 패권 추구 노력에 대항하기 위한 체계를 구축해야 할 것으로 생각했다. 2000년 6월 15일의 김대중과 김정일의 6.15남북공동선언은 이 같은 미국의 구상을 어렵게 만들 수 있는 일대 사건이었다.

제3절 김대중과 김정일의 6.15 남북공동선언

6.15남북공동선언의 이론적인 배경은 한반도 냉전체제 해체 차원에서의 북한 비핵화를 겨냥한 햇볕정책이었다. 김대중 대통령은 햇볕정책의 원조가 클린턴 대통령의 대북 포용정책이라고 말했다. 클린턴의 대북 포용정책과 김대중의 햇볕정책은 남북화해와 교류를 강조하고 있다는 공통점이 있었다. 그러나 이들 정책이 추구한 목표는 전혀 달랐다. 클린턴의 대북 포용정책은 중국 위협에 대비하여 미군을 남한지역에 주둔시킬 수 있도록 북한체제 붕괴를 방지하기 위한 성격이었다. 남북통일을 저지하기 위한 성격이었다. 반면에 김대중의 대북 포용정책은 한반도 냉전체제 해체를 통해 남북을 통일시키기 위한 성격이었다.

재임 기간 내내 클린턴은 북한 붕괴 가능성을 우려했다. 예를 들면, 김영삼 정부 당시 클린턴은 한국 정부에 대북 지원을, 대북 포용정책을 강력히 요청했다.46) 이는 북한 붕괴를 방지하기 위함이었다. 이 같은 이유로 클린턴은 북한 붕괴를, 급진적인 남북통일을 추구하고 있어 보였던 김영삼 정부47)를 매우 싫어했다. 미국의 관리 가운데에는 "한반도에서 가장 골칫거리는 북한이 아니고 한국정부다"고 생각하는 사람도 없지 않았다.48) 결과적으로 1997년 대선 당시 클린턴의 미국은 남북화해와 한반도의 점진적인 통일을 추구한 김대중 후보의

---

46) Don Oberdorfer, Robert Carlin, *The Two Koreas* (New York: Basic Books, 2013), pp. 299-301.

47) 김영삼은 북한의 급작스런 붕괴에 따른 부담으로 인해 한편으로는 북한체제의 존립을 원했던 반면 통일한국을 이룬 대통령으로 기억되기를 염원하고 있었다는 점에서 또 다른 한편으로는 북한체제의 붕괴를 원하고 있었다. Don Oberdorfer and Robert Carlin, *The Two Koreas*, p. 292.; "김일성 시망에 조의를 표하는 행위를 빨본색원하겠다고 김영삼 정부는 발표했나.…한국경찰은 소문 표현이 국가보안법에 위배된다고 말했다.…김영삼 정부의 많은 사람들은 북한정권이 곧 붕괴될 것으로 믿고 있었다." Ibid., pp. 270-1.; "1994년 10월 중순 김영삼 대통령은 북한이 경제 및 정치적으로 곧 붕괴될 위험에 있으며, 이 시점에서의 북한과의 모든 타협은 북한의 생존을 연장시켜줄 뿐이라며 종결 단계에 있던 북미제네바합의에 강력히 반대했다.…이 같은 김영삼의 관점에 많은 한국인들이 동조했다. 북미 간의 거래로 붕괴 직전의 북한정권이 유지되면서 통일이 지연되고 있다고 생각했다." Ibid., pp. 276, 280.

48) Ibid., p. 306.

당선을 염원했다.49)

처음에 김대중과 클린턴은 상당히 우호적인 관계를 유지했다. 1998년 6월 9일의 김대중과의 회동에서 클린턴은 "김 대통령의 비중과 경륜을 놓고 볼 때 이제 한반도 문제는 김 대통령께서 주도해주기 바랍니다. 김 대통령이 핸들을 잡아 운전하고 나는 옆자리로 옮겨 보조적 역할을 하겠습니다."50)라고 말했다. 이는 김대중 대통령에 대한 클린턴 대통령의 신뢰를 보여주는 부분이었다.

이처럼 김대중 대통령이 한반도 문제를 주도할 수 있게 되면서 2000년 6월 15일 6.15남북공동선언이 출현하게 된 것이다. 6.15남북공동선언 발표 이후 한반도에서 전쟁 위험이 사라졌다고 생각한 많은 한국인들이 미군의 한반도 철수를 외쳤는데 이는 클린턴을 포함한 미국의 안보전문가들이 전혀 예상하지 못한 부분이었다. 이 순간을 기점으로 미국은 대북포용 정책을 매우 싫어했다.

1. 김대중의 햇볕정책

김대중의 햇볕정책은 한국의 대북정책 측면에서 획기적인 성격이었다. 김대중 정부 이전의 한국의 대북정책은 기본적으로 한미동맹에 입각한 북한체제 봉쇄였다. 재임 기간 내내 김대중은 남북화해와 경제협력을 통한 북한체제의 점진적인 변화를 유도하기 위해 대북 봉쇄정책을 지양했다. 점차 햇볕정책을 적용했다. 김대중의 햇볕정책이 추구한 목표는 제도적인 통일은 아닐지라도 남한과 북한 간에 인력, 물자, 용역이 비무장지대를 자유롭게 왕래하는 실질적인 통일을 달성하는 것이었다.51)

---

49) 클린턴의 미국은 전임자인 김영삼과 비교하여 김대중을 좋아했다. 주요 이유는 김대중이 북한과 보다 대화할 의향이 있어 보인다는 사실 때문이었다. Fei-Ling Wang, "Joining the Major Powers for the Status Quo: China's Views and Policy on Korean Reunification," *Pacific Affairs*, Vol. 72, No. 2 (Summer, 1999), pp. 174-5.

50) 김대중, 『김대중 자서전 2』(서울: 삼인, 2010), p. 84.

51) Chung-in Moon, *The Sunshine Policy: In Defense of Engagement as a Path to Peace in Kore* (Seoul: Yonsei University Press, 2010), p. 17.

1999년과 2002년 서해에서 남북한 충돌이 벌어졌으며, 2001년에 미국 대통령에 취임한 아들 부시가 햇볕정책과 북미제네바합의에 부정적인 시각을 보이면서 한미동맹 측면에서 일부 긴장이 조성되었다. 그럼에도 불구하고 김대중은 재임 기간 내내 햇볕정책을 고수했다. 김대중 후임 대통령 노무현 또한 햇볕정책을 표방했다.

햇볕정책에서 추구한 가장 중요한 부분 가운데 하나는 남북관계 개선의 장애물로 김대중 정부가 생각했던 한반도 냉전구조 해체였다. 2000년 3월 9일의 베를린 자유대학 연설에서 김대중은 한반도 냉전구조 해체와 관련하여 다음과 같이 말했다. "…오늘날 한반도는 냉전의 마지막 잔재로 남아 있습니다.… 김대중 정부는 한반도 대결구도를 종식시킨 후 항구적인 평화를 정착시키기 위한 노력을 결코 늦춘 적이 없습니다.…저는 모든 관련국들에게 한반도 냉전구조 해체와 관련하여 도움을 주실 것을 간곡히 호소합니다."52) 김대중은 한반도 냉전구조 해체에 도움이 되는 요인으로 남북화해, 미국과 일본의 북한 승인, 북한 대량살상무기 확산 방지 및 군비통제, 한반도 정전협정의 평화협정으로의 교체, 북한의 국제사회 참여 독려란 5가지를 언급했다.53)

김대중은 한미동맹의 중요성을 강조했다. 그러나 동맹은 공동의 적을 전제로 했다. 동맹이 강화되면 적과의 대립이 보다 첨예해질 수밖에 없었다. 북한위협을 전제로 한 한미동맹이 강화될수록 북한과의 대립이 첨예해질 수밖에 없었던 것이다. 이 같은 이유로 김대중은 동맹이 안보와 항구적인 평화를 안겨다주는 것은 아니라고 생각했다. 김대중은 동맹은 불안정한 형태의 평화를 일시적으로 관리하기 위한 제한적인 의미만 있다고 생각했다.54)

---

52) Dae-jung Kim, "Address by President Kim Dae-jung of the Republic of Korea, Lessons of German Reunification and the Korean Peninsula," *Le Monde Diplomatique*, March 9, 2000.

53) Chung-in Moon, *The Sunshine Policy*, p. 24.

54) Ibid., pp. 19-20.

김대중의 햇볕정책은 1994년 9월 30일의 미 헤리티지재단 연설에 기인한다. 당시 김대중은 "미국은 북한처럼 외부와 고립되어 있는 국가를 다루기 위한 유일하게 효과적인 방안으로 입증된 햇볕정책을 인내심을 갖고 고수해야 한다."55)라고 말했다.

김대중은 북한이 NPT 탈퇴 결심을 선언한 직후인 1993년 3월에도 햇볕정책과 유사한 개념을 언급했다. 당시 김대중은 북한이 핵무기 개발을 포기하고 한국 안보를 보장해주는 한편 미국이 경제적인 상호협조를 망라하는 형태의 북미외교관계정상화 조치 그리고 한미 팀스피릿 훈련 취하를 포함하는 형태의 북한의 안전보장 조치 방안을 제안한 것이다.56)

1994년 5월 11일 김대중은 북미외교관계정상화를 전제로 한 북한 비핵화 방안을 미 내셔널프레스클럽에서 다음과 같이 언급했다. 그런데 이는 한반도 냉전구조 해체란 햇볕정책의 주요 목표 달성 방안을 지칭한 것이었다. "핵무기를 개발할 당시 북한이 추구한 목표는 자국의 첫 번째 외교정책 목표인 북미외교관계정상화를 달성하는 것입니다." 김대중은 김일성이 서방 국가들과의 경제 및 외교적 상호협력을 통해 자국의 심각한 경제상황과 국제사회에서의 고립에서 벗어나기를 갈망하고 있다며 북한이 이들 목표를 달성하려면 핵무기 개발을 포기해야 할 것이라고 말했다.57)

김대중의 햇볕정책은 김대중이 대통령에 당선된 1997년 12월 이후 보다 분명해졌다. 김대중은 남북대화를 제안했으며, 개인적으로 김정일을 만날 의향이 있다고 말했다. 1998년 봄 김대중은 미국과 여타 국가들에게 대북 경제제재 해제를 촉구했다. 김대중은 포괄적인 남북한 경제교류를 고려하고 있었는데, 이것을 '햇볕정책'으로 표현했다. 이 같은 대북 경제제재 해제가 김대중 대통령이

---

55) Quoted in Ibid., p. 20.
56) Marion. Creekmore, *A Moment of Crisis*, p. 57.
57) Ibid., p. 56.

제시한 '햇볕정책'에서 단순한 일보에 지나지 않는다는 점이 곧바로 분명해 졌다.58) 1999년 9월, 김대중은 자신의 임기 내에 한반도에서 냉전을 종식시킬 것이라고 약속했다.59)

이 같은 한반도 냉전구조 해체와 남북통일을 염두에 둔 김대중의 햇볕정책은 남한을 중국에 대항하기 위한 미 동맹체계에서 핵심 지역으로 간주하고 있던 미국의 한반도정책과 정면 배치되었다. 결과적으로 김대중의 햇볕정책과 관련한 미국인들의 우려가 없지 않았다. 예를 들면, 미 외교협회(Council on Foreign Relations) 연구원 스콧 스나이더(Scott A. Snyder)는 김대중의 햇볕정책에 대한 미국인들의 우려를 다음과 같이 표현했다.

> 미국 입장에서의 또 다른 우려사항은 김대중이 한반도 냉전구조 해체를 추구하면서 이것을 애매모호한 방식으로 종종 표현하고 있다는 사실이었다. 김대중의 주요 목표는 국제사회와 북한의 관계 정상화와 남북화해를 지원하는 상징으로서의 북미외교관계정상화이었던 듯 보인다.…김대중은 남북통일 이후에서조차 한미동맹 지속을 지지한다는 입장을 분명히 밝혔다. 그럼에도 불구하고 김대중은 어떻게 어떠한 방식으로 한미동맹을 유지할 것인지에 관해 구체적으로 언급하지 않았다. 이 같은 애매성으로 인해 김대중의 의도와 관련하여 미국의 몇몇 분석가들이 의문을 제기했다.60)

2000년 6월 15일의 남북정상회담 다음해인 2001년 미 공군 요청으로 랜드연구소가 발간한 보고서에서는 김대중이 햇볕정책을 통해 추구하던 한반도 냉전구조 해체가 미국의 안보에 미치는 부정적인 의미를 다음과 같이 강조했다.

---

58) Gus Constantine, "Kim Creates Furor with Call to Lift N. Korea Sanctions," *Washington Times*, June 3, 1998.; Betsy Pisik, "Kim Proposes an Approach to North Korea," *Washington Times*, June 9, 1998.

59) "S. Korea Kim Vows to End Cold War with N. Korea," *Reuters*, September 18, 1999.

60) Scott A. Snyder, *South Korea at the Crossroads: Autonomy and Alliance in an Era of Rival Powers* (p. 96). Columbia University Press. Kindle Edition.

…김대중은 통일 이후에도 한국이 미국과 긴밀한 안보관계를 유지할 의향이 있다고 반복하여 주장하고 있다.…문제는 한미동맹의 성격이다.…한국 지도자들은 냉전구조를 대체하기 위한 아태지역 차원의 새로운 평화구조를 정의하고자 노력하고 있다는 사실을 강조하고 있다.…그러나 한반도 평화구조 정착 필요성을 언급할 당시 한국인들은 한반도 안보 이상의 보다 거시적인 성격, 다시 말해 지역 안보를 언급하고 있다.…중국과 한국은 한반도 냉전구조를 뛰어넘어야 할 것이란 자국의 열망을 강조한다. 다시 말해, 한미동맹이 그 기반으로 하고 있는 위협 중심 안보구조를 대체하고자 노력하고 있는 것이다.…미국인 가운데에는 이 같은 평화구조가 정착되는 경우 오늘날 한미 안보동맹의 기저를 이루고 있는 주요 가정들 가운데 일부를 한국이 묵시적 차원에서조차 수용하지 않을 것으로 생각하는 사람이 적지 않다.[61]

김대중의 햇볕정책에 관한 미국인들의 우려를 보다 가중시킨 사건이 있었다. 조성태(趙成台) 국방장관의 중국 국방대학 강의가 바로 그것이었다. 중국 국방대학을 방문한 1999년 8월 조성태는 주한미군의 미래가 주변국들 간의 협의에 의해 결정될 것이라고 말했다. 조성태의 이 발언에 미국이 이의를 제기하자 한국 관리들은 조성태의 발언이 한국정부의 공식 입장이 아니라고 말했다. 조성태는 중국을 포함한 주변들이 통일 이후에도 주한미군의 지속 주둔에 동의할 것으로 생각하여 이처럼 말했다며, 본인의 발언이 오해를 불러일으켜 유감이라고 말했다. 그러면서 조성태는 북한 위협이 상존하는 한 주한미군이 한반도 안보에 필수적일 것이라고 말했다. 그런데 이는 북한 위협이 사라지면 주한미군이 더 이상 필요 없을 것이란 의미였다. 미국은 이 같은 조성태의 발언을 통일 이후 한국인들의 안보 관념과 기대가 달라질 것임을 암시하는 성격으로 생각했다.[62]

---

61) Zalmay Khalilzad 외에 7인, "The United States and Asia: Toward a New U.S. Strategy and force Posture," *Project Air Force RAND*, 2001, pp. 121-2.
62) Ibid., pp. 122-3.

문제는 미국이 미군의 한반도 철수를 아태지역 질서를 요동치게 만들 수 있는 성격, 미국의 안보를 심각히 위협할 수 있는 성격으로 생각하고 있었다는 사실이다. 이 같은 이유로 미국이 상당한 수준의 북한 위협을 필요로 했다는 사실이다. 이 부분과 관련하여 랜드연구소의 상기 보고서는 다음과 같이 말했다.

…따라서 정치, 경제 및 군사적 측면에서의 북한에 관한 전망은 동아시아 지정학에서, 미국의 동아시아 국방기획에서 매우 중요한 부분이다. 북한 정권이 내부적으로 상당한 변화를 겪는 경우 그 결과는 전반적으로 동아시아 지역에, 미국의 동아시아 지역 전략에 심각한 영향을 미칠 것이다.…북한 위협 축소 내지는 소멸은 전략적으로 항구적인 결과를 초래할 것이다. 적대적 성격의 북한 위협이 상존하는 한…대북 우발사태에 대비한 군사기획의 중요성으로 한국이 미국과 무관한 국방태세를 함부로 추구할 수 없을 것이다. 따라서 북한이 자국의 미사일 개발을 포기하라는 주변국의 재촉을 뿌리칠 수 있다면, 이것이 냉전적인 한반도 안보정책 지속 유지 측면에서 도움이 될 것이다. 오늘날 동북아지역에서 미국이 추구하는 미사일방어체계의 완벽한 구현을 제약하는 많은 요인이 있는데 북한 탄도미사일 능력 증진이 이들 제약 요인 극복 측면에서 상당한 도움이 될 것이다.63)

이처럼 미국은 자국의 아태지역 안보 측면에서 북한의 생존과 위협이, 미군의 한반도 주둔이 상당히 중요한 의미가 있다고 생각했다. 미국인들은 한반도 냉전체제 해체를 통해 궁극적으로 남북통일을 추구하는 형태의 김대중의 햇볕정책을 이 같은 미국의 아태지역 안보구상을 어렵게 하는 성격으로 생각하고 있었다.

---

63) Ibid., pp. 115, 124.

2. 6.15남북공동선언과 한국인들의 반응

김대중 대통령과 김정일 국방위원장이 2000년 6월 15일 공동선언문을 발표했다. 당시 김대중과 김정일은 외세의 간섭을 배제한 상태에서의 자주적인 남북통일 추구, 북측의 낮은 단계 연방제안과 남측의 연합제안에 입각한 통일 추구, 이산가족 상봉, 비전향장기수 문제 해결, 남북경제 협력을 포함한 사회, 문화, 체육, 보건, 환경 등 제반 분야의 협력과 교류 활성화, 합의사항의 조속한 실천을 위한 남북대화 개최를 약속했다.[64]

남북정상회담 당시 김대중과 김정일은 상호 이견을 평화적으로 해결하고, 남북한 국민들의 화해 추구를 약속하는 등의 내용을 담은 역사적인 협정에 서명했다. 또한 이들은 상대방 국가의 수도에 연락관을 두는 문제뿐만 아니라 더 이상의 위기를 해소할 목적에서 서울과 평양간에 비상통신망을 설치하는 문제를 논의했다. 보다 구체적인 내용이 있었는데, 이는 이 협정으로 한국전쟁 이후 단절된 남북한 이산가족 상봉과 문화교류가 가능해졌다는 사실이다. 또한 이것으로 인해 남북한을 연결하는 도로와 철도의 복원을 위한 초기단계가 마련되었다.[65]

남북한은 비무장지대를 사이에 두고 치열히 진행되던 상호비방을 중지했으며, 자원과 투자가 북한으로 흘러 들어갔다. 많은 한국인들이 환희에 넘쳐있었다. 여론조사에 따르면 한국인 가운데 90% 이상이 북한을 긍정적으로 바라보았다. 대부분 한국인들이 한반도에서 전쟁이 벌어질 가능성이 거의 없다고 생각했다.[66] 한국인 가운데 90% 정도가 북한이 변할 것이며, 서구와의 관계를 개선하고, 남북관계를 확대할 것으로 생각했다. 대부분 한국인들이 북한을

---

[64] Governments of the Republic of Korea and the Democratic People's Republic of Korea, "South-North Joint Declaration," June 15, 2000.

[65] Howard W. French, "Koreas Reach Accord Seeking Reconciliation After 50 Years," *New York Times*, June 15, 2000.

[66] Robert Manning, "Toward What New Ends?," *Washington Times*, July 2, 2000.

동반자로 간주했다. 이들은 김정일의 한국 방문을 환영한다고 말했다.67)

'한국의 오늘(Korea Now)'이란 잡지는 "평화와 통일로 가는 길목"68)이란 제목과 함께 김대중 대통령과 김정일이 악수하는 사진을 표지로 장식했다. 신문과 잡지의 표제에는 "희망 충만," "미래 포용," "새로운 세기의 아침," "경이적인 움직임," "통합된 마음의 만남"과 같은 문구가 포함되어 있었다.69) 김대중은 "더 이상 한반도에서 전쟁은 없을 것입니다. 21세기에 한국이 세계 일등국가가 되도록 남북한은 공동 번영과 공존을 추구해야 합니다. 미국, 중국, 일본 및 러시아란 4강은 더 이상 제국주의 국가가 아니고 우리의 시장입니다."70)라고 말했다.

문제는 이처럼 남북관계가 개선되자 한국인들이 반미감정을 토로하기 시작했다는 사실이다. 2000년 6월의 남북정상회담 이후 김대중 대통령이 서울에 발을 디뎌놓기가 무섭게 수천 명의 학생들이 주한미군 철수를 외치며 거리로 뛰쳐나왔다. 이들 시위대는 6.25전쟁 발발 50주년을 기념하는 동년 6월 25일을 미군 철수를 요구하는 기회로 삼았다. 미군은 '시민 소요(騷擾) 비상라인'을 설정했다. 상가(商家)에서 미군 장교 1명이 살해되자 미군 당국은 반미 '공격분대(Strike Squads)'71)에 유의하라고 주한미군 장병들에게 경고했다. 남북정상회담에 따른 환희의 와중에서, 자신과 성관계를 거부한 술집 아가씨를 살해한 혐의로 어느 주한미군 병사가 미군 법정에서 8년형을 언도 받았다. 당시의 사건으로 범죄로 기소된 미군들에 대한 한국의 관할권과 관련된 한미

---

67) "An Opinion Poll on the Inter-Korean Summit," *Korea Update* 11, No. 4, (June 25, 2000), p. 4.

68) Korea Now, June 17, 2000, front cover.

69) Ibid., pp. 4-13.

70) "President Gives Details Behind Summit Declaration," *Yonhap News Agency*, June 15, 2000.

71) Rowan Scarborough. "American Citizens in S. Korea Warned," *Washington Times*, July 6, 2000.

주둔군지위협정(SOFA)의 한계란 문제를 놓고 한국인들의 분노가 폭발했다. 그러나 이들은 향후 전개될 사건을 보여주는 전조와 다름이 없었다.

3. 한반도 평화를 우려한 미국: 문제는 미군의 한반도 주둔 곤란

미국은 냉전 종식 이후에도 미군의 한반도 주둔을 염원했다. 남북통일 이후에도 또 다른 패권국의 부상 저지 차원에서 이처럼 염원하지 않을 수 없을 것이라고 생각했다. 이 같은 정서를 많은 미국인들이 솔직히 표현했다. 취임 직후 아버지 부시 대통령은 "한국이 필요로 하는 동안, 평화유지에 도움이 된다고 생각되는 동안" 주한미군을 유지할 것이라고 약속했다.72) 1991년 당시 동아시아 담당 국무성차관보 리처드 솔로몬(Richard Solomon)은 다음과 같이 천명했다. "…주한미군이 필요하다고 양국 정부가 동의하는 한 미국은 한국에 적정 규모의 미군을 유지할 생각입니다."73) 클린턴 대통령 또한 유사하게 말했다. 그는 한국이 원하는 동안 주한미군을 유지할 것이라고 약속했다. 1993년 클린턴은 "한반도가 변함없이 미국의 사활적(Vital) 이익이다."고 한국 의회에서 말했다.74) 그런데 한반도가 미국 입장에서 '사활적 이익'이란 발언은 미군을 한반도 전쟁에서 기꺼이 희생시키고자 할 정도로 한반도가 중요한 지역이란 의미였다. 미 국방성은 "북한 위협이 소멸된 이후에서조차, 동북아지역 안정을 위해 미국이 한국과 함께 강력한 형태의 방위동맹을 유지할 생각이다."75)라고 말했다. 헤리티지재단 부소장 레리 워첼(Larry Wortzel)은

---

72) Chae-Jin Lee, "U.S. Policy Toward South Korea," in *Korea Briefing, 1993: Festival of Korea* (Boulder, CO: Westview Press, 1993) edited by Donald Clark, p. 59.

73) Richard Solomon, "The Last Glacier: The Korean Peninsula and the Post War Era," *U.S. Department of State Dispatch*, February 11, 1991.

74) Harry Summers, "Pursuit of Peace in the Pacific," *Washington Times*, August 31, 1995.

75) Department of Defense, *United States Security Strategy for the East Asia-Pacific Region*(Washington, DC: Department of Defense, February 1995), p. 10.

"한국이 원하는 한 미군의 한반도 주둔이 바람직하다. 이 같은 사실을 향후 50년 동안 미국인과 한국인이 명심해야 한다."76)라고 말했다. 남북통일 이후에도 미국이 미군의 한반도 주둔을 원하고 있다는 윌리엄 코헨 국방장관의 발언이 많은 한국인들을 놀라게 한 바 있었다.77)

6.15 남북공동선언이 발표된 이후, 올브라이트 국무장관은 37,000명의 주한미군의 필요성을 강조했다. 클린턴 행정부는 주한미군 병력을 30,000명 수준으로 감축할 것이라는 아버지 부시 행정부의 계획을 중지시켰으며, 핵 문제에 관한 북한의 불성실을 빌미로 미군 전력을 증강시켰다. 1995년 미 국방성은 한미관계의 중요성과 관련하여 다음과 같이 말했다.

> 한미 안보관계는 지난 40년 동안과 마찬가지로 한반도와 동북아지역 안정 측면에서 변함없이 중심적인 부분입니다.…한미관계는 한미상호방위조약 이상의 것입니다. 한미관계는 민주주의를 지원 및 고양한다는 미국의 국가목표에서 매우 중요한 부분입니다. 북한 위협이 소멸된 이후에서조차, 미국은 동북아지역 안전을 위해 한국과 강력한 형태의 방위동맹을 유지할 생각입니다.78)

미국은 미군의 한반도 주둔 보장 측면에서 한국군의 능력 함양조차 우려해야 하는 입장이었다. 미국의 일부 분석가들은 한국의 자주국방 능력 함양 가능성 조차 우려했다. 예를 들면, 1989년 서울에서 진행된 한미연례안보협의회의에서는 한국이 한미연합구조 차원에서 보다 많은 책임을 감당할 가능성에 관해 청중이 질문했다. 미 국방성 대표는 "그럴 가능성은 있습니다." 그러나 "한국군이 보다 많은 책임을 감당하는 경우 미군의 한반도 주둔이 문제가 될 것입

---

76) Larry M. Wortzel, "Why the USA Is OK in the ROK," *Heritage Foundation Press Room Commentary*, January 30, 2003.

77) Howard French, "Shifting Loyalties: Seoul Looks to New Alliances," *New York Times*, January 26, 2003.

78) Department of Defense, *United States Security Strategy for the East Asia-Pacific Region*, p. 10.

니다"79)고 답변했다. 간략히 말해, 이는 한미동맹 안에서 한국이 보다 많은 임무와 역할을 수행하는 경우, 주한미군의 존재와 관련하여 의문이 제기될 수 있을 것이란 의미였다.

문제는 남북화해를 추구하는 성격의 김대중의 햇볕정책과 이것의 산물인 6.15남북공동선언이 미군의 한반도 주둔을 어렵게 만들 수 있을 것이란 사실이었다. 이 부분과 관련하여 1990년부터 1993년까지 한미연합사령관을 역임한 로버트 리스카시(Robert Riscassi) 대장은 한반도에서 평화조약이 체결되면 하룻밤 사이에 상당한 변화가 있을 것임을 인정했다. 그는 "분명히 말하지만 미군의 한반도 주둔과 관련하여 논쟁이 벌어질 것이다. 이는 필연적인 현상이다"80)고 첨언했다.

2000년 6월 15일의 남북정상회담으로 미 외교협회(CFR)가 한국의 '현기증'으로 지칭한 현상이 초래된 것이다. "한미동맹의 미래와 미군의 한반도 주둔과 관련한 남북정상회담에서의 애매모호한 형태의 대화"로 인한 우려 때문이었다.81) 6월 15일의 남북정상회담 이후 한국인들의 반미감정을 보며 클린턴 행정부 또한 미군의 한반도 주둔 가능성을 우려했다. 이 같은 우려를 암시하는 관점이 미국 도처에서 제기되었다. 이들은 미군의 한반도 주둔 필요성을 강조했다.

미 국가안전보장회의(NSC) 대변인 크라울리(P. J. Crowley)는 "주한미군 입지에 관한 어떠한 변화도 구상하고 있지 않다"82)고 말했다. 미 국방성 대변인 케네스 베이컨(Kenneth Bacon)은 "향후 장기간 동안" 미군이 한반도에 주둔할 것으로 한국이 기대하고 있다고 설명했다.83) 미 국무장관 매들린 올브라이

---

79) Doug Bandow, "Seoul Long," *American Spectator*, November 1990, p. 35.
80) Robert Burns, "Pentagon to Keep Troops in Korea," *Associated Press*, June 16, 2000.
81) Robert Manning, "Toward What New Ends?," *Washington Times*, July 2, 2000.
82) Robert Burns, "U.S Intends to Remain in S. Korea," *Associated Press*, June 15, 2000.
83) Ibid.

트는 주한미군이 한반도 '안정' 촉진 세력이라고 말했다.84) 그러자 미 상원 외교위원장 제시 헬름스(Jesse Helms)는 6.15 남북공동선언으로 주한미군 감축을 정당화시키는 형태의 한반도 긴장완화 가능성이 있다고 말했다. 올브라이트가 헬름스의 발언을 곧바로 부인했다. 올브라이트는 "6.15남북공동선언으로 남북화해에 관한 새롭고도 신선한 정신이 있을 수 있다. 그러나 한반도 안정 목적으로 37,000명의 미군의 지속적인 주둔이 아직도 필요하다."라고 단정적으로 말했다.85)

한국이 북한군에 대항하기 위한 군사력을 충분히 보유하고 있지 않은 듯 미 국방성 자문요원 리처드 웨이츠(Richard Weitz)조차 "북한군의 침공을 신속히 저지할 목적에서" 주한미군의 지속 주둔이 필요하다고 말했다.86) 헤리티지재단의 피터 부룩스(Peter Brookes)는 "향후 예상되는 북한의 호전성을 억제할 목적에서 주한미군이 요구된다."는 뜬금없는 주장을 했다.87) 미 국방성 자문요원 피터 허시(Peter Huessy)는 주한미군 철수 주장을 유화주의적인 대북정책이라며 조롱했다.88) 미 전략국제문제연구소(CSIS)의 보고서는 한미상호방위조약 유지, 미 지상군과 공군의 지속주둔, "보다 폭넓은 안보 안건(Agenda)"으로의 한미 군사관계 확대를 촉구했다.89) 클린턴 행정부 주요 인사인 윌리엄 페리, 애슈턴 카터, 합참의장 존 샬리캐쉬빌리와 같은 사람들은 "북한의 침략을 억제할 목적에서 미군과 한국군이 어깨를 맞대고 있다"고 말했다.90)

---

84) John Lancaster, "U.S. Presence Fixed on Korean Peninsula," *Washington Post*, June 24, 2000.

85) Ibid.

86) Richard Wejtz, "One Reader's Perspective: Confronting a Nuclear Hermit," *National Interest*, January 15, 2003.

87) Peter Brookes, "It Ain't Over," *Cybercast News Service*, August 1, 2003.

88) Peter Huessy, "A Final Word on Korea," *National Interest*, September 3, 2003.

89) "Strengthening the U.S.-ROK Alliance: A Blueprint for the 21st Century," *CSIS and Seoul Forum*, 2003.

일부 미국의 분석가들은 비무장지대에서 보다 많은 한미 군사협력이 요구된다고 말했다. 미 전략국제문제연구소(IISS) 태평양포럼 선임연구원 랄프 코사(Ralph Cossa)는 주한미군의 전력증강을 제안했다.91) 헤리티지재단 또한 동일한 관점을 피력했다.92) '위클리 스탠더드(Weekly Standard)'의 윌리엄 크리스톨(William Kristol)은 "한국의 국방력 강화"를 우려했다.93)

이처럼 미국의 주요 인사들이 중국 위협 대비 차원에서 미군의 한반도 주둔을 이구동성으로 외치고 있던 당시 6.15 남북공동선언 이후 고조된 반미감정으로 미군의 한반도 주둔이 곤란해지고 있었던 것이다. 이처럼 2000년 6월 15일의 6.15남북공동성명 이후 미국의 한반도전문가들이 한반도 긴장완화를 이구동성으로 우려했다. 그런데 클린턴은 2000년 말경까지도 협상을 통한 북한 비핵화를 추구하면서 한반도 긴장완화를 초래했다. 클린턴은 왜 이처럼 한 것일까?

4. 2000년 당시 클린턴이 방북하지 않은 이유!!!

클린턴 대통령 재임 기간 마지막 1년 동안, 한반도는 비교적 평온한 상태를 유지했다. 클린턴이 한편으로는 중국 위협 대비 차원에서 미사일 방어체계 구축을 지시하고 동맹체계 정비를 위해 암암리에 노력하는 반면 또 다른 한편에서 한반도 평화정착을 위해 노력하는 모습을 연출했기 때문이다.

2000년 4월 말, 클린턴 행정부는 테러지원국 명단에서 북한을 제외할 가능

---

90) William J. Perry et al., "A Scary Thought: Loose Nukes in North Korea," *Wall Street Journal*, February 6, 2003.

91) James A. Baker III "U.S. Needs to Put a Stop to N. Koreas Blackmail," *Los Angeles Times*, January 12, 2003.

92) Balbina Y. Swang et al., "North Korea and the End of the Agreed Framework," *The Heritage Foundation*, Backgrounder No. 1605, October 18, 2002, p. 3.

93) William Kristol and Gary Schmitt, "Lessons of a Nuclear North Korea," *Weekly Standard*, October 28, 2002.

성이 있음을 언론매체에 흘리기조차 하였다.94) 6월에는 대북 경제제재를 완화하는 클린턴 대통령의 시행명령이 효력을 발휘했다.95) 미국이 대북 경제제재를 완화하자, 북한은 미사일 시험발사를 무기한 중지할 것이라고 선언하였다. 또한 북한은 미국과의 경제 및 정치 관계 정상화 열망을 피력했다.96)

클린턴 대통령 재임 기간 마지막 몇 달 동안, 북미관계는 이전과 비교해 훨씬 원만했다. 2000년 10월 10일 북한군 차수 조명록이 김정일의 서신을 휴대한 상태에서 클린턴을 예방했다. 1990년대 초반 이후 북한이 추구한 주요 목표는 미국과의 적대관계 청산이었다. 미국이 더 이상 북한을 자국의 적국으로 간주하지 않게 만드는 것이었다. 조명록의 방미를 계기로 발표된 공동성명에서는 미국과 북한이 북미관계를 새로운 방향으로 전환시킬 준비가 되어 있다는 사실을 강조했다. 그 첫 단계로서 "북미 양측은 상대방 국가에 대해 적대 의도를 견지하지 않을 것이라고 천명했다.…과거의 증오에서 벗어나서 북한과 미국이 새로운 관계를 구축하기 위해 향후 모든 노력을 경주할 것이라고 약속했다.…"97)

이는 북미가 대화와 협상을 통해 핵 및 미사일 문제를 포함한 주요 문제를 해결해나갈 것이란 의미였다. 클린턴이 북한을 방문하여 김정일과의 정상회담을 통해 그 이전 50년 동안의 적대감정과 한반도 위기를 해결할 가능성이 매우 커보였다.

이 같은 해빙 무드를 보여준 가장 분명한 징조는 미 국무장관 올브라이트가 북한을 방문해 김정일을 만난 2000년 10월에 있었다. 김정일과 올브라이트

---

94) Neil King Jr, "U.S. May Take North Korea Off Terror List," *Wall Street Journal*, May 1, 2000.

95) Neil King Jr., "U.S. Relates Broad Sanctions on North Korea," *Wall Street Journal*, June 20, 2000.

96) Kyong-hwa Seok, "Pyongyang Vows to Discontinue Long-Range Missile Tests," *Washington Times*, June 22, 2000.

97) "조선민주주의인민공화국과 미합중국사이의 공동콤뮤니케," 『로동신문』, 2000. 10. 13.; U.S.-DPRK Communiqué, U.S. State Department, October 12, 2000.

간의 대화는 놀라울 정도로 성공적이었다. 남북관계뿐만 아니라 북미관계의 추가 개선과 관련해 추측이 난무하였다.98) 올브라이트의 회고록을 통해 우리는 당시의 방북이 부분적으로는 클린턴 대통령의 방북을 준비하기 위한 성격이었음을 알게 된다.99)

셀리그 해리슨에 따르면 당시 김정일은 올브라이트에게 다음과 같이 말했다. "미국이 과학 연구 및 통신 위성 발사 지원을 포함한 충분한 수준의 경제 및 여타 유인책을 제공해주는 경우 장거리 미사일 시험과 개발을 즉각 동결시키며 미사일과 미사일 관련 부품의 모든 수출을 중지할 준비가 되어 있다."100) 김정일은 이 같은 제안이 클린턴이 평양 방문을 결심하게 만들 수 있을 것으로 생각했음이 분명할 것이다.

임기 종료 시점까지 어느 정도 기간이 남아있었더라면, 레임덕 현상이 발생하는 임기 마지막 년도에 극적인 형태의 정책을 추구해서는 아니 된다는 의견이 없었더라면, 클린턴이 북한을 방문하여 북미외교관계를 정상화하는 등 북미 및 남북관계 측면에서 일대 진전이 있었을 것이란 관점도 없지 않다.

그러나 김대중-김정일 6.15 남북공동선언 이후 한국 내부에서 제기된 주한미군 철수 주장과 같은 극단적인 반미감정 표출, 아미티지 보고서와 페리 프로세스에서 추구한 주요 목표가 북한 비핵화가 아니고 대북 억지력 강화란 사실을 고려해볼 때, 클린턴의 방북이 가능했었을 것인지 의문이다. 클린턴이 방북하지 않았던 것은 북한의 핵 및 미사일 위협 제거가, 북미교류를 통한 한반도 긴장 완화가, 당시 미국이 추구한 목표가 아니었기 때문이었을 것이다.

미국의 대북정책 측면에서 보면 김대중의 햇볕정책과 6.15남북공동선언이

---

98) Steven Mufson, "Albright, N. Korea's Kim Meet for Historic Talks," *Washington Post*, October 24, 2000.

99) Madeleine K. Albright with Bill Woodward, *Madame Secretary: A Memoir* (New York: Random House, 2003), p. 459.

100) Selig Harrison, *Korean Endgame: A Strategy for Reunification and U.S. Disengagement* (New Jersey: Princeton University Press, 2009), p. 228

아미티지 보고서와 페리 보고서 이상으로 지대한 영향을 미쳤다. 김대중의 햇볕정책과 6.15남북공동선언으로 한반도에서 긴장이 완화되자 주한미군의 입지가 상당히 약화되었는데, 미국은 이 같은 사실을 상당히 우려했다. 클린턴의 방북으로 북한 핵 및 미사일 문제가 해결되는 경우 한반도 긴장이 보다 더 완화될 것이며, 결과적으로 미군의 한반도 주둔이 보다 곤란해질 것이었다. 김대중의 햇볕정책과 6.15남북공동선언이 한반도 안보환경에 미친 영향을 통해 클린턴이 방북하지 않은 이유를 보다 분명히 알 수 있을 것이다.

한편 1999년 7월 미 외교협회는 북한 대포동미사일 발사에도 불구하고 북한 핵문제 해결 차원에서 외교적 노력을 중지하면 안 될 것이지만 미국이 한국 및 일본과 함께 북한 위협을 억지하기 위한 체계를 구축해야 한다고 말했다.[101] 1999년 1월을 기점으로 클린턴은 북한 미사일 위협 운운하며 국가미사일방어체계 구축 노력을 시작했다. 그러나 잔여기간 동안 클린턴 본인은 주로 외교적 방법을 통해 북한 비핵화 노력을 전개한 듯 보인다. 그 과정에서 한반도 긴장완화를 초래한 듯 보인다.

여기서의 의문은 6.15남북공동선언 이후 확인되었듯이 클린턴은 한반도 긴장완화를 초래할 수 있는 입장이 아니었음에도 불구하고 2000년 1년 동안 이처럼 한 이유란 부분일 것이다. 이는 1993년 1월 이후 북한 핵무기 개발 억지를 추구하는 모습을 보인 클린턴 행정부가 핵무기와 미사일로 무장한 북한을 전제로 하는 억지력 구축에 전념하고자 노력함이 부자연스러운 현상이기 때문이었을 것이다. 이 같은 대북 억지력의 본격적인 구축은 차기 정부 몫이었던 것이다. 이처럼 하게 하면 북한 핵무기와 미사일을 종용하는 성격의 차기 정부의 대북 핵정책이 중국의 패권 의지 확인에 따른 미국의 한반도정책 변화 때문이 아니고 정권이 바뀌었기 때문이라고 한국인들이 생각하게 만들 수 있을 것이었다.

---

101) James T. Laney 외 2명, "U.S. Policy Toward North Korea: Next Steps," *Council on Foreign Relations*, July 1999, pp.

제4절 결론

 루주벨트가 한반도 신탁통치를 구상한 1943년부터 오늘날까지 미국은 한반도 정치 발전을 아태지역에서의 미국의 안보와 연계시켜 생각했다. 1995-1996년의 양안사태를 포함한 몇몇 사건 이후의 미국의 대북 핵정책 변화는 대표적인 경우다.
 1994년 10월 미국은 북한 핵무기 개발 능력을 최대한 10년 동안 봉합시킨 성격의 북미제네바합의를 체결했다. 양안사태를 포함한 몇몇 사건을 보며 중국의 패권 추구 의도를 확신한 미국은 1998년 말경부터 북미제네바합의 파기를 통해 북한 핵무장을 종용하고, 북한 핵위협을 빌미로 중국을 견제하기 위한 억지력을 구축해야 할 것이라고 생각했다. 1999년 3월의 아미티지 보고서와 1999년 10월의 페리 보고서는 이 같은 성격의 것이었다. 이들 보고서에서는 북한의 금창리 의혹과 1998년 8월 31일의 대포동미사일 발사 운운하며 대북 핵정책의 획기적인 변화 필요성을 강조했다. 그런데 이미 살펴본 바처럼 금창리 의혹은 근거가 없었으며, 북한의 대포동미사일 발사는 미국이 북미제네바합의를 준수하지 않음에 따른 불만의 표시였다.
 당시 미국이 북미제네바합의를 파기하는 등 대북 핵정책의 획기적인 변화를 추구하게 만든 요인은 이들이 아니고 양안사태 당시의 중국의 격렬한 반응과 양안사태 이후의 중국의 대북 지원과 같은 사건이었다. 이들 사건을 보며 중국의 패권 추구 의도를 확신한 미국은 북미제네바합의 파기를 통해 북한 핵무장을 종용하고, 북한 핵위협을 빌미로 중국 위협에 대항하기 위한 억지력을 구축하기로 결심했다. 그럼에도 불구하고 미국은 이 같은 결심이 중국의 패권 추구 의도 때문이라고 말할 수 없었다. 아직도 미국의 많은 안보 전문가들이 중국을 미국 중심의 질서로 통합시켜야 할 것이라고 주장하고 있었기 때문이다. 미국의 대북 핵정책 변화가 중국의 패권 추구 의도 때문이라고 말하는 경우 곧바로 미국과 중국이 적대적인 관계가 될 수 있었기 때문이었다. 한국인들이 반미감정을 노정시킬 수 있었기 때문이다. 미국이 북미제네바합의 측면에서의 획기적인 변화 필요성을 언급하면서 금창리와 대포동미사일 발사를 그 이유로 거론한 것은 이 같은 이유 때문이었다.

아미티지 보고서와 페리보고서에서 강조한 새로운 대북 핵정책은 외교적 노력을 통한 북한 비핵화와 이 같은 비핵화가 실패했다고 가정하는 경우에서의 북한 핵무장에 대항한 억지력 구축이란 2개 부분으로 구성되어 있었다. 이들 보고서에서는 이 같은 외교적 노력이 실패할 가능성에 대비하여 핵 및 미사일로 무장하고 있는 북한을 가정한 상태에서 이 같은 북한을 억제하기 위한 동맹체계 정비와 미사일방어체계 구축을 강조하고 있었다. 그런데 여기서 말하는 외교적 노력은 100% 실패할 수밖에 없었으며, 여기서 말하는 북한은 중국을 의미했다.

이들 보고서에서는 북한이 먼저 외교적 노력을 통해 핵무기, 미사일, 재래식 전력을 대거 해체하게 만들어야 할 것이라고 주장하고 있었다. 이처럼 해체한 후 북한 안보불안 해소 등의 문제를 놓고 논의해야 할 것이라고 주장하고 있었다. 1장에서 확인했듯이 북한이 먼저 자국의 군사력을 상당히 많이 해체한 후 북한의 관심사를 놓고 논의할 것이란 이들 보고서에서의 제안은 북한이 결코 수용할 수 없는 성격이었다. 이는 은밀한 방식으로 북한 핵무장을 종용하기 위한 성격이었다. 북한 비핵화가 실패하는 경우 그 책임을 북한에 전가하기 위한 성격이었다. 여기서는 대북 외교 과정에 중국을 반드시 포함시켜야 할 것이라고 주장했는데 이는 북한 비핵화가 실패한 책임을 중국에 전가하기 위함이었다.

한편 1995년부터 시작된 북한의 '고난의 행군'은 북미제네바합의를 통해 미국이 추구한 목표, 다시 말해 중국의 패권 추구 의도를 확인하는 순간까지 북한 핵문제 관련 결심을 뒤로 미룰 것이란 목표를 좌절시킬 수 있는 성격이었다. 이 기간 동안 북한이 붕괴되면 안 되었는데, '고난의 행군'이 북한 붕괴 가능성을 암시해주고 있었던 것이다. 이 같은 이유로 1997년 한국 대선 당시 미국은 보수 성향의 이회창 후보가 아니고 대북포용 성격의 햇볕정책과 점진적인 남북통일을 추구한 김대중 후보를 지지했다. 북한 붕괴 저지 차원에서였다. 문제는 대북포용 성격의 햇볕정책에 입각한 김대중-김정일의 6.15남북공동선언 이후 한반도에 평화가 도래했다고 생각한 한국인들이 주한미군 철수를 외쳐대었다는 사실이었다. 중국 위협 대비 차원에서 동맹체계를 정비하고자 했던 미국 입장에서 보면 이는 결코 수용할 수 없는 현상이었다.

상황이 그러함에도 클린턴은 재임 기간 말기인 2000년 12월까지도 대화와 협상을 통한 북한 비핵화를 추구하는 듯 보였다. 이 같은 모습을 보며 많은 사람들이 클린턴의 재임 기간이 조금만 더 길었더라면 북한이 염원하던 북미외교관계정상화를 통해 북한 비핵화를 달성할 수 있었을 것이라고 생각했다. 그러나 이는 사실이 아니었다. 적어도 1999년 이후 클린턴은 대북 압박정책을 통해 북한을 핵무장시킨 후 북한 핵위협을 빌미로 중국을 겨냥한 동맹체계와 미사일방어체계를 구축해야 할 필요성을 잘 알고 있었음이 분명하다. 그럼에도 불구하고 클린턴이 임기 말기까지 대화와 협상을 통한 북한 비핵화를 추구했던 것은 1993년 이후 거의 7년 동안 북한 핵무기 개발 억지를 위해 노력하는 듯 행동하다가 갑자기 입장을 바꾸어 북한 핵무장을 종용한다는 것이 부자연스럽게 보일 수 있었기 때문이었을 것이다. 후자는 차기 미국 대통령의 몫이었던 것이다.

2000년 미국 대선에서 누가 대통령에 당선될 것인지와 무관하게 그는 클린턴 행정부의 대북 핵정책을 전면 부인하면서 북한 핵무장을 은밀한 방식으로 종용하고, 북한 핵위협을 빙자하여 중국의 패권 추구 노력을 저지하기 위한 억지력을 구축하지 않을 수 없는 입장이었던 것이다.

제4장

아들 부시의 북한 핵무장 종용 노력

제4장
아들 부시의 북한 핵무장 종용 노력

이미 살펴본 바처럼 미국이 중국 위협에 대항하기 위한 아태지역의 동맹체계 정비와 미사일방어체계 구축을 본격적으로 추구하기로 결심한 시점은 1998년 말경이었다.

대통령에 취임한 2001년 초순 아들 부시는 중국의 패권 추구에 대항하기 위한 노력을 시작해야 할 것으로 판단했다. 그럼에도 불구하고 2001년 9월의 9.11 테러로 부시의 관심이 중국 위협 대비가 아니고 중동 및 유럽 지역에서 자유주의를 확산시키는 일에 집중되어 있는 듯 보였다. 2001년에 중국을 세계무역기구(WTO)에 가입시키는 등 미국이 자유주의 확산을 추구하고 있는 듯 보였다.[1] 그러나 중국 대륙과 인접해 있는 한반도는 상황이 전혀 달랐다. 부시의 미국이 중국 위협 대비 차원에서 북한 핵무장 종용에 박차를 가하기 시작한 것이다.

예를 들면, 2001년 4월 '오늘날의 군비통제(Arms Control Today)'란 잡지의 편집장인 스퍼전 키니(Spurgeon Keeney)는 지구상 도처에서 중국과 같은 국가가 미 본토를 겨냥하여 발사할 탄도미사일 위협에 대항하기 위한 국가미사일방어체계 구축을 정당화하기 위해 부시 행정부가 북한의 탄도미사일

---

[1] Stephen M. Walt(2018), *The Hell of Good Intentions* (pp. 12-3). Farrar, Straus and Giroux. Kindle Edition.

개발 지속을 원하고 있는 인상이라고 말했다.2) 미사일방어체계 구축을 옹호하던 사람들 가운데 비교적 솔직하지 않은 사람들은 북한과 같은 불량국가들의 미사일 위협에 대비한 방어체계를 구축해야 할 것이라고 천명하는 한편 이 체계를 중국의 핵미사일 능력을 무력화시키기 위한 체계 구축을 위한 첫 단계로 생각했다.3) 핵무기가 없는 탄도미사일이 결코 위협적이지 않다는 점에서 이는 부시 행정부가 북한 핵무기 개발을 원하고 있어 보인다는 의미와 다름이 없었다. 여기서 보듯이 아들 부시 취임 이후 북한 핵 위기가 본격화되었던 주요 이유는 부시 행정부가 중국의 부상 대비에 초점을 맞춘 결과였다.4)

대통령에 취임한 직후부터 아들 부시는 '클린턴의 정책 배격(Anything but Clinton)'을 외쳤다. 그런데 이는 북한 핵무장을 종용하고, 북한 핵무장을 빌미로 중국 위협에 대비하기 위한 체계를 구축하고자 하는 경우 북한의 핵무기 개발 노력을 일정 기간 동안 단순 봉합시킨 성격인 북미제네바합의 등 클린턴의 대북정책 산물들을 전면 파기할 필요가 있었기 때문이었을 것이다.

북한 핵무장을 종용하고 이것을 빌미로 중국 위협에 대항하기 위한 체계를 구축하려면 먼저 북한이 북미제네바합의를 파기하고 NPT에서 탈퇴하게 만들 필요가 있었다. 페리 보고서에서 언급하고 있듯이 북미제네바합의가 파기되는 경우 북한이 핵무장을 적극 추진할 것이었다. 이 같은 북한의 핵무기 개발 노력을 수수방관할 필요가 있었다. 핵실험에 성공한 북한이 핵무장에 보다 더 매진하게 만들 필요가 있었다. 북한 핵무장 책임을 중국과 북한에 전가할 필요가 있었다. 북한 핵무장을 빌미로 중국을 겨냥한 동맹체계 정비와 미사일방어체계를 구축할 필요가 있었다. 이외에도 북한 핵무장의 부정적인 효과를

---

2) Spurgeon Keeney, "Preserving the North Korean Threat," *Arms Control Today*, Vol. 31, No. 2, April 2001, p. 2.

3) John Newhouse, "The Missile Defense Debate," *Foreign Affairs*, Vol. 80, No. 4(July/August 2001), p. 97.

4) Gilbert Rozman, "Security Challenges to the United States in Northeast Asia: Looking beyond the Transformation of the Six-Party Talks," in *East Asian Security: Two Views*(U.S. Army War College, 2007), p. 39.

제거할 필요가 있었다. 아들 부시가 재임 기간 동안 한 것은 정확히 이들이었다. 이들 목표와 목표 달성을 위한 방책은 다음과 같았다.

첫째, 북한 핵위협을 강조하며 이것에 대항하기 위한 미사일방어체계 구축을 시작한다. 아들 부시가 가장 먼저 추구한 대북정책은 바로 이것이었다.

둘째, 1994년의 북미제네바합의를 파기시킨다. 이것을 파기시키고자 하는 경우 먼저 남북관계와 북미관계를 경색시킬 필요가 있었다. 남북관계를 경색시키고자 하는 경우 한국정부가 더 이상 햇볕정책을 표방하지 못하게 만들 필요가 있었다. 북미관계 경색을 위해 북한을 '악의 축'에 포함시키는 등 다양한 방식으로 비난할 필요가 있었다. 북한이 수용할 수 없는 성격의 북미대화 조건을, 예를 들면 핵무기, 화학 및 생물 무기, 미사일 및 재래식 전력을 먼저 상당히 많이 감축해야 할 것이란 조건을 제시할 필요가 있었다. 북미제네바합의 불이행 등의 트집을 잡아 이것을 파기할 필요가 있었다.

셋째, 북한을 NPT에서 탈퇴하게 만든다. 북미제네바합의 가운데 미국이 유일하게 준수하고 있던 부분인 중유 제공 중지가 나름의 방안일 수 있었다.

넷째, 북한 핵무기 개발 노력을 수수방관한다. 1991년 이전에 북한이 이미 1개 내지 2개의 핵무기를 개발했기 때문에 더 이상의 핵무기 개발이 전혀 문제될 것이 없다고 주장하는 등 북한 핵무장을 기정사실화하는 조치가 나름의 방안일 수 있을 것이다.

다섯째, 북한이 지속적으로 핵무장하게 함과 동시에 그 책임을 여타 국가, 특히 북한과 중국에 전가한다. 6자회담에 입각한 CVID 주장이 이 같은 성격일 수 있었다.

여섯째, 비핵화 관련 북한의 노력, 국제사회의 노력을 무력화시킨다. 예를 들면, '좋은 경찰', '나쁜 경찰' 개념 적용을 통해 이처럼 무산시킬 수 있을 것이다. 2005년 9월 19일의 9.19합의를 방코델타아시아 사건 폭로를 통해 무력화시킨 것은 이 같은 개념의 적용 사례였다.

일곱째, 중국 위협에 대항하기 위한 동맹체계 및 억지력 구축과 더불어 북한 핵의 부정적인 영향을 줄이기 위한 노력을 시작한다. 한국과 일본의 핵무장 저지 차원에서 핵우산 지속 제공을 강조할 수 있을 것이다. 핵물질과 관련 기술의 전파, 대륙간탄도미사일 개발을 넘을 수 없는 레드라인으로 설정할 수 있을 것이다.

부시 행정부의 대북 핵정책은 이 같은 성격이었다. 예를 들면, 2000년 미국의 대선 당시 부시 후보의 외교안보정책에 관해 포린어페어즈에 기고한 글에서 콘돌리자 라이스는 북미제네바합의 파기와 미사일방어체계 구축 필요성을 다음과 같이 말했다.

>…이 같은 측면에서 보면 북한 비핵화를 위해 북한에 뇌물을 준 성격인 1994년의 북미제네바합의를 유지할 수 없을 것입니다.…분명한 사실이 있습니다. 이는 북한과 같은 정권을 단호하고도 결정적인 방식으로 다뤄야 할 것이란 사실입니다.…미 국방의 최일선은 분명하고도 고전적인 억지력 표명이 되어야 합니다. 이처럼 표명하면 이들 국가가 대량살상무기를 획득한 이후에도 이들 무기를 사용하면 지구상에서 사라질 것이란 이유로 이들 무기를 사용할 수 없게 될 것입니다. 둘째, 우리는 이들 무기에 대항하기 위한 노력을 신속히 전개해야 합니다.…미국이 가능한 한 조속히 국가 및 전구 차원의 미사일방어체계를 구축해야 하는 가장 중요한 이유는 바로 이것입니다."5)

대통령에 당선된 부시는 북미제네바합의 파기, 다자회담에 입각한 (선) 비핵화 (후) 보상, 북한의 불법 위조지폐 활동을 지원하는 외국은행 제재를 추구했다.6) 그런데 1장에서 살펴보았듯이 이들은 은밀한 방식으로 북한 핵무장을 종용하는 한편 중국 또는 북한과 같은 국가에 그 책임을 전가하기 위한 성격이었다. 이외에도 부시는 핵무장한 북한을 가정한 상태에서 북한 위협을 빌미로 중국을 억제하기 위한 미사일방어체계 구축을 추구했다.

---

5) Condoleezza Rice, "Campaign 2000: Promoting the National Interest," *Foreign Affairs*, Vol. 79, No. 1(January/February 2000), pp. 60-1.

6) 부시 행정부는 다음과 같은 전략을 채택했다. (1) 북미제네바합의 파기 (2) 북한이 핵무기 프로그램을 해체하기 위한 조치들을 취하기 이전까지 미국의 호혜적인 수단 유보((선) CVID (후) 보상 개념 적용) (3) 북한을 외교 및 경제적으로 압박하기 위한 6자회담을 통한 국제사회의 동맹 결성 (4) 북한의 불법 위조지폐 활동을 용이하게 하는 외국은행 제재. Larry A. Nikch, "North Korea's Nuclear Weapons Program," *CRS Report for Congress*, August 1, 2006, p. 2

제1절 클린턴 행정부 것이 아니면 아무 것이나 좋아요

아들 부시는 대북정책 측면에서 클린턴 행정부와 차별을 두고자 노력하고 있는 듯 보였다. 그러나 부시의 대북정책은 클린턴의 대북 핵정책과 연계성이 있었다. 클린턴의 대북정책과 마찬가지로 부시의 대북정책은 미국의 국익을 최우선적으로 고려한 성격이었다. 동맹국과 우방국의 이익은 부차적인 성격이었다.7) 부시의 외교정책팀은 자유세계 지도자로서의 미국의 입지 보존 및 수호가 자신들의 가장 중요한 책임이란 사실에 동의했다. 이 같은 목표를 달성하기 위한 방안을 놓고 부시 행정부 내부에서 토론이 지속되었다.8)

북한 핵무장을 종용하고자 하는 경우 부시는 북한 핵무기 개발 노력을 일정 기간 동안 봉합해놓은 성격인 북미제네바합의를 초래한 클린턴의 대북 핵정책을 파기할 필요가 있었다.

이처럼 클린턴 행정부의 대북 핵정책 파기를 추구할 당시 부시의 미국은 클린턴 행정부의 대북 핵정책 지속을 옹호하는 듯 보이는 세력과 이것의 파기를 주장하는 세력으로 양분하여 문제를 접근했다. 지속을 옹호하는 것처럼 행동했던 콜린 파월 중심의 미 국무성 인사들을 '좋은 경찰'이라면 파기를 주장했던 체니 부통령, 라이스 보좌관과 같은 사람들을 '나쁜 경찰'로 생각할 수 있을 것이다. 그러나 이들 모두 기본적으로 클린턴 행정부의 대북 핵정책 파기를 원했음이 분명할 것이다. 3장에서 확인한 바처럼 김대중의 햇볕정책으로 미군의 한반도 주둔 명분이 약화되었다며 미국의 거의 모든 주요 인사들이 햇볕정책을 우려했다는 사실을 주목할 필요가 있을 것이다. 미국은 햇볕정책과 유사한

---

7) Bob Woodward, "Ten Days in September-Inside the War Cabinet," *Washington Post*, January 31, 2002; Steven Mufson, "The Way Bush Sees the World," *Washington Post*, February 17, 2002.

8) Quoted in C. Kenneth Quinones, "Dualism in The Bush Administration's North Korea Policy," *Asian Perspective*, Vol. 27, No. 1, 2003, p. 203.

포용정책에 입각했던 클린턴의 대북정책을 더 이상 수용할 수 없는 입장이었던 것이다.

예를 들면, 북한 핵문제가 진지하게 논의된 1989년 10월부터 1993년 9월 30일까지 미 합참의장으로 재직했다는 점에서 파월 국무장관은 북한 핵무기 개발 관련 마스터플랜인 NSR 28이란 문서를 포함한 북한 핵에 관한 미국의 입장을 잘 알고 있었을 것이다. 클린턴의 미국이 중국의 부상에 대비하여 북한 핵무기 개발 능력을 최대한 10년 동안 단순 동결시키는 성격의 북미합의를 추구해야 하는 입장이었다는 사실을 매우 잘 알고 있었을 것이다. 클린턴 행정부 말기 중국의 패권 추구 의도가 분명해졌다는 점에서 북한 핵무장을 종용해야 하며, 이처럼 종용하고자 하는 경우 이 합의를 파기해야 함을 잘 알고 있었을 것이다. 이것을 파기하고자 하는 경우 남북관계와 북미관계를 경색시킬 필요가 있음을 또한 잘 알고 있었을 것이다. 그런데 파월은 국무장관으로 재직하던 2001년 1월부터 2005년 1월까지 남북 및 북미관계 지속을 옹호하는 것처럼 행동했다.

당시 부시가 클린턴 행정부의 대북 핵정책 파기를 추구하며 '좋은 경찰'과 '나쁜 경찰'이란 개념을 동원한 주요 이유는 이 같은 파기가 중국의 패권 추구 의도 확인에 따른 미국의 대북정책 변화 때문이 아니고 미국의 국내정치 때문이라고, 다시 말해 민주당에서 공화당으로 정권이 바뀌었기 때문이라고 사람들이 인식하게 하기 위함이었을 것이다. 이것의 파기가 중국의 패권 추구 의도 확인에 따른 북한 핵무장 종용 필요성 때문이었음을 사람들이 알았더라면 한국에서 극심한 반미감정이 표출되었을 것이다. 중국이 미국을 본격적으로 경계했을 것이다. 이처럼 파기를 추구하며 부시가 "클린턴 행정부 것이 아니면 아무 것이나 좋아요"란 표어를 강조했으며, 클린턴 행정부에서 근무한 바 있던 파월과 같은 사람을 '좋은 경찰'로 나머지 인사들을 '나쁜 경찰'로 부각시켰던 것은 이 같은 이유 때문이었을 것이다.

1. 아들 부시의 미사일방어체계 구축 추구

1장에서 살펴본 바처럼 중국 위협에 대항하고자 하는 경우 미 본토를 방어하기 위한 미사일방어체계 구축은 필수적이었다. 이 같은 미사일방어체계 구축을 시작하고자 하는 경우 부시는 먼저 북한 핵미사일 위협 대비 차원에서의 미사일방어체계 구축의 중요성을 강조하는 한편 이 같은 체계 구축을 어렵게 하는 성격인 탄도탄요격미사일조약(ABM Treaty)을 파기해야만 하였다.

북한 위협 대비 미사일방어체계 구축의 중요성을 강조한 아들 부시

아들 부시는 2000년 대선 당시부터 미사일방어체계 구축의 중요성을 강조했다. 예를 들면, 아들 부시 당시 국가안보좌관과 국무장관을 역임한 콘돌리자 라이스는 북한 위협 대비 차원에서의 미사일방어체계 구축의 중요성을 강조했다. 그런데 여기서 말하는 북한은 중국을 의미했다. 이미 살펴본 바처럼 2000년 1월 라이스는 포린어페어스지에 기고한 글에서 미사일방어체계의 중요성을 강조했다. 2001년 3월의 김대중과의 정상회담 당시 부시는 미국의 국가미사일방어체계 구축정책의 공개적인 지지를 요구했다.9)

김대중-부시 정상회담 직후인 2001년 3월 한미연합사령관 토머스 슈와르츠(Thomas A. Schwartz)는 2000년 6월 15일의 남북정상회담 이후의 일련의 '화해의 물결'에도 불구하고 북한이 한반도 전체를 위협하기 위해 스커드미사일의 성능을 지속적으로 개량하고 있다고 주장했다. 일본과 주일미군기지를 타격할 수 있을 정도의 중거리 미사일인 노동미사일을 생산하여 전개했으며, 미 본토조차 타격할 수 있는 다단계 미사일을 개발하고 있다고 주장했다. 또한 북한이 지속적으로 미사일 확산을 추구하면서 450기의 미사일을

---

9) Lee, Chae-Jin. *A Troubled Peace: U.S Policy and the Two Koreas* (p. 304). Johns Hopkins University Press. Kindle Edition.

이란, 이라크, 파키스탄을 포함한 여타 국가들에 수출했다고 말했다.10) 이 같은 슈와르츠 장군의 미 상원 보고는 부시 행정부의 미사일방어체계 구축을 지원해주는 성격이었다.

2001년 5월 1일 부시는 냉전 당시의 핵무기 중심의 '공포의 균형'에 입각한 억제란 개념은 더 이상 적용 가능하지 않다고 주장했다. 부시는 "테러와 협박이 일상이 된" 일부 무책임한 국가들의 수중에 있는 소규모 미사일에 대항하여 미사일방어체계를 구축하기 위한 새로운 억제 개념이 요구된다고 주장했다. 부시는 "사담 후세인과 마찬가지로 오늘날의 일부 독재자들은 미국에 대한 증오심으로 가득 차 있습니다.…이 같은 세상에서는 냉전 당시의 억제는 더 이상 충분하지 않습니다. 우리는 공세 및 방어 전력 모두에 의존하는 새로운 유형의 억제 개념이 필요합니다. 억제는 더 이상 핵무기를 이용한 보복 위협에만 의존할 수 없습니다. 핵무기 확산 인센티브를 줄여주는 방식으로 방어가 억지력을 강화시킬 수 있습니다."11)라고 말했다. 부시는 본인의 연설에서 김정일을 거론하지 않았다. 그러나 부시가 말한 독재자 명단에 김정일이 포함되어 있었음이 분명했다. 그러나 독재자들이 제기하는 위협에 입각하고 있는 부시의 새로운 억제정책은 김정일과 같은 독재자들이 지구상에서 사라지거나 평화적으로 바뀌는 경우 정당성을 유지하기 어려울 것이었다. 중국 위협에 대항한 부시 행정부의 미사일방어체계 구축 논리를 정당화시키고자 하는 경우 이들 불량국가가 미 본토를 위협할 수 있어야만 했다. 특히 중국에 인접해 있는 북한이 핵무기와 미사일로 무장할 필요가 있었던 것이다.

2002년 1월 8일과 9일 미 국방성 부장관 더글러스 페이스(Douglas Feith)는

---

10) Statement of General Thomas A. "Schwartz before the Senate Armed Services Committee," March 27, 2001.

11) Quoted in Lee, Chae-Jin. *A Troubled Peace* (p. 305). Kindle Edition.; "Remarks by the President to Students and Faculty at National Defense University," *Office of the Press Secretary*, May 1, 2001.

도쿄 회동에서 북한의 탄도미사일 공격 위협에 대항할 수 있도록 일본의 미사일 방어체계 구축을 촉구했다.12) 2002년 12월 16일 부시 대통령은 미사일 방어에 관한 미 행정부 정책을 개관하는 국가안보대통령지시(NSPD) 23을 비밀리에 승인해주었다. 그런데 여기서는 북한을 가상의 표적으로 언급하고 있었다. 여기서는 다음과 같이 말하고 있었다. "북한과 같은 일부 국가들이 미국과 미 우방국을 강압하기 위한 수단으로 대량살상무기와 장거리 미사일을 적극 개발하고 있습니다.…이들 새로운 위협을 인식하여 저는 미국이 원거리 재래식 및 핵 타격 능력, 미사일 방어 능력, 강력한 형태의 산업 및 연구 개발 인프라로 구성되는 새로운 3축 체계 배치 측면에서 진전을 이루어야 할 것이라고 지시했습니다."13)

탄도탄요격미사일조약(ABM Treaty) 파기를 추구한 아들 부시

이처럼 미사일방어체계를 구축하려면 미국은 이 체계를 구축하지 않을 것이라는 의미의 1972년에 미국과 소련이 체결한 탄도탄요격미사일조약(ABM Treaty)을 파기할 필요가 있었다.

아들 부시의 미국이 이 조약의 파기를 염원하고 있었다는 사실은 김대중과 푸틴의 2001년 정상회담 당시 확인되었다. 아들 부시가 대통령에 취임한 2001년 1월 김대중은 부시와의 조기 정상회담을 염원했다. 김대중이 부시를 만나러 미국으로 출발하기 며칠 전 러시아의 푸틴 대통령이 한국을 방문했다. 2월 27일 이들 두 정상은 1972년의 ABM 조약을 전략적 안정의 초석이며,

---

12) Quoted in Mike. Chinoy, *Meltdown* (p. 136). Kindle Edition.; Transcript: Douglas Feith news conference, U.S. and Japan Discuss North Korea, Security Issues, November 8, 2002.

13) Quoted in Mike. Chinoy, *Meltdown* (p. 147). Kindle Edition.; National Security Presidential Directive/NPSD 23.

핵무기 해체와 비확산 관련 국제사회의 노력에서 주요 근간이라고 격찬하는 내용의 공동성명을 발표했다. 이 공동성명에서 김대중은 부시 행정부의 국가미사일방어체계 구축 계획을 암묵적으로 비난하고 있었다.14)

푸틴은 부시의 미사일방어체계 구축 구상을 저지하기 위한 노력을 전개하고 있었는데, 한국과 같은 미국의 주요 우방국의 지원이 이 같은 측면에서 중요한 의미가 있었던 것이다. 한국의 관점에서 보면, 1972년의 ABM 조약을 파기한 후 미사일방어체계를 구축할 것이란 부시 행정부의 노력은 협상을 통해 북한 미사일 문제를 해결하고자 했던 클린턴 행정부의 노력을 무산시킬 수 있는 성격이었다. 이 부분과 관련하여 한국의 어느 외무부 관리는 다음과 같이 말했다. "ABM 조약을 파기하고자 하는 부시의 노력을 지지하는 경우 북한에 매우 부정적인 신호가 전달될 것이었습니다. 부시의 ABM 조약 파기 노력에 김대중 정부가 미온적인 입장을 견지했던 것은 이 같은 이유 때문입니다."15)

미국은 ABM 조약을 옹호하던 김대중을 매우 싫어했다. 부시와 라이스 보좌관은 부시 행정부 초기에 미국을 방문하는 외국 정상 가운데 1명인 김대중이 부시 정부의 주요 과제 가운데 하나인 ABM 조약 파기와 관련하여 공개적으로 의문을 제기하는 모습을 보며 격분했다. 푸틴이 한국을 떠난 직후 한국은 자국의 ABM 조약 지지가 미국의 국가미사일방어체계 구축 반대를 의미하는 것은 아니란 내용의 해명 기사를 발표했다.16)

ABM 조약 탈퇴를 겨냥한 부시의 공식 발언은 2001년 5월의 미 국방대학 연설이었다. 당시 부시는 "우리는 공세 및 방어전력 모두에 의존하는 새로운 억제 개념이 필요합니다. 억제가 핵 보복 위협에만 더 이상 의존할 수 없습니

---

14) Patrick Tyler, "South Korea Takes Russia's Side in Dispute Over U.S. Missile Defense Plan," *New York Times*, February 27, 2001.

15) Quoted in Mike. Chinoy, *Meltdown* (p. 52). Kindle Edition.

16) Donald Kirk, "South Korea Now Pulls Back From Russia on Missile Shield," *New York Times*, March 2, 2001.

다.…우리는 오늘날의 상이한 위협들에 대항하는 성격의 미사일방어체계를 구축하기 위한 새로운 골격이 필요합니다. 이처럼 하려면 30년 전에 체결한 ABM 조약의 제약에서 벗어날 필요가 있습니다."[17]라고 말했다.

2001년 6월 중순의 부시와의 회동에서 푸틴은 미국의 일방적인 ABM 조약 파기 가능성을 우려했다. 당시 부시는 미사일방어체계 시험이 가능해지도록 ABM 조약 수정에 관해 논의할 의향이 있음을 언급했다. 그러나 2001년 7월 회동에서 푸틴은 미국의 ABM 조약 탈퇴와 관련하여 강력하게 반대하지 않았다. 이들은 공세적 성격의 핵무기와 미사일방어체계에 관해 논의함으로써 새로운 전략적 골격에 관한 합의를 추구할 것이라고 말했다.[18] 2001년 12월 13일 미국은 ABM 조약 탈퇴 의사를 밝혔다. 부시의 발표가 있기 며칠 전 푸틴은 미국의 ABM 조약 탈퇴를 나름의 실수라고 지칭했지만 이것이 러시아 안보에 또는 미국과 러시아 관계에 위협적이라고는 말하지 않았다.[19] 2001년 12월 24일 부시는 ABM 조약 탈퇴를 선언했다. 2002년 6월 13일 부시는 점증하는 미사일 위협에 대항하여 가능한 한 조속히 미사일방어체계를 전개할 것임을 재차 확인했다.[20]

2. 아들 부시의 북미 및 남북관계 단절 추구

아들 부시는 중국을 겨냥한 미사일방어체계 구축과 동맹체계 정비 차원에서

---

17) George W. Bush, "Remarks at the National Defense University, May 1, 2001," *Public Papers of the Presidents: George W. Bush, 2001*, Vol. 1(Washington, DC: U.S. Government Printing Office), pp. 470-3.

18) Lynn F. Rusten, "U.S. Withdrawal from the Antiballistic Missile Treaty," *Center for the Study of Weapons of Mass Destruction*, National Defense University, p. 5.

19) Ibid., p. 10.

20) "U.S. Withdraws from ABM Treaty; Global Response Muted," *Arms Control Today*, Vol. 32, Issue. 6(July/August 2002), pp. 14-5.

북한 핵 및 미사일 개발을 종용할 필요가 있었다. 이처럼 종용하고자 하는 경우 북미제네바합의 파기와 NPT 탈퇴를 종용할 필요가 있었다. 페리 보고서에서 언급하고 있듯이 북미제네바합의를 파기시키는 경우 북한이 핵무장을 겨냥하여 매진할 것이었다. 이처럼 북미제네바합의 파기와 NPT 탈퇴를 종용하려면 먼저 북미관계와 남북관계를 경색시킬 필요가 있었다. 북미관계와 남북관계가 원만한 상태에서는 북한 핵무장을 초래할 수 있는 북미제네바합의 파기와 NPT 탈퇴를 북한이 상상조차 할 수 없을 것이기 때문이다.

북미관계를 대변하던 것이 북미제네바합의였다면 남북관계를 대변하는 것은 햇볕정책이었다. 북미제네바합의 가운데 북한은 북미외교관계정상화, 경수로 제공, 중유 제공에 관심이 있었다. 그런데 당시 미국이 근근이 준수한 부분은 중유 제공뿐이었다.

부시의 미국은 남북관계를 경색시키고자 하는 경우 햇볕정책을 좌절시킬 필요가 있었다. 북미관계를 경색시키고자 하는 경우 북미대화를 거부하는 가운데 북한을 지속적으로 맹비난하는 한편 중유 제공을 중지시킬 필요가 있었다. 북한이 수용할 수 없는 조건을 전제로 북미대화를 제안할 필요가 있었다.

부시의 남북관계 단절 추구: 햇볕정책 비난

2000년 11월의 미국 대선 당시 김대중은 미국이 대북 포용정책을 지속 유지할 수 있도록 공화당의 부시가 아니고 민주당의 고어가 차기 미국 대통령이 되기를 희망했다. 부시가 미국 대통령에 당선되자 2001년 1월 초순 김대중은 인터내셔널헤럴드트리뷴 기자 데이비드 이그나티우스(David Ignatius)와의 인터뷰에서 부시에 관한 본인의 우려를 공개적으로 표명했다. 김대중은 부시와의 조기 정상회담을 원하고 있었다. 정상회담에서 김대중은 다음과 같이 말할 예정이었다. "대북 포용정책을 파기하지 말기 바랍니다. 북미대화 지속을 지원합니다. 북한 지도자 김정일을 코너로 몰지 마세요."21)

2월 초순 김대중과 부시가 통화했다. 당시 김대중은 햇볕정책 지속과 대북 포용정책의 중요성에 관해 말했다. 김대중은 김정일이 최근 중국을 방문했다며 북한이 중국 방식의 개혁을 모색하고 있는 것으로 생각된다고 말했다.22) 김대중이 이처럼 말하자 부시가 전화기를 손으로 막으면서 "도대체 이자가 누구야?"라고 참모들에게 질문했다. 밤 11시 라이스는 잭 프리처드(Jack Pritchard)에게 전화하여 김대중의 출신 배경과 철학에 관해, 초저녁에 김대중이 부시에게 그처럼 말한 이유에 관해, 설명하는 보고서를 작성하여 부시에게 올리라고 지시했다.

미국의 대북정책 변화에 관한 한국의 우려는 김대중의 미국 방문 일정을 논의하기 위해 이정빈(李廷彬) 외무장관이 워싱턴에서 콜린 파월 국무장관을 만난 2001년 2월 7일 어느 정도 해소되었다. 당시 파월은 부시 행정부가 김대중의 대북 접근 방안을 지원하며, 클린턴과 북한이 체결한 북미제네바합의문 유지를 염원하는 입장이라고 말했다. 파월은 이처럼 이정빈을 안심시켜 주었다.

김대중과 부시의 정상회담 바로 전날 파월은 기자들과 회동했다. 당시 파월은 햇볕정책을 격찬하면서 다음과 같이 말했다. "부시 행정부는 클린턴 행정부의 바턴을 이어받아 대북 포용정책을 추구할 계획입니다."23) 다음날 아침 파월은 김대중 및 임동원 안보보좌관과 백악관에서 점심 식사를 했다. 당시 회동에 참석했던 에반스 리비어(Evans Revere)에 따르면 "이들은 기본적으로 방향이 같았다. 햇볕정책, 대북 포용정책을 추구할 생각이었다. 부시 행정부가 클린턴 행정부의 바턴을 이어받아 대북정책을 전개할 것이란 사실과 관련하여 어느

---

21) Quoted in Mike. Chinoy, *Meltdown* (p. 50). Kindle Edition.

22) Quoted in Ibid.; "Kim, Bush Agree to Meet Soon to Discuss N. Korean Issues," *Korea Herald*, January 26, 2001.

23) Quoted in Mike. Chinoy, *Meltdown* (p. 53). Kindle Edition.; Steven Mufson, "Bush to Pick Up Clinton Talks on N. Korean Missiles," *Washington Post*, March 7, 2001.

누구도 의심하지 않았다." 당시 김대중은 부시에게 말하고자 할 내용을 이들에게 설명해주었다. 김대중은 냉전의 마지막 잔재인 한반도 분쟁을 종료시키기 위한 방안으로서 대북포용 정책을 변호할 예정이었다.24)

그 날 아침 워싱턴포스트지에는 바로 전날의 파월의 발언이 간략히 소개되어 있었다. 글의 표제는 "부시 행정부가 북한 미사일과 관련한 클린턴 행정부의 바턴을 이어받을 것이다."란 것이었다.25) 김대중과 부시의 정상회담을 위해 백악관으로 이동할 준비를 하고 있을 당시 파월은 격노한 라이스 보좌관의 전화를 받았다. 파월은 당시 상황을 다음과 같이 회상했다. "부시 대통령이 매우 언짢아했다. 라이스가 부시의 기분을 전달해주었다."26)

라이스는 작일 본인의 발언이 기자들에게 준 인상을 수정할 필요가 있다고 파월에게 말했다. 라이스는 김대중-부시 정상회담 이전에 이처럼 해야 할 것이라고 말했다. 파월은 놀란 표정의 기자들에게 다음과 같이 말했다. "내가 어제 말한 것은 사실이 아닙니다. 부시 대통령은 북미관계의 전면 재검토를 강조했습니다.…부시 행정부 특유의 정책을 마련할 것이라고 합니다.…"27) 파월은 "클린턴 행정부의 유산을 그대로 이어받을 것으로 기대한다."란 본인의 이전 발언에서 한발 뒤로 물러선 듯 보였다. 파월은 북한이 나름의 위협이며, 이 같은 위협의 성격에 관해 순진한 태도를 견지하면 안 될 것이라고 말했다. "북미협상이 곧바로 있을 것이란 관점이 있지만 이는 사실이 아니다."라고 말했다.

그 후 진행된 김대중과 부시의 회동은 일대 재앙과 다름이 없었다. 김대중은

---

24) Mike. Chinoy, *Meltdown* (p. 54). Kindle Edition.

25) Steven Mufson, "Bush to Pick Up Clinton Talks on N. Korean Missiles," *Washington Post*, March 7, 2001.

26) White House, Office of the Press Secretary, Remarks by Secretary of State Colin Powell to the Pool, March 7, 2001.

27) Ibid.

부시가 대북 포용정책을 지지해줄 것으로 기대하며 본인의 관점을 피력하기 시작했다. 김대중은 김정일이 가장 중요하게 생각하는 목표가 정권 생존이며, 북한 위협에 대처하기 위한 최상의 방안은 포용이라고 말했다. 김대중은 북한 지도자 김정일이 남북통일 이후에도 주한미군의 지속 주둔 의향을 밝혔다고 말했다. 김대중은 다음과 같이 회고했다. "나는 김정일이 미국과 보다 좋은 관계를 열망하고 있기 때문에 미국이 대화를 통해 북한 핵문제를 해결할 수 있을 것이라고 부시에게 분명히 말했다." 당시의 정상회담에 배석했던 어느 관리에 따르면 부시는 김대중을 "진정 맹렬히 비난하면서" 김대중의 발언을 가로 막았다. 김대중이 가정하고 있던 사항들에 의문을 제기했다. 북한을 겨냥하여 적개심을, 김대중의 햇볕정책에 회의감을 표명했다. 부시는 클린턴 행정부의 북미 미사일 대화를 예측 가능한 미래에 재개할 의향이 없음을 분명히 했다.28)

당시의 정상회담에서 부시는 김대중 정부의 한반도 평화 노력이 지나치게 신속히 추진되었다는 사실과 미국이 한반도의 전쟁과 평화 문제 측면에서 뿐만 아니라 남북관계의 범주와 속도 측면에서 중요한 영향력을 행사할 것이란 사실을 강조했다.29) 부시의 강경한 입장에 직면한 김대중은 북미 간 중재자 역할을 더 이상 수행할 수 없었다. 김대중은 남북관계 관련 모든 단계에서 미국과 상의할 것이라고 약속했다. 김대중은 또한 북미관계 측면에서의 진전이 없는 상태에서는 남북관계 측면에서의 진전이 어려울 것이란 사실을 인정했다.30)

부시는 의자에 비스듬히 기댄 상태에서 김대중에게 조그만 예의나 이해조차 표명하지 않았다. 국무성 부장관 리처드 아미티지는 다음과 같이 회상했다. "부시는 원로 외교관인 김대중을 전혀 배려하지 않았다. 부시는…'김정일을

---

28) Quoted in Mike. Chinoy, *Meltdown* (p. 55). Kindle Edition.; David E. Sanger, "Bush Tells Seoul Talks With North Won't Resume Now," *New York Times*, March 8, 2001.

29) Quoted in Chae-Jin. Lee, *A Troubled Peace* (p. 304). Kindle Edition.

30) Ibid., p. 304.

증오한다'라고, '햇볕정책이 형편없는 성격이다'라고 말할 당시 김대중에게 전혀 존경심을 표명하지 않았다."

부시와 김대중의 정상회담이 종료된 시점부터 점심시간 직전까지 진행된 백악관 기자회견에서 기자들은 김대중과 부시의 관점 차이를 분명히 확인할 수 있었다. 부시는 김대중을 '이 사람(this man)'으로 지칭했다. 김대중, 한국 관리들, 언론매체, 한국인 모두 이 같은 호칭과 관련하여 매우 불쾌해 했다.

이미 한미 간에 넘을 수 없는 선을 넘은 상태였다. 이 같은 사실을 미 국가안전보장회의의 아시아 담당 국장 토켈 패터슨(Torkel Patterson)은 다음과 같이 표현했다. "정상회담에서는 다음과 같은 발언이 있었습니다. 우리는 햇볕정책을 좋아하지 않습니다. 우리는 김정일을 매우 혐오합니다. 이는 북한 문제와 관련하여 미국이 한국과 공조하지 않을 것이란 의미입니다."[31]

김대중과 부시의 정상회담 결과를 전해들은 거의 모든 한국인들이 미국을 좋지 않게 생각했다. 김대중을 좋아하지 않았던 중도적인 한국인들조차 한국 지도자가 이처럼 대우받았다는 사실과 관련하여 언짢은 표정을 지었다.

김대중-부시 정상회담은 한미관계 측면에서 전환기적인 사건이었다. 부시 행정부와 미국의 주요 동맹국인 한국이 향후 수년 동안 상호 불신, 긴장 및 적대감정을 표방하는 계기가 되었기 때문이다. 그 이전 10년 동안 한미 양국은 북한 문제와 관련하여 종종 이견을 보였다. 그러나 한미 양국이 한미동맹의 중요성을 모두 인정했으며, 지속적으로 기밀히 협의한 바 있었다. 이제 미국과 한국은 한미동맹의 핵심 사안인 북한 문제 관련 접근 방안 측면에서 엇박자를 내고 있었다. 그런데 이는 미국의 대북정책이 북한 핵무기 개발 노력을 일정 기간 동안 봉합하기 위한 성격에서 중국 위협 대비 차원에서 북한 핵무장을 종용하는 성격으로 바뀌었다는 사실과 관련이 있었다.

---

31) Mike. Chinoy, *Meltdown* (p. 58). Kindle Edition.

부시의 북미관계 단절 추구: 북한 맹비난 + 수용 불가능한 대화 조건 제시

부시와 김대중의 정상회담 바로 전날 라이스 보좌관은 뉴욕타임스지의 데이비드 생어(David Sanger) 기자를 포함한 일부 언론인들을 상대로 한미정상회담 관련 배경 브리핑을 했다. 당시 라이스는 다음과 같이 말했다. "북한 김정일 정권은 진정 문제입니다. 김정일이 문제입니다." 생어의 보도에 따르면 부시 행정부는 "북한을 미국의 주요 위협으로 간주했다. 김대중의 평화공세가 북한으로부터 얻은 것은 거의 없는 가운데 너무나 신속히 추진되었다는 사실과 관련하여 매우 우려하고 있었다." 김대중은 김정일의 서울 방문 기간에 남북한 평화협정을 체결할 것이라고 말했다. 이 부분과 관련하여 미국이 우려했다.32)

김대중과의 정상회담 당시의 기자회견에서 부시는 "저는 북한 지도자에 관해 어느 정도 회의적입니다. 우리는 북한이 미국과의 모든 약속을 제대로 지키고 있는지 확신할 수 없습니다."라고 말했다. 김대중은 다음과 같이 회고했다. "당시의 공동 기자회견에서 부시는 김정일을 독재자로 표현하는 등 맹비난하기 시작했다.…"33)

그 후 미국의 언론인 밥 우드워드(Bob Woodward)에게 묘사한 바처럼 이 순간부터 부시는 김정일을 매우 혐오한다고 거침없이 표현했다.34) 아미티지의 회고에 따르면 이제 부시는 "김정일을 저질스런 용어로 표현하기 시작했다.… 전혀 만나본 바도 없는 김정일을 이처럼 표현했다."

김대중과의 정상회담 당시 부시는 북한을 불신한다고 말했다. 북한이 미국

---

32) David E. Sanger, "Korean to Visit Bush, but They Could Be at Odds," *New York Times*, March 7, 2001.

33) Quoted in Mike. Chinoy, *Meltdown* (p. 57). Kindle Edition.; Transcript of Press Briefing: Presidents Bush, Kim Dae-Jong, March 7, 2001.

34) Quoted in Mike. Chinoy, *Meltdown* (p. 56). Kindle Edition.; Bob Woodward, *Bush at War* (New York: Simon & Schuster, 2002), p. 340.

과의 합의를 위배하고 있음을 보여주는 일부 증거가 있다고 말했다.35) 정상회담 이후 미 국가안전보장회의 아시아 국장 토머스 허버드(Thomas Hubbard)와 패터슨은 기자들을 상대로 정상회담 관련 브리핑을 했다. 허버드는 다음과 같이 회상했다. "부시는 김정일을 말로 표현할 수 없을 정도로 혐오했다. 그런데 김대중과의 회동 이전에 부시는 이처럼 혐오감을 표현한 경우가 없었다." 언론 브리핑에서는 정상회담 당시 불거진 부정적인 분위기에 관한 질문이 주종을 이루었다. 뉴욕타임스지의 데이비드 생어는 북한이 미국과 서명한 합의문들을 제대로 준수하지 않았다는 부시 대통령의 발언과 관련하여 패터슨에게 질문했다. 생어는 북한과 미국이 체결한 합의가 북미제네바합의뿐이란 사실을 지적했다. 부시 대통령의 발언이 북한이 북미제네바합의를 위반했다는 의미인가?라고 질문했다. 그러자 패터슨은 북한이 북미제네바합의를 위반했음을 보여주는 증거가 없다는 사실을 인정하지 않을 수 없었다.36) 당시 부시는 전혀 증거가 없는 가운데 이처럼 주장했다. 부시가 이처럼 발언한 이후인 2002년 3월 미 중앙정보국 국장 조지 테닛(George J. Tenet)은 북한이 북미제네바합의를 매우 잘 준수하고 있다고 미 의회에서 증언했다. 이 같은 테닛의 증언에 많은 학자들이 동의했다.37)

클린턴 행정부 당시 북한과 접촉했던 미 국무성의 로버트 칼린(Robert Carlin)이 김대중과 부시의 정상회담 이후에도 지속적으로 북한 외교관들을

---

35) Quoted in Sebastian Harnisch, "U.S.-North Korean Relations Under The Bush Administration: From 'Slow Go' to 'No Go'," *Asian Survey*, Vol. XLII, No. 6, November/December 2002. p. 865.; "Transcript: Presidents Bush, Kim Dae Jung March 7 Press Briefing," *Washington File*, March 8, 2001.

36) Quoted in Sebastian Harnisch, "U.S.-North Korean Relations Under The Bush Administration," p. 866.; "Transcript: Background Briefing on Bush-Kim Meeting," *Washington File*, March 9, 2001.; Ralph Cossa, *U.S-Korea: Summit Aftermath* (PacNet Newsletter, No. 11, March 16, 2001).

37) James I. Matray, "The Failure of the Bush Administration's North Korea Policy: A Critical Analysis," *International Journal of Korean Studies*, Vol. XVII, No. 1, Spring 2013, p. 144.

만났다. 칼린은 다음과 같이 주목했다. "북미가 심각한 난관에 봉착해 있다는 사실을 북한 외교관들은 잘 알고 있었다.…이들은 무언가 잘못되고 있음을 직감했지만 악화일로에 있던 북미관계를 개선시키기 위한 방법을 잘 모르고 있었다.…이들은 내게 다음과 같이 말했다. '이제 당신과 더 이상 만날 생각이 없습니다.…부시 행정부 사람을 만날 필요가 있습니다.'" 문제는 당시 부시 행정부 관리 가운데 북한사람들과 만나고자 하는 사람이 전혀 없었다는 사실이다. 자연스럽게 북미대화가 두절된 것이다.

2001년 6월 6일 부시 행정부는 대북정책 검토 결과를 언론에 흘렸다. 당시 부시는 미국이 북한과 진지하게 협상을 재개할 의향이 있다고 선언했다. 그러나 당시의 검토에서는 매우 까다로운 북미 협상 조건들의 충족을 북한에 요구하고 있었다. 부시 행정부는 "북한 핵 활동에 관한 북미제네바합의 내용은 물론이고 국제원자력기구 합의 내용과 상이한 내용의 이행을 추구했다." 이는 미국이 북한에 아무 것도 보상해주지 않으면서 그 이전과 비교하여 북한 핵시설에 관한 보다 완벽하고 신속한 사찰을 주장하는 성격이었다. 이외에도 미국은 "북한의 미사일 수출에 관한 검증 가능한 형태의 금지," "북한 미사일 개발에 관한 상당한 규제"는 물론이고 "상대적으로 위협적이지 않은 북한군 재래식 전력"을 요구했다.38) 북한은 부시 행정부가 요구한 검증 가능한 형태의 금지에 동의할 수 없는 입장이었다. 결국 부시 행정부의 대북정책 검토 결과는 북미협상을 보다 어렵게 만들기 위한 성격이었다.39) 부시 행정부는 대북정책 검토 결과를 놓고 북미가 양자회동하자고 제안했다. 북한은 이 검토 결과를

---

38) Quoted in Mike. Chinoy, *Meltdown* (p. 62). Kindle Edition.; Jane Perlez, "U.S. Will Restart Wide Negotiations with North Korea," *New York Times*, June 7, 2001.; Charles L. Pritchard, "U.S. Policy toward the Democratic People's Republic of Korea," *Testimony of the special envoy for negotiations with the DPRK and U.S. representative to KEDO before the Subcommittee on East Asia and the Pacific, House Committee on International Relations*, July 26 2001.

39) Don Kirk, "North Korea: No Talks Soon with U.S.," *New York Times*, July 10, 2001.

대북 적대시정책 차원에서 생각했다. 미국의 양자대화 제안을 대화 재개 목적이 아니고 북미대화 파탄 책임을 북한에 전가하기 위한 성격으로 생각했다.40) 북한은 이 같은 대화 이전에 경수로 제공 문제를 놓고 대화해야 할 것이라고 주장했다.41)

    클린턴의 대북정책과 달리 부시 행정부의 대북정책에서는 그 보상으로 북한에 제공해줄 것이 무엇인지 구체적으로 언급하지 않았다. 부시 행정부는 2000년 10월 클린턴이 조명록과 서명한 공동성명에서 명시한 "북한에 적대적인 의도가 없다"는 약속조차 재확인해주지 않았다.42) 럼스펠드, 월포위츠, 체니와 같은 미 국방성 출신의 부시 행정부 강경파들은 다음과 같이 생각했다. "북한이 원하는 것은 모두 당근으로 간주해야 한다.…분명히 말하지만 북한은 미국이 자국에 대해 적대 의도가 없다는 문구의 반복적인 확인을 원하고 있다. 따라서 이것의 재확인을 북한 입장에서 나름의 선물로 간주해야 한다. 결과적으로 이것을 유보해야 한다."

    당시 부시 행정부가 북한에 전달하고자 한 메시지는 분명했다. 클린턴 행정부의 바턴을 그대로 이어받지 않을 것이란 사실이었다. 이미 북한은 보다 적대적인 부시 행정부의 대북정책과 관련하여 우려하고 있었다. 이 같은 북한에 미국은 굴욕적인 검증 절차 수용을 포함한 북한의 핵 및 미사일 프로그램 포기를 요구했을 뿐만 아니라 북한군 재래식 전력의 대거 감축을 요구하고 있었다. 당시 미국은 미군 또는 한국군의 감축에 관해 전혀 약속해주지 않으면서 북한이 자국 방위전략의 핵심 요소로 간주하고 있던 부분의 대거 감축을 요구하고 있었다. 당시 북한을 빈번히 왕래했던 미 상원외교위원회의 프랭크

---

40) Quoted in Charles L. Pritchard, *Failed Diplomacy: The Tragic Story of How North Korea Got the Bomb* (Kindle Location 245). Kindle Edition.

41) "조미회담에서는 경수로 제공지연에 따르는 전력손실 보상문제가 우선 론의되여야 한다," 『로동신문』, 2001. 6. 19.

42) Sebastian Harnisch, "U.S.-North Korean Relations Under The Bush Administration," pp. 864-5.

자누치(Frank Jannuzi)는 다음과 같이 주목했다. "북한의 핵 및 재래식 무기를 동시에 감축할 것이란 미국의 목표는 문제가 있었다. 이들을 감축하는 경우 북한에 무엇이 남겠는가? 미국이 북한의 핵 안보 카드와 재래식 안보 카드를 빼앗는 경우 무엇이 남겠는가? 이들의 역동적인 시장경제? 파산된 공산주의 이념?…"43) 더욱이 부시 행정부가 보상 이전에 북한이 먼저 조치를 취하기를 원하고 있음이 분명했다.

북한은 대북정책 검토 결과가 공개되기 이전까지 워싱턴의 미국인과 전혀 접촉하지 않았다. 검토 결과가 공표된 후 미국은 북미 양자회담을 제안했다. 대화 장소와 시점은 북한이 결정하라고 말했다. 그러나 북미 고위급 회담이 개최된 것은 그 후 1년이 지난 시점이었다. 북한이 미국의 북미 양자회담 제안에 응하지 않았기 때문이었다. 이처럼 회담이 개최되지 못했던 것은 미국이 북한이 결코 수용할 수 없는 조건을 제시했기 때문이었을 것이다.

이처럼 미국이 북미관계 단절을 위해 노력했음에도 불구하고 9.11테러 직후에도 북한은 미국을 의식했다. 진정한 의미에서의 북미대화를 염원했다. 2001년 9월 11일 테러 이후 24시간이 지난 시점 조선중앙통신은 9.11 공격을 매우 유감스러우며 비극적인 사건으로 묘사했다. 그러면서 미국이 반격할 권리가 있다고 말했다.44) 조선중앙통신은 북한이 "모든 유형의 테러에, 테러지원에 반대하는 입장이다."45)라고 말했다. 9.11 테러 직후 발표된 이 성명은 북한이 미국에 대화의 손길을 내밀 의향이 있으며, 북미관계가 보다 더 악화되는 상황을 피할 의향이 있음을 보여주었다. 보다 과격해진 부시 행정부의 대북정책에 마음이 놓이지 않았던 김정일 정권은 9.11 테러 이후의 미국의 강력한

---

43) Quoted in Mike. Chinoy, *Meltdown* (p. 63). Kindle Edition.

44) Christopher Torchia, "Koreans Unite to Condemn Attacks," *Associated Press*, September 15, 2001.

45) "우리나라 외무성 대변인이 언명: 온갖 형태의 테로와 그에 대한 어떠한 지원도 반대한다", 『조선신보』, 2001. 9. 14.

대응의 표적이 될 가능성을 진정 우려하고 있었다. 이 같은 미국의 보복을 피하고자 노력하면서 북한은 유엔 반테러규범에 서명할 것이라고 선언했다. 이 같은 조치를 설명하면서 조선중앙통신은 다음과 같이 천명했다. "우리는 지구상 도처에서 '테러와의 전쟁'을 위해 온갖 노력을 경주했습니다. 향후에도 우리는 '테러와의 전쟁'을 위해 지속적으로 노력할 것입니다."[46]

그럼에도 미국은 북미관계 단절을 위해 노력했다. 예를 들면, 9.11테러 이후 체니 부통령은 "나를 가장 걱정시키는 국가는 북한이다."라고 반복해 말했다. 체니는 다음번 공격이 북한의 핵물질에 입각한 공격일 것이라고 반복해 말했다. 체니의 참모 가운데 아시아 전문가인 스티븐 예이츠(Stephen Yates)는 "지구상 최악의 국가인 북한이 갖고 있는 지구상에서 가장 위험한 핵무기 관련 기술이 테러 분자들의 수중으로 들어가지 않게 해야 한다."라고 말했다. 9.11테러 이후 많은 사람들이 가공할 수준의 재앙을 생생히 묘사했다. 그런데 이들이 거론하는 시나리오 가운데 많은 부분에서는 북한 핵무기가 등장했다. 북한 외교관들은 미국이 여타 불량국가들과 북한을 동일시하지 말아야 할 것이란 사실을 온갖 수단을 동원하여 강조했다. 아무튼 9.11 테러 이후 부시 행정부 주류들은 북미대화 자체를 거부했다. 9.11테러 이후 부시 행정부 강경파들은 아군과 적군을 구분해 놓았으며, 북한을 적군 진영에 포함시켰다.

2001년 가을 부시 대통령은 북한을 압박했다. 예를 들면, 10월 16일 부시는 한국, 일본 및 중국 언론인들에게 다음과 같이 말했다. "김정일은 신뢰를 얻을 필요가 있습니다. 저는 북한이 한국을 더 이상 압박하지 않을 필요가 있다고 생각합니다. 북한은 지구상 도처로 대량살상무기를 확산시키고 있는데, 이 같은 행동을 중지할 필요가 있다고 생각합니다.…내가 김정일과의 회동을 제안했다는 사실을 보도해주기 바랍니다.…김정일에게 약속 준수를 촉구합

---

[46] "우리 공화국정부는 온갖 형태의 테로와 그에 대한 지원을 반대한다."란 제목의 "유엔총회 제57차 회의에서 우리나라 대표가 연설," 『로동신문』, 2002. 10. 8.

니다."47) 10월 17일 부시는 미국이 아프간에 관심이 집중되어 있다는 사실을 이용하여 한국을 위협하면 안 될 것이라고 북한을 엄중히 경고했다.48) 그러자 10월 29일 북한은 "APEC 정상회담 이전의 기자회견에서 부시는 미국이 북미 양자대화를 지지하는 입장인 반면 북한이 여기에 응하지 않고 있다는 거짓말을 했다.…부시는 북한이 약속을 지켜야 할 것이라고 말했다. 이는 '똥 묻은 개가 겨 묻은 개를 흉보는 형국이다',"49)라고 답변했다.

12월 31일 럼스펠드 국방장관은 미 의회에 비밀 보고서를 제출했다. 이 보고서를 보며 북한이 경악했다. 보고서에서는 미국이 대량살상무기를 보유하고 있는 불량국가 또는 테러집단을 핵무기로 선제공격할 가능성을 다음과 같이 제기했다. "적이 미국의 국익을 위협할 수 있는 군사 프로그램 또는 작전을 수행하지 못하도록 핵전력을 포함한 군사력을 사용하게 될 것입니다." 이 보고서에서는 이란, 이라크, 시리아, 리비아와 더불어 북한을 가상 표적에 포함시키고 있었다. 여기서는 "지하 깊숙한 벙커를 겨냥하여, 재래식 무기로 제대로 파괴할 수 없는 표적들을 겨냥하여 운용될 수 있는" 핵무기 개발을 촉구하고 있었다.50)

아프간 전쟁에서의 승리가 다가오자 부시는 미국의 이라크 침공 가능성 검토를 럼스펠드 국방장관에게 지시했다. 2002년 1월 29일 부시는 미 의회와 미국인들을 상대로 다음과 같이 연설했다. "우리의 목표는 테러지원 국가들이 미국 또는 미 우방국을 대량살상무기로 위협하지 못하게 하는 것입니다.… 북한은 자국 국민을 굶주리게 하는 한편 미사일과 대량살상무기로 무장하고

---

47) "Remarks by the President in Roundtable Interview with Asian Editors," *White House*, Internal Transcript, October 16, 2001.

48) "Remarks by the President in Roundtable Interview with Asian Editors," *White House*, Press Office, October 17, 2001.

49) 최성국, "부시의 고약한 험담을 규탄한다", 『로동신문』, 2001. 10. 29.

50) Quoted in Mike. Chinoy, *Meltdown* (p. 68). Kindle Edition.; Nuclear Posture Review Submitted to Congress on December 31, 2001.

있는 국가입니다.…이들 국가와 이들의 테러 동맹국들은 세계평화를 위협하기 위해 무장하고 있는 '악의 축(Axis of Evil)'을 구성하고 있습니다.…미국은 지구상에서 가장 위험한 이들 정권이 지구상에서 가장 파괴적인 무기로 우리를 위협하게 하지 않을 것입니다."51) 북한은 미국이 대화가 아니고 전쟁 준비에 관심이 있으며, 부시의 '악의 축' 발언을 전쟁 선포와 다름이 없다고 주장했다. 타격의 선제권이 미국에만 있는 것이 아니라고 주장했다.52)

이 같은 '악의 축'을 명시한 연설로 북미 고위급 회담 전망이 보다 약화되었다. 한편 2002년 3월 중순의 미국의 핵태세검토보고서(NPR), 2002년 6월의 부시의 미 육사 연설은 물론이고 2002년 9월의 미 국가안보전략서에서는 북한을 미 국가안보 측면에서의 주요 위협으로 격상시키고 있었다.53)

아들 부시가 북한을 이처럼 규정하고 있었음에도 불구하고 파월 국무장관은 북한이 북미제네바합의는 물론이고 미사일 시험 모라토리엄을 지속적으로 매우 잘 준수하고 있다는 사실을 인정했다.54)

한편 아들 부시는 북미제네바합의를 제대로 준수하지 않았다. 이 같은 방식으로 북미관계 단절을 추구했다. 이 부분과 관련하여 2002년 8월 13일 북한은 다음과 같이 말했다. "북미제네바합의는 경수로 제공의 상당한 지연으로 파기될 것인지 아니면 존속될 것인지 기로에 놓여 있습니다."55)

---

51) George W. Bush, *The President's State of the Union Address* (Washington, DC: The White House, 2002).

52) "미국의 심상치 않은 움직임을 예리하게 주시할 것이다,"『로동신문』, 2002. 2. 1.;《조선이 부쉬의 비난을 선전포고로 간주》, 《〈타격〉의 선택권은 미국에만 있는 것이 아니라고 경고》,"『로동신문』, 2002. 2. 3.

53) *Nuclear Posture Review* (Washington, D.C.: Dept. of Defense, 9 January 2002); William M. Arkin, "Secret Plan Outlines the Unthinkable," *Los Angeles Times*, March 10, 2002.; The *National Security Strategy of the United States of America* (Washington, D.C.: White House, 17 September 2002), pp. 13-6.

54) Secretary of State Powell's Testimony to the Senate Foreign Relations Committee, February 5, 2002.

55) "미국은 대 조선 적대시정책을 해소하고 전력손실을 보상하여야 한다."란 제목의 "조선민주주의인민공화국 외무성 대변인담화,"『로동신문』, 2002. 8. 14.

부시의 북미관계 단절 노력에 대한 한국과 북한의 반응

북미관계 단절을 추구하는 성격의 미국의 대북정책과 관련하여 북한이 격렬하게 반응했다. 조선중앙통신은 부시의 '악의 축' 발언을 "전쟁선포와 다름이 없는 성격"이라고 천명했다. 조선중앙통신은 "북한군이 제국주의자들의 온갖 위협을 극복한 바 있다며, 지구상 어느 열강도 신성한 북한을 결코 침범하지 못하게 할 것이며, 목숨 걸고 마지막 한사람까지 이들 제국주의자들을 제거할 것이다."라는 김정일의 발언을 인용했다. 이처럼 격한 용어로 반발하면서도 조선중앙통신은 "북미 상황을 전쟁의 '벼랑 끝'으로 몰고 간 미국의 행태를 면밀히 주목하고 있다."고 말했다. 이 같은 상황 전개와 관련하여 한국인들이 한반도 전쟁을 우려했다. 김대중 대통령을 포함한 많은 한국인들이 경악했다. 김대중은 다음과 같이 회고했다. "저는 미국이 북한을 상대로 군사적 조치를 취할 가능성을 매우 우려했습니다. 북한을 상대로 전쟁을 하면 수백만 명이 희생될 것입니다. 한반도가 초토화될 가능성도 없지 않습니다.····북한을 겨냥한 이 같은 군사적 조치를 저지할 필요가 있다고 생각했습니다."56)

부시 대통령의 대북정책과 관련하여 한국인들이 반미감정을 노정시켰다. 2002년 2월 20일 한국을 방문한 부시가 도라산역에서 연설할 예정이었다. 이 연설문의 초안에 '악의 축'이란 문구가 포함되어 있었다. 부시는 '악의 축' 문구를 정당화시키기 위해 김정일을 맹비난하기 시작했다. 그러자 김대중은 부시에게 "필요한 경우 악마와도 대화할 수 있습니다. 이 같은 대화가 악마와 친구가 되기 위함이 아니고 미국의 국익을 위함입니다."라고 말했다. 계속해서 김대중은 다음과 같이 말했다. "레이건 대통령이 소련을 '악의 제국'으로 지칭하면서도 소련과 대화했습니다. 미국이 북한과 대화할 수 없는 것은 무슨 이

---

56) Mike. Chinoy, *Meltdown* (p. 73). Kindle Edition.

유 때문인가요? 북한과 대화하지 않는 경우 유일한 대안은 전쟁뿐인데, 한미 연합사령관에 따르면 전쟁이 벌어지면 서울에서 1백 5십만 시민이 사망할 수 있을 것이라고 합니다.…한반도에서 전쟁을 해야만 하는 경우에서조차 전쟁은 대화를 포함한 여타 대안들을 모두 강구한 후 마지막에 선택해야 할 대안입니다. 북한은 북미대화를 지속적으로 원하고 있습니다. 미국이 북한과 대화할 수 없는 이유는 무엇인가요?"57)

2002년 2월 20일 도라산역에서 부시는 '악의 축'이란 표현을 사용하지 않았다. 부시는 미국이 북한을 공격할 의도가 없다고 말하는 방식으로 한국인들을 안심시키고자 노력했다. 그러나 부시는 김정일에 대한 본인의 생각에 변함이 없음을 다음과 같이 표현했다. "저는 북한 주민을 해방시키고, 한국 또는 미국과 같은 국가들의 진정한 대화 제안을 수용하기 이전에는, 세계인들에게 본인이 선량한 사람이며 북한 주민을 위해 신경을 쓴다는 사실을 입증하기 이전에는 김정일에 관한 관점을 바꾸지 않을 것입니다."58)

그 후에도 부시는 지속적으로 북한을 악마로 몰아세웠다. 예를 들면, 2002년 6월 2일의 미 육사 졸업식에서 부시는 선제타격을 주장했다. 미국이 공격을 받기 이전에 가상의 위협을 타격할 권리를 주장했다. 물론 선제타격 대상은 대량살상무기와 이것을 운반하기 위한 탄도미사일을 보유한 국가였다. 당시 부시가 선제타격 대상에 북한을 포함시켰음은 분명한 사실이었다. 이 같은 부시의 선제타격 주장과 관련하여 북한이 경악했다. 워싱턴포스트지 기자인 밥 우드워드와의 2002년 8월 20일 인터뷰에서 부시는 "나는 김정일을 혐오합니다. 자국 국민을 굶어죽게 만드는 김정일을 생각하면 먹은 것을 토할 지경

---

57) Ibid., p. 74. Kindle Edition.; Quoted in C. Kenneth Quinones, "Dualism in The Bush Administration's North Korea Policy," p. 212.; "Remarks by President Bush and President Kim Dae-jung in Press Availability, Seoul, Republic of Korea," February 20, 2002.

58) Elisabeth Bumiller, "BUSH Says the U.S. Plans no Attack on North Korea," *New York Times*, February 20, 2002.

입니다.…"59)라고 말했다.

 1994년 10월 이후부터 부시 행정부 처음 2년에 이르는 8년의 기간 동안 북한은 자국의 원자로를 동결시켰다. 더욱이 2002년 여름 북한은 공개적으로 그리고 사적으로 미국과 모든 현안을 놓고 논의할 수 있음을 암시하는 등 유화적인 신호를 보내고자 노력했다. 서울에서의 논란의 연설 도중 존 볼턴(John Bolton)이 북한 핵 및 미사일 프로그램을 비난한지 이틀이 지난 2002년 8월 31일 북한 외무성 대변인은 볼턴의 우려를 주목하면서 다음과 같이 천명했다. "북한은 미국이 대북 적대시정책을 포기할 의향이 있는 경우 미국의 안보 우려 해소를 위해 대화할 것임을 한차례 이상 분명히 밝혔다."60)

 북한은 이처럼 자국을 지속적으로 악마로 치부하는 미국에 한편으로는 강력히 반발하면서도 또 다른 한편으로는 미국을 두려워했다. 한국 또한 상황은 마찬가지였다. 그러나 1장에서 이미 살펴본 바처럼 중국 위협 대비 차원에서의 한반도의 중요성으로 미국은 북한을 무력으로 공격할 수 있는 입장이 아니었다. 아들 부시가 북한을 맹비난하고, 북미대화 조건으로 북한이 수용할 수 없는 사항을 제기했으며, 선제타격 운운했던 것은 북미관계 단절을 통해 북한에 북미제네바합의 파기와 NPT 탈퇴를 종용하기 위함이었던 것이다.

3. 북한에 북미제네바합의 파기와 핵확산금지조약 탈퇴 종용

 아들 부시는 햇볕정책을 비난하는 방식으로 남북관계를, 북한을 '악의 축'의 일원에 포함하는 등의 방식으로 북미관계를 경색시켰다. 그러나 이들은 북미제네바합의 파기와 NPT 탈퇴 종용 측면에서 보면 여건조성 수준이었다. 북미제네바합의 파기와 NPT 탈퇴를 북한에 직접 강요하기 위한 수단을 강구할

---

59) Quoted in Mike. Chinoy, *Meltdown* (p. 95). Kindle Edition.; Bob Woodward, *Bush at War* (New York: Simon & Schuster, 2002), p. 340.
60) "조미대화와 관련한 우리의 입장에는 변함이 없다,"『로동신문』, 2002. 9. 1.

필요가 있었다.

부시 행정부가 북한에 북미제네바합의 파기를 종용하기 위해 강구한 방안은 크게 두 가지였다. 첫째는 1999년 3월의 아미티지 보고서에서 언급한 외교적인 방안이었다. 북한이 수용할 수 없는 형태로 북미제네바합의 변경을 추구하는 것이었다. 다시 말해, 핵 및 미사일을 포함한 대량살상무기와 재래식 무기를 완벽히 제거하는 경우 북미외교관계를 정상화하는 등 북한 안보를 보장하기 위한 조치를 취할 것이란 것이었다. 이 같은 방식으로 북미제네바합의 수정을 요구하는 것이었다. 또 다른 방안은 2002년 10월의 켈리의 방북에서 보듯이 북미제네바합의 불이행을 지적한 후 이것의 파기를 추구하는 것이었다. 파월, 아미티지와 같은 온건파들이 첫 번째 방안을 옹호한 반면 존 볼턴과 같은 강경파들이 두 번째 방안을 옹호했다. 그러나 그 결과는 동일했다. 이들 모두는 북미제네바합의 파기를 북한에 종용하기 위한 성격이었다. 부시의 미국은 주로 후자의 방안에 의존했다.

북미제네바합의를 위배했다며 매년 북한에 제공해주던 50만 톤의 중유 제공을 중지하는 방식으로 북한을 압박하면 북한이 자발적으로 북미제네바합의를 파기하고 NPT에서 탈퇴한 후 핵무기 개발에 매진할 것이었다.

북미제네바합의 파기를 북한에 종용하기 위해 부시의 미국은 먼저 북한이 북미제네바합의를 제대로 이행하지 않고 있다는 근거 없는 주장을 전개했다. 북한 농축 우라늄 활동에 관한 불분명한 정보에 입각하여 북한이 북미제네바합의를 제대로 이행하지 않고 있다고 주장하면서 중유 제공 중지를 선언했다.

근거 없이 북한의 북미제네바합의 불이행을 주장한 미국

2001년 11월 볼턴은 1991년 이전에 북한이 생산했다고 알려진 플루토늄 규모를 확인하기 위한 국제원자력기구 사찰을 허용해주지 않았다며, 북한이 북미제네바합의를 제대로 준수하고 있다고 확인해주면 안 될 것이라고 주장했다. 북한이 북미제네바합의 문구를 제대로 이행하고 있는지 여부는 미국이 북한에 보낼 중유를 포함한 대북지원 물자를 선적하기 위한 자금 승인과 관련하여 미 의회가 요구한 사항이었다. 그런데 1991년 이전에 북한이 생산했다는 플루토늄 규명, 다시 말해 북한 핵의 과거사 규명은 북미제네바합의를 체결한 1994년 10월 당시 미국이 2003년 이후로 넘긴 사항이었다. 따라서 볼턴의 이 같은 주장은 타당성이 없었다.

북미제네바합의에 따르면 북한은 "경수로 건설 사업 가운데 상당히 많은 부분이 완료된 반면 경수로의 핵 관련 주요 부품이 제공되기 이전"에 북한 핵의 과거사를 규명하기 위한 특별사찰을 허용해줄 예정이었다. 그러나 구체적인 사찰 일정은 명시하지 않았다. 북미제네바합의에서는 경수로 완공 시점을 2003년으로 가정하고 있었지만 2002년 초순에도 경수로 건설은 시작도 하지 않은 상태였다. 따라서 북한은 북한 핵의 과거사 규명을 위한 특별사찰을 허용해줄 책임이 없었다.

당시 볼턴이 북한의 북미제네바합의 이행을 확인해주지 않고자 했던 것은 부시 행정부 인사들이 이 합의와 관련하여 전반적으로 회의적이기 때문이었다. 이처럼 북미제네바합의를 제대로 이행하고 있다는 사실을 확인해주지 않아서 중유가 제공되지 않으면 북한이 자발적으로 북미제네바합의를 파기할 가능성이 있었다. 이 같은 볼턴의 입장을 미 국가안전보장회의, 국방성, 체니 부통령실이 지지했다. 여기서 국방성 입장을 주목할 필요가 있다. 1994년 10월의 북미제네바합의를 주도한 세력이 미 국방성이었는데 이제 국방성이 이것의 파기를 추구하기 시작한 것이다. 그러나 당시 미국은 2002년의 중유 제공과 대북지원에 필요한 북한의 북미제네바합의 준수 사실을 확인해주기로 결심했다.[61] 부시 행정부가 북한의 북미제네바합의 준수 여부와 관련하여 우려를

---

61) Mike. Chinoy, *Meltdown* (pp. 76-7). Kindle Edition.

표명하는 수준에서 만족하기로 결심한 것이다.

2002년 1월의 부시의 '악의 축' 발언으로 북미제네바합의 파기를 주장하던 볼턴과 같은 강경파의 입지가 강화되었다. 북미제네바합의가 체결된 1994년 10월 이후 처음으로 부시 행정부가 북한이 이 합의를 제대로 이행하지 않고 있다고 천명하기로 결심한 것이다.

2002년 초순 미 국무성 부장관 아미티지가 미 상원외교위원회에서 비밀 브리핑했다. 당시 아미티지는 부시 행정부가 북한이 북미제네바합의를 준수하고 있음을 더 이상 확인해줄 수 없는 입장이라고 말했다. 그러자 미 공화당 출신 상원외교위원장 리처드 루가르(Richard Lugar)는 북한이 북미제네바합의를 준수하지 않고 있음을 보여주는 증거가 있는가? 질문했다. 아미티지는 증거는 없다고 답변했다. 아미티지는 북한이 향후에도 지속적으로 이것을 준수할 것인지를 부시 행정부가 확신하지 못하고 있다고 말했다. 민주당 출신 상원의원 조 바이든(Joseph Biden)은 북한이 이것을 위배할 것으로 기대하면서 지금 이 순간 북한의 북미제네바합의 준수 확인을 거부하는 것인가?라고 질문했다. 아미티지는 바이든의 질문에 제대로 답변하지 못했다.

아미티지의 답변에 화가 난 바이든은 본인의 아시아 지역 담당 참모인 프랭크 자누치를 국무성의 짐 켈리에게 보냈다. 자누치는 "북한이 이것을 어떻게 해석하겠는가? 북한은 미국이 북미제네바합의 파기를 준비하고 있다고 해석할 것인데?"라고 켈리에게 질문했다. 그러자 켈리는 "그렇지 않아요.…북한이 기존 원자로를 동결시킨 것만으로는 충분하지 않아요. 북한 핵의 과거사를 규명하기 위한 특별사찰이 필요합니다."라고 답변했다. 북한 핵의 과거사 규명을 위한 특별사찰 문제로 1993년과 1994년 당시 북한이 NPT에서 탈퇴를 위협한 바 있다는 점에서 보면 미국의 특별사찰 추구는 북한의 북미제네바합의 파기는 물론이고 NPT 탈퇴를 초래할 수 있는 성격이었다.

2002년 3월 20일 부시 행정부는 북한이 북미제네바합의를 위배하지 않았다는 사실을 확인해주지 않았다.62) 이 같은 방식으로 KEDO에 대한 미국의 자금 제공을 어렵게 만들었다.63) 북한의 북미제네바합의 준수 여부를 확인해줄 수 없다는 선언이 북한 입장에서 매우 강력한 메시지로 해석될 수 있다고 생각한 부시의 언론담당 비서 애리 플라이셔(Ari Fleischer)은 부시 대통령이 미 의회의 북미제네바합의 준수 확인 요구를 면제해주는 권한을 행사함으로써 2002년에 북한에 중유가 제대로 제공되게 할 것이라고 말했다. 기자들은 북미제네바합의가 체결된 1994년 10월 이후 미국이 북한이 이 합의를 제대로 준수했다는 사실을 계속 확인해준 바 있는데, 이 같은 미국의 정책을 변경해야 할 특별한 정보가 있는 것인가? 플라이셔에게 질문했다. 그러자 플라이셔는 이 같은 정보는 전혀 없다고 답변했다.64)

북한이 북미제네바합의를 제대로 이행하지 않고 있다는 근거 없는 주장만으로는 북미제네바합의를 파기할 수 없을 것으로 생각한 미국은 북한의 농축우라늄 관련 장비 구입을 빌미로 북미제네바합의를 파기하기로 결심했다. 북한을 직접 방문하여 파기를 추구해야 할 것으로 결심한 것이다. 이 같은 이유로 미국은 북미제네바합의 파기 목적의 북미대화를 구상했던 것이다.

북미제네바합의 파기 목적의 북미대화를 추구한 미국

북미제네바합의를 파기하기 위한 미국의 노력은 아이러니하게도 북미대화 재개를 통해 시작되었다. 북한이 결코 수용할 수 없는 조건을 제시하는 등의 방식으로 취임 이후 거의 15개월 동안 북미대화를 의도적으로 거부하던 부시

---

62) Quoted in Sebastian Harnisch, "U.S.-North Korean Relations Under The Bush Administration," p. 871.

63) Alex Wagner, "Bush Challenges North Korean Adherence to Nuclear Freeze," *Arms Control Today Online*, April 2002.

64) Quoted in Mike. Chinoy, *Meltdown* (p. 78). Kindle Edition.; White House Press Briefing, March 20, 2002.

행정부가 2002년 3월 중순 북미대화를 추구했다. 그런데 이는 북미제네바합의 파기를 위해 고위급 인사를 북한으로 보내기 위한 성격이었다. 잭 프리처드와 미 국가안전보장회의 소속 마이클 그린(Michael Greene)이 북미대화 재개를 희망하며 유엔의 북한특사 박길연과 회동했다. 당시 미측 인사들은 대북특사 파견을 언급했다. 이들은 미국이 북한과 진정 대화할 의도가 있음을 박길연에게 확신시키고자 노력했다.

한편 아버지 부시 대통령 당시 주한 미국대사를 역임한 도널드 그레그가 2002년 4월 북한을 방문하여 북한 외무성 차관 김계관과 북한군 장군 이찬복을 만났다. 김계관은 "아들 부시는 아버지 부시와 왜 그처럼 다른가? 아들 부시가 클린턴 대통령을 그처럼 미워하는 것은 무슨 이유 때문인가? 왜 미국은 우리가 하는 것 모두를 그처럼 의심하는가? 왜 미국은 북한을 위협하는가?" 질문했다. 이찬복은 "미국이 우리를 코너로 몰면 미국과 싸워서 죽을 준비가 되어 있다."라고 말했다. 미국으로 귀국할 당시 그레그는 북한이 대화 의향이 있다고 확신했다. 그레그는 다음과 같은 내용의 편지를 부시 대통령에게 보냈다. "북한은 미국이 자국을 위협하고 있다고 생각합니다.···북한은 클린턴 행정부 말기에 북미가 합의한 사항이 아직도 유효하다고 생각합니다. 대통령이 신임하는 누군가를 통해 서신을 북한에 전달하면 일이 순조롭게 진행될 것입니다."[65]

그레그가 북한을 방문하던 시점 임동원이 북한을 방문하여 김정일과 몇 시간 동안 대화했다. 서울로 귀환한 즉시 임동원은 김정일이 "미국의 대북특사 방북을 수용할 의향이 있다"고 말했다. 거의 10개월 동안 미국과 관련하여 분노와 혼돈의 와중에 있던 북한이 부시 행정부의 협상 제안을 수용한 것이다. 북한은 협상 장소와 시점은 개의치 않는다고 말했다.

당시 파월 국무장관, 아미티지와 같은 사람들은 북미제네바합의 파기 목적의

---

[65] Mike. Chinoy, *Meltdown* (pp. 79-80). Kindle Edition.

대북 협상방안을 모색하고 있었다. 이들은 이것을 '대담한 접근방안(Bold Approach)'로 표현했다. 그런데 이는 1999년 3월의 아미티지 보고서에서 말한 외교적 접근 방안을 의미했다. 대담한 접근방안에서는 북미관계 개선 가능성을 언급했다. 그러나 그 후 몇 년 동안의 부시 행정부의 전반적인 대북 정책과 마찬가지로 이는 미국이 북한의 우려사항을 해소하기 위한 노력을 시작하기 이전에서조차 북한이 먼저 미국의 몇몇 우려사항을 충족시키기 위한 조치를 취할 것을 요구하는 성격이었다.

2002년 6월 10일 콜린 파월은 미국의 요구사항을 다음과 같이 표현했다. "미국은 북미외교관계정상화 측면에서 북한을 도와주기 위한 중요한 조치를 취할 준비가 되어 있다. 그러나 북미 간의 진전은 몇몇 주요 사안에 관한 북한의 행동에 좌우될 것이다. 북한은 핵무기와 미사일 확산 노력을 중지해야 한다. 여타 국가를 위협하는 장거리미사일들을 제거해야 한다. 국제원자력기구가 요구하는 모든 종류의 사찰을 수용해야 한다. 위협적이지 않은 재래식 전력을 유지하기 위한 조치를 취해야 한다." 북한이 이처럼 조치를 취할 때만이 미국은 상호 보완적인 조치를 강구할 것이었다.66) 특히 미국은 1991년 이전에 북한이 생산했다는 플루토늄 제거를 위한 사찰을 포함하여 국제원자력기구의 모든 사찰을 수용해야 할 것이라고 말하고 있었다.

북미제네바합의 체결 이전 2년 동안 플루토늄 실체 규명 목적의 특별사찰 문제를 놓고 북한이 NPT 탈퇴를 선언하는 등 한반도가 전쟁의 문턱까지 다가갔다는 점에서 보면 이는 북한이 북미제네바합의를 자진해 파기하고 NPT를 탈퇴하게 만들기 위한 성격으로 볼 수 있었다. 한국군과 미군의 상응한 조치가 없는 가운데 북한의 재래식 무기, 핵 및 미사일 능력 제거를 요구하고 있었는데 이는 북한이 결코 수용할 수 없는 부분이었을 것이다.

---

66) Quoted in Sebastian Harnisch, "U.S.-North Korean Relations Under The Bush Administration," p. 872.; Remarks at the Asia Society by Secretary of State Colin Powell, June 10, 2002.

한편 미국은 북미제네바합의 파기 목적으로 북한의 농축 우라늄 활동에 관한 정보를 이용하기로 결심했다. 김정일이 미국의 대북특사를 수용할 것이란 임동원의 발언이 있은지 2개월이 지난 2002년 6월 미국은 켈리 일행이 북한을 7월 10일 방문할 것이라고 말했다. 그러면서 6월 23일 미 중앙정보국은 북한이 농축우라늄에 입각한 핵무기 개발을 추구하고 있다는 정보를 폭로했다. 이 정보에 따르면 미국은 북한이 농축우라늄 생산 관련 부품을 구입하고 있었지만 이들 부품을 갖고 무엇을 했는지? 확인할 수 없었다. 2002년 6월 29일 벌어진 연평해전을 핑계로 7월 1일 미국은 켈리의 방북 시점을 뒤로 미루었다. 그러나 주요 이유는 북한 농축우라늄 생산 관련 정보를 분석하여 그 대책을 마련하기 위함이었다.

핵무기 생산이 가능할 정도로 많은 분량의 우라늄을 농축할 수 있는 제대로 작동 가능한 원심분리기를 조립하는 과정에서는 상당한 난관을 극복해야 한다. 이 같은 사실을 고려하여 2002년 11월의 미 중앙정보국 보고서는 북한이 아무리 빨라도 2005년경이 되어야 이처럼 작동 가능한 원심분리기를 구축할 수 있을 것이라고 말하고 있었다.67)

부시 행정부는 파키스탄이 북한에 우라늄 농축 관련 기술을 전달해주었다고 주장했다. 그런데 파키스탄은 이 같은 부시 행정부의 주장을 부인했다. 보다 문제인 것은 영국 정보당국이 부시 행정부와 상이한 관점을 표명했다는 사실이다. 영국 정보당국은 파키스탄이 유일하게 리비아와 핵무기 관련 기술을 공유했다는 보고서를 발행한 것이다. 당시 북한이 우라늄 농축 프로그램을 운용하고 있는지와 관련하여 미국 내부에서조차 심각한 이견이 있었다.68) 이 같은 수준의 정보에 입각하여 2002년 10월 부시 행정부가 켈리를 북한으로 보낸

---

67) CIA Report to the U.S. Congress on North Korea's Nuclear Weapons Potential, November 19, 2002.
68) James I. Matray, "The Failure of the Bush Administration's North Korea Policy," pp. 152-3.

것이다.

　북한 농축우라늄 시설 구축 노력에 관한 모든 설명에서는 이 같은 노력이 북한의 기근이 정점을 찍었던 1997년 또는 1998년에 시작되었다는 사실에 동의했다. 수십 만 명의 주민이 아사하고 경제가 고속 낙하하던 당시 북한 사회는 그 전례가 없는 수준의 내부 갈등을 경험하고 있었다. 북한은 미국이 북미제네바합의를 통해 자국 원자로를 동결시키는 등 나름의 이득을 챙긴 반면 예상했던 이득은 거의 실현되지 않았다고 생각했다. 북미제네바합의를 체결한 이후 처음으로 1997년 2월 조선중앙통신은 미국이 북미제네바합의를 제대로 이행하지 않고 있다며 다음과 같이 경고한 바 있었다. "미국이 북미제네바합의를 제대로 이행할 의도가 없다면 우리 또한 원자로 동결을 지속할 의향이 없다."[69] 북한이 이 같은 발언 이후 농축우라늄 시스템 구축을 시작했을 가능성이 있었다.

켈리 일행의 방북

　미국은 켈리의 방북 자료를 준비했다. 이들 자료를 NSC, 국방성, 국무성, 체니 부통령실이 검토했다. 최종적으로 미국의 최고위층 인사들은 켈리가 방북하여 농축 우라늄 문제를 놓고 북한과 집중 논의해야 할 것으로 결론지었다. 당시 미국은 켈리가 방북하여 논의해야 할 내용뿐만 아니라 논의 분위기조차 통제하고자 노력했다. 켈리는 저녁식사 계획을 취하고, 김정일을 위한 건배에 동참하지 말라는 지시를 받았다.

　2002년 10월 3일 켈리 일행이 비무장지대를 통해 평양에 도착했다. 당시 미측은 켈리 일행이 비무장지대를 통해 평양에 갈 수 있게 해달라고 요청했다. 이 같은 요청이 있은지 불과 17시간 만에 북한이 긍정적으로 답변했다. 이는

---

69) 최성국, "심사숙고하여야 한다", 『로동신문』, 1997. 2. 7.

북한이 미국과의 외교적 접촉을 얼마나 염원하고 있었는지를 보여주는 부분이었다.70)

10월 3일 오후 양측은 북한 외무성에서 회동했다. 주빈인 김계관이 켈리에게 먼저 발언 기회를 주었다. 켈리는 사전 준비된 자료를 읽어 내려갔다. 켈리는 원래 미국이 '대담한 접근방안'을 놓고 대화할 의도였다고 말했다. 그러나 북한이 우라늄 농축을 통해 핵무기를 개발하기 위한 은밀한 계획을 추진하고 있다고 믿을 수밖에 없는 명백한 정보를 확보하게 되면서 그처럼 할 수 없게 되었다고 말했다. 켈리는 이 문제를 해결하기 이전에는 북미대화가 불가능하다는 사실을 강조했다. 켈리는 김계관이 곧바로 답변할 필요가 없다고 말했다. 심사숙고한 답변을 원한다고 말했다. 켈리는 또한 우라늄 농축 문제를 해결하지 않으면 한국 및 일본과 북한의 관계 개선 노력이 부정적인 영향을 받게 될 것이라고 말했다. 김계관은 굳은 표정으로 앉아 있었다.71)

켈리의 발언이 끝나자 김계관은 잠시 휴식을 요청했다. 김계관은 서둘러 밖으로 나갔다. 회의가 재개되었을 당시 김계관은 북한이 비밀리에 우라늄 생산 계획을 운용하고 있다는 켈리의 주장이 거짓이라고 말했다. 이것을 북미관계 개선을 원치 않는 미국의 일부 세력이 꾸민 음모라고 주장했다. 김계관은 농축 우라늄 문제를 이용하여 남북 및 북일 관계 진전을 차단하고 있다며 미국을 비난했다. 회동은 곧바로 종료되었다.72)

다음날 아침 미측 인사들이 김계관과 두 번째 회동했다. 켈리는 본인의 작일 발언을 거의 정확히 반복했다. 김계관 또한 새로운 사실을 거의 제시하지 않았다. 김계관은 미국이 북한을 압박하고 있다고 재차 주장했다. 그러면서 김계관은 농축우라늄 관련 켈리의 주장은 답변할 가치가 전혀 없다고 말했

---

70) Quoted in Charles L. Pritchard. *Failed Diplomacy* (Kindle Location 476). Kindle Edition.
71) Ibid., (Kindle Location 508). Kindle Edition.
72) Ibid., (Kindle Location 515). Kindle Edition.

다.73)

　켈리 일행은 그 후 강석주와 회동했다. 그런데 강석주와의 회동은 북미 외교사에서 가장 중요한 회동 가운데 하나였다. 켈리 일행은 강석주의 당시 발언을 북한이 진정 비밀리에 농축우라늄 프로그램을 운용하고 있다는 미국의 주장을 인정하는 성격으로 간주했다. 강석주의 발언에 대한 미국의 해석은 북한의 북미제네바합의 파기, 핵무기 개발 노력 재개, NPT 탈퇴를 초래한 일대 사건이었다. 당시 회동 이후 수년이 지난 시점에도 강석주의 발언의 의미가 무엇인지 논란의 대상이다. 미국 정부는 당시 회동 내용을 비밀 해제하지 않았다. 공개된 회의 자료가 없다는 점에서 당시 회동에 참석했던 사람들의 증언에 입각하여 회의 내용을 재구성할 수밖에 없는 실정이다.

　강석주는 켈리 일행과의 회동에 관해 김계관으로부터 상세 보고받은 후 그날 저녁 대응 방안을 놓고 북한군, 여타 정부 부처의 고위급 관리들과 밤새도록 회동했다고 말했다. 본인이 북한 정부와 노동당을 대변한다고 말하면서 강석주는 미국의 대북정책을 신랄히 공격했다. 북한을 '악의 축'에 포함시켰다는 사실과 선제타격 교리에 입각하여 핵무기로 공격해야 할 잠재 표적 목록에 포함시켰다는 사실을 지적하며 강석주는 부시 행정부가 북미제네바합의를 효과적으로 무력화시켰다고 말했다.74)

　강석주는 다음과 같이 냉소적으로 말했다. "우리는 '악의 축'의 일원인 반면 여러분은 신사입니다. 북미관계는 이와 같습니다. 우리는 신사처럼 문제를 논의할 수 없습니다. 미국의 압력으로 무장해제하는 경우 우리는 유고 또는 아프간의 탈레반처럼 돌에 맞아 죽게 될 것입니다."75)

---

73) Ibid., (Kindle Location 532). Kindle Edition.
74) "조미사이의 불가침조약체결이 핵문제 해결의 방도이다"란 제목의 다음 참조. "조선민주주의인민공화국 외무성 대변인담화," 『로동신문』, 2002. 10. 26.
75) Charles L. Pritchard. *Failed Diplomacy*, (Kindle Location 551). Kindle Edition.

당시 회동에 참석했던 미국인들은 어느 순간에도 강석주가 농축우라늄 관련 켈리의 주장을 구체적으로 확인해주지 않았다는 사실에 동의했다. 강석주는 북한이 핵무기를 보유할 권한이 있으며, 보다 강력한 무기도 갖고 있다고 말했다. 북한 외무성 공식 성명을 인용하며 10월 25일 조선중앙통신은 강석주의 발언을 다음과 같이 묘사했다. "이 같은 이유로 북한은 점증하는 미국의 핵위협으로부터 주권과 생존권을 수호하기 위해 핵무기는 물론이고 그보다 훨씬 강력한 무기를 보유할 권한이 있음을 미국 대통령 특사에게 분명히 밝혔다."[76]

강석주의 발언에 대한 미측 인사들의 반응

강석주의 "훨씬 강력한 무기" 지칭이 미국인들을 놀라게 했다. 프리처드는 다음과 같이 주목했다. "우리는 강석주의 발언이 우라늄 폭탄보다 훨씬 발전된 폭탄을 제조할 준비가 되어 있다는 의미로 해석했다."[77]

당시 회동에 참석했던 미국인들은 "우라늄 폭탄 개발을 추구하고 있다."라고 단호히 말하지 않았지만 "'강석주가 농축우라늄 폭탄 개발 계획을 인정하고 있다.'라는 인상을 풍겼다."고 생각했다. 이들 미국인에 따르면 강석주는 부시 행정부가 북한의 주권을 존중하고자 하는 경우 불가침조약을 체결하고, 여타 국가와의 관계 개선을 포함한 북한 경제발전에 간섭하지 말기 바란다고 말했다. 강석주는 켈리가 제기한 미국의 우려사항들을 해결해줄 의향이 있다고 말했다. 강석주는 또한 클린턴 행정부 말기에 북한이 추구했지만 달성하지 못한 부분, 다시 말해 부시와 김정일의 정상회담에 관심이 있음을 암시했다.[78]

데이비드 스트라웁(David Straub)는 강석주의 전략이 북한이 농축우라늄

---

76) "조선민주주의인민공화국 외무성 대변인담화", 2002. 10. 26.
77) Charles L. Pritchard. *Failed Diplomacy* (Kindle Location 547). Kindle Edition.
78) Ibid., (Kindle Location 558). Kindle Edition.

폭탄 개발을 추구하고 있다는 켈리의 주장을 확인도 부인도 하지 않으면서 이 같은 켈리의 주장을 이용하여 북한이 오랜 동안 염원해왔던 북미협상을 시작할 수 있게 하는 것이라고 생각했다. 스트라웁은 강석주의 행동이 부시 대통령을 잘못 이해한 결과라고 생각했다. 그 이전까지 북한은 가장 논쟁적인 사안조차도 협상을 통해 해결하고자 했던 클린턴 행정부 인사들과 주로 접촉한 바 있었다. 스트라웁은 "2002년 10월 시점에서조차 북한이 부시 행정부를 제대로 이해하지 못하고 있었다. 이들이 부시 행정부를 클린턴 행정부처럼 반응하게 만들 수 있을 것으로 생각했다."라고 주목했다.

켈리는 "본인이 협상 목적으로 평양을 방문한 것이 아니다."라는 사실을 의식하여 행동했다. 북한을 방문하기 이전 켈리는 북한인들을 다그쳐서 농축우라늄 폭탄 개발 노력 실토를 촉구하지만 이 문제와 관련하여 어떠한 협상도 하면 안 된다는 엄격한 지시를 받은 바 있었다. 켈리는 강석주가 본인에게 말해준 부분이 가장 달갑지 않은 뉴스, 본인이 미국에 곧바로 보고해야만 하는 뉴스라고 말했다. 마이클 그린은 "…켈리가 '이제 북한을 떠날 예정이다.'라고 말하며 노트북을 닫은 후 자리를 이탈하자 이들이 놀란 표정이었음이 분명했다."라고 말했다.

강석주의 발언을 북한 농축우라늄 폭탄 개발계획에 관한 결정적인 단서로 확신한 대부분 미국인들은 이것을 미국의 본인들의 상관에게 곧바로 전달해줄 필요가 있다고 생각했다. 이들은 "북한이 농축우라늄 프로그램을 도도하게 인정했다."라는 표지의 메모를 북한주재 영국대사관 통신망을 이용하여 미국으로 전송했다. 미국의 강경파들 입장에서 보면 켈리가 보내준 전문은 더 이상 좋을 수 없는 희소식이었다.

미국은 강석주가 농축우라늄과 관련하여 완벽히 실토했다고 주장했다. 예를 들면, 미 국방성 부장관 페이스는 2002년 11월 8일 다음과 같이 천명했다. "북한에서 켈리가 확인한 것은 북한이 핵무기 개발을 추구할 수도 있을 것이란 사실이 아니고 핵무기를 개발하고 있다는 사실입니다. 켈리는 북한이 우라늄을 농축시키고 있다는 사실을 북한에서 확인받았습니다."79) 그러나 강석주의 발언 문구를 확인한 많은 사람들이 아직도 그 의미와 관련하여 의문을 품고 있었다. 예를 들면, 강석주의 "훨씬 강력한 무기"란 표현이 오해 소지가 다분했다. 켈리 일행 가운데 어느 누구도 이것의 의미를 분명히 말하지 못했다. 나중에 중국 외교부 아시아 담당 부서의 푸잉(傅穎)이 북한 관리들에게 확인을 요구하자 북한 관리들은 이것이 단순히 "조선인민의 엄청난 저력"을 의미한다고 말했다. 한편 북한은 당시의 강석주의 발언을 이 같은 무기를 개발했다는 의미가 아니고 이 같은 무기 또한 개발할 '권리'가 있다는 의미로 해석했다.80)

켈리 일행의 방북과 관련하여 북한은 격렬한 반응을 보였다. "미국의 대북 특사…는 북한의 핵, 미사일 및 재래식 전력과 인권에 관한 자신들의 일방적인 요구를 북한이 먼저 충족시킨 이후에나 북미관계, 남북관계 및 북일관계가 원만하게 진행될 수 있을 것이라고 주장했다. 이처럼 고압적이고도 도도한 태도를 견지했다. 미국이 자국의 우려사항이라고 제기한 내용은 대북 적대시정책의 산물과 다름이 없다."81)

북한이 농축 우라늄 관련 활동을 했다고 주장하면서도 부시 행정부 대변인은 이것이 위기가 아니며, 외교적 채널을 통한 평화적인 방식으로 해결해야 할 성격이라고 말했다.82) 부시를 포함한 몇몇 인사들의 그 후 발언에서는 부시 행정부가 북한에 내해 적대적인 의도가 없으며, 북한을 침공 또는 공격할 의향이

---

79) Quoted in Mike. Chinoy, *Meltdown* (p. 136). Kindle Edition.; Transcript: Douglas Feith News Conference, U.S. and Japan Discuss North Korea, Security Issues, November 8, 2002.

80) "부쉬에게 보내는 공개서한," 『로동신문』, 2002. 11. 27.

81) "미국 특사의 평양방문: 대조선 적대시정책을 버려야," 『조선신보』, 2002. 10. 9.

82) Peter Slevin and Glenn Kessler, "Bush Emphasizes Diplomacy Toward North Korea," *Washington Post*, October 18, 2002.

없다는 사실을 강조했다.83) 그러나 부시 행정부는 외교적 대안이 북미 직접 협상이 아니고 북한 주변국들과의 협의를 통한 다자적 성격의 문제 해결을 의미한다고 주장했다.

대화를 촉구한 한국, 북한, 중국, 북미제네바합의 파기를 추구한 미국

한국 정부와 북한은 협상을 통한 북한 핵 문제 해결을 촉구했다. 김대중 대통령은 북한 핵문제를 대화를 통해 해결해야 할 것이라며 다음과 같이 말했다. "저는 북한 핵문제를 경제제재 또는 전쟁이 아니고 대화를 통해 해결해야 한다고 굳게 믿습니다.…북미제네바합의를 파기하면 북한이 핵문제에 관한 북미합의의 제약에서 자유로워지는 결과만 초래될 것입니다."84)

당시까지도 북한은 협상을 통해 핵 위기를 타개하기를 원하고 있다는 신호를 보내고 있었다. 2002년 11월 3일 유엔주재 북한대사 한성열은 다음과 같이 말했다. "농축 우라늄 프로그램 사찰을 포함한 모든 것이 협상 가능할 것입니다.…미국이 대북 적대시정책을 포기할 의향이 있는 경우 북한 정부는 대화를 통해 미국의 모든 우려사항을 해결할 것입니다."85) 2002년 11월 2일 북한을 방문한 도널드 그레그와 돈 오버도퍼에게 김계관은 북한이 협상을 통한 북한 핵 위기 해결을 원한다고 다음과 같이 말했다. "우리는 가능한 모든 것을 다하고 있습

---

83) Glenn Kessler, "U.S. Takes North Korea's Nuclear Plan in Stride," *Washington Post*, December 13, 2002; David E. Sanger, "Bush Welcomes Slower Approach to North Korea," *New York Times*, January 7, 2003; "U.S. 'Willing to Talk' to North Korea," briefing remarks by State Department spokesman Richard Boucher, January 7, 2003; Secretary of State Colin Powell, testimony delivered to the Senate Foreign Relations Committee, February 6, 2003.

84) "South Korean Leader Says No to Sanctions Against North Korea," *AFP*, October 23, 2002.

85) Philip Shenon, "North Korea Says Nuclear Program Can be Negotiated," *New York Times*, November 3, 2002.

니다. 우리는 문제의 심각성과 북미 간에 '불신의 골'이 깊다는 사실을 고려하여 할 수 있는 것 모두를 했습니다. 이제 미국이 움직일 차례입니다. 미국은 우리가 먼저 핵무기 개발계획을 해체하기를 원하고 있습니다. 우리가 먼저 항복하기를 원합니다. 북미관계는 가장 적대적입니다. 미국은 북한을 핵무기로 공격할 것이라고 위협하고 있습니다. 우리는 미국의 공격에 대항하기 위한 무기를 개발하지 않을 수 없는 실정입니다." 한편 김정일은 부시에게 다음과 같은 화해의 제스처를 보냈다. "…북미관계를 통해 현재의 위기를 극복하고 새로운 시대를 열 수 있기를 기대합니다. 현재의 위기가 본질적으로 북한의 주권을 무시하고 군사적으로 무뢰한 위협을 하는 미국의 대북 적대시정책에 기인한다고 생각합니다.…미국이 북한의 주권을 인정하고 불가침을 보장해주는 경우 우리가 새로운 시대의 요구에 부응하여 북한 핵문제 해결 방안을 강구할 수 있을 것입니다.…미국이 대담한 결심을 하면 우리도 그에 상응하여 반응할 것입니다."[86]

북한 핵위기가 시작된 1992년부터 오늘날까지 중국은 북한 핵문제를 대화를 통해 해결해야 할 것이라고 지속적으로 주장했다.

이처럼 북한을 포용하고 협상해야 할 대상으로 생각한 국가가 한국과 중국만은 아니었다. 동북아지역의 미국의 주요 동맹국인 일본 또한 이처럼 생각했는데 이는 중국을 겨냥한 자국의 아태지역 동맹체계 정비 차원에서 한반도 긴장을 고조시킬 필요가 있었던 미국 입장에서 결코 수용할 수 없는 현상이었다.

일본총리 고이즈미 준이치로(小泉純一郎)는 부시와 절친한 관계였음에도 불구하고 북한과의 외교적 타개를 위해 상당히 많이 노력했다. 고이즈미는 2002년 9월 방북하여 김정일과 회동했다. 북일관계 정상화와 관련하여 보다 더 협상할 수 있는 여건을 조성했다. 고이즈미가 "적대적인 북미관계를 상호

---

86) Quoted in Mike. Chinoy, *Meltdown* (p. 135). Kindle Edition.

협조적인 관계로 전환함이 일본의 국익과 가장 잘 부합할 것으로 판단했기 때문이었다."87)

2002년 10월의 켈리의 방북으로 북한 농축우라늄 프로그램의 실체가 외부로 노출된 이후에서조차 고이즈미는 북한 핵 위기 해결 차원에서 북미협상을 열망한다는 신호를 미국에 반복해 보냈다. 미국 관리들이 북미협상이 가능하지 않다고 천명한 2002년 10월 늦은 시점, 고이즈미는 북일관계 정상화를 염두에 둔 새로운 대화를 일본 관리들에게 승인해주었다. 북한이 영변원자로를 재가동시키고 있다는 뉴스를 접한 직후 고이즈미는 기자들에게 다음과 같이 말했다. "원자로를 재가동시킬 것이란 내용의 북한의 성명을 자세히 읽어보면 이들의 일관된 입장이 북한 핵 문제의 평화적인 해결임을 알게 됩니다."88)

미국은 한국, 중국, 일본 및 북한과 입장이 달랐다. 예를 들면, 파월 국무장관은 북미대화를 다음과 같이 거절했다. "'우리는 '매우 놀랐다고 말하면서 당신의 잘못된 행동과 관련하여 유화적인 입장을 취하기를 원하기 때문에 협상합시다.'라고 할 수 없습니다. 이 같은 북한의 행동과 관련하여 보상해줄 수 없습니다."89)

그 와중에서 미 행정부 주요 인사들이 북미제네바합의 파기를 추구했다. 볼턴은 다음과 같이 회고했다. "내 입장에서 가장 중요한 문제는 북미제네바합의와 이것에 입각한 파워 구조를 모두 해체하는 것이었다." 볼턴과 같은 강경파들은 북미제네바합의에 입각하여 미국이 매년 북한에 제공해준 50만 톤 규모의 중유 선적을 곧바로 중지시킬 것을 부시 행정부에 촉구했다. 미국 정부의 은밀한 자료, 특히 강경파들이 제공해주는 은밀한 자료를 빈번히 인용하여 보도

---

87) Quoted in Ibid., p. 131. Kindle Edition.; Asahi Shimbun, "Undeterred, Koizumi to Push North Korea Ties," October 19, 2002.

88) Quoted in Mike. Chinoy, *Meltdown* (p. 155). Kindle Edition.; Nicholas Kralev, "N. Korea to Restart Nuke Reactor," *Washington Times*, December 13, 2002.

89) Jonathan Salant, "Secretary of State Powell Says U.S. Is Willing to Talk With North Korea," *Associated Press*, December 29, 2002.

하는 뉴욕타임스지의 데이비드 생어는 다음과 같이 말했다. "부시 행정부는 1994년 10월에 체결한 북미제네바합의 파기를 결심했다. 어느 인사는 다음과 같이 말했다. '우리는 이 합의가 이미 파기된 것으로 생각하고 있다.'"90)

멕시코에서 아시아태평양경제협력체 회동에 참석하고 있던 파월이 곧바로 워싱턴포스트지에 다음과 같이 말했다. "나는 북미제네바합의가 '파기'되었다는 용어를 사용한 바 없습니다.…북미 직접 대화도 배제하지 않고 있습니다."91) 다음날 어느 고위급 관리가 파월의 발언을 반박했다. 그는 파월의 유화적인 발언은 "국무성의 반란을 보여준다.…파월의 발언은 본인의 관점, 국무성 관점일 수 있다. 그러나 이는 미 행정부 관점이 아니다."92)라고 동일한 워싱턴포스트지 기자에게 말했다.

미국의 대북 중유 제공 중지

부시 행정부의 대부분 인사들은 북한에 북미제네바합의 파기를 종용한다는 차원에서 대북 중유 제공을 중지시켜야 한다고 생각했다. 이 같은 방식으로 북한을 강력히 압박해야 한다고 생각했다. 켈리가 방북한 2002년 10월 이전에서조차 럼스펠드 국방장관과 같은 인사들은 북미제네바합의가 파기된 것과 다름이 없다며 대북 중유 제공을 중지해야 할 것이라고 주장한 바 있었다.93)

2002년 11월 13일 부시 대통령이 미 국가안전보장회의를 주관했다. 여기

---

90) David E. Sanger, "U.S. to Withdraw from Arms Accord with North Korea," *New York Times*, October 20, 2002.

91) Quoted in Mike. Chinoy, *Meltdown* (p. 132). Kindle Edition.; Karen DeYoung, "U.S. Might Try to Salvage Part of N. Korean Accord," *Washington Post*, October 25, 2002.

92) Quoted in Mike. Chinoy, *Meltdown* (p. 132). Kindle Edition.; Mike Allen and Karen DeYoung, "Bush Seeks China's Aid to Oppose North Korea: Jiang's Statement Not as Forceful as U.S. Hoped," *Washington Post*, October 26, 2002.

93) Charles L. Pritchard. *Failed Diplomacy* (Kindle Location 464). Kindle Edition.

서는 미국이 더 이상 대북 중유 예산을 지원하지 않기로 결심했다. 평소 도전적인 접근 방안을 꺼려했던 파월조차도 다음과 같이 말했다. "…북한이 북미제네바합의를 위배한 상황에서 이 합의에 입각하고 있는 중유 제공을 더 이상 정당화시킬 수 없습니다. 그러나 중유 제공을 중지하는 경우 우리가 보다 어려운 상황에 놓이게 될 것임을 저는 잘 알고 있습니다."

11월 14일 KEDO 이사회의 미국, 한국, 일본 및 유럽연합 대표들이 이곳 역사상 가장 중요한 회동을 시작했다. 당시 미측 대표는 부시 행정부 강경파들의 지시에 따라 행동했다. 이들 강경파는 대북 중유 제공 중지를 선언하는 성명서 채택을 강력히 촉구하고 있었다. 한국, 일본 및 미국 대표 모두 중유 제공 중지를 결심하는 경우 북한이 악순환의 연쇄반응을 초래할 것이라고 생각했다. 한편 미 국가안전보장회의 관리들은 KEDO의 자국 대표들이 미국 입장을 지지하게 해달라고 일본과 한국의 본인의 상대역을 강력히 압박했다. 결과적으로 일본 정부와 한국 정부 모두 미국의 압박에 굴복하지 않을 수 없었다. 본국으로부터 미국 입장을 지지하라는 지시를 받은 KEDO의 한국과 일본 대표가 사색이 되었다.

11시간 동안 지속된 회동 이후 KEDO 이사회는 대북 중유 제공 중지를 선언하는 성명서를 발표했다. 부시 행정부 강경파들이 강요한 문구에 입각하고 있던 성명서는 다음과 같았다. "KEDO 이사회가 북한 핵무기 개발 노력을 비난하기로 합의했다. 그런데 북한 핵무기 개발은 북미제네바합의를, NPT를, 국제원자력기구의 안전보장조치 합의를, 한반도비핵화공동성명 아래서의 자국의 책임을 분명하고도 심각하게 위배한 경우다."[94] 북한 시각에서 보면 미국은 일방적인 항복 요구와 다름이 없는 일련의 협상 불가능한 요구를 하고 있었던 것이다.

KEDO 이사회가 대북 중유 제공 중지를 선언한 2002년 11월 14일 이후

---

94) Mike. Chinoy, *Meltdown* (p. 141). Kindle Edition.

1주일 동안 북한은 침묵했다. 11월 19일 42,500톤의 중유를 선적한 마지막 선박이 남포항에 도착했다. 그 후 3일 뒤 북한 외무성은 중유 제공이 북미제네바합의 가운데 미국이 이행한 유일한 부분이라고 주장하면서 이것이 파기되었다고 선언했다. 북미제네바합의 파기와 관련하여 미국을 강도 높게 비난하는 다음과 같은 성명서를 발표했다. "미국은 경수로 건설 일정을 대거 지연시켰습니다. 북한을 핵무기로 선제타격하기 위한 계획을 수립했으며, '악의 축'에 포함시켰습니다." 성명서에서는 북미불가침조약 체결을 재차 촉구했다. 그러나 여기서는 또한 "북한이 참을 만큼 참았다."라고 경고했다.95)

그 후 북한 노동신문은 다음과 같이 보다 강력히 경고했다. "북한은 상당한 전기 손실에도 불구하고 북미제네바합의 체결 이후 8년 동안 핵시설을 동결시켰습니다.…현재의 엄중한 상황으로 더 이상 북미제네바합의를 준수할 수 없는 단계까지 왔습니다. 미국은 대북 중유 제공 중지로 인해 초래될 일련의 심각한 결과와 관련하여 전적으로 책임져야 할 것입니다."96)

북미제네바합의를 체결한 1994년 10월부터 2002년 말경까지 북한은 플루토늄을 전혀 생산하지 않았다. 따라서 당시 북한은 1991년 이전에 생산한 1개 또는 2개의 핵무기를 만들 수 있을 정도의 플루토늄을 갖고 있었을 것이다.97)

아들 부시의 북한 NPT 탈퇴 종용

2002년 12월 10일 미국은 북한이 예멘으로 인도하고자 했던 스커드미사일,

---

95) "조선민주주의인민공화국 외무성 대변인담화," 『로동신문』, 2002. 11. 22.

96) "미국은 조미기본합의문을 파기한 책임에서 벗어날 수 없다." 『로동신문』, 2002. 11. 27.; "부쉬에게 보내는 공개서한," 『로동신문』, 2002. 11. 27.; "미제는 파렴치한 대조선 고립압살책동을 당장 걷어 치워야 한다." 『로동신문』, 2002. 12. 13.

97) "North Korea: an Update on Six-Party Talks And Matters Related To The Resolution of the North Korean Nuclear Crisis Hearing Before the Committee on Foreign Relations United States Senate," *One Hundred Ninth Congress First Session*, June 14, 2005, p. 4.

재래식 무기, 정체불명의 8개 드럼의 화학물질을 선적한 '서산'이란 북한 화물선을 공해상에서 불시 검문했다. 미국이 공해상에서 북한 선박을 불시 검문한 것은 이번이 처음이었다. 국제사회의 미사일 거래를 금지하는 법은 존재하지 않았다. 예멘도 북한도 미사일 수출 규제를 위해 노력하는 자발적인 조직인 미사일기술통제체제(MTCR) 서명국이 아니었다. 당시의 미국의 북한 선박 불시 검문은 북한을 다루기 위해 부시 행정부가 채택한 새로운 전략인 '맞춤형 봉쇄(Tailored Containment)' 전략의 전조였다.

이처럼 미국이 북한 선박을 불시 검문한지 이틀이 지난 12월 12일 북한은 재차 대화를 촉구하면서도 자국의 인내에 한계가 있다고 말했다. 그러면서 북미 제네바합의를 통해 동결시킨 원자로를 재가동할 수도 있을 것이라고 암시했다. 조선중앙통신은 북한 외무성을 대신한 성명에서 다음과 같이 천명했다. "북한이 전기 생산을 위해 핵시설 운용과 건설을 즉각 재개할 것이다." 성명서에서는 "이들 원자로 동결이 북미제네바합의에 따라 북한에 매년 50만 톤의 중유가 제공될 것이란 전제"98)에 입각한 것이었다고 말했다.

북한의 미측 창구인 프리처드에게 보낸 편지에서 유엔주재 북한대사 박길연은 다음과 같이 말했다. "미국은 북미제네바합의를 조직적으로 위배한 후 자국의 중유 제공 의무를 일방적으로 파기하는 방식으로 북미제네바합의를 완벽히 파기했습니다. 이 부분과 관련하여 어느 국가가 비난받아야 마땅할 것인지에 관해 우리가 이미 입장을 분명히 밝혔습니다."99) 그런데 당시 조선중앙통신 성명에는 북한이 북미 직접협상을 선호한다는 또 다른 신호가 담겨져 있었다. 여기서는 "북한이 자국의 핵시설을 재차 동결시킬 것인지 여부가 전적으로 미국의 태도에 달려 있다."100)라고 말하고 있었다.

---

98) "조선민주주의인민공화국 외무성 대변인 담화," 『로동신문』, 2002. 12. 13.

99) Quoted in Charles L. Pritchard. *Failed Diplomacy* (Kindle Location 622). Kindle Edition.

100) "조선민주주의인민공화국 외무성 대변인 담화," 『로동신문』, 2002. 12. 13.; "조선 〈핵동결조치의 해제를 선포〉, 〈핵시설들을 다시 동결하는 문제는 전적으로 미국에 달려 있다〉고 강조," 『로동신문』, 2002. 12. 14.

그러나 미국은 북한의 대화 요구에 전혀 반응하지 않았다. 콜린 파월은 "우리가 할 수 없으며 하지 않고자 하는 것이 있다. 이는 잘못된 행동과 관련하여 보상해주는 것이다."라고 말했다. 부시가 미 국방성 정책위원회 의장으로 지명한 저명 네오콘인 리처드 펄(Richard Perle)는 12월 18일 "북한 핵시설 재가동의 위험이 상당하다."[101]는 사실을 고려해보면 북한을 겨냥한 무력 사용도 배제할 수 없다고 말했다.

미국이 대화 의지가 없음을 확인한 12월 22일 북한은 동결된 핵시설의 봉인 해제와 감시용 카메라 제거작업을 시작했다.[102] 12월 27일 영변원자로의 국제원자력기구 사찰요원들에게 북한을 떠나라고 명령했다. 조선중앙통신은 다음과 같이 공식적으로 천명했다. "핵시설 동결이 해제되면서 국제원자력기구 사찰요원들의 임무가 자연스럽게 종료되었다는 점에서 이들이 더 이상 체류할 이유가 없다."[103]

12월 29일 북한 외무성 대변인은 "한반도 핵문제를 국제화할 이유가 없다.…이 문제는 북한과 미국이 해결해야 할 사안임을 모두가 잘 알고 있다.…이것이 미국의 대북 적대시정책의 산물이기 때문이다."라고 천명했다. 대변인은 따라서 미국의 조치들로 인해 "북한이 NPT에서 탈퇴하지 않을 수 없는 실정이다."라고 주장했다.[104]

2002년 12월 31일 국제원자력기구 사찰요원들이 북한을 떠났다. 그 후 10일 뒤 국제원자력기구 이사회는 이들 사찰요원과 감시용 장비의 북한 복귀를 촉구했으며, 이에 불응하는 경우 유엔안전보장이사회에 보고할 것이라고 경고했

---

101) Quoted in Mike. Chinoy, *Meltdown* (p. 148). Kindle Edition.; "US Hawk Warns Not to Rule Out Military Options," *Chosun Ilbo*, December 18, 2002.

102) "조선중앙통신사 보도,"『로동신문』, 2002. 12. 23.; "동결된 핵시설에 대한 봉인과 감시카메라 제거작업을 개시,"『조선신보』, 2002. 12. 25.

103) Quoted in Mike Chinoy, *Meltdown* (p. 149). Kindle Edition.; KCNA, "DPRK Government Decides to Order IAEA Inspectors Out of DPRK," December 27, 2002.

104) "조선민주주의인민공화국 외무성 대변인담화,"『로동신문』, 2002. 12. 30.

다.105) 이 같은 경고를 무시한 채 2003년 1월 10일 북한은 NPT 탈퇴를 선언했다.106)

북한이 자국의 NPT 탈퇴가 전반적으로 국가안보 때문이라고 주장하고 있음에도 불구하고 북한의 성명에서는 이 같은 탈퇴가 에너지 문제 때문이었음을 다음과 같이 암시했다. "NPT에서 탈퇴하지만 핵무기를 만들 의사는 없다. 현재 단계에서 우리의 핵 관련 활동은 전기 생산과 같은 평화적인 목적으로 국한될 것이다. 미국이 대북 적대시정책을 포기한 후 핵위협을 제거하는 경우 북한이 핵무기를 만들고 있지 않다는 사실을 북미 간의 별도 검증을 통해 입증해 보일 수 있을 것이다."107)

4. 한반도 긴장 고조에 대한 한국과 미국의 반응

아들 부시의 대북 강경책을 보며 한국인들이 격렬한 반미감정을 노정시켰던 반면 미국은 대북 강경책의 결과로 조성된 한반도 긴장 고조 현상을 이용하여 한반도의 모든 미군을 중국의 주요 해군기지인 칭다오(青岛)를 마주보는 평택 지역으로 이전하는 등 아태지역의 동맹체계를 정비하고자 노력했다.

한국의 반응: 반미감정 표출

북한이 NPT에서 탈퇴한 후 원자로를 재차 가동시키고 플루토늄을 재처리하는 방식으로 핵무기 개발에 박차를 가하기 시작한 2003년 3월 김대중의

---

105) "North Korea: Status Report on Nuclear Program…to the Committee on Foreign Relations, United States Senate," February 2004.; Institute for Science and International Security, "The North Korean Plutonium Stock Mid-2005," Nautilus Special Report 05-85A.
106) "조선민주주의인민공화국 정부 성명," 『로동신문』, 2003. 1. 11.
107) Ibid.

햇볕정책 계승을 표방한 노무현이 대통령에 취임했다. 노무현이 대통령에 당선되는 과정에서는 2000년 6.15 남북공동선언 이후 시작된 반미감정이 일조했다.

2000년 6.15 남북공동선언 이후 시작된 한국인들의 반미감정은 김대중 정부 기간 내내 지속되었다. 한국인들의 반미감정은 아들 부시가 미국 대통령에 취임한 2001년 1월 이후 보다 격렬해졌다. 한국인들은 부시 정부의 한반도 정책과 주한미군을 한국의 남북관계 개선 노력을 위협하는 성격으로 생각했다. 북한을 '악의 축'으로 표현한 부시 대통령의 발언과 관련해 많은 한국인들이 분노했다.108)

2002년의 서울월드컵 당시 미국과 한국의 축구경기로 반미시위가 조장될 가능성이 있었다. 사복경찰이 미국대사관을 지키고 있었으며, 미군기지 주변에 많은 경찰이 배치되었다. 가능한 모든 소요(騷擾)에 대비할 목적에서 한국정부는 1만여 명의 예비 병력을 유지했다. 안전 문제로 김대중 대통령이 대구에서 진행되고 있던 한미 축구경기에 참관하지 않았다.109)

2명의 여중생이 미군 장갑차에 치어 죽은 2002년 6월의 사건이 또한 반미감정을 조장했다. 관련 미군을 한국검찰로 이관하라는 한국정부의 요구를 주한미군사령부는 임무수행 도중 잘못한 미군에 대한 관할권이 미국에 있다는 한미주둔군지위협정을 거론하며 거부했다. 미 군사재판이 이들 미군에 무죄를 선고하자 한국인들이 대규모 시위를 벌였으며, 미군을 폭행했다. 노무현이 대통령에 당선되는 과정에서 당시의 사건이 일조했다.110)

가장 분명한 형태의 반미감정 사례를 미국의 TV 프로그램이 보도했다. 미국에서 가장 많이 시청하는 일요일 밤의 한 프로그램은 한국에서 반미감정이 끓어

---

108) U.S.-Korea Relations, "World Cup and Anti-Americanism," *CSIS, Comparative Connections*, Vol. 4, No. 2, 2002. 7, p. 4.

109) Ibid.

110) Larry A. Niksch, "Roh Moo-hyun's Election and South Korean Criticism of the U.S. Military Presence," *U.S.-Korean Relations : Issues for Congress*, March 17, 2003, p. 14.

오르는 상황을 오랜 시간을 할애해 보여줬다. 2명의 주한미군 장군의 인터뷰로 끝을 냈다. 성조기가 불타는 가운데 주한미군사령관이 울기 시작했다. 너무나 충격적인 장면이었다. 다음날인 월요일 아침 수많은 미국인이 미 의회로 전화를 걸었고, 의회는 정부로 전화를 걸었다. "우리가 왜 한국에 있는가."라는 의문이 제기된 것이다.111)

한국의 반미감정은 2002년 12월의 한국 대선 당시 매우 높은 수준이었다. 미국의 Pew Research Center가 2002년 가을 발표한 여론조사에 따르면 한국인 가운데 73%가 미국이 자국의 외교정책 이행 과정에서 한국의 이익을 간과하고 있다고 생각했다. 그런데 이는 아시아 국가 가운데 가장 높은 수치였다.112) 2003년 2월의 여론조사에 따르면 57%에 달하는 한국인이 주한미군의 감축 내지는 전면 철수를 원하고 있었다. 40세 이하에서 특히 반미감정이 심했다.113)

한편 2002년의 한국 대선 당시 부시 행정부는 보수성향의 이회창 후보를 미국으로 초청한 후 각별히 대우했다. 이는 1997년 대선 당시 미국이 대북 강경책을 표방했던 이회창이 아니고 대북 포용정책을 추구하던 김대중의 당선을 선호했다는 점에서 보면 주목할 만한 변화였다. 그러나 고조되고 있던 한국인의 반미감정으로 이회창 또한 본인의 입장을 수정하지 않을 수 없었다. 2002년 12월 초순 이회창은 아무 조건 없이 어디서나 김정일을 만날 것이라고 말했다.

마지막 선거유세에서 노무현은 본인이 김대중의 햇볕정책을 계승할 것이라고 재차 약속했으며, 날카로운 반미 성향 발언을 쏟아내었다. 노무현은 한반도에서 북한과 미국이 싸우는 경우 한국정부가 미국을 반드시 지원하지는 않을 것이

---

111) "미국 국방부 '아시아, 태평양 총괄' 리처드 롤리스가 밝힌 한미동맹의 진실," 『신동아』(2007. 8. 1), 통권 575호, pp. 82-104.

112) Quoted in Mike. Chinoy, *Meltdown* (p. 154). Kindle Edition.

113) Larry A. Niksch, "Roh Moo-hyun's Election and South Korean Criticism of the U.S. Military Presence," p. 14.

라고 경고했다. 2002년 12월 19일 노무현이 대통령에 당선되면서 한미동맹 차원에서 최대 위기가 도래할 가능성이 있었다. 이임 대통령 김대중은 강경 일변도의 미국의 대북정책과 관련하여 다음과 같이 말했다. "압박과 고립 정책이 공산국가들을 상대로 성공한 사례가 없습니다.…우리는 한반도 핵문제를 해결하기 위해 동맹국과 긴밀히 공조할 것입니다.…북한과 전쟁할 수 없습니다. 냉전체제와 극단적인 대립의 시대로 되돌아갈 수 없습니다."114)

다음에서 보듯이 2003년 1월 24일 노무현은 부시 행정부와 상당히 많이 대립하는 관점을 피력했다. "저는 북한 핵문제를 해결하기 위한 최상의 방안이 북한에 일방적으로 핵무기 포기를 강요하는 것이 아니고 상호 대화하는 것이라고 생각합니다.…한국은 과도한 대북압박으로 한반도에서 전쟁이 벌어지는 상황 또는 북한정권이 붕괴되는 상황을 감당할 여력이 없습니다. 따라서 저는 대북압박이 미국의 적절한 정책이라고 생각하지 않습니다."115)

노무현은 "북한 핵무기 개발은 일종의 위협이라기보다 개혁과 개방에 필요한 경제적 지원을 획득하고 정치체제 존속을 보장하기 위한 나름의 카드다. 북한 핵무기를 사용 가능한 수단으로 묘사하거나 가정함은 잘못이다. 북한이 핵무기 보유를 통해 미국의 공격을 억제하고 자국의 안전을 보장하고자 노력하고 있다."116)라고 생각했다.

미국의 반응: 아태지역 동맹체계 정비 추구

2003년 1월 10일 북한이 NPT에서 탈퇴했다. 그러자 미국은 한반도에 전략무기를 급파하는 등 미군 전력을 대거 증강시켰다. 또한 미국은 한반도의 모든

---

114) James Brooke, "South Korea Criticizes U.S. Plan For Exerting Pressure on North," *New York Times*, December 31, 2002.
115) Mike. Chinoy, *Meltdown* (p. 155). Kindle Edition.
116) Ibid.

미군을 평택 부근으로 이전시킬 것이라고 천명했다. 이들 모두는 한반도 긴장 조성을 통해 한국과 일본에서 고조되고 있던 반미감정을 제거함과 동시에 중국을 겨냥하여 미군을 재배치하는 등 동맹체계를 정비하기 위함이었다.

이 같은 미국의 조치와 관련하여 고이즈미가 점차 심기가 불편해졌다. 고이즈미는 미국이 보다 중도적인 대북정책을 강구하게 만들고자 노력했다. 2003년 1월 마지막 주 고이즈미는 부시에게 다음과 같이 말했다. "북한 핵문제를 평화적으로 해결할 필요가 있습니다."117)

고이즈미가 이처럼 부시와 통화하고 있던 당시 미국의 스파이 위성이 폐연료봉이 저장되어 있던 영변의 모처에서 북한인들이 트럭에 화물을 적재하는 모습을 탐지했다. 북한이 폐연료봉을 플루토늄 재처리 시설로 이동시키고 있음이 분명했다. 클린턴 행정부 당시를 기준으로 생각해보면 플루토늄 재처리는 일종의 레드라인을 넘은 것이었다. 그러나 이미 언급한 바처럼 부시 행정부 주요 인사들은 이것을 군사적 대응이 요구되는 나름의 위기로 생각하지 않았다.

그러면서도 미 태평양사령관 토머스 파고(Thomas Fargo) 제독은 한반도 지역으로 보다 많은 병력과 항공기를 보내달라고 미 국방성에 요청했다. 파고는 이미 한반도에 있던 37,000명의 주한미군에 추가하여 2,000명의 미군 증원, 주로 공군 요원 증원을 승인해달라고 럼스펠드 국방장관에게 요청했다. 파고는 북한 타격이 가능한 태평양의 괌에 20여 대의 장거리 폭격기를 배치해 달라고 요청했다. 이외에도 F-15E 전폭기와 U-2기를 포함한 정찰기들을 주일 및 주한 미군기지로 전개해 달라고 요청했다. 일주일 뒤 장거리 폭격기인 B-52와 B-1이 괌에 전개되어 경계태세에 돌입했다.

한편 부시 대통령 대변인 애리 플라이셔는 폐연료봉 재처리와 같은 도발적인 조치를 자제하라고 북한에 경고했다. 이 같은 경고에도 불구하고 북한은 요지

---

117) Quoted in Ibid., p. 156. Kindle Edition.; Asahi Shimbun, "Koizumi, Bush Talk on North Korea, Iraq," January 27, 2003.

부동이었다. 북한 관영 언론매체는 김정일이 군부대를 시찰하고 있으며, 이들 부대가 "단호하고 가혹한 일격을 통해 침략자를 섬멸할 능력을 구비한 불굴의 전투원으로 훈련받았다는 사실을 확인하고는 대단히 만족해했다."118)라고 보도했다. 그러면서도 북한은 미국의 공격 가능성을 두려워했다. 1월 28일 북한은 다음과 같이 말했다.

> 북한을 겨냥하여 핵무기를 사용하지 않을 것임을 포함한 불가침을 법적으로 약속해주는 경우, 미국의 안보 우려를 해소시켜줄 수 있을 것이다.…NPT에서 탈퇴했지만 북한의 현재 활동은 평화적인 목적의 전기 생산으로 국한되어 있다.…미국이 대북 적대시정책을 포기하고, 핵무기로 북한을 위협하지 않으면 북한은 핵무기를 제조하지 않고 있다는 사실을 북미 간의 특별 검증을 통해 입증해보일 수도 있을 것이다.…북미가 대등한 입장에서 양측의 안보우려를 해소함으로써 한반도 핵문제를 평화적으로 해결해야 한다는 것이 북한 정부의 일관된 입장이다.119)

그럼에도 불구하고 워싱턴의 발언이 점차 호전적으로 변했다. 부시는 다음과 같이 말했다. "북한 김정일 정권이 공포를 조장하고 일종의 양보를 얻어내기 위해 핵무기 개발을 이용하고 있습니다. 미국과 세계는 이 같은 북한의 공갈과 협박에 굴복하지 않을 것입니다."120) 부시의 연설 직후 미 중앙정보국장 조지 테닛은 북한이 장거리 핵미사일을 이용하여 알레스카와 하와이는 물론이고 미 본토를 타격할 능력을 이미 구비하고 있을 수 있다고 말했다.121) 평소 협상을

---

118) "조선인민군 최고사령관 김정일동지께서 조선인민군 제243군부대를 시찰하시였다," 『로동신문』, 2003. 2. 1.

119) "미국의 《다자회담》 주장과 관련한 조선외무성 대변인의 담화," 『조선신보』, 2003. 1. 29.

120) Quoted in Mike. Chinoy, *Meltdown* (p. 159). Kindle Edition.; George Bush, State of the Union, White House Transcript, January 28, 2003.

121) Quoted in Mike. Chinoy, *Meltdown* (p. 159). Kindle Edition.; CNN.com, "Tenet: North Korea has Ballistic Missile Capable of Hitting U.S.," February 12, 2003.

옹호해온 짐 켈리조차 북한이 농축우라늄에 입각한 핵무기를 개발하게 될 시점이 예상보다 훨씬 빨라질 수 있을 것이라고 미 상원외교위원회에서 증언했다. 켈리는 다음과 같이 말했다. "농축우라늄에 입각한 북한 핵무기 개발 시점이 플루토늄에 입각한 핵무기 개발 시점과 비교하여 수년이 아니고 몇 개월 이후일 수 있습니다."

한편 부시 대통령은 대북 군사적 조치 가능성을 언급했다. 부시는 다음과 같이 말했다. "북한 핵 위기를 외교적으로 해결할 수 없는 경우 군사적으로 해결해야 할 것입니다."122) 당시는 미국의 이라크 침공이 진행되고 있던 시점이었다. 바그다드를 점령한 미군이 사담 후세인의 동상을 무너뜨렸다. 뉴욕타임스지와의 배경 브리핑에서 익명의 부시 행정부 관리는 이라크와 같은 상황이 이란과 북한에서 벌어질 가능성이 있는지 질문했다.123) 그러나 극단적인 미국의 강경파들조차도 북한을 겨냥한 군사적 타격을 상당한 위기를 초래할 수 있는 성격으로 생각하고 있었다.

이 같은 상황을 배경으로 럼스펠드는 1990년대 초반부터 한미연합사령부 차원에서 구상했던 주한미군 조정 계획124)을 추진했다. 한미동맹이 체결된 1954년 이후 수십 년 동안 미군이 비무장지대 부근에서 인계철선 역할을 수행하고 있었다. 당시 미군이 비무장지대에 배치되어 있었던 것은 휴전선을 통한 소련의 세력팽창을 저지하기 위함이었다. 소련의 해체로 냉전이 완벽히 종식된 1991년 12월 이후 미국의 관심은 아태지역을 겨냥한 중국의 세력팽창 저지였다. 그런데 중국의 세력팽창은 한반도의 휴전선이 아니고 자국의 광활한

---

122) Quoted in Mike. Chinoy, *Meltdown* (p. 160). Kindle Edition.; David E. Sanger, "U.S. Sending two Dozen Bombers in Easy Reach of North Koreans," *New York Times*, March 5, 2003.

123) Quoted in Mike. Chinoy, *Meltdown* (p. 160). Kindle Edition.; Steven R. Weisman, "Pre-Emption: Idea with a Lineage Whose Time Has Come," *New York Times*, March 23, 2003.

124) 권영근, 김종대, 문정인 공저, 『김대중과 국방』 (서울: 연세대학교 대학출판문화원, 2015), pp. 68-70.

해안을 통해 이루어질 가능성이 농후했다. 이 같은 아태지역을 겨냥한 중국의 세력팽창을 저지하고자 하는 경우 휴전선 부근의 미군을 적정 지역으로 재배치할 필요가 있었던 것이다.

럼스펠드는 북한 핵 문제를 이용하여 한반도에 미 전략자산을 증강시켰다. 이 같은 방식으로 긴장을 고조시킴으로써 반미감정을 억제하고자 노력했다. 또한 중국 위협에 대비하는 방향으로의 주한미군 재배치를 추구한 것이다. 2003년 3월 초순 럼스펠드는 휴전선 부근 미군의 상당 부분을 후방으로 재배치할 가능성, 궁극적으로 한반도에서 철수시킬 가능성을 거론했다. 당시 럼스펠드는 한국과 거의 상의하지 않았다. 럼스펠드는 이 같은 방식으로 한국에 충격파를 날렸다. 이들 미 2사단 병력은 한강이남 지역으로 철수할 예정이었다. 럼스펠드는 2사단 병력 가운데 많은 부분을 한반도에서 철수시켜 이라크로 보낼 예정이라고 말했다. 한편 미국은 용산 미군기지 이전 계획에 착수했다.

럼스펠드의 미 2사단 재배치 및 용산 미군기지 이전과 관련하여 한국은 놀라운 표정을 지었다. 많은 한국인들이 비무장지대 미 2사단의 한강이남 지역으로의 이전이 북한을 겨냥한 선제타격의 전주곡일 수 있다고 생각했다. 미 2사단 재전개 계획이 공표된지 얼마 지나지 않은 시점 한국의 고급관리들이 미국에 재전개 시점 연기를 요청했지만 전혀 소용이 없었다. 북한 또한 럼스펠드의 주한미군 재배치 계획을 우려스런 눈초리로 바라보았다. 영국 BBC 방송과의 인터뷰에서 어느 고위급 북한관리는 다음과 같이 퉁명스럽게 말했다. "미국인들은 북한이 이라크 다음으로 표적이 될 것이라고 말합니다.…선제타격은 미국만이 할 수 있는 성격이 아닙니다. 생사의 기로에 놓인 경우 북한도 선제타격할 수 있습니다. 우리는 미국과 대화할 준비가 되어 있습니다.…동시에 우리는 미국과 전쟁을 수행할 완벽한 준비가 되어 있습니다."[125]

---

125) Quoted in Mike. Chinoy, *Meltdown* (p. 162). Kindle Edition.; Transcript, North Korea Interview, *BBC News*, February 6, 2003.

여기서 보듯이 미국은 북한의 NPT 탈퇴와 플루토늄 재처리 노력으로 초래된 북한 핵문제를 이용하여 주한미군 재배치를 추구했을 뿐만 아니라 한반도 긴장을 고조시키고자 노력했다. 이 같은 방식으로 한국과 일본의 대북 포용정책을 차단하고자 노력했다. 주한미군 재배치와 반미감정 제거를 통해 미 동맹체계 정비를 추구한 것이다.

제2절 북한의 1차 핵실험

부시는 북한의 북미제네바합의 불이행 운운하며 대북 중유 제공을 중지했다. 이외에도 공해상에서 북한 선박을 불시 검문하는 등의 방식으로 북한을 압박했다. 결과적으로 2003년 초순 북한은 북미제네바합의를 파기하고 NPT에서 탈퇴한 후 플루토늄 생산을 추구했다. 이 같은 북한의 노력을 부시는 수수방관했다. 그 후 주변국들이 대화를 통한 북한 비핵화를 요구하자 미국은 북한 핵무장을 초래할 수밖에 없으며, 그 책임을 전가하기 위한 방안인 6자회담과 CVID를 고집했다. 2005년 9월 19일에는 6자회담을 통해 북한 비핵화를 겨냥한 9.19합의가 도출되었다. 곧바로 미국은 방코델타아시아 사건을 터뜨리는 방식으로 9.19합의를 무산시켰다. 그러자 북한은 2006년 7월 4일 미사일을 시험 발사했다. 미국은 유엔 대북제재로 대응했다. 그러자 2006년 10월 9일 북한이 1차 핵실험했다. 1차 핵실험 직후 한국과 일본을 방문한 라이스 국무장관은 미사일방어체계 구축과 한미일 3각 공조를 강조했다. 그런데 이들은 중국을 겨냥한 것이었다. 라이스는 한국과 일본에 핵우산 제공을 약속했으며, 북한 핵물질 전파를 레드라인으로 설정했다. 이 같은 방식으로 북한 핵무장에 따르는 부정적인 영향을 최소화시키고자 노력했다.

1. 아들 부시의 북한 핵무장 종용 및 책임 전가 방안

1장에서 설명한 바처럼 북한 핵무기 개발을 저지하기 위한 방안은 무력으로 영변원자로와 같은 핵시설을 파괴하거나 북한이 비핵화 조건으로 끊임없이 요구한 북미외교관계를 정상화하는 것이었다. 북한 핵문제를 외교적인 방식으로 해결하기 위한 모든 노력에서는 북한이 염원하고 있던 북미외교관계정상화가

필수적이었다. 그러나 아들 부시의 미국은 이것을 허용해줄 의사가 없었다.126)

이들이 아니고 미국은 중국, 한국 및 일본과 같은 주변국의 도움에 입각한 강압외교, 대북 경제제재에 입각한 강압외교를 통해 북한 비핵화를 추구했다. 그런데 이는 북한 핵무장을 초래할 수밖에 없는 방안이었다.

북한 핵무장 책임을 여타 국가, 특히 중국과 북한에 전가하기 위해 미국은 북한이 지속적으로 요구한 북미 양자회담이 아니고 중국을 포함하는 6자회담을 고집했다. 완벽하고 검증 가능하며 불가역적인 비핵화(CVID)를 고집했다.

북한 핵 위기를 핵무장 종용 성격의 강압외교로 해결 추구

2002년 말경 미국은 이라크가 핵무기를 개발하고 있음을 보여주는 증거가 거의 없었음에도 불구하고 핵무기 개발 운운하며 이라크 침공을 결심했다. 반면에 미국은 북한이 농축우라늄 폭탄 개발을 추구하고 있다는 켈리 일행의 방문 결과에도 불구하고 북한 핵문제를 협상을 통해 해결할 수 있을 것이라고 주장했다.127)

예를 들면, 켈리의 방북 이후 4일이 지난 2002년 10월 7일 부시는 사담의 핵무기 개발 야욕을 다음과 같이 거론했다. "미국은 미국 주변으로 몰려오는 위협을 간과하면 안 됩니다. 위기를 보여주는 분명한 증거가 있는 상황에서 최종 증거를 마냥 기다릴 수 없습니다. 최종 증거는 핵폭발 형태로 나타날 수 있습니다."128) 그 이전 몇 주 동안 국가안보좌관 라이스는 물론이고 체니 부통령 또한 이라크 핵무기 개발과 관련하여 유사하게 발언한 바 있었다. 10월 11일 미 상원은 77 : 23으로 부시의 이라크 침공을 승인해주었다. 미 하원도

---

126) Charles L. Pritchard. *Failed Diplomacy* (Kindle Location 1907). Kindle Edition.

127) David E. Sanger, "Bush Welcomes Slower Approach to North Korea," *New York Times*, January 7, 2003.

128) Quoted in Mike. Chinoy, *Meltdown* (p. 129). Kindle Edition.

296 : 133이란 압도적인 표차로 이라크 침공을 승인해주었다.

반면에 부시 행정부는 북한 핵 위기를 외교적인 방식으로 해결해야 할 것이란 사실을 강조했다. 부시 행정부는 북한의 농축우라늄 개발 계획 발견을 위기로 표현하지 않았다. 미 국가안전보장회의 부실장 스티븐 하들리(Stephen Hadley)는 "우리는 핵무기 개발 계획을 검증 가능한 방식으로 종료시킬 것을 북한에 촉구합니다. 우리는 이 문제의 평화적인 해결을 원합니다. 우리는 위기를 원치 않습니다."라고 말했다. 다음날 백악관 대변인은 다음과 같이 말했다. "부시 대통령은 북한 농축우라늄 계획을 심각한 문제로 생각하고 있습니다. 그러나 우리는 평화적인 해결을 추구합니다. 지금 이 순간 이 문제를 외교적 채널을 통해 가장 잘 해결할 수 있습니다."[129]

한편 부시 대통령은 북한을 압박하라며 중국, 일본 및 한국 지도자들에게 로비했다. 그러나 김정일을 혐오한다고 말하면서도 부시는 2002년 2월 서울에서의 본인의 발언을 재현하는 성격의 공동성명, 다음과 같은 공동성명을 한국 및 일본 지도자와 함께 발표했다. "미국은 북한을 침공할 의사가 없습니다."[130]

북한이 NPT에서 탈퇴하면서 조만간 핵무장할 가능성이 높아진 반면 미 정보당국이 이라크의 핵무기 개발 계획의 성공 여부와 관련하여 거의 입증해 보일 수 없어 보였음에도 불구하고 부시 행정부는 이라크의 사담 제거를 가장 중요하게 생각했다. 럼스펠드 국방장관은 이라크 침공 와중에서조차 미국이 북한과의 전쟁에서 승리할 수 있을 정도의 군사력을 보유하고 있다고 말했다. 그럼에도 불구하고 부시 행정부의 모든 관심은 이라크 침공에 집중되어 있었다. 부시는 이라크가 미군의 계획에서 가장 중요한 성격임을 지속적으로 강조

---

[129] Quoted in Ibid., p. 130.; Peter Slevin and Glenn Kessler, "Bush Plans Diplomacy on N. Korea's Arms Effort," *Washington Post*, October 18, 2002.

[130] Quoted in Mike. Chinoy, *Meltdown* (p. 132). Kindle Edition.; White House, Office of the Press Secretary, "Joint US-ROK-Japan Statement," October 26, 2002.

했다.131)

유엔 사찰요원들의 사찰 활동을 방해했다는 이유로 이라크 침공을 정당화시켰던 부시 행정부는 북한 핵무기 개발 노력과 관련하여 레드라인을 설정하지 않았다. 부시는 북한이 무엇을 하든지 간에 위기상황으로 간주하지 않을 예정이었다. 프리처드는 다음과 같이 말했다. "부시 대통령의 발언을 통해 확인 가능한 사실이 있다. 이는 북한이 무엇을 하든지 간에 이것을 위기상황으로 간주하지 않을 것이란 사실이다. 플루토늄 재처리, 미사일 발사, 핵실험조차 위기상황으로 간주하지 않을 것이다." 조나단 폴락(Jonathan Pollack) 또한 동일하게 주목했다. "…NPT를 위배한 북한에 미국이 비교적 차분하게 대응하고 있다는 사실은 상당한 모순입니다. 특히 미국이 이라크 문제에 전념하고 있다는 사실과 비교해보면 그러합니다."132) 2002년 12월 말경 Meet the Press에 출연한 파월은 다음과 같이 퉁명스럽게 말했다. "북한 상황은 심각히 우려해야 할 사항이지만 위기상황은 아닙니다."133)

부시는 김정일을 생각하면 속이 뒤집어질 것만 같다고 빈번히 말했다. 이 같은 북한 김정일 정권과 협상할 수 없다고 말했다. 그러면서도 부시는 김정일 정권을 제거하기 위해 이라크 침공 유형의 군사작전에 호소하면 안 된다고 생각했다. 그렇다고 북한이 비핵화 조건으로 제시한 북미외교관계정상화를 수용해줄 수도 없었다. 부시가 선택할 수 있던 유일한 방안은 강압외교였다.

부시 행정부 대북정책의 모순은 2002년 12월 31일의 뉴스회담에서의 부시의 다음과 같은 발언을 통해 분명히 알 수 있을 것이다. "저는 북한 상황을 외교를

---

131) Elisabeth Bumiller, "Bush Sees Korean Nuclear Effort as Different from Iraq's," *New York Times*, October 22, 2002; David E. Sanger, "Bush Contends That North Korea Is No Iraq," *New York Times*, January 1, 2003.

132) Quoted in Mike. Chinoy, *Meltdown* (p. 151). Kindle Edition.; Jonathan D. Pollack, "The United States, North Korea, and the End of the Agreed Framework," *Naval War College Review*, March 26, 2003, p. 42.

133) Transcript, *Meet the Press*, December 29, 2002.

통해 평화적으로 해결할 수 있을 것으로 생각합니다.…"134) 부시가 생각하는 외교에 자국의 주요 아시아 동맹국인 한국과 일본의 도움뿐만 아니라 김정일의 유일한 후원 세력인 중국의 도움이 필요함이 분명했다. 그러나 부시 행정부의 대북협상은 주고받는 성격이 아니었다. 부시 행정부의 어느 관리는 주고받는 성격의 대북협상을 "좋지 못한 행동에 보상"해주는 정책으로 치부했다. 이것이 아니고 부시 행정부의 외교적 노력은 김정일로 하여금 핵무기 개발 노력을 포기하게 만들기 위해 국제사회의 압력을 동원하는 일에 초점이 맞추어져 있었다.

이처럼 미국은 북한 핵문제를 무력이 아니고 북미제네바합의를 파기한 후 강압외교에 의존하기로 결심했다. 그런데 이는 북한을 핵무장시켜야 할 것이란 의미였다. 북한이 미국에 의존하는 바가 거의 없다는 점에서 북한을 비핵화시키기 위한 방안은 무력을 사용하거나 북한이 비핵화 조건으로 요구한 북미외교관계정상화뿐이었기 때문이다. 문제는 미국이 미군의 한반도 주둔 보장 차원에서 무력을 사용할 수도 북미외교관계정상화를 수용해줄 수도 없었다는 사실이었다. 북미제네바합의를 파기시키는 경우 북한은 NPT에서 탈퇴한 후 핵무기 개발을 추구할 수밖에 없을 것이었는데, 이 같은 북한을 강압외교를 통해 비핵화할 수 없을 것이었다.

6자회담과 완벽하고 검정 가능하며 불가역적인 비핵화(CVID) 개념 적용

미국은 자국의 상당한 비핵화 노력에도 불구하고 북한이 핵무장할 수 있었다고 사람들이 인식하게 만들 필요가 있었다. 이처럼 해야 미군이 지속적으로 한반도에 주둔할 수 있을 것이기 때문이다. 강압외교는 이 같은 성격이었다.

---

134) Quoted in Mike. Chinoy, *Meltdown* (p. 153). Kindle Edition.; "President Discusses Iraq, North Korea with reporters," *White House, Office the Press Secretary*, December 31, 2002.

이처럼 하기 위한 또 다른 방안에 중국을 포함한 다자회담, 다시 말해 6자회담이 있었다. 이외에도 완벽하고 검증 가능하며 불가역적인 비핵화(CVID) 이후 북한의 안보와 경제를 지원해줄 것이란 미국의 대북 핵정책이 있었다.

이미 살펴본 바처럼 부시는 국제사회 국가들의 대북압박을 통한 북한 비핵화를 추구할 예정이었다. 소위 말해, 미국, 중국, 일본, 한국, 러시아와 같은 6자회담 당사국들의 압박을 통해 북한 비핵화를 추구할 구상이었다. 그런데 이들 국가 모두 북한 붕괴를 원치 않았다. 강력한 대북압박을 원치 않았다. 따라서 이들 국가의 압박을 통해 북한 비핵화를 추구할 것이란 미국의 구상은 처음부터 잘못이었다. 이 같은 대북압박은 북한 비핵화가 아니고 핵무장을 조장하기 위한 성격과 다름이 없었던 것이다. 이처럼 5개 국가의 공동 노력에도 불구하고 북한이 핵무장하는 경우 그 책임을 북한에 상당한 영향력이 있다고 알려진 중국에 전가할 수 있을 것이었다. 또한 CVID는 북한이 결코 수용할 수 없는 성격이었다. 북한이 미국의 CVID 요구를 거부하며 핵무장을 추구할 것이란 점에서 북한 핵무장 책임을 북한에 전가할 수 있을 것이었다.

이미 1990년대 초반부터 중국은 북한 핵문제를 대화와 협상을 통해 해결해야 할 것으로 생각했다. 북한 붕괴를 초래할 가능성이 있는 무력 사용을 경계했다. 그런데 북한이 NPT에서 탈퇴한 2003년 초순 이후의 북한 핵문제 악화와 미국의 무력 사용 제스처를 보며 중국은 북한이 핵무장에 성공하면서 일본과 한국 또한 핵무장할 가능성과 더불어 미국의 선제타격으로 북한이 붕괴될 가능성을 심각히 우려하지 않을 수 없었다. 이 같은 이유로 2003년 전반기 중국은 북한 핵문제와 관련하여 보다 많은 북미대화를 독려하는 방식으로 나름의 역할을 수행하고자 했다. 이 같은 중국의 역할을 중국의 새로운 지도자 후진타오(胡錦濤)가 적극 지원했다.135) 그런데 이는 미국이 진정 반기던 부분이었다.

---

135) Quoted in Mike. Chinoy, *Meltdown* (p. 165). Kindle Edition.; Andrew Scobell, "China and North Korea: From Comrades-in-Arms to Allies at Arms Length," *Strategic Studies Institute*, U.S. Army War College: Carlisle, PA, 2004, p. 27.

2003년 2월 파월은 한국, 북한, 미국, 일본, 중국을 포함하는 다자회담을 주도해달라고 중국에 요청했다. 당시 미국은 양자회담을 수용할 수 없는 이유와 관련하여 중국을 설득했다. 중국이 이 같은 요청을 수락했다. 3월 8일 중국의 고위급 외교관 첸치천이 북한을 방문하여 5자회담을 제안했다. 북한은 중국의 5자회담 제안을 거부했다. 그러자 첸치천은 즉석에서 중국, 미국 및 북한이 참여하는 3자회담을 제안했다.136) 북한은 시종일관 북미 양자회담을 주장했다. 양자회담을 통해서만이 자국의 핵문제를 해결할 수 있을 것이라고 주장했다.137) 북한이 비핵화 이후에도 생존을 보장받고자 하는 경우 북미외교관계정상화가 필수적이라고 생각했기 때문이었다. 반면에 미국은 시종일관 북미 양자회담을 거부했다. 양자회담에서 북한이 북미외교관계정상화를 요구할 것인 반면 미국이 이것을 결코 수용할 수 없는 입장이기 때문이었을 것이다. 중국의 설득으로 북한이 3자회담에 동의했다.

4월 12일 3자회담에 참석한 미측 대표 켈리는 미국의 공식 입장만을 전달하라는 지시를 받았다. 켈리는 북한 원자로의 단순 동결을 수용할 수 없다며, 완벽하고 검증 가능하며 불가역적인 비핵화(CVID)를 주장했다. 그 후의 모든 미국의 협상에서 CVID는 일종의 주술(呪術)과 같은 성격이 되었다. 이처럼 CVID를 요구하면서 켈리는 미국이 김정일 정권 붕괴를 추구하지 않을 것이란 말만 하라는 지시를 받았다.

4월 19일 북한은 베이징에서 한반도 핵문제 해결을 위한 북미회담이 열린다고 말했다. 북한은 민족의 자주권을 수호하기 위해서는 강력한 물리적 억제력이 있어야 한다는 교훈을 이라크 전쟁을 통해 얻을 수 있다며, 지난 3월 초에

---

136) Charles L. Pritchard. *Failed Diplomacy* (Kindle Location 880). Kindle Edition.

137) "다자회담이라는 간판으로 자기 책임을 회피하려 하다가는 문제를 해결하는 것이 아니고 더 복잡하게 만든다는 것을 미국은 알아야 한다." "조선민주주의인민공화국 외무성 대변인대답," 『로동신문』, 2003. 1. 26.; "미국은 조미직접담에 나서야 한다." 『로동신문』, 2003. 3. 11.; "핵문제를 평화적으로 해결하기 위하여서는 그 당사자들이 우리와 미국 사이에 직접회담이 열려야 한다." "조선민주주의인민공화국 외무성 대변인대답," 『로동신문』, 2003. 4. 13.

미국을 포함한 유관국들에게 통보해준 바대로 이제 8,000여 대의 폐연료봉들에 대한 재처리 작업까지 마지막 단계에서 성공적으로 진행되고 있다고 말했다.138)

4월 23일 켈리, 이근, 중국의 왕이(王毅)가 회동했다. 당시 이근은 북한 언론매체가 나중에 '대담한 접근방안'으로 지칭한 방안을 제시했다. 이근은 북한이 핵 프로그램을 해체하고, 국제사회의 사찰단이 북한 핵시설을 사찰할 수 있게 하며, 미사일 밀매를 중지할 의향이 있다고 말했다. 그 대가로 이근은 북미외교관계정상화, 경제 지원, 안보보장, 불가침조약과 같은 것을 미국에 요구했다. 그는 미국이 먼저 조치를 취하기를 원한다고 말했다. 그는 북한이 영변에서 폐연료봉을 재처리하기 시작했다고 말했다. 켈리는 미측이 어떠한 양보를 고려할 수 있기 이전에 북한 핵무기의 검증 가능하고 불가역적인 제거를 주장했다. 켈리는 북미 양자회동은 없다고 분명히 말했다. 이근은 북미 양자회동을 약속해주지 않으면 북한이 다음날 예정되어 있는 3자회동에 참석하지 않을 것이라고 말했다.

2003년 5월 중순 노무현이 한미정상회담 목적으로 워싱턴을 방문했다. 회담 이전 노무현은 북한 핵문제에 관한 미국과 본인의 입장 차이를 분명히 했다. 노무현은 "북한과의 군사적 충돌은 상상조차 할 수 없다."139)라고 말했다. "저는 대화를 통해 온갖 노력을 강구한 이후에나 강압적인 수단을 사용해야 한다고 생각합니다."140)라고 말했다. 노무현과 동행한 윤영관 외무장관은 한국이 다자구도 안에서조차 북미 양자회담을 대단히 중요하게 생각하고 있다고 말했다. 아미티지는 고장이 난 레코드처럼 양자회담은 불가능하다고 반복해

---

138) "조선민주주의인민공화국 외무성 대변인대답," 『로동신문』, 2003. 4. 19.

139) Joseph Curl, "U.S. Keeps Preemption Doctrine Open," *Washington Times*, May 13, 2003.

140) Gordon Fairclough and Karen Elliot House, "South Korean President Roh Counsels Patience with North," *Wall Street Journal*, May 13, 2003.

말했다. 부시 또한 "양자회담은 미국의 정책이 아니다. 우리는 결코 북한과 양자회담을 하지 않을 것이다."141)라고 말했다.

노무현은 외교적 노력을 통한 북한 핵문제 해결 필요성을 부시에게 강조했으며, 햇볕정책의 노무현 버전인 "평화와 번영 정책"을 반복해 말했다. 부시는 북한이 핵무기를 폐기하지 않으면 어떠한 조치도 취할 수 없다고 분명히 말했다. 나중에 라이스 보좌관은 기자들에게 다음과 같이 말했다. "북한이 지난 수년 동안 특히 미국을 겨냥하여 행사해온 공갈협박에 어느 누구도 굴복하면 안 됩니다."142) 6월 18일 북한은 미국이 다자회담과 (선) 비핵화를 주장하고 있다며, 다자회담이 국제적 포위망을 통해 자국을 압살하기 위한 성격이라고 말했다. 이라크전쟁이 실증해주고 있는 바처럼 (선) 비핵화를 결코 수용할 수 없다고 주장했다.143)

2. 6자회담: 미국이 수용할 수 없는 9.19합의 도출

미국이 다자회담 안에서 북미 양자회담을 할 수 있을 것이라고 북한에 통보해주자 8월 2일 북한은 3자회담을 거치지 말고 6자회담을 곧바로 시작하자고 말했다.144) 북한 비핵화 측면에서 6자회담을 통해 도출 가능한 최상의 방안은 북미외교관계정상화였다. 그 이유는 미국, 중국, 일본, 한국, 러시아 모두 무력을 통한 북한 비핵화에 반대하는 입장이었기 때문이다. 적어도 겉으로나마 이들 국가 모두 북한 비핵화를 표방했기 때문이다. 따라서 북한 비핵화 측면

---

141) David E. Sanger, "U.S. Sees Quick Start of North Korea Nuclear Site," *New York Times*, March 1, 2003.

142) David E. Sanger, "Bush and New President of South Korea Are Vague on North Korea Strategy," *New York Times*, May 15, 2003.

143) 먼저 외교적 노력을 취하겠지만 이것이 의미가 없으면 강력히 대응하겠다는 볼턴의 6월 4일 발언에 북한은 이처럼 하는 경우 전면 대응할 것이라고 말했다. 《강경대응》에는 강력한 전면대응으로," 『로동신문』, 2003. 6. 18.

144) "조선민주주의인민공화국 외무성 대변인대답," 『로동신문』, 2003. 8. 2.

에서 북한을 포함한 6개국이 합의할 수 있던 유일한 방안은 북한이 비핵화 조건으로 끊임없이 요구한 북미외교관계정상화뿐이었다. 2005년 9월 19일 9.19합의를 도출했다. 그런데 북미외교관계정상화를 포함하고 있던 9.19합의를 미국은 결코 수용할 수 없는 입장이었다. 미국은 방코델타아시아 사건 조작을 통해 9.19 합의를 무력화시켰다.

6자회담 1라운드

2003년 8월 27일부터 29일까지 베이징에서 6자회담 1라운드가 진행되었다. 8월 28일 북측 대표 김용일은 "북한의 궁극적인 목표는 핵무기 보유가 아니고 한반도 비핵화입니다. 미국이 대북 적대시정책을 포기하는 경우 북한이 핵무기를 포기할 것입니다. 대북 적대시정책 포기 방안에는 법적으로 구속력이 있는 상호불가침조약 체결, 북미관계정상화, 북한, 일본 및 한국 간의 경제적인 상호협조에 대한 미국의 방해 중지가 포함됩니다."145)라고 말했다.

김용일은 상호주의 원칙에 입각한 일련의 조치를 제안했다. 중유를 재차 제공해주고 식량 지원을 늘려주면 "핵무기 포기 의사를 표명할 것이다." 북미불가침조약을 체결해주고 전기 손실을 보상해주면 "핵시설과 물질을 재차 동결하고, 이들의 감시와 사찰을 허용해줄 것이다." 미사일 문제는 "북미 및 북일 외교관계를 정상화하면 해결될 것이다. 경수로가 제공되는 시점에 핵시설을 해체할 것이다."146)라고 말했다. 김용일은 북한이 농축우라늄 프로그램을 운용하고 있다는 미국의 주장을 부인했다. 무언가 보상받기 이전에 북한이 먼저 무장해제 해야 할 것이라고 줄기차게 주장했던 미국 입장에서 보면 김용일의 제안은 결코 수용할 수 없는 성격이었다.

---

145) KCNA, "Keynote Speeches Made at Six-Way Talks," August 29, 2003.
146) Ibid.

켈리는 미국이 주고받는 성격의 거래에 반대한다고 분명히 말했다. 켈리는 미국이 제공해줄 외교, 정치 또는 경제적 인센티브와 관련하여 논의하기 이전에 북한이 먼저 자국의 핵무기 프로그램을 "완벽하고, 검증 가능하며, 불가역적인 방식으로 해체"해야 할 것이라고 반복해 말했다. 그러면서 켈리는 미국이 북한을 공격하거나 침략할 의도가 없다는 부시 대통령의 발언을 언급했다. 켈리는 북한이 요구한 북미상호불가침조약 체결을 거부했다. 켈리는 북한이 검증 가능한 방식으로 핵무장 해체를 시작한 이후에나 안전 보장 문제를 놓고 논의할 수 있을 것이라고 말했다. 중유제공, 북한 에너지 상황 개선 지원, 테러지원국 명단에서의 북한 삭제 문제 모두 검증 가능한 비핵화 이후에나 가능하다고 말했다. 더욱이 북미외교관계정상화는 북한 핵무기 프로그램 해체만으로 충분하지 않다고 말했다. 미사일, 화생방 무기, 재래식 무기, 불법 활동과 같은 여타 우려사항 해소 측면에서 괄목할만한 진전이 있어야 한다는 것이었다.147)

이 같은 미국의 요구에 북한은 다음과 같이 답변했다. "미국은 (선) 비핵화 주장보다 후퇴한 날강도적인 요구조건을 제시했다.····우리가 핵계획을 포기한 다음에도 북미관계를 정상화하려면 미사일, 재래식 전력, 인권 문제들까지 논의해야 한다는 주장을 하고 있다. 이는 북미가 서로 총을 겨누고 있는 상태에서 미국이 총을 쏘지 않을 것이니 우리가 먼저 총을 버리라는 것인데 그것을 어떻게 믿고 우리가 총을 버릴 수 있겠는가? 어린 아이들도 이런 놀음은 하지 않을 것이다."148)

6자회담 1라운드는 별다른 소득 없이 종료되었다. 중국 외교부 부장관 왕이는

---

147) Quoted in Chung-in Moon, "Diplomacy of defiance and facilitation: the six party talks and the Roh Moo Hyun government," *Asian Perspective*, 2008, Vol. 32, No. 4, p. 82.; Joseph Kahn, "Korea Arms Talks Close with Plan for a New Round," *New York Times*, August 30, 2003; Joseph Kahn and David E. Sanger, "North Korea Ends Disarmament Talks," *New York Times*, August 31, 2003.

148) "조선민주주의인민공화국 외무성 대변인대답," 『로동신문』, 2003. 8. 31.

6자회담에 참석한 6개국 대표 모두 또 다른 회동을 약속했다고 말했다. 이것이 유일한 공식 성명이었다.

6자회담 1라운드에 대한 한국, 북한, 미국, 중국의 반응

미국 관리들은 북한 핵문제 해결을 위한 다자회담이 개최되었다는 사실 자체가 부시 행정부 대북정책이 의미가 있음을 보여준다고 말했다. 미 국방성 부장관 더글러스 페이스(Douglas Feith)의 다음과 같은 회고를 주목할 필요가 있을 것이다. "6자회담을 통해 우리가 북한 핵문제 해결을 위한 합의문을 도출할 수 있을 것으로 생각한 것은 아니었습니다. 중국과 북한이 보다 효과적으로 공조하는 과정에서 도움이 되었다면 6자회담은 의미가 있습니다."

미국의 북한 비핵화 정책이 대북 경제제재에 입각한 강압외교란 점에서 보면 북한의 핵 및 미사일 시험 이후 국제사회가 북한을 경제적으로 제재하지 않을 수 없을 것이었다. 이 같은 경제제재로 북한이 붕괴되면 곤란할 것이었다. 북한이 붕괴되면 미군의 한반도 주둔을 보장할 수 없을 것이기 때문이다. 이처럼 북한 붕괴를 방지하는 과정에서 중국의 대북경제 지원이 대단히 중요한 의미가 있을 것이었다. 페이스의 상기 관점은 북한이 붕괴되지 않도록 중국이 경제적으로 지원해줄 정도로 북중관계가 6자회담을 통해 좋아진다면 6자회담이 나름의 의미가 있다는 의미였다. 또한 6자회담을 통한 북중관계 공고화로 북한 경제에 상당한 영향력이 있다고 알려진 중국이 북한 핵 및 미사일 시험 이후의 국제사회의 대북제재에 적극 동참할 수 없을 것인데, 이 같은 사실을 거론하며 북한 비핵화가 안 되는 책임을 중국에 상당 부분 전가할 수 있을 것이었다. 그런데 이들 두 가지 사실은 1999년 3월의 아미티지 보고서에서 중국과 관련하여 강조한 부분이었다.

체니 부통령과 같은 미국의 강경파들은 CVID를 지속적으로 고집했다. 체니는

6자회담이 북한을 제외한 나머지 5개국 모두를 설득하여 북한이 CVID를 수용하게 하기 위한 기회가 되어야 할 것이라고 생각했다. 이처럼 5개국이 합의한 CVID를 수용하지 않음에 따른 모든 결과와 관련하여 북한이 책임져야 할 것이라고 말했다. 미 국무성 비확산국 차관 존 울프(John Wolf)는 미국이 북한의 모든 지역을 사전 경고 없이 항시 사찰할 권리를 누려야 할 것이라고 주장했다. 그런데 이는 국제원자력기구가 요구하는 기준을 훨씬 초월하는 성격, 어느 주권국가도 수용할 수 없는 성격이었다.[149]

중국은 북한보다는 미국에 보다 많이 실망했다. 6자회담에서 가장 큰 걸림돌이 무엇인가란 질문을 받은 왕이는 다음과 같이 퉁명스럽게 말했다. "미국의 대북정책입니다. 이는 6자회담의 주요 문제입니다."[150] 중국은 6자회담 2라운드를 2003년 12월에 개최하고자 했다. 그러나 북한이 주고받는 형태의 협상을 염원한 반면 미국이 CVID 이후의 보상을 고집하면서 협상이 결렬되었다.

2003년 8월 30일 미 상원외교위원회의 원로인 프랭크 자누치와 키스 루스(Keith Luse)가 북한을 방문하여 3일 동안 체류했다. 이들은 김계관을 포함한 북한 외교의 주요 인사들과 거의 12시간 토론했다. 당시 김계관은 다음과 같이 말했다. "미국은 북미관계를 개선해주기 이전에 북한의 팬츠를 벗겨 벌거숭이로 만든 후 모욕을 주고자 노력하고 있습니다. 이처럼 할 수 없습니다." 김계관은 켈리가 제시한 조건은 '무조건 항복' 촉구와 다름이 없다고 말했다. 한반도 정전협정이 평화협정으로 전환되지 않았다는 사실을 주목하면서 김계관은 다음과 같이 말했다. "북한은 기술적으로 보면 미국과 전쟁 상태에 있습니다. 미국이 북한에 '무조건 항복'을 요구하고 있습니다. 북한은 이라크가 아닙니다." 그러면서 김계관은 다음과 같이 말했다. "여러분은 북한 비핵화 방안과 관련하여 더 이상 고민하지 말고, 핵무장한 북한과 상호 공존하기 위한 방안에

---

149) Mike. Chinoy, *Meltdown* (pp. 194-6). Kindle Edition.
150) "China Blames America for Failure of Talks," *Washington Times*, September 2, 2003.

관해 고민할 필요가 있습니다." 김계관의 발언 가운데 유일하게 희망적인 부분은 "이들 모든 문제가 북미 고위급 회담을 통해 해결될 수 있을 것이다."란 사실이었다. 이는 북미정상회담을 촉구하는 또 다른 표현인데, 부시는 결코 북미정상회담을 고려하지 않을 것이었다.

2003년 10월 3일 북한 외무성은 8,000개의 폐연료봉을 성공적으로 재처리했다며, 미국이 대북 적대시정책을 포기하지 않으면 정당방위 차원에서 핵억지력을 유지 및 강화해나갈 것이라고 선언했다.151) 10월 16일 북한 외무성은 다음과 같이 경고했다. "북한을 '악의 축'에 포함시키고, 핵무기로 선제 타격해야 할 표적으로 정의한 부시 행정부가 북한이 먼저 핵무장을 해체해야 한다고 지속적으로 주장하는 한편 상호적인 조치에 반대하는 경우 정당한 자위적 수단으로서 핵 억지력을 강화하기 위한 조치를 취하지 않을 수 없을 것입니다."152) 10월 19일 북한 외무성은 미국이 북미제네바합의를 일방적으로 전면 파기하고 한반도 비핵화를 가로막은 책임에서 벗어날 수 없다고 주장했다.153) 10월 26일 북한 외무성은 동시행동 원칙에 입각한 일괄타결안이 실현된다면 북미 사이의 핵문제가 간단히 풀릴 수 있을 것이라고 말했다.154) 12월 9일 북한은 미국이 테러지원국 명단에서 자국을 삭제하고, 대북제재를 해제하며, 에너지를 제공해주는 경우, 자국의 핵무기 개발 프로그램을 동결시킬 것이라고 말했다.

부시 대통령이 북한의 제안을 곧바로 거부했다. 체니 부통령은 CVID가 미국의 대북 핵정책에서 가장 중요한 부분이라며, 이것이 포함되지 않은 합의문은 결코 수용할 수 없을 것이라고 주장했다. 그런데 북한은 CVID를 결코

---

151) "조선민주주의인민공화국 외무성 대변인담화," 『로동신문』, 2003. 10. 3.
152) "조선민주주의인민공화국 외무성 대변인대답," 『로동신문』, 2003. 10. 17.
153) "조선민주주의인민공화국 외무성 대변인담화," 『로동신문』, 2003. 10. 19.
154) "조선민주주의인민공화국 외무성 대변인대답," 『로동신문』, 2003. 10. 26.

수용할 수 없는 입장이었다.

한편 윤영관 외무장관은 김용일의 제안에 대응하기 위한 상세한 내용의 제안을 파월에 촉구했다. 윤영관은 브루킹스연구소의 마이클 오한론(Michael OHanlon)이 저술한 "한반도 위기(Crisis on the Korean Peninsula)"란 제목의 책을 파월에게 건네주었다. 그런데 이 책에서는 북한이 재래식 및 핵무기를 상당히 많이 감축하는 조건으로 미국, 중국, 러시아, 일본, 한국이 평화조약과 불가침조약 체결을 포함한 대북 안보보장과 경제 지원을 해주는 형태의 빅딜을 제안하고 있었다. 윤영관은 "미국이 이처럼 해야 한다."라고 파월에게 말했다. 파월의 안색이 변했다. 윤영관은 미국의 대북정책이 보다 융통성을 보이지 않으면 한국의 이라크 파병이 어려워질 수 있다고 경고했다. 파월이 화를 내면서 "동맹국은 이 같은 방식으로 상대방 동맹국을 대우하면 안 됩니다."라고 짧게 답변했다.

북한 핵무기 개발을 기정사실화한 아들 부시의 미국

2004년 1월 북한은 영변원자로를 포함한 북한 핵시설을 미국의 전문가들에게 보여줌으로써 자국의 핵무기 개발 능력을 과시하고자 했다. 북한은 이처럼 자국의 발전된 능력을 보여주는 경우 미국이 북미협상에 적극 응할 것으로 생각했다. 북한은 시그프리드 헤커(Siegfried Hecker) 박사를 포함한 미국인들에게 영변원자로, 플루토늄 재처리 시설, 재처리한 플루토늄 등 미국이 원하는 것을 대부분 보여주었다.

방문을 마치고 귀국한 프랭크 자누치를 포함한 일행이 북한에서 확인한 사항들과 관련하여 국가안전보장회의(NSC), 국무성, 국방성, 중앙정보국 요원들을 대상으로 브리핑했다. 이들은 북한이 폐연료봉을 재처리했으며, 핵무기로의 전환이 가능한 수준의 플루토늄을 생산할 능력이 있다고 이구동성으로 말했다.

이 같은 이들의 증언에 파월과 같은 미국의 주요 인사들은 전혀 개의치 않았다. 파월은 "북한이 핵무기를 1개, 2개, 7개 또는 8개를 갖고 있는지는 중요한 문제가 아닙니다. 북한은 핵무기를 전혀 갖고 있지 않다가 1개 또는 2개의 핵무기를 갖게 된 순간 이미 넘을 수 없는 선을 넘은 것입니다. 이들이 그 후 플루토늄을 보다 많이 확보했다는 사실과 관련하여 저는 전혀 우려하지 않습니다."155) 북한이 농축 우라늄 프로그램의 실체에 관해 언급한 이후인 2002년 10월 17일 파월은 북한을 겨냥한 군사적 조치를 구상하지 않고 있다고 말한 바 있었다.156)

여기서 보듯이 부시 행정부는 북한 핵무장을 용인하지 않을 것이란 클린턴 정부의 기조에서 한발 뒤로 물러났다. 미 의사결정권자들, 특히 파월은 북한이 핵무기를 보유해도 별로 문제될 것이 없다고 생각했다. 북한이 군사적으로 할 수 있는 것이 제한적이라고 생각했다. 여러 TV 채널에서 파월은 핵시설을 가동한 후 핵무기 개발을 추구할 것이란 북한의 발언을 위기로 정의하지 않았다. 클린턴 행정부 당시 합참의장이었던 파월은 클린턴의 미국은 북한이 핵시설을 재가동하는 경우 이들 핵시설을 타격할 것이라고 말했지만 이 같은 타격 계획은 없었다고 주장했다.157)

1993년 미 중앙정보국장 게이츠는 북한이 이미 1개 내지 2개의 핵무기를 갖고 있다고 주장한 바 있다. 그런데 당시의 게이츠의 주장은 추정적인 성격이었다. 당시에도 미 정보기관은 북한이 핵무장하기까지 상당한 기간이 소요될 것이라고 생각하고 있었다. 당시부터 NPT에서 탈퇴한 2003년 1월 10일까지 북한은 핵무기 개발 노력을 전혀 하지 않았다. 그런데 2004년 파월 국무

---

155) Mike. Chinoy, *Meltdown* (p. 201). Kindle Edition.

156) Quoted in Sebastian Harnisch, "U.S.-North Korean Relations Under The Bush Administration," p. 859.

157) David E. Sanger, "U.S. Eases Threat on Nuclear Arms for North Korea," *New York Times*, December 30, 2002.

장관은 북한이 이미 1993년 이전에 핵무기 개발이란 넘을 수 없는 레드라인을 넘은 것으로 가정했다. 파월의 논리는 이미 북한이 1개 내지 2개의 핵무기를 갖고 있다는 점에서 100개 또는 200개의 핵무기를 갖게 되어도 전혀 문제되지 않을 것이란 논리였다. 이 같은 파월의 논리는 "미국은 북한이 1992년 이전에 생산한 플루토늄을 이용하여 1개 또는 2개의 핵무기를 만들어 1990년대 초반 이후 보유하고 있었다고 평가했다."라는 2002년 11월 19일자 미 중앙정보국의 정보판단에 입각했을 것이다. 그런데 이 정보판단은 정확한 사실에 입각한 것이 아니었다.

9.11테러 직후인 2001년 9월 16일 럼스펠드 국방장관 또한 '악의 축' 국가인 이란, 이라크 및 북한의 핵무기 개발 노력에 대한 미국의 대응이 다를 것이라고 말한 바 있다. 북한처럼 핵무기를 보유하고 있는 국가를 겨냥하여 선제타격과 같은 무력을 사용하지 않을 것이라고 발언한 바 있다.158)

미국이 북미제네바합의를 파기하고 중유 제공을 중지하자 북한은 NPT에서 탈퇴한 후 플루토늄 재처리를 시작하는 등 핵무기 개발에 박차를 가했는데, 미국은 이미 북한이 1개 내지 2개의 핵무기를 갖고 있기 때문에 이 같은 북한의 핵무기 개발 노력이 전혀 우려사항이 아니라고 주장한 것이다. 그런데 이는 북한이 핵무기를 제조할 목적의 플루토늄을 더 이상 생산하지 못하게 해야 할 것이란 1994년 당시의 클린턴 행정부의 인식, 북미제네바합의를 체결할 당시의 인식과 180도 상이한 성격이었다.

6자회담 2라운드

6자회담 2라운드가 2004년 2월 베이징에서 개최되었다. 미측 대표 켈리는

---

158) Quoted in Sebastian Harnisch, "U.S.-North Korean Relations Under The Bush Administration," p. 857.; DOD[Department of Defense] News Briefing—Secretary Rumsfeld and Gen. Pace, September 9, 2002.

북한 핵시설 동결이란 용어를 거부했으며, CVID를 고집했다. 켈리는 이 부분을 다음과 같이 강조했다. "미국은 플루토늄과 우라늄에 기반하고 있는지와 무관하게 북한 핵무기 프로그램의 완벽하고 검증 가능하며 불가역적인 비핵화를 추구합니다.…북한이 이처럼 하면 여타 국가와 함께 북한의 안보를 보장해줄 준비가 되어 있습니다."159)

북측 대표 김계관은 북한이 농축우라늄 프로그램을 운용하고 있음을 보여주는 증거를 제시하라고 말했다. 켈리는 증거를 모두 보여주면 북한이 농축우라늄 프로그램을 보다 쉽게 은폐할 수 있을 것이라고 말했다. 켈리는 "북한이 핵문제를 해결하면 궁극적으로 북미외교관계정상화를 겨냥한 다양한 사안을 놓고 논의할 수 있을 것이다."고 말했다. 북한이 먼저 비핵화 조치를 취해야 하며, 이처럼 조치를 취한 후 미국이 그에 상응하는 방식으로 반응할 것이라고 말했다. 김계관은 부시 대통령이 북한에 적대의도가 없으며 북한을 침공할 의도가 없다고 말했는데 이것을 서면으로 보장해 줄 수 있을 것인지 질문했다. 북한이 핵무기를 해체하는 경우 미국이 해줄 것이 무엇인지 구체적으로 말해달라고 요구했다. 켈리는 다자적으로 북한 안보를 보장해줄 것이란 부시의 약속을 재차 말했다. 그러나 서면 안보보장 또는 전기 제공 의향에 관해 전혀 언급하지 않았다.

북한은 미국의 CVID 제안을 다음과 같이 거절했다. "CVID는 공짜로 핵억제력을 해체시키는 방식으로 북한을 무장 해제시킨 후 전복하기 위한 미국의 노력과 다름이 없습니다."160)

당시 6자회담 당사국 대표들은 일종의 합의에 도달했다. 결국 중국은 미국과 북한의 이견 차이를 적절히 봉합하는 성격인 "모든 당사자들은 핵무기 없는

---

159) Quoted in Chung-in Moon, "Diplomacy of defiance and facilitation: the six party talks and the Roh Moo Hyun government," p. 84.

160) "문제 해결의 열쇠는 미국의 태도 변화에 있다," 『로동신문』, 2004. 3. 8.; "미국 측이 접수할 수 없는 전제조건들을 내놓는다면 조미합의가 이행되지 않을 수 있다." 『로동신문』, 1994. 3. 8.

한반도와 대화를 통한 평화적인 문제 해결을 추구하며, 2004년 6월의 3라운드 회담 개최를 위해 노력할 것임"을 강조하는 내용의 의장국 성명을 발표하지 않을 수 없었다. 켈리는 북한을 제외한 5개국 모두 미국 입장을 지지했다고 말했다. 그러나 체니 부통령의 안보보좌관 아론 프리드버그(Aaron Friedberg)에 따르면 일본 대표만이 미국 입장을 지지했으며, 한국, 중국 및 러시아는 미국에 보다 수용적인 자세를 견지하라고 요구했다.161)

당시 미국대표와 북한 대표는 다음과 같은 3가지 측면에서 상당한 이견을 노정시켰다.162)

첫째, 북한 핵문제 해결 관련 전반적인 형식이 바로 그것이었다. 북한은 미국이 대북 적대시정책을 포기하고 나름의 보상을 해주는 경우에나 북한 핵무기 관련 프로그램을 포기할 것임을 강조했다. 북한은 단계별로 이행되는 형태의 일괄타결을 원했다. 북한의 제안의 핵심은 한반도비핵화란 최종 목표를 달성하는 순간까지 북미 양측이 이들 모든 단계에서 동시적으로 조치해야 한다는 것이었다. 그러나 미측은 북한이 먼저 자국의 모든 핵무기 프로그램을 완벽하고 검증 가능하며 불가역적인 방식으로 해체한 이후에나 안보보장을 포함한 북한의 요구를 수용할 것임을 강조했다.

둘째, 비핵화의 정의와 범주에 관한 것이었다. 미국은 한반도비핵화를 북한 비핵화로 한정시켜 생각한 반면 북한은 이것을 미국이 한국에 제공해주는 핵우산, 주한미군 등을 포함하는 개념으로 생각했다. 미국은 북한의 모든 핵무기 관련 프로그램의, 플루토늄 및 농축 우라늄 유형과 무관한 모든 프로그램의 완벽하고 검증 가능하며 불가역적인 비핵화를 의미한다고 생각했다. 그러나 북한은 자국이 평화적 목적으로의 핵에너지 프로그램 개발 권리를

---

161) Mike. Chinoy, *Meltdown* (pp. 202-6). Kindle Edition.

162) Zhenqiang Pan, "Solution For The Nuclear Issue of North Korea, Hopeful But Still Uncertain: on The Conclusion of The Second Round of The Six-Party Talks," *The Journal of East Asian Affairs*, Spring/Summer 2004, Vol. 18, No. 1 (Spring/Summer 2004), pp. 23-4.

누려야 할 것이라고 강조했다. 또한 농축 우라늄 프로그램의 존재를 부인했다.

셋째, 한반도 핵문제 해결안의 첫 번째 단계에서 취해야 할 조치에 관한 것이었다. 북한은 나름의 보상을 조건으로 자국의 모든 핵무기 개발 활동 동결을 제안했다. 북한은 이들 보상에 미국의 안전보장과 테러지원국 명단에서의 북한 삭제는 물론이고 경제적 지원 제공이 포함되어야 한다고 말했다. 한국은 북한이 검증 가능한 방식으로 자국의 핵무기 관련 활동을 동결시키고, 추후 단계에서 모든 핵 관련 프로그램을 해체할 것이란 조건에서 북한에 유류를 제공해줄 의향이 있다고 말했다. 중국과 러시아가 한국의 방안에 공감한다고 말했다. 일본은 북일관계를 정상화하기 이전에는 어떠한 지원도 제공해줄 수 없을 것이라고 말했다. 미국은 북한 핵의 CVID 이전에는 어떠한 보상도 해줄 수 없을 것이란 기존 입장을 반복했다.

이 같은 미국의 입장에 분개한 북한은 변함없는 대북 적대시정책과 관련하여 미국을 강력히 비난하는 성명을 배포했다. 당시 성명에서는 다음과 같이 강조했다. "우리의 융통성 있는 입장 표명에도 불구하고 미국은 북한이 먼저 핵 프로그램을 포기해야 할 것임을 요구하고 있다.…지금까지 북한 핵문제와 관련하여 돌파구가 열리지 않았던 주요 이유는 미국의 이 같은 요구 때문이었다."[163]

6자회담과 CVID에 관한 관련국의 불만

노무현은 북한 비핵화 문제와 관련하여 미국에 상당한 불만을 토로했다. 6자회담 2라운드 종료 후 며칠 뒤 노무현은 다음과 같이 연설했다. "친미 또는 반미가 우리를 평가하기 위한 척도일 수 없습니다. 우리는 점차 자주력을 강화해야 합니다. 자주국가로서의 능력을 구비해야 합니다." 바로 그 날 한국은

---

[163] "조선민주주의인민공화국 외무성 대변인 대답," 『로동신문』, 2004. 3. 1.

개성공단 인프라 개발 목적으로 4천만 달러를 책정했다고 선언했다. 이 같은 노무현의 조치에 백악관이 놀란 듯 보였다.164)

당시 노무현의 불만은 미국이 북한 비핵화에 관심이 없어 보인다는 사실 때문이었다. 노무현은 "미국이 북한 핵 문제에 우선순위를 두지 않는 것 같은데 이처럼 해서야 한미관계가 조화를 이룰 수 있겠느냐"면서 "미국 내 일부 세력은 한반도의 긴장과 대립을 적절히 활용하는 것 같다."는 의구심을 내비쳤다. "한국이 북한과 미국 사이에 끼여 곱사등처럼 되어 있는데 이처럼 당하고만 있지 말고 우리도 최소한 자체 핵연료 주기 문제를 의제로 올리는 방안을 검토해야 할 것이다."라고 말했다.165)

2004년 4월 19일 김정일이 중국을 방문했다. 김정일은 본인이 북한 핵문제의 평화적 해결을 원하는 입장이지만 북한을 침공하지 않을 것이란 미국의 구두 약속을 믿지 못하겠다고 중국 지도자들에게 말했다. 김영남은 "부시가 북한 핵문제의 공정한 해결을 위해 진정 노력하고 있는지 의문이다."라고 말했다. 5월 초순 북한을 방문한 셀리그 해리슨에게 김영남은 "분명히 말하지만 북한은 먼저 CVID하라는 미국의 요구를 수용할 수 없습니다. 저는 부시가 북한 핵문제 해결을 지연시키고 있다고 생각합니다."라고 말했다. 김영남은 "시간이 부시 편이 아니고 북한 편이라면서 북한이 질적 및 양적인 측면 모두에서 핵 억지력 강화를 위해 시간을 100% 효과적으로 사용할 것이다."166)라고 말했다. 여기서 보듯이 당시 북한은 미국의 CVID 요구가 결과적으로 북한 핵무장을 초래할 것이라고 생각했다.

2004년 5월 고이즈미가 북한을 방문했다. 김정일은 궁극적으로 북한 비핵화를 추구할 것이라며, 북미 양자회담 열망을 강조하여 말했다. 김정일은 미

---

164) Mike. Chinoy, *Meltdown* (p. 208). Kindle Edition.
165) 송민순, 『빙하는 움직인다』(서울: 창비, 2016), p. 236.
166) Selig Harrison, "Riding a Tiger in North Korea," *Newsweek*, May 17, 2004.

국과 북한이 함께 춤을 잘 출 수 있도록 6자회담 나머지 국가들이 노래를 불러주기를 원한다고 반복해 말했다. 도쿄로 돌아온 즉시 고이즈미는 북미 양자회담에 관한 김정일의 요구를 부시에게 전달하면서 양자회담 수용을 촉구했다. 부시는 북미 양자회담에 관심이 없었다. 부시는 "김정일은 믿을 수 없는 거짓말쟁이입니다. 북한이란 국가를 신뢰할 수 없습니다. 제3자가 배석한 상황에서만 북한과 대화할 것입니다."167)라고 말했다.

6자회담 3라운드

2004년 6월 23일 베이징에서 6자회담 3라운드가 시작되었다. 켈리는 북한이 먼저 자국의 모든 핵무기 프로그램 해체에 동의해야 할 것이라고 주장했다. 그 후 3개월 이내에 북한이 다음과 같이 해야 할 것이라고 말했다. "자국의 핵 활동에 관한 완벽한 리스트를 미국에 제공한 후 핵 활동을 중지한다. 미국이 모든 핵물질을 압수하고 모든 연료봉을 감시하게 해준다. 모든 핵무기, 핵무기 부품, 원심분리기를 공개해야 하며 관찰 가능한 형태로 무력화시킨다."168)

북한이 자국의 핵무기, 물질 및 시설에 관해 천명한 후 미국이 아니고 중국, 한국, 일본 및 러시아가 북한에 중유를 재차 제공해줄 것이었다. 켈리는 미국이 제공해줄 항구적인 성격의 이득은 "북한이 자국의 핵무기 프로그램 해체를 완료한 이후에나" 가능해질 것이라고 말했다. 켈리는 "북미 간의 완벽히 변화된 관계"는 북한이 "인권에 관한 자국의 행동 변화를 약속하고, 북한을 테러지원국 명단에 포함시키게 만든 모든 사안들을 해결하며, 대량살상무기 불법

---

167) Quoted in Mike. Chinoy, *Meltdown* (p. 210). Kindle Edition.

168) Quoted in Ibid., p. 217. Kindle Edition.; Senate Foreign Relations Committee, Hearings: "Dealing with North Korea's Nuclear Program," Prepared Statement of James Kelly, Assistant Secretary of State for Asian and Pacific Affairs, July 15, 2004.

거래를 중지하고, 미사일 및 미사일 관련 기술의 확산을 중지하며, 북한 재래식 전력을 도발적이지 않은 방식으로 배치한 이후"에나 가능해질 것이라고 말했다.169)

김계관은 다음과 같이 말했다. "북한은 핵무기 관련 모든 시설과 이들 시설의 운용의 부산물을 모두 동결하고, 핵무기 생산은 물론이고 이것의 타국으로의 이관과 실험을 하지 않을 것이다. 먼저 동결시킨 후 궁극적으로 모든 핵무기 프로그램을 해체하게 될 것이다."170) 그 보상으로 김계관은 미국의 대북제재 해제, 2백만 킬로와트의 전기 제공을 요구했다.

여기서 보듯이 6자회담 3라운드에서 또한 미국은 북한이 결코 수용할 수 없는 성격의 북한 비핵화 방안을 제시했다.

대북 압박과 한반도 긴장조성: 동맹체계 정비와 북한 핵무장 종용

한편 미국은 대북 압박 강화와 한반도 긴장 조성을 위해 노력했다.

예를 들면, 미국 대선 1주일 전인 2004년 10월 부시는 미 상원이 만장일치로 채택한 북한인권법에 서명했다. 북한은 이 법을 다음과 같이 묘사했다. "존엄한 주권국가인 북한을 비방하고 모욕을 주며, 인민이 선택한 사회주의 체제를 무너뜨릴 것이란 미국의 진정한 의도를 완벽히 보여준 또 다른 형태의 대북 적대시정책이다.…이 법의 서명으로 북한은 핵문제 해결을 위해 6자회담에 참석해야 할 이유는 물론이고 미국과 거래해야 할 이유가 없어졌다. 이제 북한은 마지막 순간까지 미군에 저항하기 위한 핵 억지력을 증진시키기 위해 진력을 다하는 것 이외에 별다른 도리가 없게 되었다."171)

---

169) Quoted in Mike. Chinoy, *Meltdown* (p. 217). Kindle Edition.
170) "조선민주주의인민공화국 외무성 대변인담화," 『로동신문』, 2004. 6. 29.
171) "조선민주주의인민공화국 외무성 대변인대답," 『로동신문』, 2004. 10. 5.

2004년 11월 2일 부시가 재차 대통령에 당선되었다. 11월 13일 조선중앙통신은 북한이 북미 대화와 협상을 통해 자국 핵문제를 해결할 수 있기를 기원한다고 말했다. 미국이 북한과 공존할 준비가 되어 있는 경우 북한 핵문제 해결이 가능할 것이라고 말했다.172)

2004년 12월 부시는 라이스를 국무장관으로 임명했으며, 라이스와 오랜 기간 손발을 맞추었던 스티븐 하들리를 라이스 후임의 국가안보보좌관에 임명했다. 켈리의 후임으로 크리스토퍼 힐(Christopher Hill)을 동아시아 차관보로 임명했으며 볼턴을 유엔주재 미국대사로 전보시켰다. 한편 2005년 당시 미국은 이라크 전쟁에서 시작도 끝도 없어 보이는 내전에 휩싸였다.

부시가 취임하기 3일 전인 2005년 1월 8일의 미 상원외교위원회 청문회에서 라이스는 북한을 짐바브웨, 쿠바, 버마, 이란과 마찬가지로 '폭정의 전초기지(Outpost of Tyranny)'로 지칭했다.173) 2005년 2월 2일의 연설에서 부시 또한 다음과 같이 천명했다. "미국은 중동지역을 포함한 지구상 도처에서 자유주의 운동을 지원하기 위해 자유세계 동맹국들과 공조하고 있습니다. 여기서 궁극적으로 추구하는 목표는 지구상 도처에서 독재를 종식시키는 것입니다."174) '악의 축' 연설과 달리 부시는 북한을 구체적으로 언급하지 않았다. 그러나 북한은 부시와 라이스의 발언 모두를 미국이 자국에 대해 적대적인 의도와 정책을 지속적으로 견지하고 있음을 보여주는 증거로 인식했다.

한편 2005년 2월 1일 미국 정부는 북한이 리비아에 농축우라늄을 수출했다는 허위 자료를 언론매체에 유포했다. 이 같은 보도의 근원은 리비아의 가다피가 핵무기 개발을 포기할 당시 핵 물질과 시설은 물론이고 자료를 미국에 넘겨주면서 시작되었다. 리비아가 2001년에 수입하여 보유하고 있던 농축우

---

172) "조선민주주의인민공화국 외무성 대변인대답," 『로동신문』, 2004. 11. 14.

173) Transcript, "Opening Statement by Dr. Condoleezza Rice," Senate Foreign Relations Committee, January 18, 2005.

174) White House, "State of the Union Address," February 2, 2005.

라늄은 북한이 아니고 파키스탄이 제공해준 것이었다. 미국은 2001년 당시 북한의 농축우라늄 생산 능력이 거의 없다고 생각했다. 이 같은 북한이 많은 분량의 농축우라늄을 생산하여 리비아에 수출했다는 주장은 신빙성이 떨어졌다. 그런데 당시 파키스탄은 아프간에서 알카에다를 추적하는 과정에서 미국을 적극 지원해주고 있었다. 리비아가 보유하고 있던 농축우라늄을 자국의 아프간 전쟁을 지원해주고 있던 파키스탄이 제공해준 것이라고 말하기 곤란했던 미국은 이 농축우라늄의 출처를 북한이라고 언론에 흘린 것이다. 당시 미국이 파키스탄이 아니고 북한을 지칭한 또 다른 이유는 미국의 아시아 동맹국들이 북한의 기만적인 행태와 관련하여 확신하게 만들기 위함이었다.[175]

　북한 핵문제, 특히 농축우라늄 문제와 관련하여 점차 긴장상태에 있던 한미관계를 어렵게 만든 사건이 이들만은 아니었다. 2004년 전반에 걸쳐 한국과 미국의 계획가들은 한미연합사령관 리온 라포트(Leon LaPorte)의 지시에 따라 북한 붕괴시의 개념계획인 CONPLAN 5029를 작성했다. 여기에는 북한 내부에서 쿠데타, 내전, 기근, 극단적인 혼란, 핵무기 관련 주요 사건 또는 피난민들의 대거 휴전선 월경과 같은 사건이 벌어질 당시 한미연합군이 취해야 할 조치가 명시되어 있었다. 미국 관리들은 북한 붕괴와 같은 우발사태에 대비하기 위한 군사적 단계를 보다 상세히 명시하자고 제안했다. 2005년 1월 한국 국가안전보장회의는 이 제안을 거부했다. 이 계획이 한국의 주권을 제한시킬 가능성이 있었기 때문이다. 이외에도 북한을 놀래게 만들 수 있기 때문이었다. 청와대에서 근무한 바 있던 어느 관리는 다음과 같이 주목했다. "5029 개념계획이 북한에 잘못된 신호를 전달해줄 수 있습니다. 우리는 부질없이 북한을 놀래게 만들기를 원치 않습니다."[176]

---

175) Mike. Chinoy, *Meltdown* (pp. 228-31). Kindle Edition.
176) Mike. Chinoy, *Meltdown* (pp. 232). Kindle Edition.

리비아에 농축우라늄을 수출했다는 내용의 미국 정부의 의도적인 정보 유출 뿐만 아니라 북한을 '폭정의 전초기지'로 표현한 라이스 국무장관의 발언으로 놀란 바 있던 북한은 개념계획 5029로 인해 재차 놀라지 않을 수 없었다. 2005년 2월 10일 조선중앙통신은 북한 외무성의 다음과 같은 성명을 발표했다. "우리는 자위권 차원에서 핵무기를 제조했다. 우리는 6자회담에 무기한 불참할 수밖에 없는 입장이다." 다음에서 보듯이 당시의 조선중앙통신 보도는 부시 대통령의 재임 이후 북한이 워싱턴의 공식 성명을 면밀히 주시했음을 보여주었다.

"미국의 공식 입장을 보여주는 부시 행정부 고위급 인사들의 발언에서는 북한과 상호 공존할 것이란 의지 내지는 대북 적대시정책을 철회할 것이란 의지를 전혀 볼 수 없습니다. 이것이 아니고 이들은 북한정권…붕괴를 자국의 최종 목표로 천명했습니다.…미국은 북한 핵무기 프로그램 해결을 가로막는 주요 걸림돌인 대북 적대시정책을 철회해달라는 북한의 요구를 일언지하에 거절한 채 북한을 적국으로 간주하고 있습니다.…이 같은 사실로 인해 북한이 미국과 협상할 이유 내지는 6자회담에 참석할 이유가 없게 되었습니다."177)

그 이전까지만 해도 북한은 핵 억지력이란 애매모호한 표현을 사용했는데 이제 구체적으로 핵무기를 지칭한 것이다. NPT에서 탈퇴한 2003년 1월 10일 이후 북한이 폐연료봉을 재처리하여 핵무기를 만들 수 있을 정도의 플루토늄을 생산하고 있었다는 사실 측면에서 보면 북한의 핵무기 제조 발언이 뜬금없는 주장은 아니었다. 북한은 부시 행정부의 대북 강경책에 따르는 결과와 관련하여 반복해 경고했는데 이것이 핵무기 제조일 수 있었다.

한편 라이스 국무장관은 2005년 3월의 아시아 순방 도중의 주요 연설에서

---
177) "조선민주주의인민공화국 외무성 성명," 『로동신문』, 2005. 2. 11.

"미국은 북한을 공격할 의도도 침공할 의도도 없다."고 반복해 말했다. 그러나 베이징에서 라이스는 북한 핵문제와 관련하여 외교적 노력이 의미가 없는 경우 또 다른 대안이 있을 수 있다고 말하는 방식으로 북한을 은근히 압박했다. 중국 방문을 마치고 귀국한 직후 라이스는 재차 유엔을 통한 대북제재 가능성을 제기했다. 폭스뉴스(Fox News)와의 인터뷰에서 라이스는 다음과 같이 말했다. "미국은 필요하다면 유엔안전보장이사회로 북한 핵문제를 회부할 권리뿐만 아니라 가능성이 있습니다. 필요하다면 또 다른 대안을 강구할 권리뿐만 아니라 가능성이 있습니다. 미국이 북한 핵능력과 비교하여 상당히 우수한 핵억지력을 보유하고 있다는 사실과 관련하여 북한이 혼동하지 않을 것으로 생각합니다."[178]

2005년 늦은 봄 부시는 대북 비난의 수위를 한 단계 더 격상시켰다. TV 회담 도중 부시는 김정일을 인신공격했다. "김정일은 위험한 인물입니다. 그는 자국 국민을 굶주리게 만들고 있습니다. 김정일은 거대한 수용소를 운용하고 있습니다. 사람들은 김정일이 핵무기를 이용하여 여타 국가를 타격할 능력이 있는지에 관해 우려합니다. 김정일이 이 같은 능력을 구비하고 있는지 우리는 알지 못합니다. 그러나 김정일과 같은 폭군을 상대할 당시는 이 같은 능력을 구비하고 있다고 가정함이 최상입니다."[179]

2005년 4월, 북한 관리들은 북한을 방문한 셀리그 해리슨에게 영변원자로에서 연료봉을 해체하여 보다 많은 플루토늄을 생산할 것이라고 말했다. 2002년 말경 북한은 동결되어 있던 영변원자로에서 8,000개 정도의 폐연료봉을 해체하여 많은 플루토늄을 생산한 바 있었다. 재차 플루토늄을 생산하는 경우 북한의 핵무장 능력이 보다 증대될 것이었다. 한편 북한은 자국 핵문제를 유엔안전보

---

[178] U.S. State Department transcript, "Condoleezza Rice, Interview with James Rosen of Fox News," April 21, 2005.

[179] White House, Office of the Press Secretary, Press Conference by President Bush, April 28, 2005.

장이사회에 회부하는 모든 노력을 "전쟁 행위"180)로 간주할 것이라고 경고했다.

2005년 5월 1일 조선중앙통신은 부시를 다음과 같이 비난했다. "부시는 한 나라의 대통령은 고사하고 정상적인 인간의 체모도 갖추지 못한 불망나니이며 애당초 우리가 상대할 대상이 못되는 도덕적 미숙아, 인간추물이다."181) 이 같은 비난과 더불어 양측 모두 호전적인 발언을 가미했다. 5월 14일 북한은 폐연료봉 해체 작업을 완료했다고 발표했다.182)

뉴욕타임스지 기자 데이비드 생어와 윌리엄 브로드(William Broad)는 북한 핵실험에 관한 놀라운 정보를 입수했다. 뉴욕타임스지는 미 스파이 위성들이 "핵실험을 염두에 둔 북한의 신속하고 광범위한 준비"를 확인했다고 보도했다. 여기서는 북한 사람들이 핵실험 목적임이 분명한 지하 터널을 건조하는 모습을 생생히 묘사했다. 그러나 여기서는 "위성을 통해서는 김정일의 핵실험 의도를 파악할 수 없다."라고 말했다. 이 같은 핵실험이 부시 행정부가 경제 및 외교적 인센티브를 북한에 제공하게 만들기 위한 성격일 수 있다고 추정했다.183)

한편 미국이 한반도 주변으로 군사력을 증강시켰다. 미국은 북한을 타격할 수 있는 위치인 괌으로 B-2 폭격기와 F-15E 전폭기를 이동시킨 후 미 본토의 15대의 F-117 스텔스 전투기를 한국의 여러 미군기지로 전개했다. 미 국방성은 또한 B-2폭격기와 F-15전폭기를 일상적인 훈련 운운하며 괌으로 전개했다. 그러나 훈련이 종료된 이후에도 이들 폭격기와 전폭기가 괌에 체류했다.184)

---

180) "조선민주주의인민공화국 외무성 대변인대답," 『로동신문』, 2005. 4. 26.

181) "조선민주주의인민공화국 외무성 대변인대답," 『로동신문』, 2005. 5. 1.

182) "조선이 폐연료봉을 꺼내는 작업 성과적으로 완료, 핵무기고를 늘이는데 필요한 조치들을 계속 취해나갈 것이라고 언명" 『로동신문』, 2005. 5. 14.

183) David E. Sanger and William J. Broad, "U.S. Cites Signs of Korean Preparations for Nuclear Test," *New York Times*, May 6, 2005.

184) Choe Sang-hun, "Epithets Increase Tension Over Korea," *International Herald Tribune*, May 31, 2005.

이처럼 미국이 한반도 긴장을 고조시킬 당시 많은 한국인들이 주한미군 철수를 외쳐대고 있었다. 2004년 1월의 여론조사에 따르면 응답자의 33%가 북한을 주적으로 간주한 반면 39%가 미국을 가장 큰 위협이라고 답변했다. 20대 응답자의 58%가 미국을 가장 위험한 국가로 생각한 반면 20%만이 북한을 보다 큰 위협이라고 답변했다. 시민단체들이 반미구호를 외쳤는데, 여기에는 북한 선전물에 등장하는 형태의 비난과 유사한 것들이 포함되어 있었다. 한국 언론이 미국의 이라크 침공을 맹렬히 비난했다.185)

북한을 6자회담에 복귀시키기 위한 중국과 한국의 노력

한편 북한이 핵무기를 제조했으며, 6자회담에 더 이상 참석하지 않을 것이라고 천명한지 며칠이 지나지 않은 시점 후진타오 주석은 중국공산당 중앙위원회 대외연락부 부장 왕자루이(王家瑞)를 북한에 보내어 6자회담 참석을 촉구했다. 2005년 4월 초순 북한 외무성 제1부장 강석주가 베이징을 방문하여 3일 동안 중국의 고위급 지도자들에게 부시 행정부에 대한 북한의 입장을 피력했다. 강석주는 부시 독트린이 정권교체, 선제타격, '악의 축'이란 3개 요소로 구성되어 있다고 말했다. 북한의 장기 목표가 비핵화이지만 현재 상황에서 핵 억지력을 강화하는 것 이외에 별다른 도리가 없다고 말했다. 부시 독트린에 관한 강석주의 발언에 중국은 한반도와 관련하여 비핵화, 평화 및 안정이란 자국의 3개 목표를 언급했다. 중국은 북한 핵문제를 6자회담을 통해 해결할 것이라고 말했다. 중국은 북한의 우려를 잘 알고 있지만 이들 우려를 해결하기 위한 최상의 방안이 6자회담이라고 말했다.

한편 중국의 고위급 외교관 양시위(杨希雨)는 뉴욕타임스지에 기고한 글에서

---

185) Larry A. Niksch, "Anti-Americanism and Plans to Change the U.S. Military Presence", *U.S.-Korean Relations : Issues for Congress*, January 5, 2005, p. 15.

6자회담이 지지부진한 것과 관련하여 부시 행정부가 많은 책임이 있다고 말했다. 양시위는 "6자회담이 성공적이지 못한 주요 이유가 미국의 협조 부족 때문이다."라고 말했다. 양시위는 부시 대통령과 여타 미국 관리들이 김정일 개인을 공격함으로써 북한이 체면을 손상했다고 말했다. 양시위는 "지난 4월 부시 대통령이 북한 지도자 김정일을 폭군으로 지칭한 것이 결과적으로 협상 분위기를 파괴했다. 지난 몇 주 동안 중국은 미국이 진지하게 협상에 임할 것이라는 사실과 관련하여 북한을 설득하고자 노력했다. 이 같은 중국의 노력이 결과적으로 의미를 상실했다."라고 말했다. 양시위는 북한과 직접 대화하기 위한 방안을 강구하라고 부시 행정부에 촉구했다.

한편 라이스가 국무장관으로서 아시아 지역을 처음 순방한 2005년 3월 정동영 통일부장관 또한 '폭정의 전초기지'란 라이스의 발언과 관련하여, 고위급 미국 관리들의 거친 발언과 관련하여 북한이 화를 낸 이유를 라이스에게 설명하고자 노력했다. 그 후 정동영은 김정일의 초대로 북한을 방문했다. 김정일은 북미외교관계정상화에 관한 본인의 희망을 미국이 간과한다는 사실과 관련하여 좌절감을 표명했다. 한반도 비핵화에 관한 김일성의 유시를 인용하며 김정일은 미국이 북한과 정상적이고도 우호적인 관계를 유지하는 경우 북한이 핵무기를 보유할 이유가 없다고 말했다. 김정일은 북한이 존중 및 인정받는 한 6자회담에 복귀할 의향이 있다고 암시했다. 정동영의 방북 이후 한국정부는 김정일이 북한 비핵화를 위해 노력하는 경우 매년 2백만 킬로와트의 전기를 제공해줄 것이라고 제안했다.[186]

정동영과 김정일이 대화한지 2주가 지난 시점 북미대화를 담당하던 조셉 디트라니(Joseph Detrani)를 포함한 미국의 몇몇 한반도 전문가들과 이근이 회동했다. 회동 이후 디트라니는 워싱턴의 크리스토퍼 힐에게 전화하여 6자회담 참석에 관한 북한의 입장 변화가 감지된다고 말했다. 북한이 체면을

---

186) Mike. Chinoy, *Meltdown* (pp. 237-8). Kindle Edition.

손상시키지 않으면서 6자회담에 복귀하기 위한 방안을 모색하고 있는 듯 보인다고 말했다. 그러면서 힐에게 이근과 통화하라고 말했다. 그날 저녁 미측과 북측이 재차 회동했다. 당시 힐이 미측 인사에게 전화하여 이근과의 통화를 부탁했다. 힐과의 통화에서 이근은 북측 입장을 분명히 밝혔다. 북한이 6자회담 복귀 사실을 발표하기 이전에 북측과 힐이 양자 회동할 수 있기를 원한다고 말했다.

2005년 7월 9일 힐이 김계관과 중국에서 회동했다. 당시 회동을 주관하기로 되어 있던 중국측 인사가 의도적으로 자리를 피하면서 힐과 김계관이 만나게 된 것이다. 이 자리에서 김계관은 2005년 7월 말경으로 예정되어 있는 6자회담 4라운드에 참석할 것이라고 말했다. 김계관과 힐이 식사한 후 조선중앙통신은 북한의 6자회담 복귀를 다음과 같이 공식 발표했다. "베이징에서의 북측 대표와 미측 대표 간의 접촉에서 미측은 북한을 주권국으로 인정하고, 침략하지 않을 것이며, 6자회담 틀 안에서 북미 양자회담을 개최할 것이라고 약속했다. 북측은 이것을 북한을 '폭정의 전초기지'로 지칭한 라이스 국무장관의 발언 취하로 해석했다. 6자회담 복귀를 결심했다."[187] 결과적으로 13개월 동안의 공백 이후 진지한 외교가 시작된 것이다.

6자회담 4라운드와 9.19합의

2005년 7월 말경 베이징에서 6자회담 4라운드가 시작되었다. 이번 라운드는 이전 라운드와 전혀 달랐다. 처음으로 미측 대표가 북미 양자회담 개최 여부를 독자적으로 판단할 수 있었다. 주고받는 형태의 협상을 할 수 있었다. 더 이상 미국은 요구사항을 나열한 후 북한의 항복을 기다리는 입장이 아니었다. 미측

---

[187] "6자회담 조미단장 접촉이 진행되었다," 『로동신문』, 2005. 7. 10.; "조선민주주의인민공화국 외무성 대변인대답," 『로동신문』, 2005. 7. 11.

대표 힐은 미국이 협상 타결에 진지한 입장이며, 협상 타결이 가능해지는 순간까지 본인이 베이징에 체류할 의향이 있다고 말했다.

그러나 모든 것이 변한 것은 아니었다. 아직도 강경파들이 워싱턴을 장악하고 있었다. 이들은 힐이 부적절한 양보를 할 가능성을 우려하고 있었다. 힐 이전의 짐 켈리의 경우와 마찬가지로 워싱턴의 많은 기관을 대표하는 요원들이 힐과 베이징에서 일하고 있었다. 이들 가운데는 협상 타결이란 힐의 목표에 공감하지 않는 사람이 없지 않았다. 이들은 워싱턴의 본인의 상관에게 6자회담 진행 과정을 주기적으로 별도 보고했다. 빅터 차가 미 국가안보보좌관 스티븐 하들리와 접촉하고 있었다면 힐은 라이스 국무장관과 직접 거래했다.

당시의 주요 논쟁은 북한 핵 관련 모든 문장에서 우라늄 문제를 언급해야 할 것이란 미국의 주장과 관련이 있었다. 미국은 "모든 핵무기 그리고 모든 기존 핵 프로그램 포기"란 용어를 고집했다. 여기서 프로그램은 분명히 말해 우라늄에 입각한 북한의 핵무기 개발 노력을 지칭하는 성격이었다. 북한은 "모든 핵무기 포기"란 문구를 원했다. 중국의 추이텐카이(崔天凱)가 "1991년 12월 31일의 한반도비핵화공동선언에서 금지하고 있는 모든 핵무기 및 핵 프로그램 포기"란 문구를 제안했다. 한반도비핵화공동선언에서는 남한과 북한이 "핵무기를 시험, 제조, 생산, 접수, 보유, 저장, 전개 또는 사용"하지 않을 것이며, "플루토늄 처리 시설도 우라늄 농축 시설도 유지"하지 않을 것이라고 명시하고 있었다.

북한은 이 표현을 좋아하지 않았지만 한반도비핵화공동선언에 서명했다는 점에서 쉽게 거절할 수 없는 입장이었다. 그런데 이제 미국이 반대했다. 주요 이유는 한반도비핵화공동선언에서 "평화적인 목적으로의 핵에너지" 사용을 승인하고 있었기 때문이었다. 체니 부통령과 같은 미국의 강경파들은 북한을 신뢰할 수 없기 때문에 북한이 모든 종류의 핵 프로그램, 평화적인 목적의 프로그램조차 운용할 자격이 없다고 주장했다. 중국은 주권국가인 북한이 평화적인 목적으로 핵을 사용할 권리가 있다고 주장했지만 이 문제에 관한 미국의 입장은 요지부동이었다. 힐은 "모든 핵무기와 모든 기존 핵 프로그램의 포기"에 동의할 것을 북한에 요구하라는 지시를 받았다. 김계관은 북한이 경수로를 가져야 한다면서 핵의 평화적인 사용 권한을 누려야 할 것이라고 주장했다. 반면에 미국의 강경파들은 북한의 경수로 요구가 본인들이 최근 몇 년 동안 해체를 위해 그처럼 노력해온 북미제네바합의의 망령을 연상시킨다고 말했다. 김계관은 북한이 경수로로 대변되는 민간의 핵 프로그램 운용 권리를 포기할 수 없다고 주장했다. 김계관은 경수로를 건설해 주면 북한이 경수로 운용과 관련하여 국제사회의 엄격한 감독을 받을 것이며, 그 과정에서 미국이 나름의 역할을 할 수 있을 것이라고 말했다. 김계관은 또한 NPT로 복귀하고 국제원자력기구 안전보장조치를 준수할 것이라고 제안했다. 논란의 우라늄 농축 시스템과 관련하여 김계관은 북한 정부의 통상적인 입장을, 다시 말해 북한이 이것을 갖고 있지 않다고, 반복해 말했다. 그러면서 김계관은 다음에서 보듯이 추후 논의의 여지를 남겨 놓았다. "향후 북한의 해명이 필요함을 보여주는 증거가 나오는 경우 북한은 완벽히 해명할 것이다." 북한 정부와 마찬가지로 김계관은 농축우라늄과 같은 과거 문제가 새로운 북미관계 수립 과정에서 장애가 되지 않기를 원했다.[188]

회담이 재개된 8월 말경 중국은 공동선언문 초안 작성을 추구했다. 당시 중국이 작성하여 관련국 대표들이 동의한 내용 가운데 미국의 강경파들이 반대한 부분에 북미 '양자대화'란 표현이 있었다. 논란의 중국의 초안은 다음과 같았다. "미국은 북한의 주권을 인정하고 존중하며, 양자정책과 양자대화에 입각하여 북미관계 정상화를 위한 조치를 취할 것이다" 이 초안을 미국의 강경파들은 다음과 같이 바꿔야 할 것이라고 주장했다. "북한과 미국은 상대방의 주권을 존중하고 평화롭게 공존하며, 상대방 국가에 대한 자국의 정책에 따라

---

188) Mike. Chinoy, *Meltdown* (pp. 243-6). Kindle Edition.

관계 정상화 조치를 취하기로 했다." 여기서 보듯이 북미 '양자대화'란 부분이 삭제된 것이다.189) 미국이 양자대화란 용어를 거부하자 북한은 이것이 경수로를 구체적으로 지칭한 것이라고 주장했다. 결과적으로 회담이 재차 난항에 봉착했다.

점차 힐은 북한의 경수로 요구 문제를 해결하기 위한 방안을 강구하지 못하면 6자회담이 결렬될 수 있을 것으로 확신했다. 힐은 북한이 핵무기 개발을 포기하고, NPT에 재차 가입하며, 국제원자력기구 사찰 요원들이 북한의 비핵화 과정을 감시하게 한다면 북한 경수로 문제를 논의하기로 합의해도 전혀 문제될 것이 없다고 생각했다. 중국이 작성한 5차 초안에서는 다음에서 보듯이 북한의 경수로 욕망을 조심스럽게 반영했다. "북한은 자국이 핵에너지를 평화적으로 이용할 권리가 있다고 말했다. 여타 당사국들은 이 같은 북한의 의견을 존중한다고 말했다. 이들은 대북 경수로 제공 문제를 적정 시점에 논의하기로 합의했다." 베이징 시간으로 9월 18일 자정 힐은 라이스를 설득하여 이 문구를 수용하게 만들었다. 라이스는 6자회담 4라운드 마지막 세션에서 힐이 6자회담 공동선언문에 관한 미측 해석을 관련국들 대표들에게 읽어줄 수 있어야 할 것이라고 고집했다.190)

9.19 공동성명은 역사적인 성격이었다. 왜냐하면, 6자회담에 참석한 북한과 미국은 물론이고 나머지 4개국이 북한 핵 위기 해결을 위한 일군의 합의된 원칙을 문서로 표현한 것이기 때문이다.

9.19 공동성명에서 북한은 "모든 핵무기 및 기존 핵 프로그램 포기와 NPT 및 국제원자력기구 안전보장조치 조기 복귀"를 약속했다. 미국은 "자국이 한반도에 더 이상 핵무기를 보유하고 있지 않으며, 핵무기 또는 재래식 무기로

---

189) Quoted in Ibid., p. 246.; Glenn Kessler, *The Confidante: Condoleezza Rice and the Creation of the Bush Legacy* (New York: St. Martin's Press, 2007), p. 259.

190) Mike. Chinoy, *Meltdown* (pp. 246-7). Kindle Edition.

북한을 공격하거나 침공할 의사가 없다."고 확인했다. 경수로 관련 부분은 다음과 같았다. "북한은 자국이 핵에너지의 평화적인 이용 권리가 있다고 말했다. 여타 당사국들은 이 같은 북한의 의견을 존중한다고 말했다. 이들은 대북 경수로 제공 문제를 적정 시점에 논의하기로 합의했다." 미국과 북한은 "상대방 국가의 주권을 존중하며, 평화적으로 공존하고, 상대방 국가에 대한 자국의 정책에 입각하여 북미외교관계정상화를 염두에 둔 조치를 취할 것"에 동의했다. 중국, 러시아, 한국, 일본 및 미국은 대북 에너지 지원에 동의했으며, 한국은 매년 2백만 킬로와트의 전기를 제공해줄 것이란 7월의 약속을 재확인했다.[191]

9.19 합의에 찬물을 끼얹진 9.19공동성명문에 대한 미국의 해석

6자회담 당사국이 합의한 9.19공동성명문에 대한 미국의 해석은 6자회담 4라운드에서 이룬 모든 성과를 위협하는 성격이었다. 여기서는 북한을 자극하기 위한 용어들을 의도적으로 사용하고 있었다. 북한과 남한뿐만 아니라 중국과 러시아의 반대로 미국이 2004년에 폐기했던 용어인 CVID를 부활시키고 있었다. 북한이 "완벽하고, 검증 가능하며, 불가역적인 방식으로" 자국의 모든 핵 프로그램을 제거할 것을 요구했다. 경수로 건설이 거의 불가능해지도록 건설 시점을 설정했다. "경수로 건설은 북한이 다음과 같이 할 경우에나 가능해질 것이었다. 첫째, 모든 핵무기와 핵 프로그램을 신속히 제거하며, 이처럼 제거했다는 사실을 모든 당사국들이 국제원자력기구를 포함한 국제사회의 신뢰할만한 기구를 이용하여 만족할만한 수준으로 검증해야 한다. 둘째, 북한이 NPT와 국제원자력기구 안전보장조치를 완벽히 준수하고, 지속적인 협조와

---

[191] Quoted in Ibid., p. 249.; James Cotton, "North Korea and the Six-Party Process: Is a Multilateral Resolution of the Nuclear Issue Still Possible?," *Asian Security*, Vol. 3, No. 1, 2007, pp. 30-1.

투명성 유지를 입증해 보이며, 핵무기 관련 기술의 확산을 중지한다."

여기서는 이 순간에나 미국이 북미대화를 지지할 것이라고 말하고 있었다. 경수로 제공이 재고할 가치가 없는 성격임을 강조하기 위해 여기서는 북미 제네바합의에서 경수로 건설 목적으로 설립된 컨소시엄 해체를 선언했다. 이것만이 아니었다. 여기서는 북미외교관계정상화가 가능해지기 이전에 북한이 "인권, 생물 및 화학 무기, 탄도미사일 프로그램 및 핵무기 확산, 테러 및 불법 활동"에 관한 미국의 우려를 해소시켜주어야 할 것이라고 말했다.192)

9.19 공동성명에 관한 미측 해석 문구를 확인한 김계관은 사전 준비된 발언을 포기했다. 그러면서 다음과 같이 말했다. "산을 하나 넘으니 보다 높은 산이 있군요."

다음날 북한 또한 9.19 공동성명 합의문에 관한 나름의 해석을 제기했다. 예상 가능한 것이었지만, 이들의 관점은 9.19공동선언문은 물론이고 켈리의 마지막 발언과도 어느 정도 상이한 성격이었다. 북한이 발표한 내용 가운데 가장 중요한 문구는 다음과 같았다.

> 북미가 외교관계를 정상화하고, 신뢰를 구축하며, 북한이 더 이상 미국의 핵 위협에 노출되지 않는 경우 1발의 핵무기도 필요 없을 것이다.…따라서 가장 중요한 부분은 미국이 평화적 목적으로의 북한의 핵 활동을 어느 정도 인정해 주는 증거로서 가능한 한 조속히 경수로를 제공해주는 것이다.…경수로를 제공해주고, 물리적으로 신뢰 구축을 보장해주기 이전에는 북한 핵 억지력 해체 가능성과 관련하여 미국은 꿈도 꾸면 안 될 것이다. 이는 철석과 같은 우리의 정당하고 일관된 입장이다.193)

---

192) Quoted in Mike. Chinoy, *Meltdown* (p. 250). Kindle Edition.; "Statement of Assistant Secretary of State Christopher R. Hill at the Closing Plenary of the Fourth Round of Six-Party Talks," September 19, 2006.

193) "조선민주주의인민공화국 외무성 대변인담화," 『로동신문』, 2005. 9. 20.

설상가상으로 힐이 협상 종결을 위해 분주히 움직이던 당시 미 재무성은 자신들이 "북한 정부의 부정한 재무활동을 지원하기 위한 주요 자금세탁 기구"란 의혹, "이 같은 재무활동을 기꺼이 지원해준 기구"란 의혹과 관련하여 마카오의 방코델타아시아란 은행을 조사하고 있다고 선언했다. 9.19 공동성명은 잉크가 마르기도 전에 폐기되기 시작한 것이다.

3. 아들 부시의 북한 탄도미사일 및 핵 실험 종용

9.19 공동성명이 발표되기 이전에서조차 미국은 이것을 파기하기 위한 방안을 모색했다. 그 방안은 방코델타아시아란 마카오의 소형 은행에 예치되어 있던 북한 계좌를 동결시키는 것이었다. 미국이 북한 고위층 인사의 자금이 예치되어 있던 이 계좌의 동결 문제를 해결하기 위한 북한의 노력을 수용하지 않자, 북한은 탄도미사일을 시험 발사했다. 그러자 미국은 유엔 금융제재로 대응했다. 그러자 북한은 1차 핵실험으로 대응한 것이다.

방코델타아시아의 북한 계좌 동결: 9.19 공동성명 파기 겨냥

미국은 9.19 공동성명에 서명하기 이전부터 이것을 파기하기 위해 은밀히 노력했다. 9.19 공동성명 합의와 마찬가지로 파기를 주도한 사람은 라이스 국무장관이었다.

미 국무장관 취임을 준비하고 있던 2005년 1월, 라이스는 북한 핵문제 대처과정에서 북한의 불법 거래 활동을 이용하기 위한 방안과 관련하여 보고를 받았다. 당시 보고에 배석했던 어느 관리에 따르면 라이스는 북한 불법 거래를 이용하여 북한에 상처를 줄 수 있을 것이란 개념에 열광했다. 아들 부시가 두 번째 임기를 시작할 당시 미 고위 당국은 북한의 불법 활동을 집중 조사하라고 미 재무성, 중앙정보국, 여타 정보 및 법 이행 기관에 지시했다. 이처럼 지시한

사람이 라이스 국무장관 또는 부시 대통령인지, 이들 두 사람 모두인지는 분명하지 않았다.194)

6자회담 4라운드가 시작될 예정이던 2005년 한여름 미 재무성은 방코델타아시아 은행을 북한의 주요 자금세탁 기관으로 지정할 수 있을 정도의 충분한 정보를 확보했다고 생각했다. 미 NSC, 백악관, 재무성은 6자회담을 통해 도출하게 될 합의를 무산시키기 위해 방코델타아시아의 북한 계좌를 이용해야 할 것으로 생각했다.195)

6자회담 4라운드가 시작된지 이틀이 지난 시점인 2005년 9월 15일 미 재무성은 방코델타아시아를 『미 애국법 311조(The US PATRIOT Act 311)』에 입각한 북한 불법 자금의 주요 세탁기관으로 지정했다. 이처럼 지정하면서 미 재무성은 지난 20여 년 동안 방코델타아시아 은행이 불법 거래하는 북한인들과 북한의 유령회사에 재무 서비스를 제공해주는 등의 불법 활동을 했다고 주장했다.196) 미 애국법 311조에 따라 미 재무기관들은 방코델타아시아와 더 이상 거래할 수 없게 되었다. 그 후 이 은행이 관리하고 있던 2,400만 달러 규모의 북한 자금이 동결되었다. 북한이 발행한 미 위조지폐를 사용했다고 생각되던 범죄조직들을 대상으로 국제사회 사법기관들이 조사를 시작했다. 미국은 보다 폭넓은 전략의 일환으로 이처럼 했다.197) 당시 미국은 이 같은 제재가 미 국내법과 법 이행의 문제라고 주장했다. 그러나 북한은 이 같은 대북 압박이 협상을 통해 북한 비핵화를 달성할 것이란 취지에서 벗어난다고 주장

---

194) Mike. Chinoy, *Meltdown* (p. 256). Kindle Edition.

195) Mike. Chinoy, *Meltdown* (pp. 257-60). Kindle Edition.

196) Quoted in Ibid., p. 259. Kindle Edition.; United States Treasury, "Treasury Designates Banco Delta Asia as Primary Money Laundering Concern under USA PATRIOT Act," Treasury Release JS-2720, September 15, 2005.

197) Quoted in James Cotton, "North Korea and the Six-Party Process." p. 33; David L. Asher, "The Illicit Activities of the Kim Jong Il Regime," paper presented to the Seoul-Washington Forum, May 1~2, 2006 (Brookings Institution/Sejong Institute).

했다.198)

  미 재무성이 이처럼 발표한 다음날인 9월 16일 아침 수천 명의 예금주들이 방코델타아시아 은행에서 1억 3천 3백만 달러를 인출해갔다. 그런데 이는 이 은행 총자산의 1/3 수준이었다. 마카오 당국은 이 은행에 예치되어 있던 2천 5백만 달러 규모의 북한 계좌를 동결시켰다. 북한은 이 같은 조치를 대북 적대시정책의 산물일 뿐만 아니라 북한 핵무장을 해체시키기 위한 일종의 압력이라고 비난했다. 그러면서 북한은 미국이 자국의 자금을 해제해주지 않으면 6자회담에 참석하지 않을 것이라고 선언했다.199) 미국은 위조지폐 및 자금세탁은 법의 정의의 문제이기 때문에 정치 및 외교적인 협상의 대상이 될 수 없다고 말했다. 한편 미국은 인권 위반, 밀수, 마약거래, 초국가범죄 조직을 맹비난하는 방식으로 북한을 보다 더 압박했다.200) 북한은 이것을 자국을 고립시킨 후 봉쇄하는 방식으로 정권을 교체하기 위한 미국의 의도적인 노력으로 생각했다.

  미 국무성이 방코델타아시아를 북한 불법자금의 주요 세탁기관으로 지정하자 마카오 정부는 방코델타아시아의 북한 계좌 52개를 압류했다. 어느 분석가가 주목하고 있듯이 북한은 자국 외화의 매우 많은 부분을 이곳에 예치해 놓고 있었다. 이 같은 점에서 이곳의 자금 차단에 매우 취약했다. 더욱이 여타 외국 기업과 은행 또한 북한과 거래하는 경우 불법 행위에 연루되어 있다는 비난을 받을 가능성이 있었다. 결과적으로 이들 외국 기업과 은행이 북한과의 합법적인 거래조차 꺼려했으며 관계를 차단하기 시작했던 것이다. 미 재무성 관리들이 마카오, 홍콩, 베트남, 싱가포르, 중국을 방문하여 이곳 은행들에게 북한과의

---

198) Quoted in James Cotton, "North Korea and the Six-Party Process." p. 33; KCNA, "KCNA Urges US to Lift Sanctions," January 18, 2006.

199) "A Statement Issued by the Spokesman of the Ministry of Foreign Affairs and Trade," *KCNA*, October 18, 2005.

200) Quoted in Chung-in Moon, "Diplomacy of defiance and facilitation the six party talks and the Roh Moo Hyun government," p. 93.

관계 정리를 촉구했다. 마찬가지로 미 재무성은 북한과 관련이 있을 수 있는 모든 거래에 유의하라고 미국의 모든 금융기관에 경고했다.201)

미국의 방코델타아시아 문제 해결 거부

2005년 11월에는 6자회담이 재개되었지만 별다른 성과 없이 종료되었다. 모든 당사국들이 기존 입장에서 한발도 물러서지 않았다. 미국은 경수로 지원 조건으로 핵연료 생산을 동결할 것이란 북한의 제안을 거절했다. 크리스토퍼 힐은 영변원자로 운용 중지를 북한에 촉구했다. 북한 대표 김계관은 방코델타아시아의 북한 계좌를 해제해주지 않으면 "핵문제를 논의할 수 없을 것이다."라고 말했다. 김계관은 이곳의 북한 계좌 동결이 "기본적인 신의 결여"를 의미한다고 말했다. 그 후 곧바로 북한 외무성은 다음과 같은 성명을 발표했다. "미국은 협상을 통해 북한 핵문제를 해결할 것이라고 말하고 있다. 그러나 실제로 미국은 고립과 압박을 통해 북한체제 전복을 추구하고 있다. 자국 체제 전복을 추구하는 도당들과 협상 테이블에 마주앉아 자국 방어 목적의 핵 억지력 해체 문제를 논의한다는 것은 부적절하다."202)

한편 2006년 2월 미 국무성의 중간급 관리를 포함한 미국의 전문가와 학자들이 유엔주재 북한대표단 부대표 한성렬과 회동했다. 당시 한성렬은 방코델타아시아 문제를 6자회담 재개를 저해하는 주요 요인으로 지목했다. 한성렬은 북한 핵시설 동결에 관한 북한의 제안은 아직도 유효하다며, 2003년에 재처리한 플루토늄, 현재의 북한 핵 위기를 초래한 이들 플루토늄의 일부를 국제사회가 사찰할 수 있게 할 것이라고 말했다. 부시 행정부가 동결로는 충분하지 않다고 지속적으로 말함에 따라 한성렬은 모든 북한 핵시설 목록 제시와

---

201) Mike. Chinoy, *Meltdown* (p. 266). Kindle Edition.
202) "조선민주주의인민공화국 외무성 대변인대답," 『로동신문』, 2005. 12. 3.

같은 또 다른 조치를 강구해야만 하였다. 한편 2006년 3월 7일 북미회동에서 이근은 방코델타아시아에 동결된 북한 계좌 해제를 요구했다. 그러면서 이근은 이 문제를 조사하기 위한 북미 테스크포스 창설을 제안했다. 북한이 미국 은행에 계좌를 개설할 수 있게 해달라고 요청했다. 미국은 북한의 이 같은 요청을 거절했다.203)

한편 2006년 4월 초순 천영우(千英宇), 김계관, 힐을 포함한 일본, 러시아 및 중국의 6자회담 대표들이 도쿄에서 회동했다. 힐은 본인과 김계관의 양자회담이 가능해지려면 김계관이 북한의 6자회담 복귀를 선언해야 할 것이라고 말했다. 천영우는 힐에게 조건 없는 북미 양자회동을 촉구했지만 힐은 무조건적인 북미 양자회동은 불가능하다고 말했다. 천영우는 부시 행정부가 북한 핵무기 개발 저지와 비교하여 북미 양자회담 저지에 훨씬 더 비중을 두고 있다고 생각했다. 천영우는 부시 행정부가 표방한 원칙 모두가 한국의 국익을 저해하는 성격일 뿐만 아니라 협상을 통한 북한 핵문제 해결을 보다 어렵게 하는 성격이라고 생각했다.204)

도쿄 회동에서 김계관은 방코델타아시아 북한 계좌의 자금 회수가 북한 입장에서 최우선적인 문제이며, 북한의 6자회담 복귀를 어렵게 하는 주요 요인이라고 천영우에게 말했다. 천영우는 북한이 완벽히 비핵화하는 경우 한국이 매년 2백만 킬로와트의 전기를 제공해줄 의향이 있는데 이것을 금액으로 환산하면 매년 10억 달러 수준이라고 말했다. 마찬가지로 중유 제공을 재개할 의향이 있다고 말했다. 2천 5백만 달러 규모의 방코델타아시아 계좌에 신경 쓴다는 것이 말도 되지 않는다고 말했다. 김계관은 BDA 계좌의 소유주가 북한에서 막강한 실력자라 북한 외무성조차 어떻게 할 수 없는 입장이라고 말했다. 이 실력자가 BDA 자금을 회수하기 이전에는 6자회담 복귀 불가를 명령

---

203) Mike. Chinoy, *Meltdown* (pp. 267-9). Kindle Edition.
204) Ibid., p. 271.

했다고 말했다. 김계관과의 대화 이후 천영우는 김계관과 힐의 양자회담 주선을 보다 더 결심했다.205)

그러나 도쿄 회동이 종료될 시점까지도 힐은 김계관과의 회동을 거부했다. 그러자 조선일보는 북한 외교의 2인자인 김계관의 조건 없는 회동 제안을 일언지하에 거절하는 방식으로 수모를 주었다는 사실과 관련하여 힐을 준열히 비판했다. 6자회담에 참석한 나머지 국가들의 영향력과 비교하여 미국의 영향력이 압도적이란 의미를 확인하는 순간이었다고 말했다.206)

탄도미사일 시험 발사를 준비하면서도 북미대화를 촉구한 북한

북한으로 복귀하기 이전 김계관은 기자들과 회동했다. 김계관은 다음과 같이 말했다. "미국의 최종 입장을 확인하기 위해 힐과 회동하고자 노력했습니다. 그러나 힐을 만날 수 없었습니다. 이제 북한 핵문제에 관한 미국의 입장이 무엇인지 분명히 알게 되었습니다. 이 같은 미국의 입장으로 우리의 결의만 공고해졌습니다."207) 그러면서 김계관은 다음과 같은 도전적인 발언을 했다. "미국이 압박을 추구하는 경우 북한이 보다 강력한 수단을 강구할 뿐이다. 전통적인 직접 대결 전술을 동원할 것이다. 6자회담 복귀 지연과 관련하여 북한의 잘못은 없다. 복귀 이전까지 보다 많은 억지력을 구축할 수 있을 것이다."208)

2006년 6월 1일 북한 외무성은 BDA 문제 해결을 용이하게 하기 위해 크리스토퍼 힐을 북한으로 초청하는 등 다음과 같은 몇몇 유화적인 신호를 보냈다.

---

205) Ibid., p. 272. Kindle Edition.

206) Quoted in Ibid.; "Hill Snubs N. Korea's Chief Nuclear Negotiator," *English.chosun.com*, April 12, 2006.

207) Quoted in Mike. Chinoy, *Meltdown* (p. 272). Kindle Edition.; "N. Korea's Nuke Negotiator Digs in After Snub from U.S." *Chosun Ilbo*, April 13, 2006.

208) Quoted in Mike. Chinoy, *Meltdown* (p. 273). Kindle Edition.; "DPRK Threatens to Boost Nuclear Arsenal," *Reuters*, April 13, 2006.

"이미 북한은 핵무기를 포기할 것이라는 전략적인 결심을 내렸다. 미국이 적대시하지 않으며 북미간에 신뢰가 구축되면 북한이 핵무기를 보유할 이유가 없을 것이다.…우리는 북미 양자관계, 평화공존, 평화협정 체결, 9.19 공동성명에 언급되어 있는 경수로 제공을 포함한 여타 문제와 더불어 북한 핵프로그램 포기 문제를 '동시 조치'의 원칙에 입각하여 논의할 만반의 준비가 되어 있다.…미국이 진정 9.19 공동성명을 이행할 의향이 있다면 우리는 논의 차원에서 6자회담 미측 대표를 평양에 기꺼이 초청할 것이다."209) 미국은 이 같은 북한의 요청을 곧바로 거부했다.

한편 북한은 다음과 같이 경고했다. "미국의 대북 적대시정책과 대북압박 증대는 생존권과 주권을 수호하기 위해 북한이 가장 강력한 수단을 강구하게 만드는 효과만 있을 것이다."210) 이 성명은 미국이 BDA 문제를 해결해주지 않으면 북한이 미사일을 시험 발사할 것임을 사전 경고하는 성격이었다. 이 같은 가능성을 인지한 중국, 한국 및 미국은 미사일 모라토리엄에 관한 약속 준수를 북한에 촉구했다. 북한은 이 같은 호소를 거부했다.

백악관 대변인 토니 스노우(Tony Snow)는 "미국이 북한과 양자회담을 하지 않을 것이다."라고 선언했다. 한편 부시는 후진타오에게 북한이 미사일을 발사하지 못하게 해달라고 말했다. 그러자 6월 21일 북한 외무성 관리는 북한이 더 이상 미사일 발사 자체 금지조항에 구애받지 않을 것이라고 말했다. 그러면서 유엔주재 북한 부대표 한성열은 미국이 북미대화에 동의하는 경우 미사일 발사를 연기할 수도 있을 것이라며 다음과 같이 말했다. "우리는 미국이 북한의 미사일 시험 발사를 우려하고 있음을 잘 알고 있습니다. 주권국가인 북한은 미사일을 개발, 전개 및 시험할 권리뿐만 아니라 수출할 권리가 있습니다. 여타 국가들이 우리의 미사일 주권과 관련하여 이래라저래라 하는 것은

---

209) "조선민주주의인민공화국 외무성 대변인담화," 『로동신문』, 2006. 6. 2.
210) Ibid.

옳지 않습니다." 그러면서 한성열은 다음과 같이 말했다. "우리의 입장은 미사일 발사 문제를 협의를 통해 해결하는 것입니다."211)

6월 28일 원자바오(溫家寶) 총리는 그 전례가 없는 다음과 같은 경고를 했다. "우리는 북한이 미사일을 시험 발사할 수 있음을 보여주는 정보를 예의 주시하며 지켜보고 있다.…우리는 다양한 당사자들이 한반도 안정 유지에 많은 관심을 기울이고, 한반도 상황을 악화시킬 수 있는 조치를 취하지 않기를 기원한다."라고 말했다. 북한은 김정일의 권위를 떨어뜨리게 할 수도 있는 등 외세에 대한 굴복으로 비쳐질 가능성이 있다는 점에서 원자바오의 미사일 발사 중지 호소를 무시했다.

탄도미사일 시험 발사를 결심한 북한

2006년 7월 4일 미 스파이 위성이 북한의 미사일 시험장에서 이륙한 탄도미사일을 탐지했다. 이는 대포동미사일을 발사한 1998년 8월 31일 이후 북한 최초의 미사일 시험 발사였다. 미국의 어느 정보 분석가는 북한이 북미대화 지속, 나중에 북일대화 지속과 구체적으로 연계시켰던 미사일 발사 모라토리엄을 종료시킨 후 미사일 발사를 통해 미국에 전달하고자 한 메시지를 일종의 불만 표시로 생각했다. 그는 북한이 자국의 핵문제를 외교적으로 해결하고자 노력했는데 문제는 해결되지 않은 반면 미국이 방코델타아시아의 북한 계좌를 추적하자 미국에 정면으로 도전장을 제기한 것으로 해석했다.

한국 시간으로 7월 5일 오전 4시 북한이 미사일을 발사했다. 오전 7시경 아베 총리와 주일 미국대사 토머스 시퍼(Thomas Schieffer)는 북한의 미사일 발사를 비난하는 성명을 발표했다. 일본 TV 매체는 정규 방송을 중지한

---

211) Quoted in Mike. Chinoy, *Meltdown* (p. 278). Kindle Edition.; "N. Korea Said to Seek talks Over Missile," *Reuters*, June 21, 2006.

채 미사일 발사 소식을 보도했다. 한국의 국가안전보장회의는 미국과 일본 관리들이 북한 미사일 발사와 관련하여 언론에 보도한 이후인 7시 30분에 시작되었다. 이처럼 뒤늦게 반응한 이유와 관련하여 국가안전보장회의 사무차장을 역임한 이종석은 다음과 같이 설명했다. "이들 미사일이 동해를 겨냥하여 발사되었다는 점에서 한국안보에 직접 위협이 될 것이라고 생각하지 않았습니다."212)

이 같은 북한 위협에 대한 일본과 한국의 시각은 미국의 주요 우방국인 이들 국가의 대북 인식 차이를 분명히 보여주었다. 이 미사일 발사 이후에도 노무현 정부는 대북 포용정책이 한반도 긴장완화를 위한 최상의 방안이라고 지속적으로 주장했다. 반면에 일본은 북한 미사일 발사를 이용하여 평화헌법을 개정하고 자위대가 보다 적극적인 역할을 수행할 수 있게 만들고자 노력했다.

7월 6일 북한 외무성은 북한이 양자 또는 다자적인 미사일 제한협정에 제약을 받지 않기 때문에 이들 미사일 시험 발사는 "주권국의 정당한 권리다."213)라는 성명을 발표했다. 7월 15일 유엔은 대북제재 성격의 안보리결의안 1695를 상정했다. 그러자 북한은 이 결의안을 강력히 비난했다. "결의안에 전혀 구애받지 않을 것이다. 온갖 수단과 방법을 동원하여 자위력을 백방으로 강화해 나갈 것이다."214)라고 천명했다.

북한 미사일 발사 이후 제기된 대북제재 방안에 대한 관련국들의 이견

아베 정부는 부시 행정부의 강력한 지원 아래 유엔에서 강도 높은 대북제재를 추진했다. 일본과 미국이 제안한 유엔 대북제재 결의안은 무력 사용도 허용해

---

212) Quoted in Mike. Chinoy, *Meltdown* (p. 281). Kindle Edition.
213) "미싸일 발사는 자위적 국방력 강화를 위한 우리의 합법적 권리이다,"『로동신문』, 2006. 7. 7.
214) "조선민주주의인민공화국 외무성 성명,"『로동신문』, 2006. 7. 17.

주는 성격이었다. 북한 미사일 발사가 미국의 강경파들의 입지를 대거 강화시켜주었다. 부시는 북미 양자회담 가능성이 전혀 없음을 분명히 했다. 부시는 기자들에게 다음과 같이 말했다. "미국이 북한과 단독으로 만나는 함정에 결코 빠지지 않을 것입니다."215)

북한이 미사일을 발사한 직후 부시는 중국, 일본 및 한국과 상의할 수 있도록 크리스토퍼 힐을 아시아 지역으로 급파했다. 그러면서 부시는 힐에게 베이징에서 다음과 같은 메시지를 던지라고 말했다. "미국이 북한 미사일 문제를 해결할 수 없다. 중국이 이 문제를 해결할 필요가 있다." 중국으로 출발하기 이전 힐은 중국을 은근히 압박했다. 힐은 북한이 중국의 미사일 발사 자제 요청을 거부했다는 사실을 다음과 같이 공개적으로 지적했다. "중국이 '미사일을 발사하지 마시오.'라고 북한에 말했지만 북한은 중국의 말을 듣지 않았다." 그러면서 힐은 다음과 같이 말했다. "이제 중국은 자국 입장에서 북한의 행동 가운데 어느 것이 수용 가능하고 어느 것이 수용 가능하지 않은지를 분명히 밝힐 필요가 있다."216) 부시 자신은 후진타오에게 "북한이 위대한 중국인민의 뺨을 후려쳤다."217)라고 말하는 방식으로 중국의 대북압박을 촉구했다.

그러나 중국과 러시아는 일본-미국이 제기한 유엔결의안, 특히 Chapter Seven을 수용할 수 없을 것임을 분명히 밝혔다. 중국 및 러시아와 마찬가지로 한국 또한 미국-일본이 제기한 결의안에 반대했다. 중국 외교부 대변인은 이 결의안을 과잉반응 성격이라며 비난했다. 이 결의안이 한반도와 동아시아 지역의 평화와 안정을 해치며, 6자회담 재개를 어렵게 할 뿐만 아니라 유엔안

---

215) Quoted in Mike. Chinoy, *Meltdown* (p. 283). Kindle Edition.; Michael A. Fletcher, "Bush Rejects Solo Talks With North Korea," *Washington Post*, July 8, 2006.

216) Quoted in Mike. Chinoy, *Meltdown* (p. 283). Kindle Edition.; Helene Cooper and Warren Hoge, "U.S. Seeks Strong Measures to Warn North Koreans," *New York Times*, July 5, 2006.

217) Quoted in Mike. Chinoy, *Meltdown* (p. 283). Kindle Edition.; Bolton, *Surrender Is Not an Option* (New York: Threshold Editions, 2007), p. 295.

전보장이사회를 분열시킬 것이라고 주장했다.218) 6자회담 전반에 걸쳐 중국은 한반도 비핵화 필요성을 확인했다. 그러나 미사일 또는 여타 무기 문제에 대한 분명한 입장을 밝히지 않고자 노력했다.219)

이처럼 중국은 미국의 의도에 관해 공개적으로 우려하면서도 사적으로는 북한인들에게 벌컥 화를 내었다. 북한 미사일 시험 발사 직후 후진타오는 북조선인민위원회 부위원장과의 베이징 회동에서 다음과 같이 말했다. "중국은 한반도상황을 악화시킬 수 있는 모든 조치에 반대합니다. 모든 당사국들이 이 지역의 평화와 안정에 기여하는 일을 하기 바랍니다."220) 좀처럼 북한 문제에 관해 공개적으로 말하지 않는 중국 지도자 입장에서 보면 이 발언은 나름의 질책이었다.

미사일 시험 발사 직후 공개된 장문의 조선중앙통신 발표문에 따르면 북한 외무성 대변인은 자국의 미사일 발사를 북미 직접대화 결여, 북일외교관계 진척 미비와 연계시켰다. 이 성명에서는 북한이 1999년에 동의한 미사일 시험 발사 관련 모라토리엄은 "북미대화가 진행될 당시에만 유효했다. 그러나 부시 행정부는 클린턴 행정부가 북한과 체결한 모든 합의를 파기했으며, 전적으로 북미 양자회담을 무산시켰다."라고 말했다. 이 성명에서는 또한 북한의 미사일 발사를 미국의 대북압박에 대항한 정당한 반응이라고 다음과 같이 말했다. "북한의 미사일 개발, 시험발사, 제조 및 전개는 동북아지역의 평화와 안정에, 세계적인 세력균형 유지에 도움이 됩니다." 그러나 여기서는 북한의 6자회담 복귀 가능성을 다음과 같이 열어놓았다. "북한은 9.19 공동성명에서 약속한

---

218) Quoted in Mike. Chinoy, *Meltdown* (p. 284). Kindle Edition.; "China Pressures North Korea to Return to Talks," *The Associated Press*, July 11, 2006.

219) James Cotton, "North Korea and the Six-Party Process," p. 35.; Samuel S. Kim, "China's New Role in the Nuclear Confrontation," *Asian Perspective*, Vol. 28, No. 4 (2004), pp. 147-84.

220) Quoted in Mike. Chinoy, *Meltdown* (p. 284). Kindle Edition.; "Hu Says China Opposes Any Action That May Worsen Korean Peninsula Situation," *Xinhua News Agency*, July 12, 2006.

바처럼 평화적인 협상을 통해 한반도 비핵화를 추진할 것이란 입장에 변함이 없습니다." 그러나 미국이 양자회담 관련 북한의 요구를 충족시켜주지 않는 경우 보다 강력한 조치를 취할 수밖에 없을 것이라며, 다음과 같이 말했다. "북한은 여타 국가들이 북한의 미사일 발사를 문제 삼아 압박을 가하는 경우 또 다른 형태의 보다 강력한 물리적 조치를 취하지 않을 수 없을 것입니다."221)

유엔 대북제재와 북한 1차 핵실험

2006년 7월의 북한의 미사일 발사와 관련하여 유엔은 비교적 원만한 성격의 대북제재 결의안을 채택했다. 미국은 어느 정도 의미가 희석된 결의안이었지만 중국이 지지한다는 것이 중요한 의미가 있다고 생각했다. 이처럼 대북제재 결의안에 서명했음에도 불구하고 중국, 러시아, 한국은 북한과의 관계를 약화시킬 의향이 없었다. 이들 국가는 북한이 국제사회의 압박을 극복해 나갈 수 있기를 희망했다.

유엔 대북제재 결의안이 통과되자 유엔주재 북한공사 박길연은 이 결의안을 전적으로 배격한다고 말했다. 다음날 북한 외무성 대변인은 다음과 같이 말했다. "미국의 극단적인 대북 적대시정책으로 한반도가 최악의 상황에 접어들었다는 점에서 북한은 온갖 수단과 방법을 동원하여 자위적인 억지력을 강화해 나갈 것이다."222) 2006년 10월 3일 북한 외무성은 핵실험할 것이라는 폭탄선언을 발표했다. "미국의 극단적인 핵전쟁 위협과 제재 및 압박으로 핵실험할 수밖에 없다."라고 말했다. 이처럼 말하면서도 북한은 다음과 같이 대화와 협상을 촉구했다. "대화와 협상을 통해 한반도 비핵화를 실현할 것이란 북한

---

221) "미싸일 발사는 자위적 국방력 강화를 위한 우리의 합법적 권리이다"란 제목의 다음 참조. "조선민주주의인민공화국 외무성 대변인대답,"『로동신문』, 2006. 7. 7.
222) "조선민주주의인민공화국 외무성 성명,"『로동신문』, 2006. 7. 17.

의 기본 입장에는 변함이 없다."223)

"북한은 북미 상호작용이 가능하지 않다고 느끼는 경우 미국의 관심을 끌기 위해 무언가 하는 경향이 있었다. 북한이 사용 가능한 수단이 모두 좋지 않은 성격이었다."224) 이제 북한은 유사한 행동을 반복했다. 미국이 2006년 7월 유엔결의안에서 촉구한 제재 이행을 추구하는 한편 북미 양자대화에 관심을 보이지 않자 북한은 미국과 국제사회의 여타 국가들이 가장 우려했던 조치, 핵실험 의향을 표명했던 것이다.

이 같은 북한의 핵실험 노력에 대항하여 미국이 선택할 수 있던 대안은 제한적이었다. 군사적 수단을 강구하는 경우 북한 붕괴로 미군의 한반도 주둔이 곤란해질 수 있었다. 북한이 비핵화 조건으로 끊임없이 요구한 북미외교관계를 정상화해주는 경우에도 미군의 한반도 주둔이 곤란해질 수 있었다. 재정 압박은 북한인들에게 어느 정도 고통을 안겨다줄 수 있지만 김정일 정권을 굴복시킬 수 없었다. 결국 북미 양자회담이 북한 핵 문제 해결 측면에서 관건인데 미군의 한반도 주둔을 어렵게 만들 가능성 때문에 미국이 양자회담을 필사적으로 반대한 것이다.

이 같은 현상을 보며 한국인들이 분개했다. 이들은 미국이 북미 양자회담을 나름의 협상 도구로 생각하는 것이 아니고 일종의 보상으로 생각함으로써 북한 핵문제 해결을 어렵게 만들고 있다고 주장했다. 미국의 행태에 화가 난 한국의 어느 고위급 관리는 다음과 같이 말했다. "부시 행정부는 북한 핵문제 해결보다는 북미 양자회담 저지를 훨씬 중요하게 생각하고 있다.…"225) 그런데 이는 부시 행정부가 북한 핵문제 해결보다는 미군의 한반도 주둔 문제를 중요하게 생각하고 있다는 의미였다.

---

223) "조선민주주의인민공화국 외무성 성명," 『로동신문』, 2006. 10. 4.
224) Quoted in Mike. Chinoy, *Meltdown* (p. 288). Kindle Edition.
225) Quoted in Ibid., p. 289.

10월 3일의 북한의 핵실험 선언 직후 도처에서 핵실험 반대 목소리가 고조되었다. 유엔안전보장이사회는 다음과 같이 말했다. "북한이 핵실험하는 경우 국제사회의 평화와 안전이 위협받게 될 것이다. 북한이 국제사회의 요청을 간과하는 경우 유엔안전보장이사회는 유엔헌장 아래서의 책임을 충실히 이행하게 될 것이다."226)라고 말했다. 노무현은 핵실험 결과의 엄중함을 경고했다. 유엔주재 중국대사 왕꽝야(王光亞)는 "잘못된 행동을 하면 어느 누구도 북한을 보호해주지 않을 것이다. 북한이 핵실험하면 심각한 결과가 초래될 것임을 본인들이 인지하게 될 것으로 생각한다."라고 말했다.227)

부시의 고위급 보좌관들은 북한 핵실험 대응 방안을 논의할 목적의 일련의 긴급 회동을 했다. 체니 부통령은 북미 양자회담은 어떠한 일이 있어도 안 된다고 말했다. 미 국가안전보장회의의 강경파들은 핵실험하는 경우 미국이 북한을 강력히 제재할 것이라고 말했다.228) 그러나 당시 미국은 북한 핵실험과 비교하여 북미 양자회담을 우려했다. 결국 북미외교관계정상화처럼 한반도 긴장완화를 초래할 가능성을 보다 우려한 것이다. 이는 당시 미국이 북한 핵무장을 수용하지 않을 수 없는 입장이었음을 의미한다.

미국 시간으로 2006년 10월 9일 북한이 1차 핵실험했다. 북한 관리들은 평양주재 중국대사관에 핵실험 임박 사실을 통보해주었다. 평양주재 중국대사관은 곧바로 베이징에, 베이징은 곧바로 베이징 주재 미국대사관에, 미국대사관은 워싱턴에 북한 핵실험 소식을 전달해주었다. 부시 행정부 고위급 관리들이 상황을 파악하기 위해 회동했다. 한국시간으로 10월 9일 오전 10시 36분 풍계리의 산악지역에서 핵물질이 검출되었다. 북한이 핵실험한 것이다.

---

226) United Nations Security Council, Statement by the President of the Security Council, S/PRST/2006/41, October 6, 2006.

227) "South Korean President Warns Against North Korea Nuclear Test," *The Associated Press*, October 5, 2006.

228) Quoted in Mike. Chinoy, *Meltdown* (p. 291). Kindle Edition.

10월 10일 북한은 핵실험을 "자국의 강력한 자위력"을 보여주는 것으로 정의했다. 그러면서 "핵실험은 조선반도와 주변지역의 평화와 안정 수호에 이바지할 것이다."라고 주장했다.229) 그 후 이틀 뒤 북한은 "미국에 의해 날로 증대되는 전쟁위험을 막고 나라의 자주권과 생존권을 지키기 위해 부득불 핵무기 보유를 실물로 입증해보이지 않을 수 없게 되었다."라고 반복해 말했다.230)

북한 1차 핵실험에 대한 주변국의 반응

북한 1차 핵실험의 의미는 상당했다. 이 핵실험을 통해 북한은 핵무기 설계 기술을 터득했다는 사실과 핵실험이 가능할 정도의 양질의 플루토늄을 충분히 보유하고 있다는 사실을 만천하에 과시할 수 있었다. 이 핵실험으로 북한이 지구상에서 아홉 번째 핵무기 보유 국가가 되었던 것이다.

핵실험 이전 며칠 동안 부시 행정부 관리들은 북한 핵실험을 묵과할 수 없을 것이라고 반복해 말했다. 그러나 미국은 북한의 NPT 탈퇴, 국제원자력기구 사찰 요원 추방, 원자로 재가동, 보다 많은 폐연료봉을 이용한 플루토늄 재처리, 8년 동안 지속된 미사일 시험 중지 파기, 6자회담 보이콧 측면에서 북한을 저지할 수 없었다. 이제 북한은 국제사회 도처에서의 경고에도 불구하고 핵실험한 것이다.

2006년 10월 14일 유엔안전보장이사회는 북한 핵실험을 강력히 비난하고 보다 강력한 대북제재를 강요하는 성격의 결의안 1718을 채택했다. 결의안에서는 대량살상무기, 관련 물질, 기술 및 재정뿐만 아니라 호화 물품 거래를 규제했다.

---

229) "조선중앙통신사 보도," 『로동신문』, 2006. 10. 10.
230) "조선민주주의인민공화국 외무성 대변인담화," 『로동신문』, 2006. 10. 12.

부시 행정부는 겉으로는 강력한 대북 태세를 견지했다. 그러나 클린턴 행정부와 달리 북한 핵실험 이전에 레드라인을 설정하지 않았다. 핵실험한 직후 레드라인을 설정했다. 부시 행정부는 핵무기 제조기술 전파는 물론이고 "북한이 핵무기 또는 물질을 국가 또는 비국가 행위자에게 전파하는 행위를 자국을 심각히 위협하는 현상으로 바라볼 것이었다. 이 같은 행위와 관련하여 북한에 전적으로 책임을 추궁할 예정이었다."231) 이처럼 레드라인을 설정하면서 부시는 "북한 위협으로부터 동북아지역 우방국들과 미국의 국익을 수호하기 위해 온갖 노력을 다할 것이다."라고 말했다. 그러면서도 부시는 "미국이 아직도 외교에 전념하는 입장이다."라는 사실을 강조했다. 이 같은 사실을 강조하기 위해 부시는 북한 상황 관련 논평에서 외교란 용어를 11차례 사용했다.232) 그런데 이는 부시의 미국이 보다 많은 북한의 핵실험을 원한다는 의미일 것이다. 왜냐하면 북한이 비핵화 측면에서 진정 염원하던 북미외교관계정상화를 수용하지 않는 상태에서의 다자적인 외교 노력이 북한의 보다 많은 핵무장을 종용하는 성격이기 때문이다.

북한이 핵실험한 날 아침 미국은 유엔안전보장이사회에 강력한 대북제재 결의안을 제출했다. 여기에는 북한 항구를 입출입하는 선박 사찰이란 매우 중요한 조치가 포함되어 있었다. 미국은 자국과 우방국들이 미사일, 핵, 화학 및 생물 무기 관련 물질을 운반하고 있다고 생각되는 북한 선박과 함정을 검문하는 방식으로 대량살상무기 확산을 방지할 수 있을 것으로 생각했다.

북한 핵실험에 대한 일본의 반응은 보다 강력했다. 북한이 핵무기를 탑재한 미사일을 자국을 겨냥하여 발사할 수 있을 것이란 사실에 일본인들이 경악했다. 유엔에서 일본은 모든 북한 물품의 수출 금지와 북한 항공기 또는 선박의

---

231) The White House, "President Bush's Statement on North Korea Nuclear Test," October 9, 2006.
232) Ibid.

이동 금지를 촉구했다. 이 같은 방식으로 미국의 대북제재 결의안을 지원하고자 노력했다. 취임 1개월이 되지 않았던 아베 신조(安倍晋三) 총리 또한 일본 자체적으로 유사한 조치를 취했다. 그러나 아베는 일본의 비핵화 의지를 재차 확인했다. 대부분 관측가들은 일본 핵무장을 지나친 발상으로 치부했다. 어느 일본 방위청 관리는 "미군 항공기의 히로시마와 나가사키 원자폭탄 투하 이후의 핵알레르기를 일본인들이 너무나 절감하고 있기 때문에 일본의 핵무장은 전적으로 비현실적이다."라고 말했다.

중국의 반응은 일본 및 미국과 달랐다. 중국은 협의와 대화를 통해 북한 핵문제를 해결할 것을 모든 당사국들에 촉구했다. 중국은 북한이 사전 상의 없이 결코 핵실험하지 않을 것이란 양국 간의 기본 인식을 위배했다고 생각했다. 김정일은 본인이 비핵화에 전념하는 입장이라고 중국 지도자들에게 말한 바 있었다. 김정일은 비핵화가 김일성의 결심이라고 말했다. 김정일은 아버지의 결심이 본인의 결심과 비교하여 훨씬 중요하다고 말했다. 본인의 비핵화 진정성을 표현하기 위해 김일성 운운했던 김정일의 북한이 핵실험한 것이다.

중국이 북한 핵실험과 관련하여 분개했던 것은 자국의 자제 촉구에도 불구하고 핵실험했다는 사실 때문만은 아니었다. 북한 핵실험으로 일본과 한국이 핵무장하면서 동북아지역의 전략 환경이 근본적으로 변할 가능성이 있었기 때문이었다. 중국은 이것을 자국 입장에서 악몽과 같은 상황으로 생각하고 있었다. 특히 일본은 방대한 분량의 플루토늄을 보유하고 있었을 뿐만 아니라 우주 로켓 능력을 자랑하고 있었다. 일본은 불과 몇 개월 이내에 첨단 핵무기를 대거 개발할 능력이 있다고 널리 알려져 있었다.

대북 포용정책에 자신의 명예를 걸었으며, 핵실험하지 말라고 북한에 강력히 촉구한 바 있던 노무현 대통령 입장에서 보면 북한 핵실험은 개인적으로 상당한 모욕이었다. 화가 난 노무현은 곧바로 강력한 대북조치를 촉구했으며, 대북 화해정책 재고 필요성을 암시했다. 한국은 인도적 차원의 대북지원 중지를 곧바로 선언했다.

김정일의 핵실험 의도와 관련하여 의견이 분분했다. 그런데 2006년 10월 4일 노동신문을 통해, 10월 11일 조선중앙통신을 통해 북한 외무성은 부시 행정부에 대한 좌절감과 핵실험을 연계시켰다. 한편 미사일 시험 이후 그러했던 것처럼 북한은 아직도 미국과 대화를 원하고 있음을 암시했다. 북한 외무성 성명은 다음과 같았다. "북한 핵실험은 미국의 핵 위협, 제재 및 압박에 전적으로 기인합니다." 부시가 새롭게 설정한 레드라인과 관련하여 외무성은 다음과 같이 말했다. "북한은 핵무기를 결코 먼저 사용하지 않을 것입니다. 핵무기로 결코 위협하지 않을 것이며 핵물질을 여타 집단으로 이관하지 않을 것입니다.····미국 때문에 핵실험했지만 아직도 대화와 협상을 통한 한반도 비핵화 의지에 변함이 없습니다. 북한은 대화와 대결 모두를 준비하고 있습니다."233)

북한 1차 핵실험을 대 중국 체계 구축 차원에서 접근한 미국

유엔 대북제재 결의안이 통과된 직후 라이스 국무장관이 일본, 한국, 중국을 방문했다. 당시 방문의 목적은 중국을 겨냥한 동맹체계를 정비하고 미사일 방어체계 구축을 독려하기 위함이었다. 북한 핵무장에 따른 부정적인 영향을 제거하기 위함이었다. 북한 핵무장으로 인한 동북아지역의 핵도미노 현상을 방지하기 위해 라이스는 한국과 일본이 아직도 미국의 핵우산 아래 있다는 사실을 확인해줄 예정이었다.

일본을 방문한 라이스는 북한 핵실험 이후 아베 정부가 미일 군사협력 강화를 위해 분주히 움직이는 모습을 확인할 수 있었다. 주일 미국대사 토머스 시퍼는 이 부분과 관련하여 다음과 같이 말했다. "북한 핵실험 이후 미일관계가 그

---

233) "조선민주주의인민공화국 외무성 대변인담화," 『로동신문』, 2006. 10. 4.

어느 때보다도 돈독해지고 있습니다.…미일동맹이 하루가 다르게 공고해지고 있는 반면 추상적인 측면이 사라지고 있습니다." 미일 안보협력 관련 여러 사안들이 일본에서 강력한 지지를 받았다. 특히 탄도미사일방어체계 구축 관련 미일 공동 노력과 일본과 미국의 방공(防空) 사령부를 동일 지역으로 집결시키기 위한 노력 측면에서 그러했다. 미 국무성의 어느 관리는 "김정일의 핵실험이 탄도미사일방어체계 구축 측면에서의 미일 공조 필요성을 매우 잘 보여주었다."라고 말했다.234)

그 후 한국에 도착한 라이스는 북한 핵위협에 대항한 한미일 3각 공조를 기대했다. 그러나 한미일 3국의 인식 격차가 상당한 수준이었다. 노무현은 북한 핵실험을 비난했지만 라이스의 강력한 대북제재 요구를 거부했다. 노무현은 라이스에게 다음과 같이 말했다. "미국인들은 북한 핵문제의 외교적 해결을 원한다고 지속적으로 말하고 있습니다. 그러나 문제 해결을 어렵게 만드는 장애물을 보다 많이 설치하고 있습니다." 특히 노무현은 미국이 방코델타아시아 문제를 해결하고자 하지 않는다는 사실, 북미대화 또는 크리스토퍼 힐의 북한 방문을 저지하는 현상과 관련하여 불만을 토로했다. 노무현은 한국의 대북 포용정책의 상징이자 북한이 절실히 필요로 했던 외화의 주요 원천인 금강산관광과 개성공단을 중지하라는 미국의 요구를 수용하지 않았다. 한국 정부는 이들 사업을 중지하거나 남북교류를 약화시킬 의도가 없다고 라이스에게 말했다. 또한 공해에서 북한 선박을 정선시킨 후 검문하는 경우 남북한이 충돌할 가능성이 있다며 미국의 '대량 살상무기 확산방지구상(PSI)' 동참 요구를 거부했다.235)

중국을 방문한 라이스는 대북압박 강화를 위한 연합전선 구축 차원에서의 미국의 아시아지역 파트너들의 동원이 점차 어려워지고 있음을 인지했다. 북한

---

234) Mike. Chinoy, *Meltdown* (p. 300). Kindle Edition.
235) Ibid., p. 301.

핵실험 이후 상당한 분노를 표명했던 일본에서조차 보다 냉정한 목소리가 상황을 주도하고 있어 보였다. 라이스가 일본을 떠난 직후 방위대신 규마 후미오(久間章生)는 일본이 북한 선박을 공해에서 불시 검문하는 작전에 동참할 것인지 여부를 결심하기 이전에 외교적으로 보다 많이 노력할 필요가 있다고 말했다. 라이스는 부시 행정부가 북한 핵 위기 통제가 아니고 확산을 추구하고 있다는 인식이 동북아지역에서 점차 고조되고 있다는 사실과 관련하여 고민하지 않을 수 없었다. 라이스는 "미국이 아직도 외교적 해결의 문을 열어놓고 있다. 미국은 북한 핵 위기 확산을 원치 않는다."236)는 사실을 강조하지 않을 수 없었다.

 베이징에서 라이스는 방금 김정일을 만나고 귀국한 중국 국무원 외교담당 국무위원 탕자쉬안을 만났다. 더 이상의 핵실험 금지와 6자회담 복귀를 촉구하는 후진타오의 서신을 휴대한 채 북한을 방문한 탕자쉬안은 국제사회가 북한 핵실험에 반대하는 입장이란 사실과 후진타오, 푸틴은 물론이고 부시 또한 북한 핵 위기의 외교적 해결을 원한다는 사실을 김정일에게 알려주었다. 탕자쉬안은 미국이 방코델타아시아 문제를 해결해줄 것으로 확신하는 경우 북한이 6자회담에 복귀할 의향이 있음을 김정일과의 회동을 통해 확신하게 되었다고 말했다. 그러나 북한이 6자회담에 복귀하게 만들려면 부시는 크리스토퍼 힐과 김계관의 회동을 허용해주어야만 했다. 이들이 진지하게 협상하게 해주어야만 했다. 북한 핵실험으로 '공'이 미국으로 넘어온 것이다.237)

---

236) Quoted in Ibid., p. 302.; Glenn Kessler, "Rice: China Gave N. Korea 'A Strong Message'," *Washington Post*, October 20, 2006.

237) Mike. Chinoy, *Meltdown* (p. 304). Kindle Edition.

제3절 미국의 북한 비핵화 노력 저지: 북한 핵무장 결심 초래

　북한 1차 핵실험 이후에도 한국, 일본, 중국, 러시아와 같은 주변국들이 대화를 통한 북한 핵문제 해결을 원했다. 이 같은 이유로 미국은 6자회담을 통한 북한 핵문제 해결을 위해 노력하지 않을 수 없었다. 6자회담을 통해 2007년 2월 13일과 10월 3일 나름의 해결안을 모색할 수 있었다. 이들은 9.19합의를 이행하기 위한 성격이었다. 여기서는 당연히 북미외교관계정상화를 염두에 두었다. 매번 미국은 이 같은 합의를 무산시키기 위해 노력했다. 이들 합의에 대항하여 미국은 북한이 시리아의 원자로 건설을 지원했다고 주장했다. 그런데 이는 근거가 희박한 주장이었다. 합의 내용 변경을 추구했다. 주권 침해적인 성격의 강력한 검증을 북한에 요구했다. 이들 일련의 상황 전개를 보며 오바마 행정부 출범 직전인 2008년 말경 북한은 핵무장에 전념하기로 결심했다.

1. 2.13 합의와 10.3 합의

　북한의 1차 핵실험 이후에도 주변국들은 대화를 통한 북한 핵문제 해결을 원했다. 이 같은 이유로 부시 행정부는 대화를 통한 북한 핵문제 해결을 위해 노력하지 않을 수 없었다. 북한 핵문제 해결 차원에서 미국은 방코델타아시아 문제를 해결했다. 6자회담 5라운드를 통해 9.19 합의 1단계 이행을 염두에 둔 2.13합의를 도출했다. 10월 3일에는 2단계 이행을 염두에 둔 10.3 합의에 도달했다.

미국이 북미협상을 추구한 이유

　이미 언급한 바처럼 미국은 북한 핵문제를 해결할 의향이 없었다. 북한 핵무장을 원했다. 그러나 북한 핵무장이 미국의 상당한 비핵화 노력에도 불구하고 북한 또는 여타 국가 때문이라고 사람들이 인식하게 만드는 것이 중요한 의미가 있었다. 따라서 한국, 북한, 일본, 중국 및 러시아와 같은 6자회담 당사국들이 협상을 통한 북한 핵문제 해결을 원하는 한 협상에 응하지 않을 수 없었다. 북한 1차 핵실험 이후 아시아 지역 국가들을 방문한 라이스는 이들 국가가 협상을 통한 북한 핵문제 해결을 원하고 있음을 확인했다. 힐 또한 이처럼 원하고 있었다. 결과적으로 2006년 10월 마지막 주 라이스 국무장관은 미측 6자회담 대표인 크리스토퍼 힐에게 협상 재개를 촉구했다.

2006년 10월 31일 힐, 김계관, 중국 외무차관 우다웨이(武大偉)가 몇 시간 동안 베이징에서 회동했다. 그 후 힐과 김계관은 거의 1년 동안 북한이 지속적으로 요구했지만 불가능했던 북미 양자회동을 위해 또 다른 장소로 이동했다. 방코델타아시아의 북한 계좌 제재를 선언한 2005년 9월 이후 지속적으로 그러했던 것처럼 당시 김계관의 주요 관심사는 방코델타아시아의 북한 계좌 해제였다. 그 이전까지 미국은 북한 계좌 해제가 법 이행 문제이기 때문에 국무성이 전혀 개입할 수 없다고 주장했었다. 그런데 이제 힐은 이 문제를 해결하기 위한 방안을 강구할 의향이 있다고 말했다. 당시의 힐과 김계관의 회동에서는 9.19 공동성명 이행 방법에 관해서도 논의했다.

1차 북한 핵실험 이후 미 NSC의 아시아 문제 국장 빅터 차는 9.19 공동성명에서 약속한 비핵화 이행 측면에서의 북한의 진정성 여부를 확인해본다는 차원에서 미국이 북한과 협상해야 할 것이란 의미의 메모를 부시에게 보냈다. 빅터 차는 북미 양자회담을 허용해주는 방식으로 미국이 협상에 진정성이 있음을 보여주는 것이 중요한 의미가 있다고 말했다. 미국이 그처럼 협상을 위해 노력했음에도 불구하고 협상이 결렬되는 경우 6자회담 참가국들이 보다 강력한 미국의 대북제재를 보다 강력히 지원할 수 있을 것이라고 말했다.[238]

---

[238] Ibid., p. 310.

그런데 1999년 3월의 아미티지 보고서에 따르면 이 같은 협상 결렬이 미국 때문이 아니고 북한 또는 중국 때문으로 사람들이 인식하게 만드는 것이 대단히 중요한 의미가 있었다. 빅터 차는 북한 핵문제 해결을 부시에게 제안한 것이 아니었다. 북한이 결코 수용할 수 없는 조건을 북한에 요구하는 방식으로 북한 비핵화가 안 되는 책임을 북한에 전가해야 할 것이라고 말한 것이다. 이 같은 빅터 차의 관점을 수용하여 부시는 다음과 같이 말했다. "북한이 핵무기를 포기하는 경우 미국이 새로운 경제적 인센티브를 제공해주기 위한 방안 모색은 물론이고 북한과 안보 협정을 체결할 의향이 있음을 북한 지도자들이 알기를 원합니다."239)

혹자는 이처럼 부시가 대화를 추구한 이유가 이라크전쟁이 난항을 거듭하면서 대북 강경파인 럼스펠드와 볼턴이 물러나고 체니 부통령의 입지가 대거 약화되었기 때문이라고 주장했다. 그러나 이는 설득력이 떨어지는 듯 보인다. 나중에 2.13합의와 10.3합의를 무산시킨 것이 이 같은 강경파들이기 때문이다.

미국 북미대화의 걸림돌인 방코델타아시아 문제 해결 추구

이 같은 부시 행정부의 대북정책 변화로 2006년 11월 말경 힐은 김계관 및 우다웨이와 베이징에서 회동했다. 당시 회동에서 힐은 미국이 북한으로부터 얻고자 하는 것들의 목록을 제시했다. 뿐만 아니라 그 보상 차원에서 미국이 제공해주고자 하는 내용을 상세히 제시했다. 힐이 제안한 내용에는 영변원자로 운용 중지, 국제원자력기구 사찰 요원의 대북 핵시설 사찰 허용, 북한의 핵시설 목록 제시, 북한 핵 시험장 폐쇄가 포함되어 있었다. 힐은 이들 모두를 2008년까지 완료해야 할 것이라고 말했다. 그 대가로 힐은 식량과 에너지 지원,

---

239) Quoted in Ibid., ; White House Transcript, "President Bush Meets With President Roh of the Republic of Korea," November 18, 2006.

BDA의 북한 계좌 해제 방안 모색 차원에서의 북미공조 약속, 북미외교관계 정상화를 위한 노력 가속화 전망을 제시해주었다.240)

그러자 김계관은 먼저 BDA의 북한 계좌 해제를 반복적으로 요구했다. 북한 입장에서 보면 이는 2천 5백만 달러 규모의 계좌 해제 이상의 의미가 있었다. BDA의 북한 계좌 동결이 대북 적대시정책의 상징이 되었던 것이다.241) 베이징을 떠나기 직전 김계관은 기자들에게 다음과 같이 말했다. "우리는 9.19 공동성명을 이행할 의향이 있습니다. 그러나 현 단계에서 북한이 일방적으로 핵무기 개발 계획을 포기할 수 없습니다." 또 다른 한편에서 미국은 김정일의 입장을 난처하게 만들 수 있는 조치를 취했다. 김정일이 대거 수입하고 있던 고급 양주와 같은 것의 수입을 차단한 것이다. 그럼에도 불구하고 북한은 2006년 12월 18일 시작될 6자회담 참석에 동의했다.242)

한편 6자회담이 재개되기 1주일 전 미 재무성은 BDA 북한 계좌 해제가 쉽지 않을 것이라고 말했다. 그 이유는 당시의 제재가 마카오의 무명의 은행에 예치되어 있던 북한 자금 2,500만 달러를 단순 동결시키기 위한 것이 아니고 지구상 도처의 재무기관들이 더 이상 북한과 거래하지 못하게 만들기 위한 성격이었기 때문이다. 미 재무성이 BDA를 주요 자금세탁 기관으로 지정하자 지구상 도처 은행들이 미국의 제재 대상이 될 가능성을 우려하여 북한과의 재무관계를 끊고자 노력했던 것이다. 이 같은 상태에서 국제사회의 금융기관들로 하여금 북한과 재차 거래하게 만들기가 쉽지 않았던 것이다.

보다 문제인 것은 BDA 관련 미국의 가장 핵심적인 주장과 관련하여 의문이 제기되었다는 사실이다. 미 재무성은 BDA의 고위급 관리가 미국의 위조지폐를 포함한 방대한 자금을 유치하기 위해 북한 관리들과 공조했으며, 이들 위조지폐

---

240) Quoted in Mike. Chinoy, *Meltdown* (p. 311). Kindle Edition.; Lee Jo-hee, "News focus: Doubts Surround Success of Nuke Talks," *Korea Herald*, December 12, 2006.
241) "미국은 반드시 대조선적대시정책을 포기해야 한다."『로동신문』, 2006. 12. 13.
242) Mike. Chinoy, *Meltdown* (p. 312). Kindle Edition.

유통과 관련하여 합의했다고 주장한 바 있었다. 그러나 감리기관은 다음과 같은 결론을 내렸다. "우리의 조사에 따르면 BDA가 조사 대상 기간 동안 미국의 위조지폐를 유통시키지 않았음이 분명하다."243) 감리기관은 BDA와 관련한 부시 행정부의 주요 비난을 입증해줄 증거가 없다고 말했다. 이 문제와 관련하여 일했던 미 국무성의 고위급 관리는 다음과 같이 말했다. "감리기관은 BDA의 북한 계좌들이 불법 활동에 관여되어 있었음을 입증해줄 증거를 마카오 당국에 전혀 제시할 수 없었다." 미 재무성의 주장을 상세 조사한 '제팬 포커스(Japan Focus)'란 일본 저널에 따르면 BDA와 관련하여 부시 행정부가 공개한 문서와 공식 성명은 놀라울 정도로 피상적이었다. '제팬 포커스'는 다음과 같은 결론을 내렸다. "BDA의 북한 계좌 관련 부시 행정부의 비난 어디에도 그 타당성을 입증해줄 신빙성 있는 증거가 첨부되어 있지 않았다.…범죄성을 입증하기 위해 필요한 사실 정보인 발생 시점, 개입된 금액, 관여된 사람의 이름 또는 기관과 같은 것이 결여되어 있었다."244)

6자회담 5라운드: 2.13 합의

한편 2006년 크리스마스 1주일 전 힐과 김계관이 회동했다. 김계관은 BDA 문제를 제외한 어떠한 문제도 논의하지 말라는 지시를 받았음이 분명했다. 힐은 BDA 문제 해결을 위해 북미가 공조할 것이라고 약속했다.

2007년 1월 17일 힐과 김계관이 북미 양국의 입장을 조율하기 위해 베를린에서 회동했다. 김계관은 당시의 양자회동에서 북한이 가장 중요하게 생각하는

---

243) Quoted in Ibid., p. 314. Kindle Edition.; Confidential report of Banco Delta Asia, Ernst & Young, December 16, 2005 (leaked to McClatchey Newspapers and posted on the Internet).

244) Quoted in Mike. Chinoy, *Meltdown* (p. 314). Kindle Edition.; John McGlynn, "Financial Sanctions and North Korea: In Search of the Evidence of Currency Counterfeiting and Money Laundering," *Japan Focus*, July 7, 2007.

문제인 BDA와 미국의 대북 금융제재 문제를 거론했다. 북한이 BDA 북한 계좌 관련 자금을 되돌려 받는 경우 핵문제를 논의할 준비가 되어 있다고 말했다. 힐은 영변 핵시설 운용 중지와 봉인 약속, 국제원자력기구 사찰요원의 북한 핵시설 사찰 재개, 북한 핵 자산 목록 논의를 촉구했다. 김계관은 에너지 지원 문제를 거론했으며, 중유 제공을 요청했다. 이틀 동안의 양자회동을 통해 북미가 나름의 타협안을 도출했다.245)

북미 타협안을 보고받은 부시는 불과 몇 시간 만에 이것을 승인해주었다. 베를린에서 힐과 김계관이 합의한 내용에 입각하여 2007년 2월 8일 아침부터 베이징에서 6자회담이 재개되었다. 당시 힐은 라이스 국무장관과 직접 상대했으며, 라이스는 곧바로 부시 대통령과 상대했다. 이 같은 방식으로 부시 행정부의 여타 요원과 기관을 논의 과정에서 배제시켰다. 2월 13일 6자회담 당사국들은 2005년 9.19 공동성명의 원칙들의 "이행 계획"과 다름이 없는 2.13 합의를 선언하기 위해 회동했다.

2.13 합의는 9.19합의의 1단계 이행에 관한 것이었다. 이 같은 이행에서 북한은 향후 60일 이내에 "영변 핵시설을 궁극적으로 폐기할 목적으로 운영 중지한 후 봉인할 것이었다. 국제원자력기구 사찰 요원들을 핵시설 사찰 목적으로 북한에 입국시킬 것이었다. 북한의 모든 핵 프로그램 목록 관련 논의를 시작할 것이었다. 그 대가로 북한은 영변원자로 운용 중지와 동시에 5만 톤의 중유를 받을 것이었다. 또한 모든 핵 프로그램을 완벽히 선언하고, 기존의 모든 핵시설을 불능화시킨" 직후 95만 톤의 중유 또는 그에 상응하는 것을 받게 될 것이었다. 이외에도 미국은 "북미 간의 문제를 해결하기 위한 양자회담과 완벽한 관계정상화 노력을 시작할 것"이었다. 2.13 합의문에는 북한을 테러지원국 명단에서 삭제하는 문제와 오랜 기간 동안 지속되어 온 '적성국 무역

---

245) Quoted in Mike. Chinoy, *Meltdown* (p. 320). Kindle Edition.; Jim Yardley, "Private talks Held in Berlin Spurred Sides to Reach a Deal," *New York Times*, February 14, 2007.

금지법(The Trading With the Enemy Act)'에 입각한 제재를 종료한다는 내용이 포함되어 있었다. 2.13합의에서는 또한 한반도 비핵화, 북미외교관계정상화, 북일외교관계정상화, 경제 및 에너지 상호협력, 동북아지역 평화 및 안보 메커니즘 정립 같은 사안들과 관련한 6개국으로 구성되는 워킹그룹을 구성할 예정이었다.246) 당시의 합의문에는 포함되어 있지 않았지만 힐은 미국이 30일 이내에 BDA 제재 해제를 위한 논의를 시작할 것이라고 김계관에게 확인해주었다.

2.13 합의 평가

부시 대통령은 이 합의를 "북한 핵문제를 해결하기 위한 외교적 노력 가운데 최상의 것이다."라고 격찬했다. 대통령에 취임한 2001년부터 부시는 김정일 정권과 양자회담은 없을 것이라고 지속적으로 말했다. 북한의 잘못된 행동과 관련하여 보상해주지 않을 것이라고 말했다. 그 이전의 6자회담들에서의 부시 행정부의 입장은 이 같은 성격이었다. 미국은 북한이 '비핵화의 길'로 상당히 접어든 이후에나 경제 또는 외교적 지원을 고려할 것이라고 말했다. 그런데 이는 김정일의 항복을 염두에 둔 조건을 놓고 북한과 협상할 것이란 의미와 다름이 없었다.

2.13 합의에 따르면 북한은 영변 핵시설 운영 중지 조치를 취하기 이전에 BDA 문제 해결이란 이득을 챙길 예정이었다. 2.13 합의의 첫 단계는 북한 핵시설 동결과 다름이 없었다. 부시는 이 같은 2.13 합의를 수용했는데 이는 2003년 이후 북한이 지속적으로 제안한 반면 미국이 일관되게 거부한 성격이었다. 북한은 자국의 핵무기 개발 노력을 포기하기 이전에 중유 또는 그에 상응하는 지원을 받기 시작할 것이었다. 더욱이 미국은 여타 제재를 해제하고

---

246) Initial Actions for the Implementation of the Joint Statement, February 13, 2007.

궁극적으로 북미외교관계정상화를 협상하는 방식으로 점차적으로 북미 화해를 추구할 예정이었다.

이제 부시는 1994년의 북미제네바합의와 놀라울 정도로 유사한 2.13 합의를, 본인이 대통령에 취임한 2001년 이후 지속적으로 거부해온 것과 거의 동일한 성격의 타협을 수용하고 있는 듯 보였다. 그런데 1994년의 북미제네바합의와 2.13 합의는 주요 차이가 있었다. 1994년 당시와 비교하여 2007년 2월 13일 당시 북한 핵무기 개발 프로그램이 상당히 진전되어 있었다는 사실이 바로 그것이었다. 부시 행정부 관리들은 2.13 합의가 북미제네바합의와 같지 않다는 사실을 강조했다. 2.13 합의에서는 북미제네바합의와 달리 북한이 핵시설 동결이 아니고 해체를 약속했다고 주장했다. 또한 북한 비핵화 측면에서 의미 있는 진전이 있은 이후에나 상당한 보상을 제공해주게 될 것이라고 말했다.

2.13 합의는 일부 애매모호한 부분이 없지 않았다. 2.13 합의에서는 북한이 핵시설을 궁극적으로 포기할 것이라고 명시하고 있었다. 그러나 폐연료봉에서 추출한 플루토늄을 포함한 자국의 모든 핵무기 프로그램 목록을 놓고 논의할 것이란 북한의 언질에는 2002년 당시 북한 핵 위기를 촉발시킨 농축우라늄 노력을 구체적으로 언급하고 있지 않았다. 여기서는 또한 북한이 이미 보유하고 있던 핵무기를 거론하지 않았다. 이는 북한이 "모든 핵무기와 기존의 핵 프로그램을 포기"할 것이란 2005년의 9.19 합의 이행 측면에서 의문을 제기하는 성격이었다.

한편 미 재무성의 노력으로 2007년 6월 14일 BDA는 2천 3백만 달러를 마카오의 금융 당국으로 전송했으며, 이곳은 마찬가지로 이 자금을 뉴욕의 연방준비은행(FRB)으로 전송했다. 자금이 전송되자 6월 16일 북한은 영변원자로 운용 중지를 논의할 수 있도록 국제원자력기구 요원들을 초청했다. 그 후 1달이 지나지 않은 7월 18일 국제원자력기구는 영변원자로 운용이 중지되었다고 선언했다.

이처럼 2.13 합의 이후 북한과 미국은 다방면에서 협조하고 있는 듯 보였다. 2007년 늦은 여름 몇 주 동안 국제원자력기구 사찰 요원들이 영변 핵시설을 봉인하고 감시용 카메라를 설치하는 등 분주히 움직였다. 미국의 일부 인사들은 북한 교육체계 변화와 관련하여 북한인들과 논의했다. 북한은 정치적 변화를 초래하지 않으면서 경제적 변화를 추구하기 위한 방안에 관해 고민했다. 당시까지만 해도 북한인들은 미국이 북한을 붕괴시킬 가능성을 우려했는데 이제 이 같은 공격이 없을 것이라고 인식하기 시작했다. 이들 일련의 발전으로 2007년 가을에는 북한 핵문제 해결 측면에서 또한 긍정적인 분위기가 감지되었다. 10.3합의를 도출한 것이다.

10.3 합의

2007년 9월 크리스토퍼 힐과 김계관이 제네바에서 회동했다. 이들은 당시로부터 9개월 전 베를린에서 9.19 공동성명 이행 관련 1단계 조치와 관련하여 6자회담 이전에 잠정 합의한 바 있었다. 당시와 유사한 작업을 제네바에서 김계관과 힐이 한 것이다. 그 이전의 경우와 마찬가지로 힐은 지난 수년 동안 북한 핵 문제 해결을 어렵게 했던 미국의 여러 기관 간의 통상적인 논의 과정을 배제시켰다.

2007년 9월 말경 6자회담 대표들이 김계관과 힐이 제네바에서 잠정 합의한 내용을 비준하기 위해 베이징에서 회동했다. 2007년 10월 3일 공표된 새로운 합의문에서 북한은 영변 지역의 3개의 주요 핵 시설을 12월 31일까지 불능화할 것이라고 약속했다. 5메가와트 원자로, 플루토늄 재처리 시설, 핵연료봉 제조 시설이 바로 그것이었다. 김계관은 또한 동일 시점까지 "모든 북한 핵 프로그램의 완벽하고 올바른 선언"을 약속했다. 북한이 "핵물질, 관련

과학기술 또는 핵무기 제조 방법"을 제3자 또는 제3국으로 이전하지 않을 것이라고 약속했다. 부시 행정부는 북한을 테러지원국 명단에서 삭제할 것이며, '적성국 무역 금지법'의 대북 적용을 중지할 예정이었다. 북한은 주요 핵시설을 불능화하고 핵 프로그램을 신고하는 조건으로 100만 톤의 중유 내지는 그에 상응하는 보상을 받을 예정이었다.247)

그 후 영변에서의 불능화 작업이 시작되었다. 처음에 미국과 북한은 '불능화'의 의미 측면에서 이견을 보였다. 당시 미국이 추구한 목표는 "불능화 단계를 해체 단계와 자연스럽게 연계시키는 것이었다. 그런데 해체란 이들 시설을 분해하여 복원이 불가능해지게 만드는 것을 의미했다. 이전에 사용되었던 목적으로 재차 사용되지 못하게 만드는 것을 의미했다."248)

영변 핵시설 불능화 작업과 비교하여 북한 핵무기 프로그램 실체의 천명은 훨씬 어려운 일이었다. 북한은 자국의 모든 핵무기 개발 프로그램을 완벽하고 올바른 방식으로 천명할 것이라고 약속했다. 미국은 이것을 북한이 생산한 핵분열 물질의 규모를 완벽히 공개할 뿐만 아니라 2002년 당시 북한 핵 위기를 촉발했던 사안의 실체를, 다시 말해 2002년 이후 북한이 정기적으로 부인해 온 농축우라늄 프로그램의 실체를 분명히 밝힘을 의미하는 것으로 해석했다. 2007년 2월의 2.13 합의 공동성명에서 북한은 "자국이 포기할…모든 핵무기 프로그램 목록을 놓고 당사국들과 논의할 것이다."라고 말한 바 있었다. 그런데 10.3 합의 문구에는 구체적인 내용이 없었다. 힐의 노력을 비난하는 사람들은 이 같은 사실을 주기적으로 거론했다. 북한이 자국의 비핵화 측면에서 진정성이 있음을 보여주는 신빙성 있는 문서가 없는 한 미국은 북한을 테러지

---

247) Second-Phase Actions for the Implementation of the Joint Statement, October 3, 2007.; U.S. Department of State, "Six-Party Talks—Second-Phase Actions for the Implementation of the September 2005 Joint Statement," October 3, 2007.

248) "Transcript, Assistant Secretary of State Christopher Hill Press Conference," Tokyo, Japan, November 3, 2007.

원국 명단에서 삭제하지 않을 것이며, '적성국 무역 금지법'에 입각한 대북제재를 해제하지도 않을 것이었다. 그런데 미국이 북한을 테러지원국 명단에서 해제해주는 등의 조치를 취하지 않으면 힐의 전반적인 외교적 노력이 무산될 가능성이 있었던 것이다.[249]

2. 부시의 2.13 합의와 10.3 합의 파기 추구: 북한 핵무장 결심 초래

2.13 합의와 10.3 합의가 도출되자마자 미국은 이들 합의 사항 변경을 통해, 상상할 수 없을 정도의 엄격한 검증 요구를 통해 북한이 자발적으로 합의를 취하하게 만들기 위한 노력을 시작했다. 이는 9.19 합의를 북한이 거부하게 만들기 위해 방코델타아시아 사건을 이용한 것과 동일했다. 그런데 이는 1999년 3월 아미티지 보고서에서 강조한 사항이었다. 이 보고서에서는 협상 실패가 미국 때문이 아니고 북한 때문으로 보이게 만드는 것이 매우 중요하다는 사실을 강조하고 있었다. 북한으로 하여금 비핵화 합의를 포기하게 만든 후 핵무장에 전념하게 만드는 것이 미국 입장에서 매우 중요했던 것이다.

이 같은 측면에서 미국은 2007년 9월의 이스라엘의 시리아 원자로 폭격 사건을 교묘히 이용했다. 미국은 이 원자로가 북한이 만들어준 것이라고 주장했다. 북미합의를 신뢰할 수 없다고 주장했다. 결과적으로 미국은 2.13 합의와 10.3 합의 사항 이외의 추가 사항 수용을 북한에 요구했다. 북한이 추가 내용을 수용하자 미국은 보다 문턱을 높였다. 이 같은 방식으로 북한으로 하여금 미국이 북미합의 이행에 관심이 없다고 인식하게 만든 것이다. 북한이 더 이상 협상이 아니고 핵무기 개발에 진력하게 만들었던 것이다.

---

249) Mike. Chinoy, *Meltdown* (p. 347). Kindle Edition.

미국의 북한 시리아 원자로 건설 지원 조작

2007년 9월 6일 이스라엘이 시리아의 특정 시설을 공습했다. 이스라엘의 시리아 공습은 그 후 10일 동안 비밀로 유지되었다. 그런데 당시 공습과 관련한 놀라운 주장이 모습을 드러냈다. 이스라엘이 북한의 지원으로 건설되고 있음이 분명한 시리아의 원자로를 폭격했다는 것이었다. 이 같은 사실을 입증해줄 자료는 거의 없었다. 이스라엘은 당시 공습과 관련하여 자국 언론매체가 보도하지 못하도록 철저히 통제했다. 미국에서 또한 당시의 공습은 국가안보 보좌관 하들리의 명령으로 비밀이었다. 시리아조차도 당시 공습과 관련하여 침묵으로 일관했다. 이처럼 당시 공습과 관련하여 어느 누구도 거론하지 않는 가운데 이스라엘이 공습한 시설이 "시리아가 핵무기 원료를 축적할 수 있도록 북한 원자로 모델에 입각하여 건조하고 있던 원자로가 분명하다."[250]라는 내용을 혹자가 흘렸으며, 이것을 뉴욕타임스지가 보도했다.

이스라엘의 시리아 원자로 공습을 정당화시킬 수 있을 것인지에 관한 2007년 여름의 부시 행정부의 논쟁 당시 체니 부통령을 포함한 강경파들은 미국의 전반적인 대북협상 접근방안 재고를 촉구했다. 2.13 합의에서 동의한 대북 원유 제공 결심 번복을 주장했다. 반면에 라이스 국무장관은 시리아의 시설이 완공되려면 몇 년이 더 소요된다는 사실과 공습이 미칠 외교적 파장을 고려해야 할 것이라고 주장했다.[251] 여기서 보듯이 이스라엘의 시리아 공습은 북한 핵문제 대응 차원에서 미국이 조장한 측면이 없지 않았다.

북한이 시리아 원자로 건설과 연계되어 있다는 주장의 발단은 힐과 김계관이 제네바에서 회담하기 하루 전 날인 2007년 8월 31일 자의 아시안 월스트

---

250) David E. Sanger and Mark Mazzetti, "Israel Struck Syrian Nuclear Project, Analysts Say," *New York Times*, October 14, 2007.

251) Ibid.

리트저널에 기고한 볼턴의 글이었다. 여기서 볼턴은 다음과 같이 주장했다. "우리는 여타 국가와 북한의 핵무기 개발 공조 관련 세부 내용을 파악할 필요가 있습니다.…시리아를 포함한 여타 국가들이 북한 핵무기 개발의 '피난처'가 되고 있을 가능성에 관해, 그 정도에 관해, 이들 국가가 북한의 핵무기 개발 노력으로 도움을 받았을 가능성에 관해 분명히 밝혀야 합니다."252) 이스라엘의 시리아 공습이 보도된 후 볼턴은 다음과 같이 말했다. "저는 시리아의 원자로 건설이 북한이 핵무기 포기 약속을 진지하게 준수할 의향이 없음을 보여주는 사례라고 생각합니다.…저는 이 사건을 계기로 부시 대통령이 북미합의를 취하한 후 대북 압박정책으로 회귀해야 할 것이라고 생각합니다."253)

부시와 라이스 국무장관은 시리아-북한의 유착설에 관해 보고받았음에도 불구하고 제네바에서 힐과 김계관이 양자회담을 하게 해주었다. 시리아 사건과 관련하여 미국 내부에서 논란이 거세지고 있던 상황에서조차 2007년 10월 3일의 6자회담에서 9.29공동성명 이행 관련 2단계 합의에 서명했던 것이다.

시리아-북한 유착설이 아직도 불안정한 상태에 있던 북미협상을 무산시킬 정도의 후폭풍을 초래할 가능성이 있었다. 10월 말경 미 하원외교위원회의 공화당의 저명 정치가 로스 레티넨(Ros-Lehtinen)은 시리아 사건에 침묵하고 있다는 사실과 관련하여, 대북 유화정책과 관련하여 부시 행정부를 비난했다. 다음날 미 의회 인사들은 부시 행정부가 시리아 원자로 건설 과정에서의 시리아-북한 유착설에 관해 밝히지 않는다며 힐을 지속적으로 압박했다. 이 같은 상황에서 2007년 10월 말 부시의 절친한 친구인 주일 미국대사 토머스 시퍼는 북한을 테러지원국 명단에서 삭제할 것이란 힐의 언질이 미일관계를 악화

---

252) Mike. Chinoy, *Meltdown* (p. 351). Kindle Edition.; John R. Bolton, "Pyongyang's Upper Hand," *Asian Wall Street Journal*, August 31, 2007.

253) Mike. Chinoy, *Meltdown* (p. 351). Kindle Edition.; Jim Brown, "John Bolton Blasts Bush, Rice for Policy of 'Rewarding Proliferators'," *OneNewsNow.com*, October 29, 2007.

시킬 가능성이 있다고 경고하는 내용의 전문을 부시에게 보냈다.254) 통상적으로 대사는 주재국 관련 정보를 국무장관에게 보고한다는 점에서 보면, 시퍼의 서신은 매우 특이한 경우였다.

한편 럼스펠드가 미 국방장관일 당시 국방성은 미 대북정책에서 주요 행위자였다. 통상 대북 강경책을 표방했던 미 국방성 인사들이 이전의 모든 6자회담 참석 명단에 포함되어 있었다. 그런데 힐과 라이스가 국방성 요원들을 북미협상 과정에서 제외시켰던 것이다. 그러나 외교적인 성과를 정책으로 전환하고자 하는 경우 미 의회, 국방성, 정보공동체 등 당시 협상과정에서 배제되었던 주요 기관의 협조가 요구되었다. 특히 북미합의 사항을 이행할 당시 그러했다. 협조 과정에서 부시 행정부의 여타 요원들은 부시와 라이스 국무장관이 허용해준 사항들을 뒤집고자 했는데 이는 매우 이례적인 현상이었다.255)

자신의 대북정책과 관련하여 비난이 고조되었다는 사실과 시리아-북한 원자로 건설 유착설을 계기로 부시는 북미 협상의 문턱을 높이기 시작했다. 부시 행정부는 핵무기 프로그램 내용을 천명할 당시 북한이 이미 생산한 플루토늄의 분량뿐만 아니라 농축우라늄 프로그램 관련 세부사항, 핵무기 관련 과학기술과 물질의 시리아 제공 여부, 북한의 핵무기 보유 현황을 포함해야 할 것이란 사실을 북한에 요구하라고 힐에게 지시했다. 힐이 북한의 핵무기 보유 숫자에 관해 질문하자 김계관은 다음과 같이 답변했다. "북한은 아직도 미국과 기술적으로 전쟁 상태에 있다. 적국과 핵무기 숫자를 논의한다는 것이 적절하지 않을 것이다."

2008년 4월 체니 부통령을 포함한 미국의 강경파들은 당시로부터 1년 전에 이스라엘로부터 확보한 북한과 시리아의 유착설 관련 정보 공개를 결심했다. 미 정보공동체가 미 의회를 상대로 일련의 비밀 브리핑을 할 수 있게 된 것

---

254) Mike. Chinoy, *Meltdown* (p. 353). Kindle Edition.
255) Ibid., pp. 354-5.

이다. 그 후 몇 시간도 지나지 않아 시리아-북한 유착설 관련 정보가 언론에 유포되었다. 당시 브리핑의 요지는 북한이 영변원자로와 유사한 핵 원자로 건설과 관련하여 시리아를 지원해주었으며, 이 원자로가 이스라엘이 공습한 2007년 9월 7일 당시 거의 완성 단계에 있었다는 것이었다. 이 같은 주장을 뒷받침하기 위해 부시 행정부 관리들은 시리아 원자력 기관 부서장과 영변의 북한 고위급 관리로 식별된 남자가 함께 찍은 사진을 기자들에게 보여주었다. 이 정보 유출로 엄청난 논란이 벌어졌다. 당시의 논란 가운데 많은 부분이 힐을 겨냥했다. 미 의회 인사, 언론집단, 힐의 대북 협상 태도와 북한에 회의적이었던 인사들이 논란을 주도했다. 이들은 부시 행정부가 시리아 관련 정보를 그처럼 오랜 기간 동안 공개하지 않았다는 사실과 관련하여 분개했다. 힐은 체니 부통령이 부시의 대북 핵정책과 관련하여 이처럼 분노를 조장한 이유가 부시 대통령이 10.3 합의와 2.13 합의를 취하하게 만들기 위함이라고 생각했다.256) 아들 부시의 미국은 체니 중심의 '나쁜 경찰'을 이용하여 이들 합의 파기를 추구한 것이다.

미국의 10.3 합의사항 지속적인 변경 추구

2008년 봄 힐과 김계관은 10.3 합의의 주요 내용과 관련하여 합일점을 찾고자 노력했다. 이들은 북한이 자국의 핵무기 프로그램에 관해 완벽하고 올바르게 선언하는 경우 미국이 북한을 테러지원국 명단에서 삭제하고 '적성국 무역 금지법'에 입각한 대북제재를 해제하기로 합의했다.

당시 북한이 선언하기로 되어 있던 핵무기 개발 프로그램, 다시 말해 플루토늄 프로그램, 농축우라늄 능력 확보 노력, 북한-시리아 유착설 가운데 김계관은 플루토늄에 관해서는 비교적 순순히 정보를 제공해주었다. 김계관은 또한

---

256) Ibid., p. 363.

북한이 수천 개의 알루미늄 튜브를 구입했지만 이들을 원심분리기 제조 목적으로 사용하지 않았다고 말했다. 김계관은 북한이 파키스탄으로부터 원심분리기를 받았다거나 농축우라늄 제조 방법을 획득했다는 사실을 인정하지 않았다. 북한과 시리아의 원자로 관련 유착설을 부인했다.

한편 힐의 대북 핵협상 관련 논쟁으로 미 의회 청문회가 개최되었다. 힐의 반대세력들은 이 청문회를 이용하여 시리아-북한 유착설 관련 정보를 얻고자 노력했다. 그러나 당시의 정보 브리핑은 의혹을 해소시켜준 것만큼이나 키운 측면이 없지 않았다. 공개된 자료에는 연료봉 제조 프로그램에 관한 증거는 물론이고 시리아가 핵시설 운용에 필요한 우라늄을 획득한 방법에 관한 정보가 없었다. 시리아가 플루토늄 재처리 시설을 유지하고 있다는 증거도 없었다. 시리아-북한 유착설과 관련하여 그처럼 소란을 떨었음에도 불구하고 당시 브리핑했던 관리들은 이스라엘이 공습한 시리아의 시설이 핵무기 개발 목적으로 사용될 것이라고 미 정보 당국이 거의 생각하지 않았음을 잘 알고 있었다. 아무튼 당시의 시리아-북한 유착설 관련 정보 유출로 힐이 정치적으로 상당한 타격을 입었으며, 힐의 신뢰가 대거 손상되었다.257)

2008년 5월 초순 북한은 1986년 이후의 영변원자로 운용 관련 18,000 페이지 분량의 자료를 제시했다. 그러면서 북한은 미국이 자국을 테러지원국 명단에서 삭제해주면 몇 시간 이내에 영변 냉각탑을 폭파할 것이라고 약속했다. 5월 28일 힐은 북한 핵무기 개발 프로그램 선언 관련 최종 내용을 놓고 합의하기 위해 김계관과 회동했다. 힐은 검증의 중요성을 강조했다. 당시의 힐과 김계관의 논의는 "북한이 검증 측면에서 미국과 협조할 것이란 일반적인 약속"에 초점이 맞추어져 있었다. 당시 힐은 부시와 라이스가 북한을 테러지원국 명단에서 삭제할 수 있을 정도로 많은 것을 북한으로부터 얻었다고 확신했다. 그러나 체니 부통령, 존 매케인 상원의원을 포함한 강경파들은 북한을 테

---

257) Ibid., p. 366.

러지원국 명단에서 삭제하기 이전에 완벽한 검증을 요구했다. 이 같은 워싱턴의 일부 세력과 더불어 한국과 일본 또한 북한의 테러지원국 명단 삭제에 반대했다.258)

결과적으로 2008년 6월 18일 라이스는 북한 핵무기 프로그램 선언의 정확성과 완전성을 검증하는 과정에서 북한이 충분히 협조하는 경우에나 테러지원국 명단에서 삭제할 것이란 입장을 표명했다. 그러면서 라이스는 볼턴의 절친한 동료이자 미 국무성의 검증 담당 차관보 폴라 디셔터(Paula DeSutter)에게 검증 계획 작성을 요청했다. 디셔터는 북한이 "그 형태와 무관하게 핵물질이 위치해 있거나 위치해 있었던 모든 시설, 사이트 또는 장소에 접근할 수 있게 해야 한다. 여기서 말하는 시설은 현재 운용하고 있는 시설과 과거에 운용했던 시설을 포함한다."259)라고 말했다. 또한 디셔터는 북한이 핵무기 개발 프로그램 관련 선언에서 명시하지 않은 시설도 사찰 대상에 포함시켰다. 디셔터는 사찰 요원들이 모든 사이트에서 샘플을 채취한 후 이들 샘플을 분석 목적으로 외부로 반출할 수 있어야 할 것이라고 주장했다. 북한이 "핵물질 및 핵 관련 장비의 수입 또는 수출에 관한 모든 기록"260)을 제시해야 할 것이라고 주장했다. 농축우라늄 프로그램, 북한과 시리아의 거래 관련 모든 문서를 제시해야 할 것이라고 주장했다.

그런데 이는 힐이 김계관과 논의한 내용뿐만 아니라 2.13 합의와 10.3 합의 내용을 훨씬 초월하는 성격이었다. 그럼에도 불구하고 6월 26일 북한 관리들은 북한 핵무기 개발 프로그램과 관련하여 이전에 밝히지 않았던 부분에 관한 60페이지 분량의 문서를 제출했다. 이 문서에 따르면 북한은 38킬로그램의 플루토늄을 추출하여 2006년 10월의 1차 핵실험 당시 불과 2킬로그램을

---

258) Ibid., pp. 366-7.

259) Quoted in Ibid., p. 367.; Glenn Kessler, "Far-Reaching U.S. Plan Impaired North Korea Deal," *Washington Post*, September 26, 2008.

260) Mike. Chinoy, *Meltdown* (p. 367). Kindle Edition.

사용했다. 그 후 몇 시간 뒤 부시 대통령은 북한을 테러지원국 명단에서 삭제할 의향이 있다는 사실을 미 의회에 통보했다. 그러나 부시는 검증 측면에서 진전이 없는 경우 이처럼 삭제하지 않을 것임을 분명히 했다.261)

2008년 7월 10일에서 12일 사이의 6자회담 대표들의 회동에서는 북한 핵시설 방문, 문서 검토, 기술자들과의 인터뷰 등 북한이 천명한 플루토늄 분량을 검증하기 위한 원칙 측면에서 합의했다.262) 6자회담 6라운드 이후 6자회담 당사국들은 북한 핵 프로그램의 검증 및 감시 관련 세부사항에 초점을 맞추었다. 미국이 제안한 초안에는 북한의 과거 핵 프로그램 검증, 북한 핵시설에 관한 엄격한 사찰, 토질 검사는 물론이고 주요 과학자들과의 인터뷰가 포함되어 있었다.263) 국제표준 운운하며 미국은 검증 목적으로 북한 핵시설들을 무제한 자유롭게 접근할 수 있어야 할 것이라고 말했다.264)

한편 북한은 미국이 약속한 대북 에너지 지원이 매우 더디게 추진되고 있다는 사실과 관련하여 좌절했다. 이들 북한의 불만은 타당성이 있었다. 2008년 겨울과 2009년 봄 이명박은 대북 에너지제공을 보류시켰으며, 일본은 북한의 자국인 납치 문제에 관한 분노로 어떠한 대북지원도 거부하고 있었다. "북한은 대북 에너지 지원과 핵시설 불능화를 연계시키고 있었다. 불능화가 80% 이상 진행될 동안 전반적으로 에너지 지원이 매우 서서히 진행되고 있었던 것이다."265) 북한 입장에서 보면 부시 행정부 초기 미국과 미 우방국들이 대북지원 약속을 제대로 지키지 않았던 것과 마찬가지로 이제 이들이 재차 본인들의

---

261) Ibid., p. 368.
262) Press Communiqué of the Heads of Delegation Meeting of the Sixth Round of the Six-Party Talks, Beijing, July 12, 2008.
263) Quoted in Sachio Nakato, "Six Party Talks: The Sixth Round Talks and its Future Prospect," 立命館国際研究 22-1, June 2009, p. 91.; *The Korea Herald*, July 26, 2008.
264) Quoted in Sachio Nakato, "Six Party Talks," p. 91; *The Korea Herald*, October 11, 2008.
265) "North Korea Complains of Slow Energy Aid," *AFP*, June 5, 2008.

약속을 지키지 않고 있었던 것이다.

그 와중에서도 워싱턴의 대북압박은 지속되었다. 이 같은 사례에 베이징 올림픽 참석을 위해 이동할 당시의 방콕에서의 부시의 발언이 있었다. 부시는 "미국이 북한 위협에 직면해 있다."라면서 다음과 같이 말했다. "북한이 선언한 핵무기 개발 프로그램 검증과 관련하여 부디 미국을 도와주기 바랍니다. 핵무기 확산과 우라늄 농축을 포함한 북한의 행동에 관한 미국의 우려를 해소시켜주기 바랍니다. 가혹한 통치를 종료한 후 북한주민들의 존엄과 인권을 존중해주기 바랍니다."266) 북한 입장에서 보면 이는 부시 행정부 초기의 대북 강경 발언을 연상케 하는 성격이었다. 그 후 부시는 북한을 '악의 축'의 일원으로 지칭한 기존 입장 측면에서 변화가 있는지에 관해 질문을 받자 "아직 변화가 없다."267)라고 답변했다. 이는 부시의 대북 강경책 측면에서 거의 변화가 없음을 의미했다.

협상을 통한 북한 핵문제 해결을 추구하고 있던 힐의 관점에서 보면 부시는 입장을 수시로 바꿨다. 북한 1차 핵실험 이후 부시는 북미협상을 지지하는 듯 보였다. 그러나 이 같은 부시의 입장은 북미협상이 원만하게 진행되고 있을 때마다 바뀌었다. 힐의 입장을 지지하고 있던 미 국무성의 어느 인사는 미국의 빈번한 입장 변화에 따른 북한의 당혹스런 심정을 다음과 같이 표현했다. "힐이 말한 것과 상이한 시그널이 워싱턴에서 감지되는 경우 북한인들은 미국이 대북 입장을 대기 바꿨다고 느꼈다."

부시의 임기가 6개월 정도 남은 시점 북미 핵 협상이 난항에 처했다. 2008년 8월 27일 북한은 부시 행정부가 자국을 테러지원국 명단에서 삭제를 거부한다는 사실에 대한 보복 차원에서 핵시설 불능화 작업을 중지한 후 영변원자

---

266) White House, Office of the Press Secretary, President Bush Visits Bangkok, Thailand, August 7, 2008.

267) White House, Office of the Press Secretary, President Bush Participates in Joint Press Availability with President Lee Myung-bak of the Republic of Korea, August 6, 2008.

로를 재가동할 계획이라고 선언했다. 이 같은 사실을 8월 14일 유관측에 통보했으며 당시부터 유효하다고 말했다.268) 이 문제를 해결하기 위해 10월 1일 힐은 북한을 방문하여 김계관과 회동했다. 당시 힐은 검증 원칙 측면에서 김계관과 구두로나마 일련의 합의에 도달했다. 힐에 따르면 김계관은 두 가지 주요 사안 측면에서, 핵무기 프로그램에 관한 선언에서 언급하지 않았던 사이트들에 국제원자력기구 사찰 요원들이 접근하게 하는 문제와 다양한 핵시설에서 이들 사찰 요원들이 샘플을 채취하게 하는 문제 측면에서 융통성을 보여주었다. 김계관과의 회동을 통해 힐은 북한을 테러지원국 명단에서 삭제해주는 경우 6자회담의 다음번 라운드에서 검증에 관한 북한의 서면 답변을 얻을 수 있을 것으로 생각했다. 워싱턴으로 복귀한 힐은 라이스에게 방북 결과를 브리핑해 주었다. 힐의 설명에 고무된 라이스는 미국이 부시의 재임기간 동안 얻을 수 있는 최상의 결과라며 부시를 설득했다. 그러자 부시는 파탄 직전에 있던 핵협상을 살리기 위해 북한을 테러지원국 명단에서 삭제했다고 선언했다.269)

핵문제 관련 북한의 입장 변화

자국의 핵문제 해결에 관한 북한의 입장은 오바마가 미국 대통령에 당선된 2008년 11월 4일을 기점으로 대거 바뀌었다. 선거 유세 당시 오바마는 북한을 포함한 미국의 오랜 적국들과 대화를 추구할 것이라고 약속했다. 그런데 오바마의 당선 시점을 즈음하여 북한이 자국 핵문제에 관한 입장을 180도 바꾼 것이다. 오바마의 당선이 발표된 다음날 북한 외무성 관리 이근은 뉴욕에서 일련의 회동을 시작했다. 당시 회동에 참석한 거의 모든 미국인들은 이제

---

268) "조선민주의의인민공화국 외무성 대변인성명," 『로동신문』, 2008. 8. 27.

269) Helene Cooper, "U.S. Declares North Korea off Terror List," *New York Times*, October 12, 2008.

북한이 외교와 대화에 전념하는, 핵무기 협상 추진을 열망하는 미 행정부와 상대하게 되었다고 말했다. 그러자 이근은 강경한 입장을 표명했다. 이근은 2006년의 북한 핵실험으로 이제 상황이 변했다고 말했다. 북한이 미국의 위협을 받고 있다고 느끼는 동안 핵무기를 유지할 것이라고 주장했다. 여기서의 위협은 한미동맹과 미일동맹의 존재를 포함하는 개념이라고 말했다. 이근은 동북아지역의 미국의 동맹구조 해체가 북한 비핵화의 전제조건임을 암시하고 있어 보였다. 동맹구조 해체란 북한의 요구를 미국의 어느 대통령도 수용하지 않을 것임을 북한이 잘 알고 있었다는 점에서 보면 이는 북한이 비핵화를 더 이상 추진하지 않을 것이란 의미일 수 있었다.270)

이근의 발언을 협상용으로 생각할 수도 있었다. 그러나 이는 이명박 정부 등장 이후 남북한 긴장이 점차 고조되었다는 사실과 무관하지 않았다. 대통령에 취임한 2008년 2월 이후 북한은 전임 대통령 노무현과 비교하여 훨씬 회의적인 대북태세를 견지하는 이명박에 분노했다. 취임 직후 이명박은 한국의 대북지원이 비핵화 측면에서의 북한의 협조 정도에 따라 달라질 것이라고 선언했다. 이명박은 또한 노무현과 김대중이 북한과 합의한 내용의 이행을 거부했다. 북한은 이 같은 이명박의 태도를 경애하는 지도자 김정일을 전적으로 무시하는 성격일 뿐만 아니라 남북교류 관련 규칙을 일방적으로 재작성하기 위한 노력으로 생각했다. 북한은 이명박을 민족반역자로 매도했으며, 일련의 위협적인 발언을 했다.271) 이명박은 남북한 간의 협조를 대거 어렵게 만드는 조치를 취했다. 이명박은 박왕자 피살 사건을 계기로 금강산관광을 중지시켰다. 그러자 북한은 많은 사람들이 북한의 점진적인 경제개혁 모델이 될 것으로 기대했던 남북한 상호협조의 표상인 개성공단 운영을 위협했다.272)

---

270) Mike. Chinoy, *Meltdown* (p. 372). Kindle Edition.
271) 론평원, "남조선당국이 반북대결로 얻을 것은 파멸뿐이다," 『로동신문』, 2008. 4. 1.
272) Mike. Chinoy, *Meltdown* (p. 372). Kindle Edition.

한편 2008년 12월 초순 힐은 12월 말경에 베이징에서 예정되어 있던 6자회담의 다음번 라운드를 준비하기 위해 한국과 일본의 6자회담 대표와 도쿄에서 회동했다. 당시의 주요 안건은 북한 핵무기 프로그램 검증과 관련이 있었다. 힐은 베이징에서의 6자회담에서 북한이 수용할 수 있을 정도의 검증 방안을 요구해야 할 것이라고 생각했다. 반면에 일본과 한국 대표는 강력한 검증 방안을 요구해야 할 것이라고 말했다. 미국 내부의 압박과 동맹국들의 강요로 힐은 베이징에서의 6자회담에서 훨씬 주권 침해적인 성격의 검증 절차를 북한에 요구하기로 결심했다.

북한 입장에서 6자회담의 주요 초점은 영변원자로 불능화 조건으로 약속해준 중유와 여타 지원을 신속히 받는 것이었다. 6자회담이 시작되기 이전의 사전 회동에서 북한은 미국이 약속해준 대북 지원이 너무나 뒤늦게 제공되고 있다며 수차례 불만을 토로했다. 북한은 약속해준 모든 지원이 제공되고 불능화가 완료된 시점에나, 다시 말해 9.11 공동성명의 "2단계"가 완료된 이후에나 검증 관련 문서에 서명할 것이라고 경고했다. 중국 및 북한 대표와의 사전 회동에서 힐은 본인이 작성한 검증 문서가 일본과 한국이 제시한 상세 검증 요구를 반영한 것이라고 주장했다. 북한은 대북 에너지 제공 시점 명시를 요구했다. 일본과 한국은 자신들이 제시한 검증 요구에 북한이 동의하지 않으면 에너지 제공 시점을 명시할 수 없다고 답변했다. 일본, 한국 및 미국의 강력한 대북 검증 요구와 약속해준 모든 대북지원을 받기 이전에는 검증 관련 문서에 서명할 수 없다는 북한의 입장 간의 괴리로 6자회담은 합의 없이 종료되었다.273)

힐이 미국으로의 귀환을 준비하고 있을 당시 미 국무성 대변인 신 맥코믹(Sean McCormick)은 북한이 미국의 검증 관련 요구를 모두 수용하지 않으면 미국과 미 동맹국들이 약속해준 대북 유류 및 식량 지원을 중지할 것이라고

---

273) Ibid., p. 373.

선언했다.274) 그러자 김계관은 이처럼 하는 경우 북한이 영변원자로 불능화 속도를 대거 늦출 것이라고 경고했다.275) 그러자 힐은 6자회담 미국 대표직을 사직했다. 힐의 사직은 오바마 행정부 출범 시점과 일치했다. 2009년 2월 오바마는 미국의 6자회담 대표로 스티븐 보스워스(Stephen Bosworth)를 임명했다. 이제 새로운 유형의 미국의 대북 핵정책이 시작될 예정이었다.

부시 행정부 8년의 기간 동안 북한은 미국이 북미합의를 지속적으로 파기한다는 인상을 받았다. 미국이 북미외교관계정상화란 방식으로 자국 안보를 보장해주지 않을 것임을 확신했다. 자국 안보를 보장하기 위한 유일한 방안이 핵무장이라고 인식하게 된 것이다. 부시 행정부 8년 동안 북한이 터득한 주요 교훈은 핵무장만이 자국 안보를 보장해준다는 사실이었던 것이다. 북한 핵문제에 관한 오바마 행정부의 미국과 북한의 입장은 일관성이 있었다. 북한이 미국이 요구한 6자회담을 지속적으로 거부하는 가운데 시종일관 핵무기 개발에 박차를 가한 반면 오바마가 이 같은 북한 핵무장 노력을 부추기면서 북한 핵위협을 빌미로 중국을 겨냥한 억지력을 구축한 것이다.

---

274) Department of State, Daily Briefing, December 11, 2008.

275) "North Korea Warns Nuclear Disabling Might Slow," *Associated Press*, December 13, 2008.

제4절 결론

아들 부시가 대통령에 당선된 2000년 11월 한반도는 남북화해의 물결에 휩싸여 있었다. 대부분 한국인들이 조만간 남북한이 통일될 것으로 생각하고 있었다. 더 이상 한반도에서 전쟁이 없을 것으로 생각한 한국인들이 주한미군 철수를 외쳐대었다. 그런데 아태지역의 미 동맹체계를 기반으로 중국의 부상에 대비해야 할 것으로 생각했던 미국 입장에서 보면 주한미군 철수는 결코 수용할 수 없는 현상이었다.

미군의 한반도 주둔 보장을 통해 동맹체계를 정비하고자 하는 경우 미국이 선택할 수 있던 대안은 북한 핵무장뿐이었다. 북한 핵무장은 유사시 중국이 미 본토를 겨냥하여 발사할 가능성이 있는 핵탄도미사일에 대항한 미사일방어체계 구축 명분 확보 차원에서 또한 중요한 의미가 있었다.

이처럼 북한 핵무장을 종용하면서도 미국은 이처럼 북한 핵무장이 가능해진 것이 미국 때문이라고 사람들이 인식하게 만들면 곤란했다. 미국의 끊임없는 북한 비핵화 노력에도 불구하고 북한이 핵무장하게 되었다고 생각하게 만들어야만 했다. 미국의 의도적인 노력으로 북한이 핵무장하게 되었다고 한국인들이 생각하는 경우 미군의 한반도 주둔이 곤란해질 수 있었기 때문이다.

은밀한 방식으로의 북한 핵무장 종용 측면에서 부시는 다음과 같은 몇몇 정책을 취했다.

첫째, 한반도 긴장 조성이었다. 2000년 6.15 남북공동선언 이후 한반도 긴장이 완화되면서 한국인들이 주한미군 철수를 외쳐대었다는 점에서 보면 한반도 긴장 조성은 2001년 1월에 취임한 부시가 가장 먼저 취해야 할 조치였다. 한반도 긴장이 완화되면 남북이 통일될 가능성이 높아지는데 통일한국에 미군을 주둔시키지 못할 가능성이 있었던 것이다. 김대중 대통령과 회동한 2001년 3월 7일 부시는 한반도 긴장완화와 남북통일을 겨냥하고 있던 햇볕정책을 본인이 매우 싫어한다고 말했는데, 이는 이 같은 이유 때문이었다. 이외에도 부시는 북한을 '악의 축'으로 명시했을 뿐만 아니라 대북 선제타격 운운했는데 이들은 북미대립을 통해 한반도 긴장을 조성하기 위함이었다. 미국이 북한을 선제 타격하는 경우 북한이 붕괴되면서 남북이 통일될 가능성이 있었으며, 이처럼 남북이 통일되는 경우 미군의 한반도 주둔이 곤란해질 수 있었다. 따라서 부시의 미국 또한 북한을 결코 선제 타격할 수 있는 입장이 아니었다. 그럼에도 불구하고 선제 타격 운운했던 것은 한반도 긴장을 조성하기 위함이었다.

둘째, 북미제네바합의 파기와 NPT 탈퇴 종용이었다. 남북관계 및 북미관계 경색을 통한 한반도 긴장조성은 북미제네바합의 파기 측면에서 보면 여건조성 성격이었다. 북한의 농축 우라늄 생산 실체 규명을 빌미로 한 2002년 10월의 켈리의 방북은 북미제네바합의 파기를 직접 겨냥한 것이었다. 북한이 핵무기 이상의 것을 갖고 있다는 강석주의 발언을 켈리 일행은 북한이 농축 우라늄 생산을 인정한 것으로 간주했다. 그런데 이는 과도한 판단일 수 있었다. 아무튼 강석주의 발언을 빌미로 미국은 1994년의 북미제네바합의 가운데 미국이 유일하게 이행하고 있던 부분인 중유 제공을 중지시켰다. 이 같은 방식으로 북한이 자발적으로 NPT에서 탈퇴하고 북미제네바합의를 파기하게 만들었다. 그 후 북한은 플루토늄 생산을 위협하면서도 북미 양자대화를 통한 문제 해결을 지속적으로 암시했다. 미국은 북미 양자대화를 지속적으로 거부하는 한편 북한이 이미 1992년 이전에 1개 또는 2개의 핵무기를 개발했기 때문에 더 이상의 핵무기 개발이 전혀 문제될 것이 없다고 주장하면서 북한의 플루토늄 생산 활동을 수수방관했다. 그런데 이는 더 이상 북한이 핵물질을 생산하지 못하게 만들어야 할 것이라는 1994년 당시의 미국의 입장을 180도 뒤집은 것이었다.

셋째, 다자회담에 입각한 강압외교를 이용한 북한 비핵화 추구였다.

미국은 북한 비핵화를 위해 열심히 노력했음에도 불구하고 어찌할 수 없어서 북한이 핵무장할 수 있었다고 사람들이 생각하게 만들 필요가 있었다. 이 같은 목적으로 적용 가능한 방안에 다자외교에 입각한 강압외교가 있었다. 미국, 중국, 일본, 러시아, 북한 및 한국이 한반도에서 추구하는 국익이 상이했다는 점에서 보면, 이들 국가로 구성되는 6자회담을 통해서는 북한 비핵화를 결코 달성할 수 없었다. 예를 들면, 미중관계가 점차 대결구도로 접어든 2000년 이후 중국은 한반도와 관련하여 전쟁 불원, 불안정 불원, 핵무장 불원이란 3개 목표를 견지하고 있었는데 여기서 핵무장 불원, 다시 말해 북한 비핵화는 가장 우선순위가 떨어졌다. 북한이 핵무장하지 않는 경우 남한이 무력통일을 추구할 가능성도 없지 않았다는 점에서 중국은 한반도 전쟁 방지 차원에서라도 북한 핵무장을 내심 원하지 않을 수 없는 입장이었다. 결과적으로 중국을 포함하는 6자회담을 통해서는 북한 비핵화를 결코 달성할 수 없었다. 그러나 중국을 포함한 다자적인 방식으로 북한 비핵화를 추구하면 북한의 핵무장 가능성이 높아질 뿐만 아니라 북한 비핵화를 달성하지 못한 책임을 중국에 전가할 수 있었던 것이다.

넷째, 완벽하고, 검증 가능하며 불가역적인 비핵화(CVID) 이후의 북한 안보 보장 주장이었다. 켈리의 방북으로 북한이 영변원자로를 재가동시키는 방식으로 핵무기 개발 노력을 전개한 2003년 이후 미국은 먼저 완벽하고 검증 가능하며 불가역적인 방식으로 비핵화하는 경우 북한 안보를 보장해주고 경제적으로 지원해줄 것이라고 말했다. 그런데 CVID는 이론적으로 불가능한 개념이었다. 또한 북한은 (선) CVID (후) 보상이란 개념을 결코 수용할 수 없었다. 북한이 이 같은 미국의 요구를 수용하지 않는 가운데 핵무장을 추구하는 모습을 보면서 사람들은 북한 비핵화가 안 되는 이유가 미국 때문이 아니고 북한 때문이라고 생각하게 되는 것이다. 이 같은 방식으로 미국은 북한 핵무장을 종용하면서도 그 책임을 북한에 전가할 수 있었던 것이다.

다섯째, 북한 비핵화 협상 무력화 차원에서 '좋은 경찰', '나쁜 경찰' 개념 적용이었다. 다자회담을 통한 북한 비핵화 협상이 순조롭게 진행되는 경우 북한이 비핵화 조건으로 요구한 북미외교관계정상화가 협상결과에 포함될 수밖에 없었다. 2005년 9.19 합의는 이 같은 성격이었다. 문제는 미국이 북미외교관계정상화를 결코 수용할 수 없었다는 사실이다. 따라서 미국은 협상 결과가 의미를 상실하게 만들어야만 했다. 더 이상 협상이 의미가 없음을 북한에 절감시켜야만 했다. 9.19 공동성명 이후의 방코델타아시아 사건 조작 또는 2.13 합의와 10.3 합의 이후의 시리아-북한의 원자로 건설 유착설 조작은 이 같은 성격이었다. 이외에도 협상 결과와 무관하게 북한이 수용하기 곤란한 조건들을 추가적으로 요구함으로 더 이상 협상이 무의미하다는 사실을 북한이 절감하게 만들 필요가 있었다.

이처럼 하기 위해 미국은 '좋은 경찰'과 '나쁜 경찰' 개념을 이용했다. 아들 부시가 대통령에 당선된 2001년 이후부터 2.13 합의와 10.3 합의를 도출한 2007년 10월까지도 한국, 일본, 중국 및 러시아는 물론이고 북한도 협상을 통한 북한 비핵화를 염원했다. 따라서 미국은 협상을 통한 비핵화에 동참하지 않을 수 없었다. 동참하지 않으면 미국이 북한 비핵화를 원치 않는다고 사람들이 생각할 수 있었기 때문이었다. 이처럼 한국, 일본, 중국, 러시아 및 북한이 비핵화 합의를 추구하고 있는 상태에서 미국 대표가 합의를 거부할 수도 없었다. 따라서 미국은 6자회담 대표로 협상을 통한 북한 비핵화를 염원하던 크리스토퍼 힐과 같은 인사들을 임명한 것이다. 이들이 비핵화 합의에 도달하려면 워싱턴에 이들의 입장을 지원해주는 세력이 필요했다. 부시 행정부 당시 이 같은 역할을 담당한 세력은 미 국무성이었다. 라이스가 국무장관으로 취임하기 이전에는 콜린 파월 중심의 국무성이, 라이스가 국무장관으로 취임한 이후에는 라이스 중심의 국무성이 6자회담을 통한 합의 도출을 위해 노력했다. 물론 이 같은 합의는 부시 대통령의 승인 아래 이루어졌다. 협상을 통한 북한 비핵화를 지원하는 미 국무성 중심의 세력을 '좋은 경찰'로 생각할 수 있을 것이다.

이처럼 합의한 내용의 지속적인 파기를 통해 북한으로 하여금 더 이상 협상이 의미가 없으며, 핵무장에 매진해야 할 것이라고 생각하게 만들 필요가 있었다. 이 같은 악역을 체니 부통령 중심의 부통령실, NSC, 국방성이 담당했다. 이들을 '나쁜 경찰'로 지칭할 수 있을 것이다.

여섯째, 북한 관련 정보 조작이었다. 켈리의 방북 직전 당시의 북한 농축우라늄 관련 정보 조작과 북한 핵무기 보유 현황에 관한 정보 수정, 9.19합의 이후의 방코델타아시아 사건 조작, 2.13 및 10.3 합의 이후의 북한의 시리아 원자로 건설 유착설 조작은 이 같은 성격이었다.

일곱째, 북한 핵무장 노력을 빌미로 중국 위협을 겨냥한 동맹체계를 정비하고 미사일방어체계 구축을 추구했다. 예를 들면, 아들 부시는 휴전선 부근에 배치되어 있던 미군을 중국의 주요 해군기지가 있는 칭따오(靑島)를 마주보는 평택으로 이전시켰으며, 한미일 3각 공조를 위해 노력했다. 한국과 일본의 미사일방어체계 구축을 위해 노력했다.

여덟째, 북한 핵무장에 따르는 부정적인 영향 제거를 위해 노력했다. 예를 들면, 북한의 핵무기, 핵무기 관련 물질과 기술의 외부 확산을 레드라인으로 설정하는 방식으로 핵 확산을 저지했다.

재임 기간 8년 동안 아들 부시는 북한 핵무장을 종용하면서도 이것이 미국 때문이 아니고 여타 국가 때문이라며 그 책임을 전가하기 위해 노력했다. 북한 핵무장을 빌미로 중국을 겨냥한 동맹체계 정비와 미사일방어체계 구축을 위해 노력했다. 북한 핵무장의 부정적인 영향 제거를 위해 노력했다.

그러면 오바마 행정부 8년을 어떻게 생각할 수 있을까? 이는 북한이 한국과 일본을 타격할 수 있을 정도로 핵무장하게 만드는 한편 이 같은 북한 핵무장을 이용하여 동맹체계를 정립하고 미사일방어체계를 구축하기 위한 기간으로 볼 수 있을 것이다.

제5장

오바마의 전략적 인내: 북한 핵무장 강화와 동맹체계 정비

제5장

오바마의 전략적 인내: 북한 핵무장 강화와 동맹체계 정비

2009년 1월부터 2017년 1월에 이르는 오바마의 재임 기간 동안 북한은 한국과 일본을 타격할 수 있을 정도의 핵무기와 미사일로 무장할 수 있었다. 북한은 클린턴 대통령 재임 기간 8년 동안 미사일을 불과 5회 시험 발사했다. 아들 부시 대통령 재임 기간 8년 동안 미사일을 7회 시험 발사했으며 핵실험을 1회했다. 반면에 북한은 오바마 대통령 재임 기간 8년 동안 76회의 미사일 시험 발사와 4회 핵실험을 통해 일본과 한국을 타격할 수 있을 정도로 핵무장에 성공할 수 있었다.[1]

어떻게 이 같은 일이 가능했을까? 이는 크게 두 가지 이유 때문이었다. 첫째 이유는 북한이 대화를 거부한 채 핵 및 미사일 능력 신장에 박차를 가한 결과였다. 이미 살펴본 바처럼 클린턴과 아들 부시 대통령 16년의 기간과 이명박 정부 1년의 기간을 거치면서 북한은 자국 안보를 지키기 위한 유일한 방안이 핵무장뿐임을 절감한 듯 보인다. 미국 또한 북한 핵무장을 허용해주는 입장임을 감지한 것이다.

---

1) Fred. Fleitz, *The Coming North Korea Nuclear Nightmare: What Trump Must Do to Reverse Obama's 'Strategic Patience'* (p. 1). Center for Security Policy Press. Kindle Edition.

두 번째 이유는 오바마 행정부가 북한 핵무장이 미국의 국익에 도움이 된다고 생각했기 때문이었을 것이다. 오바마는 북한 핵무장을 통한 한미동맹 및 미일동맹 강화가 미국의 국익에 도움이 된다고 생각한 반면 북한 핵무장의 부정적인 영향은 감내할 수 있는 수준으로 생각했다. 결과적으로 오바마 행정부는 겉으로는 완벽하고 검증 가능하며 불가역적인 비핵화(CVID)를 외쳤지만 북한 핵문제 해결이 아니고 북한이 자국의 핵무기 개발 기술을 외부로 전파하지 못하게 만드는 일에 전념했던 것이다. 이것을 주요 목표로 간주했던 것이다.[2] 2009년 1월의 취임 연설에서 오바마는 "손바닥을 펼칠 의향이 있는 경우 미국이 손을 내밀어 상대방의 손을 잡을 것이다."[3]라고 말했다. 또한 오바마는 6자회담과 (선) CVID (후) 보상을 표방했다.[4] 이는 북한이 먼저 CVID 하면 미국이 북한의 안보와 경제를 보장하기 위한 방안과 관련하여 논의할 것이란 의미였다. 그런데 이는 북한이 결코 수용할 수 없으며 수용하고자 하지 않던 부분이었다. 이미 살펴본 바처럼 이는 오바마 행정부가 북한 핵문제 해결 의향이 없으면서도 의향이 있는 것처럼 비쳐지기 위한 조치와 다름이 없었던 것이다.[5]

---

2) "미사일 발사, 핵실험, '벼랑끝 전술'에도 불구하고 북한이 제기할 수 있는 유일한 실제적인 위협이 핵 물질 또는 관련 기술의 수출 능력뿐이라고 점차 확신한 오바마 행정부는 이들 능력 봉쇄에 초점을 맞추는 한편 북한이 고립된 상태에서 핵 및 미사일 능력을 개발하게 만들기로 결심했다." David E. Sanger, "Coming To Terms With Containing North Korea," *New York Times*, August 9, 2009.

3) Barack H. Obama, "Barack Obama's Inaugural Address," *New York Times*, January 20, 2009.

4) 6자회담과 관련해서는 다음을 참조 Hillary R. Clinton, "Nomination Hearing to be Secretary of State," *Testimony before the Senate Foreign Relations Committee*, Washington, DC (January 13, 2009).; Stephen W. Bosworth, "Remarks at the Korea Society Annual Dinner," Washington, DC (June 9, 2009).

5) 오바마는 북한 비핵화를 표방했지만 6자회담과 CVID를 통해서는 북한 비핵화가 불가능했다. "2009년 당시의 오바마 행정부 이후 미국은 북한 비핵화란 목표를 채택했다. 그런데 이는 두 가지 문제가 있었다. 첫째, 오바마가 본인이 원하고 있다고 주장하는 북한 비핵화와 이것을 달성하기 위한 방법이 상충되는 성격이었다.…둘째, 오바마가 CVID를 고집하면서 미국의 정책가들은 처음부터 외교를 할 수 없는 실정이었다." Van. Jackson(2018), *On the Brink: Trump, Kim, and the Threat of Nuclear War* (p. 54). Cambridge University Press. Kindle Edition.

오바마의 미국이 북한 핵무장 종용과 다름이 없는 '전략적 인내' 정책을 채택한 시점이 북한이 인공위성을 가장하여 대륙간탄도미사일을 시험 발사한 2012년 4월 이후로 알려져 있다. 당시 이후 오바마의 미국이 북한이 CVID를 전제로 하는 6자회담에 동의하지 않으면 대화하지 않은 채 대북 억지력을 강화하며, 북한의 핵 및 미사일 시험에 대북 경제제재로 대항하는 형태의 '전략적 인내' 정책을 표방한 것으로 알려져 있다. 이것이 아니었다. 오바마의 '전략적 인내' 정책은 북한 핵무장 종용을 결심한 아들 부시 이후 미국이 내심 추구한 방안이었다. 단지 여건이 조성되지 않아서 그처럼 하지 못했던 것이었다. 아들 부시 이후 미국은 일관되게 다자회담과 CVID로 대변되는 대북정책을 고집했다. 북한 핵무기 개발 노력을 빙자하여 대북 억지력 구축을 추구했다. 그러나 주변국의 열망으로 아들 부시 당시는 적어도 6자회담을 통해 북한 핵 및 미사일 문제를 해결하기 위한 시늉을 보인 반면 2012년 4월 이후부터는 북한이 6자회담에 입각한 CVID를 수용하지 않으면 대화를 전면 거부할 수 있었던 것이다. 북한 핵 및 미사일 시험에 대항하여 경제제재에 입각한 강압외교를 본격적으로 가동시킨 것이다.6) 북한 핵무장 측면에서의 오바마의 주요 업적은 '전략적 인내' 정책이란 북한 핵무기 개발 노력 종용의 제도화였다. 그런데 '전략적 인내' 정책은 북한 핵무기 개발 저지 측면에서 아무것도 하지 않을 것이란 의미의 정책이었다. 북한 핵문제를 차기 정부에 이관하기 위한 성격이었다.7)

결과적으로 오바마 재임 기간 8년 동안에는 북한의 핵 및 미사일 능력이 대거 신장되었을 뿐만 아니라 남북교류가 차단되고 한반도 긴장이 고조되

---

6) 2012년 당시 오바마가 이처럼 북한 비핵화를 겨냥한 대화를 거부한 채 핵무기 개발을 본격적으로 종용할 수 있었던 것은 미중경쟁이 격화되면서 미국과 일본뿐만 아니라 중국 또한 핵무장한 북한이 필요했기 때문이란 측면이 있었을 것이다.

7) Fleitz, Fred. The Coming North Korea Nuclear Nightmare: What Trump Must Do to Reverse Obama's "Strategic Patience" (p. 1). *Center for Security Policy Press*. Kindle Edition.

었다. 2000년 6.15 남북공동선언 이후 주한미군 철수를 외쳤던 한국인들이 미군의 한반도 주둔을 염원하는 형국이 되었다. 2014년 전환 예정이던 전작권이 무기한 연기와 다름이 없는 조건부 전환으로 바뀌었다. 사드미사일 한반도 배치와 한일지소미아 체결로 한국이 미 미사일방어체계의 하부구조로 편입될 가능성이 보다 더 높아졌다. 이 같은 방식으로 오바마는 중국을 겨냥한 동맹체계를 정비하고 미사일방어체계를 구축한다는 측면에서 진일보할 수 있었던 것이다. 그런데 이는 "포괄적인 대북 접근 방안"이란 제목의 1999년 3월의 아미티지 보고서에서 구상하고 있던 모습이었다.

여기서는 먼저 오바마 취임 이후부터 북한이 2차 핵실험한 2009년 5월 25일까지의 북미 상호작용을 살펴볼 것이다. 그 후 오바마의 북한 핵무장 종용 정책인 '전략적 인내' 정책을 살펴볼 것이다. 이 같은 북한의 핵무기 개발 노력과 오바마의 핵무장 종용 정책 이행을 통해 어떻게 북한이 일본과 한국을 타격할 수 있을 정도의 핵 및 미사일을 개발할 수 있었는지를 살펴볼 것이다. 오바마의 북한 핵무장 종용 노력이 동맹체계 정비와 미사일방어체계 구축에 미친 영향을 살펴볼 것이다. 마지막으로 북한이 한국과 일본을 타격할 수 있을 정도의 핵무기와 미사일로 무장한 상태에서 미 본토를 타격하기 위한 대륙간탄도미사일 개발을 추구한 2016년 중반 이후 오바마의 미국이 더 이상의 북한의 핵무기와 대륙간탄도미사일 시험을 중지해야 할 것으로 결심하는 모습을 살펴볼 것이다.

제1절 오바마 행정부의 북미 상호작용

1990년대 초반부터 북한은 북미 외교 및 경제관계 정상화를 통해 자국 안보를 보장받고 경제를 발전시키고자 노력했다. 이처럼 북미관계를 정상화할 수 있다면 핵 및 미사일 개발을 포기할 수도 있을 것이라고 생각했다. 이 같은 북한의 노력은 아들 부시 행정부 말기까지 지속되었다. 클린턴 행정부가 들어선 1993년 1월부터 아들 부시가 퇴임한 2009년 1월에 이르는 16년 동안의 북미 핵협상을 통해, 이명박 정부 1년 동안의 남북관계를 통해 북한은 미국이 자국의 붕괴를 결코 수용할 수 없는 입장이란 사실과 더불어 북미 외교 및 경제 관계 정상화 형태로 자국 안보와 경제를 보장해주지 않을 것임을 감지한 듯 보인다. 자국 안보 측면에서 핵 및 미사일 개발이 필수적임을 감지한 듯 보인다.

이처럼 북미 외교 및 경제 관계 정상화가 아니고 핵무기 개발을 통해 자국 안보를 보장해야 할 것이라고 북한이 최종적으로 결심하게 되는 과정에서는 오바마 행정부의 대북 핵정책이 나름의 영향을 미쳤을 것이다. 오바마는 6자회담을 통해 CVID를 달성할 것이라는 구상을 했는데 북한은 6자회담뿐만 아니라 CVID를 결코 수용할 수 없다는 사실을 지속적으로 강조한 바 있다. 이 같은 오바마의 구상은 북한에 핵무장을 종용하는 것과 다름이 없었던 것이다. 북한이 오바마 행정부 출범과 즈음하여 탄도미사일을 발사하고 핵실험하는 등 핵무장을 적극 추진했던 것은 이 같은 이유 때문이었을 것이다.

오바마가 취임한 2009년 1월부터 북한이 2차 핵실험한 2009년 5월 25일까지의 북미 상호작용은 나머지 오바마 재임기간의 경우와 유사했다. CVID를 전제로 하는 6자회담 수용 조건으로의 오바마 행정부의 대화 요구에 북한이 미사일 또는 핵실험으로 대응했으며, 여기에 미국이 대북제재로 대응했다. 이 같은 제재에 북한이 재차 미사일 또는 핵실험으로 대응하는 형국이었다.

미 6자회담 대표 스티븐 보스워스에 따르면 오바마 행정부는 북한 핵문제를 대화를 통해 해결할 것이란 사실을 취임 첫날 북한에 직접 전달했다. 오바마는 그 후 몇 달 동안 이 같은 약속을 수차례 반복했다. 그런데 북한이 이들 신호에 전혀 답변하지 않았다.8) 이것이 아니고 북한은 핵무기 개발 의지를 표명했다. 2009년 2월 초순 북한을 방문한 보스워스 일행과 만난 자리에서 김계관은 예측 가능한 미래 동안 북한이 핵무기를 보유하고 있을 것이라고 말했다. 미국이 북한 비핵화를 강요하면 문제가 초래될 것이라고 말했다.9) 마찬가지로 2009년 2월 힐러리 클린턴(Hillary Diane Rodham Clinton) 국무장관은 본인이 김정일과 회동하기 위해 북한을 방문할 의향이 있으며 미국이 6자회담 재개를 희망한다고 말했다. 북한은 이 같은 방문에 관심을 보이지 않았으며, 반미적인 발언을 증가시켰다.10)

한편 2009년 2월 24일 북한은 자국이 우주궤도에 위성을 올리기 위한 우주 로켓 발사를 준비하고 있다고 말했다. 그 후 미국과 한국의 정보 당국은 북한이 장거리 탄도미사일인 대포동 2호의 발사를 준비하는 모습에 주목했다. 힐러리 클린턴 국무장관은 이 같은 미사일 발사가 "북한 탄도미사일 관련 모든 활동을 금지"시키고 있는 2006년 10월 9일의 북한 1차 핵실험 이후 통과된 유엔 안보리결의안 1718에 위배된다고 암시했다.11) 로버트 게이츠 국방장관은 미국이 미 본토를 겨냥한 모든 미사일을 격추시킬 수 있을 것임을 암시한 반면 일본은 이 미사일이 일본을 겨냥하는 경우 미사일 요격체계를 구비하고 있는 이지스 구축함을 배치할 계획이라고 선포했다.

힐러리는 미 국무장관으로서의 첫 번째 해외 방문 일정으로 아시아 지역 국가

---

8) Quoted in Mike. Chinoy, *Meltdown* (p. 375). St. Martin's Publishing Group Kindle Edition.; Stephen Bosworth, Remarks at the Korea Society Annual Dinner, June 9, 2009.

9) Mike. Chinoy, *Meltdown* (p. 375). Kindle Edition.

10) Fred. Fleitz, *The Coming North Korea Nuclear Nightmare* (p. 8). Kindle Edition.

11) Department of State, Secretary of State Clinton, Remarks with South Korean Foreign Minister Yu, February 20, 2009.

들을 방문했다. 방문 당시 힐러리는 김정일의 후계자 문제를 공개적으로 거론했다. 그러자 북한 외무성 대변인은 "북한의 신경을 자극하고 내정을 간섭하는 성격의 온갖 발언과 행동을 늘어놓고 있다."12)며 오바마 행정부를 비난했다. 3월 초순 보스워스 특사가 한국, 일본 및 중국을 방문했다. 보스워스는 본인이 북한을 방문할 의향이 있다고 말했다. 그러면서 보스워스는 본인의 방북조건으로 북한 미사일 발사 취소를 제시했다. 그러자 북한은 "그처럼 할 수 없다."라고 답변했다. 오바마 행정부 관리들은 유엔주재 북한공사를 만나 미사일 발사 취소를 다음과 같이 반복해 호소했다. "미사일 시험 발사가 유엔안보리결의안 1718조 위배란 사실을 경고합니다. 우리는 나름의 방식으로 조치를 취하지 않을 수 없습니다." 그러자 북한은 다음과 같이 답변했다. "우리는 유엔 대북재재 구상 자체를 일종의 적대행위로 간주할 것이며,…보다 많이 미사일을 시험 발사할 것이다."

  미사일 시험 발사를 지속적으로 준비하면서 북한은 외계의 자유로운 탐색을 허용해주고 있는 1967년의 유엔협정을 들먹였다. 통신위성을 발사할 것이라고 지속적으로 주장했다. 그러나 미국은 이것을 핵탄두를 운반할 수 있는 대륙간탄도미사일 시험을 위장하기 위한 것으로 생각했다.13) 중국과 러시아조차 북한에 미사일 발사 취하를 촉구했다. 북한은 발사 일정을 구체적으로 밝혔다. 또한 북한은 공해에서 함정과 항공기 운항을 관리하는 기구에 안전 관련 정보를 제공해주었다. 그런데 미사일 시험 발사를 비밀리에 추진했던 북한의 과거 행적을 놓고 보면 이는 그 전례가 없는 일이었다.

  한편 북한은 얼어붙은 두만강을 건너 북한으로 들어가고자 하던 Current TV 기자 이은하와 로라 링(Laura Ling)을 체포했다. 그 후 3주 뒤인 2009

---

12) "조선민주주의인민공화국 외무성 대변인 대답," 『로동신문』, 2009. 3. 12.
13) Mike. Chinoy, *Meltdown* (p. 378). Kindle Edition.

년 4월 4일 북한은 3단계 로켓인 대포동 2호를 동해안 부근에서 발사했다.14) 당시의 미사일 발사는 '핵무기 없는 세상'을 만들 것이란 내용의 오바마의 프라하 연설 시점과 거의 일치했다. 당시의 시험 발사는 기술적으로 보면 실패작이었다. 그러나 오바마는 북한 미사일 발사와 관련하여 강경한 입장을 보였다. 오바마는 다음과 같이 말했다. "오늘 아침 우리는 왜 이 같은 위협을 새롭고도 보다 강력한 방식으로 대처해야 하는지에 관해 재차 알게 되었습니다.…북한이 장거리 미사일 발사 목적으로 사용될 수도 있는 로켓을 시험하는 방식으로 재차 규칙을 위반했습니다.…규칙은 구속력이 있어야 합니다. 규칙 위배는 처벌해야 합니다.…이것이 우리가 북한의 행동 변화를 염두에 둔 대북 압박 과정에서 함께 공조해야 할 이유입니다."15)

오바마의 연설이 있은지 몇 시간이 지나지 않아 유엔안보리가 긴급 회동했다. 유엔안보리에서 미국과 일본이 강력한 대북제재를 촉구한 반면 항상 그러했듯이 러시아와 중국이 대북제재에 반대했다. 1주일 동안의 치열한 협상 이후 유엔안전보장이사회는 유엔결의안이 아니고 구속력이 없는 안전보장이사회 의장 성명을 발표하기로 합의했다. 2009년 4월 13일 발표된 이 성명에서는 북한 미사일 발사가 이전의 유엔안보리결의안을 위배한 경우라고 말하면서 평화적인 목적이라고 가정하는 경우에서조차 북한이 우주 프로그램을 운용할 권리가 없다고 말했다. 그러면서 더 이상 시험 발사하지 말라고 북한에 촉구했다.

북한이 유엔의 대북제재에 격분했다. 2009년 4월 14일 북한은 6자회담에서 영구 탈퇴한 후 핵무기 개발 프로그램을 재차 시작할 것이라고 말했다. 북한은 영변 핵무기 개발단지에 보관하고 있던 수천 개의 폐연료봉을 재처리

---

14) "인공지구위성《광명성2호》를 성공적으로 발사,"란 제목의 "조선중앙통신 보도," 『로동신문』, 2009. 4. 6.

15) White House Press Office, Transcript, Remarks by President Barack Obama, Hradcany Square, Prague, Czech Republic, April 5, 2009.

하기 시작했다. 이 같은 방식으로 자국의 "핵 억지력을 가능한 모든 수단을 동원"하여 강화할 것이라고 선언했다.16) 유엔안전보장이사회가 4월 24일 의장성명을 통해 북한을 제재하자 4월 30일 북한은 영변 핵시설 주변의 국제원자력기구 사찰 요원들을 추방했다. 그러면서 북한은 유엔에 사과를 요구했다. 사과하지 않으면 핵실험할 것이라고 경고했다.17)

2009년 5월 7일 보스워스는 북한 핵문제 해결을 위한 6자회담을 제안했다. 북한은 오바마 대통령의 대북정책이 아들 부시 정부와 다를 바 없다고 주장하면서 보스워스의 제안을 거부했다. 또한 미국의 대북 적대시정책으로 북한이 핵무기 개발을 재개하지 않을 수 없게 되었다고 주장했다. 익명의 어느 북한 관리는 "북한을 지속적으로 적대적인 시각으로 바라보는 도당들과 함께 앉아서 얻을 것이 전혀 없다."라고 말했다.18)

2009년 5월 25일 북한이 2차 핵실험했다.19) 5월 26일 이명박 정부는 '대량 살상무기 확산방지구상' 동참을 공식 선언했다. 그러자 5월 27일 조선중앙통신은 한국의 참여를 전쟁 행위로 간주할 것이며 북한군이 더 이상 1953년의 정전협정에 구애받지 않을 것이라는 내용의 성명을 발표했다.20) 2009년 6월 12일 유엔은 결의안 1874를 통과시켰다. 결의안 1874는 북한의 핵무기 또는 핵 관련 과학기술을 외부로 전파하기 위한 것으로 생각되는 선박과 항공기 사찰을 포함한 광범위한 성격의 군사, 금융 및 무역 제재를 강요하는 성격이었다. 그러자 6월 13일 북한 외무성 대변인은 모든 재처리한 플루토늄을 핵무기로 전환할 것이며, 우라늄 농축을 시작할 것이라고 말했다. 또한 "미국

---

16) "조선민주주의인민공화국 외무성 성명," 『로동신문』, 2009. 4. 15.
17) "조선민주주의인민공화국 외무성 대변인성명," 『로동신문』, 2009. 4. 30.
18) "조선민주주의인민공화국 외무성 대변인대답," 『로동신문』, 2009. 5. 9.
19) "조선중앙통신사 보도: 또 한 차례의 지하 핵 시험을 성과적으로 진행," 『로동신문』, 2009. 5. 26.
20) "조국평화통일위원회 성명," 『로동신문』, 2009. 5. 28.; "천만부당한 이중기준정책은 끝장나야 한다." 『로동신문』, 2009. 5. 28.

또는 미국의 추종 세력의 온갖 봉쇄 노력에 군사적으로 결정적인 방식으로 대응"할 것이라고 경고했다.21) 한편 3월에 북한이 체포한 두 명의 미국 기자는 범죄 혐의를 인정받아 12년 동안의 "노동을 통한 교화"란 중형을 언도받았다.

오바마 행정부는 이들의 석방을 위한 고위급 특사 파견과 관련하여 북한과 은밀히 대화했다. 점차 악화되고 있던 북미관계를 이 같은 특사 파견을 통해 개선시킬 수 있을 것인지와 관련하여 내부적으로 논의했다. 일부 고위급 관리들이 대북 강경 발언을 하고 있던 당시에서조차 미 상원 증언에서 보스워스는 "외교적 상호작용을 통한 상황 완화 노력"의 중요성을 강조했다. 그러면서 보스워스는 미국이 북한과 대화를 원하고 있다고 반복해 말했다. 조명록이 백악관을 방문하여 공동성명에 서명한 1999년 10월 당시 미국이 표방했던 발언을 상기시키는 것이지만, 보스워스는 미국이 북한에 적대의도가 없음을 강조했다.22)

2009년 6월 오바마 행정부의 대북정책이 출현했다. 여기서는 북한이 몇몇 이유로 미국의 비핵화 협상 노력에 더 이상 관심이 없다고 말했다. 미국이 북한의 양보를 얻기 위해 무언가 제공해주면 안 될 것이라고 결론을 지었다. 오바마는 클린턴과 부시 행정부가 북한의 도발에 보상하는 나름의 실수를 했다고 생각했다.23) 이제 비핵화 목적으로 북한에 더 이상 보상하지 않을 것이란 의미였다. 그런데 이는 북한이 1차 핵실험하게 만드는 과정에서 아들 부시가 적용한 방법과 유사했다. 이 같은 방법을 적용하는 경우 북한 핵문제가 보다 악화될 것임이 분명했다.

이명박과의 첫 번째 정상회담에서 오바마는 북한 비핵화 차원에서 더 이상 주고받는 성격의 협상을 하지 않을 것임을 다음과 같이 밝혔다. "북한이 호전

---

21) "조선민주주의인민공화국 외무성 성명," 『로동신문』, 2009. 6. 14.

22) Stephen Bosworth, Testimony, Senate Foreign Relations Committee, "North Korea on the Brink," June 11, 2009.

23) Mike. Chinoy, *Meltdown* (p. 380). Kindle Edition.

적인 방식으로 행동할 당시 확인 가능한 나름의 패턴이 있었습니다. 이처럼 행동한 후 충분히 오랫동안 기다리면 보상을 받았다는 사실입니다.…저는 북한이 이 같은 패턴을 기대하고 있다고 생각합니다. 우리는 이 같은 패턴을 깰 것이란 메시지를 북한에 보내고 있습니다.…주변국들을 위협하는 호전적이고도 도발적인 북한의 행동에 상당하고도 심각한 수준의 제재를 강요할 생각입니다."24)

　미 독립기념일인 2009년 7월 4일 북한은 동해를 겨냥하여 7발의 미사일을 발사했다. 그런데 이는 유엔안보리결의안 1874를 위배한 것이었다. 그러자 유엔안보리는 2009년 7월 16일 6개의 북한 기업과 5명의 북한인을 추가 제재했다.25) 이처럼 북한과 오바마의 미국은 2010년 가을까지 진지한 대화를 하지 않았다. 그 후 대화를 통해 2012년 2월 29일 2.19합의를 도출했다. 그러나 북한이 며칠 뒤 로켓을 발사하면서 이 합의는 곧바로 의미를 상실했다.

---

24) White House Press Office, Transcript, Remarks by President Obama and President Lee Myung-bak of the Republic of Korea in Joint Press Availability, June 16, 2009.

25) "Letter dated 16 July 2009 from the Acting Chairman of the Security Council Committee established pursuant to resolution 1718 (2006) addressed to the President of the Security Council," UN Security Council document S/2009/364, July 16, 2009.

제2절 오바마의 북한 핵무장 종용 노력

오바마는 대통령에 취임한 2009년 1월부터 2.29 합의를 도출한 2012년 2월 29일까지만 해도 북한과 대화를 원하고 있다는 인상을 풍기고자 노력했다. 당시 오바마가 추구한 북미대화는 아들 부시 행정부와 마찬가지로 6자회담 당사국들의 대북압박을 통해 완벽하고 검증 가능하며 불가역적인 비핵화(CVID)를 달성하기 위한 성격이었다. 그런데 북한은 6자회담과 CVID란 개념을 혐오했다. 이 같은 오바마 행정부의 노력에 북한이 핵 및 미사일을 시험하는 방식으로 저항하고, 오바마가 이 같은 북한을 제재하면서 2009년 8월경부터 2010년 가을까지 북한과 미국은 대화를 거의 하지 않았다. 결과적으로 보면 6자회담에 입각한 CVID를 통한 북한 핵문제 해결이란 오바마의 대북 핵정책은 북한이 북미대화를 거부하게 만들기 위한 성격과 다름이 없었던 것이다.

2010년 가을 북한과 미국은 북미 양자회담을 시작했다. 2012년 2월 29일에는 2.29 합의가 이루어졌다. 그런데 엄밀한 의미에서 이는 합의가 아니었다. 왜냐하면, 2월 29일 북한과 미국이 상이한 성격의 성명을 발표했으며, 이들 성명을 2.29 합의로 지칭한 것이기 때문이다.

2.29 합의 이후 곧바로 북한이 대륙간탄도미사일 개발에 적용 가능한 기술을 이용하여 위성을 발사하자 미국은 북한이 6자회담을 통한 CVID를 추구할 의향을 표명하기 이전까지 대화를 중지하는 한편 북한 핵위협에 대항하기 위한 억지력을 구축할 것이란 의미의 '전략적 인내' 정책을 표방했다. 이 같은 오바마의 정책에 대항하여 북한은 핵 및 미사일 시험을 지속했으며, 이 같은 시험에 대항하여 미국은 다자적 성격의 대북 경제제재를 추구했다. 그러나 오바마의 대북 경제제재는 북한의 핵 및 미사일 문제 해결 측면에서 거의 의미가 없었다. 이들 대북 경제제재의 강도가 미약한 수준이었을 뿐만 아니라 오바마가 제재 이행 의지가 없었기 때문이었다. 결과적으로 오바마가 퇴임한 2017년 1월 북한은 한국과 일본을 타격할 수 있을 정도의 핵 및 미사일을 구축한 상태에서 미

본토를 타격하기 위한 탄도미사일 개발을 시작했다.

여기서는 자국 생존 보장 차원에서 핵무장을 추구한 북한과 북한 핵무장을 빌미로 중국을 겨냥한 체계를 정비하고자 했던 오바마의 미국, '전략적 인내' 정책의 의미, 이 정책을 초래한 2.29 합의와 이 정책의 관계, '전략적 인내' 정책을 통해 오마바가 북한을 핵무장 시킨 방식을 살펴볼 것이다.

1. 북한 핵무기 개발 관련 김정은과 오바마의 상이한 목표

오바마가 미국 대통령에 취임한 2009년 1월 북한은 핵무장을 통해 자국 안보를 보장하기로 결심한 듯 보인다. 반면에 오바마의 미국은 북한 핵무장 종용을 통해 중국 위협에 대비하기 위한 억지력을 구축해야 할 것으로 결심한 듯 보인다. 이 같은 사실을 암시해주는 주요 사건은 Current TV 기자 이은하와 로라 링을 구출하기 위해 북한을 방문한 클린턴 대통령과 김정일의 2009년 8월 14일의 비밀 대화다. 이 대화가 2016년 위키리크스를 통해 공개된 것이다.

당시 김정일은 클린턴이 2000/2001년 북한을 방문하지 않았다는 사실과 관련하여 애석하게 생각했다. 2000년 미국 대선에서 공화당의 부시가 아니고 민주당의 고어가 당선되었더라면 "1994년의 북미제네바합의에서 약속한 부분이 모두 이행되면서 북한이 경수로를 갖게 되었을 것인 반면 미국이 동북아지역에서 새로운 우방국을 갖게 되었을 것이다."라고 말했다. 김정일은 또한 부시가 북한을 '악의 축'으로 지칭한 후 북한이 핵무기 개발 재개 필요성을 느꼈다고 말했다. 김정일은 북한의 핵무기 개발 추구가 생존 때문인데 6자회담을 통해서는 북한의 생존을 보장받을 수 없었다고 말했다.[26] 그러면서 김정일은 향후 북미 간에 주요 문제로 부상할 두 가지 사항을 언급했다.

첫째, 김정일은 오바마 행정부에 대한 본인의 첫인상이 좋지 않다고 말했다.

---

[26] "Memorandum of Conversation between President Clinton and Chairman Kim Jong Il," (August 4, 2009) at WikiLeaks - The Podesta Emails(Accessed in 2022년 3월 3일)

오바마는 공개적으로는 자국의 적국들과도 대화할 의향이 있다고 말하고 있지만, 위성을 우주궤도로 진입함과 관련한 북한의 권리를 차단하고 있다고 말했다.27) 둘째, 6자회담에 복귀하라는 클린턴의 간청에 김정일은 6자회담이 아니고 북미 양자관계의 중요성을 강조했다. 김정일은 "6자회담을 추구하면서 북미 양자대화를 간과하면 북미 간의 적대적관계가 해소되지 않을 것입니다.…북미 양자회담이 원만하게 진행되는 경우 6자회담 안에서 상호 협조적인 관계가 가능할 것입니다."28)라고 말했다.

한편 당시 클린턴의 다음과 같은 발언은 오바마의 대북 핵정책이 (선) CVID (후) 보상 그리고 6자회담에 입각할 것임을 암시해주었다.

> 북한이 비핵화하면…최종적인 평화협정 체결, 불가침조약 체결 그리고 6자회담 당사국들에 의한 대북 지원이 가능해질 것입니다.…그러나 현재 상황에서 오바마는 6자회담을 포기할 수 없는 입장입니다.…북한은 오바마에게 6자회담과 북미 양자회담 가운데 하나를 선택하라고 강요하면 안 됩니다.29)

클린턴은 북한과 전혀 관련이 없는 이유로 오바마가 "북한 주변국들과 강력하고 우호적인 관계를 필요로 한다."며, 이 같은 이유로 오바마 입장에서 6자회담이 필수적이란 사실과 관련하여 김정일을 설득하고자 노력했다.30)

상기 대화를 통해 자국의 핵무기 개발에 관한 김정일의 인식을 살펴볼 수 있을 것이다. 김정일이 자국의 위성 발사 권리를 강조했다는 사실은 미국을 타격할 수 있을 정도의 대륙간탄도미사일 개발에 관심이 있었음을 의미할 것이다. 위성 개발에 필요한 기술과 대륙간탄도미사일 개발 관련 기술이 동일한 성격이란 사실과 북한처럼 가난한 국가 입장에서 순수 위성 개발이 갖는 의미

---

27) Ibid.
28) Ibid.
29) Ibid.
30) Ibid.

가 상대적으로 낮기 때문이다. 북한이 이 같은 대륙간탄도미사일 개발에 관심이 있었다는 사실은 1차 및 2차 핵실험에 성공한 북한이 비핵화 의사가 없음을 의미할 것이다. 핵무기가 탑재되지 않은 대륙간탄도미사일이 안보적으로 거의 의미가 없을 것이기 때문이다.

이 같은 사실과 더불어 김정일이 양자회담을 염원했다는 사실은 미 본토를 타격할 수 있을 정도의 핵무기와 미사일을 보유한 가운데 핵 열강으로써 대북제재 해제, 북미외교관계정상화 등의 조건을 놓고 자국의 핵무기와 미사일 개발 능력 가운데 일부를 해체하는 성격의 핵군축 협상을 미국과 추구할 의향이 있었음을 의미할 것이다.

뉴욕타임스지의 데이비드 생어가 2009년 8월 9일 주목한 바처럼 오바마 행정부는 북한 핵무기와 미사일 개발 억제가 아니고 이들 관련 물질과 기술의 전파 봉쇄에 초점을 맞추기로 결심했다. 이처럼 북한 핵무기 및 미사일 개발을 은밀한 방식으로 종용하고자 하는 경우 북미 양자회담은 결코 수용할 수 없는 성격이었다. 북한 핵무기와 미사일 개발 관련 책임을 여타 국가에, 특히 중국과 북한에 전가할 필요가 있었다는 점에서 오바마의 미국은 중국을 포함한 6자회담을 고수하지 않을 수 없는 입장이었다.

2010년 10월 이후부터 2.29합의가 도출된 2012년 2월 29일까지 북한과 미국은 양자회담을 했다. 그런데 이 회담을 통해 북한은 자국의 위성 발사를 대륙간탄도미사일 발사와 구분해야 할 것이라는 사실과 북미 양자회담 정착 필요성을 끊임없이 주장한 반면, 미국은 북한이 6자회담과 CVID를 수용하게 만들고자 노력했다. 이는 당시 북한이 위성 발사를 빌미로 미 본토를 타격할 수 있을 정도의 대륙간탄도미사일 개발에, 장기적으로 핵군축에 관심이 집중되어 있었던 반면 미국이 북한 핵무장을 종용하면서도 그 책임을 중국 또는 북한과 같은 국가에 전가하는 문제에 관심이 집중되어 있었음을 의미할 것이다.

2. 오바마의 북한 핵무장 종용 정책: '전략적 인내'

이미 언급한 바처럼 오바마는 취임과 동시에 6자회담을 통한 CVID를 추구했다. 그런데 이는 북한 핵무장을 종용하기 위한 성격이었다. 그러나 오바마가 노골적으로 북한 핵무장 종용을 겨냥하여 진력한 시점은 2012년 2월 29일의 2.29 합의가 북한의 위성 발사로 무산된 2012년 4월이었다. 그 후 오바마는 '전략적 인내' 정책을 표방했는데 이는 노골적으로 북한 핵무장을 종용하면서도 그 책임을 여타 국가에 전가하기 위한 성격이었다.

'전략적 인내' 정책이란?

'전략적 인내' 정책은 경제적 압박을 통한 북한 비핵화를 추구함과 동시에 북한 비핵화가 불가능해질 가능성에 대비하여 대북 억지력을 우선적으로 구축해야 할 것이란 의미의 정책이었다. '전략적 인내' 정책에서는 외교적으로 북한 핵문제 해결을 추구할 의향이 있음을 언급했다. 그러나 이 정책에서는 모든 외교적 노력을 근본적으로 달성 불가능한 목표와 연계시켰다. 오바마는 이 같은 외교적 노력을 북한 비핵화 협상을 염두에 둔 6자회담 복원과 CVID와 연계시켰다. 미국의 모든 외교적 노력이 6자회담과 CVID를 통한 북한 비핵화란 달성 불가능한 목표의 달성에 도움이 되어야 할 것이란 의미였다.[31]

'전략적 인내' 정책은 6자회담에 입각한 CVID를 수용하지 않으면 북한과 대화하지 않을 것이며, 대북 경제제재를 통해 비핵화를 추구할 것이란 의미였다. 북한 핵무장을 가정하여 여기에 대응하기 위한 억지력을 구축할 것이란 의미였다. 그런데 이는 1999년의 아미티지 보고서 및 페리보고서의 골자와 유사했다. 이들 모두 은밀한 방식으로 북한 핵무장을 종용하고, 북한 핵위협을 빌미로 중국을 겨냥한 억지력을 구축하는 한편, 북한 핵무장 책임을 중국

---

31) Van. Jackson(2018), *On the Brink* (p. 68). Kindle Edition.

또는 북한에 전가하기 위한 성격이었던 것이다.

빅터 차는 '전략적 인내' 정책을 '매파 유형의 포용(Hawk Engagement)'란 용어로 표현했다. '전략적 인내' 정책은 미국이 진정 온갖 협상 방안을 모색했지만 더 이상 어찌할 수 없어서 협상이 아닌 또 다른 방식으로 북한 핵문제를 접근하지 않을 수 없는 것처럼 보이게 만들기 위한 성격이었다.[32] 결국 이는 북한 핵무기 개발을 은밀한 방식으로 종용하는 한편, 북한 비핵화가 불가능해진 이유를 중국 또는 북한과 같은 국가에 전가하기 위한 성격이었다.

'전략적 인내' 정책의 명분을 제공해준 2.29 합의

2010년 3월 26일 서해에서 천안함이 피격되었다. 국제사회는 천안함이 북한의 어뢰 공격을 받았다고 판단했다. 천안함 피격 이후 한미공조가 대거 강화되었다. 한미공조 차원에서 한미연합훈련이 고조되고 있던 2010년 7월 미국은 천안함 피격과 관련하여 북한을 비난하는 유엔안보리 의장 성명을 발표하게 만들었다. 그러자 북한은 "성전(聖戰)"을 위협했다. 당시 북한은 "유엔헌장 정신과 위배"된다며 한미연합훈련을 비난하면서도 다자협상에 복귀할 의향이 있다고 주장했다.[33] 이 같은 북한의 발언 이후 미국은 북미 양자회담을 시작했다. 북미 양자회담에서 북한은 비교적 수용 가능한 요구를 했다. 북한은 인도적 물자 지원과 미국이 지난 수십 년 동안 수차례 약속해준 부분을, 다시 말해 북한을 침공하지 않을 것이란 약속을, 요구했다. 미국은 북한에 9.19 합의 준수 의지와 핵실험 금지 또는 폐연료봉을 이용한 플루토늄 재처리 활동 금지를 요구했다. 미국과 북한 입장에서 보면 이들 요구는 비교적 쉽게 충족시킬 수 있는 성격이었다. 그런데 이들 요구사항을 놓고 평양, 비엔나, 베이징, 뉴욕에서 북미가 1년 이상의 기간 동안 정기적으로 대화한 것이다.

---

32) Quoted in Ibid.; Victor D. Cha, "Hawk Engagement and Preventive Defense on the Korean Peninsula," *International Security*, Vol. 27, No. 1(2002), pp. 40-78.
33) "조선민주주의인민공화국 외무성 대변인 대답," 『로동신문』, 2009. 7. 25.

왜 이처럼 어렵지 않아 보이는 문제들을 놓고 북한과 미국이 그처럼 오랜 기간 동안 논의한 것일까? 주요 이유는 북한이 당시의 북미 양자회담에서 '위성 발사'를 미사일 시험 발사로 간주하지 말아 달라고 미국에 지속적으로 요구한 반면 미국이 이 같은 북한의 요구를 수용하지 않고자 했기 때문이었다. 북한이 당시의 북미회담을 북미외교관계정상화 문제를 놓고 진지하게 논의하기 위한 진정한 의미에서의 북미 양자회담으로 발전시키기를 원했던 반면 미국이 북한이 원치 않는 6자회담과 CVID 수용을 북한에 강요하기 위한 목적으로 북미 회담을 운용하고자 했기 때문이었다.34)

위성 발사에 필요한 기술과 탄도미사일 관련 기술이 거의 동일한 반면 북한이 위성 발사를 탄도미사일 발사와 구분해 달라고 지속적으로 요구했다는 사실 측면에서 보면 북한은 위성 발사를 통해 탄도미사일 발사 능력 함양을 추구하고 있었음이 분명했다. 이 같은 측면에서 보면 당시 북한은 비핵화 의향이 없었다. 왜냐하면, 핵무기가 없는 탄도미사일이 의미가 없을 것이기 때문이다.

한편 6자회담과 CVID를 북한이 수용하게 만들기 위한 방안으로 북미 양자회담을 생각하고 있었다는 점에서 보면 오바마의 미국 또한 북한 비핵화 측면에서 진정성이 없었음이 분명했다. 왜냐하면 이미 살펴본 바처럼 북한이 6자회담을 매우 혐오한 반면 CVID를 결코 수용할 수 없는 입장이었기 때문이다.

일련의 북미회담 이후 미 국무성과 북한 외무성은 2012년 2월 29일 별도의 성명을 발표했다. 이들 북한과 미국의 발표 결과를 '2.29 합의'35)로 지칭하고 있다. 이 합의의 일환으로 북한과 미국은 2005년의 9.19 공동성명 정신 추구와 6자회담 복귀를 강조했다. 미국이 북한에 적대 의도가 없다는 사실을 강조했다.36) 이 같은 사실을 제외하면 미국과 북한이 별도 발표한 성명은 여러 면에서 달랐다. 이들 성명은 1년여 기간 동안의 대화에도 불구하고 미국과 북

---

34) Van. Jackson(2018), *On the Brink* (p. 65). Kindle Edition.
35) Jeffrey Lewis, "Rockets and the Leap Day Deal," *Arms Control Wonk*, March 23, 2012.
36) Van. Jackson(2018), *On the Brink* (p. 65). Kindle Edition.

한이 거의 합의를 이룰 수 없었음을 보여준다. 이들이 단일의 성명이 아니고 별도 성명을 발표한 이유는 발표 내용과 관련하여 합의할 수 없었기 때문이었을 것이다. 따라서 2.29 합의는 엄밀한 의미에서 합의가 아니었다.

2.29 합의에 관한 북한 외무성 성명은 다음과 같았다.

> 북한은 미국의 요청 때문에, 향후에도 북미 고위급회담들이 열릴 수 있게 하기 위한 긍정적인 분위기 조성을 위해, 핵실험과 장거리미사일 시험발사 중지, 영변에서의 우라늄 농축 활동 중지에 동의했다. 또한 북미 간에 생산적인 대화가 지속되는 한 국제원자력기구가 북한이 우라늄을 농축하지 않고 있다는 사실을 관찰할 수 있게 해주었다.[37]

2.29 합의에 관한 미 국무성 성명은 다음과 같았다.

> 북한은 장거리미사일 발사와 핵실험 중지, 우라늄 농축 활동을 포함한 영변에서의 핵 활동 중지에 동의했다. 북한은 또한 영변에서의 우라늄 농축 활동 중지 상황을 검증 및 관찰하고 6메가와트 원자로와 원자로 관련 시설의 불능화를 확인할 수 있도록 국제원자력기구 사찰 요원들의 복귀에 동의했다.[38]

북한과 미국의 성명의 차이는 어느 누가 보아도 분명했다. 북한의 성명에서는 우라늄 농축 활동 중지를 선언하고 있었지만 폐연료봉 재처리를 통한 플루토늄 생산 또는 여타 핵 활동을 언급하지 않고 있었다. 북한 성명에 따르면 국제원자력기구 사찰 요원들의 경우 우라늄 농축 활동 중지만을 관찰할 수 있었으며, 영변 원자력 단지의 5메가와트 원자로 불능화와 원자로 관련 시설의 불

---

[37] Quoted in Ibid., p. 66.; "DPRK Foreign Ministry Spokesman on Result of DPRK-U.S. Talks," *KCNA*, February 29, 2012.

[38] Quoted in Van. Jackson(2018), *On the Brink* (p. 217). Kindle Edition.; Victoria Nuland, Press Statement, "U.S.-DPRK Bilateral Discussions," *U.S. Department of State*, February 29, 2012.

능화를 확인할 수 없었다. 반면에 미측 성명에서는 북한이 국제원자력기구 사찰요원들에게 폭넓은 재량권을 부여해주기로 결심했다고 주장하고 있었다. 모든 핵 활동을 효과적으로 중지하기로 했다고 주장하고 있었다. 배경 브리핑에서 미 국무성은 북한이 동의한 부분에 핵과 관련된 모든 활동이 포함되어 있는 것으로 해석하고 있다고 말했다.39)

보다 문제인 것은 당시 북미 간에 첨예하게 대립되었던 부분, 다시 말해, 위성 발사를 미사일 발사로 간주해야 할 것인가란 부분에 관해 북한과 미국의 성명에서 전혀 언급하지 않고 있었다는 사실이다. 미사일 발사와 위성 발사에 필요한 지식이 동일한 성격이란 측면에서 보면, 북한 위성 발사가 미사일 발사를 금지하고 있던 유엔결의안 위배란 미국의 주장은 타당성이 있었다. 미국 관리들은 위성 발사를 미사일 발사로 간주해야 한다는 점에서 북한의 위성 발사가 2.29 합의 위반임을 북한 외무성에 분명히 했다.40) 미국 관리들은 북한이 이 같은 사실을 이해했다는 사실을 직접 확인했음을 분명히 했다. 그러나 북한은 이 같은 사실을 결코 공개적으로 인정하지 않았으며, 미국은 이처럼 인정하라고 북한을 설득할 수 없었다.41)

2012년 3월 16일 북한은 자국의 위성 발사가 2.29 합의에 저촉되지 않는다고 말했다.42) 위성 발사가 장거리미사일 발사 범주에 들어가지 않는다는 사실을 3차례에 걸친 북미 고위급회담에서 분명히 했다고 말했다.43) 위성 발사에 관한 이 같은 해석의 차이는 2.29 합의는 물론이고 위성 발사 결과와 관련한 미국의 수차례에 걸친 사전 경고에도 불구하고 북한이 위성 발사를

---

39) Jeffrey Lewis, "Rockets and the Leap Day Deal,"
40) 익명의 오바마 행정부의 몇몇 인사들은 2.29 합의가 발표된 이후 기자들에게 다음과 같이 말했다. "2.29 합의 과정에 참석했던 미측 인사들은 위성을 발사하는 경우 2.29 합의가 사장될 것임을 북한인들이 이해했다는 사실을 확인해주었다." Quoted in Van. Jackson(2018), *On the Brink* (p. 66). Kindle Edition.; Jeffrey Lewis, "Rockets and the Leap Day Deal."
41) Van. Jackson(2018), *On the Brink* (p. 66). Kindle Edition.
42) Ibid.
43) Jeffrey Lewis, "Rockets and the Leap Day Deal,"

빙자하여 장거리미사일을 발사한 2012년 4월 12일 전면 부상했다.44) 북한의 위성 발사로 2.29 합의가 의미를 상실한 것이다. 오바마가 말하는 CVID를 달성할 목적의 6자회담이 불가능해진 것이다.

지금까지 논의에서 보듯이 2.29 합의는 진정한 의미에서 합의로 볼 수 없었다. 북한과 미국이 2012년 2월 23일부터 2월 28일까지 대화한 내용에 입각하여 자국의 일방적인 입장을 정리하여 발표한 것이었다. 2월 29일 조선중앙통신은 베이징에서 북한과 미국이 논의한 내용을 요약하여 발표했다. 북한은 미 국무성 성명과 관련하여 베이징에서 동의한 바 없었다. 미 국무성 성명은 아들 부시 행정부는 물론이고 오바마 행정부가 북미협상의 전제 조건이라고 고집했던 CVID를 북한이 수용했다고 가정하는 경우에나 생각 가능한 내용이었다.45)

2.29 합의와 관련하여 다음과 같이 평가할 수 있을 것이다.

첫째, 2.29 합의는 엄밀한 의미에서 합의가 아니었다. 합의란 공감하여 함께 준수를 결심한 부분을 의미한다. 당시 발표는 김계관과 2명의 미측 인사가 이틀 동안 논의한 내용을 바탕으로 한 것이었다. 당시 북한과 미국이 발표한 내용은 자국의 일방적인 관점이었던 것이다.

둘째, 북한 입장에서 2.29 성명은 북미 고위급 양자회담을 활성화시키기 위한 성격이었다. 이는 "미국의 요청 때문에, 그리고 향후에도 북미 고위급 회담들이 열릴 수 있게 하기 위한 긍정적인 분위기 조성을 위해" 몇몇 조치를 취할 것이란 문구를 통해 확인 가능해진다.

셋째, 미국 입장에서 2.29 성명은 6자회담을 통한 북한의 CVID 수용을

---

44) 미국은 위성을 발사하면 2.29 합의가 의미를 상실할 것임을 공개적으로 그리고 사적으로 말했다. 북한이 위성을 발사할 것이란 선언 이후 미국은 2.29 합의에서 약속해준 식량 지원을 중지시켰다.Karen Parrish, "Officials Suspend North Korea Nutrition Aid over Planned Launch," *Armed Forces Press Service*, March 28, 2012.

45) Jeffrey Lewis, "Rockets and the Leap Day Deal."

전제로 한 것이었다. 이는 "미 국무성 성명은 아들 부시 행정부가 북미협상의 전제 조건이라고 고집했던 CVID를 북한이 수용했다고 가정하는 경우에나 생각 가능한 내용"이었다는 2.29성명에 대한 미국의 배경 브리핑 내용과 북미 양국이 6자회담 복귀를 강조했다는 사실을 통해 알 수 있을 것이다.

넷째, 2.29 합의는 곧바로 파기될 수밖에 없는 성격이었다. 2.29 성명을 북한이 북미 양자회담을 지속하기 위한 계기로, 미국이 6자회담과 CVID를 북한이 수용했음을 보여주는 증거로 생각했다는 점에서 당시 미국과 북한은 성명 발표를 통해 추구하는 목표가 상이했다. 이 같은 사실 이외에도 가장 근본적인 문제는 북한 위성 발사에 관한 북한과 미국의 관점 차이였다. 2012년 2월의 논의에서 김계관과 미측 인사들은 북한의 장거리미사일 발사 금지에 공감했다. 그러나 북한은 위성 발사와 장거리미사일 발사가 전혀 다른 성격이라고 지속적으로 주장한 반면 미국은 동일한 성격이라고 주장했다. 이 부분과 관련하여 양측이 입장을 전혀 굽히지 않았다. 북한은 주권국가의 정당한 권리라고 주장하며 위성을 발사할 것인 반면 미국은 이것을 장거리미사일 발사 금지를 약속한 2.29 합의 위반이라고 주장할 것이기 때문이다.

2.29 합의와 '전략적 인내' 정책의 관계

2.29 합의가 무산된 이후 오비마는 북한 비해화 대학 재개 차원에서 어떠한 인센티브도 제공하지 않을 것이라면서 북한이 핵무기 개발 종료를 약속하기 이전에는 대화를 재개하지 않을 것이라고 주장하는 성격의 '전략적 인내' 정책을 표방했다. 그런데 이 정책은 미국이 북한 핵무기 개발 저지를 위해 아무것도 하지 않을 것이란 성격의 것이었다. 이 정책에 대항하여 북한은 핵무기와 미사일 실험을 늘려갔다. 이 같은 실험과 관련하여 오바마는 북한을 비난했으며, 거의 의미 없는 성격의 유엔안보리와 비효과적인 미국의 대북제재로 대응

했다.46)

　여기서의 의문은 북한이 주권 운운하며 위성을 발사하고, 미국이 이것을 장거리미사일 발사라고 비난하면서 곧바로 파기를 주장할 것이 분명해 보이던 순간에 미국이 2.29 성명을 발표한 이유는 무엇인가? 특히 미국이 이 성명을 6자회담에 입각한 CVID를 북한이 수용했음을 보여주는 증거로 삼고자 했던 것은 무슨 이유 때문일까? 이는 6자회담에 입각한 CVID에 동의한 북한이 위성 발사를 통해 곧바로 합의를 파기했다고 북한을 비난하면서 6자회담에 입각한 CVID 수용에 북한이 동의하는 경우에나 북한과 대화할 것이라는 그럴듯한 주장을 전개하기 위함이었을 것이다.47) 6자회담에 입각한 CVID를 수용하지 않는 가운데 핵무기 개발을 추구할 북한에 대항하여 경제제재에 입각한 강압외교를 통해 비핵화를 추구하는 한편 북한 비핵화 노력이 실패할 가능성에 대비하여 대북 억지력을 구축해야 할 것이라고 주장하기 위함이었을 것이다. 다시 말해, '전략적 인내' 정책을 표방하기 위함이었을 것이다.

　지금까지 논의에서 보듯이 천안함 피격 이후의 북한의 대화 제안을 이용하여 미국은 2012년 2월 29일 성명을 발표했다. 그런데 이 성명은 미국이 자국의 대북 핵정책을 '전략적 인내' 정책으로 전환하기 위한 명분을 마련하기 위한 성격이었다. 미국이 북한 핵문제를 외교적으로 해결하기 위해 온갖 노력을 기울였지만 위성 발사를 통한 북한의 2.29 합의 파기 노력에서 보듯이 이것이 근본적으로 불가능했다고 주장하면서, 북한이 6자회담에 입각한 CVID를 수용하기 이전에는 대화를 하지 않은 채 대북 경제제재에 입각한 강

---

46) Fred Fleitz, "The Coming North Korea Nuclear Nightmare: What Trump Must Do to Reverse Obama's 'Strategic Patience'," *Center for Security Policy Press*, March 20, 2018, pp. 31-2.
47) 북한의 2.29 성명에는 북한이 6자회담에 입각한 CVID에 동의했음을 보여주는 부분이 없다. 그러나 미국의 2.29 성명은 북한이 이들 조건을 수용했음을 가정한 성격이었다. 이 같은 측면에서 보면 미국의 2.29 성명은 북한이 이처럼 합의했다고 사람들이 인식하게 만들기 위한 성격일 것이다.

압외교를 통해 북한 비핵화를 추구함과 동시에 이 같은 비핵화 노력이 실패할 가능성에 대비하여 대북 억지력을 구축하지 않을 수 없을 것이란 의미였다. 다시 말해, 미국 입장에서의 2.29 성명은 미국이 북한 핵무기 개발 노력에 대항하기 위해 선택 가능한 마지막 수단이 '전략적 인내' 정책이란 명분을 조성하기 위한 성격이었던 것이다. 본격적인 북한 핵무장 종용을 위한 명분을 조성하기 위한 성격이었던 것이다.

3. 오바마의 북한 핵무장 종용 정책 이행

1994년부터 2008년까지 북한은 12회의 미사일 시험 발사와 1회 핵실험을 했다. 2009년부터 2016년까지 북한은 76회의 미사일 시험과 4회 핵실험했다. 이처럼 실험하면서 김정은의 북한은 미국을 핵무기로 타격할 것이란 그 전례가 없는 위협을 했다.

이것이 가능해졌던 것은 2012년 4월 이후 오바마가 적용한 '전략적 인내' 정책 때문이었다. 북한이 6자회담에 입각한 CVID를 수용하기 이전에는 대화하지 않을 것이란 '전략적 인내' 정책 때문이었다. 이 같은 정책에 대항하여 북한은 자국의 생존 보장 차원에서 핵 및 미사일을 시험 발사하지 않을 수 없었으며, 이처럼 시험 발사할 때마다 오바마는 유엔을 통해 또는 미국 독자적으로 북한을 경세적으로 제재했다. 그런데 이들 제재는 의미가 없었다. 결과적으로 오바마 행정부가 임기가 만료된 2017년 1월경까지 북한은 보다 많은 핵 및 미사일 시험을 통해 일본과 한국을 타격할 수 있을 정도의 핵 및 미사일을 보유할 수 있었다. 여기서는 오바마 정부 당시의 북한의 미사일(위성) 및 핵 실험, 이들 실험에 대항한 미국의 제재를 살펴볼 것이다.

북한 위성 궤도 진입 성공

2012년 가을 북한은 2012년 4월에 발사했지만 성공을 거두지 못한 은하-3호와 유사한 우주 발사체를 발사할 것이라고 말했다. 북한은 국제사회의 발사 취하 요구를 간과한 채 2012년 12월 12일 이것을 발사했다. 이는 북한이 위성을 탑재한 다단계 우주 로켓을 성공적으로 우주 궤도로 진입시킨 최초의 경우였다.[48]

2012년 12월의 북한의 로켓 발사 성공은 몇몇 측면에서 중요한 의미가 있었다. 이것이 핵탄두를 탑재할 수 있는 다단계 대륙간탄도미사일 개발 관련 북한의 노력 측면에서 중요한 단계였기 때문이다. 당시의 발사는 김정은 정권의 명성을 높여 주었으며, 북한의 미사일 수출 측면에서 도움이 되었다.

당시의 로켓 발사와 관련하여 2013년 1월 22일 유엔안보리는 결의안 2087을 통과시켰다.[49] 이는 그 이전의 유엔결의안들과 크게 다르지 않았다. 여기서는 다단계 로켓을 발사하기 위해 탄도미사일 관련 기술을 이용했다며 북한을 비난했다. 유엔 대북제재 명단에 6명의 개인과 2곳의 기관을 추가시켰다는 점에서 보면 유엔안보리결의안 2087은 그 이전 결의안들을 약간 더 강화시킨 성격이었다.

북한 관리들은 유엔결의안 2087이 통과된지 2시간도 지나지 않아 이 결의안을 맹렬히 비난했다. 강도 높은 보복을 위협했다. 이들은 또한 "양적 및 질적" 측면 모두에서 자국의 핵능력을 신장시킬 것이라고 말했다. 북한 관리들은 이 같은 노력이 자국의 "철천지원수"인 미국을 겨냥하고 있다고 말했다.[50]

---

48) Andrea Shalal and David Brunnstrom, "North Korea satellite in stable orbit but not seen transmitting: U.S. sources," *Reuters*, February 9, 2016.; "North Korea: A Chronology of Events from 2016 to 2020," *CRS Report*, May 5, 2020, p. 6.

49) "North Korea: A Chronology of Events from 2016 to 2020," p. 6.

50) "조선민주주의인민공화국 외무성 성명," 『로동신문』, 2013. 1. 24.

북한의 3차 핵실험

2013년 2월 12일 북한은 3차 핵실험을 했다. 북한은 "그 이전 핵실험과 비교하여 폭발력이 대거 신장된 반면 소형화 및 경량화 되었다."라고 주장했다.51) 2013년 2월의 북한 핵실험의 진도는 5.1이었으며 폭발력은 6에서 7킬로톤 수준이었던 것으로 평가되었다.

2013년 2월의 북한 핵실험에 대한 국제사회의 반응은 격렬했다. 그러나 유엔안보리 제재는 중국의 반대로 재차 지연되었다. 2013년 3월 7일 유엔안보리결의안 2094가 통과되었다. 그런데 이는 기존 제재를 강화하면서 제재 대상에 몇 명의 북한 관리와 조직을 추가하는 성격이었다. 결국 당시의 제재 또한 제한적인 성격이었다.

설상가상으로 2013년 4월의 아시아 6개국 방문 당시 존 케리(John Kerry) 미 국무장관은 북한과 대화할 의향이 있다고 말했다. 이 같은 방식으로 미국은 2013년 2월의 북한 핵실험 이후 고조된 대북 비난의 수위를 낮추었다. 이 같은 케리의 제안과 관련하여 2013년 4월 13일 뉴욕타임스지는 다음과 같이 우려했다. 케리의 제안은 오바마 행정부가 "북한 핵무기 개발과 호전성을 제대로 억누르지 못한 현재의 전략과 비교하여 보다 성공적이고도 사려 깊은 전략을 갖고 있는지"와 관련하여 의문을 품게 하는 성격이라고 말했다. 뉴욕타임스지는 또한 케리의 북미대화 제안과 남북대화 지원이 오바마 행정부의 기존 입장, 북한이 완벽한 비핵화에 동의하는 경우에나 미국이 대화에 응할 것이란 기존 입장을 약화시켰다고 생각했다.52)

---

51) "제3차 지하 핵시험을 성공적으로 진행"란 제목의 다음 참조, "조선중앙통신사 보도," 『로동신문』, 2013. 2. 13.

52) "The North Korea Problem," *New York Times* editorial, April 12, 2013.; Fred. Fleitz, *The Coming North Korea Nuclear Nightmare* (p. 36). Kindle Edition.

북한이 3차 핵실험한 2013년 2월부터 4차 핵실험한 2016년 1월 사이에는 북한의 핵 및 미사일 능력이 대거 신장되었다. 뿐만 아니라 북한은 적대적인 발언의 수위와 회수를 대거 늘려갔다. 결과적으로 위기가 점차 고조되었다. 이처럼 위협과 도발이 대거 증대되었음에도 불구하고 오바마 행정부는 이들을 간과했으며, '전략적 인내' 정책을 고수했다. 3차 핵실험 이후부터 이에 대한 유엔의 새로운 대북제재가 이행되기 며칠 전의 기간 북한은 "보다 경량화 및 소형화된 핵무기"로 미국을 공격할 것이라고 위협했다. 유엔안보리가 대북제재를 승인해준 2013년 3월 7일 북한관리들은 핵무기를 탑재한 대륙간탄도미사일로 워싱턴을 "불바다"로 만들 것이라고 위협했다.53) 2013년 2월에서 6월의 기간 동안의 한반도 긴장 고조로 미국, 일본 및 한국 관리들은 북한의 전쟁 도발 가능성을 우려했다. 북한 관리들은 북한주재 자국 대사관 직원들을 철수시키라고 중국, 러시아, 스웨덴 및 영국에 경고했다. 2013년 3월 북한은 1953년의 한반도 정전협정이 의미를 상실했다면서 남한과 북한이 전쟁 상태에 돌입했다고 말했다. 북한은 자국의 포병들을 경계상태에 돌입시켰으며, 남북한 비상라인을 차단시켰다. 2013년 4월 북한은 2007년에 폐쇄했던 5메가와트 원자로의 재가동을 계획하고 있다고 선언했다. 위성사진에 따르면 2013년 9월 북한은 이 원자로를 가동시켰다.54)

　한편 2013년 4월 4일 북한은 개성공단 폐쇄를 선언했다. 햇볕정책 일환으로 2000년에 착공하여 2005년에 입주가 시작된 개성공단은 북한에 매년 9천만 달러의 외화를 안겨다주는 효과가 있었다. 2013년에서 2016년의 기간 개성공단은 수차례 폐쇄와 재가동을 반복했다. 2016년 2월 박근혜 정부는 개성공단 근로자들이 받은 임금 가운데 70% 정도가 북한의 핵 및 미사일 개발

---

53) "조선민주주의인민공화국 외무성대변인 성명,"『로동신문』, 2013. 3. 8.

54) Quoted in Fred. Fleitz, *The Coming North Korea Nuclear Nightmare* (p. 41). Kindle Edition.; "North Korea Restarting Its 5 MW Reactor," *38 North*, September 11, 2013.

목적으로 전용되었다고 주장했다. 또한 북한 지도자들의 고급 물품 구입 목적으로 사용되었다고 보도했다.55) 그러나 2017년 12월 문재인 정부는 개성공단 임직원 임금이 북한 무기 개발 목적으로 전용되었음을 보여주는 구체적인 증거가 없다고 주장했다.56)

2013년 2월의 3차 핵실험 1주일 전 북한은 미국의 도시가 자국의 핵미사일 공격으로 화염에 휩싸이는 모습을 묘사한 동영상을 유튜브에 올렸다. 이 동영상에서는 남북통일을 묘사하는 깃발 아래 환호하는 남한과 북한 주민의 모습을 보여주었다. 마찬가지로 2012년 12월 북한은 자국이 시험한 것과 유사한 로켓을 이용한 우주왕복선으로 우주 여행하는 사람을 묘사했다. 2013년 3월 북한은 김정은이 북한군 장군들과 긴급 회동하는 모습을 유튜브에 올렸다. 김정은의 뒤편에는 북한 미사일이 미국의 도시들을 타격하는 모습을 보여주는 차트가 걸려있었다. 차트의 제목은 "미 본토타격 계획"이었다.

오바마의 북한 핵무기 개발 노력 수수방관

북한이 핵 및 미사일 개발에 전념하던 2013년부터 2016년의 기간 오바마 행정부는 북한 위협에 거의 대응하지 않았다. 당시 케리 국무장관은 이란 핵협상 타결에 매진했다. 2013년 봄부터 2017년 1월의 기간 미국과 북한은 비교적 직급이 낮은 관리들 차원에서 비공식적인 외교적 노력을 전개했다. 당시 오바마 행정부의 대북정책은 북한의 행동에 반응하는 성격이었다. 국제사회와 미국은 주기적으로 북한의 미사일 시험에 대항하여 비난하고 제재했다. 이 기간 동안 유엔안보리는 대북제재를 11회 통과시켰는데 이들 가운데 4회는 미사일과

---

55) Quoted in Fred. Fleitz, *The Coming North Korea Nuclear Nightmare* (p. 42). Kindle Edition.; "Pyongyang took 70% of Kaesong workers' wages, Seoul says," *Japan Times*, February 14, 2016.

56) Hyonee Shin, "South Korea 'humbly accepts' there is no proof border park cash funded North's weapons," *Reuters*, December 27, 2017.

핵 실험을 제재하는 성격이었다. 유엔안보리는 또한 2009년과 2012년의 북한 미사일 시험 발사를 비난하는 구속력이 없는 의장 성명을 2회 발표했다. 오바마 행정부는 또한 북한의 핵 및 미사일 시험에 대항하여 수차례 제재했다. 예를 들면, 2010년과 2011년 미 재무성은 북한을 별도 제재했다.

2010, 2011, 2015 및 2016년 오바마 대통령은 대북제재 성격의 행정명령을 발동했다. 오바마 행정부 당시 북한을 제재하는 성격의 법은 오직 1차례 제정되었다. 이는 오바마의 반대에도 불구하고 공화당 중심의 미 의회가 통과시킨 것이었다. 2016년 2월 18일 오바마는 "2016년의 대북제재법(The North Korea Sanctions and Policy Enhancement Act of 2016)"에 서명했다.57)

이들 유엔과 미국의 대북제재는 거의 의미가 없었다. 주요 이유는 오바마 행정부가 이들 제재 이행을 위해 별로 노력하지 않았기 때문이었다. 특히 중국의 대북제재 이행을 위해 노력하지 않았기 때문이었다. 또한 북한 지도자들이 오바마 정부를 자국의 점증하는 미사일 및 핵무기 시험과 여타 도발에 결정적인 방식으로 대응할 의지가 없는 유약한 정권으로 생각하여 제재를 진지하게 수용하지 않았기 때문이었다.

한편 오바마는 북한의 핵 및 미사일 시험과 관련하여 별다른 조치를 취하지 않을 것임을, '전략적 인내' 정책을 고수할 것임을 한국에 지속적으로 전달했다. 오바마 행정부의 대북특사 글린 데이비스(Glyn Davies)가 2013년 9월 한국을 방문했다. 당시 데이비스는 북한이 유엔안보리결의안을 지속적으로 거부하고 있기 때문에 북한과 대화를 재개할 적절한 시점이 아니라고 말했다. 데이비스는 한국인들에게 다음과 같이 말했다. "우리는 북한이 6자회담의 주요 이슈인 한반도의 평화적인 비핵화에 관해 진정성이 있음을 보여주는 징후를 확인할 필요가 있습니다." 데이비스가 한국을 방문한 목적은 미국이

---

57) U.S. Treasury Department web page, "North Korea Sanctions." available at North Korea Sanctions | U.S. Department of the Treasury.

북한 핵문제와 관련하여 아무 것도 하기를 원치 않는다는 사실을 설명하기 위함이었다. 그런데 이는 그 후 3년 동안 오바마 행정부 관리들이 수차례 전달하고자 했던 메시지였다.[58]

2009년부터 2013년까지 미 국무성의 동아시아태평양 차관보를 역임한 커트 캠벨(Kurt Campbell)은 미 국제전략문제연구소(CSIS) 연설에서 오바마 행정부의 진정성 있는 대북정책 부재와 관련하여 다음과 같이 혹평했다. "대북압박을 포함한 여러 수단이 북한 핵문제 해결 측면에서 효과가 없음을 확인한 미국의 많은 북핵 문제 담당자들이 대북전략 측면에서 피로감과 지친 기색을 보이고 있다.…미국이 북한 핵문제 해결 측면에서 근본적으로 앞이 캄캄한 그러한 상황에 처해 있다."[59]

북한이 핵 및 미사일 시험 회수를 늘려갔으며 미국을 지속적으로 위협했음에도 불구하고, 북한 핵문제 해결 측면에서 아무 것도 하지 않을 것이란 의미의 '전략적 인내' 정책에도 불구하고, 오바마 행정부는 임기 마지막 년도에 북한 핵문제를 협상을 통해 해결할 의향이 어느 정도 있어 보였다. 이란 핵문제 해결을 마무리 지은 2015년 7월 오바마 정부의 일부 관리들은 이란 핵협상 모델을 북한 핵문제 타결을 위한 모델로 생각했다. 2015년 10월 박근혜 대통령과의 합동 기자회견에서 오바마는 자신이 이란 비핵화를 위해 적용한 방식으로 북한 핵문제 해결을 추구할 의향이 있다고 말했다. 이 같은 오바마의 발언 이후 미국은 이란 핵협상 모델에 입각한 북한 핵문제 해결 가능성을 비공식적으로 탐구했다.[60] 월스트리트저널에 따르면 북한이 4차 핵실험한 2016년 1월 6일 며칠 전 북미간에 비공식적이지만 진지한 대화가 진행되고 있었다. 월스트리트저널은 오바마 정부 관리들이 "한반도 전쟁을 공식적으로 종료시키기

---

58) "Not time for North Korea talks, U.S. envoy says." *UPI*, September 20, 2013.

59) Chang Jae-soon, "New U.S. envoy rules out possibility of lowering bar for nuclear talks with N. Korea," *Yonyap News*, September 5, 2009.

60) "Remarks by President Obama and President Park of the Republic of Korea in Joint Press Conference," *White House Press Release*, October 16, 2015.

위한 대화에 비밀리에 동의했다. 오바마 정부는 대화를 시작하기 이전에 북한이 자국의 핵무장을 줄이기 위한 단계를 먼저 강구해야 할 것이란 오랜 동안 견지했던 조건을 취하했다."라고 말했다. 당시 미국은 북한 비핵화 추구 여부를 새로운 대화 시작의 필수 조건이 아니고 일부 조건으로 간주할 것이라고 제안했는데 이는 미국 입장에서 상당한 양보였다. 그러나 북한은 이 제안을 거부했다. 2016년 1월의 4차 핵실험으로 이들 협상은 진행되지 않았다.61)

'전략적 인내' 정책에 관한 비판으로 오바마 정부는 2016년 초순 이것을 공식적으로 포기하지 않을 수 없었다. 그러나 오바마 정부 관리들은 이 정책이 의도한 목표, 다시 말해 북한 핵문제 해결을 차기 정부로 넘길 것이란 목표를 포기하지 않았다.62)

북한의 4차 핵실험

3년 동안 핵실험을 자제하고 있던 북한은 2016년 1월 6일 4차 핵실험을 했다. 북한은 이것을 수소폭탄 시험이라고 주장했다.63) 당시의 폭발력은 7~10 킬로톤 수준이었다. 대부분 전문가들은 북한의 수소폭탄 주장을 일축했다. 북한이 수소폭탄을 만들 수 있을 정도의 기술이 있는지 의문이었다는 사실과 진정 이것이 수소폭탄이라면 폭발력이 훨씬 컸어야 했을 것이기 때문이었다. 2016년 1월의 핵폭발에 대한 국제사회의 분노를 간과한 채 2016년 2월 6일 북한은 광명성-4호를 궤도에 진입시키기 위해 3단계 로켓인 은하 3호를 발사했다.

---

61) Alastair Gale and Carol Lee, "U.S. Agreed to North Korea Peace Talks Before Latest Nuclear Test," *Wall Street Journal*, February 21, 2016.

62) Fleitz, Fred. The Coming North Korea Nuclear Nightmare: What Trump Must Do to Reverse Obama's "Strategic Patience" (p. 48). Kindle Edition.

63) "주체 조선의 첫 수소폭탄 시험 완전 성공"란 제목의 다음 참조. "조선민주주의인민공화국 정부 성명," 『로동신문』, 2016. 1. 7.

이전의 북한의 핵 및 미사일 시험 이후의 유엔 대북제재에 대한 반응과 다름이 없었지만, 중국은 2016년 초순의 북한의 핵 및 미사일 시험에 대항한 유엔안보리 제재를 몇 주 동안 저지했다. 결과적으로 2016년 3월 2일 미국과 중국이 초안을 작성하고 55개 유엔회원국이 지원한 유엔안보리결의안 2270이 통과되었다. 여기서는 소화기(小火器)와 경형 무기를 포함한 모든 무기는 물론이고 스키, 스노모빌 및 로렉스 시계를 포함한 귀금속의 이관을 금지했으며, 자국의 항구와 비행장을 입출입할 당시 이들 북한 함정과 항공기를 국가들이 검문하게 만들었다. 금수 품목을 운송하고 있다고 생각되는 북한 항공기의 자국 영공 비행을 국가들이 거부할 수 있게 했다. 북한으로부터 금, 티타늄은 물론이고 희토류 수입을 금지하게 만들었으며, 핵 또는 미사일 관련 화물을 운송했다는 의혹을 받은 31척의 북한 선박, 북한의 미사일 및 핵무기 개발에 관여했던 16명의 인사와 13개 조직을 포함할 정도로 대북제재 대상을 확대했다. 여기서 보듯이 유엔결의안 2270는 이전의 것들보다 강력했다.[64] 그러나 여기에는 중요한 허점이 있었다. 북한은 지속적으로 유류를 구입할 수 있었다. 북한은 또한 핵 및 미사일 개발 자금 지원 목적으로 사용되지 않는 한 석탄과 철광석을 외국에 지속적으로 수출할 수 있었다.[65] 북한의 석탄 및 철광석 수출의 진정한 목적을 판단할 방법이 없었으며, 이들을 중국이 수입한다는 점에서 이들 제재는 거의 의미가 없었다.

북한은 대북제재 목적의 유엔안보리결의안 2270을 무시했다. 2016년 봄 북한은 핵 및 미사일 시험을 대거 늘릴 것이라고 공약했다. 이 같은 방식으로 호전성을 증대시켰으며, 핵무기를 이용한 공격을 보다 많이 위협했다. 국제사회가 새로운 대북제재를 승인해준 이후 북한은 잠수함 발사 탄도미사일을 시험했다.

---

64) United Nations Security Council, "Resolution 2270," adopted on March 2, 2016.
65) Ibid,

2016년 6월 29일 중국을 방문한 김정은의 측근이자 북한 외무장관을 역임한 이수용은 북한이 핵무기 개발을 멈추지 않을 것이라고 말했다. 이수용은 김정은의 병진노선에 따라 경제 재건과 병행한 핵능력 확대가 북한의 항구적인 정책이라고 말했다.66)

이외에도 2016년 6월 1일 오바마 행정부는 북한을 "주요 자금세탁 우려국가"로 지정했다. 2016년 7월 6일 미국은 심각한 인권유린과 관련하여 김정은을 포함한 15명의 북한 관리를 제재했다. 그러나 이들 제재는 제한적인 의미만 있었다. 이들 제재에도 불구하고 북한이 국제사회의 금융체계와 단절되지 않았기 때문이다.

북한의 5차 핵실험

2016년 9월 9일 북한은 5차 핵실험을 했다. 진도가 5.3이었으며 폭발력은 10킬로톤 수준이었다. 조선중앙통신은 다음과 같이 말했다. "이 핵실험으로 북한은 다양한 종류의 소형의, 경량의, 다변화된 핵무기"를 만들 수 있게 되었다. "탄도미사일에 핵무기를 탑재하기 위한 기술"67)을 개선할 것이다. 북한 관리는 또한 핵무기 관련 과학기술 표준화를 달성했다고 주장했다. 여기서 표준화란 용어가 특히 우려를 자아내었다. 그 이유는 이것이 북한이 핵무기의 대량 생산 능력이 있음을 의미했기 때문이다.

2016년 9월의 북한 핵실험에 대항하여 2016년 11월 30일 유엔안보리는 결의안 2321호를 통과시켰다. 중국이 이 결의안 승인을 어렵게 만들었으며, 제재 문구를 희석시켰다. 결의안 2321에서는 북한이 중국에 매년 수출 가능한 석탄과 철광석의 한도를 설정하고자 노력했다. 이 같은 방식으로 북한을 응징

---

66) Jane Perlez. "North Korea Tells China of 'Permanent' Nuclear Policy," *New York Times*, May 31, 2016; Jane Perlez, "Xi Jinping, China's President, Unexpectedly Meets With North Korean Envoy," *New York Times*, June 1, 2016.
67) "조선민주주의인민공화국 핵무기연구소 성명," 『로동신문』, 2016. 9. 10.

하고자 노력했다.

유엔과 미국 관리들은 유엔안보리결의안 2321이 그 전례가 없을 정도로 강력한 수준이라고 주장했다. 유엔결의안 2321과 관련하여 조선중앙통신은 다음과 같이 말했다.

"오바마와 그 일당들이 대북압박을 통해 북한의 핵 무장 노선을 포기하게 만들 수 있으며, 핵 무력 수준을 약화시킬 수 있을 것으로 생각하고 있다면 심각한 오판일 것이다."[68]

중국이 유엔안보리결의안 2321을 무시하고 있음을 보여주는 분명한 신호이지만, 2017년 4월 중국은 2017년 1/4 분기의 북중무역이 2016년 1/4 분기와 비교하여 37.4%가 늘어난 반면 북한의 철광석 수입은 2016년 동일 기간과 비교하여 2017년 1월과 2월에 270% 증가했다고 선언했다.[69] 2017년 7월 중국은 2017년 처음 6개월 동안의 북중무역 규모가 2016년 처음 6개월 동안과 비교하여 10%가 늘어났다고 말했다.[70]

여기서 보듯이 2016년 9월의 북한 핵실험 이후의 유엔의 대북제재는 거의 의미가 없었다. 그런데 이는 오바마 행정부의 대북제재 이행 의지가 미흡한 수준이기 때문이었다.

4. 북한의 핵 및 미사일 능력

북한의 군사력 가운데 가장 우려스런 부분이자 핵우산을 통해 미국이 대적하고자 하는 부분은 핵무기와 탄도미사일이다. 오바마 재임 기간 동안 북한은

---

[68] "조선민주주의인민공화국 외무성 대변인 담화," 『로동신문』, 2016. 12. 2.

[69] Jane Perlez and Yufan Huang, "China Says Its Trade With North Korea Has Increased," *New York Times*, April 13, 2017.

[70] Fang Cheng and Ben Blanchard, "China trade with sanctions-struck North Korea up 10.5 percent in first half," *Reuters*, July 12, 2017.

이 같은 핵 및 미사일 능력을 대거 신장시켰다. 북한은 2006년 10월, 2009년 5월, 2013년 2월, 2016년 1월과 9월, 2017년 9월에 걸쳐 6차례 핵실험 했다. 이들 6차례 핵실험으로 북한은 이제 더 이상 핵실험하지 않으면서도 핵무기를 만들 수 있는 능력을 구비했다.

2015년 2월 북한은 대략 10개에서 15개 정도의 핵무기를 보유하고 있는 것으로 판단되었다. 이들 핵무기 가운데 6개에서 8개 정도는 영변원자로에서 생산한 플루토늄을 이용하여 만든 것이었다. 또 다른 4개에서 8개는 농축 우라늄을 통해 만든 것이었다.71) 2016년 6월 데이비드 올브라이트(David Albright)와 켈러-베르간티니(Serena Kelleher-Vergantini)는 북한의 핵무기 재고가 13발에서 21발로 증가했다고 보고했다.72) 2015년 올브라이트는 북한의 핵무기 개발에 관한 3개 시나리오에 입각한 연구 결과를 발표했다. 이 연구 결과에 따르면 북한은 2020년까지 20개, 50개 또는 100개의 핵무기를 보유할 것으로 예상되었다.73)

또한 오바마 정부 당시 북한은 강력한 형태의 탄도미사일 개발을 위해 상당히 많이 노력했다. 북한은 500기의 다양한 스커드 미사일과 150기에서 200기에 달하는 노동미사일을 포함하여 800기에서 1,000기에 달하는 단거리-중거리 탄도미사일을 보유하고 있는 것으로 판단된다.74) 여기서 보듯이 북한은 많은 단거리 및 중거리 탄도미사일을 보유하고 있지만 발사대는 상대적으로 적은 수준이었다. 결과적으로 북한이 주어진 순간에 발사할 수 있는 탄도미사일의 숫자는 제한적이었다.

---

71) Joel S. Wit and Sun Young Ahn, "North Korea's Nuclear Futures: Technology and Strategy," *U.S.-Korea Institute at SAIS*, February 2015.

72) David Albright and Serena Kelleher-Vergantini, "Plutonium, Tritium, and Highly Enriched Uranium Production at the Yongbyon Nuclear Site," *Institute for Science and International Security*, June 14, 2016.

73) David Albright, "Future Directions in the DPRK's Nuclear Weapons Program: Three Scenarios for 2020," *U.S.-Korea Institute at SAIS*, 2015.

74) Greg Thielmann, "Sorting Out the Nuclear and Missile Threats from North Korea," *Arms Control Association*, May 21, 2013.; John Schilling, "A Solid but Incremental Improvement in North Korea's Missiles," *38 North*, March 29, 2016.

북한은 또한 사정거리가 3,000에서 4,000킬로미터에 달하여 괌에 도달할 수 있다고 생각되는 무수단 미사일, 미 본토의 대부분 지역을 타격할 수 있는 KN-08 미사일을 포함한 다수의 장거리 미사일을 개발하고 있었다. 이들 두 미사일은 이동형 발사대에 탑재되어 있었다. 북한은 무수단 미사일을 몇 차례 시험 발사했다. 그러나 이들 시험 발사 가운데 비교적 성공적인 경우는 2016년 6월의 한차례뿐이었다.[75] KN-08의 경우는 아직 시험 발사하지 않고 있었다. 결과적으로 무수단과 KN-08 미사일의 성능 및 신뢰성과 관련하여 많은 의문이 제기되었다. 북한은 또한 KN-08의 개량형인 KN-14 미사일의 개발을 추구하고 있었다. 2017년 2월 북한은 무수단의 개량형으로서 고체연료를 사용하는 중거리미사일을 시험 발사했다.

미국 입장에서 특히 우려스런 부분은 북한이 미 본토를 타격할 수 있는 대륙간탄도미사일을 구비할 가능성이었다. 북한이 이 같은 탄도미사일을 구비하는 경우 미국은 유사시 한반도와 일본에 증원 전력을 전개할 수 없을 것이었다. 한국을 방어하기 위해 샌프란시스코를 희생시킬 것인가의 의문이 제기될 수 있을 것이었다. 결과적으로 북한 위협 대비 차원에서 일본과 한국이 자체적으로 핵무장을 추구하지 않을 수 없게 될 것이었다. 이처럼 일본과 한국이 핵무장하는 경우 미군의 한반도 또는 일본 주둔이 의미를 상실할 수 있었다. 그런데 미국은 아태지역을 겨냥한 중국의 세력팽창을 한미동맹 및 미일동맹과 같은 냉전 당시 아태지역에 구축해 놓은 동맹체계를 이용하여 대항할 구상을 하고 있었다. 미군이 한반도와 일본에 주둔할 수 없게 되는 경우 미중경쟁 측면에서 미국이 매우 불리해질 수 있었다.

북한은 미 본토를 타격할 수 있는 대륙간탄도미사일인 대포동미사일을 지속적으로 개발했다. 북한은 이 미사일을 우주발사대로 사용한 경우를 포함하여 수 차례 시험 발사했다. 몇몇 경우 북한은 위성을 우주로 진입시키고자 노력했다.

---

75) David Wright, "Analysis of North Korea's Musudan Missile Test—Part 1," *Union of Concerned Scientists*, June 24, 2016.

북한은 이들 발사가 합법적인 우주 계획의 일환이라고 주장했다. 그러나 이들은 또한 대륙간탄도미사일 개발을 위한 위장전술일 수 있었다. 왜냐하면 대륙간탄도미사일 개발과 우주발사체 개발에 거의 동일한 과학기술이 사용되기 때문이다. 더욱이 유엔안전보장이사회는 북한의 우주 발사를 금지시킨 바 있다.

북한은 2009년, 2012년(2회), 2016년 위성을 궤도에 진입시키기 위해 은하 로켓으로 지칭되는 우주 발사체인 대포동-2 로켓을 4회 발사했다. 2012년과 2016년 북한은 각 1회 위성을 궤도에 성공적으로 진입시켰다. 대포동-2는 3단계의 액체로 운용되는 로켓으로서 사정거리가 10,000킬로미터 수준이다. 2009년 4월 5일 북한은 광명성-2 위성을 궤도로 진입하기 위한 은하-2를 발사했는데 진입에 실패했다. 2012년 4월에 발사한 은하-3은 광명성-3 위성을 궤도로 진입시키기 위한 것인데 실패했다. 2012년 11월 북한은 은하-3을 성공적으로 발사하여 광명성-3을 궤도에 진입시킬 수 있었다. 북한의 대륙간탄도미사일 개발 측면에서 보면 이는 역사적인 사건이었다. 2016년 2월 7일 북한은 은하-3을 발사하여 광명성-4를 궤도에 진입시킬 수 있었다.[76]

또한 북한은 지상 발사 탄도미사일과 더불어 잠수함에서 발사하는 탄도미사일 개발을 위해 노력했다. 2014년 북한은 수직 발사대를 장착한 신포급 잠수함을 선보였다. 그 후 북한은 이 잠수함에 장착할 미사일의 분출 시험을 위한 지상시험 발사대의 인공위성 영상 사진을 외부로 전송했다.[77] 북한은 잠수함 발사를 염두에 둔 탄도미사일의 분출을 지상 플렛홈, 잠수함 플렛홈 또는 잠수함의 수직 발사대에서 수차례 시험한 바 있다.[78]

북한 핵무기와 탄도미사일 능력이 지속적으로 개선되고 있는 것은 사실이다. 그러나 이들은 또한 어느 정도 상당한 난관에 봉착해 있었다. 가장 중요한 부분

---

[76] Andrea Shalal and David Brunnstrom, "North Korea satellite in stable orbit but not seen transmitting: U.S. sources," *Reuters*, February 9, 2016.

[77] Joseph S. Bermudez, Jr., "North Korea's Ballistic Missile Submarine Program: Full Steam Ahead," *38 North*, January 5, 2016.

[78] Ibid.

이지만, 북한 과학자들은 탄도미사일에 탑재 가능할 정도로 핵무기를 소형화해야 할 것이었다. 오바마 행정부 당시 북한은 이 같은 능력이 있음을 입증해 보이지 못했다. 그러나 분석가들은 정황적으로 볼 때, 북한이 이 같은 능력을 구비한 것으로 점차 결론짓고 있었다.

둘째, 북한 미사일 전력의 대부분은 액체연료를 사용하고 있었다. 그런데 액체연료는 위험하며, 불안정하고 부식성이 있다. 액체연료에 의존하는 미사일은 비교적 단기간 동안에만 사용 가능하다. 연료 주입 후 이틀 또는 3일 이내에 미사일을 발사하거나 연료를 비워야 한다. 이처럼 할 때마다 폭발 가능성이 상당히 높다.

셋째, 북한이 단거리 및 중거리 탄도미사일의 재진입 장치를 개발한 것은 사실이다. 그러나 북한은 아직 장거리 미사일의 재진입 장치를 개발하지 못했다. 장거리 탄도미사일을 표적을 겨냥하여 유도한 후 의도한 바대로 작열하게 만들고자 하는 경우 이 미사일이 지구의 대기권을 뚫고 내려올 당시의 격렬한 저항을 극복할 수 있는 형태의 재진입 장치를 설계해야 한다.

마지막으로 북한이 핵무기를 개발한 이후에도 이것의 유지에 상당한 전문성이 요구될 뿐만 아니라 난관이 따를 것이다. 유도체계, 엔진, 부품, 여타 부분들을 주기적으로 교체할 필요가 있는데 이는 어느 국가에게나 상당이 어려운 일이다. 상당한 제재를 받고 있는 와중에서 이처럼 할 필요가 있는 북한에게는 특히 그러할 것이다.[79]

그러나 이미 언급한 바처럼 북한이 미 본토를 타격할 수 있는 대륙간탄두미사일을 개발하는 경우 이것이 미중경쟁 측면에서 상당한 영향을 미치게 될 것이다. 이 같은 측면에서 보면 2012년과 2016년 당시의 북한의 광명성-3과 광명성-4의 궤도 진입 성공은 오바마의 미국을 놀래게 만들 수 있는 사건이었다.

---

[79] Dana Struckman and Terence Roehrig, "Not So Fast: Pyongyang's Nuclear Weapons Ambitions," *Georgetown Journal of International Affairs*, February 20, 2013.

제3절 오바마의 동맹체계 정비와 미사일방어체계 구축 노력

　재임 기간 8년 동안 오바마는 북한이 한국과 일본을 타격할 수 있을 정도의 핵 및 미사일 능력을 구비할 수 있도록 상당히 많이 노력했다. 이처럼 북한 핵무장을 위해 노력하면서도 오바마는 미국이 북한 핵 및 미사일 능력의 해체를 위해 열심히 노력했음에도 불구하고 어찌할 수 없어서 이처럼 된 것처럼 사람들이 인식하게 만들었다. 핵 및 미사일로 무장하고 있는 북한에 대항하기 위해 미사일방어체계 구축과 더불어 한미동맹 및 미일동맹을 강화해야 할 것이라고 주장했다.

　이 같은 오바마와 보조를 맞춘 이명박의 대북 압박정책으로 남북관계가 대거 경색되면서 2009년 11월 대청해전이, 2010년 3월 26일 천안함 피격 사태가 벌어졌다. 2010년 5월 24일 이명박은 개성공단을 제외한 모든 남북교류를 중지시키는 등의 5.24 조치를 통해 남북관계를 보다 더 경색시켰다. 2010년 11월에는 연평도 포격 사건이 벌어졌다. 이처럼 한반도가 불안해지자 한국인들이 미군의 한반도 주둔을 보다 염원하게 되었으며, 2012년 예정되어 있던 전작권 전환을 2015년으로 연기시켰다. 박근혜는 2015년에 예정되어 있던 전작권 전환을 무기한 연기와 다름이 없는 조건부 전환으로 바꾸었으며, 북한 핵미사일 위협에 대항하기 위한 사드체계의 한반도 배치에 동의했다. 마찬가지로 북한 핵미사일 위협 대응을 위한 한미일 3각 공조 명분으로 한일지소미아를 체결했다. 그런데 이들 일련의 조치는 북한 위협이 아니고 중국 위협을 겨냥한 것이었다. 오바마의 노력으로 한반도가 중국 위협 대응을 위한 전초기지로 한 발짝 더 다가선 것이다.

1. 천안함 피격 사태 이용

　2010년 3월 26일의 천안함 피격 사건을 계기로 남북관계와 한중관계가 약화된 반면 한미관계뿐만 아니라 미일관계가 공고해졌다.

천안함 피격 이후 1달의 기간이 소요된 조사에서는 천안함이 북한 어뢰정의 공격을 받았다고 결론지었다. 천안함 침몰이 북한 소행이란 보고서가 출현하자마자 미국과 한국은 북한을 비난했다. 이 같은 한국과 미국의 주장을 북한이 부인한 반면 중국은 사실 확인을 거부했다.

천안함 침몰을 배경으로 2010년 5월 24일 이명박은 개성공단을 제외한 남북교류 협력을 사실상 전면 중지한 5.24 조치를 발표했다. 5.24 조치로 제주해협을 포함한 우리 측 해역에 대한 북한 선박의 운항과 입항이 금지되었다. 이명박 정부는 북한이 아군 함정을 공격하는 경우 자위권 발동 차원에서 북측 진지를 정밀 타격할 예정이었다. 이명박 정부는 김대중 정부 당시 중지된 대북 심리전을 재개했으며, 한미 대잠 훈련을 실시했다. '대량 살상무기 확산방지 구상'을 대거 강화했으며, 천안함 사건을 유엔안보리에 회부했다. 그러자 북한은 5월 25일의 조국평화통일위원회 담화를 통해 "남북관계 폐쇄, 남북한 불가침 합의 파기, 남북협력 사업 전면 철폐"를 선언했다.[80] 5월 27일에는 총참모부 중대통고문에서 "남북교류협력 관련 군사적 보장 합의 전면 철회," "반공화국 심리전 책동에 무자비한 대응"을 천명하는 등 위협 수위를 높였다.[81] 6월 12일 북한은 "북의 대응은 서울 불바다까지 내다본 무자비한 군사적 타격"이라는 발언도 서슴지 않았다.[82]

이명박은 북한 정권을 교체해야 할 시점이 되었다고 공공연히 주장했다. 이 같은 이명박의 관점에 미국의 저명 칼럼리스트들이 공감을 표명하고 있는 듯 보였다. 5월 26일 월스트리트저널은 천안함 사태에 관한 종합 분석에서 즐거운 기색을 감추지 않았다. 여기서는 천안함 위기로 일본이 미국의 품안으

---

[80] "조국평화통일위원회 대변인담화," 『로동신문』, 2010. 5. 26.

[81] "역적패당이 내놓은 《대북대응책》을 용서 없이 짓 부셔버릴 것이다."란 제목의 "조선인민국 총참모부 중대통고문," 『로동신문』, 2010. 5. 28.

[82] "유엔무대는 결코 역적패당의 반공화국 《날조극》, 《모략극》을 용인하는 공간이 아니다."란 제목의 "조선민주주의인민공화국 국방위원회 대변인대답," 『로동신문』, 2010. 6. 12.

로 재차 들어왔으며, 하토야마 유키오(鳩山由紀夫) 일본 총리가 선거 이전의 본인의 공약과 달리 오키나와의 미군기지 운용을 연장해주지 않을 수 없게 되었다고 말했다.83) 한편 천안함 사태 이후인 2010년 4월 13일의 핵안보정상회의에서 이명박은 오바마에게 "북한의 핵 개발과 천안함 사태로 한반도 안보 불안이 가중되고 있다"면서 전작권 전환 연기를 요청했다. 그러자 오바마는 "저도 이 대통령 말씀에 공감한다"고 답변했다. 그해 6월 26일 캐나다 토론토에서 열린 제4차 G20 정상회의 당시 오바마와 이명박은 2012년 4월 17일로 예정되어 있던 전작권 전환 일정을 2015년 12월 1일로 연기키로 합의했다.84)

천안함 피격과 관련하여 미국은 이명박의 대북 강경책을 전폭적으로 지지했다. 그러면서 2010년 7월 미국은 불법 무기거래에 종사하고 있던 북한 조직을 겨냥한 나름의 제재를 발표했다. 또한 미국은 북한을 겨냥한 대규모 무력시위 성격의 군사훈련을 보다 빈번히 한국과 하기 시작했다. 여기에는 북한 인근 서해 해역으로의 미 항공모함의 논란의 전개가 포함되어 있었다.85) 이처럼 한국과 미국이 대거 군사훈련을 감행하자 북한은 다음과 같은 성명을 발표했다. "미 제국주의자들과 한국군에 대항하기 위해 필요하다면 핵 억지력에 입각한 우리 방식의 보복 성격의 성스러운 전쟁을 항시 시작할 것이다."86)

2010년 6월의 토론토 한미정상회담에서 오바마는 한미동맹을 아시아 안보의 '핵심축(Linchpin)'이라고 지칭하면서 북한의 모든 침략을 억제할 것이라고 약속했다.87) 2010년 10월 8일의 한미연례안보협의회 공동성명에서는 한국에

---

83) By Yoko Nishikawa, "Okinawans angry over U.S. base plan, PM at risk," *Wall Street Journal*, May 22, 2010.; Jacob M. Schlesinger in Tokyo and Peter Spiegel in Washington, "Future of U.S. Bases Bolstered in Japan," *Wall Street Journal*, May 26, 2010.

84) 김경택 기자, "[이명박 회고록 논란] 전작권 전환 연기 검토, 오바마에 직접 제안했다." 『국민일보』, 2015. 1. 30.

85) Jeffrey R. Bader, *Obama and China's Rise: An Insider's Account of America's Asia Strategy* (Washington, DC: Brookings Institution Press, 2011), pp. 88-90.

86) "조선민주주의인민공화국 외무성 대변인 대답," 『로동신문』, 2010. 7. 25.

87) The White House, "Remarks by President Obama and President Lee Myung-bak of the Republic of Korea After Bilateral Meeting," Toronto, June 26, 2010.

대한 미국의 지속적인 확장억지력 제공을 재천명했다. 그러면서 북한의 도발과 침략 억제 측면에서 그 이전과 비교하여 한국과 미국을 보다 단합시키는 성격의 '전략동맹 2015(Strategic Alliance 2025)'란 문서를 발간했다.[88]

천안암 사태 대응 과정에서 확인된 사실에 미국과 마찬가지로 중국이 한반도를 미중관계 측면에서 바라본다는 사실이 있었다. 이 같은 중국의 관점은 북한의 도발에 대항한 한미 군사훈련에 대한 중국의 우려 형태로 나타났다. 중국 공산당 기관지 성격의 글로벌타임스지는 중국 인근 해상에서의 한미 군사훈련은 분명히 말해 중국을 겨냥한 것이라고 주장했다. 그러면서 한국이 미중관계 균형을 깨뜨리는 결과의 의미를 정확히 이해하고 있지 못할 가능성도 없지 않지만, 보다 강력한 한미동맹이 한국과 주변국 간의 신뢰를 깨뜨릴 수 있다고 경고했다.[89]

여기서 보듯이 천안함 사태로 남북관계와 한중관계가 악화된 반면 한미관계와 미일관계가 공고해졌다. 미중경쟁에서 미국을 지원하는 전초 기지로서의 한반도의 입지가 보다 공고해졌다. 그런데 천안함 사태는 2008년의 이명박 정부 등장으로 남북관계가 대거 악화되었다는 사실과 관련이 있었다. 당시 남북관계가 악화되었던 것은 주로 북한 핵문제 때문이었다. 북한 핵문제가 악화되었던 것은 중국 위협 대비 측면에서 북한 핵무장이 필수적이란 미국의 인식과 관련이 있었다. 주로 미국 때문에 북한 핵문제가 제대로 해결되지 않고 있었는데 이명박 정부가 북한 때문으로 생각한 것이다. 이명박 정부가 대북 강경책을 통해 북한 핵문제를 해결할 수 있을 것으로 생각한 결과였다. 그런데 아들 부시 이후의 미국의 대북 강경책은 북한 핵무장을 보다 강화시키는 한편 한반도 긴장을 고조시키는 의미가 있었다. 북한 핵무장 종용을 통해 한미동맹과 미일동맹을 중국에 대항하기 위한 성격으로 변환시키는 한편 미사일방어체계

---

88) Joint Communiqué, "The 42nd US-ROK Security Consultative Meeting," Washington DC, October 8, 2010.

89) "Military Drills Leave S. Korea Insecure," *Global Times*, August 20, 2010.

구축을 위한 성격이었던 것이다. 이명박 정부가 아들 부시의 대북 강경책을 추종한 결과 한반도 안보가 보다 더 불안해진 것이다.

2. 연평도 포격 사태 이용

2010년 11월 북한이 연평도를 포격했다. 연평도 포격 사건에 대한 한국의 대응을 보며 미국은 한국의 국익 추구 행위에 연루될 가능성을 우려했다. 결과적으로 한미공조 강화란 명분으로 한국군을 보다 철저히 통제해야 할 것으로 판단했다. 한편 연평도 포격 대응을 명분으로 한반도 부근으로 미 함정을 전개했는데 이는 다분히 중국을 겨냥한 것이었다. 그 후 오바마 행정부는 북한 위협을 빌미로 빈번히 한반도로 전략무기를 전개했는데 이들 전개 또한 중국을 겨냥한 측면이 강했다. 천안함 피격과 연평도 포격에 대응하여 한국군은 지대지 미사일의 사정거리 확대 등을 요구했는데 궁극적으로 이것이 미중경쟁에 동원될 수 있었다.

천안함 공격과 비교하면 연평도 포격은 북한의 소행임이 보다 분명했다. 북한의 연평도 포격 이후 한국정부는 남북교류를 중지했다. 남북 적십자사 간의 대화를 취소했으며, 개성공단 출입을 금지시켰다. 여당과 야당 모두 연평도 포격에 미온적으로 대응했다고 비난하자 11월 25일 김태영 국방장관이 사임을 표명했다. 조선중앙통신은 한국이 연평도 부근의 북한 영해를 겨냥하여 포탄을 발사하여 북한이 대응했다는 북한군 성명을 발표했다. 성명에서는 "앞으로도 우리 혁명무력은 한국군이 감히 우리 조국의 영해를 0.001 밀리미터라도 침범한다면 주저하지 않고 무자비한 군사적 대응타격을 계속 가하게 될 것이다."[90]라고 경고했다. 국방부는 한국군 포병 부대가 실사격 연습을 한 것은 사실이지만 포탄이 북한 영해 너머로 날아갔다는 북한의 주장은 사실이 아니라고 말

---

90) "조선인민군 최고사령부 보도: 우리 군대는 빈말을 하지 않는다," 『로동신문』, 2010. 11. 24.; "조선민주주의인민공화국 외무성 대변인담화," 『로동신문』, 2010. 11. 25.

했다. 이명박 대통령은 추가 도발 징후가 보이는 경우 북한군 해안포대 부근의 미사일 기지를 타격하라고 한국군에 지시했다.

11월 24일 미 항공모함 조지워싱턴(George Washington)이 서해에서 한국해군과 연합 훈련 목적으로 출발했다. 그런데 이는 부분적으로는 북한군의 추가 도발을 억제하기 위한 성격이기도 하지만 중국에 나름의 "메시지를 전달"[91]하기 위한 성격이었다.

북한의 연평도 포격 이후 한국 관리들은 재차 도발하는 경우 즉각 보복할 준비가 되어 있었으며, 확전 가능성도 염두에 두고 있었다. 김관진 국방장관은 북한군의 향후 도발과 관련하여 다음과 같이 말했다. "북한군이 도발해오는 경우 주저하지 말고 반격하라. 선조치한 후 보고하라."[92] 이 같은 김관진의 발언을 전해들은 미국 관리들은 그 여파를 매우 우려했다. 당시의 남북한 포병들의 교차사격과 관련하여 미 국방장관 로버트 게이츠는 본인의 회고록에서 다음과 같이 회고했다. "우리는 남북한 포병들의 교차사격으로 인한 확전 가능성을 매우 우려했습니다. 오바마 대통령, 힐러리 클린턴 국무장관, 마이크 멀린(Mike Mullen) 합참의장 그리고 나는 이 기간 동안 종종 한국의 업무 상대와 전화했습니다. 궁극적으로 한국은 연평도를 포격한 북한 포대들을 타격했습니다."[93]

연평도 포격을 경험하며 미국은 한국군을 보다 철저히 통제해야 할 것으로 생각했다. 한국의 국익 추구 행위에 연루될 가능성을 차단하기 위함이었다. 2013년 3월 한미 양국 관리들은 한미연합도발대응계획(CCP)을 선언했는데 이는 이 같은 성격이었다. 한미연합도발대응계획을 통해 미국은 한국의 모든

---

91) John. Pomfret, "U.S. Aircraft Carrier's Arrival off Korean Peninsula also Sends a Message to China," *Washington Post*, November 25, 2010.

92) Lee Tae-hoon, "Defense Chief Tells Troops to Act First, Report Later," *Korea Times*, March 1, 2011.

93) Robert M. Gates, *Duty: Memoirs of a Secretary at War* (New York: Knopf, 2014), p. 497.

대응 기획과 이행에 직접 관여했다. 결과적으로 미국이 한반도 상황을 단순 관찰하는 것이 아니고 상황 통제 과정에 직접 관여하게 된 것이다. 미국이 한국의 대북 조치와 관련하여 어느 정도 영향력을 행사하고 통제하게 된 것이다. 언론 보도에 따르면 이 계획에서는 대북 대응을 한국이 선도하지만 필요시 미국에 도움을 요청할 수 있게 했다. 이 계획에서는 한미연합 차원의 대응을 염두에 둔 몇몇 대안을 마련했다. 예를 들면, 어느 미군 관리에 따르면 여기서는 "과거와 비교하여 보다 강력히 대응하지만 전쟁으로 확전되지 않도록 제한적인 대응을 구상했다.…비례성의 원칙에 입각한 대응을 구상했다."94)

한국 지도자들은 천안함 피격과 연평도 포격 이후 한국군의 대북 억지력을 제고하기 시작했다. 이들은 북한이 더 이상 도발하지 못하게 하려면 북한 전 지역의 모든 표적을 타격할 능력을 구비해야 할 것이라고 결론지었다. 결과적으로 한국은 탄도미사일의 사정거리와 하중(荷重) 관련 개정을 추진하기 시작했다. 그런데 이것이 미중경쟁 측면에서 또한 적지 않은 의미가 있었다. 2021년 바이든 정부는 한국의 미사일 사정거리와 하중 제한을 전면 해제해주었다.95) 그런데 이는 동맹의 능력 함양을 통해 중국 위협에 대항하기 위함이었다.96)

3. 북한 핵실험 이용

이미 언급한 바처럼 북한은 2006년 10월 9일 1차 핵실험했다. 그 후 오바마 재임 기간 동안인 2009년 5월, 2013년 2월, 2016년 1월, 2016년 9월 4차례

---

94) David Sanger and Thom Shanker, "U.S. Designs a Korea Response Proportional to the Provocation," *New York Times*, April 7, 2013.

95) 박성진, "42년 만에 '미사일 주권' 회복…중장거리 탄도미사일 개발 가능," 『경향신문』 2021. 5. 23.

96) Abraham M. Denmark(2020), *U.S. Strategy in the Asian Century* (Woodrow Wilson Center Series) (p. 117). Columbia University Press. Kindle Edition.

핵실험했다. 이외에도 70여 차례 미사일을 시험했다. 결과적으로 한국과 일본을 타격할 수 있을 정도의 핵능력을 보유할 수 있었다. 이 같은 사실이 2012년 4월 17일 예정되어 있던 전작권 전환이 무기한 연기와 다름이 없는 조건부 전환으로 바뀌는 과정에서 일조했다. 마찬가지로 중국 위협에 대항하기 위한 미국의 미사일방어체계에서 핵심인 사드체계의 한반도 배치 과정에서 일조했다. 또한 한반도에서 감지한 북한 및 중국의 탄도미사일 관련 정보를 일본과 미국으로 전달하고자 할 당시 필수적인 한일지소미아 체결 과정에서 일조했다.

전작권 조건부 전환

전작권의 의미를 제대로 이해하고자 하는 경우 먼저 전쟁의 수준(Level of War)에 관한 이해가 필수적이다. 전쟁의 수준에는 전략, 작전, 전술, 및 기술적 수준이 있다.

전쟁의 기술적 수준은 반복적인 육체적 훈련을 통해, 또는 암기를 통해 임무를 수행하는 수준을 의미한다. 단순 조작 성격의 것이다. 예를 들면, 총기, 전차, 함정 및 항공기 조작을 능수능란하게 하는 수준을 의미한다. 다시 말해, 주로 개개인 수준을 의미한다. 전쟁의 전술적 수준은 육군의 군단사령부 이하, 공군의 전투비행단 이하, 해군의 함대사령부 이하 조직을 의미한다. 전쟁의 작전적 수준은 한미연합사령부, 공군, 해군 및 육군 구성군사령부 수준을 의미한다. 전쟁의 전략적 수준은 국가안전보장회의 수준을 의미한다.

주권국가의 전쟁 수행 측면에서 보면 전쟁 시작 여부를 결정하는 곳은 국가안전보장회의 수준이다. 전쟁에서 추구해야 할 목표, 전쟁에 투입해야 할 자산의 규모, 전쟁 종결 조건 등을 결정하는 곳은 국가안전보장회의 수준이다.

전쟁의 작전적 수준에서는 국가안전보장회의에서 결정된 정치적 목표, 전력 규모 등을 기반으로 임무를 수행한다. 여기서는 정치적 목표를 군사적 목표로 전환하고 이들 군사적 목표를 달성하기 위한 전역계획(Campaign Plan)을 수립하게 된다. 전역계획은 육군, 해군 및 공군의 야전 부대 요원들, 예를 들면 육군의 군단사령부 이하, 해군의 함대사령부 이하, 공군의 비행단 이하 조직에서 근무하는 사람들 모두가 정치적 목표를 겨냥하여 일사분란하게 움직이게 하는 성격이다. 전쟁의 작전적 수준은 주로 3군 합동작전 영역을 의미한다. 육군, 해군 및 공군이란 이질적인 집단을 이용하여 어떻게 전쟁에서 추구하는 목표를 달성할 것인가?란 문제를 다루는 영역이다.

작전통제권이란 전쟁의 작전적 수준에서의 의사결정권을 의미한다. 예를 들면, 한반도에 있는 미군과 한국군의 모든 자산을 이용하여 북한군에 대항하기 위한 전역계획을 수립하고, 이 같은 계획에 입각하여 군사력을 운용하는 권한을 의미한다. 육군의 군단사령부 이하, 해군의 함대사령부 이하, 공군의 비행단 이하 요원들은 전쟁의 작전적 수준에서 작성한 전역계획에 입각하여 일사분란하게 행동하게 된다.

작전통제권을 제대로 행사하려면 3군 합동작전에 관한 전문지식을 포함하여 전쟁에 관한 해박한 지식이 요구된다. 이 같은 지식이 전시 북한군에 대항하여 군사력을 운용할 당시에서 뿐만 아니라 평시 주어진 병력과 예산을 갖고 군사력을 건설하는 과정에서 대단히 중요한 의미가 있다.

미군이 한반도에 진주한 1945년 9월 8일 이후 미국은 한국군을 작전 통제하고자 노력했다. 당시부터 정부가 수립된 1948년 8월 15일 이전까지는 미 군정이 한국군을 작전 통제했다. 정부 수립 이후에도 한반도에 미 전투 병력이 상존하는 한 미군이 한국군을 작전 통제할 것이란 내용의 비밀 협약을 이승만과 미국이 체결했다.[97] 1949년 6월 30일 500명의 군사고문단을 남겨놓은 상태에서 모든 미 전투 병력이 한반도에서 철수했다. 그럼에도 불구하고 6.25

---

97) Robert K. Sawyer(1988). *Military Advisors in Korea: KMAG in Peace and War*(U.S. Government Printing Office Washington, D.C. 20402). (Kindle Location 612, 619).

전쟁이 벌어지기 직전까지도 미 군사고문단이 한국군을 작전 통제했다.98) 1950년 7월 14일 한국군에 대한 작전통제권이 유엔군사령관 맥아더에게 위임되었다.99) 전후 미국은 한미상호방위조약 체결 조건으로 한국군에 대한 작전통제권 행사를 강력히 요구했다. 이 같은 요구를 이승만 대통령이 수용했다.100)

미군이 한반도에 진주한 1945년 9월 8일 이후부터 오늘날까지 미국이 한국군을 작전 통제한 것이다. 한국군은 자군을 작전 통제해본 경험이 전무하다. 이것이 오늘날 한국군의 평시 군사력 건설과 전시 군사력 운용 측면에서 심각한 문제를 초래하고 있는 것이다. 해방 이후 우수한 인재들이 대거 한국군을 거쳐 간 반면 전쟁의 문제에 관해 권위 있게 논리를 전개할 수 있는 예비역과 현역이 거의 없는 것은 이 같은 이유 때문인 것이다. 지구상 국가들이 한국을 대단히 비정상적인 국가로 간주하고 있는 것도 인류 역사상 유일하게 한국이 자군에 대한 작전통제권을 타국에 위임하고 있기 때문일 것이다.

미국이 한국군에 대한 작전통제권 행사를 염원했던 것은 크게 두 가지 이유 때문이었다. 첫째는 한반도에서의 한국의 국익 추구 행위에 연루되는 현상을 방지하기 위함이었다. 예를 들면, 미군이 한국군을 작전 통제하지 않으면 이승만이 독자적으로 북진통일 노력을 전개할 가능성이 있었다. 미 패권전략 측면에서의 한반도의 중요성으로 미국은 이 같은 한반도전쟁에 동참하지 않을 수 없다고 생각했다. 그런데 이는 남북통일이란 한국의 국익 추구 행위에 연루됨을 의미했다. 소위 말해, 한국의 국익 추구 행위에 연루되는 현상을

---

98) Allan R. Millett(2005), *The War for Korea, 1945-1950*(Kindle Location 6055). University Press of Kansas. Kindle Edition.

99) "Aide-Mémoire From the President of the Republic of Korea (Rhee) to the Assistant Secretary of State for Far Eastern Affairs (Robertson), June 28 1953," in *FRUS*, 1952-1954, Korea, Vol. 15, p. 1,283.

100) "The Assistant Secretary of State for Far Eastern Affairs (Robertson) to the Department of State July 8 1953," in *FRUS*, 1952-1954, Korea, Vol. 15, p. 1,351.

방지하기 위해 미국은 한국군을 작전 통제해야 할 것이라고 생각했다. 둘째는 한반도에서 미군이 강제 철수당하는 현상을 방지하기 위함이었다. 미국은 작전통제권 행사를 통해 한국군이 전쟁 수행 능력을 구비하는 경우 어느 순간 미군이 한반도에서 필요 없어질 가능성을 우려했다.101) 이 같은 두 가지 이유로 미국은 한국군에 대한 작전통제권 행사를 대단히 중요한 문제로 생각했다. 미군의 한반도 주둔이 필요하다고 생각되는 한 미국이 한국군을 작전 통제해야 할 것이라고 생각했다.

미국이 한국군에 대한 작전통제권 전환을 고려한 경우가 2번 있었다. 한반도에서 미군 철수를 고려하던 1980년대 말경과 김대중 정부 말기인 2002년 말경이 바로 그것이다.

1987년 미국을 방문한 노태우 후보에게 미국의 주요 인사들이 작전통제권 전환을 강력히 요구했다.102) 대통령에 당선된 노태우는 작전통제권 전환을 염두에 두어 국방개혁을 추구했다. 그런데 1992년 5월 한미연합사령관 로버트 리스카시(Robert William Riscassi)가 전작권은 물론이고 평작권도 전환해줄 수 없다고 주장했다.103) 이 같은 미국의 입장 변화는 1992년 3월에 작성된 미 국방성의 새로운 전략 문서 때문이었을 것이다. 여기서는 서유럽과 아시아 지역에서 미국이 아닌 또 다른 패권국의 부상 가능성에 유의해야 한다며, 이 같은 측면에서 한국과 일본의 임무를 증대시키면 곤란할 것이란 입장을 표명

---

101) 미국이 한반도전쟁에 연루되는 현상을 방지할 목적으로 한국군에 대한 작전통제권을 행사하고자 노력했으며, 오늘날에는 방기를 우려하여 작전통제권 전환을 꺼려하고 있다. Victor D. Cha(2003), "America's Alliance in Asia: The Coming Identity Crisis with the Republic of Korea?," in *Recalibrating the U.S.-Republic of Korea Alliance*(U.S. Department of Defense, May 2003) edited by Donald W. Boose, Jr. Balbina Y. Hwang, Patrick Morgan, Andrew Scobell. p. 20.; Charles M. Perry 외 2명, *Alliance Diversification and the Future of the U.S.-Korean Security Relationship* (Institute for Foreign Policy Analysis: Potomac Books Inc. 2004), p. 70.

102) "미지 보도 한미연합사 작전권 한국군 이양 불가피," 『경향신문』, 1987. 7. 29.; "민정, 민주 선거 공약 제시," 『매일경제』, 1987. 9. 4.; "한국군-주한미군 관계 변화예고," 『동아일보』, 1987. 9. 26.

103) 김종대 『노무현시대의 문턱을 넘다』(서울: 나무와숲, 2010), pp 160-75.

했다.104) 그런데 이 문서는 중국의 부상 가능성을 염두에 둔 것이었다. 노태우 대통령의 강력한 요구로 한미가 합의하여 김영삼 정부 당시 평작권만 간신히 갖고 올 수 있었다.

김대중 정부 말기 미국이 전작권 전환을 추구했던 것은 2000년 6월 15일의 6.15 남북공동선언 이후 한반도에 평화가 도래했다고 생각한 많은 한국인들이 주한미군 철수를 외쳐대었다는 사실과 관련이 있었다. 특히 한국군에 대한 미군의 전작권 행사로 반미감정이 고조되었다는 사실과 관련이 있었다. 이 같은 반미감정은 2002년 대선 당시 특히 극심했다. 중국 위협 대비 차원에서 미군의 한반도 주둔을 매우 중요하게 생각했던 미국 입장에서 미군의 한반도 철수는 수용할 수 없는 현상이었다. 미군이 한반도에서 강제 철수당하는 현상을 방지하기 위해 2002년 말경 이후 미국은 전작권 전환을 추진했다.

2002년 12월의 한국 대선 이전 한미 양국은 전작권 전환 문제를 협의했다. 노무현이 대통령에 취임하기 1주 전 미국은 전작권 전환과 미2사단 및 용산기지 이전 문제를 리언 라포트(Leon LaPorte) 한미연합사령관을 통해 발표했다.105)

이 같은 미국의 방침에 따라 참여정부는 국방개혁과 전작권 전환을 통해 자주국방을 추구하고자 노력했다. 먼저 참여정부는 2005년까지 국방개혁을 위해 노력했다. 국방개혁이 어느 정도 완료되었다고 생각한 2006년 2월 14일 한국과 미국의 국방부는 전작권 전환 문제를 논의했다. 이들 대화로 2006년 3월 23일에는 전작권 전환 세부계획을 발전시키기 위한 합동패널을 구성할 목적의 합의에 도달할 수 있었다. 2006년 9월 14일 한미정상회담에서는

---

104) "최종 단계에 있는 새로운 정책 문서에서 미 국방성은 냉전 종식 이후 미국의 정치 및 군사적 임무가 서유럽, 아시아 또는 구소련 영토에서 또 다른 패권국이 부상하지 않게 하는 것이라고 천명했다…미국은 동맹국의 임무 증대, 특히 한국과 일본의 임무 증대가 불안정을 초래할 가능성에 유의해야 한다." Patrick E. Tyler, "U.S. Strategy Plan Calls for Insuring No Rivals Develop," *New York Times*, March 8, 1992.

105) Donald G. Gross, "Reviewing the Status of U.S. Forces in Korea," *Comparative Connections*, Vol. 5, No. 1(U.S.-Korea Relations, 2003. 4), p. 7.

전작권 전환을 추진하기로 합의했다.

그러자 2006년 9월 29일 재향군인회와 성우회는 '한미연합사 해체반대 1천만 명 서명운동본부'를 결성하여 전작권 전환을 무산시키기 위한 운동에 돌입했다.106) 2007년 2월 23일 한미 국방장관은 2012년 4월 17일에 한미연합사를 해체하고 전작권을 전환하기로 합의했다.107) 전작권 전환 일정에 한미가 합의하자 일부 국회의원과 예비역들은 전작권이 전환되면 한미연합사령부가 해체되고 한미연합사령부가 해체되면 주한미군이 한반도에서 철수할 것이라고 지속적으로 주장했다.108) 이 같은 주장에 주한 미국대사와 같은 미국의 고위급 인사들은 전작권을 전환한 이후에도 한국국민이 원하는 한 미군이 한반도에 주둔할 것임을 언급했다.109)

이미 언급한 바처럼 2010년 3월의 천안함 피격사건 이후 이명박과 오바마는 전작권 전환의 1차 연기에 동의했다. 그런데 이는 예비역 장교들의 전작권 전환 반대 운동과 무관하지 않았다. 전작권을 전환해주어야 할 것이란 미국의 인식은 2006년 9월부터 2010년 5월 25일까지 1,000만 시민이 전작권 전환 반대에 서명한 이후 돌변한다. 1,000만 시민이 전환 반대에 서명했음을 거론하며 마이클 그린(Michael Green), 빅터 차110) 등 10여 명의 미 동북아문제

---

106) 김성만, "전작권 전환에 대한 올바른 이해 ①," 『코나스』, 2014. 10. 30.

107) "2012년 4월 17일 전작권 이양 및 연합사 해체," 『국정브리핑』, 2007. 2. 24.

108) 김성만, "한미연합사 해체 중단하라!," 『미디어워치』, 2013. 4. 16.

109) 버웰 벨 주한미군사령관은 2008년 4월 14일 "전시작전통제권(전작권)의 한국군 전환으로 한미동맹은 더욱 강화될 것이다.…미국은 한국이 원하는 한 우방으로 남아있을 것이며 주한미군도 계속 주둔할 것"이라며 "전작권 전환 후에도 한미동맹은 확고하게 남아있을 것"이라고 강조했다. 유현민 기자, "벨사령관 전작권 전환으로 한미동맹 강화," 『연합뉴스』(2008. 4.14).

110) 2007년 9월13일 공군대학에서 있었던 '북한 핵 제압전략(Countering North Korea's Nuclear Capability)'이란 주제의 국제 항공전략 심포지엄에서 한나라당 출신의 국회의원 보좌관들은 정권이 바뀌면 전작전 전환 연기를 추진할 방대한 위원회가 국회에 구성되어 있다고 말했다. 그러자 당시 세미나에 참석했던 빅터 차는 전작권 전환의 당위성을 자세히 설명했다. 그런데 이 같은 빅터 차가 2010년 6월 조건부 전환을 적극 찬성하고 나선 것이다. 한편 2014년 1월 21일 CSIS 간담회에서 빅터 차는 전 한미연합사령관 샤프가 전작권 전환을 옹호했다고 단상에 있던 샤프를 지칭하며 언급했다.

전문가들은 2010년 6월 미 외교협회에서 발간한 "미국의 한반도정책"이란 제목의 보고서에서 전작권을 조건부로 전환해주어야 할 것이라고 주장하게 된다.111)

한국군에 대한 전작권 행사를 거론하며 주한미군 철수를 요구하는 등의 반미감정으로 전환을 추진한 것인데 1,000만 시민이 전환에 반대했다는 점에서 미국 입장에서 전작권을 전환해주어야 할 이유가 크게 감소한 것이다. 전환해주면 한국군의 능력 신장으로 주한미군이 한반도에서 강제 철수당할 가능성이 높아질 것으로 생각했다는 점에서 무기한 연기와 다름이 없는 조건부 전환이 미국의 이익에 부합되었던 것이다. 박근혜 정부가 들어선 2013년 이후 재향군인회 및 성우회와 같은 예비역 단체는 전작권 전환 무기한 연기를 추구했다. 2014년 10월 한미 양국은 무기한 연기와 다름이 없는 조건부 전환에 합의했다.

당시 전작권 전환에 반대하면서 한국인들이 거론한 이유에 북한 핵위협이 있었다. 북한 핵문제가 해결되기 이전에는 전작권을 전환하면 곤란할 것이란 주장이었다. 이명박, 박근혜 대통령이 전작권 전환 연기 또는 조건부 전환을 요구했던 주요 이유도 북한 핵과 관련이 있었다. 북한이 핵실험하기 이전인 2006년 초반의 여론조사에서 한국인 가운데 60%가 전작권 전환에 찬성한 반면 핵실험 후 30% 정도가 찬성했다.112) 북한 핵무장 덕분에 미국은 전작권을 선환하시 않아도 되있던 것이다. 그런데 지국의 패권이익 측면에서의 한반도의 중요성으로 미국은 한국군에 대한 작전통제권 행사를 말로 표현할

---

111) "일부 퇴역 장군과 예비역 단체를 포함한 많은 대한민국의 보수집단이 전작권 전환에 반대했다.… 이들은 전작전 전환에 반대하는 거의 1,000만의 한국국민의 서명을 받았다.…본 보고서의 연구진들은 전작권 전환 이행의 주요 기준이 목표 년도가 아니고 조건이 되어야 한다고 믿고 있다." Charles L. Pritchard and John H. Tilelli Jr., Chairs Scott A. Snyder, Project Director, "U.S. Policy Toward the Korean Peninsula," *Council on Foreign Relations*, 2010. 6, pp. 38-9.

112) "Opposition Chairman Clarifies OPCON Remarks," Cable: 06SEOUL3999_a (wikileaks.org) 2006. 11. 20, (검색일 : 2022. 1. 20).

수 없을 정도로 중요하게 생각하고 있었다. 내심 이명박의 전작권 전환 연기 요구와 박근혜의 조건부 전환 요구를 흡족하게 생각하지 않을 수 없는 입장이었던 것이다.

사드미사일 한반도 배치

사드미사일 한반도 배치 논의는 박근혜 대통령이 2015년 12월로 예정되어 있던 전작권 전환 연기를 오바마에게 요청하면서 시작되었다. 미국이 반미감정 억제를 통해 미군의 한반도 장기주둔을 보장하기 위해 울며 겨자 먹는 심정으로 2002년 말경에 전작권 전환을 추진한 것인데, 예비역 장성을 포함한 일부 한국인들의 전작권 전환 반대로 박근혜가 오바마에게 전작권의 조건부 전환을 요청했으며, 오바마가 이것을 수용해주는 대가로 한반도에 사드미사일 배치를 요구한 것이다.

미국 입장에서 보면 박근혜의 전작권 조건부 전환 요청은 미군이 한국군에 대한 전작권을 지속적으로 행사할 수 있게 해주었을 뿐만 아니라 사드미사일 한반도 배치를 요구할 수 있게 해주었다는 점에서 일거양득(一擧兩得)이었다. 이는 이명박과 박근혜의 전작권 전환 연기 요청이 얼마나 잘못된 결정인지를 알 수 있게 해주는 부분이다.

2014년 4월 25일 박근혜는 오바마에게 북한 핵 위기를 거론하며 전작권의 조건부 전환을 요청했다.113) 그 자리에서 오바마는 사드미사일의 한반도 배치를 박근혜 대통령에게 요구했다. 한편 5월 27일 월스트리트저널은 미국이 북한 탄도미사일 위협에 대항하기 위해 사드미사일의 한반도 배치를 추구하고 있다고 발표했다.114) 5월 28일 워싱턴 DC에서 개최된 '미사일방어(MD)

---

113) Chang Jae-soon, "Park, Obama agree on reconsideration of OPCON transfer," *YONHAP NEWS*, April 25, 2014.

114) Julian E. Barnes, "Washington Considers Missile-Defense System in South Korea," *Wall Street Journal*, May 27, 2014.

콘퍼런스'에 참석한 많은 미국인들은 박근혜의 전작권 조건부 전환 요구를 수용해주는 조건으로 미국이 한국정부에 미국의 MD 참여를 요구했으며 그 일환으로 사드미사일 한반도 배치가 거론된 것으로 생각했다.115)

2014년 6월 3일 한미연합사령관 커티스 스카파로티(Curtis Michael Scaparrotti)는 점증하는 북한 핵미사일 위협에 대응하기 위해 사드미사일의 한반도 배치를 미국정부에 공식 요청했다고 발표했다.116) 6월 19일 김관진 국방장관은 주한미군의 사드체계 한반도 반입에 반대하지 않는다고 말했다. 반면에 중국 외교부 대변인은 사드의 한반도 배치 논의에 민감히 반응했다. 중국은 이 체계에 수반되는 X-Band 레이더로 인해 사드체계가 동북아지역 안정을 해칠 수 있을 것이라고 우려했다.117)

사드미사일의 한반도 배치와 관련하여 한국인들이 거의 1년 6개월 이상 기간 동안 격렬히 논쟁했다. 2016년 1월의 북한 핵실험과 2월의 장거리 미사일 발사 이후 한국과 미국 관리들은 사드체계의 한국 전개를 위한 대화를 시작했다. 2016년 2월 주한중국대사 추궈훙(邱國洪)은 사드를 한반도에 전개하면 한중관계가 "곧바로 파괴될 수 있다."라고 경고했다. 그러자 박근혜 정부 대변인은 다음과 같이 반박했다. "사드체계의 한반도 배치 여부는 한국의 안전과 국익에 따라 한국이 결정할 문제입니다. 중국은 이 같은 사실을 인지함이 좋을 것입니다."118) 익명의 어느 고위급 한국 외무부 관리는 여기서 한걸음 더 나아가 다음과 같이 말했다. "사드의 한반도 배치와 관련하여 이견을 제기하기 이전에 북한 핵 및 탄도미사일 문제를 직시하기 바랍니다."119)

---

115) 박현, "군산복합체, MD 그리고 전작권," 『한겨레신문』, 2014. 6. 12.

116) Samuel Songhoon Lee, "Why wouldn't S. Korea want US missile defenses?," *CBS News*, June 3, 2014.

117) "Defense Minister says he wouldn't oppose THAAD," *Hankyoreh*, June 19, 2014.

118) Choe Sang-han, "South Korea Tells China Not to Intervene in Missile-Defense System Talks," *New York Times*, February 24, 2016.

119) Ibid.

박근혜 정부는 중국이 북한 비핵화 측면에서 상당한 영향력이 있다고 생각했다. 박근혜가 2015년 4월의 중국의 2차 세계대전 전승 70주년 기념식에 참석했던 것은 한중관계 강화를 통해 북한 비핵화를 달성하기 위함이었다. 그럼에도 중국이 2016년 1월의 핵실험을 저지하지 못했다는 사실에 분노한 박근혜가 사드체계 배치를 전격적으로 결심한 것이다.

2016년 7월 7일 한국과 미국은 사드체계의 한국 전개에 합의했다.[120] 2016년 8월 30일 새누리당은 사드체계가 북한 핵 및 미사일 위협으로부터 한국을 지키기 위한 성격이라며 이것의 배치를 만장일치로 당론으로 결정했다.[121] 중국은 사드체계 레이더가 중국의 미사일을 추적하고 중국 영토 깊숙이 바라보기 위한 것이라며 이 체계의 한국 전개에 반대했다. 이 같은 중국의 반대로 미국은 문재인이 대통령에 취임한 이후에나 이것을 한반도에 전개할 수 있었다. 2016년 9월 중국 정부가 통제하는 어느 신문은 사드체계의 한반도 전개 결심과 관련하여 나름의 대가를 치르지 않을 수 없을 것이라고 미국과 한국에 경고했다.[122]

트럼프 행정부와 한국 정부는 문재인이 대통령에 취임하는 2017년 5월 10일 이전에 사드 발사대의 전개를 완료하고자 노력했다. 그러나 6개의 사드체계 가운데 2개만을 설치할 수 있었다. 대북 유화정책을 선호했던 문재인은 본인이 대통령에 취임하기 이전에서의 사드체계 전개에 반대했다. 2017년 6월 7일 문재인은 계획된 4개의 사드체계 전개와 운영을 중지시켰다. 그런데 이는 환경평가 목적으로 알려졌다. 2017년 7월 28일 문재인은 사드체계 발사대를 잠시 가동시켰다. 문재인은 2017년 9월의 북한 핵실험 이후 보다 많은 사드 발사

---

120) Jen Judson, "THAAD To Officially Deploy to South Korea," *Defense News*, July 8, 2016.

121) 정연호 기자, "새누리 의총서 '한반도 사드 배치 찬성' 만장일치 당론 채택," 『서울신문』, 2016. 8. 30.

122) "China paper says U.S., South Korea will 'pay the price' for planned missile system," *Reuters*, September 30, 2016.

대를 가동시켰다.

한국의 사드체계 전개에 화가 난 중국은 2017년 3월 한국 상품 불매운동을 전개했다. 그런데 이는 주로 한국의 자동차 수출과 관광산업을 겨냥한 것이었다. 2017년 10월 31일의 합의를 통해 중국과 한국은 사드체계의 한국 배치 관련 논란을 불식시켰다. 여기서 문재인 정부는 기존의 사드 발사대를 유지하지만 더 이상 새로운 발사대를 배치하지 않기로 동의했다. 미국 주도의 동아시아지역 미사일방어체계 구축 노력에 동참하지 않기로 했다.[123]

박근혜는 중국이 북한 비핵화에 협조적이지 않다고 생각하여 사드체계 한반도 배치를 결심했다. 그런데 이는 사드체계와 북한 핵무장의 실상에 관해 잘 몰랐기 때문에 벌어진 촌극이었다. 이미 살펴본 바처럼 오늘날 중국도 북한 핵문제 해결을 원할 수 없는 측면이 없지 않다. 그러나 북한 비핵화가 안 되는 주요 요인은 미국이 지난 30년 동안 북한 핵무장을 염원했기 때문이었다. 프린스턴대학의 레온 시걸이 말한 바처럼 오늘날 중국과 미국 모두 북한 핵문제 해결을 원치 않는다. 그러면서 이들은 그 책임을 상대방에 전가하는 경향이 있는데[124], 박근혜의 사드체계 배치 결심은 이 같은 사실을 제대로 알지 못해 벌어진 촌극이었던 것이다.

---

[123] 유지혜, "5년전 10월31일 황당했다. 尹정부 되짚어야할 '사드봉인' 진실 [뉴스원샷]," 『중앙일보』, 2022. 4. 9.

[124] Leon V. Sigal, "Magical Thinking on North Korea," *The Boston Globe*, February 24, 2010.

제4절 임기 말기에 대북압박 수위를 올린 오바마

취임 이후 줄곧 북한 핵무기 및 미사일 개발 노력과 관련하여 수수방관하던 오바마는 임기 말기인 2016년 태도를 돌변했다. 2016년 2월 7일의 은하-3 발사를 통한 광명성-4의 궤도 진입으로 북한 핵무기와 미사일 개발을 더 이상 방관할 수 없게 된 것이다. 북한이 미 본토를 타격할 수 있는 대륙간탄도미사일 개발을 완료하는 경우 미국 입장에서 심각한 문제가 초래될 수 있었다. 한국과 일본이 핵무장을 추구할 가능성이 있었으며, 이 경우 동북아지역에서의 미국의 패권이 위협받을 수 있었던 것이다.

더 이상의 북한 핵무기 개발과 대륙간탄도미사일 개발을 금지시키기 위해 차기 미국 대통령이 선택할 수 있던 유일한 대안은 오바마 행정부의 '전략적 인내' 정책에서 확인된 대북압박과 비교하여 그 수위를 한층 더 높인 형태인 '최대압박(Maximum Pressure)'[125]이었다. 트럼프 행정부가 궁극적으로 채택한 최대압박 정책일 수밖에 없었던 것이다.[126]

이 같은 모습은 차기 미국 대통령에 당선될 가능성이 높다고 생각되던 힐러리 클린턴의 선거 유세 당시 확인되었다. 북한 핵과 관련하여 힐러리가 추구한 주요 목표는 비핵화가 아니었다. 힐러리는 무력을 이용한 북한 공격 방안을 대체적으로 배제했지만 오바마 행정부 당시와 마찬가지로 군사적 수단이 중요한 역할을 수행해야 할 것으로 생각했다. 대선 유세 당시 힐러리는 본인이 대통

---

[125] 원래 이는 '최대압박 및 포용'이다. 그런데 여기서 포용은 형식적인 성격이었다. 북한이 결코 수용할 수 없는 '완벽하고 검증 가능하며 불가역적인 비핵화(CVID)'란 개념을 수용해야 대북제재 해제 목적의 대화가 가능하다고 아들 부시 이후의 모든 미 행정부가 주장했다는 점에서 포용은 거의 의미가 없었다.

[126] 북한 비핵화가 우선순위가 아니었다. 대체적으로 북한 공격 방안은 배제했다. 어느 누구도 핵무기를 이용한 또는 선제타격 형태의 북한 공격을 거론하지 않았다. 나중에 혹자가 이것을 거론했지만 이것을 결코 공개적으로 거론하지 않았다. Quoted in Van. Jackson(2018), *On the Brink* (p. 84). Kindle Edition.; Hillary for America, foreign policy adviser, January 16, 2018.

령에 당선되면 대북제재 수위를 격상시킬 것임을 암시했다. 힐러리는 북한 인권유린에 대한 비난의 수위를 높이고, 더 이상의 북한의 핵무기 및 미사일 개발을 레드라인으로 설정할 예정이었다. 이 같은 레드라인을 넘을 가능성이 있는 경우 예방공격도 불사할 예정이었다. 또한 힐러리는 동맹국들에 대한 확장억제를 강조했으며, 북한 정권 엘리트들을 최대한 압박할 예정이었다. 중국을 온갖 수단을 동원하여 압박함으로써 북한을 협상 테이블로 복귀하게 만드는 과정에서 도움이 되게 할 구상이었다.127)

2016년 미국 대선에서 유망 후보였던 힐러리가 대통령에 당선되는 경우 국방장관 0순위로 거론되고 있던 미셸 플루니(Michele Furnoy)는 북미대화가 "시간낭비"128)와 다름이 없다고 말하면서 다음과 같은 강경노선을 예고했다. "북한이 진정한 의미에서 비핵화를 고려하게 만들기 위해 생각 가능한 유일한 방안은 추가 제재입니다.…여기에는 중국을 통한 대북압박이 포함됩니다." 힐러리의 선거 유세 당시 아시아정책 조정관이던 미라 랩 후퍼(Mira Rapp-Hooper)는 여기서 한걸음 더 나아갔다. 랩 후퍼는 "대통령에 당선되는 경우 힐러리 클린턴은 대북제재 과정에서 중국이 협조하게 하기 위해 북한과 불법 무역하는 중국 회사들을 제재하는 성격인 세컨더리 보이콧 방안을 동원할 것입니다. 또한 한미일 3각 공조를 강화하고, 사드체계를 전개하며, 미국의 미사일방어체계를 강화할 것입니다."129) 이처럼 오바마 행정부 말기 몇 달 동안 등장한 논리로 인해 힐러리 클린턴 후보기 오비미외 비교히여 보다 강경한 대북정책을 채택하게 된 것이다.

트럼프가 미국 대통령에 당선되기 이전에서조차 오바마는 차기 미국 정부가

---

127) Quoted in Van. Jackson(2018), *On the Brink* (p. 84). Kindle Edition.

128) "Clinton's Likely Defense Secretary Says U.S. Should Intensify Sanctions on N.K. Rather Than Negotiate," *Yonhap*, October 16, 2016.

129) Yi Yong-in, "Hillary's Campaign Team Signals Hardline Stance on North Korea," *Hankyoreh*, October 17, 2016.

대북 강경책을 채택하게 만들기 위한 작업을 시작했다. 예를 들면, 트럼프가 미국 대통령에 당선되기 1주일 전인 2016년 10월 25일 미 국가정보국장 제임스 클래퍼(James Clapper)는 "북한 비핵화는 더 이상 가능하지 않은 목표라고 생각한다."라고 공공연히 말했다. 그런데 이는 미국의 고위급 관리가 이 같은 사실을 인정한 최초의 경우였다. 그러면서 클레퍼는 북한이 보유 가능한 핵무기 규모를 협상을 통해 결정한 후 이들 핵무기 보유를 허용해주는 것이 미국이 기대할 수 있는 최상의 결과라고 말했다. 그러나 미 국무성 대변인은 클레퍼의 발언을 부인하면서 오바마 행정부가 당시까지 고수해온 "검증 가능한 한반도 비핵화"를 반복해 말했다.[130]

한편 미국 대선 1개월 전 빌 클린턴 대통령 당시의 국방부부장관 존 햄리(John Hamre)는 "저는 북한 정권교체를 미국의 공식 정책으로 수용할 필요가 있다고 말하는 고위급 관리들과 최근 회동한 바 있습니다."[131]라고 말했다. 오바마 정부는 이처럼 극단적인 정책을 수용할 의향이 전혀 없었다. 그럼에도 불구하고 2016년경 워싱턴 주요 연구소들의 비밀 논의에서는 통상 이 같은 극단적인 방안이 거론되었다. 또한 당시 미국은 북한 핵시설을 선제 타격하는 문제를 논의했다. 그러나 오바마 자신은 이미 2015년 대북 군사적 대안을 배제시킨 바 있었다. 2017년 1월 10일 오바마 행정부에서 가장 유화적인 대북 정책을 표방하던 존 케리 국무장관 또한 중국을 통한 강력한 형태의 대북 압박정책을 차기 미국 정부에 건의할 것이라고 말했다. 케리는 여기서 한걸음 더 나아갔다. 케리는 트럼프 행정부가 대북 선제타격 내지는 예방공격이 필요할 수도 있을 것이라고 말했다.[132]

---

130) David Brunnstrom, "Getting North Korea to Give Up Nuclear Weapons Probably 'Lost Cause': U.S. Spy Chief," *Reuters*, October 26, 2016.

131) As Quoted in Tim Shorrock, "Hillary's Hawks Are Threatening Escalation Against North Korea," *The Nation*, October 28, 2016.

132) John Kerry, "Remarks at the US Naval Academy," Annapolis, MD, January 10, 2017.

그런데 북한은 CVID, 선제타격, 예방공격과 같은 대안을 자국을 붕괴시키기 위한 노력과 동일시했다. 이들 대안은 북한이 미 본토를 핵무기로 타격할 수 있는 대륙간탄도미사일을 조만간 구비할 가능성이 있을 것이란 절박한 상황에서 출현한 것이었다. 물론 미국은 이들 대안을 추구할 의향이 없었다. 결국 이들 대안 주장은 미 본토로 핵무기를 운반하기 위한 북한의 대륙간탄도미사일 개발을 대북압박 수위 고조를 통해 중지시키기 위한 성격이었다.

미 정보 당국은 북한 비핵화란 목표가 터무니없는 성격임을 공개적으로 인정했다. 그럼에도 불구하고 미국은 북한 비핵화를 지속적으로 강조했다. 한국과 일본을 타격할 수 있을 정도의 핵미사일로 무장하고 있는 북한을 비핵화하고자 하는 경우 보다 많은 모험과 극단적인 방법을 동원해야 할 것이었다. 북한의 핵무장 능력이 보다 더 증대되면서 이는 분명한 사실이었다. 이미 오바마 행정부 말기부터 북한은 온갖 수단을 동원해서라도 미 본토를 타격할 수 있을 정도의 대륙간탄도미사일과 핵무기를 개발해야 할 것이라고 생각한 반면 미국은 이것을 온갖 수단을 동원해서라도 저지해야 할 것으로 생각했다. 이 같은 북미 간의 갈등은 트럼프 행정부에서도 지속될 예정이었다.

제5절 결 론

   2009년 1월부터 2017년 1월에 이르는 오바마의 재임 기간 동안 북한은 한국과 일본을 타격할 수 있을 정도의 핵무기와 미사일로 무장할 수 있었다. 미 본토를 타격할 수 있는 대륙간탄도미사일 개발을 추구하고 있었다. 북한은 클린턴 대통령 재임 기간 8년 동안 미사일을 불과 5회 시험 발사했다. 아들 부시 대통령 재임 기간 8년 동안 미사일을 7회 시험 발사했으며 핵실험을 1회 했다. 반면에 북한은 오바마 대통령 재임 기간 8년 동안 76회의 미사일 시험 발사와 4회 핵실험을 통해 일본과 한국을 타격할 수 있을 정도의 핵무장에 성공할 수 있었다.

   어떻게 이 같은 일이 가능했을까? 이는 크게 두 가지 이유 때문이었다. 아들 부시 행정부 말기부터 북한이 자국 생존을 보장하기 위한 유일한 방안이 핵무장이라고 판단했다는 사실과 미국이 중국 위협 대비 차원에서 한국과 일본을 타격할 수 있을 정도의 북한 핵무장이 필수적이라고 생각했기 때문이었다. 그 이전까지만 해도 북한은 핵무장이 아니고 북미외교관계정상화를 통해 자국 안보를 보장해야 할 것으로 생각했다. 미국이 자국의 핵무장을 허용해줄 것으로 감히 생각하지 못했기 때문이다. 아들 부시 정부 8년 동안 미국을 상대한 경험과 이명박 정부 1년의 경험을 통해 북한은 오바마가 취임하기 직전인 2008년 말경 핵무장을 결심했다. 특히 6자회담과 CVID 개념을 배격했다. 이제 북한이 자국의 핵무기 개발 관련 미국의 의도를 간파한 것이다.

   2009년 1월 취임한 오바마 또한 6자회담 국가들의 대북압박을 통한 CVID를 추구할 예정이었다. 그러자 북한은 2009년 5월 2차 핵실험을 했으며, 6월에는 위성을 빙자하여 3단계 로켓을 쏘아 올렸다. 그러자 오바마는 유엔을 통한 대북제재를 추구했다. 2009년 8월부터 2010년 11월까지 북한과 미국은 거의 대화하지 않았다. 이 기간 동안 2009년 11월 대청해전이, 2010년 3월 천안함 피격이, 2010년 11월 연평도 포격이 있었다. 천안함 피격 이후의 5.24 조치로 개성공단을 제외한 모든 남북교류 노력이 중단되었다.

그 와중에서 2010년 말경부터 북미 양자회담이 재개되었다. 이 같은 대화를 통해 북한과 미국은 2012년 2월 29일 별도 성명을 발표했다. 이들 성명을 2.29 합의로 지칭하지만 이는 합의로 볼 수 없었다. 미국과 북한의 독자적인 입장 표명과 다름이 없었다. 2.29 성명을 통해 북한은 북미 양자회담 지속을 추구한 반면 미국은 6자회담 당사국들의 대북압박을 통한 북한 핵의 CVID 방안 제도화를 추구했다.

그런데 2.29 합의는 곧바로 파기될 수밖에 없는 성격이었다. 북한 위성 발사를 탄도미사일 발사로 간주해야 할 것인가란 문제와 관련하여 북한과 미국이 합일점을 찾지 못했기 때문이었다. 북한은 위성 발사가 주권국의 고유 권한이라고 주장한 반면 미국은 탄도미사일에 적용되는 기술과 동일한 기술로 만드는 북한의 위성발사체 개발을 탄도미사일 개발을 위장하기 위한 성격이라고 주장했다. 위성 발사가 북한의 탄도미사일 발사를 금지하고 있는 유엔결의안 위배라고 주장했다. 2.29 성명이 발표된 직후 북한은 위성을 발사했다. 결과적으로 북한의 탄도미사일 발사 금지를 언급하고 있던 미국의 2.29 성명이 의미를 상실했다.

그러자 2012년 4월 오바마는 '전략적 인내' 정책을 표방했다. '전략적 인내' 정책은 크게 세 가지로 구분될 수 있었다. 첫째, 대북 경제제재를 통한 북한 비핵화를 추구한다. 둘째, 북한 비핵화가 안 될 가능성을 고려하여 핵무기와 미사일로 무장한 북한을 억제하기 위한 체계를 구축한다. 셋째, 6자회담을 통한 북한 핵의 CVID에 북한이 동의하지 않는 한 북한과 대화하지 않는다.

미국의 '전략적 인내' 정책으로 북미대화가 불가능해졌다. 북한이 6자회담을 통한 CVID에 극구 반대하는 입장이기 때문이었다. 북한의 핵 및 미사일 개발 노력에 미국은 6자회담 당사국 중심의 대북 경제제재로 대항했지만 별다른 의미가 없었다. 미국, 중국, 일본, 한국, 러시아 모두 북한 붕괴를 초래할 정도의 강도 높은 대북제재를 원치 않았기 때문이다. 북한의 핵 및 미사일 시험에 대항하여 미국이 제재하고, 이 같은 제재에 대항하여 보다 더 핵 및 미사일을 시험한 결과 오바마 재임 기간 동안 북한은 한국과 일본을 타격할 수 있을 정도의 핵무기와 미사일을 구비할 수 있었다. 그러면서 미국의 대북 압박을 극복한다는 차원에서 미 본토를 타격할 수 있는 미사일 개발을 추구했다.

오바마의 '전략적 인내' 정책에는 몇 가지 사실이 암시되어 있었다. 첫째, 북한 핵문제를 해결하기 위한 최선의 방안은 6자회담을 통한 CVID다. 둘째, 북한이 2.29 합의에서 6자회담을 통한 북한 핵의 CVID에 동의했음에도 불구하고 위성 발사를 통해 2.29 합의를 무산시켰다. 셋째, 북한이 6자회담을 통한 CVID를 거부하는 경우 북한 비핵화를 위한 최상의 방안은 대북 경제제재다. 그런데 이들 모두는 사실이 아니었다. 첫째와 관련하여 말하면, 6자회담 국가들의 대북제재에 의존하여 북한에 CVID를 강요하는 경우 북한 비핵화는 불가능했다. 6자회담 국가들의 대북 경제제재가 의미가 없었을 뿐만 아니라 CVID가 북한이 결코 수용할 수 없는 성격이었기 때문이다. 둘째와 관련하여 말하면, 2012년 2월 29일 미국이 발표한 성명에는 6자회담을 통한 북한 핵의 CVID가 암시되어 있었다. 그러나 이는 북한과 합의한 것이 아니고 미국의 일방적인 발표였다. 셋째가 사실이 아닌 이유는 북한처럼 미국과 경제적으로 관계가 없는 국가의 비핵화를 달성하기 위한 방안은 무력 공격 내지는 북한이 비핵화 조건으로 요구한 북미외교관계정상화이기 때문이다.

아무튼 '전략적 인내' 정책은 미국이 북한 핵문제를 외교적으로 해결하기 위해 최선을 다했지만 북한의 비협조로 외교적인 타결이 더 이상 불가능해졌다는 사실을 암시해주고 있었다. 따라서 어찌할 수 없어서 북한이 6자회담에 입각한 CVID에 동의하기 이전까지 대화를 중지하며, 대북 경제제재를 통해 북한 비핵화를 추구해야 하고, 북한 비핵화가 안 될 가능성을 고려하여 핵 및 미사일로 무장한 북한을 억제하기 위한 체계를 구축해야 한다는 것이다. 그런데 이는 1999년 3월의 아미티지 보고서를 연상케 하는 것이었다. 여기서는 외교적인 노력을 통해 북한 핵 및 미사일 능력의 제거를 추구하지만 이 같은 외교적 노력이 실패할 가능성에 대비하여 핵 및 미사일로 무장한 북한을 억제하기 위한 체계를 구축해야 할 것이라고 주장하고 있었다. 외교적 노력의 실패로 북한이 핵무장하는 경우 북한 비핵화 실패가 미국 때문이 아니고 북한 또는 중국과 같은 여타 국가 때문이라고 사람들이 인식하게 만드는 것이 대단히 중요하다고 말하고 있었다. 한국인들이 미국의 은밀한 노력으로 북한이 핵무장에 성공했다고 생각하는 경우 미군의 한반도 주둔이 어려워질 가능성이 있을 것이기 때문이었다.

한편 오바마는 북한의 핵 및 미사일 개발을 이용하여 남북관계를 두절시키는 등 동맹체계를 정비할 수 있었다. 천안함 피격 이후의 5.24 조치로 개성공단을 제외한 모든 남북관계가 두절되었다. 5.24 조치는 천안함 피격 때문이며, 천안함 피격이 북한의 소행이라면 이는 북한 핵문제를 놓고 이명박 정부가 북한과 대립한 결과로 벌어진 것이었다. 이외에도 북한 핵 및 미사일 개발을 이용하여 미국은 한국이 사드미사일의 한반도 배치에 동의하게 하고 한일지소미아를 체결하게 만들 수 있었다. 2012년에 예정되어 있던 전작권 전환을 무기한 연기와 다름이 없는 조건부 전환으로 바꿀 수 있었다. 한국인과 일본인들이 미군의 자국 주둔을 염원하게 만들 수 있었다. 그런데 이 같은 방식으로의 한미동맹 및 미일동맹 강화와 미사일방어체계 구축은 중국 위협에 대항하기 위한 성격이었다. 오바마는 북한 핵무장을 통해 중국을 겨냥한 동맹체계를 정비하고, 미사일방어체계를 구축할 수 있었던 것이다.

2016년 2월의 위성 발사 이후 미국은 더 이상의 북한의 핵무기 개발과 대륙간탄도미사일 개발을 금지시켜야만 하는 상황이 되었다. 미국은 이 같은 목표를 달성하기 위해 최대압박이란 정책을 구상했다. 더 이상의 북한 핵실험과 대륙간탄도미사일 시험이 일본과 한국의 핵무장을 부추길 가능성이 있었기 때문이었다. 일본과 한국이 핵무장하는 경우 미군의 동북아지역 주둔이 의미를 상실할 가능성이 있었기 때문이었다. 그런데 미군의 동북아지역 주둔은 미중 경쟁 측면에서 필수적인 부분이었다. 재임 기간 4년 동안 트럼프는 더 이상의 북한 핵실험 금지와 대륙간탄도미사일 개발 금지란 목표를 달성해야 하는 입장이었다.

제6장

트럼프의 최대압박 정책:
북한 핵무장 완성

제6장
트럼프의 최대압박 정책:
북한 핵무장 완성

2009년 1월부터 2017년 1월에 이르는 오바마의 재임 기간 동안 미국은 북한을 한국과 일본을 타격할 수 있을 정도의 핵무기와 미사일로 무장하게 만들었다. 미국이 이처럼 했던 것은 북한이 이 같은 수준의 핵무기와 미사일로 무장해야 만이 북한 위협을 우려한 한국인과 일본인이 자국 영토에 미군의 주둔을 허용해줄 것이기 때문이었을 것이다. 북한 위협을 빌미로 중국 위협에 대항하기 위한 동맹체계 정비와 미사일방어체계를 포함한 상당한 억지력을 구축할 수 있을 것이기 때문이었을 것이다.

그러나 북한이 미 본토를 타격할 수 있을 정도의 대륙간탄도미사일 개발과 더불어 여기에 핵무기를 탑재할 능력을 구비하면 곤란했다. 북한이 미 본토를 타격할 수 있는 핵미사일을 구비하는 경우 서울 또는 도쿄를 수호하기 위해 미국이 샌프란시스코를 희생시킬 의향이 있는가? 라는 의문을 제기하면서 한국과 일본이 핵무장을 추구할 가능성이 있었기 때문이었다. 일본과 한국이 핵무장하는 경우 미군의 동북아지역 주둔이 곤란해지면서 미국이 미중 패권경쟁에서 상당히 불리해질 수 있을 것이기 때문이었다. 따라서 트럼프 재임 기간 동안 미국은 더 이상 북한이 핵무기와 대륙간탄도미사일을 시험하지 못하게 함이 대단히 중요한 의미가 있었다.

한편 2016년 말경 김정은의 북한은 미 본토를 타격할 수 있을 정도의 핵무장 능력 구비와 경제발전이란 병진정책을 추구하고 있었다. 이제 일본과 한국을 타격할 수 있을 정도의 핵무기와 미사일 능력을 구비한 상태에서 미 본토를 타격할 수 있을 정도의 대륙간탄도미사일을 구비하는 경우 북한은 더 이상 미국을 의식하지 않으면서 경제발전에 매진할 수 있을 것이었다.

2017년 5월에 대통령에 취임한 문재인은 김대중의 햇볕정책을 계승했다. 햇볕정책에 입각하여 북한을 비핵화 시키고 점진적인 긴장완화를 통해 한반도를 통일시켜야 할 것으로 생각했다.

6장에서는 이처럼 한국, 미국, 북한이 상이한 목표를 견지하고 있는 가운데 북한이 한국과 일본을 타격할 수 있을 정도의 핵무장 능력을 유지하게 하는 한편 더 이상 핵무기와 대륙간탄도미사일을 시험하지 못하게 만든다는 목표를 트럼프의 미국이 달성해가는 과정을 설명하고 있다.

1절에서는 당시 미국, 북한 및 한국이 추구한 목표를 살펴볼 것이다. 특히 트럼프의 미국의 대북정책 목표가 북한이 한국과 일본을 타격할 수 있을 정도의 핵무기와 미사일을 보유하게 하는 한편 더 이상 핵무기와 대륙간탄도미사일을 시험하지 못하게 하는 것이란 사실을 확인할 것이다. 미국이 북한 비핵화를 염원했음에도 불구하고 북한이 한국과 일본을 타격할 수 있을 정도의 핵무기와 미사일을 보유하게 된 것으로 사람들이 인식하게 만드는 것이란 사실을 확인할 것이다. 이 같은 목표를 달성하기 위한 방책을 논리적으로 도출해 볼 것이다. 이처럼 논리적으로 도출 가능한 방책에 입각하여 트럼프가 대북 핵정책을 이행했음을 확인해볼 것이다. '최대압박 및 포용' 정책이 이 같은 목표를 달성하기 위한 것임을 살펴볼 것이다. 2절에서는 미국이 정치, 경제, 군사 등 국력의 다양한 수단을 동원하여 북미정상회담을 성사시키는 과정을 살펴볼 것이다. 2018년 6월의 싱가포르 북미정상회담과 2019년 2월의 하노이 북미정상회담을 통해 미국이 자국의 목표를 구현해가는 모습을 살펴볼 것이다. 하노이 북미정상회담에 대한 한국, 일본, 중국 및 러시아의 반응을 살펴볼 것이다. 3절에서는 결론을 도출할 것이다.

제1절 트럼프의 대북정책 목표와 방책

누가 대통령에 당선되는지와 무관하게 차기 미국 대통령의 가장 중요한 과업이 북한 핵문제가 될 것이란 사실은 2016년 5월의 미 대통령선거 유세 연설에서 확인되었다. 당시 미국이 차기 정부의 북한 핵문제 대응 방안을 결정했음은 힐러리 클린턴과 트럼프의 발언을 통해 확인할 수 있을 것이다.

이들은 북한 핵문제를 미국의 최대 국가안보 위협으로 간주하고 긴급 의제로 다뤄나가야 한다는 입장을 보였다. 힐러리의 외교총책 제이크 설리번(Jake Sullivan)은 "북한 핵무기는 국가안보적으로 미국을 가장 많이 위협하는 요소다. 차기 미국 대통령이 가장 중요하게 다뤄야할 의제"라고 강조했다. 힐러리와 트럼프는 거의 모든 정책 분야에서 상호 대립했다. 그러나 이들은 북한 핵문제와 관련해서는 밑그림이 비슷했다. '대화' 대신 '압박'을 강화하고, 중국을 이용하여 북한의 태도 변화를 이끌어 낸다는 구도였다. 설리번은 "북한을 진지하게 협상에 임하게 하기 위한 유일한 방안은 압박을 급격히 고조시키는 것"이라고 말했다. 설리번은 "차기 대통령은 시진핑(習近平) 중국 국가주석과의 최초 정상회담에서 북한 핵문제를 가장 우선적이고도 중요하게 다뤄야 한다"고 강조했다. 힐러리는 북한과 거래하는 중국의 금융기관과 기업들을 제재 대상으로 삼는 '세컨더리 보이콧'의 적용을 강화할 것으로 알려졌다.[1]

오바마 재임 기간 8년 가운데 임기 말년을 제외하면 북한 핵문제를 방치하고 있던 미국이 이처럼 북한 핵문제에 관심을 집중시킨 이유가 2016년 2월 북한이 우주 궤도로 위성을 성공적으로 진입시켰다는 사실과 관련이 있었다. 위성을 우주 궤도로 진입시키는 기술이 대륙간탄도미사일 개발 기술과 동일하다는 점에서 보면 이는 북한이 조만간 미 본토 타격이 가능한 핵미사일을 개

---

[1] (워싱턴=연합뉴스) 노효동 특파원, "'북핵' 美차기 행정부 최대 의제로 부상…'고강도 압박' 예고," 『연합뉴스』, 2016. 5. 19.

발할 가능성을 보여준 것이었다. 그런데 이미 언급한 바처럼 북한이 미 본토를 타격할 수 있는 핵미사일을 보유하는 경우 한국과 일본이 핵무장을 추구하면서 동북아지역에서의 미국의 패권이 심각한 타격을 받을 수 있었던 것이다.

 2017년 4월 27일 트럼프는 북한 핵문제를 미 외교정책 측면에서 가장 먼저 해결해야 할 사안이라고 말했다. 당시 미 국무장관, 국방장관, 국가정보원장, 합참의장이 북한 상황과 트럼프 정부의 대북정책을 상원의원들에게 설명했다. 그 후 외교안보 수장 명의로 발표된 합동성명에서는 북한 핵을 국가안보적으로 긴급히 해결해야 할 위협이며, 미 외교정책 측면에서 가장 중요한 문제라고 규정했다. 대북제재 강화와 외교적 노력을 통해 북한이 핵과 미사일을 포기하도록 만들어야 할 것이라고 말했다.[2]

 트럼프 대통령 당시 북한 핵의 주요 행위자는 미국, 북한 및 한국이었다. 특히 미국과 북한이었다. 북미, 한미, 남북이 별도 회동했다. 일본, 러시아, 중국은 제3자였다. 여기서는 당시 북한 핵과 관련하여 한국, 미국 및 북한이 추구한 목표, 특히 미국의 목표를 살펴볼 것이다. 미국이 자국의 목표와 매우 상이한 목표를 견지하고 있던 한국과 북한에 대항하여 자국 목표 달성 차원에서 적용한 '최대압박' 정책을 살펴볼 것이다. 미국의 목표 달성을 위한 방책을 논리적으로 도출한 후 트럼프의 대북정책 이행이 이 같은 방책에 입각했음을 확인해볼 것이다.

1. 미국의 북한 핵 관련 목표

 당시 한국은 물론이고 북한과 미국은 북한 비핵화를 강조했다. 그러나 진정한 의미에서 북한 비핵화를 염원했던 국가는 문재인의 한국뿐이었다. 이들 국가는 북한 핵문제와 관련하여 동상이몽하고 있었던 것이다.

---

[2] 박유한 기자, "美 "북핵, 최우선 순위…최대의 압박과 개입," 『KBS 뉴스』, 2017. 4. 27.

재임 기간 내내 북한 비핵화 측면에서 거의 노력하지 않았던 오바마는 본인의 임기가 얼마 남지 않은 2016년 11월 10일 북한 핵문제가 차기 행정부에서 가장 중요한 문제가 될 것이라고 트럼프에게 말했다.3) 오바마는 북한이 더 이상 핵무기와 대륙간탄도미사일을 시험하지 못하게 해야 할 것이라고 말했다. 재임 기간 내내 트럼프는 오바마가 말한 이 목표를 달성하기 위해 노력했다. 여기서는 트럼프 대통령 당시 북한 핵과 관련하여 한국, 미국 및 북한이 추구한 목표, 특히 미국이 추구한 목표를 살펴볼 것이다. 오바마가 트럼프에게 이처럼 말한 이유를 살펴볼 것이다.

한국, 북한 및 미국의 동상이몽

먼저 한국과 미국이 추구한 목표를 살펴보자. 당시 한국과 미국이 전혀 상이한 목표를 추구하고 있었다는 사실, 소위 말해 동상이몽하고 있었다는 사실은 문재인 대통령의 2021년 4월 21일자 뉴욕타임스지 인터뷰 기사를 통해 확인 가능할 것이다. 문재인은 트럼프의 미국이 북한 비핵화를 진정 원하고 있다고 생각한 듯 보인다. 문재인은 비핵화 측면에서 미국이 "변죽만 울렸을 뿐 완전한 성공을 거두지 못했다"라면서 "트럼프 정부가 거둔 성과의 토대 위에서 더욱 진전시켜 나간다면 그 결실을 바이든 정부가 거둘 수 있을 것으로 생각한다"라고 말했다.4) 일반적으로 미국의 여론은 문재인의 뉴욕타임스지 인터뷰와 관련하여 부정적인 반응을 보였다. 미국의 조야는 대북정책 문제를 놓고 문재인 정부와 흉금을 털어놓고 함께 논의할 수 있을 것인가? 의문을 제기

---

3) Bob. Woodward, *Fear: Trump in the White House* (p. 98). Simon & Schuster. Kindle Edition.

4) Choe Sang-Hun, "After Trump 'Failed,' South Korean Leader Hopes Biden Can Salvage Nuclear Deal," *New York Times*, April 21, 2021.; 박대한 기자, "트럼프 "문재인 협상가로 약했다"…최근 대북정책 평가에 반발(종합)," 『연합뉴스』, 2021. 4. 24.

했다.5)

왜 이 같은 현상이 벌어진 것일까? 주요 이유는 한반도에서 미국과 한국이 동상이몽하고 있었기 때문일 것이다. 미국이 미중 패권경쟁 측면에서 북한 핵 문제를 바라보았던 반면 한국이 한반도 측면에서 사고했기 때문일 것이다. 문재인이 한반도 안정과 평화 측면에서 북한 비핵화를 염원했던 반면 트럼프가 미중 패권경쟁 대비 차원에서 북한 핵무장을 염원했기 때문일 것이다. 미중 패권경쟁 측면에서 보면 한국과 일본을 타격할 수 있을 정도의 북한 핵무장이 필수적이었다. 그러나 북한이 미 본토를 타격할 수 있는 대륙간탄도미사일을 보유하거나 지속적으로 핵실험하면 곤란했다. 이 경우 한국과 일본이 전시 미 증원전력 전개가 곤란해질 가능성을 우려하여 자체 핵 무장을 추구할 가능성이 있었기 때문이다. 이처럼 핵무장하는 경우 더 이상 미군이 동북아 지역에서 의미를 상실할 가능성이 있었는데 이것이 미중 패권 경쟁 측면에서 상당히 부정적인 의미가 있을 것이기 때문이었다.

2017년 1월에 취임한 트럼프가 북한 핵에 관심을 기울였던 것은 북한이 미 본토를 타격할 수 있을 정도의 대륙간탄도미사일 개발을 추구했으며, 2016년 2월 위성 발사에 성공했기 때문이었을 것이다. 김정은과의 정상회담을 통해 트럼프는 북한이 더 이상 핵무기와 대륙간탄도미사일을 시험하지 못하게 만들 필요가 있었던 것이다.

당시 트럼프가 추구한 목표는 북한이 더 이상 핵무기와 대륙간탄도미사일을 시험하지 못하게 하는 것이었다. 그런데 트럼프가 추구한 이들 목표는 오바마 대통령이 트럼프에게 인수 인계해준 것이었다. 2016년 11월 10일의 미국 대통령 업무 인수인계 자리에서 오바마는 더 이상 북한이 핵무기와 대륙간탄도미사일을 시험하지 못하게 만들어야 할 것이라며 다음과 같이 말했다. "…북미 직접 교류를 통해 북한의 핵무기와 탄도미사일 능력을 동결시킨다. 중국을

---

5) 배성규 논설위원, "文 대북정책은 오마이갓, 믿을 수 있나 의문," 『조선일보』, 2021. 4. 29.

통해 대북압박을 증가시킨다."6)

결국 트럼프가 재임 기간 동안 북한과 관련하여 한 것은 정확히 이것이었다. 더 이상 북한이 핵무기와 대륙간탄도미사일을 시험하지 못하게 만드는 것이었다. 이는 트럼프의 발언을 통해 확인 가능해진다. 하노이 북미정상회담 이전 트럼프는 "나는 북한의 핵무기와 탄도미사일 시험을 좋아하지 않습니다. 북한이 이처럼 시험하지 않는 한 우리는 행복합니다."7)라고 말했다. 북미정상회담과 관련하여 트럼프가 생각한 성공의 척도는 북한의 핵무기 및 대륙간탄도미사일 시험 모라토리엄 지속 여부였다. 그런데 트럼프 행정부는 이것을 자국 외교의 성공의 척도로 간주했다.8) 여기서 보듯이 당시 트럼프가 추구한 목표는 더 이상의 북한의 핵무기와 대륙간탄도미사일 시험 중지였다.

한편 문재인이 북한 비핵화란 목표를 추구했던 것은 무슨 이유 때문일까? 문재인이 2021년 4월 21일의 뉴욕타임스지 인터뷰에서 말한 바처럼 한국 입장에서 북한 비핵화가 생존의 문제였기 때문이었을 것이다. 문재인이 미국 또한 북한 비핵화를 원하고 있다고 생각한 것은 무슨 이유 때문일까? 트럼프 행정부 주요 인사들이 미국이 진정 북한 비핵화를 원하고 있는 듯 반복해 말했기 때문이었을 것이다. 예를 들면, 2017년 2월 렉스 틸러슨(Rex Tillerson) 국무장관의 아시아 순방 당시 국무성 인사들은 완벽하고 검증 가능하며 불가역적인 비핵화(CVID)를 강조했다.9) 일본을 방문한 마이크 펜스(Mike Pence) 부통령 또한 모든 핵 및 미사일을 포기할 때까지 북한을 압박할 것이라고 주장

---

6) Van. Jackson(2018), *On the Brink: Trump, Kim, and the Threat of Nuclear War* (p. 90). Cambridge University Press. Kindle Edition.

7) Reuters Staff, "Trump Says He's Happy as long as North Korea Halts Nuclear Weapons Tests," *Reuters*, February 24, 2019.

8) Bruce Klinger, "The U.S. Should Implement Maximum Pressure After Failed Hanoi Summit," *The Heritage Foundation*, May 22, 2019, p. 9.; William Gallo, "Deadline? What Deadline? North Korea, US Try New 'Strategic Patience'," *VOA News*, January 17, 2020.

9) The content of the background briefing to reporters—which the State Department did not make public—was documented in The Nelson Report newsletter, March 14, 2017.

했다.10) 2017년 10월 미 국가안보보좌관 허버트 맥마스터(Herbert McMaster)는 북한이 곧바로 비핵화하지 않으면 예방공격을 할 것이라고 암시했다.11) 2017년 8월 13일 트럼프 행정부는 북한 핵문제 접근방안을 발표했다. 그 기조는 CVID와 탄도미사일 프로그램 해체였다.12) 이처럼 트럼프 행정부 고위급 인사들이 북한 비핵화를 강조하고 있었다는 점에서 보면 문재인 정부가 이 같은 북한 비핵화 발언을 믿지 않을 수 없었을 것이다.

그러면 왜 트럼프 정부 인사들은 북한 비핵화를 추구하지 않을 것이면서도 CVID를 주장한 것일까? 이것이 북한 핵무장을 은밀한 방식으로 종용하면서도 미국 때문이 아니고 여타 국가 때문에, 특히 북한 때문에 북한이 핵무장한 것처럼 사람들이 인식하게 만드는 성격이기 때문이었을 것이다. 미국은 내심 북한 비핵화를 결코 원할 수 없으면서도 비핵화를 원하는 것처럼 행동하지 않을 수 없었던 것이다. 이 같은 행태는 아버지 부시 행정부부터 바이든 행정부에 이르는 냉전 종식 이후의 모든 미국 행정부들에서 공통적으로 목격되는 현상이었다. 그런데 이는 1999년 3월의 "포괄적인 대북 접근 방안"이란 제목의 아미티지 보고서에서 강조한 부분이었다.

이미 살펴본 바처럼 미국의 CVID 주장은 북한 핵무장을 종용하기 위한 성격이었다. 그러면서도 비핵화가 안 되는 이유를 북한 때문이라고 사람들이 인식하게 만들기 위한 성격이었던 것이다. 이 같은 측면에서 보면 문재인 정부가 미 고위급 인사들의 CVID 발언을 들으며 미국이 북한 비핵화를 염원하는 입장이었다고 생각했다면 이는 매우 순진한 모습이었을 것이다. 국가안보 관련 문재인 정부의 전문성을 의심하게 하는 성격일 것이다.

---

10) "Remarks by the Vice President to US-Japanese Business Community," Tokyo, Japan, April 19, 2017.

11) Leigh Ann Caldwell and Vivian Salama, "Breakdown in North Korea Talks Sounds Alarms on Capitol Hill," *NBC News*, October 25, 2017.

12) Jim Mattis and Rex Tillerson, "We're Holding Pyongyang to Account," *Wall Street Journal*, August 13, 2017.

그러면 당시 북한 김정은이 추구한 목표는 무엇인가? 이는 미 본토 타격이 가능한 대륙간탄도미사일 개발과 경제발전이었다. 핵무기 개발과 경제발전을 병행하여 추진한다는 의미의 병진정책이었다. 이 같은 측면에서 일부 핵시설을 폐기하는 조건으로의 대북제재 해제였다. 특히 2016년 이후 유엔이 강요한 석탄과 철광석 수출 관련 제재 해제였다. 이미 2016년 6월 29일 북한 외무장관을 역임한 이수용은 북한 김정은의 병진노선에 따라 경제 재건과 병행한 핵능력 확대가 북한의 항구적인 정책이라고 말했다. 2018년 4월 21일 김정은은 핵 무력과 경제건설을 동시에 추구한다는 병진노선의 위대한 승리를 선언한 후 새로운 전략적 노선을 제시했다.13)

오바마의 미국이 북한 핵실험과 대륙간탄도미사일 시험 금지를 강조한 이유

그러면 오바마가 트럼프에게 북한이 더 이상 핵실험과 대륙간탄도미사일 시험을 하지 못하게 해야 할 것이라고 말한 것은 무슨 이유 때문일까? 이 같은 오바마의 발언을 트럼프가 수용한 것은 무슨 이유 때문일까? 이 부분을 이해하고자 하는 경우 1장에서 살펴본 바처럼 미국이 특정 국가의 핵무장을 허용해줄 당시 고려하는 7가지 필요조건 측면에서, 북한 핵무장의 부정적인 의미 측면에서 북한 핵무기 개발 문제를 살펴볼 필요가 있을 것이다.

이들 필요조건 가운데 부정적인 부분은 3가지였다. 첫째 북한 핵무장으로 일본 및 한국과 같은 주변국이 핵무장할 가능성, 둘째 북한이 대륙간탄도미사일로 미 본토를 타격할 가능성, 셋째 북한이 핵무기 관련 과학기술과 물질을 해외로 이전할 가능성이란 부분이 바로 그것이었다. 여기서 셋째 부분은 2006년 10월 9일의 북한 1차 핵실험 직후 미국이 레드라인으로 설정했으며, 북한이 준수를 약속한 바 있다. 북한 핵무장 이후 한국과 일본의 핵무장 가능

---

13) "조선로동당 중앙위원회 제7기 제3차 전원회의 진행," 『로동신문』, 2018. 4. 21.

성을 차단하고자 하는 경우 핵우산을 제공해주고 북한이 더 이상 핵실험하지 못하게 만들 필요가 있었다. 그런데 미국은 북한이 1차 핵실험한 2006년 10월 9일 직후 일본과 한국에 핵우산 제공을 확인해준 바 있다. 오바마가 트럼프에게 말한 것은 첫째 및 둘째 부분을 해소하라는 것이었다. 첫째 및 둘째 부분 해소 차원에서 이제 북한이 더 이상 핵무기와 미 본토를 타격 가능한 대륙간탄도미사일을 시험하지 못하게 할 필요가 있었던 것이다.

그러면 오바마가 트럼프에게 이들 문제를 해결하라고 말했으며, 트럼프가 이들 문제 해결을 위해 전념할 것처럼 보였다는 사실이 암시해주는 것은 무엇일까? 이는 북한이 더 이상 핵무기와 대륙간탄도미사일을 시험하지 못하게 해야 한다는 오바마의 요구가 오바마 개인의 요구가 아니란 사실일 것이다. 1990년대 초반부터 30여 년 동안 북한 핵무장을 관리해온 미국의 전략가들의 요구란 사실일 것이다. 미국의 국익에 입각한 것이 아니고 오바마 행정부, 또는 오바마 개인의 요구였다면 트럼프의 미국이 결코 수용하지 않았을 것이다.

2. 목표 달성을 위한 방책 도출

이미 언급한 바처럼 북한은 오바마의 '전략적 인내' 정책 덕분에 한국과 일본을 타격할 수 있을 정도의 핵무기와 미사일 개발에 성공했다. 북한은 자국을 겨냥한 미국의 위협 극복 차원에서 미 본토 타격이 가능한 핵미사일을 개발해야 할 것이라고 생각했다. 반면에 트럼프의 미국은 북한이 이 같은 핵미사일을 구비하지 못하게 해야 하는 입장이었다.

트럼프의 최대압박 정책은 북한이 더 이상 핵무기와 미사일을 시험하지 못하게 함으로써 한국과 일본을 타격할 수 있는 반면 미 본토를 타격할 수 없을 정도의 핵무기와 미사일로 북한을 무장시키기 위한 성격이었다. 이처럼 무장시키면서도 그 책임이 미국 때문이 아니고 북한 때문이라고 사람들이 인식하게 만들기 위한 성격이었다. 트럼프의 최대압박 정책에서 추구한 목표는 바로 이것이었다.

　최대압박 정책은 북한이 CVID하는 순간까지 지속될 것이었다. 최대압박의 기본 전략은 북한이 비핵화 관련 완벽한 로드맵에 동의하는 순간까지 변함없이 북한을 제재하는 것이었다. 북한이 핵무기를 보유하고 있는 한 미국과 유엔안보리의 대북제재는 지속될 것이었다. 북한이 일부 비핵화 조치를 취하는 경우에도 부분적인 제재해제는 없을 것이었다. 이 같은 부분적인 제재해제는 북한이 완벽한 비핵화를 겨냥한 로드맵에 동의하는 경우에나 가능해질 것이었다. 본질적으로 북한에 무언가 양보해주기 이전에 북한은 미국과 협상 테이블에 앉아서 A, B, C에서 Z에 이르는 모든 단계에 동의해야만 하였다. 여기서 Z 단계는 북한의 "완벽한 비핵화"를 의미했다.14)

　미국은 북한이 자국 핵무기를 완벽히 제거하기로 동의하는 순간까지 온갖 수단을 동원하여 북한을 압박할 예정이었다.15) 맥마스터가 주도한 대북정책 검토에서는 미국이 북한의 완벽한 비핵화에 못 미치는 수준의 비핵화를 결코 추구하면 안 될 것이라고 결론지었다. 이처럼 하기 위한 최상의 방안은 김정은 정권이 느끼는 고통을 최대한 고조시킴으로써 핵무기에 관한 관점을 바꾸게 만드는 것이라고 결론지었다.16)

트럼프의 북한 핵 관련 목표 달성을 위한 방책의 논리적 도출

　일반적으로 트럼프의 최대압박 정책에서 추구한 목표가 북한이 더 이상 핵무기와 탄도미사일, 특히 대륙간탄도미사일을 시험하지 못하게 하는 것으로

---

14) Ankit. Panda(2020), *Kim Jong Un and the Bomb*. (Kindle Location 4348, 4372). Hurst. Kindle Edition.

15) Van. Jackson(2018), *On the Brink* (p. 109). Kindle Edition.

16) Matt Spetalnick, "Trump National Security Aides Complete North Korea Policy Review: Official," *Reuters*, April 3, 2017.

알려져 있다. 그러나 여기에는 또 다른 두 가지 목표가 암시되어 있었다. 트럼프의 최대압박 정책에서 추구한 목표는 크게 세 가지였다.

첫째, 북한이 더 이상 핵무기와 대륙간탄도미사일을 시험하지 못하게 만든다.

둘째, 북한이 현재 보유하고 있는 핵 및 미사일 능력을 그대로 유지하게 만든다. 이 같은 사실은 북한의 핵무기와 미사일 능력을 해체시키는 것이 아니고 동결시킬 필요가 있다는 오바마가 트럼프에게 한 발언을 통해 확인 가능할 것이다.

셋째, 미국은 북한 비핵화를 위해 지속적으로 노력한 반면 북한의 거부로 비핵화가 되지 않고 있다고 사람들이 인식하게 만든다. 이는 1999년 3월의 "포괄적인 대북 접근 방안"이란 제목의 아미티지 보고서에서 강조하고 있는 부분이다.

첫째 목표 달성 측면에서 미국이 강구할 수 있던 방책은 크게 세 가지였다.

(1) 북한으로 하여금 더 이상 핵무기와 대륙간탄도미사일을 시험하지 않을 것이라고 약속하게 만든다. 김정은이 절대 권력을 행사하는 북한체제 속성 측면에서 보면 김정은이 직접 이처럼 약속하게 만드는 것이 대단히 중요한 의미가 있었을 것이다. 김정은이 약속하는 경우 번복이 쉽지 않을 것이기 때문이다. 김정은이 이처럼 약속하게 만들려면 미국은 북한이 염원해왔던 북미정상회담을 수용할 필요가 있었을 것이다. 오바마는 북한과의 직접 대화를 통해 북한 핵무기와 미사일 능력을 동결시키라고 트럼프에게 말했는데, 이는 북미정상회담을 통해 이처럼 하라는 의미였을 것이다.

(2) 더 이상 핵무기와 대륙간탄도미사일을 시험할 수 없을 정도로 북한을 경제적으로 압박한다. 이들을 시험하겠다는 의지 여부와 무관하게 재정이 뒷받침해주지 못하면 시험할 수 없을 것이기 때문이다.

(3) 더 이상 핵무기와 대륙간탄도미사일을 시험하는 경우 핵 및 미사일 시설을

타격할 것이라고 위협한다. 북한이 미국의 타격을 매우 우려했다는 점에서 이 같은 위협이 의미가 없지 않을 것이었다.

둘째와 셋째 목표 달성 측면에서 미국이 강구할 수 있던 방책은 1가지였다.
(4) 북한 핵의 (선) CVID (후) 보상을 주장한다. 이처럼 주장하면 CVID를 자국을 붕괴시키기 위한 노력과 동일하게 생각하고 있는 북한이 미국과의 더 이상의 비핵화 협상을 포기할 수밖에 없게 된다. 결국 북한은 한국과 일본을 타격할 수 있을 정도의 핵무기와 미사일을 그대로 유지하게 되는 반면 사람들은 미국의 지속적인 북한 비핵화 노력에도 불구하고 북한의 거부로 비핵화가 제대로 되지 않고 있다고 생각하게 되는 것이다.

상기 방책의 (1)의 이행 차원에서, 다시 말해, 북한이 더 이상 핵무기와 대륙간탄도미사일 시험을 하지 않을 것이라고 약속하게 만든다는 차원에서 미국은 북한 관리들에게 북미고위급 협상을 조건으로 제시할 수 있을 것이다.
(2)의 이행 차원에서, 다시 말해 더 이상 핵무기와 대륙간탄도미사일을 개발하지 못하도록 북한을 경제적으로 압박하기 위한 노력에 국제사회 국가들의 동참을 촉구할 수 있을 것이다. 기존 대북 경제제재의 철저한 이행과 더불어 북한과 외교관계를 맺은 국가들은 관계를 차단하거나 격하시키고, 모든 무역, 군사, 상업 관계를 차단하며, 소위 초청 노동자로 불리는 북한 노동자를 추방시킬 것이라고 결의하는 등 북한을 경제적으로 고립시키는 일에 동참해 달라고 이들 국가에 촉구할 수 있을 것이다.
(3)의 이행 차원에서, 더 이상 핵실험과 탄도미사일을 시험하는 경우 핵 및 미사일 시설을 타격할 것이라고 위협할 수 있을 것이다.
(4)의 이행 차원에서 보면, 북한이 CVID를 완벽히 이행한 경우에나 대북제재를 해제해줄 것이라는 발언은 북미정상회담 이전에는 자제해야 할 것이다.

정상회담 이전에 이처럼 말하거나 정상회담에서 미국이 (선) CVID (후) 보상 개념을 제시할 것임이 분명하다고 생각되는 경우 김정은이 정상회담에 참석하지 않을 가능성이 있었을 것이기 때문이다. 따라서 북미정상회담 이전 미국은 스몰딜이 가능한 것처럼 말할 필요가 있었을 것이다. 북한 핵문제 해결을 위한 북미대화에 응하지 않는 경우 무력 사용도 불사할 것이라고 위협할 필요가 있었을 것이다.

북한이 한국과 일본을 타격할 수 있지만 미 본토를 타격할 수 없을 정도의 핵미사일을 보유하게 하고, 이것이 미국의 끊임없는 비핵화 노력에도 불구하고 북한 때문에 벌어진 현상으로 사람들이 인식하게 만들기 위한 방책 측면에서 지금까지 논의한 사항을 정리해보면 다음과 같다.

첫째, 핵실험과 대륙간탄도미사일 시험 모라토리엄을 북한이 선언하게 만든다. 특히 북미정상회담에서 김정은이 이처럼 선언하게 만든다.

둘째, 북한을 경제적으로 최대한 압박한다.

셋째, 핵무기와 대륙간탄도미사일의 시험 발사를 준비하는 경우 이것을 선제 타격하는 등 전쟁도 불사할 것이라고 암시한다.

넷째, 북미정상회담에 응하지 않으면 최악의 경우 무력도 불사할 것이라고 위협한다.

다섯째, 북미회담 이전에 스몰딜이 가능한 것처럼 분위기를 조성한다.

여섯째, 북미회남에서 마지막으로 (선) CVID (후) 보상을 제안한다.

그런데 미국은 2018년 6월의 싱가포르 정상회담과 2019년 2월의 하노이 정상회담 이전과 도중 정확히 이처럼 했다. 여기서 필자가 논리적으로 도출한 방책을 트럼프 행정부가 그대로 이행했음을 트럼프 행정부 인사들의 발어과 행동을 통해 확인해보자.

3. 논리적으로 도출한 방책과 트럼프의 대북 핵정책 이행 비교

2017년 4월 트럼프는 '최대압박 및 포용'이란 대북 정책을 승인했다. 이 정책에서 추구한 목표는 북한의 핵무기와 미사일 능력을 동결시키는 것이었다. 더 이상 북한이 핵무기와 대륙간탄도미사일을 시험하지 못하게 하는 것이었다. 이 정책에서는 대북압박을 증대시키기 위해 무력을 제외한 모든 대안을 사용하고 있었다. 여기서는 핵무기와 대륙간탄도미사일 시험을 중지하라고 북한을 설득하기 위해 중국과 미국이 함께 북한을 압박하는 방안과, 여타 국가들을 제재하는 방안이 포함되어 있었다. 그러나 이 정책에서는 김정은 정권의 교체를 추구하지 않았다.17) 여기서 보듯이 '최대압박 및 포용' 정책에서 추구한 목표는 북한 핵 및 미사일 능력의 폐기가 아니고 동결이었다. 북한 비핵화가 목표가 아니었던 것이다. 다음에서 보듯이 이 같은 목표 달성 측면에서 트럼프의 미국은 앞에서 이론적으로 도출한 방책을 그대로 이행했다.

첫째, 미국은 북한이 더 이상 핵실험과 대륙간탄도미사일을 시험하지 않을 것이라고 선언하게 만들었다. 예들 들면, 미국의 대선 1달 전인 2016년 10월, 미국의 학자들과 관리들이 북한 외무성 관리들을 만났다. 당시 이들은 핵실험과 대륙간탄도미사일 시험 발사, 플루토늄 물질 생산을 미국의 새로운 행정부에 대한 제스처 차원에서 금지할 것을 촉구했다. 미국은 이것이 신뢰구축 차원에서 북한이 할 수 있는 부분이라고 말했다.18) 이 같은 방식으로 미국은 북미관계 개선 차원에서 자신들이 해야 할 부분이 무엇인지를 북한이 인지하게 만들었다.

---

17) Matthew Pennington, "Maximum pressure and engagement," *Associate Press*, April 14, 2017; Josh Rogin, "Trump's North Korea policy is 'Maximum pressure' but not 'Regime Change'," *Washington Post*, April 14, 2017.

18) Former Special Envoy for Six-Party Talks Joseph DeTrani in *The Nelson Report Newsletter*, December 20, 2016.

싱가포르 북미정상회담 이전인 2018년 4월 미 중앙정보국 국장 마이크 폼페이오(Mike Pompeo)는 트럼프와 김정은의 북미정상회담 관련 준비 대화를 위해 북한을 방문했다.[19] 2018년 4월 21일 김정은은 2013년부터 추진한 핵무기 개발과 경제 발전의 병행적인 추진 전략이 성공적으로 완료되었으며, 새로운 전략적 노선은 "모든 당원과 국가가 사회주의 경제건설에 매진하는 것이다."라고 말했다. 김정은은 북한이 더 이상 핵무기와 대륙간탄도미사일을 시험하지 않을 것이라고 선언했다.[20] 그런데 이는 북미정상회담을 염원하고 있던 북한을 방문하여 정상회담 조건으로 폼페이오가 핵실험과 대륙간탄도탄 시험 중지 선언을 요구했기 때문이었을 것이다.

트럼프와 폼페이오의 다음 발언에서 보듯이 하노이 북미정상회담에서 트럼프는 더 이상의 대륙간탄도미사일과 핵무기 시험 중지 약속을 김정은에게 요구했음이 분명하다. 하노이 정상회담 직후 트럼프는 김정은이 핵무기와 미사일 시험을 재개하지 않기로 본인에게 약속했다고 말했다.[21] 통일교 재단이 주관한 2021년 9월의 심포지엄에서 트럼프는 다음과 같이 말했다. "매우 중요한 사실은 김 위원장이 '장거리미사일 발사금지'와 '핵무기 실험 금지'라는 저와의 약속을 오늘날까지 지켜오고 있다는 것입니다."[22] 폼페이오는 다음과 같이 말했다. "미국과 북한이 정상 차원에서 체결한 최초의 합의였고, 핵무기 및 장거리 미사일 실험이 중지되었다."[23] 하노이 정상회담에서 김정은이 핵무기와 장거리 미사일 시험 중지를 약속했던 것은 미국이 이들의 시험 중지를

---

19) Shane Harris et al., "CIA Director Pompeo Met with North Korean Leader Kim Jong Un over Easter Weekend," *Washington Post*, April 18, 2018.

20) "조선로동당 중앙위원회 제7기 제3차 전원회의 진행," 『로동신문』, 2018. 4. 21.

21) Reuters Staff, "Trump Says Kim Promised not to Test Nuclear Weapons, Missiles," *Reuters*, February 28, 2019.

22) 양정우 기자, "트럼프 재임시절 최고 업적은 남북한 새 길 구축에 기여한 것," 『연합뉴스』, 2021. 9. 12.

23) 박수찬 기자, "폼페이오 전 美 국무장관 "평화와 통일을 향한 희망을 결코 포기해서는 안 돼" [신통일한국 싱크탱크 2022 포럼]," 『세계일보』, 2021. 9. 18.

요구했기 때문이었을 것이다.

둘째, 북한을 경제적으로 최대한 압박하기 위해 미국은 전쟁에 못 미치는 모든 방안을 동원했다. 미국은 북한이 더 이상 대량살상무기를 획득하지 못하도록 자금줄을 조일 필요가 있다는 사실과 관련하여 동맹국, 동반국가는 물론이고 적국을 설득하기 위해 노력했다. 이 같은 노력의 일환으로 국무장관 렉스 틸러슨을 포함한 미국의 외교관들이 중국과 러시아를 포함한 여러 국가들에게 대북제재 동참을 촉구했다. 혹자가 최대압박과 오바마의 '전략적 인내' 정책이 유사해 보인다고 말하자, 틸러슨은 그 차이를 다음과 같이 설명했다. "저는 최대압박 정책과 '전략적 인내' 정책이 그 강도 측면에서, 최대압박 정책에 참여하는 국가들의 범주가 매우 넓다는 측면에서 차이가 있다고 생각합니다.…저는 미국이 북한과 협상을 위한 협상을 하지 않을 것임을 먼저 중국에 분명히 했습니다.…오바마의 '전략적 인내' 정책에서는 중국이 제한적인 조치만 취할 것으로 가정했다고 생각합니다. 그러나 최대압박 정책에서 우리는 중국의 강력한 동참을 가정할 것입니다."[24] 이 정책의 핵심은 중국이 북한을 보다 많이 압박하도록 북한과 거래하는 중국 기업에 대한 '세컨더리 보이콧'을 포함한 온갖 수단을 동원하여 중국을 압박하는 것이었다. 중국 중심의 이 같은 대북압박 노력을 대북제재 강화, 북한의 외교적 고립, 북한 인권문제 강조, 군사적 전개 및 훈련과 같은 강압적인 신호로 대거 보강하게 될 것이었다.

셋째, 북한 핵무기와 대륙간탄도미사일을 시험 준비하는 경우 이것을 선제 타격하는 등 전쟁도 불사할 것이라고 암시했다.

미국의 주요 인사들이 북한이 대륙간탄도미사일에 핵무기를 탑재한 듯 보이는 경우 북한을 선제 타격해야 할 것이라고 주장했다. 1994년 한미연합사령관 게리 럭은 북한이 핵무기를 보유하고 있지 않던 당시에도 한반도에서 전쟁이

---

[24] "Tillerson: US Strategy on North Korea Relies on China's Participation," *Fox News*, April 27, 2017.

벌어지면 엄청난 인명이 살상될 것이라며 미국이 북한을 공격하면 안 될 것이라고 말했다. 그런데 북한이 핵무기는 물론이고 한국과 일본을 타격할 수 있는 탄도미사일을 보유한 상태에서 대륙간탄도미사일을 개발하고 있던 2016년 말경 미국의 주요 인사들은 북한이 대륙간탄도미사일에 핵무기를 탑재한 조짐이 보이면 선제 타격해야 할 것이라고 주장했다. 예를 들면, 한미연합사령관을 역임한 월터 샤프(Walter Sharp) 대장은 북한이 대륙간탄도미사일을 발사대에 올려놓은 상태에서 이것에 핵무기가 탑재되어 있는지 여부를 확신할 수 없는 경우 미국이 선제 타격해야 할 것으로 생각한다고 말했다.[25] 미 합참의장을 역임한 마이크 멀린 또한 동일하게 말했다.[26] 2017년 1월의 미 해군사관학교 연설에서 존 케리 국무장관 또한 김정은이 핵무기 탑재가 가능한 대륙간탄도미사일을 지속적으로 개발하는 경우 일종의 군사적 조치가 필요할 수 있을 것이라고 암시했다.[27]

2017년 1월 1일 신년연설에서 김정은은 북한이 핵무기 개발 완성과 더불어 미 본토를 타격할 수 있는 대륙간탄도미사일 시험발사 준비의 최종단계에 들어갔다고 말했다.[28] 그러자 1월 2일 트럼프는 "…이 같은 일은 있지 않을 것이다."[29]라는 글을 트위트에 올렸다. 사람들은 이것이 미 본토를 타격할 수 있는 대륙간탄도미사일 개발이 트럼프 정부의 레드라인이라는 의미라고 말했다.

미국의 언론매체와 논평가들 또한 "북한이 핵무기로 미국을 공격하기 직전에 무슨 일이 벌어질까?," "북한 대륙간탄도미사일 시험에 대항한 선제타격,"

---

25) Richard Sisk, "Former US General Calls for Pre-emptive Strike on North Korea," *Defense Tech*, December 1, 2016.

26) Lee Yon-soo, "Ex-U.S. Military Chief Suggests Pre-emptive Strike on North Korea," *Chosun Ilbo*, September 19, 2016.

27) Kerry, "Remarks at the US Naval Academy," *U.S. Department of State*, January 10, 2017.

28) "신년사 김정은," 『로동신문』, 2017. 1. 1.

29) Maggie Haberman and David E. Sanger, "'It Won't Happen!' Donald Trump Says of North Korean Missile Test," *New York Times*, January 2, 2017.

"미국이 북한을 타격하기 위해 사용할 방안," 그리고 "미국이 뒤늦기 전에 북한의 대륙간탄도미사일을 타격해야 할까?"와 같은 제목의 스토리를 양산하고 있었다.30)

2017년 4월 15일 미국 관리들은 미국이 미 본토 또는 우방국을 겨냥한 북한의 임박한 공격에 대항한 선제타격이 아니고 북한의 미사일 시험에 대항한 선제타격을 준비하고 있다고 NBC 뉴스에서 말했다.31)

2018년 8월 2일 트럼프의 외교정책에 관해 어느 누구보다 정통하다고 알려져 있던 미 상원의원 린지 그레이엄(Lindsey Graham)은 트럼프가 대륙간탄도미사일을 이용한 북한의 미 본토 공격을 가장 중요한 문제로 생각하고 있었음을 다음과 같이 말했다.

> 트럼프는 '북한이 미 본토 타격이 가능한 대륙간탄도미사일에 핵무기를 탑재하게 하지 않을 것이다.'라고 말했습니다.…북한이 이처럼 하지 못하게 하기 위한 유일한 방안은 미국이 군사적으로 반응할 가능성이 충분히 있다고 이들이 믿게 하는 것입니다.…김정은의 핵무기 개발을 저지하기 위한 전쟁이 벌어지는 경우 이 전쟁은 미국에서가 아니고 한반도에서 벌어질 것입니다. 결과적으로 수천 명이 사망한다면 이는 미국에서가 아니고 한반도에서 사망하게 될 것입니다.32)

넷째, 미국은 북한이 북미회담에 응하지 않으면 최악의 경우 무력 사용도

---

30) Mike Pearl, "What Would Happen in the Minutes and Hours After North Korea Nuked the United States?," *Vice News*, December 21, 2016.; Mark Fitzpatrick and Michael Elleman, "Pre-empting a North Korean ICBM Test," *The Survival Editors' Blog*, January 9, 2017; Stratfor, "What the U.S. Would Use to Strike North Korea," RealClearDefense (January 3, 2017); Daniel DePetris, "Should Washington Strike North Korea's Dangerous ICBMs Before It's Too Late?," *The National Interest*, January 7, 2017.

31) William Arkin, Cynthia McFadden, and Kenzi Abou-Sabe, "U.S. May Launch Strike If North Korea Reaches for Nuclear Trigger," *NBC News*, April 13, 2017.

32) Erik Ortiz and Arata Yamamoto, "Senator Lindsey Graham: Trump Says War with North Korea an Option," *NBC News*, August 2, 2017.

불사할 것이라고 위협했다. 틸러슨 장관은 미국의 외교적 노력은 첫 번째 포탄이 (북한에) 떨어질 때까지 지속될 것이라고 말했다. 결국 북미대화를 통한 북한 비핵화가 실패하는 경우 군사적 조치로 이어질 수밖에 없다고 말했다. 북한 문제와 관련하여 상당한 영향력이 있는 중국마저 북한을 설득하지 못한다면 군사적 조치가 불가피하다는 사실을 중국에 직접 얘기했다. 틸러슨 장관은 콘돌리자 라이스 전 국무장관과의 대담에서도 이처럼 말했다. 미중 외교·안보대화에서 틸러슨은 당신과 내가 이 문제를 해결하지 않는다면 짐 매티스(Jim Mattis) 국방장관 등이 싸울 수밖에 없다는 입장임을 양제츠(杨洁篪) 중국 외교담당 국무위원에게 전달했다. 틸러슨 장관은 최대압박 이후에 기대할 수 있는 결과, 즉 북미회담 혹은 군사적 조치를 언급했다.33) 다시 말해 북한이 북미회담에 응하지 않는 경우 북한을 군사적으로 공격할 가능성을 언급한 것이다. 이 같은 방식으로 북미정상회담을 북한에 종용한 것이다.

다섯째, 북미회담 이전에 스몰딜이 가능한 것처럼 분위기를 조성했다.

2018년 6월 4일 북한 통일전선부장 김영철을 만난 자리에서 트럼프는 "솔직히 나는 오늘 그들(북한)에게 천천히 하라고 말했다. 우리는 빨리 갈 수도 있고, 천천히 갈 수도 있다"고 했다. 이 같은 트럼프의 발언과 관련하여 뉴욕타임스지는 트럼프 대통령이 사실상 북한이 요구하는 '단계적 해법'을 받아들인 것일 수 있다고 분석했다. 그러면서 트럼프는 북한 비핵화 이전에도 한반도 종전선언이 가능할 것처럼 말했다. 소위 말해, 북미정상회담에서 빅딜이 아니고 스몰딜이 가능할 것이라는 뉘앙스를 풍겼다.34)

2018년 6월 7일 폼페이오는 NHK와의 인터뷰에서 다음과 같이 말했다. "우리는 북미 간에 근본적으로 전혀 상이한 전략적 관계 달성을 원한다."35)

---

33) 함지하, "[기자문답] 미 고위당국자들 한 목소리로 최대압박 강조…압박 통해 북 대화 이끌겠다는 의지," *VOA News*, 2018. 2. 20.

34) 조의준 기자, "트럼프, CVID 언급 없이 "최대압박, 더는 쓰고 싶지 않다"," 『조선일보』, 2018. 6. 4.

35) U.S., Department of State, Secretary State Mike Pompeo, Interview with Yui Hideki of NHK, June 7, 2018.

2018년 10월 김정은과 만난 자리에서 폼페이오 국무장관은 미국이 북한 비핵화와 6.25전쟁 종전선언을 교환할 것이라고 말했다.36)

하노이 정상회담 몇 주 전부터 미국은 스몰딜을 수용할 것처럼 행동했다. 2019년 1월 말경 미국의 대북특사 스티븐 비건(Stephen Biegun)은 다음과 같이 말했다. "트럼프 대통령은 한국전쟁을 종료시킬 의향이 있다.…북한이 미국이 원하는 것을 모두 하기 이전까지 우리가 아무것도 하지 않을 것이라고 미국은 말한 바 없다.…이는 미국의 정책이 아니며, 지금까지도 그러했다.…우리는 싱가포르에서 양국 지도자가 한 모든 약속을 동시적이고도 병행적으로 추구할 준비가 되어 있다."37)라고 말했다. 2월 중순의 미 CBS 방송 인터뷰에서 폼페이오 국무장관은 "대북 경제제재를 완화시켜주는 대신 좋은 성과를 얻는 것이 미국의 의도다."38)라고 말했다. 이외에도 트럼프는 문재인 대통령과의 전화 통화에서 북미가 하노이에서 스몰딜이 가능할 것처럼 말했다. 그러자 문재인은 북한이 비핵화 조치를 취하고 미국이 여기에 긍정적으로 반응하는 경우 북한 비핵화와 관련하여 김정은이 요구한 "상응하는 조치"의 하나로 남북 경제협력에 관한 비전을 제시했다. 이 같은 방식으로 미국의 부담을 줄여줄 것이라고 말했다.39) 언론 보도에 따르면 문재인은 "서울과 평양 간의 철도와 도로 연결 사업은 물론이고 여타 남북 경제협력 사업들을 감당할 의향이 있다."40)고 말했다. 한편 문재인 대통령 특보 문정인(文正仁) 교수는 북한 비핵화를 염두에 둔 단계별 경제교류를 제안했다. 문정인은 "남한과 북한이 동

---

36) Seong Yeon-cheol, "Pompeo Announces Agreement with Kim Jong-un to Hold Second NK-US summit," *HANKYOREH*, October 8, 2018.

37) "Remarks on DPRK at Stanford University - United States Department of State," *US Department of State*, January 31, 2019.

38) "Interview With Roxana Saberi of CBS News - United States Department of State," *US Department of State*, February 13, 2019.

39) "The President Speaks by Phone to US President Donald Trump," *The Republic of Korea Cheong Wa Dae*, February 19, 2019.

40) Ibid.

일 민족의 특수 관계란 점에서 남북 경제교류가 유엔제재 대상에서 예외로 간주될 수 있을 것이다."41)라고 말했다.

하노이 정상회담 바로 전날 언론매체는 스몰딜 가능성을 보도했다. 북한이 영변 핵시설에서 더 이상 핵물질 생산을 중지하고, 6.25전쟁에서 전사한 미군 유해를 송환해주는 대가로 미국이 한국전쟁의 평화협정에 서명하고, 평양과 워싱턴에 연락사무소를 설치하며, 남북한 경제 프로젝트와 관련한 일부 제재를 해제해준다는 것이었다.42)

이처럼 하노이 정상회담 이전에 동시적이고도 점진적인 이행을 주장했던 비건은 물론이고 미 국무성은 정상회담 이후 입장을 돌변했다. 하노이 정상회담 이후 미 국무성의 어느 고위급 관리는 다음과 같이 말했다. "트럼프 행정부의 어느 누구도 단계적인 이행을 옹호하지 않았다. 무슨 일이 있더라도 북한이 완벽히 비핵화한 이후에나 여타 단계를 강구해야 할 것으로 생각했다."43)라고 말했다. 하노이 정상회담 이후 비건은 다음과 같이 말했다. "미국은 북한 비핵화를 점진적으로 추구하지 않을 것입니다. 우리는 북한이 비핵화 과정을 완료하기 이전에는 대북제재를 해제하지 않을 것입니다."44) 한편 비건은 트럼프 행정부의 정책이 바뀌었다는 사실을 다음과 같이 부인했다. "이 같은 트럼프 행정부의 입장이 이전과 비교하여 강화된 것이 아닙니다. 미국의 관점은 처음부터 최종적이고도 완벽히 검증 가능한 북한의 비핵화였습니다.…북한 비핵화에 관한 미국의 정책 측면에서 전혀 변한 것이 없습니다."45)

---

41) 남정호, "[남정호의 직격 인터뷰] 문정인 "민족 교류는 제재 예외 가능… 비핵화 땐 완화 늘려야"," 『중앙일보』, 2019. 1. 4.

42) Quoted in Bruce Klinger, "The U.S. Should Implement Maximum Pressure After Failed Hanoi Summit," May 22, 2019, p. 2.

43) Alex Ward, "A top Trump official may have just doomed US-North Korea talks," *VOX*, Mar 8, 2019.

44) William Gallo, "U.S.: No Phased Approach to North Korea Denuclearization," *VOA News*, March 11, 2019.

45) "Keynote with Special Representative Stephen Biegun," *Carnegie Endowment for International Peace*, March 11, 2019.

여섯째, 북미정상회담에서 트럼프는 (선) CVID (후) 보상을 주장했다.46)

지금까지 살펴보았듯이 트럼프 정부가 북한 핵 관련 목표 달성 측면에서 강구했을 것이라고 생각되는 방책, 다시 말해 필자가 논리적으로 도출한 방책과 트럼프 정부의 실제 이행이 정확히 일치했다. 여기서 보듯이 트럼프 행정부 당시의 미국은 북한 핵문제와 관련하여 달성해야 할 목표를 결정한 후 이 목표를 달성하기 위한 최상의 방책을 강구했다. 트럼프, 폼페이오, 비건, 매티스와 같은 미국의 주요 인사들은 이 같은 방책에 입각하여 일사분란하게 행동한 것이다.47) 결과적으로 북한 핵 문제와 관련하여 추구한 목표를 달성할 수 있었던 것이다. 북한이 한국과 일본을 타격할 수 있는 반면 미 본토를 타격할 수 없을 정도의 핵미사일 능력을 구비하게 만들 수 있었던 것이다. 그런데 최대압박 정책은 나름의 문제가 없지 않았다.

4. 최대압박 정책의 문제점과 함의

최대압박 정책은 다음과 같은 문제가 있었다.

첫째, 트럼프의 최대압박 정책이 상대방의 압박을 압박으로 대응할 것이란 평양의 성향과 충돌했다. 북한이 미국의 최대압박 정책에 굴복한 것이 아니고 지속적으로 반항하면서 3회의 대륙간탄도미사일 시험 발사를 통해 자국 안보를 어느 정도 보장할 수 있게 되었다고 생각한 2017년 말경까지 한반도에서 긴장이 고조되었다.48) 트럼프는 북한 핵문제 해결 측면에서의 외교적인 역할을 대거 줄였다. 결과적으로 트럼프 행정부가 북한 핵문제와 관련하여 군사력과

---

46) 이 부분과 관련해서는 "싱가포르/하노이 북미정상회담"이란 제목의 이 책의 6장 2절 2항 참조.
47) 예를 들면, 틸러슨 (전) 미 국무장관은 본인이 북한 핵문제와 관련하여 트럼프와 종종 '좋은 경찰' '나쁜 경찰' 역할을 분담해 수행했다고 말했다. 주인영 기자, "트윗경질 망신당했던 틸러슨…트럼프 비난은 피하며 마지막 의리," 『중앙일보』, 2022. 10. 5.
48) Van. Jackson(2018), *On the Brink* (p. 109). Kindle Edition.

수사적인 위협을 지나치게 강조하면서 북한이 편집증과 불안감을 느꼈으며, 트럼프 미국의 위협을 극복한다는 차원에서라도 대륙간탄도미사일을 확보해야 할 것이라고 생각하게 되었다. 트럼프의 국가안보 요원들은 이념적으로 매파적인 성향을 견지했다. 이처럼 매파적인 참모들이 트럼프의 극단적인 수사적 발언과 결합되면서 미국과 김정은의 북한이 신속히 '충돌의 길'로 나아갔다.49)

둘째, 최대압박의 효과가 상당히 더디게 나타난다는 사실이다. 미 정보당국은 새롭게 확대된 유엔안보리 대북제재 방안조차도 북한 정부, 엘리트 및 경제에 미치는 영향이 제한적이란 사실을 2017년, 2018년, 2019년 내내 강조했다. 북한 비핵화 측면에서 타당성 있는 대안이라고 말하면서 제재를 옹호하던 사람들조차 2017년 8월, 9월 및 11월에 도입된 대북제재 효과가 2020년이 되어야 북한경제에 진정 영향을 줄 수 있을 것이라고 말했다. 대북제재에서 의도한 효과를 얻으려면 시간이 필요하다고 조언했다.50) 결국 대북제재는 북한 생존 측면에서 필수적이라고 생각되던 핵무기 개발 프로그램에 관한 김정은의 확고한 집념을 전혀 깰 수 없었다.

셋째, 최대압박 정책은 북한 핵무장을 종용하면서도 그 책임을 미국이 아니고 북한에 전가하는 성격이다. 최대압박 정책은 트럼프가 북미정상회담에서 김정은에게 CVID를 직접 요구함으로써 북한이 더 이상 비핵화 협상에 응하지 못하게 만들기 위한 성격이었다. 결과적으로 사람들이 북한 비핵화가 안 되는 이유가 미국 때문이 아니고 북한 때문이라고 인식하게 만들기 위한 성격이었다. 이 같은 사실이 하노이 정상회담 이튿날 확인되었다. 당시 미국은 CVID 이전에는 결코 대북제재를 해제해줄 수 없다고 말했다. 그런데 북한은 CVID를 북한

---

49) Ibid., pp. 9-10.

50) Quoted in Ankit. Panda(2020), *Kim Jong Un and the Bomb* (Kindle Location 4372). Kindle Edition.

정권을 붕괴시키기 위한 성격으로 생각하고 있었다. 따라서 북한은 이 같은 미국의 요구를 결코 수용할 수 없는 입장이었다. 결과적으로 북한은 오바마 대통령 재임 기간에 개발한 핵무기와 미사일, 다시 말해 한국과 일본을 타격할 수 있을 정도의 핵무장 능력을 그대로 유지하지 않을 수 없었다. 북한이 (선) CVID (후) 보상이란 미국의 협상 요구를 수용하지 않은 채 기존 핵능력을 지속 유지하고자 한다는 사실을 보며 사람들은 북한 비핵화가 안 되는 이유가 미국 때문이 아니고 북한 때문이라고 생각하게 되었던 것이다.

넷째, 최대압박 정책은 스몰딜을 배격한다. 빅딜만을 허용한다. 최대압박 정책에서는 CVID를 하기 이전에는 대북제재를 조금도 해제해줄 수 없다고 말한다. 이는 빅딜만이 허용 가능하다는 의미다. 하노이 북미정상회담 당시 한국과 북한은 스몰딜을 요구했다. 그런데 '최대압박 및 포용' 정책에 따르면 이는 근본적으로 불가능한 일이었다.

제2절 북미정상회담

2017년 내내 김정은이 트럼프의 최대압박 정책에 저항하면서 한반도에서 긴장이 고조되었다. 이 기간 동안 북한은 핵실험을 1차례 했으며 대륙간탄도미사일을 3차례 시험 발사했다. 트럼프가 이 같은 북한에 대항하여 한반도 전쟁 가능성 운운했다. 이 같은 분위기는 2018년 1월의 김정은의 신년연설로 인해 급변했다. 김정은은 2018년 2월에 예정되어 있던 평창동계올림픽 참석과 남북관계 개선 의사를 피력했다. 한반도 비핵화와 긴장완화를 염원했던 문재인 정부가 김정은의 신년연설에 화답했다. 북한의 평창동계올림픽 참석을 계기로 서훈 국정원장과 정의용 국가안보실장이 방북했다. 김정은이 이들에게 비핵화 의지를 피력하고 트럼프가 이것을 수용하면서 2018년 6월의 싱가포르 정상회담과 2019년 2월의 하노이 정상회담이 가능해졌다.

여기서는 김정은의 신년연설 이후부터 싱가포르 및 하노이 정상회담에 이르는 과정과 이들 회담의 결과를, 하노이 정상회담에 관한 주변국들의 반응을 살펴볼 것이다.

1. 대화와 협상으로 가는 길

트럼프가 미국 대통령에 취임한 이후 1년의 기간 동안 핵전쟁의 문턱까지 다가간 듯 보였던 미국과 북한이 위기를 모면할 수 있었던 것은 미국 또는 중국보다는 한국과 북한 지도자들의 노력 덕분이었다. 의미 있는 수준의 대륙간단도미사일 시험을 수차례 과시한 김정은은 북미 핵 위기를 완화시키고 병진전략의 또 다른 부분인 경제발전을 위한 방안을 추구했다. 2017년 11월 29일의 대륙간탄도미사일 시험 발사를 통해 안보적으로 나름의 목표를 달성했다고 생각한 김정은은 미국의 대북제재 완화를 통해 북한 경제를 발전시킬 구상이었다.

2017년 말경과 2018년 초순에는 미국이 제한적이나마 대북 타격을 진지하게 구상하고 있음을 보여주는 믿을만한 보고서가 등장했다.51) 그러나 2018년 1월 1일 김정은은 2017년의 긴장을 대거 완화시키는 성격의 일련의 사건을 가동시켰다. 신년연설에서 김정은은 북한의 핵 억지력 완성을 축하하고 미국에 핵무기 사용 준비가 되어 있음을 경고하는 한편 한국에 '화해의 손길'을 내밀었다.52) 이처럼 '화해의 손길'을 내미는 경우 진보 성향의 문재인 정권이 기꺼이 반응할 것으로 알고 있던 김정은은 2018년 2월에 예정되어 있던 평창동계올림픽 참석 의향을 표명했다. 이 같은 제스처로 2017년 1년 동안의 위기가 수그러들기 시작한 것이다. 김정은의 신년연설이 있은지 38일 만에 한국인들은 백두혈통 가운데 최초로 김여정이 비무장지대를 넘는 모습을 숨을 죽이며 바라보았다. 이처럼 남북화해 조짐이 보이자 미국은 북미회담을 촉구했다.

2018년 1월 18일 미국 CBS 방송과의 인터뷰에서 "북한을 대화에 나오도록 설득하기 위해 어떤 당근을 제시할 것이냐"는 질문에 틸러슨 장관은 "우리는 당근을 사용하지 않는다"며, 대신 커다란 채찍을 이용하고 있고, 북한이 이런 점을 이해할 필요가 있다고 강조했다. 다시 말해, 북한을 계속 압박할 것이며, 이 같은 압박은 북한을 '대화의 광장'으로 나오게 만들기 위해서라고 말했다. 이어 "미국과 동맹국들의 강력한 경제 제재 등 대북압박 노력이 효과가 있다"며 "북한이 (대화의) 신호를 보내오기를 기다리고 있다"고 말했다. 틸러슨 장관은 "외교 수장으로서의 본인의 역할은 미국이 계속 '대화의 문'을 열어놓고 있다는 사실을 북한이 알게 하는 것"이라며 "현 시점에선 북한에 특별히 말할 것이 없기 때문에 많은 메시지를 보내지 않고 있지만 북한의 대화 의지 표명

---

51) Gerald F. Seib, "Amid Signs of a Thaw in North Korea, Tensions Bubble Up," *Wall Street Journal*, January 9, 2018.

52) Andrew Jeong, "Kim Jong Un Says He Has a Nuclear Launch Button on His Office Desk," *Wall Street Journal*, January 3, 2018.

을 기다리고 있다"고 말했다. 1월 12일 틸러슨은 미국과 북한의 대화 성사 여부는 북한의 결정에 달려있다고 밝힌 바 있다. 틸러슨 장관의 이 발언을 근거로 일부 언론은 미국 정부가 북미대화 의지를 분명히 밝혔다고 말했다.53)

2018년 3월 초순 문재인은 김여정의 남한 방문에 대한 답방 형식으로 서훈과 정의용을 포함한 일부 사절단을 평양으로 보냈다. 한국으로 돌아온 정의용은 김정은이 비핵화 의지를 표명했다고 말했다. 한국의 대북특사단이 서울로 돌아온 직후 남북정상회담 준비가 시작되었다. 일주일 뒤 정의용은 트럼프 대통령과 트럼프 보좌관들과 회동하기 위해 워싱턴을 방문했다. 3월 8일 백악관에서 잠시 동안 트럼프를 만난 정의용은 백악관 문밖에서 언론인들을 상대로 브리핑했다. 당시 정의용은 다음과 같이 말했다. "트럼프 대통령이 본인의 방북 내용 브리핑과 관련하여 감사를 표시했으며, 한반도의 항구적인 비핵화를 위해 5월에 김정은과 회동할 것이라고 말했다."54)

2018년 3월에는 김정은이 오랜 은둔생활을 깨고 베이징을 방문하여 시진핑을 만났다. 대북제재 해제를 통한 북한경제 활성화 차원에서 북미정상회담을 열망했던 김정은은 2018년 4월 정상회담 여건을 조성하기 위해 노력했다. 4월 21일 김정은은 대륙간탄도미사일 시험과 핵실험 중지를 선언했다. 마찬가지로 2006년부터 2017년까지 6차례 핵실험했던 풍계리 시험장을 해체할 것이라고 선언했다.55) 그러자 트럼프는 "북한과 전 세계에 매우 좋은 뉴스로서 큰 진전"이라면서 "북미정상회담을 고대한다"라고 말했다.56) 그러나 김정은의 상기 발언은 다음에서 보듯이 전략적인 성격이었다. 김정은은 "우리가 국가의

---

53) 한지하, "[기자문답] 미 고위당국자들 한 목소리로 최대압박 강조 압박 통해 북 대화 이끌겠다는 의지."; 조준경, 양연희 기자, "美 고위관리들, 대북 최대 강경 압박 정책에 한 목소리," 『펜앤드마이크』, 2018. 2. 20.

54) "Remarks by Republic of Korea National Security Advisor Chung Eui-Yong," *The White House*, March 8, 2018.

55) 안홍기 기자, "북한 '핵·미사일 시험 중지, 핵실험장 폐기…경제 매진'," 『오마이뉴스』, 2018. 4. 21.

56) 김헌기 특파원, "트럼프 '북한과 전 세계에 좋은 뉴스…정상회담 고대'," 『JTBC 뉴스』, 2018. 4. 21.

핵능력과 미사일 능력 증진이란 역사적 임무를 완수했기 때문에 더 이상 핵실험 또는 중거리 및 대륙간탄도미사일 시험이 필요하지 않다."57)라고 말했던 것이다.

마찬가지로 2018년 4월 27일 김정은과 문재인은 판문점의 '평화의 집'에서 역사적인 남북정상회담을 했다. 이들은 남북공동선언문에 서명했다. 여기서는 "항구적이고도 안정적인 평화체제" 정착을 포함한 낯익은 주제를 다루고 있었다. 당시의 선언에서 언급한 평화체제는 지난 1953년 이후 한반도를 짓누르고 있던 정전체제를 대체하기 위한 성격이었다. 판문점 선언에서는 또한 한반도 비핵화 문제를 거론했다. 이는 한반도를 "핵무기 없는" 지역으로 만들 것이란 의미였다. 양측은 "남북관계 개선과 발전을 위한 역사적인 순간을 열 것에 동의했다." "외세의 간섭을 배제한 가운데 민족의 운명을 스스로 결정할 것이란 민족 독자성의 원칙을 확인했다." 이들은 또한 "가능한 한 조기에 정상회담을 포함한 다양한 영역과 관련하여 대화와 협상을 하기로 합의했다."58)

5월 26일 김정은과 문재인이 판문점의 통일각에서 재차 회동했다. 당시 이들은 판문점선언 이행 문제와 북미정상회담에 관해 허심탄회하게 대화했다. 이처럼 북미정상회담 계획이 진행되고 있던 5월 김정은은 풍계리 핵 실험장 입구의 터널 폭파 장면을 볼 수 있도록 외국 기자들을 초청했다. 많은 사람들이 풍계리 핵 실험장 터널 입구 폐쇄를 북한 핵무기 해체를 겨냥한 주요 진전의 시작일 것이라고 생각했다. 그러나 이는 사실이 아니었다. 당시 김정은은 이 핵 실험장을 파기한 이유가 이미 북한이 핵 억지력을 완성했기 때문이라고 말한 것이다. 이는 북한이 북미정상회담에서 추구하는 바가 무엇인지를 암시해주는 부분이었다. 북한은 자국의 핵능력을 해체할 의향이 없었던 것이다.

---

57) Anna Fifield, "North Korea Says It Will Suspend Nuclear and Missile Tests, Shut Down Test Site," *Washington Post*, April 20, 2018.

58) "Panmunjom Declaration on Peace, Prosperity and Reunification of the Korean Peninsula," *Office of the President of the Republic of Korea*, April 27, 2018.

한편 미국이 북미정상회담을 통해 추구한 것이 무엇인지는 트럼프가 김정은과 회동할 것이라고 선언한 2018년 3월 8일 이후 1달 뒤인 4월 9일 존 볼턴을 미 국가안보좌관에 임명했다는 사실을 통해 감지할 수 있을 것이다. 아들 부시 행정부 당시부터 볼턴은 북한 핵무기의 CVID를 주장했다. 그런데 CVID는 북한 비핵화가 아니고 북한 핵무장을 은밀한 방식으로 종용하기 위한 성격이었다. 아들 부시 행정부 당시 크리스토퍼 힐과 라이스 국무장관으로 연결되는 '좋은 경찰', 북한 비핵화를 위해 노력하고 있어 보였던 '좋은 경찰'에 대항하여 볼턴과 같은 사람들이 국제사회의 북한 비핵화 노력을 좌절시키기 위한 '나쁜 경찰' 역할을 수행한 바 있었다. 마찬가지로 북한 비핵화를 위해 노력하고 있어 보였던 트럼프란 '좋은 경찰'에 대항하여 볼턴이 재차 '나쁜 경찰' 역할을 수행할 예정이었던 것이다. 볼턴의 임명은 아들 부시가 2005년의 9.19 합의를 볼턴과 같은 강경파를 이용하여 파기했던 것과 마찬가지로 트럼프가 북한 비핵화 과정을 볼턴을 통해 파기할 계획임을 암시해주는 부분이었다. 그런데 볼턴은 2019년 2월의 하노이 북미정상회담에서 정확히 이처럼 했다.

볼턴은 아들 부시 행정부 당시의 리비아의 비핵화 과정을 지켜본 사람이었다. 미 국가안보좌관으로 임명된 직후인 5월 25일 볼턴은 북미협상이 일고의 가치도 없다고 다음과 같이 말했다. "향후 예정되어 있는 북미정상회담은 미국이 원히는 결과를 결코 얻을 수 없는 북한과의 협상에 시간을 더 이상 낭비하지 못하게 하는 성격이 되어야 합니다."[59] 이는 미국이 북한이 결코 수용할 수 없는 성격의 제안을 함으로써 더 이상 미국의 협상 제안에 응하지 못하게 만들어야 할 것임을 암시해주는 부분이었다. 이미 2018년 3월 23일 볼턴은 이처럼 북한이 결코 수용할 수 없는 내용, 다시 말해 CVID와 다름이 없는 내용을 북미정상회담에서 미국이 북한에 요구해야 할 것이라고 다음과

---

[59] "Kim Jong Un-Trump summit: How Did It All Fall Apart?," *BBC News*, May 25, 2018.

같이 말한 바 있었다. "북미정상회담은 13년 또는 14년 전에 리비아와 미국의 논의와 유사한 성격이 되어야 할 것이라고 미국은 주장해야 합니다. 북한 핵무기와 핵시설 등 북한 핵과 관련된 모든 것을 미국으로 옮겨오는 문제를 놓고 논의하는 형태가 되어야 합니다."60) 그런데 이는 북한이 결코 수용할 수 없는 성격이었다. 결국 이처럼 생각하는 볼턴을 미 국가안보좌관으로 임용했다는 사실은 트럼프의 미국 또한 북한 비핵화에 전혀 관심이 없었음을 의미하는 것이었다. 이미 언급한 바처럼 트럼프의 미국의 유일한 관심이 더 이상 북한이 핵무기와 대륙간탄도미사일을 시험하지 못하게 하는 것이었음을 의미했다.

이 같은 볼턴의 발언과 관련하여 김계관을 포함한 북한의 북미협상 베테랑들이 분개했다. 김계관은 다음과 같이 경고했다. "미국이 북한을 코너로 몰아넣어 일방적으로 핵무기 포기를 강요하고자 하는 형태의 대화에 우리는 더 이상 관심이 없습니다. 북미정상회담 추진을 재고하지 않을 수 없습니다." 김계관은 또한 미국에 다음과 같이 경고했다. "북한이 비참한 최후를 맞이했던 리비아 또는 이라크와 같은 국가가 아니란 사실을 세계가 분명히 알고 있다." 6차례 핵실험과 3차례 대륙간탄도미사일을 시험 발사한 "북한, 핵무장한 북한을 리비아와 비교함은 전혀 터무니없는 일이다."61) 북한은 이미 핵 억지력을 완성한 국가였다. 김정은은 힘의 우위를 배경으로 핵 열강으로서 미국과 상호공존 방안을 놓고 논의할 의향이 있었던 것이다.

자국의 핵무기 개발 프로그램을 포기한지 거의 8년이 지난 시점인 2011년 리비아의 독재자 가다피는 미국 중심의 다국적군의 공격으로 비참한 최후를 맞이한 바 있었다. 가다피는 미국의 위협에 대항한 것이 아니고 미국의 핵무기 개발 프로그램 포기 요구를 수용했다. 이 같은 방식으로 정권 안정을 보장

---

60) Reuters Staff, "Trump Should Insist on Libya-Style Denuclearization for North Korea: Bolton," *Reuters*, March 23, 2018.
61) "Full Text: North Korea Calls John Bolton Repugnant and Threatens to Bail on Summit with Trump," *Quartz*, May 16, 2019.

받고자 노력했다. 결과적으로 미국의 공격으로 비참한 최후를 맞았던 것이다.62) 북한의 완벽한 비핵화를 요구하는 형태의 볼턴의 발언과 관련하여 김계관과 같은 북측 인사들이 강력히 반발했다. 그러자 5월 24일 트럼프가 북미정상회담을 취하시켰다. 그러나 5월 26일 트럼프는 입장을 바꾸어 예정된 날짜에 정상회담을 할 수 있을 것이라고 말했다.

문재인이 이처럼 불분명해보였던 북미정상회담을 중재했다. 문재인은 북미정상회담의 불씨를 살리기 위해 비무장지대 부근에서 김정은과 회동했을 뿐만 아니라 미국과 접촉했다. 문재인의 중재로 2018년 6월 12일 싱가포르에서 북미정상회담이 열렸던 것이다.

2. 싱가포르/하노이 북미정상회담

싱가포르 북미정상회담은 2018년 6월 12일, 하노이 북미정상회담은 2019년 2월 27일부터 28일까지 진행되었다. 북한은 단계적이고도 점진적인 비핵화와 그에 상응하는 보상을 원한 반면, 미국은 (선) CVID (후) 보상을 원했다. 그런데 이미 살펴본 바처럼 북미정상회담 이전 트럼프, 비건 및 폼페이오와 같은 미국의 주요 인사들은 미국이 북한이 원하는 방식인 점진적인 비핵화를 선호하고 있음을 암시했다. 2019년 2월의 하노이 북미정상회담에서 트럼프는 김정은이 더 이상 핵무기와 대륙간탄도미사일을 시험하지 않을 것이라고 약속하게 만들었다. 그 후 리비아 모델인 (선) CVID (후) 보상 방안을 제시함으로써 정상회담을 결렬시켰다.

이 같은 방식으로 트럼프의 미국은 북한이 한국과 일본을 타격할 수 있는 반면 미 본토를 타격할 수 없을 정도의 핵무기와 미사일을 보유하게 만들었던 것이다.

---

62) Tracey Shelton, "Gaddafi Sodomized: Video Shows Abuse Frame by Frame (GRAPHIC)," *Public Radio International*, October 24, 2011.

싱가포르 북미정상회담

싱가포르 북미정상회담은 불과 몇 시간 만에 종료되었다. 처음에 김정은과 트럼프가 통역 요원이 배석한 가운데 단독 회동했다. 그 후 보좌관들이 배석한 상태에서 회동했다. 이들은 역사적인 공동선언문에 서명했다. 이는 미국과 북한의 최고지도자가 서명한 최초의 문서였다. 싱가포르 공동선언문이 이전의 모든 양자 및 다자성명을 대신하여 김정은 시대 외교의 기본이 될 예정이었다. 그러나 정상회담 준비 기간이 불과 몇 주였다는 점에서 공동선언문에는 새로운 내용이 거의 없었다. 그 내용은 당시로부터 25년 동안 북한과 미국이 발표한 성명들에 주로 기인했다. 북한이 자국의 핵무기 개발 프로그램과 관련하여 일련의 포괄적이고도 신속한 양보에 합의한 형태인 2005년의 9.19 공동성명과 비교하면 매우 미흡한 수준이었다. 싱가포르선언문의 핵심은 다음과 같았다. "트럼프 대통령은 조선민주주의인민공화국에 대한 안전 보장을 약속했으며, 김 위원장은 복잡한 한반도의 완전한 비핵화 문제 해결에 대한 그의 굳고 변함없는 약속을 재확인했다."63) 그러나 북한의 비핵화는 새로운 북미관계를 설정하고 북미가 평화협정을 체결한 이후에나 가능한 일이었다. 북한은 이제 이들을 이룬 이후에나 비핵화가 가능하다는 사실을 미국에 상기시키고 있었다. 그런데 이들은 북미관계의 개벽을 의미했다.64)

2005년 9월 19일의 9.19 공동성명에서는 북한 비핵화 방안을 상세히 언급한 바 있었다. 그러나 싱가포르 공동선언문에는 이 같은 언급이 없었다. 그 대신 "항구적이고도 안정적인 평화체제" 구축을 제안하고 있었다. 곧바로 트럼프는 북미정상회담 결과를 발표했다. 그러면서 트럼프는 예정되어 있던 한

---

63) 김지수 기자, "[전문] 트럼프-김정은, 6·12 싱가포르 북미정상회담 공동선언문," 『아시아투데이』, 2018. 6. 12.

64) Ankit Panda and Vipin Narang, "North Korea's Nuclear Program Isn't Going Anywhere Two Months After Singapore, Kim Clearly Has the Upper Hand," *Foreign Affairs*, August 13, 2018

미연합훈련을 일방적으로 취하했다. 북미정상회담 조건의 지속적인 충족 차원에서 미국은 2019년까지 예정되어 있던 10여 개의 대규모 또는 소규모 한미훈련과 연습을 취하했다.

싱가포르 정상회담 다음날 트럼프는 당시의 정상회담으로 북한 핵 위협이 말끔히 해결되었다고 주장했다. 트럼프 지지자들은 취임 1년 만에 노벨평화상을 받은 오바마와 비유하며 트럼프의 노벨상 수상을 거론했다. 그러나 이 같은 김정은과 트럼프의 밀월관계는 곧바로 종료되었다. 미 국무장관 폼페이오가 정상회담 관련 후속 조치 차원에서 평양을 방문했는데 결과가 시원치 않았던 것이다. 당시 북한은 날강도와 같은 요구를 했다며 폼페이오를 맹비난했다.[65] 북한의 성명을 보면 폼페이오가 일방적인 비핵화와 다름이 없는 요구를 북한에 했던 것으로 보였다.

싱가포르 정상회담에서 김정은은 "한반도 비핵화"에 동의한 바 있었다. 그런데 폼페이오와 미 국무성 대변인이 싱가포르 정상회담 결과를 왜곡시켰던 것이다. 싱가포르 정상회담 이후 폼페이오는 미 상원외교위원회에서 북한이 완벽한 비핵화를 약속했다며 "우리의 목표는 김정은 위원장이 동의한 바처럼 지금 이 순간에도 북한의 최종적이고도 완벽히 검증 가능한 비핵화다."[66]라고 말했다. 그런데 이는 사실이 아니었다.[67] 2018년 7월 북한은 자국이 CVID를 약속했다는 폼페이오의 주장을 "싱가포르 정상회담 정신에 위배"되는 성격이리고 공개적으로 반박했다.[68]

---

65) "[사설] 폼페이오 訪北 망신…최대 압박 外엔 北核폐기 방법 없다," 『문화일보』, 2018. 7. 9.

66) Secretary of State Michael Pompeo, "An Update on American Diplomacy to Advance Our National Security: Testimony Before the Senate Foreign Relations Committee," *U.S. Department of State*, July 25, 2018.

67) David Welna, "FACT CHECK: U.S. And North Korea After Their Singapore Summit," *npr*, July 31, 2018.

68) Nick Wadhams and Anthony Capaccio, "North Korea Slams U.S. 'Gangster-Like' Demands at Nuclear Talks," *Bloomberg*, July 7, 2018.

2018년 9월에는 문재인이 북한을 방문하여 평양공동선언문에 서명했다. 여기서 남북한 양측은 "적대관계의 근본적인 해결"을 촉구했으며, "상호 이익과 공동 번영 정신에 입각하여 교류와 협력을 증대"시킬 것이라고 말했다. 그러면서 이들은 "한반도를 핵무기와 핵위협이 없는 평화지대로 전환해야 할 것이다."69)라는 관점을 공유했다.

2018년 12월 김정은 정권은 북한이 CVID를 약속했다는 주장과 관련하여 폼페이오를 비난했다.70) 추후 확인 가능하겠지만 2019년 2월의 하노이 북미정상회담에서 미국은 이처럼 북한이 결코 수용할 수 없는 CVID를 요구했다. 북한 입장에서 보면 "한반도 비핵화"는 북한이 일방적으로 하는 성격이 아니고 양측이 동시에 수행해야 할 성격이었던 것이다. 폼페이오가 말한 북한 핵무기의 CVID는 리비아의 비핵화 모델을 달리 표현한 것인데, 김정은은 이 같은 모델에 서명한 바 없었다.71)

2019년 1월 1일 김정은이 신년연설을 했다. 당시 김정은은 북한이 "더 이상 핵무기를 만들지도 시험하지도 않을 것이며, 사용하지도 확산시키지도 않을 것이다."72)라고 천명했다. 김정은은 2018년에 북한이 취한 일련의 조치에 상응하는 방식으로 미국이 반응해야 한다는 것이 북한의 입장임을 재차 천명했다. 그런데 2018년 4월의 남북정상회담 이후 한국은 북한에 무언가 해주고 싶어도 국제사회의 대북제재 때문에 해줄 수 있는 것이 거의 없었다. 김정은은 미 전략자산의, 사드체계, 핵잠수함, 핵 항공모함과 같은 전략자산의, 한반도 또는 한반도 인근 전개에 반대한다는 사실을 강조했다. 그러면서 김정은은

---

69) "Pyongyang Joint Declaration of September 2018," *Office of the President of the Republic of Korea*, September 19, 2018.

70) "Pompeo: U.S. Still Committed to North Korea Denuclearization," *The Korea Times*, December 21, 2018.

71) Ibid.

72) "신년사 김정은," 『로동신문』, 2019. 1. 1.

북한이 취한 조치를 거론했다. 예를 들면, 자체적인 핵무기 및 대륙간탄도미사일 시험 모라토리엄, 풍계리 핵 실험장 터널 입구 폐쇄, 동창리 탄도미사일 엔진시험장의 부분적인 해체는 물론이고 "핵무기를 더 이상 만들지도 시험하지도 않을 것이며, 사용하지도 확산시키지도 않을 것이란" 자신의 언질을 거론했다. 이 같은 신년연설 이후 1달 뒤 하노이 북미정상회담이 있었던 것이다.

김정은이 싱가포르 북미정상회담에 참석한 이유

싱가포르 북미정상회담 이후 미국의 고위급 관리들은 트럼프의 '최대압박' 정책으로 인해 김정은이 협상 테이블로 나왔다고 주장했다. 그러나 김정은이 당시 정상회담에 참석했던 것은 핵무장한 열강으로서의 위상 제고와 국제사회의 대북제재를 해제시키기 위함이었다. 북한 비핵화를 위해 참석한 것이 아니었다.

싱가포르 정상회담 참석을 통해 김정은은 김일성과 김정일이 오랜 기간 동안 염원했던 미국 대통령과의 단독 회동을 이룰 수 있었다. 이것이 가능해졌던 것은 북한이 핵무장했기 때문이었다. 북한 핵무장이 북한과 같은 국가에 국제적인 위상을 부여해준 것이다. 북한은 지속적으로 핵무기를 보유하고자 노력하는 경우 국제사회의 강력한 대북제재로 매우 어려운 상황에 처할 수도 있을 것이었다. 그러나 향후 미국의 어느 대통령도 핵무기를 보유한 북한을 4류 국가로 분류할 수 없을 것이었다.

북한의 비핵화 의지 표명이 피상적인 성격이었음은 북한이 협상 조건으로 제시한 핵시설 목록을 통해 알 수 있을 것이다 2018년 5월 북한은 풍계리 핵 실험장 터널 입구를 폭파시켰다. 그런데 북한이 이처럼 했던 주요 이유는 김정은이 언급한 바처럼 핵무장을 완성했기 때문이었다. 또한 어느 정도 시간이 소요되겠지만 이 핵 실험장은 복구 가능한 성격이었다. 동창리 미사일 엔진

시험장의 경우도 마찬가지였다. 동창리 엔진시험장 영구 사용 중지 문제가 2018년 6월의 싱가포르 북미정상회담 안건으로 올라왔다. 언론 보도에 따르면 김정은은 이 엔진시험장을 해체할 것이라고 트럼프에게 말했다. 트럼프는 본인이 협상을 통해 이 같은 결과를 어렵게 얻어내었다고 주장했다. 그러나 김정은은 싱가포르에 오기 이전에 동창리 엔진시험장 폐쇄 문제를 협상 안건으로 올릴 구상이었다고 한다.73)

북한의 대륙간탄도미사일 엔진을 완성시킨 동창리의 서해 엔진시험장 폐쇄가 갖는 상징적인 의미는 간과할 수 없을 것이다. 그러나 엔진 설계를 이미 검증했다는 점에서 이 시험장의 의미는 상당히 반감되었다. 따라서 북한 입장에서 보면 서해 엔진시험장 영구 사용 중지는 트럼프에게 제공해줄 수 있는 매력적인 양보였다. 제스처 측면에서 상당한 의미가 있었지만 북한이 탄도미사일과 핵무기의 대량 생산에 초점을 맞추고 있던 2018년을 기준으로 보면 이는 제한적인 의미만 있었다. 싱가포르 정상회담 1달 뒤인 2018년 7월 북한이 이 시험장을 해체하기 시작했다. 몇 주에서 몇 개월이 소요되는 복잡한 재건 과정이 없이는 서해 엔진시험장에서 더 이상의 시험은 불가능할 것이었다. 2018년 9월의 남북정상회담 당시 북한은 서해 위성발사시설을 협상 안건으로 제안했다. 그러나 이처럼 제안하기 이전인 2018년 7월과 8월 북한은 이미 서해 부근의 위성발사 시설을 해체하고 있었다.

그러나 이것도 지속되지 않았다. 예정되어 있던 폼페이오의 북한 방문 취소로 북미협상이 결렬된 2018년 8월 말경 서해 엔진시험장과 부근의 위성발사 시설의 해체 작업이 중지되었다. 폼페이오가 북한을 방문한 10월 초순 이후에서조차, 김정은과 트럼프가 하노이에서 회동한 2019년 2월에도 이들 해체 작업은 더 이상 진행되지 않았다. 북한은 미국과의 협상에서 가능한 한 많은 것을

---

73) Quoted in Panda, Ankit. *Kim Jong Un and the Bomb*(Kindle Location 3941). Kindle Edition.; "North Korea to Work towards Denuclearization in Exchange for Security Guarantees," *NK News*, June 12, 2018.

챙기기 위해 적정 시점에 처분 가능한 카드로 서해 엔진시험장과 위성 발사장을 고수하고 있는 듯 보인다. 이는 김정은이 핵무기 또는 탄도미사일을 포기할 의향이 없음을 암시해준다. 2018년 4월의 남북정상회담에서 북한은 서해 엔진시험장 해체를 약속했다. 당시 약속에 관한 한국의 영어 표현과 북한의 영어 표현에 차이가 있었다. 한국은 북한이 서해 엔진시험장을 항구적으로 해체할 것이라고 말한 반면 북한의 영어 표현에서는 북한이 이 시험장을 항구적으로 사용하지 않기로 동의했다고 말하고 있었다. 한국 표현에 따르면 이 엔진시험장과 위성발사대를 물리적으로 해체하여 더 이상 엔진 시험 목적 또는 위성 발사 목적으로 사용할 수 없게 할 것인 반면 북한의 표현에 따르면 이 같은 약속은 있지 않았다.

지금까지 논의에서 보듯이 김정은이 북미정상회담에 참석한 것은 북한 비핵화 때문이 아니었다. 이미 용도 폐기된 핵시설과 관련한 일부 양보를 통해 무언가 얻기 위함이었던 것이다.

문재인의 2차 남북정상회담

2018년 9월 문재인은 김정은과의 또 다른 정상회담을 위해 평양을 방문했다. 평양 정상회담의 주요 실적 가운데 하나는 남북한이 포괄적인 군사적 합의를 했다는 사실이었다. 여기서 남북한 양측은 "군사적 긴장과 대결의 원천인…모든 적대행위를 완벽히 종식"74)하기로 합의했다. 문재인이 북한을 방문한 주요 이유에 2018년 8월 말경 난항을 겪고 있던 북미관계를 원만하게 만들 필요가 있었다는 사실이 있었다. 당시 트럼프는 비핵화 측면에서 충분한 진전이 없다며 사전 계획되어 있던 폼페이오 국무장관의 평양 방문을 취소시킨

---

74) "Stipulations for Peace: Excerpts from the Inter-Korean Military Agreement," *Stars and Stripes*, September 23, 2018.

바 있었다.75)

9월의 방북을 통해 문재인이 추구한 목표는 비핵화 측면에서 무언가 성과를 내는 것이었다. 무엇보다도 평양공동선언 5항에서 "북한 동창리 엔진시험장과 미사일 발사대를 유관국 전문가들의 참관 아래 우선 영구적으로 폐기하고"라고 선언했다는 사실이 중요한 의미가 있었다. 또한 "미국이 6·12 북미 공동성명 정신에 따라 '상응하는 조치'를 취하면 영변 핵시설의 영구 폐기와 같은 추가 조치를 계속 취해 나갈 용의가 있으며"76)라고 북한이 말했다는 사실이 중요한 의미가 있었다.

평양공동선언에는 두 가지 주요 문제가 있었다. 첫째는 평양공동선언에서의 북한의 언질이 미국의 양보를 전제로 한다는 사실이었다. 둘째는 영변원자로와 동창리 미사일 엔진시험장만을 협상 테이블에 올리는 경우 북한 비핵화 측면에서 무언가 부족해 보일 수 있다는 사실이었다. 서울로 돌아온 즉시 문재인은 평양에서 자신이 거둔 업적을 대거 선전했다. 문재인은 영변 핵시설 폐쇄가 보다 많은 핵물질 또는 핵무기 생산 중지와 다름이 없다고 기자들에게 말했다. 그런데 이는 어느 정도 과장이었다. 영변원자로를 불능화시키는 경우에도 평양 인근의 강선을 포함한 2곳의 우라늄 농축 시설이 운용될 예정이었다.77) 그런데 이들 문제는 2019년 2월의 싱가포르 북미정상회담에서 주요 문제로 부상하게 된다.

평양공동선언의 진정한 문제는 영변원자로의 항구적인 해체가 미국이 취할 "그에 상응하는 조치"에 달려 있다는 사실이었다. 평양공동선언에서는 "그에 상응하는 조치"의 의미를 명시하지 않았다. 그러나 이는 북한 입장에서 적어도

---

75) Christina Wilkie, "Trump Cancels Pompeo Trip to North Korea, Cites Lack of Sufficient Progress on Denuclearization," *CNBC*, August 24, 2018.

76) "Opinion: 사설 진일보한 평양회담 성과 … 비핵화 실천에 달렸다,"『중앙일보』, 2018. 9. 20.

77) "[사설] 북핵 폐기 실질 진전 뭐가 있나,"『조선일보』, 2018. 9. 20.; "[사설] 평양공동선언, '되돌릴 수 없는 평화' 이정표 세우다,"『한겨레신문』, 2018. 9. 19.

부분적인 대북제재 해제를 의미할 것이었다. 그러나 2018년경까지 국제사회가 강요한 대북제재가 너무나 광범위한 수준이란 점에서 한국이 국제법을 위배하지 않으면서 북한에 제공해줄 수 있는 가시적인 경제적 이득이 거의 없었다. 남한이 북한에 제공해줄 수 있는 것이 거의 없음이 밝혀지자 남북대화에 관한 북한의 열정이 곧바로 식었다. 남한으로부터 얻을 것이 거의 없자 2018년 말경과 2019년 북한은 대북 경제제재 해제 측면에서 관건일 수도 있는 북미관계에 초점을 맞추었다.

하노이 북미정상회담

2019년 2월 하노이에서 북미 정상이 회동했다. 정상회담 이전의 회동에서 폼페이오는 김정은에게 북한 비핵화 의지에 관해 질문했다. 그러자 김정은은 "저는 아버지이자 한 여자의 남편입니다. 저는 아이들이 있습니다. 저는 내 아이들이 평생을 핵무기를 등에 짊어지고 생활하는 부담을 감당하지 않기를 바랍니다."78)라고 말했다. 혹자는 이것을 김정은이 비핵화 의지가 있음을 의미하는 것으로 해석할 수도 있었을 것이다. 그러나 이는 북한이 일방적으로 비핵화 할 것이란 의미가 아니었다. 왜냐하면 여기서 김정은이 말한 부담이 미국의 위협에 대항하여 세력균형을 유지할 필요성으로 인해 북한이 나름의 핵억지력을 유지해야 할 것이며, 그 과정에서 짊어져야 할 부담을 의미한 것이기 때문이다. 이는 "한반도 비핵화"의 또 다른 표현이었던 것이다. 그런데 "한반도 비핵화"는 북한 비핵화뿐만 아니라 미국이 한국에 제공해주는 핵우산과도 관련이 있는 문제였다. 다시 말해, 미국이 핵무기를 이용하여 자국을 위협하는 한 핵무기를 포기할 수 없을 것이란 의미였다.

---

78) Quoted in Ankit. Panda(2020), *Kim Jong Un and the Bomb* (Kindle Location 4007). Kindle Edition.; Warren P. Strobel, "CIA Korea Expert Who Spurred Talks Sees Hope in Summit," *Wall Street Journal*, February 23, 2019.

하노이 정상회담 당일 트럼프 곁에 앉아있던 김정은에게 워싱턴포스트지의 데이비드 나카무라(David Nakamura) 기자가 "타협을 자신하는가?"라고 질문했다. 그러자 김정은은 "속단은 금물이지만 무언가 좋은 결과가 있을 것으로 생각된다."79)라고 말했다. 그러나 김정은의 판단은 결과적으로 보면 옳지 않았다. 이틀 동안 진행된 하노이 정상회담은 적어도 북한 입장에서 만족스럽지 않았다. 김정은이 전혀 예상하지 못한 상황이 벌어진 것이다. 정상회담 이틀날 회동에서 미측은 김정은에게 미국이 생각하는 한반도 "비핵화"80)에 관한 구체적인 정의를 제시했다. 한반도 비핵화에 관한 미국의 정의로 정상회담이 결렬되기 시작한 것이다. 당시 미국은 리비아 방식의 비핵화 과정 수용을 김정은에게 요구한 것이다. 이 같은 내용의 문서를 준비하는 과정에서 미 국가안보보좌관 볼턴이 각별한 영향력을 행사했다고 알려져 있다.

2018년 4월 21일 김정은은 오바마가 미 대통령으로서의 업무 인수인계 과정에서 트럼프에게 강조한 부분이자, 트럼프가 북한에 요구한 부분의 이행을 약속했다. 다시 말해, 김정은은 핵실험과 대륙간탄도미사일 시험을 중지할 것이라고 공개적으로 선언했다. 북한 최고지도자가 공개적으로 선언했다는 점에서 이 같은 선언을 쉽게 번복할 수 없을 것이었다. 이처럼 자국이 원하는 부분을 이미 달성했다는 측면에서 보면 북한이 미국의 북미회담 제의에 더 이상 응하지 못하게 만드는 것이 미국 입장에서 최상이었을 것이다. 하노이 북미정상회담에서 미국은 김정은이 더 이상 핵무기와 대륙간탄도미사일을 시험하지 않을 것이라고 재차 약속하게 만들었다. 그 후 북한이 결코 수용할 수 없는 리비아 모델에 입각한 북한 비핵화를 요구했다. 이 같은 방식으로 미국은 북한 핵무기

---

79) Quoted in Ankit. Panda(2020), *Kim Jong Un and the Bomb* (Kindle Location 4022). Kindle Edition.; John Hudson, "In a First for North Korea's Secretive Leader, Kim Jong Un Takes a Question from a Foreign Journalist," *Washington Post*, February 28, 2019.

80) Lesley Wroughton and David Brunnstrom, "Exclusive: With a Piece of Paper, Trump Called on Kim to Hand over Nuclear Weapons," *Reuters*, March 30, 2019.

개발과 관련하여 추구한 목표를 완벽히 달성했던 것이다. 이제 북한은 더 이상 핵무기와 대륙간탄도미사일 시험이 쉽지 않게 된 반면, 한국과 일본을 타격할 수 있을 정도의 핵무기와 미사일을 유지하게 된 것이다. 미국의 협상 제의에 더 이상 응할 수 없게 된 것이다.

하노이 북미정상회담의 최종 걸림돌은 북한이 나름의 협상안을 제안한 직후 확인되었다. 당시 북한은 2016년과 2017년의 유엔안보리 대북제재 결의안 5개 모두를 해제해주는 조건으로 영변의 핵연료 생산시설을 폐기할 것이라고 제안했다.[81] 미측은 북한의 제안을 곧바로 거부했다. 그러면서 평양 부근의 강선 우라늄 농축 시설과 같은 은밀한 시설의 존재를 인정하라고 말했다. 트럼프는 "영변원자로가 매우 큰 것은 사실이지만…대북제재 해제를 정당화할 수 있을 정도로 크지 않다."라고 말했다. 미측은 북한이 공개적으로 인정하지 않고 있던 비밀스런 우라늄 농축 시설을 협상 대상에 포함시킬 것을 요구했다.[82] 북한의 반발로 더 이상 진전이 없었다. 이틀 동안의 회동 이후 정상회담이 결렬된 것이다.

북미정상회담 이후의 기자회견에서 트럼프는 다음과 같이 말했다. "기본적으로 북한은 모든 대북제재의 해제를 원했습니다. 우리는 그처럼 할 수 없었습니다." 왜냐하면 "우리가 알고 있던 반면 대부분 사람들이 모르고 있던 핵시설과 관련하여 북한이 해체 또는 폐기를 제안하지 않았기 때문입니다."[83] 그러나 당시 북한이 요구한 것은 모든 대북제재 해제가 아니었다. 2016년과 2017년의 유엔의 대북제재 해제였다. 나중에 미국도 북한이 이처럼 요구했다는 사실을 인정했다.

---

81) "Negotiating North Korea's Nukes," *Institute for Security & Development Policy*, June, 2019.

82) Demetri Sevastopulo et al., "Trump and Kim fail to reach denuclearisation deal," *Financial Times*, Feb 28, 2019.

83) "Remarks by President Trump in Press Conference | Hanoi, Vietnam," *The White House*, February 28, 2019.

하노이 정상회담이 결렬되었던 주요 이유에 미국이 빅딜을 주장한 반면 북한이 스몰딜을 주장했다는 사실이 있었다. 미국은 핵무기 프로그램뿐만 아니라 탄도미사일, 화학 및 생물무기의 포기를 포함한 빅딜을 제안했다. 미국은 또한 자국의 사찰 요원들이 영변핵시설을 포함한 모든 핵시설을 사찰하게 해야 할 것이라고 말했다. 이들 조건을 충족시킬 때만이 미국이 대북제재를 점진적으로 해제해줄 것이라고 말했다. 반면에 북한은 점진적이고도 단계적인 접근방안을 촉구했다. 2016년 이후 유엔안보리가 북한에 강요한 제재들을 해제해주는 조건으로 영변핵시설을 영구 폐쇄할 것이라고 제안했다.

또 다른 문제는 비핵화의 범주에 관한 양측의 인식에 차이가 있었다는 사실이었다. 미국 입장에서 이는 북한 핵무기 프로그램의 CVID를 의미했다. 이는 기존의 북한 핵무기뿐만 아니라 모든 핵물질 그리고 핵무기 생산에 필요한 시설을 국제사회의 사찰 요원들이 통제하는 가운데 불능화하고 파괴함을 의미했다. 반면에 북한은 한반도 비핵화를 지속적으로 주장했다. 그러면서 북한은 한반도에서의 핵위협 제거를 언급했다. 북한 입장에서 보면 자국의 비핵화 조건은 미국과의 적대적인 관계 청산과 미국으로부터 안보를 보장받는 것이었다. 이 같은 이유로 북한은 미국이 한반도와 한반도 주변 불특정 지역에서의 미군 주둔 제한을 요구하고 있었다. 북한은 한국에 제공해주고 있던 미국의 핵우산 제거와 한미동맹 약화를 요구하고 있었다.

트럼프가 하노이 북미정상회담에 참석한 이유

하노이 북미정상회담과 관련하여 두 가지 사실을 인지할 필요가 있을 것이다. 첫째, 하노이 북미정상회담의 실패가 예정되어 있었다는 사실이다.[84] 둘째,

---

[84] Ankit Panda and Vipin Narang, "The Hanoi Summit Was Doomed From the Start: North Korea Was Never Going to Unilaterally Disarm," *Foreign Affairs*, March 5, 2019.

그럼에도 불구하고 트럼프가 하노이에 간 이유는 무엇인가?

첫째 부분과 관련하여 말하면, 하노이 정상회담에 참석하기 이전부터 미국은 북한이 CVID를 결코 수용할 수 없는 입장임을 잘 알고 있었다. 그럼에도 불구하고 트럼프는 하노이 정상회담에서 북한 핵의 (선) CVID (후) 보상을 주장할 예정이었다. 따라서 정상회담이 결렬될 것이 분명했다.

하노이 정상회담 이전 미국은 스몰딜이 가능한 것처럼 반복해 말했다. 이는 김정은의 하노이 정상회담 참석을 유도하기 위한 성격이었다. 하노이에서 트럼프는 북한이 보유하고 있던 모든 핵 프로그램의 일괄 포기를 요구했다. 그러자 북한은 더 이상의 비핵화 단계 논의 이전에 2016년과 2017년의 대북제재 관련 5개 유엔결의안을 해제해야 할 것이라고 말했다. 북한은 영변 핵시설의 영구 해체와 같은 추가적인 비핵화 조치는 이들 유엔결의안을 해제한 이후에나 가능해질 것이라고 말했다. 북한은 대륙간탄도미사일 시험과 핵실험을 일방적으로 중지했으며, 주요 핵실험 장소와 대륙간탄도미사일 엔진시험장을 해체했다는 점에서 이제 미국이 양보해야 할 차례라는 입장이었다. 그러자 미 국무성의 어느 고위급 관리는 북한의 대북제재 해제 요구를 수용할 수 없는 성격이라고 다음과 같이 말했다. "대북제재 해제를 통해 북한에 매년 수십억 달러를 제공해달라는 것인데 이는 북한의 대량살상무기 개발을 미국이 지원하라는 것과 동일한 의미일 것이다."[85] 하노이 정상회담이 종료된 후 어느 미국무성 인사는 "트럼프 행정부에서 단계별 접근 방안을 옹호한 사람은 1명도 없었다.…북한의 완벽한 비핵화가 모든 여타 단계의 사전조건으로 생각하고 있었다."[86]라고 말했다. 미국은 북한이 보유하고 있던 모든 대량살상무기를 포기하는 조건으로 모든 대북제재를 해제할 의향이 있다고 말했다. 북한이 일부

---

85) Reuters Staff, "North Korea wanted sanctions lifted in exchange for partial nuclear plant closure: U.S. official," *Reuters*, March 1, 2019.

86) "Senior State Department Official on North Korea," *Special Briefing*, US State Department, March 7, 2019.

대량살상무기를 제거하는 조건으로의 일부 대북제재 해제는 이들 대량살상무기 개발을 지원해주는 것과 동일한 의미이기 때문에 수용할 수 없다는 것이었다.

이 같은 측면에서 보면 일부 핵능력 포기와 일부 대북제재 해제 교환을 추구한 북한의 입장을 미국은 수용할 수 없는 성격이었다. 지금까지 논의에서 보았듯이 하노이 정상회담은 회담 시작 이전부터 결렬될 것이 거의 분명했다. 미국과 북한의 주장이 상충되는 성격이었기 때문이다.

그러면 북미가 합의에 도달하지 못할 것이 분명했음에도 불구하고 트럼프가 하노이 정상회담에 참석한 것은 무슨 이유 때문일까?

크게 세 가지 이유 때문이었을 것이다. 첫째, 김정은으로부터 더 이상 대륙간탄도미사일과 핵무기를 시험하지 않을 것임을 확답받기 위함이었을 것이다. 미국은 김정은이 북미정상회담 준비 작업의 일환으로 2018년 4월 21일 핵실험과 대륙간탄도미사일 시험 관련 모라토리엄을 선언했다는 점에서 북한 핵과 관련하여 추구한 주요 목표를 달성했다. 그런데 당시의 북한의 선언은 북미정상회담을 전제로 한 것이었을 것이다. 방북한 폼페이오가 북미정상회담이 가능해지도록 이처럼 선언할 필요가 있다고 강조했기 때문에 선언했을 것이다. 이 같은 사실 이외에 이것이 미국 입장에서 너무나 중요했다는 점에서 김정은이 미국 대통령 앞에서 재차 이것을 확인하게 만들 필요가 있었을 것이다. 그런데 우리는 김정은이 더 이상 핵무기와 대륙간탄도미사일을 시험하지 않을 것임을 하노이 정상회담에서 트럼프에게 약속했다는 사실을 확인했다.

둘째, 북한이 보유하고 있던 대량살상무기를 지속적으로 유지하게 만들기 위함이었을 것이다. 하노이 정상회담에서 김정은에게 (선) CVID (후) 보상을 요구하는 경우 북한은 기존 핵무기와 미사일을 그대로 유지하지 않을 수 없을 것이었다.

셋째, 북한 비핵화가 안 되는 주요 이유가 미국 때문이 아니고 북한 때문이라고 사람들이 인식하게 만들기 위함이었을 것이다. 정상회담 이전 스몰딜 가능성을 흘렸던 트럼프의 미국이 하노이에서 (선) CVID (후) 보상 수용을 요구하는 것을 보며 북한은 더 이상 미국의 대화 요구에 응하면 안 될 것이라고 결심했을 것이다. 미국의 반복적인 대화 요구에도 불구하고 대화에 응하지 않는 북한을 보며 사람들은 북한 비핵화가 안 되는 이유를 북한 때문이라고 생각하게 될 것이었다.

하노이 정상회담에서 트럼프는 먼저 김정은이 더 이상 핵무기와 대륙간탄도미사일을 시험하지 않을 것이라고 약속하게 만들었다. 그 후 CVID를 북한에 요구했다. 이 같은 방식으로 트럼프의 미국은 북한 핵과 관련하여 추구한 목표를 완벽히 달성했던 것이다. 트럼프가 하노이 정상회담에 참석했던 것은 이 같은 이유 때문이었을 것이다.

북미대화의 불씨를 살리고자 노력한 트럼프와 김정은

북한이 하노이 정상회담에 참석한 것은 미국이 대북제재 가운데 일부를 해제하게 만들기 위함이었다. 트럼프가 하노이 정상회담에 참석했던 것은 북한이 더 이상 핵무기와 대륙간탄도미사일을 시험하지 못하게 만들기 위함이었다.

문제는 북한이 핵무기와 대륙간탄도미사일 시험 모라토리엄을 지속적으로 준수하게 만들려면 북한이 요구한 대북제재의 일부 해제가 필수적이었던 반면 트럼프의 미국이 대북제재를 조금도 해제해줄 수 없는 입장이었다는 사실이다. 따라서 미국은 북한이 핵무기와 대륙간탄도미사일 모라토리엄을 무기한 준수할 것으로 기대할 수 없었다. 가능한 한 장기간 동안 북한이 핵무기와 대륙간탄도미사일 시험 모라토리엄을 준수하게 만들 필요가 있었다. 반면에 북한은 대북제재 해제 관련 일말의 희망을 포기할 수 없었다. 이 같은 미국과 북한의 입장은 하노이 정상회담이 무산되었음에도 불구하고 트럼프와 김정은이 대화의 불씨를 유지하고자 노력했다는 사실에서 확인 가능할 것이다.

하노이 정상회담 이후 트럼프가 북한을 의도적으로 배려하고자 했으며, 북한이 트럼프를 '선한 목자'로 간주한 반면 볼턴과 폼페이오를 사악한 인간으로 묘사했는데 이들 모두는 트럼프와 김정은이 대화의 불씨를 유지하고자 노력했음을 보여주는 부분이었다.

예를 들면, 2019년 3월 22일 미 재무성은 유엔 대북제재를 피해가는 과정에서 북한을 지원해주었던 1곳의 중국 선박회사를 제재하면서 다음과 같이 말했다. "미국 그리고 미국의 동반 국가들은 북한의 최종적이고도 완벽히 검증 가능한 비핵화 달성을 위해 노력하고 있습니다. 우리는 유엔 대북제재 관련 결의안의 완벽한 이행이 북한 비핵화 성공 측면에서 매우 중요하다고 생각합니다." 그러면서 미 재무성은 다음과 같이 약속했다. "재무성은 대북제재를 지속적으로 강요할 것입니다."87)

그런데 그 후 하루도 지나지 않아 트럼프 대통령은 미 재무성의 대북제재 강요 계획을 기각시켰다. 트럼프는 다음과 같이 말했다. "오늘 미 재무성은 기존 대북제재에 추가하여 보다 방대한 성격의 제재를 강요할 것이라고 선언했다."88) 백악관 대변인은 "트럼프 대통령이 김정은 위원장을 좋아한다. 따라서 이들 제재가 필요하다고 생각하지 않는다."89)라고 말했다.

트럼프는 싱가포르 정상회담 바로 전날에도 이처럼 한 바 있다. 트럼프는 300명에 달하는 북한인들에 대한 제재를 원치 않았다. 그 이유는 "김정은 위원장과 만나기 이전에 이처럼 하는 것이 바람직하지 않을 것이기 때문이다.… 미국이 북한과 매우 잘 소통하고 있기 때문이다."90)

---

87) Jonathan Allen and Josh Lederman, "Trump Tweet on North Korea Sanctions Sparks Hours of Confusion," *NBC News*, March 22, 2019.

88) Donald J. Trump, Tweet, March 22, 2019.

89) Jacob Pramuk, "Trump Will Remove New North Korea-Related Sanctions Because He 'Likes' Kim Jong Un," *CNBC*, March 22, 2019.

90) Ben Riley-Smith, "Trump-Kim Summit: Donald Trump Vows to 'End War Games' in 'New History' with North Korea," *The Telegraph*, March 21, 2018.

싱가포르 정상회담 이전의 몇몇 주요 연설에서와 마찬가지로 싱가포르 정상회담 이후 트럼프는 북한 인권유린 관련 대북 비난을 자제했다. 마찬가지로 2018년 12월 마이크 펜스 부통령은 북한 인권유린 상황을 비난할 예정이었는데 이 같은 비난을 취하했다. 인권유린과 관련하여 제재해야 할 북한 조직들의 목록을 대거 줄였다.91) 이처럼 트럼프가 북한을 배려한 이유가 김정은과의 개인적인 관계 때문이었다는 관점도 없지 않다. 과연 그럴까? 이것이 북한의 핵실험 및 대륙간탄도미사일 시험 모라토리엄과 관련하여 북한이 요구한 대북제재를 해제하지 않으면서 이 같은 모라토리엄을 가능한 한 장기간 동안 지속 유지하기 위한 노력은 아니었는지?

2019년 6월 30일 트럼프와 김정은이 판문점의 비무장지대에서 3차 회동했다. 당시 회동 이후 트럼프는 김정은을 미국으로 초청했다고 말했다. 트럼프는 또한 대북 경제제재 완화에 관해 언급했다. 트럼프는 "어느 시점에…나는 대북제재를 모두 해제할 수 있기를 기원한다."라고 말했다. 그러면서 트럼프는 "협상 도중 어느 시점에 제재를 해제할 수 있을 것이다."92)라고 첨언했다. 본국으로 귀환하면서 비건은 미국이 대북제재 측면에서 융통적인 입장임을 다음과 같이 언급했다. "우리가 추구하는 것은 북한 대량살상무기 프로그램의 완벽한 동결이다."93) 비건은 미국이 원하는 것이 북한 핵무기 프로그램 해체가 아니고 동결임을 강조한 것이다.

2019년 9월 11일 트럼프는 국가안보보좌관 볼턴을 해임했다. 그러면서 북한 비핵화 측면에서 리비아 모델을 주장했다며 볼턴을 비난했다. 트럼프는 볼턴의 경질 배경을 설명하면서 "리비아 지도자 카다피에게 무슨 일이 일어났는지 생각

---

91) Conor Finnegan, "Pence Canceled North Korean Human Rights Speech, with Trump Administration Concerned About State of Nuclear Talks," *ABC News*, December 2, 2018.

92) Seong, Y.-C. "Trump Extends White House Invitation to Kim," *Hankyore*, July 1, 2019.

93) Swan, J. and E. Pandey. "Trump's Negotiator Signals Flexibility in North Korea Talks," *Axios*, July2 2019.

해보라"고 반문했다. 그러면서 트럼프는 "볼턴은 북한과 협상하면서 리비아 모델을 적용하려고 했다. 나는 볼턴의 발언에 대한 김정은의 반응과 관련하여 김정은을 비난하지 않는다"고 말했다.94) 이 같은 트럼프의 반응과 관련하여 민주주의수호재단 선임연구원 데이비드 맥스웰(David Maxwell)도 트럼프 대통령이 볼턴과 리비아 모델을 동시에 비판한 것은 다분히 김정은 위원장을 의식한 것으로 분석했다. 북미 협상을 이어가고 김정은 위원장과의 관계를 유지하기 위한 노력의 일환으로 해석된다는 것이다. 맥스웰은 김정은이 북한 비핵화 수준의 완화를 강력히 요청하면 미국이 수용할 수도 있을 것이라는 희망을 북한이 견지하게 해주었다고 지적했다.95)

　북미화해를 염원하고 있던 북한은 김정은과 트럼프의 사적인 관계 지속을 원했다. 이 같은 이유로 하노이 북미정상회담 실패가 트럼프 때문이 아니고 폼페이오와 볼턴 때문인 것처럼 주장했다. 최선희는 하노이 정상회담 실패와 관련하여 이들을 비난했다. 2019년 4월, 북한 외무성은 폼페이오를 비난하면서 미국의 대북 최고위급 핵 협상가 직책에서의 해임을 촉구했다. 폼페이오가 김정은을 독재자로 비난하자 북한은 "최고 지도자의 존엄을 터무니없이 해치는 발언이다."라고 말하면서 폼페이오를 비난했다. 북한 외무성 미국문제 실장 권정근은 김정은의 발언을 오독함으로써 매우 위험한 상황을 초래했다며 폼페이오를 맹비난했다. 2019년 4월 최선희는 북한 핵무기 포기와 관련한 트럼프 대통령의 빅딜 제안을 수용하라는 볼턴의 촉구를 터무니없는 성격이라고 비난했다. 그러면서 최선희는 볼턴의 이 같은 근시안적인 발언으로 말로 형언할 수 없는 결과가 초래될 수 있을 것이라고 경고했다.96)

---

94) 벡성원, "미 전직 관리들 "트럼프, 볼턴 비판하며 김정은 손 들어줘…펜스 부통령도 '리비아모델' 주장"," *VOA*, 2019. 9. 14.
95) 김영교, "미 전문가들 "트럼프 '리비아 모델' 비판, 미-북 협상 의식한 발언," *VOA*, 2019. 9. 13.
96) Joori Roh and Josh Smith, "North Korea Slams Bolton's 'Dim-Sighted' Call for Sign of Denuclearization," *Reuters*, April 20, 2019.

북한은 상당한 수준의 비핵화 조치를 자국에 요구했던 폼페이오 및 볼턴과 같은 관리들과 북한에 보다 양보할 의향이 있다고 생각되었던 트럼프를 분리하여 취급하고자 노력했다. 북한은 북미관계 진전이 무산되지 않도록 김정은과 직접 접촉하라고 트럼프에게 호소했다.97)

또 다른 상황에 대비한 김정은의 북한

북한은 하노이 정상회담 이후 협상 재개 가능성을 열어놓고자 노력했다. 그러면서도 대미압박 정도를 점차 고조시키고자 노력했다. 북한 외무성 부장관 최선희는 기자들에게 다음과 같이 말했다. "북한은 그 형태와 무관하게 미국의 요구에 굴복할 의사가 없습니다. 또한 우리는 이 같은 협상에 참여할 의향이 없습니다." 그러면서 최선희는 김정은 지도자가 외교적인 대화를 지속할 것인지와 관련하여, 핵무기와 미사일 시험 관련 모라토리엄을 지속할 것인지와 관련하여 곧바로 발표할 것이라는 불길한 발언을 했다.98)

2019년 4월 최고인민회의 연설에서 김정은은 하노이 정상회담의 실패를 대북제재란 미국의 대북 적대시정책과 일방적인 북한 비핵화 요구 때문이라고 말했다. 북한은 재차 트럼프의 빅딜 제안을 거부했으며, 비핵화 열망을 피력했다. 그러나 미국의 추가 양보를 전제로 했다. 김정은은 데드라인을 설정하는 방식으로 미국을 입박했으며, 긴장이 고조되는 시대로 되돌아갈 가능성이 있다고 은근히 위협했다.99)

김정은은 미국이 대북 적대시정책을 지속하면 북한이 그에 상응하는 조치를

---

97) Bruce Klinger, "The U.S. Should Implement Maximum Pressure After Failed Hanoi Summit," May 22, 2019, p. 7.

98) Eric Talmadge, "N. Korean Official: Kim Rethinking U.S. Talks, Launch Moratorium," *Associated Press*, March 15, 2019.

99) "김정은 현 단계에서의 사회주의 건설과 공화국정부의 대내외정책에 대하여," 『로동신문』, 2019. 4. 13.

취할 것이라고 경고했다. 2019년 신년연설에서 김정은은 미국이 지속적으로 북한을 제재하는 경우 "주권과 국가의 최고 이익을 수호하고, 한반도 평화와 안정을 위한 새로운 방안을 강구하지 않을 수 없을 것이다."100)라고 경고한 바 있었다.

한편 북한은 북미대화에서의 레버지리 강화 차원에서 북러관계를 복원시켰다. 4월 말경 김정은은 블라디보스토크에서 푸틴과 회동했다. 당시 푸틴은 북한의 단계적인 비핵화 방안을 지지했다.

김정은은 화성-15 미사일을 시험 발사한 2017년 11월 이후 처음으로 2019년 5월 탄도미사일을 발사했다. 2019년 여름 동안 북한은 신형 단거리 미사일을 3차례 시험 발사했다. 7월 김정은은 탄도미사일 탑재가 가능한 신형 잠수함, 신포에서 건조하고 있던 신형 잠수함을 공개했다. 그런데 이는 2018년 2월의 군사퍼레이드 이후 핵무기 운반이 가능한 군사적 하드웨어를 과시한 최초의 경우였다.

2019년 말경 북한은 북미 외교뿐만 아니라 남북 외교에 관한 기대를 대부분 접었다. 스웨덴의 스톡홀름에서의 북미 회담이 실패로 끝난 2019년 10월 이후 북한은 인내심을 상실했음이 분명했다. 2019년 12월 북한은 서해의 위성 발사장에서 시험 활동을 재개했다. 비핵화 가면을 벗어 내린 김정은은 북한이 강력한 국방력 건설에 매진할 것이란 사실을 노동당과 세계인들에게 상기시켰다. 2019년 말경의 고위급 당원들과의 회동에서 김정은은 "미국의 대북 핵 위협을 억제하고 북한 안보를 장기적으로 보장할 수 있을 정도의 강력한 핵 억지력을 구비할 수 있도록 항상 대비해야 한다."101)라고 강조했다.

---

100) "신년사 김정은," 『로동신문』, 2019. 1. 1.

101) Report of the Fifth Plenary Meeting of the 7th Central Committee of the WPK (Kim Jong Un's 2020 New Year Address)

3. 평가

하노이 정상회담에서 북미가 대타협에 도달하기를 진정 원했던 유일한 세력은 문재인 정부로 대변되는 한국의 진보진영뿐이었다.102)

하노이 북미정상회담은 합일점을 찾지 못한 채 무산되었다는 점에서 미국 입장에서 실패작이라고 생각할 수도 있을 것이다. 그럼에도 불구하고 트럼프의 미국은 하노이 정상회담을 통해 원하는 것 모두를 완벽히 달성할 수 있었다. 당시의 정상회담을 통해 미국은 김정은의 북한이 한국과 일본을 타격할 수 있는 반면 미 본토를 타격할 수 없을 정도로 핵무장하게 만들어야 할 것이란 목표를 달성했다. 더 이상 북한이 자국의 북미회담 제안에 응하지 못하게 함으로써 북한 비핵화가 안 되는 것이 북한 때문이라고 사람들이 인식하게 만들어야 할 것이란 목표 또한 달성했다. 이 같은 측면에서 보면 하노이 정상회담은 미국 입장에서 완벽한 성공작이었다.

이 같은 사실을 미 국가안보보좌관 볼턴은 다음과 같이 표현했다. "저는 하노이 북미정상회담이 미국 입장에서 의심할 여지없이 성공적이었다고 생각합니다. 트럼프가 미국의 국익을 수호하고 지켰기 때문입니다."103)

북한은 일부 핵능력 해체를 통해 대북 경제제재 가운데 일부를 해제해야 할 것이란 자국의 목표를 달성하지 못했다. 이 같은 측면에서 보면 하노이 북미정상회담은 북한 입장에서 실패작이었다.

하노이 북미정상회담 직전, 도중 및 직후에서의 미국과 북한의 반응을 이미 자세히 살펴보았다는 점에서 여기서는 하노이 정상회담에 대한 한국, 일본,

---

102) Gilbert Rozman, "Introduction," in *Joint U.S.-Korea Academic Studies The East Asian Whirlpool: Kim Jomg-Un's Diplomatic Shake-up, China's Sharp Power, and Trump's Trade Wars*(Korea Economic Institute of America, 2019) Edited by Gilbert Rozeman, p. 305.

103) Kelsey Tamborrino, "Bolton Defends outcome of Trump Summit with North Korea," *POLITICO*, March 3, 2019.

중국 및 러시아의 반응을 살펴볼 것이다.

결론적으로 말하면 당시의 북미정상회담에 관한 일본, 중국, 러시아의 기대와 평가는 자국의 국익을 대변하는 성격이었다.

한국은 달랐다. 한국은 북한 핵문제를 포함한 한반도 문제에 관한 진보진영과 보수진영의 입장이 매우 상이했다. 더불어민주당으로 대변되는 한국의 진보진영은 점진적이고도 단계적인 북한 비핵화를 추구했는데 이는 중국 및 북한 입장과 유사했다. 국민의힘으로 대변되는 보수진영 입장은 한반도 문제에 관한 한 미국 및 일본 입장과 유사했다.

미중경쟁이 격화되지 않았던 2000년대 초반까지만 해도 일본은 북한 비핵화를 염원하는 입장이었다. 중국이 점차 패권 야욕을 노정시킴에 따라 일본은 미국과 마찬가지로 중국 위협 견제 측면에서 한반도 문제를 바라보았다.104) 결과적으로 일본은 미국과 마찬가지로 미군의 한반도 주둔 보장을 자국의 핵심 이익으로 간주했다. 주한미군의 입지를 약화시킬 수 있는 북한 비핵화와 같은 한반도 긴장완화 노력을 결코 수용할 수 없는 입장이었다. 이 같은 이유로 북한 핵문제에 관한 일본의 입장이 미국과 거의 동일해졌다. 미국과 마찬가지로 일본은 한반도 긴장완화를 초래할 가능성이 있던 스몰딜을 필사적으로 배격하지 않을 수 없는 입장이었다. 하노이 정상회담이 무산되기를 염원했다.

중국 또한 미중경쟁이 격화되기 이전인 2000년대 초반까지만 해도 북한 비핵화를 원하는 측면이 없지 않았다. 미중경쟁이 격화된 이후에는 미국과 마찬가지로 점차 북한 비핵화를 원할 수 없게 되었다. 미국과 자국 사이에서 완충지대로 기능하는 핵무장한 북한이 중요한 의미가 있었기 때문이었다.

---

104) "한일 안보관계를 결정하는 가장 결정적인 요인은 중국일 것이다.…미국과 일본의 정책 수립가들 입장에서 한국 방어의 의미는 상당히 줄어들었다. 일본과 미국이 부상하는 중국 위협에 대응할 필요성 때문이다." Narushige Michishita, "Changing Security Relationship between Japan and South Korea: Frictions and Hopes," Asia-Pacific Review, Vol. 21, 2014 - Issue 2, pp. 19. 23.

2000년 중국을 방문한 미국의 학자와 군인들에게 중국은 북한 붕괴를 방관하지 않을 것이라고 반복해 말했다.105) 그런데 이는 중국이 북한 핵무장을 원한다는 의미였다. 핵무장하지 않은 북한이 남한의 공격으로 붕괴될 가능성도 없지 않을 것이기 때문이다. 중국이 한반도와 관련하여 추구하는 3개 목표, 다시 말해 평화, 안정 및 비핵화 가운데 비핵화의 우선순위가 가장 낮다.106) 이것 또한 중국이 북한 비핵화를 원할 수 없다는 의미일 것이다. 비핵화하는 경우 한반도가 불안정한 상태가 되거나 한반도에서 전쟁이 벌어질 가능성이 있기 때문이다. 오늘날 중국은 북한 비핵화보다는 한반도에서의 자국의 영향력 증대에 관심이 있어 보인다. 진정 북한을 비핵화시켜야만 하는 경우 점진적이고도 단계적인 그리고 평화적인 비핵화를 원하고 있다. 이처럼 하는 과정에서 한반도에 대한 자국의 입지가 강화되는 반면 미국의 입지가 약화될 가능성이 있다고 생각하기 때문일 것이다.

냉전 종식 이후 세력이 급격히 약화된 러시아는 중국 및 미국과 달리 진정 북한 비핵화, 남북통일을 염원하는 입장이었다. 냉전 당시 러시아가 한반도를 통해 세력팽창을 추구했던 반면 오늘날 이처럼 세력팽창을 추구할 정도의 국력을 구비하고 있지 않기 때문이다. 러시아의 주요 관심사인 시베리아 개발 측면에서 통일한국이 도움이 되기 때문이다. 그러나 중국과 비교하여 국력이 상당히 열세해진 반면 미국의 견제로 오늘날의 러시아는 한반도 문제에 관한 한 중국 입장을 존중하지 않을 수 없는 입장일 것이다. 이는 중국과 비교하여 러시아의 세력이 막강했던 냉전 당시 한반도 문제와 관련하여 중국이 러시아의

---

105) Larry M. Wortzel, "China's Goals and Strategies for the Korean Peninsula: A Critical Assessment," in *Planning for a Peaceful Korea* (U.S. Army War College, February 2001) edited by Henry D. Sokolski, p. 216

106) "중국은 한반도 평화 유지를 가장 중요한 목표로 생각한다.…그러나 중국은 북한 비핵화 전략 가운데 한반도 평화와 안정을 해치지 않는 전략만을 지지할 것임을 분명히 했다." Bonnie S. Glaser Brittany Billingsley, "Reordering Chinese Priorities on the Korean Peninsula," *CSIS*, November 2012, pp. 1-2.

입장을 존중했던 것과 동일한 현상일 것이다.

한국의 보수진영과 일본은 하노이 정상회담이 무산되는 경우 김정은 정권에 보다 많은 압력을 가할 수 있게 되고, 김정은이 그 고통을 감지하여 비핵화에 동의할 가능성이 높아질 것이라고 주장했다.107) 미국의 대북정책을 대체적으로 추종할 뿐만 아니라 미국을 '선한 목자'로 생각하는 경향이 있는 한국의 보수진영은 하노이 정상회담 무산이 궁극적으로 북한 비핵화 측면에서 긍정적이라고 생각했을 수도 있을 것이다. 미국이 이처럼 말하고 있었기 때문이다. 일본은 그렇게 생각하지 않았을 가능성도 없지 않을 것이다. 일본이 하노이 정상회담 무산을 원했던 주요 이유는 이것이 궁극적으로 북한 비핵화 측면에서 긍정적이라고 생각했기 때문이 아니고 미국과 마찬가지로 한반도 긴장완화를 우려했기 때문이었을 것이다.

중국과 러시아는 하노이 정상회담 무산으로 미국이 북한이 원하는 상호 양보에 입각한 단계적인 방안에 동의하게 될 가능성이 높아질 뿐만 아니라 중국의 보다 적극적인 관여가 요구되거나 6자회담과 유사한 다자적인 방안의 필요성이 제기될 것이라고 생각했다.108) 이 같은 중국의 관점은 소망사항일 것이다. 북한 핵문제를 주도하고 있는 미국 입장에서 북한이 한국과 일본을 타격할 수 있는 반면 미 본토를 타격할 수 없을 정도의 핵무장이 최적이기 때문이다. 이 같은 이유로 미국이 더 이상 북미회담을 내심 원치 않을 것이기 때문이다. 한반도 비핵화에 관한 미국의 입장이 변함없이 (선) CVID (후) 보상일 것이란 점에서 미국의 대화 제의에 북한이 더 이상 응하지 않을 것이기 때문이다.

---

107) Gilbert Rozman, "Introduction," p. 305.
108) Ibid., p. 313.

한국

킴벌리 킴(Kimberly Kim)의 연구 결과[109]가 보여주듯이 하노이 정상회담 이전, 당시 및 이후에서의 한국 진보와 보수의 반응은 정반대였다.

하노이 정상회담 일정이 다가오자 한국 언론매체는 하노이에서 미국과 북한이 스몰딜에 동의할 가능성을 대대적으로 보도했다. 북한이 영변핵시설과 대륙간 탄도미사일 해체에 동의하는 한편 미국이 6.25전쟁 종전선언 및 북미연락사무소 개설과 더불어 대북제재를 완화해주는 방식으로 북한을 경제적으로 지원해줄 가능성이 높다고 보도했다.[110] 이 같은 보도는 이미 살펴본 바처럼 김정은의 하노이 정상회담 참여를 유도하기 위해 미국의 주요 인사들이 하노이에서 스몰딜이 가능할 것처럼 정상회담 이전에 발언했기 때문이었을 것이다.

보수진영, 예를 들면, 한국의 보수 언론매체들은 북미 간의 스몰딜 가능성과 관련하여 비판적이었다. 이들은 (선) CVID (후) 보상이란 빅딜을 선호했다. 이들은 북한이 완벽히 비핵화하기 이전에서의 대북제재 완화 또는 해제가 북한 비핵화 포기와 다름이 없다고 주장했다. 반면에 진보진영은 스몰딜을 선호했다. 스몰딜과 빅딜에 관한 진보 언론매체의 일반적인 반응은 문재인의 청와대 주장과 긴밀히 연계되어 있었다. 청와대는 북미정상회담이 스몰딜 형태로 종료되는 경우에서조차 이것을 실패로 간주할 수 없을 것이라고 주장했다. 스몰딜이 장기간 동안 진행되는 협상 과정의 일부이기 때문이란 논리다.[111]

"스몰딜과 빅딜"을 놓고 벌어진 논쟁에서의 또 다른 주제는 김정은이 하노이

---

109) Kimberly Kim, "South Korean Print Media on Why the Hanoi Summit Failed," in *Joint U.S.-Korea Academic Studies The East Asian Whirlpool: Kim Jomg-Un's Diplomatic Shake-up, China's Sharp Power, and Trump's Trade Wars*(Korea Economic Institute of America, 2019) Edited by Gilbert Rozeman, pp. 316-27.

110) Ibid, p. 316.

111) Ibid, pp. 316-7.

에서 협상 대상으로 올려놓은 영변핵시설에 관한 것이었다. 미국과 마찬가지로 한국의 보수 논객들은 영변핵시설이 더 이상 북한의 주요 핵시설이 아니라고 주장한 반면 진보 논객들은 영변핵시설 해체의 중요성을 강조하는 등 정반대 되는 입장을 견지했다.112)

남북한 경제 합작과 관련하여 말하면 진보 성향 신문들은 이것이 트럼프 행정부에 재정 및 경제적으로 많은 부담을 주지 않으면서 김정은이 요구한 북한 비핵화 관련 "상응하는 조치"의 하나로 기능할 수 있을 것이라는 문재인의 관점에 공감했다. 보수진영은 매우 부정적이었다. 예를 들면, 2019년 2월 21일 동아일보는 경비에 신경 쓰지 않으면서 비핵화에 전념할 것을 미국에 촉구하는 형태의 문재인의 공약이 최소 103조원에서 111조원의 비용을 한국이 감당하게 만들 것이란 주장을 했다.113)

하노이 정상회담이 무산된 것과 관련하여 보수 진영이 다행스럽게 생각하며 김정은과 문재인을 비난한 반면 진보진영은 또 다른 정상회담을 추구했다.114)

한국인들은 당시 북미정상회담 결렬과 관련하여 다양한 이유를 제기했다. 진보성향 언론매체는 정상회담 이튿날 확대회의 도중의 볼턴의 느닷없는 협상장 등장 또는 나경원 의원의 최근 미국 방문이 북미정상회담에 부정적인 영향을 미쳤을 가능성이 있다고 주장했다. 보수진영은 문재인의 무능과 비핵화에 관한 김정은의 거짓 약속을 비난했다. 보수진영은 하노이 정상회담 이전에도 정상회담에서 미국이 빅딜을 추구할 것임을 보여주는 징후가 없지 않았는데 문재인의 청와대가 마지막 순간까지 이 같은 사실을 전혀 모르고 있어 보였다고 주장했다. 어느 일본정부 관리의 발언을 인용하며 조선일보는 "평양에서의 실무자 협의 단계에서부터 하노이 타결이 어려울 것이라고 들었다. 정상회담

---

112) Ibid, p. 318.
113) Ibid, pp. 317-8.
114) Ibid, pp. 319-21.

첫날 만찬 이후 나는 타협이 없을 것이라는 브리핑을 받았다."라며 "청와대 대변인이 다음날 낙관적인 성명을 발표하는 것을 보며 놀랐다"고 말했다. 이 같은 관점에서 보면 문재인 정부 당시의 한미동맹이 피상적인 수준에서 벗어나지 못하고 있어 보인다며 청와대와 외교부를 비난했다. 조선일보는 고철더미와 다름이 없는 영변핵시설 해체 조건으로 완벽한 대북제재 해제를 요구했다며 김정은을 비난했다.115) 여기서 주목할 만한 부분에 하노이 정상회담이 의도된 실패였으며, 그 과정에서 볼턴이 비핵화의 문턱을 높이는 악역을 담당했다는 정세현 (전) 통일부장관의 발언이다.116) 정세현의 발언은 이 책에서의 필자의 관점과 유사한 측면이 없지 않다.

국가안보는 진보와 보수의 차이가 있을 수 없을 것이다. 미국과 북한은 물론이고 아래에서 보듯이 일본, 중국 및 러시아의 한반도 정책, 특히 대북 핵정책은 일관성이 있었다. 국가적으로 통일되어 있었다. 그런데 한국의 보수와 진보의 대북 핵정책은 180도 상이한 성격으로 보인다. 이는 국가적으로 매우 심각한 문제일 것이다.

일본

미국과 마찬가지로 일본은 북한 핵문제를 동북아지역에서의 세력균형과 지정학적 측면에서 바라보았다.117) 하노이 정상회담에 관한 일본 입장은 미국 입장과 거의 동일했다.118)

---

115) Ibid, pp. 319-20.

116) Ibid., p. 319.

117) Gilbert Rozman, "Introduction," p. 307.

118) Gilbert Rozman, "Japanese Media: Why Did the Hanoi Summit Fail and What Comes Next?," in *Joint U.S.-Korea Academic Studies The East Asian Whirlpool: Kim Jomg-Un's Diplomatic Shake-up, China's Sharp Power, and Trump's Trade Wars*(Korea Economic Institute of America, 2019) Edited by Gilbert Rozeman, pp. 328-41.

정상회담 직전 미국 내부에서 스몰딜 가능성이 제기되자 일본 언론이 노심초사했다. 문재인의 청와대와 달리 아베 총리는 하노이 정상회담이 빅딜로 끝날 것임을 알고 있는 듯 보였다. 2019년 2월 20일 아베는 트럼프의 대북 접근 방안과 관련하여 굳건한 믿음을 토로했다. 아베는 트럼프가 하노이에서 CVID를 추구할 것으로 확신했다. 이 같은 트럼프의 입장을 지지한다고 말했다.119)

진보 및 보수와 무관하게 일본 언론매체는 트럼프의 미국과 마찬가지로 북한의 완벽한 비핵화 이전에는 대북제재를 해제하면 안 된다고 생각했다. 예를 들면, 2019년 2월 22일의 사설에서 요미우리신문(讀賣新聞)은 북한이 핵무기, 미사일 그리고 일본인 납치 문제를 모두 해결하기 이전에는 대북제재를 지속적으로 유지해야 할 것이라고 주장했다. 하노이에서 북미가 쉽게 타협하면 안 될 것이라고 경고했다. 문재인이 남북관계를 강조하며 대북제재 측면에서 예외 조항을 두어야 할 것이라고 말하고 있는데 이처럼 하면 안 될 것이라고 주장했다. 산케이신문(産経新聞)은 하노이 정상회담을 일종의 '쇼'로 생각했다. 북한 비핵화와 관련하여 서두르지 않을 것이란 트럼프의 발언을 비판했다. 이 같은 '정치 쇼'는 필요 없다고 말했다. 여기서는 남북화해 노력을 이상하게 생각했으며, 완벽히 비핵화하는 순간까지 북한을 압박해야 할 것이라고 주장했다. 도쿄신문(東京新聞)은 문재인의 주요 관심이 북한 비핵화라면서 트럼프가 2020년 미국 대선을 고려하여 북한 비핵화를 서둘러 추진하면 안 될 것이라고 말했다.120)

일본의 진보 언론매체들 또한 문재인의 대북제재 조기 해제 노력이 한미관계를 약화시킬 가능성을 우려했다. 이들은 대북제재 완화 관련 문재인의 선호와 무관하게 한일관계 개선을 촉구했다. 이들은 하노이 북미정상회담으로 북중 및 북러 교류가 보다 활발해지면서 대북제재 압력이 약화될 가능성뿐만

---

119) Ibid., p. 330.
120) Ibid., pp. 329-30.

아니라 동북아지역의 지정학적인 환경이 변화될 가능성을 우려했다. 일본의 모든 진보성향 언론매체들은 대북제재 완화를 추구한다며 중국과 러시아를 비난했다. 이들은 대북제재 완화 차원에서 북미대화를 촉구한다며 중국을 비난했다. 이들은 대북 영향력 확보 차원에서 대북제재 완화를 원하고 있다며 러시아를 비난했다. 이들은 중국과 러시아의 대북제재 완화 노력이 일본의 국익과 배치된다고 생각했다.121)

하노이 정상회담 이후 일본은 진보 및 보수와 무관하게 안도의 한숨을 내쉬었다. 이들은 좋지 못한 거래를 피했다고 생각했다. 이들은 김정은이 비핵화하기 이전까지 북한을 최대한 압박해야 한다고 주장했다. 이들은 문재인의 한국을 비난했다. 중국과 러시아의 의도를 의심했다.122)

지금까지 논의에서 보았듯이 하노이 정상회담을 바라보는 일본인들의 시각은 미중경쟁 측면이었다. 진보와 보수 모두 거의 차이가 없었다. 중국 견제 차원에서 미군의 한반도 주둔이 필수적이란 시각에 입각한 것이었다. 북한이 완벽하게 비핵화한 이후에나 대북제재를 해제해야 할 것이란 관점이었다. 그런데 이는 북한 비핵화를 하면 안 된다는 것과 다름이 없는 주장이었다.

중국123)

하노이 정상회담에 관한 중국의 시각을 알고자 하는 경우 2019년 1월 11일의 해방일보(解放日報)를 살펴볼 필요가 있다. 해방일보는 비핵화가 아니고 한반도

---

121) Ibid., pp. 330-1.
122) Quoted in Ibid., pp. 331, 337.
123) Danielle Cohen, "Chinese Media: Why Did the Hanoi Summit Fail and What Comes Next?," in *Joint U.S.-Korea Academic Studies The East Asian Whirlpool: Kim Jomg-Un's Diplomatic Shake-up, China's Sharp Power, and Trump's Trade Wars*(Korea Economic Institute of America, 2019) Edited by Gilbert Rozeman, pp. 356-65.

평화프로세스 진전에, 북미관계 개선에 초점을 맞추었다. 여기서는 대북제재를 적절히 해제해주지 않으면 하노이 정상회담이 무산될 것이라고 예견했다. 한반도 문제 해결의 유일한 방안이 대화와 상호이해라고 천명했다. 대화와 상호이해를 어렵게 하는 대북 압박이 문제 해결의 장애 요인이라고 주장했다. 여기서는 한반도전쟁을 종료시키기 위한 평화협정 체결 필요성을 거론했다. 하노이 정상회담을 앞둔 상태에서 해방일보가 전달하고자 한 메시지는 미국만 변하면 북한 핵문제를 포함한 한반도 문제가 해결될 것이라는 것이었다.124)

중국의 대부분 한반도 전문가들은 갑자기 종료된 하노이 정상회담이 실패작이 아니고 "합의에 도달하지 못한 경우"로 생각했다. 이들은 정상회담이 긍정적인 분위기에서 종료되었다는 사실과 양국 정상이 상대방을 비방하지 않았다는 사실을 그 이유로 들었다. 이들은 정상회담이 비교적 우호적인 분위기에서 종료되었다는 점에서 적절한 시점에 3차 정상회담이 있을 수 있다고 조심스럽게 낙관했다. 이들은 또한 북한이 미사일 시험을 중지하고 있다는 점에서 그리고 한미 양국이 한미연합훈련을 보다 소규모로 하기로 결심했다는 점에서 6.25전쟁 이후 한반도가 가장 평온한 상태를 유지하고 있다고 생각했다. 중국 정부는 당시의 북미정상회담을 주목할 만한 의미가 있는 주요 단계라며 환영했다.125)

중국 전문가들은 중국이 북한 핵문제의 평화적 해결을 위한 협상을 지속적으로 지원해야 할 것이라고 주장했다. 중국 전문가들은 싱가포르 정상회담은 물론이고 하노이 정상회담에서조차 북한 핵문제를 해결할 수 없었다는 점에서 어느 순간 중국이 상황에 개입해야 할 것이라고 생각했다. 중국은 북중교류가 보다 빈번한 반면 미국과 북한이 빅딜을 이룰 가능성이 거의 없다는 점에서 북한 핵문제 해결 측면에서 자국의 영향력이 중요해질 순간이 올 것으로 생각

---

124) Ibid., pp. 356-7.
125) Ibid., p. 360.

했다.126)

여기서 보듯이 중국의 관점 또한 자국의 이익을 반영하고 있었다. 중국은 평화적이고도 점진적인 북한 비핵화 과정을 추구했다. 이 같은 방식으로 한반도에 대한 자국의 영향력을 증대시킬 수 있을 것이기 때문일 것이다. 북미정상회담이 성과 없이 끝났다는 사실로 인해 자국의 중재 노력이 필요해지는 순간이 도래할 것으로 생각했다.

러시아127)

푸틴의 러시아는 동북아지역을, 특히 한반도를 중국의 영향권으로 생각했다. 따라서 북한 핵문제 해결 측면에서 중국의 의도를 존중해야 할 것으로 생각했다. 그런데 이는 냉전 당시와 비교하면 상황이 역전된 것이었다. 냉전 당시 러시아는 동북아지역을 중국의 영향권이 아니고 자국의 영향권으로 생각한 바 있다.128)

하노이 정상회담 이전 러시아의 대부분 분석가들은 적어도 무언가 의미 있는 결과가 있을 것으로 생각했다. 트럼프와 김정은의 2차 북미정상회담이 무산되자 러시아의 대부분 관측가들이 놀라움을 표시했다. 그럼에도 불구하고 이들은 중국의 전문가들과 마찬가지로 북미외교가 지속되면서 궁극적으로 의미 있는 결과가 나올 가능성이 있다고 생각했다.129)

---

126) Ibid., pp. 361-2.

127) Artyom Lukin, "Why Did the Hanoi Summit Fail and What Comes Next? The View from Russia," in *Joint U.S.-Korea Academic Studies The East Asian Whirlpool: Kim Jomg-Un's Diplomatic Shake-up, China's Sharp Power, and Trump's Trade Wars*(Korea Economic Institute of America, 2019) Edited by Gilbert Rozeman, pp. 342-55.

128) Ibid., p. 351.

129) Ibid., p. 342.

한편 이 책에서의 필자의 주장과 동일한 성격이지만, 러시아 전문가 가운데에는 트럼프의 행동이 의도적인 성격이라고 생각하는 사람이 없지 않았다. 하노이 정상회담이 무산된 결과, 한반도가 분단된 상태에서 북한이 미사일과 핵실험을 자제하는 한편 대북제재가 유지되는 상황이 트럼프 입장에서 나쁠 것이 없다는 관점이다. 결과적으로 하노이 정상회담에서 타협하지 않음으로써 트럼프가 미국의 국익을 굳건히 지킨 협상가로 부상했다는 것이다.[130]

---

130) Ibid., p. 344.

제3절 결론

오바마 대통령 임기가 종료되기 1년 전인 2016년 2월 북한은 위성 발사를 빙자하여 초보적인 수준이나마 대륙간탄도미사일 시험 발사에 성공했다. 그러자 그 이전까지 북한 핵무기 및 미사일 시험과 관련하여 수수방관하던 오바마의 미국이 이들 시험에 관심을 표명하기 시작했다. 오바마 행정부 요원들, 미국의 주요 연구소 연구원들은 트럼프와 힐러리 클린턴 가운데 누가 당선될 것인지와 무관하게 차기 미 행정부에서 북한 핵이 가장 중요한 문제가 될 것이라고 생각했다.

이들은 북한이 한국과 일본을 타격할 수 있을 정도의 핵미사일을 보유해야 할 것이지만 미 본토를 타격할 수 있을 정도의 대륙간탄도미사일을 보유하지 못하게 만들어야 할 것으로 생각했다. 미국의 지속적이고도 진지한 비핵화 노력에도 불구하고 북한이 한국과 일본을 타격할 수 있을 정도의 핵무기와 미사일을 갖게 된 것처럼 사람들이 인식하게 만들 필요가 있다고 생각했다. 이 같은 목표 달성 측면에서 먼저 북한이 더 이상 대륙간탄도미사일과 핵무기를 시험하지 못하게 해야 할 것으로 생각했다.

북한이 미 본토를 타격할 수 있는 대륙간탄도미사일과 핵무기를 더 이상 시험하지 못하게 하려면 핵무기와 대륙간탄도미사일 시험 모라토리엄을 선언하게 하고, 이 같은 시험이 곤란해지도록 북한을 경제직으로 최대한 압박하며, 북한이 이들 시험을 준비하는 경우 그 현장을 선제 타격하는 등 전쟁도 불사할 것이라고 암시할 필요가 있었다. 여기서 가장 중요한 부분은 북한의 핵무기와 미사일 시험 모라토리엄 선언이었다. 한편 미국의 지속석이고도 진지한 비핵회 노력에도 불구하고 북한이 이 같은 핵무기와 미사일 능력을 구비하게 되었다고 사람들이 인식하게 만들려면 북한이 결코 수용할 수 없는 (선) CVID (후) 보상 방안 수용을 북미정상회담에서 북한에 요구할 필요가 있었다.

북한체제 속성상 김정은이 트럼프 면전에서 핵무기와 미사일 시험 관련 모라토리엄을 선언하게 한 후, 트럼프가 김정은에게 (선) CVID (후) 보상 방안 수용을 요구함이 중요한 의미가 있었다. 이처럼 하면 더 이상 핵무기와 대륙간탄도미사일 시험이 곤란해질 것이었다. 북한이 오바마 재임 기간 동안 개발한 한국과 일본을 타격할 수 있을 정도의 핵미사일 능력을 그대로 유지하게 될 것이며, 북한이 이들 능력을 유지하게 된 것이 미국 때문이 아니고 북한 때문인 것으로 사람들이 생각하게 될 것이었다.

이 같은 목적의 북미정상회담에 김정은이 참석하게 만들기 위해 미국은 북미회담에 응하지 않으면 무력도 불사할 것이라고 위협할 필요가 있었다. 북한이 원하던 스몰딜이 북미정상회담에서 가능할 것처럼 북미회담 이전에 분위기를 조성할 필요가 있었다. 이 같은 미국의 노력으로 김정은이 싱가포르와 하노이 정상회담에 참석했다. 하노이 정상회담에서 트럼프는 먼저 김정은으로 하여금 더 이상 핵무기와 대륙간탄도미사일을 시험하지 않을 것이라고 약속하게 만들었다. 그 후 (선) CVID (후) 보상 개념 수용을 요구했다. 이 같은 방식으로 트럼프의 미국은 북한 핵과 관련하여 추구한 모든 목표를 달성할 수 있었다.

미국이 (선) CVID (후) 보상 개념을 정립한 것은 1999년 3월의 아미티지 보고서와 10월의 페리보고서에서였다. 아들 부시부터 북한 비핵화에 관한 미국의 기본 입장은 북한이 결코 수용할 수 없는 (선) CVID (후) 보상이란 개념의 수용 요구였다. 오바마의 6자회담에 입각한 (선) CVID (후) 보상 개념 종용으로 오바마 행정부 말기 북한은 한국과 일본을 타격할 수 있을 정도의 핵무기와 미사일을 개발할 수 있었다. 트럼프의 미국 또한 이처럼 (선) CVID (후) 보상 개념을 옹호했던 주요 이유는 북한이 이미 구축한 핵무장 능력을 지속적으로 유지하게 만들기 위함이었다. 문제는 북한이 자국의 일부 핵능력 해체와 일부 대북제재 해제를 교환하는 형태의 스몰딜을 염원했다는 사실이었다. 이 같은 북한의 요구를 수용해주는 경우 한반도 긴장이 완화되면서 중국을 겨냥한 동맹체계 정비와 억지력 구축이란 미국의 목표 달성이 어려워질 수 있었다.

그럼에도 불구하고 2019년 2월의 하노이 정상회담 이전 폼페이오 및 비건과 같은 미국의 주요 인사들은 북미정상회담에서 스몰딜이 가능할 것처럼 행동했다. 그런데 이는 김정은의 북미정상회담 참여를 유도하기 위함이었다. 하노이 정상회담 이후 비건을 포함한 미국의 주요 인사들은 정상회담 이전의 본인들의 입장을 180도 선회하여 미국의 기본 입장이 시종일관 CVID였다고 말했다.

북한이 CVID란 개념을 결코 수용할 수 없는 입장이었다는 측면에서 보면, 하노이 정상회담은 처음부터 실패할 수밖에 없는 성격이었다. 그럼에도 불구하고 트럼프가 하노이 정상회담에 참석했던 것은 김정은으로 하여금 더 이상 핵무기와 대륙간탄도미사일을 시험하지 않을 것이라고 약속하게 만들기 위함이었을 것이다. 당시 미국이 진정 원한 것은 이것인데 북한체제 속성상 최고지도자인 김정은이 트럼프 앞에서 이처럼 약속하게 만드는 것이 대단히 중요한 의미가 있었던 것이다. 또한 (선) CVID (후) 보상이란 개념이 미국의 변함없는 입장임을 과시함으로써 북한이 더 이상 비핵화 협상에 응하지 못하게 만들기 위함이었을 것이다.

하노이 정상회담 이후 미국은 북한에 지속적으로 비핵화 협상을 요구했다. 그러나 비핵화 협상 관련 미국의 기본 입장이 (선) CVID (후) 보상일 것이란 섬에서 북한은 미국의 비핵화 협상 제안에 더 이상 응할 수 없었다. 이 같은 현상을 보며 사람들은 북한 때문에 북한 비핵화가 안 되는 것으로 착각하게 되었던 것이다.

한편 하노이 북미정상회담에서 주목해야 할 부분에 미 국가안보보좌관 볼턴 때문에 협상이 결렬된 것이란 일반적인 인식이 있다. 그러나 하노이 정상회담이 결렬되었던 것은 볼턴 때문이 아니었다. 트럼프는 스몰딜을 추구할 의향이 있었는데 볼턴 때문에 미국이 리비아 방식의 빅딜을 추구하게 되면서 하노이 정상회담이 결렬된 것처럼 트럼프의 미국이 상황을 조성한 것이다. 미국이 이처럼 했던 것은 북한 비핵화 관련 스몰딜을 염원하고 있던 김정은이 하노이 정상회담 이후에도 스몰딜이 가능할 수도 있을 것이란 일말의 희망을 견지하게 하기 위함이었을 것이다. 하노이 정상회담 결렬이 미국의 의도적인 노력의 산물이 아니고 미국의 국내정치 때문이라고 사람들이 착각하게 만들기 위함이었을 것이다. 이처럼 김정은이 희망을 견지하는 동안에는 북한이 핵무기와 대륙간탄도미사일을 시험하지 않을 것이기 때문이다. 하노이 정상회담 이후 김정은은 실제로 트럼프와 볼턴을 분리해 생각했다. 김정은의 북한은 하노이 정상회담에서 트럼프가 스몰딜을 추구할 의향이 있었던 반면 빅딜을 추구한 볼턴과 같은 악마 때문에 정상회담이 결렬된 것처럼 행동했던 것이다.

그러나 북한 핵위협으로 인한 한반도 긴장을 이용하여 중국을 겨냥한 한미일 3각 공조를 강화하는 등 억지력을 구축하고자 했던 미국 입장에서 보면, 점진적인 북한 비핵화를 염두에 둔 스몰딜은 수용 불가능한 개념이었다. 스몰딜에 입각한 북미정상회담은 상상조차 할 수 없었다. 하노이 정상회담을 통해 미국이 달성한 상태가 미국 입장에서 최적이었던 것이다. 트럼프 행정부 이후 등장한 바이든 행정부가 북한 핵과 관련하여 진지한 관심을 보이지 않는 것은 북한이 더 이상 핵무기와 대륙간탄도미사일을 시험하지 않는 상태, 트럼프가 바이든에게 물려준 상태가 미국 입장에서 최상이기 때문일 것이다. 북한이 미국의 협상 제안에 응하지 않는 것은 (선) CVID (후) 보상이란 개념 수용을 미국이 요구할 것으로 생각하기 때문일 것이다.

하노이 정상회담에 관한 주변국들의 반응은 한반도에서의 자국의 국익을 반영한 성격이었다. 미국과 일본이 (선) CVID (후) 보상을 지속적으로 고집했던 것은 이처럼 함으로써 북한이 한국과 일본을 타격할 수 있을 정도의 핵무장을 지속적으로 유지하게 만들기 위함이었을 것이다. 이 같은 북한 위협을 빌미로 중국을 겨냥한 한미일 공조체계를 정비하고 억지력을 구축할 수 있을 것이기 때문이었을 것이다.

　북한과 마찬가지로 중국과 러시아는 스몰딜을 선호했다. 중국이 스몰딜을 선호한 주요 이유는 이것이 북한 비핵화 측면에서 합리적인 방안이라고 생각했기 때문이 아니었다. 스몰딜을 통해 한반도 긴장이 점진적으로 완화되는 경우 북한 비핵화가 달성되기 이전에서조차 미군이 한반도에서 강제 철수당할 가능성이 있을 것이기 때문이었을 것이다. 미군이 한반도에서 철수하는 경우 중국이 한반도에 대한 영향력을 확보할 수 있을 것이기 때문이었을 것이다. 이 같은 이유로 중국과 러시아는 또 다른 북미정상회담을 통해 스몰딜을 이룰 수 있을 것으로 기대했다.

　가장 문제가 심각한 것은 한국이었다. 북한 핵문제에 관한 한국의 입장이 진보와 보수로 양분되어 있었는데, 이는 진정 문제였다. 보수진영 입장이 미국 및 일본 입장과 유사했던 반면 진보진영 입장이 중국, 러시아, 북한 입장과 유사했다. 미국, 중국, 러시아 및 일본과 같은 주변국의 대북 핵정책이 진보 및 보수와 무관하게, 대통령과 무관하게 일관성이 있었으며, 행정부와 행정부 간에 연계성이 있었다는 측면에서 보면 이는 한국 안보 측면에서 매우 심각한 문제였다. 이 같은 현상이 벌어진 주요 이유는 많은 한국인들이 한국의 국익이 아니고 주변국 국익을 대변하기 때문일 것이다. 북한 핵문제를 포함한 한반도 평화정착 관련 문제를 해결한다는 측면에서 가장 중요한 것은 이처럼 한국의 국익이 아니고 주변국 국익을 대변하고 있는 듯 보이는 한국인들의 인식 전환일 것이다. 그런데 역대 어느 한국 대통령도 이 같은 노력을 전개하지 않았던 듯 보인다.

　북한 비핵화 측면에서 가장 중요한 부분은 북한의 안보불안을 해소시켜 주어야 할 것이란 사실일 것이다. 북미외교관계정상화와 같은 방안을 통해 북한이 안보적으로 더 이상 불안을 느끼지 않게 해야 할 것이다. 미국은 한반도 비핵화를 북한 비핵화로 국한시켜 생각했는데 이처럼 해서는 북한 비핵화를 결코 달성할 수 없을 것이다. 이것이 북한의 안보불안을 고려하지 않은 방안이기 때문이다. 북한 비핵화 측면에서 또 다른 주요 문제는 미국이 (선) CVID (후) 보상이란 개념 고수를 통해 북한 비핵화를 원천적으로 차단하고 있다는 사실일 것이다. 이것이 아니고 점진적이고도 단계적인 비핵화를 추구해야 할 것이다. 마지막 문제는 7장에서 확인 가능할 것이지만 미국이 북한의 완벽한 비핵화와 전작권 전환, 종전선언과 같은 한반도 평화정착 노력 또는 한국의 자율성 증진 노력을 연계시키고 있어 보인다는 사실이다. 주권국가로서의 한국의 당연한 권리 신장을 이 같은 방식으로 저지하고 있어 보인다는 사실일 것이다.

　미국, 일본, 중국, 러시아와 같은 주변국들이 북한 핵문제를 한반도에서의 자국의 국익, 특히 패권이익과 연계시키고 있다는 측면에서 보면 북한 비핵화는 결코 쉽지 않아 보인다. 북한 핵 위기를 빌미로 주변국들이 한반도를 자국의 국익 추구 행위에 연루시키고자 노력할 것으로 보인다. 이 같은 상황에서 벗어나기 위한 방안은 무엇일까? 북한 비핵화를 이루기 위한 방안은 무엇일까?

제7장

북한 비핵화 방안

제7장
북한 비핵화 방안

　핵무기는 무력을 이용한 주변국의 간섭을 극복할 수 있을 정도의 재래식 전력을 구비한 국가만이 획득할 수 있는 무기다. 경제적 빈곤으로 이 같은 무기를 획득할 수 없던 북한이 핵무장에 성공할 수 있었던 것은 무슨 이유 때문인가? 이는 지난 70여 년 동안 국제사회에서 핵무기 확산과 비확산을 주도해온 미국이 은밀한 방식으로 북한 핵무장을 종용했기 때문이었다.

　북한 핵문제가 복잡해진 주요 이유는 미국, 일본, 중국, 러시아란 주변국들이 북한 핵문제를 비핵화 측면에서가 아니고 한반도에서의 자국의 국익 측면에서 바라보았기 때문이었다.[1] 2018년과 2019년의 싱가포르 및 하노이정상회담 당시 진정한 의미에서 북한 핵문제 해결을 원한 국가는 한국뿐이었다. 북한 핵문제를 해결하고 한반도 평화를 이루고자 하는 경우 한반도 문제를 주변국들이 아니고 한국이 주도해야 할 것이다. 한국이 외세의 영향력으로부터 완벽히 자유로워질 당시에나 남북관계가 근본적으로 개선될 수 있을 것이다.[2]

---

[1] Quoted in Zhang Chi, "The Prospect of Situation on the Korean Peninsula and China's Role," *China International Studies*, March/April 2020, p. 65.; Yu Shaohua, "The Prospect of the Denuclearization Process on the Korean Peninsula," *International Studies*, No. 2, 2019, p. 123.

[2] Quoted in Zhang Chi, "The Prospect of Situation on the Korean Peninsula and China's Role," p. 62.; "North Korea's Second-in-Command Urges the US to Abandon Hostile Policy," *Yonhap*, October 19, 2019,

문제는 한국이 한반도 문제를 주도하지 못하도록 주변국들이, 특히 미국이 한국의 자율성을 최대한 제한시키고자 노력하고 있다는 사실이다. 이 같은 상황에서 어떻게 한국이 한반도 문제를 주도할 수 있을까? 북한 핵문제를 해결하고 남북을 통일하는 등 한반도 평화를 쟁취할 수 있을까?

제1절 북한 핵무장이 가능해진 이유

1990년대 초반부터 본격적으로 불거진 북한 핵문제는 그 후 30여 년 동안 보다 더 악화되었다. 미국과 북한이 북한 핵문제를 놓고 협상을 시작한 1992년 당시 미 정보기관은 북한이 많으면 핵무기 2개를 제조할 수 있을 정도의 플루토늄을 보유하고 있다고 추정했다. 이 같은 플루토늄을 갖고 있다고 가정하는 경우에도 북한이 핵무기를 보유할 수 있으려면 몇 년이 더 소요될 것이라고 예견했다. 그런데 오늘날 북한은 한국과 일본을 타격할 수 있을 정도의 핵무기와 미사일을 상당히 많이 보유하고 있다. 오늘날 국제사회가 공식적으로 인정하지 않고 있을 뿐 북한은 엄밀한 의미에서 핵무기 보유 국가다. 이 같은 상태에서 2016년 초반부터 북한은 미 본토를 타격할 수 있을 정도의 대륙간탄도미사일 개발을 추구했다.

어떻게 이 같은 현상이 벌어진 것일까? 크게 두 가지 이유 때문이었다. 첫째는 북한이 생존 차원에서 핵무기 개발을 추구했다는 사실 때문이었다. 둘째는 4강의 이익이 교차하는 한반도의 지정학적인 특성으로 인해 주변국들의 대북 핵정책이 자국 이익 중심이었다는 사실 때문이었다. 특히 미국이 자국의 패권이익 차원에서 한국과 일본을 타격할 수 있을 정도의 북한 핵무장을 필수적이라고 생각했기 때문이었다.

1. 북한의 안보불안

냉전 종식 이후 북한은 핵무기 개발을 추구했다. 냉전 종식에 즈음하여 북한은 자국의 전통적인 우방국인 소련과 중국으로부터 버림을 받았다. 1990년 9월 30일 한국과 소련이 한러수교를, 1992년 8월 24일 한국과 중국이 한중

수교를 체결한 것이다. 고립무원 상태에 있던 북한과 비교하여 한국의 국력이 비약적으로 신장되었다. 그러자 북한은 한편으로는 주변국과의, 특히 미국과의 외교관계정상화를 통해 생존을 보장받고자 했다. 또 다른 한편으로 핵무기 개발을 추구한 것이다. 북한은 핵무기 개발을 북미외교관계정상화 체결을 위해 포기할 수도 있을 것이라고 생각했다.

결국 북한이 핵무장 노력을 시작한 것은 안보불안 때문이었다. 미국이 북미외교관계정상화를 통해 안보불안을 해소시켜주는 방식으로 북한 핵무장 노력을 저지할 수 있는 입장이었다. 이 같은 사실을 놓고 보면 북한 핵무기 개발 문제는 어렵지 않게 해결될 수 있는 성격이었다.

2. 관련국들의 이해관계

이 같은 북한 핵문제가 해결되지 않았을 뿐만 아니라 악화되었던 것은 관련 국들의 대북 핵정책이 한반도에서의 자국의 국익 추구 행위와 긴밀히 연계되어 있었기 때문이었다. 한반도에서 추구해야 할 자국의 국익에 따라 북한 비핵화를 추진해야 할 것인지 여부에 관한 판단이 엇갈렸을 뿐만 아니라 비핵화 정책 측면에서 차이가 있었기 때문이었다.

이미 살펴본 바처럼 한반도는 미국, 일본, 중국, 러시아란 4강의 이익이 교차하는 지구상 유일 지역이다. 이들 국가에게 한반도는 '전략적 이익'에 해당하는 지역이다. 한반도에 대한 모든 영향력이 자국의 적국으로 넘어가는 경우 패권경쟁에서 상당히 불리해지는 그러한 지역이다. 예를 들면, 미국은 한반도에 대한 모든 영향력이 중국으로 넘어가는 경우 미중 패권경쟁에서 자국이 상당히 불리해진다고 생각한다. 중국 또한 이처럼 생각한다. 이 같은 한반도의 지정학적인 특성이 북한 비핵화에 관한 이들 국가의 정책에 결정적인 영향을 미쳤다.

한국

오늘날 한국은 한반도 주변국, 남한 및 북한 가운데 북한 비핵화를 진정 원하는 유일한 국가인 듯 보인다. 김영삼 정부 이후의 모든 한국 정부는 한국 중심의 남북통일을 염원했다. 결과적으로 북한 비핵화를 염원했다. 그러나 비핵화 방식 측면에서 진보 정부와 보수 정부가 차이가 있었다. 김대중, 노무현, 문재인으로 이어지는 진보정부는 평화적이고도 점진적이며 대화와 협상을 통한 북한 비핵화를 원한 반면 김영삼, 이명박, 박근혜로 이어지는 보수 정부는 무력을 통한 또는 강력한 대북압박을 통한 비핵화를 추구했다. 윤석열 정부 또한 마찬가지로 보인다. 결과적으로 정권이 교체될 때마다 대북 핵정책이 바뀌었는데 이것이 북한 비핵화와 한반도 평화 측면에서 부정적인 결과를 초래했다.

한국 진보 정부의 북한 비핵화 방안을 북한은 물론이고 중국과 러시아가 선호한 반면 보수 정부의 비핵화 방안을 전반적으로 미국과 일본이 선호했다. 한국이 중국과 러시아보다는 미국 및 일본과 긴밀한 관계를 유지하고 있다는 점에서 전반적으로 한국의 북한 비핵화 정책은 보수진영 정책에 보다 가까웠다.

미국

북한 핵이 문제시된 1992년 이후 북한 핵문제를 주도한 국가는 미국이었다. 미국은 지속적으로 북한 비핵화를 외쳤다. 따라서 대부분 한국인들은 미국이 북한 비핵화를 염원하고 있다고 생각할 것이다. 그러나 이는 사실이 아니었다. 주변 4강, 북한과 한국을 포함한 관련국들 가운데 미국은 내심 북한 비핵화를 가장 많이 반대한 반면, 북한 핵무장을 가장 염원한 국가였다.

해방 이후 한반도가 38선으로 분단되었던 것도, 6.25전쟁이 벌어진 것도, 북한이 핵무장하게 된 것도 패권경쟁 측면에서의 한반도의 중요성 때문이었다.

한반도에 대한 영향력을 확보하여 유지해야 할 것이란 1943년 이후의 미국의 한반도정책 때문이었다. 미국은 북한 핵문제를 그것 자체로서가 아니고 자국의 패권 이익 측면에서 바라보았다. 이 같은 측면에서 보면 북한 비핵화를 포함하여 한반도 평화를 달성하고자 하는 경우 한미관계 측면에서의 한국의 자율성 확보가 대단히 중요한 의미가 있을 것이다. 문제는 미국이 한반도에 대한 영향력 지속 유지 차원에서 한국의 자율성 신장을 억제하고자 적극 노력해왔다는 사실이다.

이처럼 미국은 내심 북한 핵무장을 염원할 수밖에 없는 입장임에도 불구하고 북한 비핵화를 지속적으로 외쳤다. 북한 비핵화 방안으로 2003년부터 오늘날까지 완벽하고 검증 가능하며 불가역적인 비핵화(CVID) 내지는 항구적이고도 검증 가능하며 불가역적인 비핵화(PVID)를 주장했다. 미국은 이처럼 비핵화한 이후에나 안보 보장 등 여타 측면에서 북한을 보상해줄 것이라고 주장했다. 그런데 이는 북한이 결코 수용할 수 없는 성격이었다. 이들은 북한 비핵화 방안이 아니었다. 북한 핵무장을 종용하는 성격이었다. 북한이 미국의 비핵화 협상 요구에 응할 수 없게 만들기 위한 성격이었다. 결국 이는 미국의 지속적인 비핵화 노력에도 불구하고 북한이 호응하지 않아서 북한 비핵화가 진진이 없는 것처럼 사람들이 인식하게 만들기 위한 성격이었다. 북한 핵무장이 미국 때문이 아니고 북한 때문이라고 사람들이 인식하게 만들기 위한 성격이었다.

미국이 북한 핵무장을 염원한 이유와 북한 핵무장을 종용한 방식과 관련해서는 아래에서 보다 상세히 살펴볼 것이다.

일본

북한 핵에 관한 일본의 입장 또한 자국의 국익과 직결되어 있었다. 냉전 종식 직후 일본은 북한 비핵화를 염원했다. 주요 이유는 소련이 더 이상 자국의 적국이 아니었으며, 중국의 국력이 자국과 비교하여 상당히 열세했기 때문이었다. 반면에 북한 핵무장이 일본 열도를 곧바로 위협할 수 있기 때문이었다. 이 같은 이유로 중국이 본격적으로 패권 야욕을 노정시킨 2008년의 세계금융위기 이전까지만 해도 일본은 북한 비핵화를 진정 원하는 입장이었다. 당시 일본은 미국이 북한 비핵화를 위해 진지하게 노력하지 않고 있어 보인다며 나름의 불만을 토로했다.

이처럼 북한 비핵화를 염원했던 일본은 중국이 본격적으로 패권 야욕을 노정시킨 2008년 이후 급변했다. 특히 중국의 GDP가 자국을 앞서갔으며, 중국이 센카쿠열도에 대한 영유권을 주장한 2010년경 북한 핵에 관한 일본의 입장이 급변했다. 1990년대 말경까지만 해도 주일미군 철수를 주장하던 일본은 중국 위협에 대항한다는 차원에서 미군의 동북아지역 주둔이 필수적이라고 생각했다. 주일미군과 더불어 주한미군이 자국 안보 측면에서 대단히 중요하다고 생각했다. 미군의 한반도 주둔 보장 차원에서 북한 핵무장을 필수적이라고 생각하게 된 것이다. 2019년의 하노이 북미정상회담 당시 일본은 정상회담이 성과 없이 종료되기를 원했다. 한국과 북한이 추구한 스몰딜이 아니고 미국이 추구한 빅딜을 원했다. 미국과 마찬가지로 (선) CVID (후) 보상이란 방안을 주장했다. 이는 당시 일본이 북한 핵무장 지속을 염원했기 때문이었을 것이다. 특히 일본은 북한 비핵화 측면에서의 진전으로 한반도에서 긴장이 완화될 가능성을 심각히 우려했다.

중국

미중경쟁이 격화되지 않았던 2000년 이전까지만 해도 중국 또한 북한 비핵화를 원하는 측면이 강했다. 당시 중국은 한반도가 한국 중심으로 통일될 것으로 생각했다. 북한이 핵무장하는 경우 핵무기가 통일한국으로 이관될 것으로 생각했다. 결과적으로 일본 또한 핵무장할 것으로 생각했는데, 중국은 이것을 최악의 상황으로 간주했다.

미중경쟁이 격화됨과 비례하여 중국은 미국과 마찬가지로 북한 핵무장을 염원했다. 그 이유는 자국을 봉쇄하고 있다고 생각되었던 미국과 자국 사이에 핵무장한 북한이란 완충지대가 필요했기 때문이었다.

북한 비핵화 측면에서 보면 중국은 미국과 달리 점진적인 비핵화 방안을 선호했다. 중국은 북한의 일부 핵능력 해체에 대한 보상으로 대북제재 가운데 일부를 해제하는 형태의 점진적이고도 병행적인 조치를 선호했다. 그런데 진정한 의미에서 북한을 비핵화시키고자 하는 경우 미국이 선호하는 CVID 또는 PVID가 아니고 중국이 선호하는 점진적인 방안을 추구해야만 했다.

그러나 중국이 이 같은 형태의 비핵화를 선호한 이유는 이것이 북한 비핵화 측면에서 최상이기 때문이 아니었다. 중국이 북한 비핵화를 진정 원하기 때문도 아니었다. 이처럼 북한의 점진적인 비핵화와 병행하여 대북제재 해제와 같은 한반도 긴장완화 조치를 취하는 경우 미군의 한반도 주둔 명분이 약화될 수 있을 것이기 때문이었다. 비핵화가 달성되기 이전에서조차 미군이 한반도에서 강제 철수당할 가능성이 있을 것이기 때문이었다. 주한미군이 철수하는 경우 한반도에 대한 중국의 영향력을 증대시킬 수 있을 것이기 때문이었다.

러시아

오늘날 한국 다음으로 북한 비핵화를 원하는 국가는 러시아일 것이다. 오늘날 한반도와 관련한 러시아의 주요 관심사는 시베리아의 유정 개발이다. 러시아는 시베리아 지역의 인구 감소와 중국인들의 이곳 지역 이주를 매우 우려하고 있다. 미래 어느 순간 시베리아 지역의 중국인들이 이 지역을 중국 영토로 만들기 위해 노력할 가능성을 우려하고 있다. 국제법에 따르면 특정 지역이 어느 국가에 귀속될 것인가란 문제가 해당 지역에 거주하는 주민들의 의사에 의해 결정되기 때문이다.3) 이 같은 이유로 러시아는 러시아인들의 시베리아 지역 이주를 늘리기 위해 시베리아 개발을 절실한 문제로 생각한다. 결과적으로 러시아는 한국과 공동으로 시베리아를 개발하는 문제와 가스관을 한반도로 연결하는 문제에 관심이 지대하다. 이 같은 측면에서 러시아는 북한 비핵화와 더불어 한반도 통일을 지원하는 입장인 것이다.

2022년의 우크라이나 사태는 북한 비핵화에 관한 러시아의 사고를 결정적인 방식으로 바꾸는 계기가 될 것으로 보인다. 냉전 당시와 마찬가지로 북한을 자국 안보 측면에서 대단히 중요한 국가로 생각하게 될 것으로 보인다. 러시아는 미국이 중국과 자국을 동시에 봉쇄하고자 노력하고 있다고 생각한다. 이 같은 측면에서 미국을 중심으로 하는 자유진영 세력과 자국 사이에 동아시아지역에서 완충지대 역할을 하는 핵무장한 북한의 존재가 필요하다고 생각할 수도 있을 것이다.

지금까지 살펴보았듯이 미국, 일본, 중국, 러시아와 같은 주변국들은 북한 핵문제를 그것 자체로서가 아니고 자국의 국익 측면에서 바라보고 있다. 주변국들이 한반도에 대한 자국의 영향력 확보 및 유지 차원에서 북한 비핵화가 아니고 핵무장을 염원하고 있어 보인다는 사실이 북한 비핵화 측면에서 주요 걸림돌 가운데 하나인 것이다. 특히 문제인 것은 여타 국가와 비교하여 한반도에 대한 영향력이 상당한 미국이 자국의 패권 측면에서 북한 핵문제를 바라보고 있다는 사실이다.

---

3) 마이클 월저 지음/권영근, 김덕현, 이석구 옮김, 『마르스의 두 얼굴: 정당한 전쟁, 부당한 전쟁』 (서울: 연경문화사, 2006), pp. 151-9.

3. 미국의 북한 핵무장 종용

 미국이 북한 핵무장을 종용해야만 했던 주요 이유는 중국을 겨냥한 미 동맹체계 정비와 미사일방어체계를 포함한 억지력 구축 측면에서 미군의 한반도 주둔이, 이 같은 주둔 측면에서 북한 핵무장이 필수적이기 때문이었다. 미국은 이처럼 북한 핵무장을 염원할 수밖에 없는 입장이었음에도 불구하고 비핵화를 진정 원하고 있는 듯 행동하지 않을 수 없었다. 자국의 지속적인 비핵화 노력에도 불구하고 어찌할 수 없어서 북한이 핵무장하게 된 것으로 사람들이 인식하게 만들 필요가 있었다.

미국의 북한 핵무장 종용 이유

 북한이 핵무장할 수 있었던 것은 미국이 은밀한 방식으로 종용했기 때문이었다. 왜 종용했을까? 북한 핵무장이 중국을 겨냥한 아태지역의 미 동맹체계 정비와 억지력 구축 측면에서 상당한 의미가 있었던 반면 북한 핵무장의 부정적인 영향은 통제 가능한 수준이기 때문이었다.

 국제사회의 핵무기 역사를 보면 핵무기 확산과 저지를 주도한 국가는 미국이었다. 오늘날 지구상에서 핵무기를 보유하고 있는 국가는 미국, 러시아, 중국, 영국, 프랑스, 이스라엘, 파키스탄, 인도, 북한이란 9개국뿐이다.

 이들 국가 가운데 러시아와 중국의 핵무장은 미국이 세계대전 발발 가능성을 우려하여 저지하지 않아서 가능해진 경우다. 1949년 이전 미국은 소련의 핵무장 노력을 잘 알고 있었다. 소련의 핵무장 노력을 저지하려면 핵시설을 무력으로 공격할 필요가 있었다. 소련의 핵시설을 공격하는 과정에서 미국은 상당한 수준의 재래식 전력을 보유하고 있던 소련과 싸우지 않을 수 없었다. 그런데 이는 세계대전을 의미했다. 당시 미국은 소련의 핵무장 저지 과정에서 입을 수 있는 손실이 소련의 핵무장을 허용해줌으로써 초래될 수 있는 손실과 비교하여 크다고 생각했다. 미국이 소련의 핵무장을 허용해준 것은 이 같은 이유 때문이었다. 중국의 핵무장을 허용해준 것도 동일한 이유 때문이었다. 소련과 동맹관계에 있던 중국의 핵시설을 공격하는 과정에서 세계대전이 벌어질 가능성을 우려했던 것이다.

그 정도에 차이가 있었을 뿐 영국, 프랑스, 이스라엘, 파키스탄, 인도의 핵무장은 미국의 도움 또는 묵인으로 가능해진 경우다. 한편 미국은 서독, 대만, 한국 등 많은 국가들의 핵무장 노력을 적극 저지했다.

미국이 이들 국가의 핵무장을 지원, 묵인 또는 저지한 주요 이유는 패권경쟁과 관련이 있었다. 패권경쟁 측면에서 미국에 도움이 되는 경우 지원 또는 묵인해준 반면 그렇지 않은 경우 저지한 것이다. 미국은 자국을 위협할 수 있는 패권국이 유럽과 동북아지역에서 출현할 수 있다고 생각했다. 미국은 이들 지역에서의 미국이 아닌 또 다른 패권국의 부상 저지를 자국의 가장 중요한 안보 목표로 간주했다.

영국과 프랑스가 핵무장할 수 있었던 것은 미국이 이들 국가의 핵무장이 유럽에서의 미소 패권경쟁에서 자국에 도움이 될 것으로 판단한 결과였다. 냉전 당시 미국의 주요 관심은 유럽이었다. 그런데 소련 중심의 바르샤바조약국의 재래식 전력이 나토군과 비교하여 상당히 막강했다. 아이젠하워 대통령은 영국과 프랑스의 핵무장이 바르샤바조약국들에 대항한 나토 국가들의 전쟁에서 도움이 될 것이라고 생각했다. 결과적으로 미국이 이들 국가의 핵무장을 다양한 방식으로 지원해준 것이다.

미국은 이스라엘, 파키스탄, 인도의 핵무장을 적어도 묵인해주었다. 미국은 이스라엘과 파키스탄의 핵무장을 묵인해준 정도를 넘어서 지원해주었다. 미국이 인도의 핵무장을 지원해주었다고 볼 수 없을 것이다. 그러나 묵인해준 것은 사실이다. 예를 들면, 미국은 아랍 국가들이 이스라엘의 핵시설을, 인도가 파키스탄의 핵시설을 공격하지 못하도록 첨단 무기를 이스라엘과 파키스탄에 제공해주었다.

반면에 미국은 서독4), 한국5) 및 대만6)의 핵무장을 온갖 수단을 동원하여 무산시켰다. 예를 들면, 1970년대 당시 박정희는 핵무기 개발을 위해 상당히 많이 노력했다. 미국의 강력한 저지로 핵무장할 수 없었다. 미국은 박정희의 핵무장 노력에 대항하여 한미동맹을 파기하고 한국을 국제사회에서 고립시킬 것이라고 위협했다. 결과적으로 한국이 핵무기 개발을 포기한 것이다. 서독과 대만의 핵무장 노력을 좌절시킨 것도 미국이었다.

이처럼 미국이 파키스탄, 인도 및 이스라엘의 핵무장을 지원 또는 묵인해준 반면 한국, 서독 및 대만의 핵무장을 저지한 주요 이유는 미국의 패권과 관련이 있었다. 미국이 파키스탄, 인도 및 이스라엘의 핵무장을 지원 또는 묵인해준 것은 이들 국가의 핵무장이 미국의 패권 측면에서 상당한 도움이 되었던 반면 핵무장의 부정적인 의미가 통제 가능한 수준이기 때문이었다. 반면에 한국, 서독 및 대만의 핵무장을 극구 저지했던 것은 이들 국가의 핵무장이 미국의 패권 측면에서 긍정적인 부분이 거의 없었던 반면 부정적인 의미가 상당한 수준이기 때문이었다.

미국이 이스라엘의 핵무장을 지원하고 묵인해준 것은 이란 및 이라크와 같은 국가가 페르시아 걸프지역의 맹주로 부상하지 못하게 하기 위함이었다. 미국이 인도의 핵무장을 묵인해주었던 것은 중국의 세력팽창을 견제하기 위함이었다. 파키스탄의 핵무장을 지원 및 묵인해주었던 것은 파키스탄이 인도양을 겨냥한 소련의 남진을 저지하고 아프간에서의 미국의 활동을 지원하게 하기 위함이었다. 이처럼 이들 국가의 핵무장이 갖는 의미가 상당했다.

반면에 이들 국가의 핵무장으로 생각 가능한 부정적인 영향은 이들 지역에

---

4) Alexandre. Debs,; Nuno P. Monteiro(2017), *Nuclear Politics: The Strategic Causes of Proliferation* (p. 409). Cambridge University Press. Kindle Edition.

5) Ibid., p. 377.

6) Ibid., p. 299.

서의 미군의 행동의 자유를 제한할 가능성이란 부분뿐이었다. 그런데 자국의 패권 유지 차원에서 미국이 평시 및 유사시 파키스탄, 인도 및 이스라엘에 미군을 투입할 필요가 없었던 반면 대만, 서독 및 한국에 미군을 투입할 필요가 있었다. 미국은 인도 및 파키스탄과 같은 서남아시아 지역에서의 소련 또는 중국의 세력 팽창 저지 차원에서 미군의 투입이 필요하다고 생각하지 않았다. 인도와 파키스탄이 인도양을 겨냥한 이들 국가의 세력팽창을 저지하게 한 것이다.

반면에 미국은 평시와 전시 모두 대만, 서독 및 한국에 미군의 투입이 필요하다고 생각했다. 문제는 이들 국가가 핵무장하는 경우 미군의 평시 주둔과 전시 투입이 곤란해진다는 사실이었다. 예를 들면, 한국이 핵무장하는 경우 북한 위협 대비 차원에서 미군의 한반도 주둔이 의미를 상실하게 될 것이었다. 핵무장한 한국이 미군의 평시 주둔과 전시 전개를 허용해주는 경우에도 문제가 있을 수 있었다. 한반도가 미국 입장에서 대단히 중요한 지역이란 점에서 미국은 한반도 전쟁에 반드시 참전해야 할 것이라고 생각했다. 한국이 핵무장하는 경우 미국이 한반도 핵전쟁에 연루될 가능성이 있었던 것이다. 미국이 서독, 한국 및 대만의 핵무장을 적극 저지했던 것은 이 같은 이유 때문이었다.

그러면 북한은 어떻게 핵무장할 수 있었을까? 북한 핵무장을 저지하는 과정에서 미국이 세계대전 가능성을 우려한 결과 핵무장할 수 있었던 것일까? 그렇지 않을 것이다. 1990년대 당시 북한은 건드리면 곧바로 붕괴될 것만 같은 국가였다. 소련은 북한을 붕괴시켜야 할 국가로 생각했다. 1990년대 당시 중국은 국력이 매우 미약한 수준이었다. 수도 서울을 겨냥한 장사정포 때문이란 주장도 타당성이 없다. 한미연합군의 항공력으로 이것을 어렵지 않게 무력화시킬 수 있었을 것이기 때문이다. 북한 핵무장이 영국과 프랑스의 경우처럼 미국이 노골적으로 기술을 지원해주어 가능해진 경우일까? 그렇지 않을 것이다. 미국의 이 같은 지원으로 북한 핵무기 개발이 가능해졌다면 한국인들이 곧바로 반미 감정을 표출했을 것이다. 미국이 묵인해준 경우인가? 한국이 미국의 북한 핵무장 묵인을 결코 용납할 수 없었을 것이다.

그러면 북한은 어떻게 핵무장하게 된 것일까? 미국이 은밀한 방식으로 종용한 경우였다. 이미 언급한 바처럼 북한은 2008년 말경 이전까지만 해도 핵무장이 아니고 북미외교관계정상화를 통해 자국 안보를 보장받고자 노력했다. 핵무장을 통해 자국 안보를 보장해야 할 것으로 생각한 시점은 2008년 말경이었다. 북한이 이처럼 생각하게 된 것은 켈리가 북한을 방문한 2002년 이후 미국이 북한 핵문제를 무력이 아니고 대화를 통해 해결할 것이라고 반복해 말한 반면 북미외교관계정상화를 통한 비핵화 노력, 예를 들면 9.19 합의, 2.13 합의, 10.3 합의를 지속적으로 파기했다는 사실과 관련이 있었다. 이들 일련의 사건을 보며 북한은 자국의 핵문제를 미국이 협상을 통해 해결할 의향이 없으며, 자국의 핵무장 노력에 대항하여 무력을 사용하지 않을 것이란 사실을 확인했던 것이다. 북한이 2008년 말경 이후 자국 안보 보장 차원에서 핵무장을 추구해야 할 것으로 생각한 것은 이 같은 이유 때문이었다. 결국 미국이 북한 핵무장을 은밀한 방식으로 종용한 것이다.

그러면 미국이 북한 핵무장을 종용했던 것은 무슨 이유 때문이었을까? 미국이 자국의 패권 측면에서 북한 핵무장이 필수적이라고 생각했기 때문이었다. 냉전 종식 이후 미국은 중국의 부상 가능성을 우려했다. 미국은 냉전 당시 아태지역에 구축해놓은 동맹체계 정비와 더불어 미사일방어체계를 포함한 억지력 구축을 통해 중국 위협에 대항해야 할 것이라고 생각했다. 문제는 아태지역의 미 동맹체계에서 주한미군이 함정의 닻에 해당할 정도로 핵심적인 부분이란 사실이었다. 일본은 주한미군이 철수하면 주일미군 주둔도 보장할 수 없다고 주장했다. 따라서 중국 위협에 대항하여 아태지역의 동맹체계를 유지하고자 하는 경우 미군의 한반도 주둔이 필수적이었다. 이 같은 미국이 미군의 한반도 주둔을 보장하고자 하는 경우 북한 핵무장이 필수적이라고 생각한 것이다.

미국이 이처럼 생각했던 것은 북한군 재래식 전력의 쇠퇴와 관련이 있었다.

냉전 종식 이후에는 한국과 비교한 북한의 국력 쇠퇴로 북한군의 항공기, 함정 및 전차와 같은 재래식 전력이 한국군과 비교하여 점차 낙후되고 있었다. 결과적으로 북한 위협 억제 측면에서 주한미군이 더 이상 필요 없어질 가능성이 있었던 것이다. 냉전 종식 이후부터 북한이 1차 핵실험한 2006년 9월 이전까지 미국은 미군이 한반도에서 강제 철수당할 가능성을 심각히 우려했다. 이는 한국군과 비교한 북한군 전력이 점차 낙후되고 있다는 사실 때문이었다.

한편 소련이 유럽지역 세력이었던 반면 중국이 아태지역 세력이란 측면에서 보면 주한미군은 미국과 소련이 대립하던 냉전 당시와 비교하여 미국과 중국이 대립하던 냉전 종식 이후 훨씬 중요한 의미가 있었다. 이처럼 냉전 당시와 비교하여 미군의 한반도 주둔이 보다 중요해진 순간 주한미군이 점차 의미를 상실해 가고 있었던 것이다. 한국인들이 주한미군의 필요성과 관련하여 의문을 제기하는 상황이 벌어졌던 것이다. 미국 입장에서 이 문제를 해결하기 위한 유일한 방안이 북한 핵무장이었던 것이다.

이처럼 중국을 겨냥한 동맹체계 정비 이유 이외에도 미국이 북한 핵무장을 종용한 또 다른 이유가 있었다. 이는 냉전 당시의 미소 패권경쟁의 경우와 달리 오늘날의 미중 패권경쟁 측면에서 미군이 북한 지역으로 진입해 들어갈 필요가 없다는 사실이다. 이는 냉전 당시 아태지역을 겨냥한 소련의 세력팽창이 북한 지역을 통해 이루어질 가능성이 높았던 반면 오늘날의 중국의 세력팽창이 북한 지역이 아니고 자국의 광활한 해안가를 통해 이루어질 것이기 때문이었다. 인도, 파키스탄 및 이스라엘의 핵무장이 이들 국가 지역에서의 미군의 행동의 자유를 전혀 구속하지 않았던 것과 마찬가지로 북한 핵무장이 북한 지역에서의 미군의 행동의 자유를 전혀 구속하지 않았던 것이다.

소위 말해, 북한을 핵무장 시키는 경우 중국을 겨냥한 동맹체계 정비 등의 억지력 구축 측면에서 상당한 도움이 되었던 반면 핵무장에 따르는 부정적인 부분, 특히 미군의 행동의 자유 구속이란 부분이 없었던 것이다.

북한 핵무장으로 미국이 고민해야 할 부분은 북한이 핵미사일로 미 본토를 타격할 가능성, 북한이 핵물질과 기술을 외부로 확산시킬 가능성, 북한 핵무장을 보며 한국 및 일본과 같은 국가가 핵무장을 추구할 가능성이란 세 가지였다. 그런데 북한이 1차 핵실험한 2006년 10월 9일 직후 미국은 핵물질과 기술의 확산을 넘을 수 없는 레드라인으로 설정했으며, 북한은 이것의 준수를 반복해 약속했다. 한편 미국은 한국과 일본의 핵무장을 저지하기 위해 이들 국가에 핵우산 제공을 약속했다. 마지막으로 2018년 6월 12일 싱가포르 정상회담과 2019년 2월 27일과 28일의 하노이 정상회담을 통해 김정은은 더 이상 핵무기와 대륙간탄도미사일을 시험하지 않을 것이라고 약속했다. 소위 말해, 미국은 북한 핵무장으로 인해 상당히 많은 이득을 챙긴 반면 핵무장에 따른 모든 부정적인 부분을 해소시킨 것이다.

미국의 북한 핵무장 종용 과정

이미 언급한 바처럼 미국은 북한 핵무장을 조장했다. 북한 핵무장을 빌미로 중국 위협에 대비한 아태지역의 자국의 동맹체계를 정비하고, 미사일방어체계를 포함한 강력한 억지력을 구축할 예정이었다. 이 같은 목표를 겨냥한 상태에서 1992년부터 오늘날까지 아버지 부시, 클린턴, 아들 부시, 오바마, 트럼프, 바이든의 내북 핵정책이 지속되었다. 이들 미국 대통령의 대북 핵정책은 추구하는 목표 측면에서 일관성이 있었다. 한국과 일본을 타격할 수 있을 정도로 북한을 핵무장시키는 것이었다. 이들 미국 대통령의 대북 핵정책은 전임 대통령의 정책을 후임 대통령이 안보환경 변화와 목표 진척 정도를 고려하여 보완 및 발전시킨 형태였다는 점에서 연계성이 있었다.

미국의 대북 핵정책 측면에서 아버지 부시가 기여한 가장 중요한 부분은 북한 핵무기 개발 노력에 대응하기 위한 마스터플랜에 해당하는 '북한 핵무기 개발

계획을 겨냥한 미국의 정책'이란 제목의 NSR 28이란 문서를 작성했다는 사실이었다. 여기서는 북한 핵무기 개발이 한반도와 아태지역에서 미국이 추구하는 목표에 미치는 긍정 및 부정적인 영향, 북한 핵무기 개발이 미칠 부정적인 영향을 극복하기 위한 방안, 북한 핵무기 개발 노력을 미국의 국익에 부응하는 방식으로 통제하기 위한 방안을 거론하고 있었다. 한반도와 아태지역에서의 미국의 목표 달성에 기여할 수 있도록 북한 핵무기 개발 노력을 통제한다는 측면에서 국제원자력기구의 안전보장조치를 이용하기 위한 방안을 거론하고 있었다.

북한 핵무기 개발을 미국의 국익에 입각하여 통제한다는 측면에서 가장 먼저 수행해야 할 일은 북한으로 하여금 NPT와 국제원자력기구의 안전보장조치를 비준하게 만드는 것이었다. 이 같은 목표 달성을 위해 아버지 부시는 1992년의 팀스피릿 훈련을 취하했으며, 한반도에서 미국의 전술 핵무기를 모두 철수시켰다. 이 같은 부시의 노력으로 북한이 1992년 4월 NPT와 안전보장조치를 비준했다. 그 후부터 미국은 국제원자력기구를 이용하여 북한 핵시설을 엄격히 사찰하기 시작했다.

특히 클린턴은 북한 핵문제를 미국의 국익에 부응하는 방식으로 해결하기 위해 국제원자력기구의 안전보장조치를 최대한 이용했다. 클린턴은 '죄와 벌' 원칙에 입각한 대북 특별사찰을 통해 북한이 NPT에서 탈퇴를 위협하게 만들었다. 이 같은 북한을 무력으로 응징할 것처럼 행동했다. 이 같은 방식으로 한반도 긴장을 조성했다. 그런데 이 같은 긴장 조성이 냉전 종식 이후 미군의 주둔 필요성에 의문을 품고 있던 한국인과 일본인들로 하여금 미군의 주둔 필요성을 절감하게 만드는 과정에서 중요한 의미가 있었다. 또한 이 같은 긴장 조성이 북한이 요구하는 형태의 타협안, 북한 핵무기 개발 능력을 일정 기간 동안 단순 동결시킨 형태의 타협안을 한국인들이 수용하게 만드는 과정에서 도움이 되었다. 클린턴은 이처럼 긴장을 고조시킨 상태에서 북한이 요구한 바를 거의 모두 수용한 형태의 타협안을 갖고 카터가 방북하게 했다. 카터의 방북으로 1994년 10월 북미제네바합의가 체결되었다. 그런데 북미제네바합의는 1994년을 기준으로 북한의 핵무기 개발 능력을 최대한 10년 동안 동결시킨 성격이었다.

클린턴의 미국이 이처럼 1994년 당시의 북한 핵능력을 10년 동안 동결시키는 방식으로 북한 핵문제를 처리했던 주요 이유는 이 기간 동안 중국의 패권 의도를 파악하기 위함이었다. 중국이 진정 동북아지역에서 패권을 추구함이 확실한 경우 북한을 본격적으로 핵무장시키고, 북한 핵무장을 빌미로 아태지역의 동맹체계를 정비함과 동시에 미사일방어체계를 포함한 강력한 억지력을 구축할 것인 반면 중국이 미국 중심의 질서로 들어올 것임이 분명하다고 생각되는 경우 북미외교관계정상화를 통해 북한 비핵화를 추진하기 위함이었다.

그런데 1995년과 1996년의 양안사태를 보며 미국은 중국이 동북아지역에서 패권을 추구할 가능성이 있다고 생각했다. 미국은 1997년 '고난의 행군'에 접어든 북한을 대거 원조해주는 모습 등을 보며 중국의 패권 추구 의도를 확신했다. 그러자 1998년 미국은 북한과 같은 국가들의 미사일 확산과 위협에 대비하여 미사일방어체계를 구축해야 할 것이란 내용의 럼스펠드 보고서를 작성했다. 또한 1999년 3월에는 "포괄적인 대북 접근 방안"란 제목의 아미티지 보고서를 작성했다. 아미티지 보고서에서는 핵무기와 미사일로 무장한 북한을 가정한 상태에서 이 같은 북한에 대항할 목적으로 동맹체계를 정비하고 미사일 방어체계를 구축하는 등 대북 억지력을 대거 강화해야 할 것이라고 주장하고 있었다. 한미일 3각 공조와 한미일 국방장관 및 외무장관 회동을 강조했다. 여기서는 북한 핵 및 미사일 위협을 외교적인 방식으로 해결하기 위해 노력하지만 이 같은 노력과 무관하게 대북 억지력을 구축해야 할 것이라고 주장했다. 외교적 노력이 실패하여 북한이 핵무장하는 경우 그 책임이 미국이 아니고 북한 때문이라고 인식하게 만드는 것이 대단히 중요하다고 말하고 있었다. 그런데 이들 조치는 북한 위협을 빙자하여 중국 위협에 대비하기 위한 성격이었다.

1999년 10월에는 페리프로세스가 추진되었다. 그런데 페리프로세스 또한 은밀한 방식으로 북한 핵무장을 종용하기 위한 성격이었다. 아미티지 보고서와 마찬가지로 여기서는 협상을 통한 북한 위협 제거와 대북 억지력 구축을 추구했다. 북한 위협 제거 과정에서 대북 억지력이 약화되면 결코 안 될 것이라고 주장하고 있었다. 그런데 이는 모순이었다. 결과적으로 아미티지 보고서와 마찬가지로 페리 프로세스는 북한 위협 제거가 아니고 대북 억지력 강화를 겨냥하고 있었다.

2001년 1월 미국 대통령에 취임한 아들 부시는 북한 핵무장 종용을 위한 노력뿐만 아니라 북한 핵위협을 빌미로 중국 위협에 대항하기 위한 미사일 방어체계를 포함한 강력한 억지력 구축과 동맹체계 정비를 위한 노력을 본격적으로 시작했다.

북한 핵무장 종용 측면에서의 아들 부시의 주요 업적은 크게 두 가지였다. 첫째, 북한으로 하여금 1차 핵실험하게 만든 것이었다. 둘째, 북한으로 하여금 더 이상 북미외교관계정상화가 아니고 핵무장을 통해 자국 안보를 보장해야 할 것으로 인식하게 만든 것이었다. 북한으로 하여금 이처럼 인식하게 만드는 과정에서는 6자회담을 통한 북한 핵의 완벽하고 검증 가능하며 불가역적인 비핵화(CVID)란 개념이 중요한 의미가 있었다. 북한 입장에서 보면 CVID란 개념은 결코 수용할 수 없었다. 미국이 요구한 (선) CVID (후) 보상이란 개념은 북한 비핵화가 아니고 핵무장을 종용하는 성격이었다. 6자회담을 통한 CVID는 북한 핵무장을 종용하면서도 그 책임을 미국이 아닌 여타 국가, 특히 북한 또는 중국에 전가하는 성격이었다. 아들 부시 대통령 임기 마지막 년도인 2008년 북한은 북미외교관계정상화가 아니고 핵무장을 통해 자국 안보를 보장해야 할 것이라고 확신했다.

2009년 1월 취임한 오바마는 아들 부시가 넘겨준 유산인 6자회담을 통한 북한 핵의 CVID를 제도화할 구상이었다. 이 같은 방식으로 북한이 대거 핵무장하게 만들고자 했다. 그런데 북한이 6자회담을 거부한 채 2009년 5월 2차 핵실험을, 7월 미사일 시험을 했다. 2009년 8월의 박왕자 피살 사건으로 금강산 관광이 취소되었으며, 11월에는 대청해전이 벌어졌다. 2010년 3월에는 천안함이 피격되었으며, 2010년 5월 24일에는 5.24조치로 개성공단을 제외한 모든 남북교류가 중단되었다. 그런데 이들 일련의 사건은 북한 핵무장 종용과 중국을 겨냥한 동맹체계 정비와 억지력 구축 측면에서 매우 고무적인 현상이었다.

다자대화 동참을 거부하던 북한이 2010년 7월 갑자기 다자대화에 참여할 의향을 표명했다. 그 후부터 2.29합의가 발표된 2012년 2월 29일까지의 1년 6개월 동안 미국은 6자회담을 통한 CVID 개념 수용을 북한에 강요하고자 노력했다. 한편 북한은 인공위성 발사와 대륙간탄도미사일 발사가 전혀 다른 성격임을 미국에 각인시키고자 노력했다. 북한은 자국 핵문제 협상 측면에서 6자회담이 아니고 북미 양자회담을 제도화시키고자 노력했다. 이처럼 하면서 북한과 미국이 1년 6개월 동안 회담했다. 2012년 2월 29일 북한과 미국이 매우 상이한 내용의 성명을 발표했다. 미측 발표를 주목할 필요가 있다. 미측 발표는 6자회담과 CVID의 제도화를 추구하는 성격이었다. 미국은 북한이 CVID를 수용했다고 가정하는 경우에나 생각 가능한 내용을 발표했다. 북한은 미국이 발표한 내용에 동의한 바 없었다. 미국이 자국의 희망사항을 발표한 것이다. 그러나 이 같은 발표가 의미가 없지 않았다. 당시의 발표를 기반으로 오바마가 '전략적 인내' 정책을 정립한 것이다.

오바마 2기부터 본격적으로 가동된 '전략적 인내' 정책은 크게 3개 부분으로 구성되어 있었다. 첫째, 대북 경제제재를 통해 북한 비핵화를 추구한다. 둘째, 북한 비핵화가 실패할 가능성을 고려하여 핵무기와 미사일로 무장한 북한을 억제하기 위한 체계를 구축한다. 셋째, 6자회담을 통한 북한 핵의 CVID에 동의하지 않는 한 북한과 대화하지 않는다.

미국의 '전략적 인내' 정책으로 북미대화가 불가능해졌다. 북한이 6자회담을 통한 CVID란 개념을 결코 수용할 수 없는 입장이었기 때문이다. 그 와중에서 미국이 경제적으로 제재하고 인권 운운하며 압박함에 따라 북한은 생존 차원에서 핵무기와 미사일을 적극 개발하지 않을 수 없었다. 2016년 이전까지 오바마의 미국은 북한 핵무기와 미사일 개발에 대항하여 경제적으로 제재했지만 제재가 거의 의미가 없었다. 오바마의 대북제재뿐만 아니라 대북제재 강요 의지가 미약한 수준이었기 때문이다. '전략적 인내' 정책으로 오바마 임기 말년인 2016년에는 북한 핵무기와 미사일 능력이 대거 증대되었다. 2016년 2월 6일 북한은 광명성-4호를 궤도에 진입시키기 위해 3단계 로켓인 은하 3호를 발사했다. 9월 9일에는 5차 핵실험했다.

광명성 4호의 궤도 진입으로 미국의 분위기가 급변했다. 미국은 더 이상 북한이 핵무기와 대륙간탄도미사일을 시험하지 못하게 해야 할 것으로 생각했다. 북한이 한국과 일본을 타격할 수 있을 정도의 핵미사일을 유지하게 만들 필요가 있었다. 북한이 미 본토를 타격할 수 있는 대륙간탄도미사일 개발에 성공하는 경우 일본과 한국이 핵무장을 추구할 가능성이 있었기 때문이었다. 이들 국가가 핵무장하는 경우 미국의 패권이 심각한 영향을 받을 가능성이 있었기 때문이었다.

재임 기간 동안 트럼프는 북한과 관련하여 세 가지 목표를 추구했다. 첫째, 김정은의 북한이 더 이상 대륙간탄도미사일과 핵무기 시험을 하지 않을 것이라고 약속하게 만든다. 둘째, 북한이 한국과 일본을 타격할 수 있을 정도의 핵무기와 미사일을 지속 유지하게 한다. 셋째, 북한의 핵무기와 미사일 유지가 미국 때문이 아니고 북한 또는 중국 때문이라고 사람들이 인식하게 만든다.

미국의 지속적이고도 진지한 비핵화 노력에도 불구하고 북한이 한국과 일본을 타격할 수 있을 정도의 핵무기와 미사일 능력을 구비하게 되었다고 사람들이 인식하게 만들려면 북한이 결코 수용할 수 없는 (선) CVID (후) 보상이란 방안의 수용을 북한에 요구할 필요가 있었다.

북한체제 속성상 김정은이 트럼프 면전에서 핵무기와 미사일 시험 관련 모라토리엄을 선언하게 한 후, 트럼프가 김정은에게 (선) CVID (후) 보상 방안 수용을 요구함이 중요한 의미가 있었다. 이처럼 하는 경우 북한은 더 이상 협상을 추구할 수 없게 될 것이었다. 결과적으로 북한이 한국과 일본을 타격할 수 있을 정도의 핵미사일을 지속 유지하는 반면 미 본토를 타격하기 위한 대륙간탄도미사일 개발을 쉽게 추진할 수 없게 될 것이었다. 북한이 더 이상 비핵화 협상에 응하지 않는 모습을 보면서 사람들이 북한 비핵화가 안 되는 이유가 미국 때문이 아니고 북한 때문으로 인식하게 될 것이었다.

하노이 정상회담에서 트럼프는 먼저 김정은으로 하여금 더 이상 핵무기와 대륙간탄도미사일을 시험하지 않을 것이라고 약속하게 만들었다. 그 후 (선) CVID (후) 보상 개념 수용을 요구했다. 이 같은 방식으로 트럼프의 미국은 북한 핵과 관련하여 추구한 모든 목표를 달성할 수 있었다.

지금까지 논의에서 보았듯이 아버지 부시부터 트럼프에 이르는 미국의 대북 핵정책은 다음과 같은 특성이 있다.

첫째, 이들 대통령이 추구한 목표 측면에서 일관성이 있었으며, 행정부와 행정부의 대북정책 측면에서 연계성이 있었다. 이들 대통령이 추구한 목표는 북한이 한국과 일본을 타격할 수 있을 정도로 핵무장하게 함으로써 이것을 빌미로 중국 위협에 대항하기 위한 동맹체계 정비와 미사일방어체계를 포함한 강력한 억지력을 구축하는 것이었다.

둘째, 미국 때문이 아니고 북한 또는 중국과 같은 여타 행위자 때문에 북한 비핵화를 달성할 수 없었다고 사람들이 인식하게 만들기 위한 성격이었다.

1992년부터 2019년 2월의 하노이 북미정상회담에 이르는 28년의 기간을 통해 미국은 북한이 한국과 일본을 타격할 수 있을 정도의 핵무기와 미사일을 구비하게 만들 수 있었다. 북한이 이 같은 핵미사일을 구비하게 된 것이 미국의 지속적인 비핵화 노력에도 불구하고 북한 또는 중국 때문인 것으로 사람들이 인식하게 만들 수 있었다.

이 같은 북한 위협을 빌미로 중국을 겨냥한 동맹체계를 정비하고 억지력을 구축할 수 있었던 것이다. 이처럼 하면서도 북한 핵무장에 따른 부정적인 요인들을 제거할 수 있었다. 다시 말해, 북한이 미 본토를 타격할 수 있을 정도의 대륙간탄도미사일을 개발하지 못하게 했으며, 핵물질과 기술을 전파하지 못하게 만들었다. 북한 핵무기 개발에도 불구하고 한국 및 일본과 같은 주변국들이 핵무장할 수 없게 만들었던 것이다.

제2절 한국을 미중 패권경쟁에 연루시키기 위한 미국의 구상

이미 살펴본 바처럼 북한이 핵무장할 수 있었던 것은 생존 차원에서 핵무장이 절실했다는 사실과 더불어 미국이 은밀한 방식으로 북한 핵무장을 종용했기 때문이었다. 이처럼 북한을 핵 무장시켰으며, 북한 핵무장을 빌미로 중국에 대항하기 위한 체계를 구축한 미국은 이제 한국을 미중경쟁에 깊숙이 연루시키고자 노력하고 있는 듯 보인다. 이 같은 목적으로 미국과 일본은 한미일 3각 공조 내지는 동맹을 추구하고 있어 보인다. 이외에도 전작권 전환과 같은 한국의 자율성 증진 노력은 물론이고 종전선언과 같은 한반도 평화정착 노력을 저지하고자 노력하고 있어 보인다. 그 와중에서 북한 핵위협을 이용하고 있어 보인다. 그런데 이 같은 미국의 대 중국 노력에 연루되는 경우 한반도는 6.25전쟁과 비교하여 훨씬 심각한 위기에 직면할 가능성도 없지 않아 보인다. 냉전 당시의 미소경쟁과 달리 오늘날의 미중경쟁이 한반도 입장에서 훨씬 위험한 성격이기 때문이다.

1. 미중경쟁의 위험성

냉전 당시의 미소 패권경쟁과 비교해보면 오늘날의 미중 패권경쟁은 한국 입장에서 훨씬 위험한 성격이다. 다음과 같은 여섯 가지 이유 때문이다.[7]

첫째, 냉전 당시 소련이 현상유지 세력이었다면 오늘날의 중국이 현상변경 세력이란 사실 때문이다. 냉전 당시 소련은 자국을 지키기 위해 동유럽과 한반도에 완충지대를 두었다. 미국이 현상변경을 추구하지 않는 한 소련이 먼저 현상변경을 추구할 가능성은 거의 없었다. 미국 또한 현상 유지세력이었다는 점에서 소련을 먼저 공격할 가능성은 거의 없었다. 결과적으로 냉전이 강대국들

---

7) Can China rise peacefully? John Mearsheimer | Tom Switzer - YouTube(2022년 10월 검색)

간의 전쟁으로 비화될 가능성은 거의 없었다.

오늘날 중국은 남중국해, 대만 및 동중국해에서 영유권을 주장하고 있다. 중국은 남중국해의 광활한 해역을 자국의 영해라고 주장하며 이곳 지역에 인공섬을 건조했다. 중국은 대만 복원을 염원하고 있다. 일본이 점령하고 있는 동중국해의 센카쿠열도를 중국 영토라며 반환을 요구하고 있다. 중국은 이들 지역과 해역 점령을 위해 첨단 전력을 건설하는 등 온갖 노력을 경주하고 있으며, 미국 또한 이 같은 중국의 노력 저지를 위해 온갖 노력을 경주하고 있는 듯 보인다.

둘째, 소련이 유럽지역 세력이었다면 중국이 동북아지역 세력이란 사실 때문이다. 냉전 당시 소련의 주요 관심은 유럽 지역이었다. 소련군의 주력이 유럽지역에 배치되어 있었다. 미국 또한 유럽에 방대한 전력을 배치하고 있었다. 미소가 전쟁을 한다면 아태지역이 아니고 유럽지역에서 할 가능성이 높았다.

중국이 동북아지역 국가란 점에서 미중경쟁이 전쟁으로 비화되는 경우 이 전쟁이 동북아지역에서 진행될 가능성이 농후할 것이다. 이 전쟁에 한반도가 노출될 가능성이 클 것이다.

셋째, 미국과 중국이 직접 대결할 가능성이 농후하기 때문이다. 냉전 당시 한반도에서 전쟁이 벌어지는 경우 소련과 미국이 한반도에서 직접 대결할 가능성은 거의 없었다. 소련이 북한의 배후에 있고자 할 것이기 때문이다. 반면에 미중경쟁이 전쟁으로 비화되는 경우 미국과 중국이 한반도에서 직접 대결할 가능성이 농후하다. 결과적으로 냉전 당시와 비교하여 한반도가 보다 큰 피해를 입을 가능성도 없지 않아 보인다.

넷째, 냉전 당시 주요 분쟁 지역인 유럽에 많은 인구와 재산이 밀집되어 있었던 반면 오늘날 미국과 중국의 주요 분쟁 지역인 남중국해, 대만 및 동중국해 주변에 인구와 재산의 밀집 정도가 매우 낮은 수준이란 사실 때문이다. 유럽지역과 달리 남중국해와 동중국해 및 대만 주변은 육지가 아니고 해상이다.

이들 지역에서 제한전을 벌이거나 제한적인 수준의 핵전쟁을 벌이는 경우에도 많은 인명과 재산이 파괴될 가능성은 크지 않다. 이는 냉전 당시 유럽에서 미소가 전쟁을 벌일 가능성과 비교하여 오늘날 미국과 중국이 이들 지역을 놓고 전쟁을 벌일 가능성이 훨씬 높음을 의미한다.

다섯째, 냉전 당시 소련의 GDP는 미국과 비교하면 기껏해야 30% 수준을 넘지 않았다. 오늘날 중국의 GDP는 미국의 70% 이상이란 사실 때문이다. 2030년 이전에 중국의 GDP가 미국을 상회할 것이라고 한다. 이 같은 국력에 입각하여 오늘날 중국은 세력팽창 목적으로 상당한 수준의 우주, 사이버, 공중, 지상 및 해상 전력을 건설하고 있다. 세력전이(Power Transition) 이론에 따르면 이처럼 세력이 전이될 당시 전쟁이 벌어질 가능성이 크다고 한다. 이 같은 측면에서 보면, 냉전 당시의 미국과 소련의 경우와 비교하여 오늘날 미국과 중국이 전쟁에 돌입할 가능성이 보다 큰 것이다.

여섯째, 일본과 미국이 한반도를 분쟁 지역으로 지정했다는 사실 때문이다. 오늘날 중국은 동중국해, 남중국해 및 대만에서 자국의 영유권을 주장하고 있다. 이들 지역과 해역이 분쟁 지역임을 분명히 하고 있다. 한반도는 여기서 제외되어 있다. 그런데 미국과 일본은 한반도를 이들 지역과 마찬가지로 분쟁지역으로 간주하고 있다. 냉전 종식 이후 미국과 일본이 북한 핵무장 종용을 통해 한반도를 미중경쟁에서의 가상 분쟁지역으로 의도적으로 만들었던 것이다. 이는 미중경쟁이 전쟁으로 비화되는 경우 일본과 미국이 자국 영토가 아니고 한반도를 전쟁터로 만들어야 할 것이라고 구상한 결과일 것이다.

2. 중국 위협 대응 성격의 한미일 3각 동맹 추구

오늘날 중국의 부상에 대항한다는 차원에서 미국은 동맹국, 우방국, 동반국의 능력을 동원하고자 노력하고 있다. 미국은 가능한 한 중국의 패권 부상을 저지해야 할 것으로 생각하지만 그 와중에서 미 본토에 중국의 핵미사일이 떨어지는 현상을 결코 수용할 수 없다고 생각하고 있다. 이 같은 이유로 미국은 핵전쟁에 못 미치는 형태의 재래식 전쟁 수준에서 아태지역을 겨냥한 중국의 세력팽창을 저지하고자 상당히 많이 노력하고 있다.8) 핵전쟁이 벌어지는 경우에도 미 본토에 핵무기가 떨어질 가능성을 최소화하고자 노력하고 있다. 미국, 영국, 호주의 안보협력체인 오커스(AUKUS)는 이 같은 성격일 것이다.

중국의 세력팽창 저지 측면에서 보면 미국은 한국, 대만, 싱가포르와 같은 국가를 제1제대로, 일본, 호주, 인도 및 미국과 같은 국가를 제2제대로, 미 본토를 제3제대로 간주하고 있다. 미국은 제1제대 지역 국가인 한국, 대만, 싱가포르와 같은 지역에서 중국과 싸워야 할 것으로 생각하고 있다. 제1제대 국가들이 아태지역을 겨냥한 중국의 세력팽창 저지 측면에서 고슴도치와 같은 역할을 수행해야 할 것으로 생각하고 있다. 제2제대 국가의 경우 중국 본토를 겨냥하여 전력을 투사하고, 제1제대 지역에서 진행되는 전쟁을 지원하는 것으로 가정하고 있다.9)

이 같은 전쟁에서 한반도가 특히 분쟁 지역이 될 가능성이 높은 이유는 여타 국가가 중국과 바다를 경계로 분리되어 있는 반면 한반도가 서해와 북한 지역을 통해 중국과 연결되어 있다는 사실 때문이다.10)

미국은 자국 안보 측면에서 중국의 패권 부상 저지를 가장 중요한 안보 목표로 간주하고 있다. 일본은 센카쿠열도 문제로 독자적으로라도 중국과 싸우지 않을 수 없는 입장이다. 한국은 미국 및 일본과 달리 중국과 직접 전쟁해야 할 이유가 없어 보인다. 문제는 미중경쟁이 격화되어 전쟁으로 비화되는 경우 한반도가 미국과 일본을 대신하여 전쟁터가 될 가능성이 매우 크다는

---

8) "추후 내가 언급할 이유로 인해 미국과 중국 간의 모든 전쟁은 제한전 성격일 것임이 거의 확실할 것이다." Elbridge A. Colby(2021), *The Strategy of Denial* (p. 81). Yale University Press. Kindle Edition.

9) Michael Beckley, "Enemies of My Enemy: How Fear of China Is Forging a New World Order," *Foreign Affairs*, Vol. 101, No. 2(March/April 2022), pp. 80-1.

10) Elbridge A. Colby(2021), *The Strategy of Denial* (p. 154). Kindle Edition.

사실이다.

오늘날 미국은 한미일 3각 공조 내지는 3각 동맹을 강조하고 있다. 일본과 미국이 그처럼 한미일 공조에 목이 메어 있는 주요 이유는 미소경쟁과 달리 미중경쟁이 전쟁으로 비화될 가능성이 상당하며, 한국이 동참하지 않으면 미국과 일본이 전쟁터가 될 가능성이 있기 때문일 것이다. 자국을 대신하여 한반도를 희생시켜야 할 것이란 이유 때문일 것이다.11)

미중패권 경쟁에 대비한 질서 구축을 추구하는 미국

한미일 3각 공조체제는 중국을 겨냥한 미국 중심의 질서의 일부로 볼 수 있을 것이다. 이미 언급한 바처럼 미국은 중국의 부상을 냉전 당시 아태지역에 구축해놓은 동맹체계를 정비하고 미사일방어체계와 같은 체계를 구축하는 방식으로 대항하기로 결심했다. 이처럼 미국은 냉전 종식 이후 그 의미를 상실해가고 있던 아태지역의 동맹체계 정비와 미사일방어체계 구축 명분 제공 차원에서 북한 핵무장을 종용했다. 이처럼 1990년대 초반부터 중국의 부상 가능성에 대비했지만 미국이 본격적으로 중국을 자국의 주요 경쟁상대로 선포한 것은 트럼프가 등장한 2017년이었다.

냉전 당시 미소 진영은 군사, 외교, 경제 등 모든 분야에서 대결했다. 미국은 1949년 나토를 결성했지만 나토는 유명무실한 조직이었다. 6.25전쟁을 통해 미국은 유럽국가들, 한국과 일본은 물론이고 대만, 필리핀, 오스트레일리아 및 뉴질랜드와 동맹을 체결할 수 있었다. 이외에도 소련 중심의 공산세력에 대항한다는 차원에서, 자본주의 국가들의 경제를 발전시키기 위해 국제통화기금(IMF), 관세무역일반협정(GATT), 세계은행(World Bank)을 만들었다. 이처럼

---

11) 아사히신문은 사설에서 "일본이 미국의 대중 전략에 휩쓸려 미중 간 군사 대립의 최전선에 놓이는 일은 없어야 한다"고 경고했다. 이영희, "미국 따라 중국 때리긴 했는데…日 "美中 대립 최전선 되나" 우려도," 『중앙일보』, 2021. 3. 17.

6.25전쟁을 통해 구축한 동맹, 제도 및 거버넌스를 이용하여 미국은 소련과의 냉전에서 승리할 수 있었다.12)

냉전 종식 이후 미국은 냉전 당시 구축한 동맹, 제도 및 거버넌스를 확대하여 '자유주의 패권(Liberal Hegemony)' 질서를 구축했다. 중국을 포함한 가능한 한 많은 국가를 이 질서로 통합시키고자 노력했다. 문제는 이 같은 미국 중심의 질서를 이용하여 중국이 미국에 못지않을 정도의 막강한 세력을 구축했다는 사실이었다. 미국 중심의 질서 안에서 발언권을 강화함과 동시에 새로운 질서를 구축하고자 노력했다는 사실이었다. 결과적으로 오늘날 지구상에는 미국 중심의 질서와 중국 중심의 질서가 있는데 중국이 미국 중심의 질서 와해를 추구하고 있는 실정이다. 2017년 트럼프가 미 국가안보전략서(NSS)에서 중국과 러시아를 자국의 주요 적국으로 간주함과 동시에 강대국 경쟁의 시대가 재개되었음을 선포한 것은 이 같은 이유 때문이었다.

이 같은 중국 및 러시아와 같은 전체주의 국가에 대항한다는 차원에서 미국은 새로운 질서를 구축하고자 노력하고 있다. 미국, 일본, 호주 및 인도로 구성되는 쿼드, 미국, 영국 및 호주로 구성되는 오커스는 이 같은 성격이었다. 이외에도 미국은 한국, 일본 및 대만과 반도체 동맹 결성을 추구했다.13)

중국과 러시아로 구성되는 전체주의 국가들의 위협 가운데 가장 중심적인 부분이 중국인 반면 중국에 대항하기 위한 미국의 세력이 아태지역에 충분하지 않다는 사실이 문제였다. 특히 유럽의 나토 국가들이 가능한 한 중국 및 러시아와 우호적인 관계를 유지하고자 노력한다는 사실이 문제였다. 예를 들면, 독일이 러시아의 에너지를 대거 구입하고자 노력한다는 사실이 문제였다. 이처럼 나토의 중심국가인 독일과 러시아의 관계가 공고해지는 경우 러시아 경제가

---

12) Michael Beckley and Hal Brands, "The Return of Pax Americana? Putin's War Is Fortifying the Democratic Alliance," *Foreign Affairs*, March 14, 2022.
13) Ibid.

대거 발전할 가능성도 없지 않았다. 이 같은 러시아가 중국과 손을 잡는 경우 미국이 억제할 수 없는 수준으로 러시아와 중국의 세력이 막강해질 수 있었다.

독일과 러시아의 관계를 차단함과 동시에 유럽 국가들을 중국과 러시아에 대항하기 위한 민주주의 질서에 동참시킬 필요가 있었다. 중국 및 러시아로 구성되는 전체주의 세력에 대항한 자유진영의 결속을 강화할 필요가 있었던 것이다. 1950년 당시 미국은 소련에 대항하기 위한 질서 구축을 위해 소련이 한국을 남침하지 않으면 안 되도록 상황을 조성했다.14) 마찬가지로 2022년 미국은 중국에 대항한 질서 구축을 위해 러시아가 우크라이나를 침공하지 않으면 안 되도록 상황을 조성한 것이다.15)

미국이 3년이란 장기간 동안 300만 명 이상이 사망할 정도로 참혹한 방식으로 진행된 6.25전쟁을 이용하여 냉전 승리에 필요한 질서를 구축했던 것과 마찬가지로 오늘날 미국은 우크라이나 전쟁을 통해 중국과 러시아에 대항하기 위한 새로운 질서를 구축하고자 노력하고 있는 듯 보인다.16)

냉전 종식 이후 한미일 3각 동맹을 염원하는 미국과 일본

냉전 당시 미국은 일본이 한반도 안보 측면에서 보다 많이 기여할 수 있기를 염원했다. 한미일 3각 공조를 염원했다. 일본은 이 같은 미국의 요구를 단호히 배격했다. 일본 입장에서 보면 미국이 한반도에서 자국을 지켜주는 것이 최상의

---

14) 당시의 미국의 한반도정책을 조지워싱턴대학 교수 쏜턴(Richard C. Thornton)은 다음과 같이 표현했다. "쏜살같이 달려와 잡아먹을 태세가 되어 있다고 미국의 지도자들이 생각했던 호랑이를 덫 안으로 유인하기 위해 염소 1마리를 밧줄로 묶어놓은 것과 동일한 성격이었다." Richard C. Thornton/ 권영근, 권율 번역(2020), 『강대국 국제정치와 한반도: 트루먼, 스탈린, 마오쩌둥 그리고 6.25전쟁의 기원』, (서울: 한국국방연구원, 2020), p. 194.; Bruce Cumings(1983), "Introduction: The Course of Korean-American Relations, 1943-1953," in *Child of Conflict* edited by Bruce Cumings, pp. 47-8.

15) Why is Ukraine the West's Fault? Featuring John Mearsheimer - YouTube

16) Michael Beckley and Hal Brands, "The Return of Pax Americana? Putin's War Is Fortifying the Democratic Alliance," *Foreign Affairs*, March 14, 2022.

방안이었기 때문이다. 한미일 공조를 추구하는 경우 일본 본토가 유사시 공격 받을 가능성이 있었기 때문이었다. 결과적으로 일본은 소련 위협에 대항한 한미일 공조에 극구 반대했다.17) 자국 국민의 생명과 재산 보호를 가장 중요한 책무로 생각해야 할 일본의 위정자들 입장에서 보면 이는 지극히 당연한 선택이었을 것이다.

냉전 종식 이후 일본의 입장이 180도 바뀌었다. 냉전 종식 이후 일본은 안보적으로 방황했다. 미일동맹 지속 유지 여부와 관련하여 고민했다. 이 같은 일본으로 하여금 미일동맹 지속 유지를 결심하게 만든 주요 사건은 1996년의 양안사태였다. 일본인들이 정서적으로 지원하고 있던 대만을 겨냥한 중국의 미사일 공격, 미 항공모함의 대만 해역 출현, 이에 대한 중국의 격렬한 반응을 보며 일본은 미일동맹 지속을 결심했다. 특히 중국이 센카쿠열도 반환을 주장하자 미일동맹 지속을 결심했다. 소위 말해 중국을 잠재 위협으로 간주하기 시작한 것이다.

이처럼 미국과 일본이 중국을 의식하면서 재차 등장한 개념이 한미일 3각 공조다. 이 같은 한미일 3각 공조 개념이 미국의 주요 문서에 등장한 것은 1999년 3월이다. 1999년 3월 리처드 아미티지가 주관하여 작성한 "포괄적인 대북 접근 방안"이란 제목의 보고서에서는 북한을 겨냥한 한미일 3각 공조를 강조했는데 여기서 말하는 북한은 중국이었다. 이외에도 미국의 여러 전문가들이 한미일 3각 공조를 주장했다.18)

이 같은 한미일 3각 공조 노력은 아들 부시가 미국 대통령에 취임한 이후부터 바이든에 이르는 미국의 일관된 한반도 관련 주요 정책이었다. 그런데

---

17) Victor Cha, *Alignment despite antagonism*, pp. 28-30, 49-52.

18) Ralph A. Cossa, "US-ROK-Japan: Why a "Virtual Alliance" Makes Sense," *The Korean Journal of Defense Analysis*, Vol. XII, No. 1, Summer 2000, p. 68.; Scott W. Harold, Akutus Hiroyasu, Jeffrey W. Hornung, Soo Kim, Yasuyo Sakta, "The US-Japan Alliance and Rapid Change on the Korean Peninsula," *RAND*, 2021.

미국이 본격적으로 중국 위협을 의식하기 시작한 것은 아들 부시 당시였다. 북한이 1차 핵실험한 2006년 10월 9일 직후 미 국무장관 콘돌리자 라이스가 한국과 일본을 방문했다. 당시 라이스는 한미일 3각 공조를 강조했다.19)

다음에서 보듯이 오바마 행정부와 트럼프 행정부의 한반도정책 측면에서 공통점이 있다면 이는 한미일 3각 공조 노력이었다.

> 한국에 관한 오바마와 트럼프 행정부의 국가안보전략 가운데 연속되는 부분이 있다면 이는 미사일 방어, 정보 공유 그리고 여타 국방 관련 노력을 포함한 한국, 미국 및 일본의 3각 공조 심화였다.20)

재임 기간 8년 동안 오바마는 천안함 피격 및 연평도 포격 사건을 포함한 한반도의 주요 사건을 이용하여 남북한 긴장을 고조시키고, 대북제재를 통해 북한의 핵 및 미사일 능력을 강화했으며, 이들 사건을 이용하여 한미일 3각 공조를 공고히 하고자 적극 노력했다. 트럼프 또한 이처럼 노력한 것이다. 트럼프는 한미일 3각 공조가 중국 위협에 대항하기 위한 성격임을 분명히 했다.21)

여기서의 의문은 냉전 당시 한미일 3각 공조를 극구 거부하던 일본이 냉전 종식 이후 한미일 3각 공조를 적극 추구한 이유가 무엇인가?란 부분이다. 이 같은 일본의 요구에 미국이 동조한 이유가 무엇인가?란 부분이다. 주요 이유는 냉전 당시의 동북아지역에서의 미소 패권경쟁과 달리 오늘날의 미중 패권경쟁이 미국과 일본이 중국과 직접 대결하는 형태이기 때문일 것이다.

휴전선을 통한 북한군의 남침이 일본 안보를 직접 위협할 가능성은 거의 없었던 반면 중국에 대항한 미국 또는 일본의 싸움으로 일본 본토가 직접 공격

---

19) Mike. Chinoy, *Meltdown* (p. 301). St. Martin's Publishing Group. Kindle Edition.

20) Quoted in JY Lee, "The Geopolitics of South Korea-China Relations: Implications for US Policy in the Indo-Pacific," *RAND*, 2020 November, p. 11.

21) Quoted in Ibid.; U.S. Department of Defense, *Indo-Pacific Strategy Report: Preparedness, Partnerships, and Promoting a Networked Region*, Washington, D.C., 2019.

받을 가능성이 높아진 것이다. 특히 센카쿠열도를 놓고 중국과 일본이 격돌할 가능성이 있다는 점에서 일본 본토가 중국의 직접 공격에 노출될 가능성이 커진 것이다.

미국의 정치가들이 중국과의 싸움에서 미 본토가 피해를 입는 현상을 극구 저지하고자 하는 것과 마찬가지로 일본 정치가들 입장에서 보면 중국과의 싸움에서 일본 본토가 피해를 입는 현상은 최대한 저지할 필요가 있는 것이다. 여기서 등장한 것이 한미일 3각 공조란 개념이었다. 한미일 3각 공조는 미국과 일본이 중국과 싸우는 경우 일본 또는 미국 영토가 아니고 한반도를 전쟁터로 만들어야 할 것이란 개념에 입각한 것이었다.

미국은 이처럼 한미일 3각 공조 내지는 동맹 구축을 통해 미국과 일본을 대신하여 한국을 희생시키고자 노력하고 있을 뿐만 아니라 전작권 전환과 같은 한국의 자율성 신장 노력, 종전선언과 같은 평화정착 노력 저지를 통해 한국을 미중전쟁에 연루시키고자 노력하고 있는 듯 보인다. 이 같은 미국과 일본의 노력에서 벗어나고자 하는 경우 한국은 국가의 자율성을 신장시켜야 할 것이다.

3. 한국의 자율성 신장 및 평화정착 노력 저지

미국은 한국을 미중경쟁에 연루시키기 위해 전작권 전환과 같은 한국의 자율성 신장 노력뿐만 아니라 한반도 종전선언과 같은 평화정착 노력을 저지했다. 이처럼 저지하는 과정에서 북한 핵무장을 교묘히 이용했다. 첫째, 미국은 한반도 비핵화를 북한 비핵화로 한정시키고, 북한 핵능력의 점진적인 해체를 의미하는 스몰딜이 아니고 CVID란 빅딜을 주장하는 방식으로 북한 비핵화가 원천적으로 불가능해지게 만들었다. 둘째, 북한이 완벽히 비핵화하기 이전에는 전작권 전환도 종전선언도 곤란하다는 입장을 견지했다. 그런데 이는 전작권 전환과 같은 한국의 자율성 신장 노력은 물론이고 종전선언과 같은 한반도 평화

정착 노력을 어렵게 만들기 위한 성격이었다. 이는 중국 위협이 존재하는 동안 이 같은 한국의 노력을 차단할 것이란 의미일 것이다. 한국을 미중 패권경쟁에 깊숙이 연루시킬 것이란 의미일 것이다.

한반도 비핵화를 북한 비핵화로 한정

북한이 핵무장을 추구한 주요 이유는 냉전 종식 이후 한국과 비교하여 북한의 국력이 상당히 미약해졌다는 사실 때문이었다. 소위 말해, 안보불안 때문이었다. 북한 비핵화를 달성하고자 하는 경우 북한의 안보불안을 해소시켜주어야 할 것이다.

오늘날 미국과 북한은 한반도 비핵화에 공감하는 입장이다. 그런데 한반도 비핵화에 관한 미국과 북한의 해석이 전혀 상이한 실정이다. 미국은 한반도 비핵화를 북한 비핵화로 한정지어 생각한다. 미국 입장에서 한반도 비핵화란 궁극적으로 북한의 핵무기와 미사일 체계를 미국에 넘겨준 후 국제사회 사찰 요원들이 북한 핵시설을 철저히 사찰하게 해줌을 의미한다. 여기서 말하는 비핵화는 완벽하고 검증 가능하며 불가역적인 비핵화의 약자다. 북한 입장에서 보면 한반도 비핵화는 이 같은 의미가 아니다. 북한은 한반도 비핵화를 미국의 핵우산 제공 제거를 포함하여 궁극적으로 한미동맹 파기를 포함하는 개념으로 생각했다. 보다 포괄적으로 말하면 세계적 차원의 핵군축으로 생각했다. 한국과 한반도 주변 지역에서의 미국의 전략 자산 철수와 평화협정체결뿐만 아니라 한미연합훈련 종식 그리고 한반도에서 미군 철수 또는 감축을 포함하는 성격으로 생각했다.22) 대부분 한국인들은 이 같은 북한의 관점에 공감하기 쉽지 않을 것이다. 그러나 냉전 종식이 다가온 1980년대 말경 미국이 한반도에서

---

22) Ann Fifield, "North Korea's Definition of 'Denuclerization' Is Very Different from Trump's," *Washington Post*, April 9, 2018.; Kim Tong-Hyung, "N. Korea insists US act first before it gives up nukes," *AP News*, December 21, 2018.; Frank Aum et al., "A Peace regime for the Korean Peninsula," *Peace Works*, No. 157, United States Institute of Peace, February 2020.

주한미군을 점차적으로 철수할 구상이었다는 사실 측면에서 보면 이 같은 북한의 구상이 전혀 비현실적인 것은 아닐 것이다.

미국처럼 한반도 비핵화를 북한 비핵화로 한정지어 생각하는 경우 북한의 안보불안을 해소시킬 수 없을 것이다. 이처럼 자국의 안보불안을 해소시켜주지 않으면 북한이 자국의 비핵화에 결코 동의할 수 없을 것이었다. 미국이 한반도 비핵화를 북한 비핵화로 한정지어 생각한다는 사실은 북한 비핵화가 아니고 북한 핵무장에 관심이 있음을 의미할 것이다. 자국의 안보불안을 고려하지 않는 형태의 미국의 비핵화 노력에 북한이 동참하지 않을 것이기 때문이다.

미국 입장에서 보면 북한 비핵화와 관련하여 추구해야 할 목표는 북한이 핵무기를 개발하기 이전에는 핵무기 개발을 억제하는 성격이어야만 했을 것이다. 북한이 핵무장한 오늘날 북한 비핵화란 이미 보유하고 있는 핵무기를 폐기하게 만드는 것이다. 그런데 후자는 전자와 비교하여 훨씬 어려운 일이다. 후자가 보다 어려운 것은 이것이 북한 정권의 생존을 위태롭게 하고, 김정은의 체면을 손상시키며, 국제사회에서 명성을 손상시킬 가능성에도 불구하고 핵무기를 공개적으로 포기하는 일이기 때문이다.[23] 한편 북한 핵무장은 가난한 국가가 자국의 생존을 보장하기 위해 추구할 수 있는 최상의 방안이다. 이 같은 측면에서 보면 안보 보장이 아니고 경제적 보상을 통해 핵무장한 북한을 비핵화시킬 수 있을 것이란 환상에서 벗어나야 할 것이다. 예를 들면, 하노이 정상회담 이후의 푸틴과 시진핑과의 회동에서 김정은은 자국의 핵시설 일부 포기와 관련하여 경제적 보상이 아니고 안보 보장을 촉구했는데,[24] 이는 이 같은 이유 때문이었을 것이다. 그런데 미국은 북한이 자국 안보 보장 측면에서 지속적으로

---

[23] 강제(Compellence)가 억제와 비교하여 보다 어려운 문제란 사실을 가장 먼저 주목한 사람은 토머스 셸링(Thomas Schelling)이다. Thomas C. Schelling, *Arms and Influence* (New Haven, CT: Yale University Press, 1966), pp. 72-3.

[24] "North Korea's Kim told other leaders he seeks security guarantees instead of sanctions relief: sources," *Japan Times*, July 13, 2019.

요구해온 북미외교관계정상화를 거부한 바 있다.

결국 한반도 비핵화를 북한 비핵화로 한정시켜 생각하면서 미국은 북한 비핵화가 아니고 핵무장 종용을 추구했던 것이다.

스몰딜이 아니고 빅딜 추구

미국은 북한 비핵화 측면에서 한차례의 빅딜을 선호한 반면 북한은 자국 핵프로그램의 일부를 포기하는 조건으로 보상을 받는 점진적인 접근 방안을 선호했다.[25] 그런데 미국이 선호하는 방안은 불가능한 성격이었다. 하노이 북미정상회담에서 확인되었듯이 북한은 점진적이고도 단계적인 비핵화, 소위 말해 스몰딜을 추구한 반면 미국은 한 번에 북한의 모든 핵문제를 해결하는 빅딜을 추구했다. 리비아 모델을 추구했다. 2018년 미국은 항구적이고도 검증 가능하며 불가역적인 비핵화(PVID)를 제안했는데 이는 이전의 완벽하고 검증 가능하며 불가역적인 비핵화(CVID)와 비교하여 강화된 성격이다. 미국은 "북한의 완벽한 비핵화 이후에나 대북제재를 해제할 것이다."[26]는 사실을 일종의 레드라인으로 고수하고 있다. 예를 들면, 유엔에서 러시아와 중국은 대북제재 해제를 위한 결의안 초안을 비공식적으로 작성했지만 이 같은 이들 국가의 노력을 영국과 프랑스가, 특히 미국이 저지했다.[27]

핵무기가 없어서 리비아의 가다피와 이라크의 사담이 미국에 살해되었음을 잘 알고 있는 북한 입장에서 보면 이는 결코 수용할 수 없는 성격이었을 것

---

25) John Gershman, Wade L. Huntley, "North Korea & the NPT," *Institute for Policy Studies*, October 2, 2005.; "Experts See Washington's 'Big Deal' Approach to Denuclearizing N. Korea Facing Rejection," *VOA News*, March 12, 2019.

26) Victor Zhikai Gao, "What Next for the Korean Denuclearization?," *Foreign Policy Journal*, March 8, 2019.

27) Michelle Nichols, "Russia, China to hold more U.N. talks on lifting North Korea sanctions: diplomats," *Reuters*, December 30, 2019.

이다. 트럼프가 말하는 빅딜, (선) CVID (후) 보상이란 개념은 더 이상 타당성이 없어 보인다. 예를 들면, 싱가포르 정상회담 이후 2년 동안 북한은 20개 이상의 핵무기를 추가 확보할 수 있을 정도의 핵연료를 축적했다.28)

한반도비핵화공동선언을 한 1991년 12월 31일 당시 북한은 한국에 매우 저자세였다. 북한이 곧바로 붕괴될 것만 같은 상태에 있었기 때문이다. 9.19 합의를 체결한 2005년 9월 19일까지도 이 같은 측면이 없지 않았다. 그러나 한국과 일본을 타격할 수 있는 미사일과 핵무기를 상당히 많이 보유하고 있던 싱가포르 및 하노이 정상회담 당시의 북한은 상황이 전혀 달랐다. 2020년 1월 김계관은 북미대화는 북한의 요구를 미국이 완벽히 수용하는 경우에나 재개될 수 있을 것이라고 말했는데,29) 이는 이 같은 사실을 반영한 것일 것이다.

상황이 그러함에도 하노이 정상회담 당시 미국은 CVID란 북한이 결코 수용할 수 없는 조건 충족을 북한에 요구했다. 이는 북한 비핵화를 원천적으로 차단하기 위함일 것이다. 이 같은 상태에서 미국은 한미일 3각 공조를 통해 한국을 미중경쟁에 깊숙이 연루시키고자 적극 노력하고 있는 듯 보인다.

북한 비핵화와 한국의 자율성 및 평화정착 노력 연계

이미 살펴본 바처럼 미국은 은밀한 방식으로 북한 핵무장을 종용했다. 북한 비핵화를 원천적으로 차단했다. 그러면서 북한 비핵화가 완벽히 달성되기 이전에는 전작권 전환도, 종전선언도 반대한다는 입장이다. 미국은 "북한 비핵화 이전에 한반도 긴장완화 조치를 취할 수 없다. 이것이 미국의 정책이다."30)라고

---

28) David E. Sanger and Choe Sang-Hun, "Two Years after Trump-Kim Meeting, Little to Show for Personal Diplomacy," *New York Times*, June 12, 2020.

29) "Nuke talks only possible when U.S. fully accepts N.K. demands: Pyongyang official," *Yonhap News*, January 11, 2020.

30) "Department Press Briefing - August 29, 2018," *US Department of State*, August 29, 2018.

말했다. 그런데 이는 한국을 미중경쟁에 직접 연루시키기 위함일 것이다. 더욱이 2018년 11월 20일 미국과 한국은 북한 문제에 관한 워킹그룹을 만들었다. 폼페이오가 이것과 관련하여 언론에 말한 바처럼 이는 "한국과 미국이 북한 문제와 관련하여 상대방이 모르는 내용을 일방적으로 논의하지 못하게 하고, 남북관계 개선 및 한반도평화 정착 노력이 북한 비핵화 노력과 비교하여 앞서 가지 못하게 하기 위한 성격이었다."31)

이처럼 (선) CVID (후) 보상과 같은 방식을 통해 북한 비핵화를 원천적으로 차단시키는 한편 남북관계 개선 및 한반도평화 노력이 북한 비핵화 노력과 비교하여 앞서가지 못하게 해야 할 것이란 미국의 구상은 한국의 남북관계 개선 및 한반도평화 정착 노력을 원천적으로 불가능해지게 만들겠다는 것과 다름이 없을 것이다. 전작권 전환과 같은 한국의 자율성 신장 노력의 경우도 마찬가지일 것이다. 이 같은 미국의 구상으로 미중경쟁이 전쟁으로 비화되는 경우 한국이 이 전쟁에 깊숙이 연루될 가능성이 커지는 것이다. 예를 들면, 전작권을 전환하지 못하면 미군 대장이 한국군을 작전 통제한다는 점에서 한국이 미중경쟁에 연루될 가능성이 매우 커지는 것이다.

공식적으로 한미일 3각 동맹을 구축하기 이전에서조차 미국은 미군이 한국군을 지속적으로 작전 통제하게 하고, 한반도 종전선언을 저지하는 방식으로 아태지역에서의 자국의 국익 추구 행위에 한국을 연루시키고자 노력하고 있는 것이다. 미국과 일본을 대신하여 한반도를 희생시키고자 노력하고 있는 것이다. 미국이 이처럼 할 수 있었던 것은 북한 핵무장 덕분이었다. 그런데 이미 살펴본 바처럼 북한 핵무장은 주도면밀한 미국의 노력의 산물이었다.

결론적으로 말하면, 미국은 곧바로 붕괴될 것만 같았던 북한의 생존을 중국 위협 대비 차원에서 존속시켰을 뿐만 아니라 북한에 핵무장을 종용했다. 이

---

31) "Secretary of State Mike Pompeo's Remarks to the Press," *US Department of State*, November 20, 2018.

같은 방식으로 한반도 긴장을 조성했다. 북한 핵무장을 이유로 한국의 종전선언, 전작권 전환 노력을 차단시키고자 노력했다. 그런데 이들 조치는 미국과 일본이 중국과 전쟁을 하는 경우 한반도를 전쟁터로 만들기 위함이었을 것이다. 미국과 일본을 대신하여 한반도를 희생시키기 위함이었을 것이다.

    미국은 북한 핵무장을 빌미로 한국의 자율성 신장을 제한할 수 있었다. 아이러닉하게도 북한을 비핵화하기 위한 방안은 전작권 전환과 같은 자율성 신장 노력을 통해 한국이 한반도 안보를 스스로 감당하는 것이다.

제3절 북한 비핵화 방안: 국가의 자율성 신장

이미 살펴본 바처럼 북한 핵문제가 복잡해진 주요 이유는 한반도가 미국, 일본, 중국 및 러시아란 주요 4강의 이익이 교차하는 지구상 유일 지역이란 사실과 관련이 있었다. 이들 국가는 한반도를 자국의 '전략적 이익'에 해당하는 지역으로 생각했다. 한반도에 대한 모든 영향력이 자국의 적국으로 넘어가는 경우 자국 안보가 심각한 영향을 받는다고 생각했다. 결과적으로 이들은 한반도에 대한 모든 영향력이 자국의 적국으로 넘어가는 현상을 결코 수용할 수 없는 입장이었다. 정도의 차이는 있지만 이들 국가는 한반도에 대한 영향력 확보 및 유지 차원에서 남북통일에 반대했다. 이들 국가는 남북통일 저지 차원에서 북한 핵무장을 중요하게 생각하는 측면이 없지 않았다. 미중경쟁이 격화된 2000년대 중반 이후 특히 이와 같았다. 특히 중국 위협 대비 차원에서 미군의 한반도 주둔을 필수적으로 생각하고 있던 미국은 냉전 종식 이후 북한 핵무장을 내심 염원하지 않을 수 없는 입장이었다.

대부분 주변국들이 북한 비핵화를 원치 않는다는 사실 측면에서 보면 북한 비핵화를 달성하고자 하는 경우 북한 비핵화 문제에 주변국이 개입하지 못하게 만들어야 할 것이다. 특히 미국이 개입하지 못하게 해야 할 것이다. 이처럼 하고자 하는 경우 한국은 전작권 전환을 포함한 국가의 자율성 확보를 위한 조치를 취해야 할 것이다. 문제는 미국이 전작권 전환과 같은 한국의 자율성 신장 노력 또는 종전선언과 같은 한반도 평화정착 노력을 북한 비핵화 이후에나 허용해줄 수 있다고 주장하고 있다는 사실이다. 이 같은 방식으로 한국의 자율성 신장을 원천적으로 차단하고자 노력하고 있어 보인나는 사실이다. 북힌 핵문제 해결을 원천적으로 어렵게 만들고자 노력하고 있어 보인다는 사실이다. 보다 문제인 것은 많은 한국인들이 이 같은 미국의 주장을 적극 옹호하고 있어 보인다는 사실이다. 한반도에서의 미국의 국익 추구 행위를 지원하고 있어 보인다는 사실이다.

지금까지 논의에 입각해보면 북한 비핵화와 한반도 평화를 달성하고자 하는 경우 국가의 자율성을 신장시켜야 하며, 이처럼 하고자 하는 경우 한국인들은 두 가지 사실을 인지해야 한다. 첫째, 오늘날 많은 한국인들의 인식이 미국의 국익 추구 행위를 지원하는 성격이란 사실이다. 한국이 미국의 속국으로 보인다는 사실이다. 둘째, 미국의 속국 신세에서 벗어나야 할 것이란 사실이다.

1. 한미관계 진단: 한국은 미국의 속국?

개인과 마찬가지로 국가는 나름의 정체성과 이익에 따라 행동하는 행위자다. 정상적인 인간이 본인의 이익을 추구하며 행동하는 것과 마찬가지로 정상적인 국가는 자국의 국익을 추구하며 행동한다. 타인의 이익 달성을 위해 자신의 이익을 희생시킬 수밖에 없는 사람을 정상적인 사람이라고 말할 수 없는 것과 마찬가지로 타국의 국익 달성을 위해 자국의 국익을 희생시킬 수밖에 없는 국가를 정상적인 국가로 간주할 수 없을 것이다.[32] 이 같은 국가를 우리는 통상 속국이라고 말한다.

오늘날의 한국이 미국의 속국임을 보여주는 증거가 여럿 있다. 잘 알려진 바처럼 전작권 전환이 진지하게 논의되던 2000년대 중반 역대 국방장관 17명이 전작권 전환에 반대하고 나섰는데,[33] 이는 한국이 미국의 속국임을 단정적으로 보여주는 부분이었다. 미군 대장이 한국군을 작전 통제한다는 것이 한국이 한반도에서의 미국의 국익 추구 행위에 쉽게 연루될 수 있을 것이란 의미이기 때문이다. 그런데 한국이 미국의 국익 추구 행위에 연루될 수 있다는 것은 한국이

---

32) 타인의 이익 달성을 자발적으로 지원해주는 것과 외부 강압으로 마지못해 지원하는 것이 다르다는 사실을 이해할 필요가 있을 것이다.

33) 권로미·성연진 기자, "전작권 환수중단…국회동의 거쳐야,"『헤럴드경제』, 2006. 8. 12.; 김귀근, "예비역대장 20명 '전작권 전환 재검토' 요구,"『연합뉴스』, 2009. 11. 10.

미국의 국익을 지원하기 위해 자국의 국익을 희생시킬 가능성이 있다는 의미다. 전작권 전환에 반대할 당시 이들 역대 국방장관은 한반도에서의 미국의 국익 달성을 위해 한국의 국익을 희생시킬 필요가 있다고 주장한 것과 다름이 없었던 것이다. 그런데 이는 한국이 미국의 속국이란 의미일 것이다.

자국 안보를 미국에 의존하고자 하는 한국이 미국의 속국과 다름이 없음을 베트남과 일본의 경우를 통해 확인해볼 수 있을 것이다.

"베트남 관리들은 종종 자국이 외국군의 간섭과 관련하여 3불 정책을 추구한다는 사실을 강조하고 있다. 어떠한 국가와도 동맹을 체결하지 않으며, 베트남 영토에 어느 국가의 군대도 주둔시키지 않는다. 또 다른 세력과 전투하기 위해 외국군과 동반자 관계를 형성하지도 않는다."[34] 오늘날 베트남은 중국과 영토 분쟁을 벌이는 등 안보적으로 매우 어려운 상황임에도 불구하고 미국에 대해서도 3불 정책을 고수하고 있다. 이들이 이처럼 하는 것은 "베트남이 중국과의 경쟁을 위한 미국의 보다 폭넓은 노력에 개입하는 경우 강대국 경쟁의 전당물로 전락할 가능성 때문이다."[35]

이미 살펴본 바처럼 1950년대 당시 미국은 한미동맹의 경우처럼 미군이 자위대를 지휘 통제하는 형태로 미일 지휘구조를 정립하자고 제안했다. 그러자 요시다 시게루 총리는 이처럼 하면 일본에서의 미국의 국익 추구 행위에 일본이 연루될 가능성이 있다고 말했다.

한반도에 외국군을 주둔시킨다는 사실 자체만으로도 국가의 주권이 심각히 손상된 것과 다름이 없다. 그런데 국가의 주권 가운데 가장 중요한 주권인 작전통제권을 외국군이 행사하게 하면 되겠는가?

오늘날의 한국이 미국의 속국과 다름이 없다고 말하는 미국인이 없지 않다.

---

34) Abraham M.. Denmark(2021), *U.S. Strategy in the Asian Century* (Woodrow Wilson Center Series) (p. 242). Columbia University Press. Kindle Edition.

35) Ibid.

미 MIT 공대의 노암 촘스키(Avram Noam Chomsky)는 한국인 가운데 절반 이상이 한국의 국익이 아니고 미국의 국익을 위해 일하고 있어 보인다고 말했다.36) 한국군 국방경비대 장교 가운데 90% 정도가 일본천황을 위해 일했던 사람들임을 지적하며 대한민국을 괴물국가(Frankenstein State)로 비유하는 사람도 없지 않다.37) 이들 발언은 한국이 미국의 속국과 다름이 없다는 의미일 것이다.

그런데 미국의 한반도 전문가 가운데에는 오늘날의 한국이 미국의 속국과 다름이 없다는 사실을 이론적으로 설명하는 사람도 없지 않다. 한국과 미국의 관계를 1930년대 당시의 만주국과 제국일본의 관계와 동일하다고 말하는 사람도 없지 않다. 시카고대학 교수 브루스 커밍스는 이처럼 말한다.38)

왜 이처럼 말하는 것일까? 이 같은 사실을 이해하고자 하는 경우 먼저 1930년대 당시의 일본과 오늘날의 미국이 제국(帝國)이란 사실을 인지할 필요가 있을 것이다. 그 형태와 무관하게 제국은 특정 국가 또는 민족이 또 다른 국가 또는 민족을 지배하기 위한 체제들을 그 기반으로 한다. 제국을 건설하기 위한 다수의 방안이 있다. 이들 가운데 하나는 다수의 식민지를 만드는 것이다. 자국을 제국이라고 공식적으로 선언할 수도 있지만 선언하지 않을 수도 있다. 오늘날 미국은 공식적으로 선언하지 않는 형태의 제국이다. 미국은 여타 국가를 자국의 식민지로 만드는 방식이 아니고 타국의 영토에 미군을 주둔시키는 방식으로 비공식적이지만 직접적인 방식으로 이들 국가를 지배한다.

미군이 주둔하고 있는 특정 국가가 미국 정부가 싫어하는 정책을 추구하는 경우 미국은 강압적인 방식으로 해당 국가의 정책 변경을 초래하거나 해당 국가의 정부를 전복시키기 위해 직접 상황에 개입할 수 있다. 또는 주둔국의 군대를

---

36) "위기론 득 보는 남한 보수정권, 평화정책 관심없어," 『오마이뉴스』, 2016. 2. 21.

37) George Katsiaficas(2012), *Asia's Unknown Uprisings Vol. 1: South Korean Social Movements in the 20th Century* (pp. 81-2). PM Press. Kindle Edition.

38) Bruce Cumings. *Korea's Place in the Sun: A Modern History*. (New York: W.W. Norton & Company, 2005), p. 332.

통해 이처럼 할 수 있다. 예를 들면, 1953년 당시 미국은 정전협정 체결에 반대하던 이승만을 제거하기 위한 에버레이디(Everready) 계획을 수립한 바 있다. 미국의 주요 인사들이 육군참모총장 백선엽을 앞세워 이승만을 제거하기 위한 방안을 진지하게 논의했다.39)

일본조차 전후 자국의 대외정책 측면에서 미국의 영향을 상당히 많이 받았다.40) 그러나 미군이 주둔하고 있는 국가 가운데 한국처럼 대외정책은 물론이고 군사주권을 포함한 다양한 분야에서 주권이 심각히 침해당한 경우는 없었다. 한미상호방위조약은 21세기 최악의 불평등 조약이었다.41)

1943년 이후 미국은 한반도 정치 발전을 아태지역에서의 자국의 안보와 연계하여 생각했다. 미군이 한반도에 진주한 1945년 이후 한반도에서 벌어진 모든 주요 사건의 이면에 미국이 있었다. 미국은 자국 안보와 연계하여 한국의 정치 발전에 상당한 영향을 미쳤다. 이는 한국이 미국의 속국이란 의미다. 한반도 분단42)은 물론이고, 6.25전쟁을 주도한 세력도 미국이었다.43) 미국인들은 이승만, 박정희, 전두환이 대통령이 된 것도 미국의 입김 때문이라고 말한다.44) 1997년의 IMF 등 모든 주요 사건의 이면에 미국이 있었던 것이

---

39) "The Commander in Chief, United Nations Command (Clark) to the Chief of Staff, United States Army (Collins), April 26, 1953," in *FRUS*, Korea, 1952-1954, Vol. 15, p. 942.; "Memorandum of the Substance of Discussion at a Department of State-Joint Chiefs of Staff Meeting, July 3, 1953," in *FRUS*, Korea, 1952-1954, Vol. 15, p. 1,318.

40) 정도의 차이는 있지만 자국 영토에 미군이 주둔하고 있는 오늘날의 일본과 독일 또한 미국이 2차 세계대전 이후 건설한 제국의 일부로 볼 수 있을 것이다. 미국의 속국으로 볼 수 있을 것이다.

41) 한유성 기자, "[스페셜인터뷰] 통일언론인 고승우 박사: 한미동맹의 미래, 21세기 최악의 불평등 조약 '한미상호방위조약 폐기'가 시작," 『폴리뉴스』, 2021. 12. 30.

42) Bruce Cumings(2005), *Korea's Place in the Sun: A Modern History* (Updated Edition) (p. 186). W. W. Norton & Company. Kindle Edition.; Gregory Henderson, Richard Lebow and John Stoessinger, *Divided Nations in a Divided World* (David McKay Company, 1974), p. 43.; Tim Beal, *Crisis in Korea: America, China and the Risk of War* (Pluto Press, 2011), p. 22.

43) Michael Pembroke(2020), *Korea Where the America Century Began* (p. 12). Hardie Grant Books. Kindle Edition

44) Gregg A. Brazinsky(2007), *Nation Building in South Korea* (p. 254). The University of North Carolina Press. Kindle Edition.

다.45) 이 책에서 확인한 부분이지만, 오늘날 북한 핵문제가 이처럼 악화된 것 또한 미국의 국익 측면에서 북한 핵무장이 필수적이기 때문이었다. 북한이 핵무장한 상태에서 미 본토를 타격하기 위한 대륙간탄도미사일 시험과 더 이상의 핵실험을 하지 않는 상태가 미국 입장에서 최상이었던 것이다.46) 이는 적어도 미군이 한반도에 진주한 1945년 9월 8일 이후 미국이 자국의 국익을 위해 한국의 국익을 손상시켰다는 의미다. 한국이 미국의 속국이란 의미다.

브루스 커밍스는 1930년대 당시의 만주국이 일본의 속국이었던 것과 마찬가지로 오늘날의 한국이 미국의 속국이라고 말한다. 다음과 같은 세 가지 공통점 때문이라고 말한다.47)

첫째, 1930년대 당시의 만주국은 중국인 또는 만주인이 아니고 일본인들이 자국의 제국 이익을 위해, 중국대륙으로의 세력팽창을 위해 만든 국가였다. 오늘날의 한국은 미국이 소련의 세력팽창에 대항하기 위해 남한지역을 점령한 후 만든 국가다. 미국인들은 한국을 유엔이 만든 국가라고 말한다. 그런데 유엔으로 하여금 이처럼 남한 단독정부를 수립하게 한 것은 미국이었다.

둘째, 일본이 만주국과 체결한 방위조약과 관동군을 이용하여 만주국의 가장 중요한 주권인 군사주권을 행사한 것과 마찬가지로 미국이 한국군에 대한 작전통제권 행사를 포함하고 있는 한미상호방위조약과 주한미군을 이용하여 한국의 군사주권을 행사했다.

셋째, 만주국의 주요 기관장은 중국인이었지만 부기관장은 일본인이었다. 부기관장이 만주국의 주요 기관을 막후에서 조종했다. 해방 이후 미 군정장관 존 하지(John Reed Hodge)는 조선인 가운데 미국의 국익을 가장 잘 대변해

---

45) 권영근, 『한반도와 강대국의 국제정치: 미국의 한반도정책을 중심으로(1943-1954)』(서울: 행복문화사, 2021), pp. 8-18.

46) 이민석 특파원, "[특파원 리포트] "北 내버려 두라"는 美의 속내." 『조선일보』, 2021. 11. 8.

47) Gowans, Stephen. *Patriots, Traitors and Empires: The Story of Korea's Struggle for Freedom*. Baraka Books. Kindle Edition. Chapter 2(Imperialism)

줄 것으로 생각한 친일파들을 앞세워 한국을 통치했다.[48] 그 후에도 미국에 우호적인 인사들이 한국정부를 주도하게 만들었다. 예를 들면, 1960년대 당시 미국의 한반도 정책 가운데 가장 중요한 정책은 한국군에 대한 미군의 작전통제권 행사에 호응하는 장교들이 한국군에서 고위직으로 성장하게 만드는 것이었다. 호응하지 않는 장교들이 한국군에서 성장하지 못하게 하는 것이었다.[49] 일본이 만주국의 주요 기관의 2인자인 일본인을 이용하여 만주국을 막후 조종했다면, 미국은 미국에 우호적인 한국인들을 이용하여 한국을 조종했던 것이다.

결론적으로 말하면 오늘날의 미국은 로마제국과 마찬가지로 나름의 제국이다. 로마제국이 식민지 지배를 통해 이루어진 제국이라면 미국이란 제국은 주권국가에 미군을 주둔시키고, 국가의 주요 기관을 미국에 우호적인 인사들이 통제하게 하는 방식으로 운영되는 제국이었다. 미군이 주둔하고 있는 국가는 그 정도의 차이만 있을 뿐 상당히 많이 미국의 영향을 받는다. 일본도 예외는 아니다. 그러나 이들 국가 가운데 미국의 영향을 가장 많이 받은 국가는 한국이었다. 미국이 이처럼 한국을 철저히 통제했던 것은 한반도가 아태지역의 미국의 동맹체계에서 함정의 닻에 해당할 정도로 중요한 지역이기 때문이었다.

2. 한국은 어떻게 미국의 속국이 되었을까?[50]

이미 설명한 바처럼 한국은 미국의 극단적인 속국과 다름이 없다. 이렇게 이처럼 된 것일까? 미국의 주도면밀한 노력 때문이었다. 미국이 이처럼 한국을 자국의 속국으로 만든 것은 한반도가 미국 안보 측면에서 너무나 중요한 지역

---

48) 권영근, 『한반도와 강대국의 국제정치: 미국의 한반도정책을 중심으로(1943-1954)』, pp. 166-99.

49) US Department of State, "6. Telegram from the Department of State to the Embassy in Korea"(1964. 3. 26), p. 2; "Record of National Security Council Action No. 2430," in *FRUS*, 1961-1963, Vol. 22.

50) 권영근, 『한반도와 강대국의 국제정치: 미국의 한반도정책을 중심으로(1943-1954)』, pp. 25-35.

이기 때문이었다. 해방 이후 70여 년 동안 미국은 자국의 세계전략을 선도적으로 지원하도록 한국이란 나라를 만든 것이다. 미국이 이처럼 특정 목적을 겨냥하여 특정 국가를 만든 경우는 한국이 유일했다.

1945년 8월 15일 해방과 동시에 미국은 한반도를 38선을 중심으로 물리적으로 분단시켰다. 1948년 8월 15일에는 남한 단독정부 수립을 통해 남북한을 법적으로 분단시켰다. 1950년 6월 25일 벌어진 6.25전쟁을 통해 남한과 북한을 정서적으로조차 분단시켰다. 1954년 4월 26일부터 6월 15일까지 지속된 제네바회담에서 미국은 공산측의 남북통일 노력뿐만 아니라 평화협정 체결 노력을 거부했다. 이 같은 방식으로 한반도를 전쟁이 잠시 정지된 상태란 의미의 정전상태를 유지하게 만들었다. 이는 미군의 한반도 주둔을 통해 한반도를 반공(反共)의 전초기지로 만들기 위함이었다. 1,000년 이상 단일 체제를 유지해온 한반도를 남한과 북한으로 분단시킨 후 초긴장 상태를 유지하게 만든 것이다. 참혹한 방식의 전쟁 수행을 통해 300만 명 이상의 인명을 살상시킴으로써 이승만으로 하여금 한미상호방위조약 체결을 염원하게 만들었다. 상호방위조약 체결 조건으로 한국군에 대한 작전통제권 행사를 요구했다. 그 후 한반도는 미국의 안보를 지키기 위한 최전선 지역이 되었다. 한국이 냉전 당시는 미소경쟁의 전초기지였다면 냉전 종식 이후에는 미중경쟁의 전초기지가 된 것이다. 한국이 미 안보구조의 하부구조로 기능하는 등 미국의 속국으로 전락한 것이다.

1945년 8월 15일을 기준으로 불과 10년 미만의 기간 동안 어떻게 이 같은 현상이 벌어진 것일까? 그 이유를 알고자 하는 경우 미국의 세계전략을 이해할 필요가 있을 것이다.

19세기 당시 서반구(西半球)의 패권국으로 부상한 미국은 또 다른 패권국의 부상 저지를 자국의 가장 중요한 안보 목표로 간주했다. 이 같은 패권국이 대서양과 태평양을 건너 미 본토를 공격하는 방식으로 미국의 안보를 위협할 가능성이 있었기 때문이었다. 2차 세계대전이 격렬히 진행되고 있던 1943년 미국은 전후 유라시아대륙 주변부 주요 지역 국가들에 미군을 배치한 후 이들 국가와 동맹을 체결해야 할 것으로 생각했다. 2차 세계대전을 통해 미국과 소련을 제외한 지구상 모든 열강들이 쇠락할 것으로 보였기 때문이었다. 이 같은 점에서 동맹 체결을 통해 이들 국가에 미군을 주둔시키지 않으면 독일 및 일본과 같은 주요 산업 국가들로 세력을 확장한 소련이 장거리 폭격기, 항공모함과 같은 원거리 타격 수단을 이용하여 미 본토를 위협할 것으로 생각되었기 때문이었다.

1943년 당시 미국의 전략가들이 미군의 장기 주둔이 필요하다고 생각한 지역에 한반도가 있었다. 대륙세력과 해양세력이 교차하는 요충지인 한반도를 점령한 국가가 동북아지역 패권국으로 부상할 가능성이 있었기 때문이었다. 그런데 전후 소련과 미국을 제외한 모든 주요 열강이 쇠락할 것이란 점에서 미국이 방치하는 경우 한반도는 소련의 영향권으로 들어갈 수밖에 없었다. 이 경우 소련이 동북아지역 패권국으로 부상할 가능성이 농후했다. 이 같은 소련이 미 본토를 위협할 가능성이 있었다. 미국이 전후 한반도에 대한 영향력을 확보하여 유지해야 할 것으로 생각했던 것은 이 같은 이유 때문이었다.

당시를 기준으로 미국이 한반도에 대한 영향력을 확보하기 위한 필요조건과 충분조건을 생각할 수 있을 것이다.

필요조건은 한반도를 남북으로 분단시킨 후, 남한 지역을 미국이 점령해야 할 것일 뿐만 아니라 이 지역에 반공 성향의 단독정부를 수립하는 것이었다. 미국 입장에서 보면 남북통일은 곤란했다. 그 이유는 당시 조선의 지식인들이 친일파 내지는 공산주의자와 사회주의자로 양분되어 있었으며, 공산주의자와 사회주의자들이 조선인들에게 대단히 인기가 있었다는 사실과 한반도가 소련에 인접해 있었기 때문이었다. 전후 친일파가 타도 대상일 것이란 점에서 방치하는 경우 통일한국은 소련의 영향권으로 들어갈 수밖에 없었다. 결과적으로 미국이 한반도의 상당 부분에 대해 영향력을 확보하고자 하는 경우, 한반도에서 소련을 봉쇄하고자 하는 경우, 남북을 중심으로 남한 지역을 점령한 후 독립정부를 구성해야만 했다.

이 같은 정부의 성향이 문제였다. 이 같은 정부를 사회주의자 또는 공산주의자들이 주도하게 할 수 없었다. 왜냐하면 분단된 한반도에서 이북 지역을 공산주의자들이 주도할 것이란 점에서 남한지역 또한 공산주의자 또는 사회주의자가 주도하게 하면 자연스럽게 한반도가 통일될 것이며, 통일 한반도가 소련의 영향권으로 들어갈 것이기 때문이다. 독립운동가 출신들이 주도하게 할 수도 없었다. 이들의 경우 한반도 분단과 미군의 한반도 주둔을 거부할 것이기 때문이다. 따라서 남한지역은 친일파들이 주도하게 해야만 했다.

하지가 친일파 중심으로 정당, 군대 및 경찰을 구성했던 것은 이 같은 이유 때문이었다. 이처럼 친일파 중심으로 정당, 군대 및 경찰을 조직하는 등 하지가 반공성향의 남한 단독정부 수립을 위해 노력하자 남한지역 도처에서 한국인들이 하지의 군정 정책에 저항했다. 이들 저항세력은 주한미군 철수와 남한 단독정부 수립 반대를 외쳤다. 하지 입장에서 보면 한반도에 대한 영향력을 확보하고자 하는 경우 남한지역에 반공 성향의 단독정부 수립이 필수적이었다는 점에서 이들 저항세력을 제거하지 않을 수 없었다. 이 같은 미국의 노력으로 1948년 8월 15일에는 반공을 표방하는 단독정부가 남한지역에 수립되었다.

한반도에 친일파가 주도하는 정부를 구성한다고 미군을 주둔시킬 수 있는 것은 아니었다. 첫째는 한국인들이 미군의 한반도 주둔을 염원하게 만들어야만 했다. 제주도 4.3사건 등 남한지역에서 벌어진 반미성향 사건을 강력히 진압했음에도 불구하고 1949년 2월 75명의 제헌국회의원들이 한반도에서 외국군 철수를 요구하는 결의안을 발의했다. 이 정도로 한국인들이 미군 철수를 염원하고 있었다는 점에서 보면 한국인들로 하여금 미군 주둔을 염원하게 만드는 것은 대단히 중요한 문제였다. 둘째, 당시 미국이 병력과 국방비를 대거 삭감하고 있었다는 점에서 미국인들로 하여금 병력과 국방비의 대거 증대에 동의하게 만들 필요가 있었다. 이처럼 하고자 하는 경우 미국인들과 한국인들이 공산세력의 위협을 절감하게 만들 필요가 있었다. 소위 말해, 핵전쟁에 미치지 않는 수준에서 공산세력과 자유진영이 장기간 동안 치열하게 싸울 필요가 있었다. 이 같은 전쟁은 미국과 중국의 전쟁을 의미했다. 그런데 이는 한반도 전쟁을 의미했다. 왜냐하면, 한반도가 미국, 소련, 중국 및 일본이란 4강의 이익이 교차하는 지구상 유일 지역이란 점에서 한반도에서 전쟁이 벌어지면 미국이 참전할 것이며, 미국이 참전하여 북진하는 경우 한반도와 긴 국경선을 맞대고 있다는 점에서 중국이 참전할 것이기 때문이다.

미국은 한반도에서 중공군과 3년 동안 치열하게 싸웠다. 이는 지구상 국가 국민들에게 공산주의의 위험을 각인시킴으로써 미 국방비 400% 증액과 더불어 지구상 도처에 소련과 중국에 대항하기 위한 동맹체계를 구축하기 위함이었다.

1954년의 제네바회담에서 미국은 중국과 소련의 남북통일 제안을 거부했으며, 평화협정 체결조차 거부했다. 남북이 통일되거나 평화협정이 체결되는 경우 미군의 한반도 주둔이 어려워지기 때문이었다. 결과적으로 한반도에 대한 영향력 확보가 어려워질 것이기 때문이었다. 미국이 한미상호방위조약을 체결했던 것은 한반도에 대한 영향력을 확보해야 할 것이란 1943년 이후의 미국의 한반도정책 때문이었다.

미국이 한미상호방위조약 체결 조건으로 한국군에 대한 작전통제권 행사를 요구했으며, 한미합의의사록을 통해 한국군을 극단적인 육군 중심으로 편성했던 것은 한국을 지속적으로 자국에 의존하게 함으로써 주한미군의 장기 주둔을 보장하기 위함이었다. 한국의 국익 추구 행위에 연루되지 않으면서 한국을 미국의 국익 추구 행위에 연루시키기 위함이었다.

그 후부터 오늘날까지 한국은 미국의 도움이 없이는 안보적으로 제대로 기능할 수 없는 국가가 된 것이다. 이 같은 현상이 벌어진 주요 이유는 미국이 자국의 도움이 있어야만 제대로 기능할 수 있도록 한국군을 편성한 결과였다. 미국이 한국을 미 안보의 하부구조로서 냉전 당시는 소련의 남진을 저지하고 냉전 종식 이후에는 아태지역을 겨냥한 중국의 세력팽창을 저지하는 역할을 수행하게 하고 있는 것이다. 한반도가 미국의 속국이 된 것이다.

결과적으로 미국의 패권 확보 및 유지를 위해 한반도가 6.25전쟁이란 비극51)을 겪었던 것과 마찬가지로 한반도가 재차 미국과 중국의 싸움에서 미국과 일본을 대신하여 희생될 가능성이 있는 것이다. 이 같은 상황에서 벗어나기 위한 방안은 무엇일까? 한반도 문제를 미국이 아니고 한국이 주도해야 할 것이다. 이처럼 하기 위한 방안은 무엇일까? 미국의 속국 신세에서 벗어나는 것일 것이다.

3. 미국의 속국 신세에서 벗어나기 위한 방안

한국이 미국의 속국 신세에서 벗어나기 위한 방안은 무엇일까?

첫째, 한국이 미국의 속국이란 사실을 이해해야 한다. 미국이 의도적으로 한국을 자국의 속국으로 만들었다는 사실을 이해해야 한다.

개인과 마찬가지로 국가는 나름의 정체성과 이익에 따라 행동하는 행위자다.

정체성은 특정 행위자를 여타 행위자와 구분시켜주는 것 모두를 의미한다. 정체성은 Corporate 정체성과 사회적 정체성으로 구분된다. 인간의 경우 신체, 국가의 경우 국내정치, 영토, 지정학적인 위치, 국민, 자원(資源) 등을 Corporate 정체성이라고 한다면, 행위자가 소속되어 있는 개개 사회와 관련해 목격되는 정체성을 사회적 정체성이라고 한다. 개인의 경우를 보면 특정 개인과의 관계, 국가의 경우 특정 국가와의 관계를 사회적 정체성으로 볼 수 있을 것이다.52)

---

51) 권영근, 『한반도와 강대국의 국제정치: 미국의 한반도정책을 중심으로(1943-1954)』, pp. 61-5.
52) Wendt, Alexander. 1996. "Identity and structural change in international politics," in

한국이란 국가가 미국의 속국이란 의미는 한국의 사회적 정체성이 이와 같다는 의미다. 그런데 한국의 사회적 정체성, 특히 한국과 미국의 관계는 자연히 결정되었다기보다는 한국과 미국의 문화에 의해 구성된다. 그런데 한미관계 측면에서의 한국문화는 한국사회를 주도하는 세력들의 문화에 의해 구성된다. 한국사회에서 성장하고자 하는 경우 이들 주도 세력의 문화에 순응해야 하기 때문이다.

미국은 미국의 국익과 한국의 국익이 배치되는 경우 미국의 국익을 추종하는 사람들이 한국사회를 주도하게 만들었다. 그런데 이들은 친일파였다. 미국은 이들 친일파를 중심으로, 미국에 우호적인 세력을 중심으로 정당, 군대, 경찰, 사법 기관을 편성했다. 이 같은 방식으로 미국에 우호적인 세력들이 한국사회를 주도하게 만들었다.

미국은 자국의 이익을 극구 대변하는 친일파가 한국사회를 주도하게 했을 뿐만 아니라 한미상호방위조약을 체결한 후 한국군에 대한 작전통제권을 행사했다. 이 같은 방식으로 한국을 자국의 속국으로 만든 것이다. 이 같은 미국의 행태에 저항한 남한지역 세력들을 제거했다. 미군 철수와 분단 반대를 외친 세력들을 제거했다. 이외에도 남북분단 반대, 주한미군 철수를 주장하는 세력들을 제거할 목적으로 이승만에게 국가보안법을 만들게 했다. 1990년대 중반까지만 해도 미국에 불리한 주장 전개가 국가보안법 대상일 수 있었다.

역대 국방장관, 가 군 참모총장과 같은 한국군에서 고위직을 역임한 인사들의 전작권 전환 반대도 유사하게 설명할 수 있을 것이다. 1960년대 당시 미국은 한국군 장교 가운데 한국군에 대한 미국의 작전통제권 행사를 당연시 여기는 사람들이 고위직으로 성장하게 만들었다. 결과적으로 한국군에서 성장하고자 하는 장교는 한국군에 대한 미국의 작전통제권 행사를 당연시 여겨야만

The Return of Culture and Identity in IR Theory (Boulder, CO, and London: Lynne Rienner) edited by Yosef Lapid and Friedrich Kratochwil, pp. 50-1.

했다. 자연스럽게 한국군 내부에서 전작권 전환에 반대하는 조직 문화가 형성된 것이다.

지난 70년 동안 미국은 이 같은 과정을 은밀한 방식으로 지속했다. 한국 사회에서 성장하고자 하는 경우 한국의 국익과 미국의 국익이 배치될 당시 당연히 미국의 국익을 대변해야 할 것이었다. 이 같은 주도 세력의 문화에 순응해야 할 것이기 때문이다. 이처럼 한국의 국익과 미국의 국익이 배치되는 경우 미국의 국익을 지원하는 문화가 지속 유지되면서 한국이 지속적으로 미국의 속국 신세에서 벗어나지 못하고 있는 것이다.

둘째, 한국이 미국의 속국이란 사실이 주는 의미를 파악해야 한다.

미국이 한국을 최전선에서 자국의 국익을 수호하기 위한 속국으로 만들었다는 사실이 주는 의미를 파악해야 한다.

한국을 속국으로 만든 결과 벌어진 대표적인 사건은 6.25전쟁이었다. 6.25전쟁으로 300만 명 이상의 인명이 희생되고 한반도가 초토화되었다. 국내적으로 보면 6.25전쟁이 벌어진 주요 이유는 미국이 북한 공산주의자들과 철천지원수 상태에 있던 친일파 중심의 단독정부를 남한지역에 수립했다는 사실과 관련이 있었다. 남한과 북한에 단독정부가 들어선 이후 김일성뿐만 아니라 이승만 또한 남북통일을 추구했다는 사실을 주목할 필요가 있을 것이다. 친일파 중심의 남한과 공산주의자 중심의 북한이 상대방을 증오했다는 사실을 주목할 필요가 있을 것이다. 남한에 반공정부, 북한에 공산정부가 수립되면서 한반도 전쟁은 거의 필연적이었다.

국외적으로 보면 6.25전쟁은 공산주의 진영과 자본주의 진영의 세력이 격변하고 있던 당시 미국과 소련이 자신의 진영을 확대 및 강화하는 과정에서 벌어진 전쟁이었다. 미국 입장에서 보면 6.25전쟁은 공산진영에 대항하기 위한 미군 재무장과 동맹체계를 구축하기 위한 성격이었다. 이 같은 목표 달성 측면에서 미국은 한반도에서 가능한 한 장기간 동안 중공군과 치열하게 싸워야 할 것으로 생각했다. 결과적으로 부질없이 전쟁이 벌어지고 이 전쟁이 장기간 동안 치열하게 진행되면서 300만 명 이상의 국민이 사망하고 국토가 초토화되었던 것이다. 미국이 이처럼 참혹한 방식으로 한반도에서 전쟁을 치를 수 있었던 것은 한국이 자율성이 없었기 때문이었다. 미국의 완벽한 속국이었기 때문이었다. 결과적으로 한반도가 미국의 국익 추구 행위에 철저히 이용당했던 것이다. 외세의 개입이 없는 가운데 남한과 북한이 싸웠더라면 그처럼 많은 인명이 희생되지는 않았을 것이다. 이들 외세가 한반도에서 자국의 국익을 추구하며 한반도를 희생시킬 수 있었던 것은 한국이 미국의 속국이었던 반면, 북한이 소련의 속국이었기 때문이었다.

이 책에서 다루고 있는 북한 핵무장의 역사는 또 다른 사례다. 미국과 본격적으로 자국의 핵무기 프로그램을 놓고 협상을 시작한 1992년 당시 북한은 곧바로 붕괴될 것만 같은 국가였다. 당시 주한미군이 없었더라면 한반도는 한국 중심으로 통일되었을 것이다. 러시아가 북한을 붕괴시켜야 할 국가로 생각한 반면 중국이 한국 중심의 통일을 구상했기 때문이다. 이 같은 상황에서 미국은 미군의 한반도 주둔을 보장하기 위해 북한 붕괴를 저지했으며, 점차적으로 북한을 핵 무장시킨 것이다. 북한 핵무장을 빌미로 한반도를 중국을 겨냥한 자국의 최전선으로 만들었던 것이다.

이외에도 오늘날 미국은 한국을 미중경쟁에 동원하기 위해 온갖 노력을 나하고 있어 보인다. 그런데 이는 한반도를 미국과 일본을 대신하여 희생시키기 위함일 것이다. 미국은 패권경쟁 차원에서 중국과 대립하지 않을 수 없을 것이다. 일본은 센카쿠열도 문제를 놓고 중국과 대립하지 않을 수 없을 것이다. 한국은 무엇 때문에 중국과 대립해야 할까? 문제는 한국이 중국을 겨냥한 한미일 공조에 동참하지 않는 경우 일본이 미중경쟁 상황에서 불바다가 될 가능성이 있는 반면 한국이 들어가면 한반도가 이처럼 될 가능성이 농후하다는 사실이다.

오늘날 주한미군 왜 필요한가? 한국의 적국은 중국이 아니고 북한이다. 그런데 북한 위협은 미군이 없이도 충분히 통제 가능한 수준이다. 북한 핵무기는 한미연합군의 공격을 억제하기 위한 전력과 다름이 없다. 남침 목적으로는 거의 의미가 없다. 그런데 항공기, 전차 및 함정과 같은 재래식 전력 측면에서 보면 북한군은 한국군과 비교하여 상당히 낙후되어 있다. 결과적으로 북한군의 남침은 거의 불가능한 일이다. 북한 핵이 설령 위협적이라고 생각되는 경우 독자적으로 핵무장하면 되는 것 아닌가?

셋째, 한국을 미국의 속국으로 만들고 있는 제도를 파기해야 한다.

미국의 속국 신세에서 벗어나고자 하는 경우 한국을 미국의 속국으로 만들고 있는 제도를 파기해야 한다. 전작권 전환은 한국이 미국의 속국 신세에서 탈피하기 위한 가장 중요한 단계일 것이다. 오늘날 미국은 북한 핵문제가 해결되기 이전에는 전작권 전환도, 한반도 종전선언도 곤란하다는 입장이다. 미국은 무슨 권한으로 북한이 비핵화하기 이전에는 전작권 전환 또는 한반도 종전선언이 곤란하다고 말할 수 있는 것일까? 미국이 이처럼 주장할 수 있는 것은 한국이 자국의 속국과 다름이 없는 국가라고 생각하기 때문일 것이다. 이 같은 미국에 주한미군 철수를 요구할 필요가 있을 것이다. 한국인들이 전작권 전환 또는 종전선언과 관련한 미국의 부정적인 시각에 대항하여 주한미군 철수를 외치는 경우 미국은 곧바로 전작권 전환과 종전선언을 추진하지 않을 수 없을 것이다.

2002년 10월경 미국은 전작권 전환을 적극 추진했다. 대부분 참여정부 인사들은 자신들의 노력으로 미국이 전작권 전환을 추진했다고 생각했다. 이것이 아니었다. 당시 미국이 전작권 전환을 적극 추진했던 것은 전환해주지 않으면 미군이 한반도에서 강제 철수당할 가능성이 있다고 생각했기 때문이었다. 한국인들이 한국군에 대한 미국의 작전통제권 행사와 관련하여 주한미군 철수를 외치는 등 반미감정을 노정시켰기 때문이었다.

한국을 미국의 속국 신세에서 탈피하게 만들기 위한 두 번째 단계는 미국에 굴종적인 인사들이 한국사회를 주도하지 못하게 제도를 정립하는 것이다. 예를 들면, 항공기, 함정 및 전차와 같은 무기 조작에 정통한 장교들이 한국군에서 고위직으로 성장하게 만들었던 지난 70년 동안의 제도를 바꾸는 것이다. 한미상호방위조약이 체결된 1954년 이후 한미 역할 분담으로 한국군에서는 항공기, 전차 및 함정 운용과 같은 기술 및 전술적인 임무에 능통한 사람들이 고위직으로 성장했다. 혹자는 이들을 작전장교로 지칭하는데 이들은 미군 기준에서 보면 작전장교가 아니었다. 이들은 기술 및 전술장교였다. 미군이 말하는 작전장교란 한미연합사령부 및 각 군 구성군사령부에서 능수능란하게 계획을 수립할 수 있는 장교를 의미한다. 이 같은 기술 및 전술장교들이 한국군에서 고위직으로 성장할 수 있었던 것은 미군이 한미연합사령부, 각군 구성군사령부에서 작전장교로서의 역할, 다시 말해 계획수립 임무를 대신 수행해주었기 때문이었다.

소위 말하는 한국의 작전장교들이 진정한 의미에서 작전장교였다면 전작권 전환에 반대하지 않았을 것이다. 전작권 전환을 통해 자신들의 입지가 확대 및 강화될 것이기 때문이다. 오늘날에도 한국군에서 전작권 전환에 반대하는 주요 세력이 고급장교 또는 고급장교로 예편한 사람들이란 사실을 주목할 필요가 있을 것이다. 이들 한국군에서 고위직으로 승진하는 야전장교들 입장에서 보면 미군이 없는 한국군은 상상조차 할 수 없을 것이다. 결과적으로 한국군에서 고위직으로 성장하는 장교들의 경우 미국에 대단히 굴종적일 수밖에 없다. 이들은 친일파란 의미와 유사한 의미에서의 친미파인 것이다. 이 같은 인사들이 한국군을 주도하는 한 한국은 미국의 속국 신세에서 벗어날 수 없을 것이다.

한국군 또한 여타 국가의 군대처럼 평소 전쟁의 문제를 놓고 끊임없이 고민하는 장교들이, 진정한 의미에서 작전에 능통한 장교들이 군에서 고위직으로 승진할 수 있도록 교육체계, 인사체계 등을 바로잡아야 할 것이다. 이처럼 진지하게 공부하는 장교가 항공기, 전차 및 함정을 운용하는 장교일 수도 통신, 인사, 경리 등 다양한 분야에서 근무하는 장교일 수도 있을 것이다.

1992년부터 트럼프 행정부에 이르는 북한 핵의 역사를 통해 얻을 수 있는 주요 교훈은 한국을 서둘러 미국의 속국 신세에서 탈피하게 만들어야 한다는 사실일 것이다. 여기서 제안한 방안 이행을 통해 미국의 속국 신세에서 탈피하지 못하면 한국은 미국의 국익 추구 행위에 연루되면서 6.25전쟁 이상의 참혹한 비극을 겪을 가능성도 없지 않을 것이다. 한국을 미국의 속국 신세에서 벗어나게 하는 일을 누가할 수 있을까? 이는 깨어 있는 국민만이 할 수 있을 것이다. 우리는 이 같은 사실을 2002년 말경의 미국의 전작권 전환 노력을 통해 확인할 수 있었다. 한미관계사에 정통한, 한국의 근세사에 정통한 깨어 있는 국민들이 보다 많아질 당시 한국은 미국의 속국 신세에서 벗어날 수 있을 것이다.

넷째, 핵무장을 추구해야 한다. 북한이 미 본토 타격이 가능한 대륙간탄도미사일을 개발할 것으로 보인다. 그 시점이 얼마 남지 않아 보인다. 이처럼 북한이 능력을 구비하는 경우 유사시 미 증원전력의 한반도 전개를 보장할 수 없을 것이다. 미국이 서울을 수호하기 위해 샌프란시스코를 희생시킬 것으로 기대할 수 없을 것이기 때문이다.

이제 한국이 핵무장을 진지하게 추구해야 할 시점이 된 듯 보인다. 크게 두 가지 이유 때문이다. 첫째는 오늘날 북한은 물론이고 미국, 일본, 중국, 러시아와 같은 관련국들이 북한 비핵화를 결코 원치 않고 있어 보인다는 사실 때문이다. 둘째는 핵무장만이 한국 안보를 지킬 수 있는 유일한 방안이기 때문이다.

첫째와 관련하여 말하면 북한 핵 문제가 본격적으로 불거진 1991년부터 오늘에 이르기까지의 북한 핵문제를 연구하며 확인한 사항이 있다. 주변국들이, 특히 미국이 겉으로는 북한 비핵화를 외치지만 이면에서는 북한 핵무장을 염원해왔다는 사실이다. 은밀한 방식으로 종용했다는 사실이다. 북미제네바합의가 진지하게 논의되던 1994년 당시에도 미국이 북한 비핵화가 아니고 핵무장을 염원하고 있다고 생각한 한국의 고위급 인사가 없지 않았다.

　미국의 북한 핵무장 종용 전술은 크게 두 가지였다. 첫째는 한반도 비핵화를 북한 비핵화로 국한시켜 생각하는 것이었다. 미국은 북한의 일방적인 비핵화를 주장했다. 북한은 미국의 이 같은 요구를 결코 수용할 수 없는 입장이었다.

　둘째는 완벽하고 검증 가능하며 불가역적인 방식으로 비핵화하는 경우 북한의 안보 문제 등을 고려해줄 것이라고 지속적으로 주장하는 것이었다. 핵무기가 없어서 리비아의 가다피와 이라크의 사담이 미국에 살해되었음을 잘 알고 있는 북한 입장에서 보면 이는 결코 수용할 수 없는 성격이었다.

　이처럼 북한이 비핵화 측면에서 결코 수용할 수 없는 방안을 미국이 지속적으로 주장하고 있다는 사실은 미국이 북한 비핵화가 아니고 핵무장에 관심이 있다는 의미일 것이다. 이처럼 미국은 북한 비핵화 가능성을 원천적으로 차단하고 있다. 다시 말해, 은밀한 방식으로 북한 핵무장을 종용해왔다. 미국은 이처럼 북한 비핵화를 원천적으로 차단하는 한편 북한의 완벽한 비핵화가 되기 이전에는 한반도 종전선언도 전작권 전환도 불가능하다는 입장이다. 이 같은 방식으로 미국은 한국을 미중경쟁의 중심 지역으로 몰고 가고자 노력하고 있는 듯 보인다.

　이 같은 비정상적인 상황에서 탈피하기 위한 방안은 무엇일까? 미국의 핵우산 의존일까? 이는 결코 아닐 것이다. 러시아의 우크라이나 침공 사례에서 보듯이 지구상 어느 국가도 믿을 수 없을 것이다. 2022년 1월까지만 해도 미국은 우크라이나의 나토 가입을 종용했다. 미국은 러시아가 침공하자 우크라이나의 나토 가입이 불가능하다고 입장을 바꾸었다. 국제사회는 이처럼 냉혹한 것이다. 미국의 핵우산 어떻게 믿을 수 있을까? 북한 핵무장을 은밀한 방식으로 종용한 후 북한의 완벽한 비핵화 이전에는 전작권 전환, 한반도 종전선언과 같은 주권국의 고유 권한도 허용해줄 수 없을 것이라고 주장하는 미국의 약속을 어떻게 믿을 수 있겠는가? 믿을 수 있는 것은 스스로의 능력뿐일 것이다.

제4절 결론

오늘날 북한이 일본과 한국을 타격할 수 있을 정도의 핵무기와 미사일을 구비할 수 있었던 것은 북한이 자국 안보 측면에서 핵무기 개발을 추구했다는 사실과 미국이 은밀한 방식으로 북한 핵무장을 종용했다는 사실 때문이었다.

미국이 이처럼 북한 핵무장을 종용했던 것은 중국의 패권 추구 노력에 대항하기 위한 동맹체계 정비를 포함한 억지력 구축 측면에서 북한 핵무장이 대단히 중요한 의미가 있었기 때문이었다. 북한 핵무장에 따른 부정적인 영향은 극복 가능한 수준이기 때문이었다.

1992년부터 오늘에 이르는 미국 대통령들의 대북 핵정책은 추구하는 목표 측면에서 놀라울 정도로 일관성이 있었다. 일본과 한국을 타격할 수 있을 정도의 핵 및 미사일 능력을 구비하게 하는 것이었다. 이 같은 일관성과 더불어 연계성이 있었다. 후임 대통령은 전임 대통령의 대북 핵정책을 목표 진척 정도와 안보환경 변화를 고려하여 보완 및 발전시켰던 것이다.

이처럼 주도면밀한 계획에 입각하여 북한 핵무기 개발을 종용할 당시 미국이 고려한 사항이 있었다. 미국의 진지한 비핵화 노력에도 불구하고 북한이 핵무장에 성공한 것처럼 사람들이 인식하게 만들어야 할 것이란 사실이었다. 결과적으로 북한 핵무장의 주요 책임이 미국 때문임에도 불구하고 대부분 한국인들이 중국 또는 북한 때문인 것으로 착각하게 된 것이다.

이처럼 북한을 핵무장 시킨 후 미국은 북한이 완벽히 비핵화하기 이전에는 전작권 전환도, 한반도 종전선언도 곤란하다는 입장을 표명했다. 외교 및 안보 측면에서의 한국의 자율성 신장 노력을 원천적으로 차단하고자 노력했다. 이처럼 한국의 자율성을 최대한 억제한 상태에서 한미동맹을 미중경쟁에 적극 동원하고자 노력하고 있는 듯 보인다. 바이든 행정부의 한반도 정책은 이처럼 한국을 미중경쟁의 최일선 지역으로 정착시키는 성격이 될 것으로 보인다. 결과적으로 동북아지역에서 미중경쟁이 격화되는 경우 한반도가 6.25전쟁 당시처럼 불바다가 될 가능성도 없지 않아 보인다. 미국과 일본을 대신하여 한반도가 희생될 가능성도 없지 않아 보인다.

이 같은 상태에서 탈피하려면 한국은 국가적 자율성을 신장시켜야 한다. 가장 먼저 전작권을 전환해야 할 것이다. 전작권 전환을 통해 한반도 안보를 독자적으로 감당해야 할 것이다. 이제 한국은 한반도에 미군이 없어도 북한 위협을 충분히 통제할 수 있는 수준이다. 북한 핵위협 운운하지만 북한 핵무기는 한미연합군의 북침 저지 측면에서 의미가 있을지 모르지만 북한군의 남침 과정에서는 거의 의미가 없다. 이 같은 사실 이외에 항공기, 전차 및 함정과 같은 재래식 전력 측면에서 한국군이 북한군과 비교하여 절대 우위란 사실과 미국, 일본, 중국, 러시아와 같은 주변국 모두 남한과 북한의 전쟁을 원치 않는다는 사실 측면에서 보면 전작권 전환은 지금 당장 추진해도 전혀 문제되지 않을 것이다.

북한 핵이 오늘날처럼 복잡해진 이유에 미국이 한국군에 대해 전작권을 행사했기 때문이란 측면이 없지 않다. 전작권을 전환하는 경우 한국군 장교들이 전쟁의 문제를 놓고 진지하게 고민하지 않을 수 없을 것이다. 지난 70여 년 동안 미군이 한국군에 대한 전작권을 행사한 결과 장교들이 전쟁의 문제를 진지하게 고민하지 않아도 되었던 것이다. 결과적으로 장교를 포함한 한국 안보의 핵심 요원들이 전쟁에 관해, 국가안보에 관해 무지하다는 사실로 인해 미국이 은밀한 방식으로 북한 핵무장을 종용할 수 있었던 것이다.

북한 비핵화, 한반도 종전선언 등 안보적 측면에서 한국의 주요 문제를 해결하기 위한 관건은 전작권 전환이다. 전작권 전환을 통해 국가의 자율성을 신장시키는 일인 것이다. 일의 우선순위를 놓고 보면, 북한 비핵화, 한반도 종전선언과 비교하여 전작권 전환이 가장 먼저 해결해야 할 사항일 것이다. 전작권 전환을 통해 한반도 문제를 외세의 간섭 없이 독자적으로 해결할 수 있기 이전에는 북한 비핵화는 요원한 일임을 인지해야 할 것이다. 주변국들이 특히 미국이 북한 비핵화를 결코 원치 않기 때문이다.

이처럼 전작권을 전환하고자 할 당시 필요한 것은 항공기, 전차 및 함정과 같은 하드웨어가 아니고 교리, 전략과 같은 분야에 관한 장교들의 전문성일 것이다. 북한 비핵화를 진정 원한다면 장교들을 포함한 국가안보 분야 종사자들이 전쟁의 문제를 놓고 진지하게 고민하지 않을 수 없도록 제도와 절차를 정립해야 할 것이다. 이처럼 관련 요원들의 전문성 함양이 전작권 전환 측면에서 도움이 되는 것은 사실일 것이다. 그러나 전작권 전환 측면에서 오늘날 필요한 것은 전환 의지뿐일 것이다. 한국이 부족한 측면이 없지 않지만, 북한과 비교하면 다방면에서 상당한 우위에 있기 때문이다.

제8장

결론: 한반도 지정학의 굴레에서 벗어나려면!!

제8장
결론: 한반도 지정학의 굴레에서 벗어나려면!!

　미군이 한반도에 진주한 1945년 9월 8일 이후 한반도에서 벌어진 주요 사건의 이면에 미국이 있었다. 예를 들면, 한반도 분단과 6.25전쟁 발발 과정에서의 주요 행위자는 미국이었다. 이승만, 박정희, 전두환이 대통령이 될 수 있었던 것도 미국의 은밀한 도움 때문이었다. 북한이 핵무장할 수 있었던 것도 미국의 은밀한 노력 때문이었다.

　왜 미국은 한반도를 분단시키고, 북한군의 남침을 유도하는 등 한반도 문제에 깊숙이 개입했을까? 주요 이유는 한반도가 미국, 러시아, 중국 및 일본이란 4강의 이익이 교차하는 지구상 유일 지역이기 때문이었다. 이들 국가에게 있어 한반도는 이곳의 모든 영향력이 자국의 적국의 수중으로 들어가는 경우 패권경쟁에서 상당히 불리해지게 만드는 그러한 지역이었다. 한반도는 냉전 당시 미소 패권경쟁 측면에서, 오늘날에는 미중 패권경쟁 측면에서 대단히 중요한 지역이다.

　지난 200여 년 동안 미국은 또 다른 패권국의 부상 저지를 자국의 가장 중요한 안보 목표로 생각해왔다. 전통적으로 미국은 이 같은 패권국이 유럽과 동북아지역에서 부상할 가능성이 있다고 생각했다. 그런데 오늘날 미국은 유럽이 아니고 동북아지역에서 이 같은 패권국이 부상할 가능성이 있다고 생각한다. 미국은 냉전 당시 패권국으로 부상할 가능성이 있던 국가를 소련으로 생각했다면 오늘날 중국으로 생각하고 있다.

이 같은 중국의 패권 부상 저지 측면에서 미국은 냉전 당시와 마찬가지로 오늘날에도 한반도에 대한 영향력을 확보하여 유지하는 문제를 대단히 중요하게 생각하고 있다. 이 같은 영향력 확보 및 유지 필요성으로 인해 미군의 한반도 주둔을 결코 포기할 수 없는 이익으로 생각한다.

문제는 냉전 종식 이후 한국과 비교한 북한의 국력이 상당히 약해졌다는 사실, 특히 항공기, 전차 및 함정과 같은 재래식 전력 측면에서 북한군이 한국군과 비교하여 상당히 약해졌다는 사실이다. 결과적으로 한국인들이 주한미군의 필요성과 관련하여 의문을 제기할 수 있게 되었다는 사실이다. 냉전 종식 이후 미군의 한반도 주둔을 보장한다는 차원에서 미국이 생각할 수 있던 유일한 방안은 북한 핵무장 종용이었다. 이처럼 종용하면서도 미국은 자국의 지속적인 비핵화 노력에도 불구하고 중국 또는 북한 때문에 북한이 핵무장하게 된 것으로 사람들이 인식하게 만들어야 할 것이라고 생각했다. 이 같은 미국의 주도면밀한 노력으로 북한이 한국과 일본을 타격할 수 있을 정도의 핵무기와 미사일을 개발할 수 있었던 것이다.

여기서의 의문은 미국이 이처럼 미군의 한반도 주둔을 보장하기 위해 북한 핵무장 종용을 필수적이라고 생각했더라도 한국인들이 이 같은 미국의 의도를 간파했더라면 북한이 핵무기 개발에 성공할 수 있었을까? 란 부분이다. 미국이 이처럼 북한 핵무장을 종용한 것이 사실이며, 한국인들이 이 같은 사실을 인지했더라면 한국 내부에서 주한미군 철수를 외치는 등 반미감정이 부상했을 것이다. 북한 핵무장 종용이 미군의 한반도 주둔을 보장하기 위한 성격인 반면, 북한 핵부상 종용으로 반미감정이 고조되면서 미군의 한반도 주둔이 곤란해질 가능성도 없지 않았을 것이다. 결과적으로 북한 핵무장 종용이 쉽지 않았을 것이다. 이는 한국인들이 한반도에서의 미국의 의도를 간파할 수 있을 정도로 국가안보에 관한 전문성을 구비했더라면, 미국의 국익이 아니고 한국의 국익 측면에서 사고했더라면, 북한 핵무기 개발을 저지할 수도 있었을 것이란 의미다.

문제는 한반도에 발을 디딘 1945년 9월 8일 이후 미국이 한반도에서의 자신들의 의도를 한국인들이 간파할 수 없도록 한국사회를 개조했다는 사실이다. 한반도에서 미국의 국익과 한국의 국익이 배치되는 경우 미국의 국익을 지원할 가능성이 높은 사람들이 한국사회를 주도하게 만들고자 노력했다는 사실이다. 냉전 당시까지만 해도 미국에 불리한 사실을 주장하는 사람을 국가보안법으로 구속하게 만들었다는 사실이다.

국가안보 측면에서 보면 군이 대단히 중요한 의미가 있다. 특히 50만 병력을 유지하고 있는 한국군은 한국안보 측면에서 중요한 의미가 있다. 문제는 한미동맹 안에서의 임무와 역할 분담으로 미군이 교리 및 전략과 같은 전문 지식에 입각한 고차원적인 일을 수행한 반면 한국군이 무기 조작과 같은 저차원적인 일을 수행하게 되면서 한국군에서 고위직으로 승진하고자 하는 경우 저차원적인 일을 주로 해야 했다는 사실이다. 결과적으로 한국군에서 고위직을 역임한 대부분 인사들이 국가안보 문제에 관해 제대로 전문성을 구비할 수 없었다는 사실이다. 국가안보 문제를 놓고 진지하게 고민하는 장교들의 경우 한국군에서 승진이 어려웠다는 사실이다.

이처럼 해방 이후부터 오늘에 이르기까지의 미국의 주도면밀한 구상으로 한국인들이 한반도에서의 미국의 의도를 제대로 간파할 수 없게 되었던 것이다. 결과적으로 미국이 한국인들을 의식하지 않으면서 북한 핵무장을 은밀한 방식으로 종용할 수 있었던 것이다.

한편 북한 핵 문제가 불거진 1990년대 당시까지만 해도 중국은 북한 비핵화에 관심이 있었다. 그러나 미중경쟁이 격화된 2000년대 중반 이후에는 미국뿐만 아니라 중국 또한 북한 비핵화를 원할 수 없는 입장이었다. 중국 입장에서 보면 자국을 겨냥한 미국의 세력에 대항하기 위한 완충지대로서 핵무장한 북한이 중요한 의미가 있게 된 것이다.

북한 핵에 관한 오늘날의 중국과 미국의 속내를 프린스턴대학의 레온 시걸이 비교적 정확히 표현한 듯 보인다.

사실 중국과 미국 가운데 어느 국가도 북한이 핵무기를 포기하게 만들고자 할 당시 필요한 자국의 자원을 독자적으로 낭비할 의향이 없다. 어느 면에서 보면 미국과 중국 모두 분단된 한반도 상황의 변경을 두려워하고 있는 것이다. 이 같은 이유로 미국은 북한 핵문제 해결 측면에서 중국이 보다 많은 책임이 있다고 주장하는 경향이 있는 반면 중국은 미국이 보다 많은 책임이 있다고 주장하는 경향이 있는 것이다.[1]

레온 시걸이 지적한 바처럼 미국은 중국이 북한을 보다 강력히 압박함으로써 비핵화를 추진해야 할 것이라고 주장하고 있다. 물론 그 와중에서 북한 붕괴도 불사해야 할 것이라고 주장하고 있다. 중국 입장에서 보면 이 같은 방식으로 북한을 압박하여 한반도가 통일되는 경우에도 통일한국이 중국과 우호적인 관계를 유지할 것으로 장담할 수 없는 입장이다. 만에 하나 통일한국이 미국과 우호적인 관계를 유지하는 경우 미중경쟁에서 상당히 불리한 입장이 되는 것이다. 이외에도 중국은 공산당이 주도하는 북한을 공산당이 주도하는 중국이 압박하는 경우 중국 공산당의 정통성이 치명적인 타격을 입을 수 있다고 생각하고 있다. 따라서 중국은 대북압박을 통한 북한 비핵화를 결코 수용할 수 없는 입장이다.

중국은 북한이 비핵화 조건으로 요구하는 북미외교관계정상화를 통해 비핵화를 추구하라고 미국에 요구하고 있다. 북미외교관계를 정상화하는 경우 더 이상 북한과 미국이 적국이 아니란 점에서 북한 위협을 주요 명분으로 삼고 있는 한미동맹이 대거 약화될 수 있을 것이었다. 결과적으로 미군의 한반도 주둔을 보장하지 못할 가능성이 있었다. 이는 미중경쟁에서 미국이 제대로

---

[1] Leon V. Sigal, "Magical Thinking on North Korea," *The Boston Globe*, February 24, 2010.

중국에 대항할 수 없게 됨을 의미할 것이다. 이 같은 이유로 미국이 오늘날 북미외교관계정상화는 물론이고 평화협정 체결도 극구 반대하고 있는 것이다.

이처럼 중국과 미국 모두 북한 비핵화를 독자적으로 추구할 수 없을 것이란 사실을 고려한 것이지만, 키신저는 한반도 비핵화의 필수 선결요건이 미국과 중국의 이해(理解)라고 말한다.2) 중국이 북한 비핵화를 지원하고, 한국 중심의 남북통일을 인정해주는 조건으로 미국이 한반도에서 미군을 철수시킬 필요가 있다고 말한다. 미중경쟁 측면에서 미국이 미군의 한반도 주둔을 필수적이라고 생각하고 있다는 측면에서 보면 이는 미중경쟁이 종료된 이후에나 한반도 비핵화가 가능할 것이란 의미일 것이다. 결국 미국, 일본, 중국, 러시아 모두 비핵화가 아니고 자국의 국익 측면에서 북한 핵문제를 바라보고 있는 상황에서 어떻게 북한 비핵화가 가능해지겠는가?

강대국 패권경쟁에서 대단히 중요한 의미가 있다는 한반도 지정학의 굴레에서 벗어나서 국익을 제대로 수호하고자 하는 경우 한국인들이 국가안보에 관한 고도의 전문성을 구비해야 할 것이다. 한반도에서 주변국 국익이 아니고 한국의 국익을 추구해야 할 것이다. 한국인들이 이처럼 할 수 있으려면 지난 수십 년 동안 미국이 만들어놓은 제도의 굴레에서 벗어나야 할 것이다. 전작권을 전환해야 할 것이다. 장교들의 교육을 강화하고, 교육과 진급을 긴밀히 연계시켜야 할 것이다. 국방대학, 한국국방연구원, 통일연구원 등 국가안보 관련 연구소에서 발간하는 대부분 보고서를 평문 형태로 시중에 공개함으로써 보다 많은 한국인들이 국가안보 문제를 놓고 진지하게 고민하게 만들어야 할 것이다. 북한이 완벽히 비핵화하기 이전에는 전작권을 전환해줄 수 없다고 미국이 주장하는 경우 미군의 한반도 철수를 요구할 수도 있을 것이다.

강대국 패권경쟁에서의 한반도의 중요성에 기인하는 한반도 지정학의 굴레

---

2) Henry A. Kissinger, "How to resolve the North Korea crisis," *Wall Street Journal*, August 11, 2017.; Chun Young-gi, "Kissinger's solution," *Korea JoongAng Daily*, August 27, 2017.

에서 벗어나지 못하면 한반도는 6.25전쟁 이상의 참혹한 비극을 경험할 가능성도 없지 않을 것이다. 지정학의 굴레에서 벗어날 수 있도록 한국인들이 국가안보에 관한 고도의 전문성 구비와 더불어 국가안보 문제를 주변국 국익이 아니고 한국의 국익 측면에서 사고할 수 있어야 할 것이다.

북한 핵무장의 감춰진 진실

2023년 8월 10일 1쇄 인쇄 2023년 8월 15일 1쇄 발행
지은이 | 권영근
펴낸이 | 권영근
편 집 | 백승옥
디자인 | 권소율
펴낸곳 | 시대출판사 | 제172-99-01517
주 소 | 대전광역시 중구 태평로 15, 129-1203
전 화 | 042-322-2225 | 이메일 : ygk555@naver.com
값 29,000원
ISBN 979-11-983555-0-8(93300)

※ 잘못 만들어진 책은 구입하신 서점에서 교환해 드립니다.
*이 책은 저작권법에 따라 보호받는 저작물이므로 무단전재와 무단복제를 금지하며, 이 책의 내용을 전부 또는 일부를 이용하시려면 반드시 저작권자와 〈시대출판사〉의 서면 동의를 받아야 합니다.
Copyright ⓒ 권영근, 2023